대한민국 리더들의 필독서

김해영 박사의
한비자 韓非子 읽기

한비자 지음 · 김해영 옮김

도서출판
청어

대한민국 리더들의 필독서

김해영 박사의 한비자 읽기

한비자 지음

김해영 옮김

◆

한비자(韓非子)는 대하다큐다.
리더의 좌표를 일러주는 나침반이다.
리더의 유전자가 고스란히 담긴 교훈의 보고다.

때론 문학적 감성으로 접근하고,
때론 역사적 사실을 통해 자각하게 하며,
때론 철학적 성찰을 통해 통찰력을 배가시켜 준다.

◆

머리말

100년 전, 인류가 생산한 지적자산을 동일한 만큼 양적(量的)으로 생산하는 데 소요되는 시간이 100년이 걸렸다고 한다. 요즘은 인류가 생산한 지적자산을 동일한 만큼 양적으로 생산하는 데 소요되는 시간이 불과 3시간이면 가능한 시대다. 일찍이 경험(經驗)해보지 못한 세상에서 우리는 호흡(呼吸)하고 있다. 그래서 일각에선 '속도보다 방향'이란 말이 회자(膾炙)되곤 하나 '넋 놓고 살 수 없는 시대'에 있는 것이다.

엥겔스가 1844년 '산업혁명'이란 용어를 처음 사용한 후, 토인비가 이를 대중화한 것은 잘 알려진 사실이다. 이로부터 2차와 3차를 거쳐 어느새 4차 산업혁명 시대, 즉 메타(Meta) 시대로 깊숙이 들어왔다. 메타의 시대는 '인문학과 과학이 통섭되는 시대'다. 컴퓨터 기술 기반의 인공지능[AI], 사물인터넷[Iot], 클라우드(Cloud), 빅데이터(Big Data), 모바일(Mobile) 등이 신대륙인, '디지털 생태계'로 전환(轉換)시킨 것이다.

세상에는 '두 종류의 지식(知識)이 존재'한다. 하나는 내가 알고 있다는 느낌의 지식이고, 다른 하나는 내가 알고 있는 느낌의 정도가 아닌, 설명도 가능한 지식이다. 사실 지식은 설명까지 가능해야 살아있는 지식이라 할 수 있다. 그렇다면 정보의 홍수 속에 살고 있는 오늘날, 지성인(知性人)들은 어떤 지식을 흡수(吸收)하고 소화시켜 설명할 수 있을까. 이는 선현(先賢)들의 사상(思想)을 올바로 받아들이는 자세일 것이다.

우리는 모두 과거가 아닌 미래를 향해 움직인다. 미래는 '지금 바로 여기'다. 윌리엄 깁슨의 "미래는 이미 와 있다. 다만 널리 퍼지지 않았을 뿐"이란 주장도 있으나, 이전에 전혀 듣도 보도 못한 '디지털 신대륙'이란 곳에서 호흡해야 한다. 이를 위해선 '신대륙으로 들어가는 디딤돌'인 인문학(人文學)을 읽어내는 '능력을 길러야' 한다. 나 자신만의 삶이 아닌, 공동체의 항구적인 발전과 보전을 위한 일이기 때문이다.

『한비자(韓非子)』는 오늘날 가장 널리 퍼진 사상 가운데 하나이고, 대부분의 사람에겐 철학과 사상적 관심이 없더라도 법가(法家)의 가르침이 실생활에서 큰 영향을 미치고 있다. 『한비자(韓非子)』는 '법가'를 깊이 이해하기 위한 출발점이 될 수 있으며, 이 책을 통해 독자들은 법가의 사상과 문화, 역사, 철학적 접근 방법 등 다양한 측면에서 이론적인 지식과 함께 평화로운 삶을 사는 데 '도움을 받을 것'으로 믿는다.

아울러 『한비자(韓非子)』는 법가(法家)를 처음으로 접하는 분들이나 이미 '법가'에 대한 지적 역량을 지니고 있는 사람들에게도 유용한 학습서가 되리라 확신한다. '법가'의 사상과 문화적 가르침이 사회적 문제들에 대한 심도 있는 분석과 해결책을 제시할 수 있을 것이기 때문이다. 아무쪼록 『한비자』를 통해 '법가'에 대한 보다 깊이 있는 이해와 통찰(洞察)을 바라며, 이를 통해, '더욱 지혜로운 삶을 이어가길 기대'한다.

2024년 12월
송죽동(松竹洞) 승영철학사상연구소에서
김해영

한비자와 저작

『한비자』는 법가를 집대성한 저작이다. 한비가 활동했던 전국시대는 역사상 제후국들이 서로 정벌 전쟁을 일삼은 혼란의 시대였다. 또 각국에선 신하가 군주를 시해하고, 자식이 부모를 살해하는 등 비윤리적인 행위들도 빈번하게 일어났다. 이런 시대에 한비의 조국 또한 늘 외세의 침략을 받아 쇠퇴 일로를 걸었다. 한비는 기존의 방식과 체제론 나라가 부강할 수 없다고 판단해 법치란 이념으로 다스릴 것을 주장했다.

한비(韓非)는 법가(法家)사상가다. 법가는 크게 3개의 계열로 구분한다. 첫째, 법(法)을 강조한 상앙, 둘째, 술(術)을 강조한 신불해, 셋째, 세(勢)를 강조한 신도. 상앙의 법(法)은 민중들의 사익(私益) 추구를 막고, 국가의 공익(公益)을 우선하는 것이 원칙이다. 신불해의 술(術)은 신하들이 내세우는 이론과 비판을 그들의 행동과 일치시키는 기술이다. 신도의 세(勢)는 군주만이 가질 수 있는 유일한 권세(權勢)를 의미한다.

다시 말해 한비자(韓非子)는 '법'의 상앙(商鞅), '술'의 신불해(申不害), '세'의 신도(慎到) 등 이 3개 학파의 주장을 두루 수용해 발전시켰다. 특히 법(法)과 세(勢)를 중시했다. 군주는 그것을 확고하게 지녀야 한다고 본 것이다. 하지만 '법'과 '세'만으론 나라를 다스리는 데 한계가 있다고 판단해, 신불해의 술(術)을 받아들여 법술(法術)이란 개념을 사용한다. 『한비자』란 책에 '법술지사(法術之士)'란 말이 많이 나오는 이유다.

한비자는 성악설(性惡說)을 주장한 순자(荀子)의 제자다. 하지만 그는 유가(儒家)를 비판하고, 오히려 도가(道家)를 수용했다. 유가를 비판적으로 보았다는 것은, 한자(韓子)로 불리다 한비자(韓非子)로 이름이 바뀐 것만으로도 짐작이 된다. 당(唐)나라 때까지만 해도 한자(韓子)로 불렸던 그가 유가의 정통이 아닌 법가로 분류되면서, 유가의 도통(道統)을 이은 한유(韓愈)에게 한자의 이름을 넘겨주고, 한비자로 변경된 이유다.

여하튼 한비자는 순자의 제자로 영향을 크게 받았다. 순자는 유가 중에서도 논리적인 부분을 중시했는데, 이는 당시의 명가(名家) 영향이다. 명가의 주된 노력 중 하나는 '이름과 실제'가 알맞게 부합되어야 한다. 유가에선 이것이 정명론, 즉 부모가 부모답고 자녀가 자녀다운 윤리로 나타난다. 그래서 명과 실이 잘 부합되는지를 심사하여 상벌을 내려야 한다고 주장한다. 이를 법가의 다른 말로 표현하면, 형명(形名)이다.

사마천의 『사기(史記)』, 「노자한비열전(老子韓非列傳)」에선 한비자의 서적을 인용하고 있는데, 『한서(漢書)』, 「예문지(藝文志)」에선 총55편[장]으로 나오고, 『수서(隋書)』, 「경적지(經籍志)」에선 20권으로 기록하고 있다. 현재 전해지는 가장 오래된 판본은 『송건도본(宋乾道本)』인데, 원나라 때 발견된 판본은 53편[장]으로 나온다. 이 모든 편[장]을 한비자의 독자적인 글로 보긴 어렵고, 법가의 후예들이 추가한 것으로 보인다.

한비자는 어떤 사상가인가

한비자(韓非子 : 기원전 280~233)는 한(韓)나라 공자(公子) 출신으로, 이른바 법가사상(法家思想)을 집대성한 인물이다. 한비자보다 선배격인 상앙(商鞅)이나 신불해(申不害)의 종말이 비참했듯, 한비자 또한 진(秦)나라의 옥중에서 독살(毒殺)을 당하는 기구한 삶을 살았다. 한비자는 고국(故國)인 한나라를 부강하게 하기 위해, 틈만 나면 한왕에게 소위 부국강병책(富國强兵策)을 올렸으나, 안타깝게도 받아들여지지 않았다.

반면 진나라 왕은 한비자가 지은 「고분(孤憤)」과 「오두(五蠹)」를 읽고 감탄하면서, '한비자와 나라를 다스리면 죽어도 여한이 없겠다'는 말이 전해질 정도로, 그의 주장을 귀하게 여겼다. 한비자는 기원전 233년, 진나라에 사신으로 갔다가 자신들의 기득권을 지키려는 이사(李斯)와 요가(姚賈)의 모함으로 옥중에서 독살된다. 수레에 사지가 묶여 찢겨 죽은 상앙이나, 사지가 잘려 죽은 신불해와 마찬가지로 비참하게 죽었다.

한비가 저술한 『한비자』의 본래 이름은 『한서(漢書)』, 「예문지(藝文志)」와 「제자략(諸子略)」에 『한자(韓子)』 55장으로 되어 있다. 이것이 후대 한(漢)나라 통치이념으로 자리한 유가(儒家)의 문화적 영향력에 의해 당나라 유가철학자인 한유(韓愈)를 한자(韓子)로 높이면서, 한비는 한비자(韓非子)로 따로 불리게 된 것이다. 그러다 중국의 근대화 시기엔 반(反) 유가 정서에 힘입어 『한비자』는 다시 『한자』로 출판되기도 했다.

『한비자』 55장의 내용은 선행 법가사상을 중심으로 당시 사상가들의 다양한 이론을 수용했다. 따라서 전국시대의 정치, 사회적 분위기를 다방면에 걸쳐 생동감 있게 접할 수 있는 기회를 제공한다. 또한 『한비자』 55장은 다양한 범주의 철학사상과 변법의 정치적 실천을 결합해 법치주의를 지향하는 일관된 내용을 담고 있다. 서한(西漢)시대 역사가인 사마천(司馬遷)은 『사기(史記)』에서 한비자를 이렇게 평가하고 있다.

즉 한비자의 사상은 노자(老子)와 장자(莊子), 신불해(申不害)를 「노자한비열전(老子韓非列傳)」에서 함께 논하며, 한비자를 "형명(刑名)과 법술(法術)의 학설을 선호하나, 그 학설의 근본은 황로사상[黃老思想 : 황제(黃帝)와 노자(老子)를 시조로 하는 도가사상(道家思想)의 계열]에 있다."라고 했다. 주지하듯 한비가 활동하던 전국시대(戰國時代)는, 노예제(奴隸制) 사회에서 봉건제(封建制) 사회로 막 변혁(變革)되던 시기다.

따라서 한비는 상앙(商鞅)의 일상(壹賞), 일형(壹刑), 일교(壹敎)의 법치사상과 신불해(申不害)의 군인남면지술(君人南面之術), 무위이치(無爲而治)의 술치사상(術治思想), 신도(愼到)의 도법론(道法論), 인순론(因循論), 세치론(勢治論) 등 선행 법가사상을 종합해 기존의 통치이념인 신권법(神權法)과 종법예치(宗法禮治) 사상을 대체하고자 했다. 이 때문에 당시에 활동한 사상가들은 정치적 성격이 보다 강할 수밖에 없었다.

말하자면 사상가들은 순수한 학술적인 성격보다는 다분히 정치적인 성격을 지닐 수밖에 없었던 것이다. 즉 당시의 학술논쟁이 노예제에서 봉건제란 신구질서를 둘러싼 변법세력(變法勢力)과 반(反)변법세력 간의 이해관계를 대변하는 성격이 강했기 때문이다. 물론 각 제후국들의 변법운동은 춘추시대부터 비롯되었으나, 당시엔 주로 토지(土地) 소유제와 세수(稅收) 제도 등 이른바 경제영역에만 한정되었던 게 특징이다.

즉 상부의 정치구조 내에서 세력 개편에 대한 논의는 그다지 활성화되지 않았던 것이다. 하지만 전국시대에 들어서는 상황이 완전히 달라진다. 상부의 정치구조를 본격적으로 개혁하려는 운동으로 전개되는데, 그 사상적인 논쟁의 핵심은 바로 '예치(禮治)의 수호'와 '법치(法治)의 수립'에 있었다. 사실 고대 사회에서 통치이념을 '예(禮)'에서 '법(法)'으로 전환하려는 기운은 '주(周)나라가 붕괴되는 시점에서 기원'한다.

다시 말하면 주나라가 붕괴되는 시점에서 기원해 춘추시대와 전국시대를 거치면서 진행되었다고 해도 과언이 아닌 것이다. 서주(西周) 시대의 예치(禮治) 제도는 종법제(宗法制)에 기초해 발전한 통치 형식이다. 그리고 이 시대의 예치는 친친(親親), 존존(尊尊), 장장(長長), 남녀유별(男女有別) 등의 내용을 기본 원리로 삼아 다스리는 정치다. 이 가운데 친친(親親)은 '종법원칙에 의한 가부장제(家父長制) 유지'를 뜻한다.

그리고 존존(尊尊)은 '계급원칙에 의한 군주제(君主制) 유지'를 뜻하며, 이 두 가지는 모두 종법제도를 공고히 하기 위한 것이다. 즉 양자는 주례(周禮)의 기본원칙일 뿐만 아니라 서주시대의 입법원칙이었다. 하지만 경제를 비롯한 제반 사회양식의 역사적인 변화에 따라 예치(禮治)의 정치적 실효성은 점차 빛을 잃게 되고, 법치(法治)의 통치이념이 새롭게 대두된다. 가령 이러한 현상은 이미 춘추시대에서 보여주고 있다.

기원전 644년 진(晉)나라 문공(文公)의 피려지법(被廬之法), 초(楚)나라 장왕(莊王)의 묘문지법(茆門之法 : 제34장인 「외저설우상(外儲說右上)」) 등 제후국들의 법치에 대한 기록을 통해 알 수 있다. 여하튼 예치(禮治)와 덕치(德治)를 보조하던 정치수단, 즉 법치(法治)가 하나의 통치이념으로 자리 잡은 과정은, 춘추시대와 전국시대를 일관하는 주요 정치 현상이자, 당시의 사상사(思想史)를 대표하는 특징이라 할 수 있다.

기원전 685년 제나라 관중의 '구법(舊法) 수정'을 필두로, 기원전 536년 예치를 법치로 대체하려는 정나라 자산의 성문법 선포는 정치사상이 한 단계 질적으로 도약하는 계기가 되었다. 이런 성과는 위나라 이회가 편찬한 성문법전인 『법경(法經)』으로 이어지고, 다시 오나라 오기의 변법운동을 비롯한 법가들의 변법운동을 추동하는 이념적 지향이 되었다. 이것을 전국말기, 한비가 종합하여 법치사상을 완성한 것이다.

전국시대(戰國時代) 지도, [ ] 표시는 고지명(古地名)

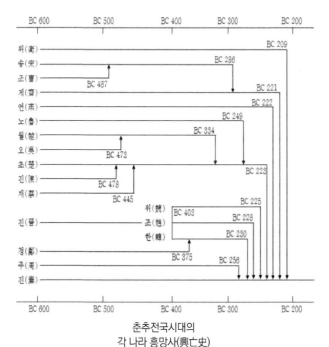

춘추전국시대의
각 나라 흥망사(興亡史)

일러두기

1. 이 책은 부산방(富山房)에서 출간한 『漢文大系, 韓非子翼毳』, 중화서국(中華書局)에서 출간한 『韓非子淺解』, 상해인민출판사(上海人民出版社)에서 출간한 『韓非子集釋』, 대만상무인서관(臺灣商務印書館)에서 출간한 『韓非子校釋』, 한길사에서 출간한 『한비자』(이운구)와 『한비자 법치로 세상을 바로 세운다』(김예호), 인간사랑에서 출간한 『한비자(韓非子)』(신동준)를 저본으로 삼아 수정과 보완하면서 기술했음을 밝힌다.

2. 이 책은 관련 전공 학자가 아닌 현장에서 움직이는 리더, 즉 공직을 비롯한 정치, 경제, 사회, 문화 등의 다양한 조직에서 리더로 활약하는 분들은 대상으로 삼았다. 따라서 빠르게 한비자(韓非子)의 철학과 사상은 물론 정치론, 법치론, 술치론, 세치론 등을 읽어낼 수 있도록 한다는 차원에서 과감하게 원문(原文)과 자해(字解) 등을 배제했다. 다만 최소한의 정보를 제공하기 위해 필요한 부분은 주석으로 처리했다.

3. 문장의 특성상, 민(民)과 백성(百姓) 등은 모두 민중(民衆)으로 통일했고, 문맥에 따라 '민중', '민중들', '사람들', '일반 사람들' 등으로 기술했다. 또 '대신'이나 '중신', '군주', '임금', '왕', '신하', '관리', '관료' 등도 상황에 맞게 혹은 문맥에 어울리게 기술했고, 각주(脚註)는 필요한 단락마다 **문구(文句)를 진하게 처리**했으며, 문장을 덧붙이는 기능으로 활용할 경우엔 따옴표를 이용, 한비자의 주장을 최대한 반영했다.

차례

제01장 초견진(初見秦)

> 한비(韓非)가 진나라 왕[秦王]을 뵈면 무슨 말로 시작할까 생각하며 쓴 글
> 이다. 진(秦)나라의 천하통일 전, 역사와 정치적 상황을 논한다. 당연히 한비
> 의 작품으로 보는 견해에 동의하나 내용이 「존한(存韓)」과 모순된다는 점에
> 서 시기의 재검토가 필요하다.

| 01 |

저[臣]는 '알지 못하면서 의견(意見)을 말하는 것은, 지혜(知慧)롭지 못한
것이고, 알면서도 의견을 말하지 않는 것은, 충성(忠誠)스럽지 못한 것이
다.'라고 들었습니다. 신하가 되어 불충(不忠)하면 죽어 마땅하고, 의견을
말해도 실제에 맞지 않으면 또한 죽어 마땅합니다. 비록 그렇기는 하나,
저[臣] 한비는 지금까지 들은 것을 빠짐없이 말씀을 올리고자 합니다. 죄
(罪)가 있고 없고는 오직 '대왕(大王)'께서 판단'하십시오.[1]

---

1) '대왕(大王)'은, 군주에 대한 경칭으로, 여기선 진(秦)나라의 소양왕(昭襄王 : 기원전 306~251)을
가리킨다.

제가 들건대, 천하는 조(趙)가 중심이 되어 북쪽은 연(燕)과 남쪽은 위(魏)를 끼고, 초(楚)와 연합하여 제(齊)와 결속을 다지며, 한(韓)을 끌어들여 마침내 **합종(合從)**을 이루어, 서쪽을 향해 강국 진(秦)과 대적하려 한다고 합니다. 저는 속으로 비웃었습니다. 세상, 즉 '나라가 망하는 데 3가지'가 있습니다. 천하가 이 지경에 이른 것을 가리킵니다. 제가 들건대, 어지러운 나라가 잘 다스려지는 나라를 공격하면 망합니다.[2]

사악한 나라가 정도의 나라를 공격하면 망하고, 순리를 거스르는 나라가 순리를 따르는 나라를 공격하면 망합니다. 지금 천하의 제후들을 보면 **국고**는 차 있지 않고, **곳간**은 텅 비었음에도 **사(士)**와 **민(民)**을 끌어모아 수십만에서 백만에 이르는 대군을 편성하고 있습니다. 이 가운데 머리가 땅에 닿도록 예(禮)를 올리고, 깃이 달린 장식을 머리에 얹은 후 장

---

[2] 춘추시대를 지나 전국시대에 이르자, 전국칠웅(戰國七雄)이라 불리는 한(韓), 위(魏), 조(趙), 연(燕), 제(齊), 초(楚), 진(秦)의 7개 제후국(諸侯國)으로 재편됐다. 이들은 서로 싸우기도 하고, 연합하기도 했다. 복잡다단한 외교 관계를 맺으면서 생존을 위해 치열한 경쟁을 벌였다. 주로 상앙(商鞅)의 변법을 통해 7개 나라 중에서 가장 부강해진 진(秦)나라와 나머지 6개 나라의 대립 양상으로 정국이 펼쳐졌다. 여기서 2가지 외교정책이 등장했는데, 합종책(合從策)과 연횡책(連橫策)이 그것이다. 합종책은 6개 나라를 종(縱)으로 연합시켜 강대한 진나라와 대결할 수 있는 이른바 공수동맹 전략으로, 6개 나라의 입장을 바탕으로 나온 전략이다. 실제 소진(蘇秦)이 6개 나라를 연합시켜 진나라에 대항했을 때, 진나라는 무려 15년 동안 함곡관 밖으로 나가지 못했다. 연횡책은 진나라와 횡(橫)으로 연합한다는 뜻인데, 즉 6개 나라가 각각 횡적으로 동맹을 맺는 전략으로, 진나라의 입장을 바탕으로 나온 전략이다. 진나라가 동맹을 맺은 어느 한 나라와 연합하여 다른 나라를 공격하면 6개 나라의 합종은 저절로 깨지고, 각자 고립되게 된다. 그러면 고립된 나라들을 하나씩 정벌함으로써 통일을 이룰 수 있다는 것이 이른바 연횡책이다. 실제로 장의(張儀)는 연횡책을 실행하여 소진의 합종책을 깨뜨리고, 진나라가 전국시대를 통일하는 데 크게 기여했다. 연횡책(連橫策)은 다른 말로 연형책(連衡策)으로도 불린다.

수를 위해 죽겠다고 앞서는 이들은 불과 천명도 안 됩니다.[3]

　말로는 모두가 결사항전을 외치지만 막상 적의 칼날이 눈앞에 이르면 사형 때 쓰는 형틀이 뒤에 있더라도 정신없이 도망쳐 죽지 않으려 합니다. 이것은 사(士)와 민(民)이 죽지 않으려는 것이 아니라 위에 있는 이들이 그렇게 하지 않기 때문입니다. 말로는 상을 준다고 하면서 주지 않고, 처벌을 강하게 한다고 하면서 실행하지 않으니, 상벌(賞罰)이 신뢰를 잃었습니다. 이 때문에 '사민(士民)이 죽지 않으려는 것'입니다.

　하지만 지금 진(秦)은 호령(號令)을 내려 상벌을 실제로 시행하므로, '공(功)이 있는 이와 공이 없는 이'를 사실대로 합니다. 부모 품을 떠나 생전에 적(敵)을 본 적이 없는데도 전쟁이 났다는 소리를 들으면, 발을 구르며 맨몸으로 날카로운 칼날과 맞서고, 뜨거운 불길 속이라도 밟고 들어갈 듯 모두 먼저 죽기를 각오합니다. 무릇 죽을 각오를 하는 것과 반드시 살아남으려는 것은 같지 않음에도 민(民)이 그렇게 합니다.

　이는 분전(奮戰)하다 죽는 일을 귀하게 여기기 때문입니다. 무릇 한 사람이 분전하다 죽는 것은 적군 열 명과 대적할 수 있고, 열 명은 백 명과 대적할 수 있으며, 백 명은 천 명과 대적할 수 있고, 천 명은 만 명과 대적

---

3) '국고'는, 원문에 부고(府庫)로 나온다. 여기서 부(府)는 문서나 재물을 보관하는 곳이고, 고(庫)는 무기 등을 보관하는 창고다. 즉 나라에서 운영하는 재화 창고를 가리키고, '곳간'은, 원문에 균창(囷倉)으로 나온다. 즉 곡물 창고로 균(囷)은 둥근 곳간, 창(倉)은 모난 곳간을 가리킨다. 그리고 '사(士)'는, 사대부의 사가 아닌 장교를 가리키고, 민(民)은 평소 생업에 종사하다 전쟁이 나면 전쟁터로 나가는 평민을 가리킨다.

할 수 있으며, 만 명은 천하(天下)도 이겨낼 수 있는 것입니다. 지금 진(秦)나라의 토지는 긴 데를 자르고 짧은 데를 메우면 사방 수천 리가 될 것입니다. **우수한 군사도 수십만에서 백만은 될 것입니다.**[4]

게다가 진(秦)나라처럼 호령(號令)이 엄하고 상벌이 엄격하며, 지형 조건이 **유리[利害]**한 나라는 천하에 없습니다. 이를 토대로 천하(天下)를 상대한다면, 천하를 모두 차지하고도 그 힘이 남아돌 것입니다. 실제로 진(秦)은 일찍이 싸워 이기지 못한 적이 없고, 공격하여 쟁취하지 못한 적이 없으며, 대항하는 나라를 격파하지 못한 적이 없습니다. 개척한 영토가 수천 리나 넓어진 이유입니다. 이는 '크게 성취한 것'입니다.[5]

그러나 지금 군사력은 무뎌졌고, 사민(士民)은 지쳐 병들었으며, 축적해 둔 물자는 바닥이 났습니다. 또한 논밭은 황폐해졌고, 곡식 창고는 텅 비었으며, 사방(四方)의 제후들은 이제 복종하지 않아, 패왕[霸王 : 인정(仁政)이 아닌 무력(武力), 즉 힘을 통해 천하를 통일한 사람]이 명성(名聲)을 떨치지 못하고 있습니다. 이는 모신(謀臣 : 대왕을 위해 계략을 꾸미는 데 능한 신하)들이 모두 충성을 다하지 않기 때문입니다.

---

4) '우수한 군사'는, 일종의 '정예군'을 가리킨다.
5) '유리[利害]'는, 원문에 이해(利害)로 나온다. 즉 '이로움' 속엔 반드시 '해로움'도 존재한다고 보지만, 여기선 문맥상 유리(有利)한 것으로 해석했다.

제가 감히 패왕이 되는 길을 잃은 3가지 말씀을 드립니다. 지난날 제(齊)는 남쪽으로 초(楚)를 깨뜨리고, 동으론 송(宋)을 격파했으며, 서쪽으론 진(秦)을 복종시키고, 북으론 연(燕)을 격파했으며, 중앙으론 한(韓)과 위(魏)를 마음대로 부렸습니다. 영토가 넓고 군대는 강력해 싸우면 이기고 공략하면 탈취해 온 천하를 호령했습니다. 지리적으로 제(齊)의 맑은 제수(濟水)와 탁한 황하(黃河)는 '천연의 방어선 역할'을 했습니다.

 장성(長城)과 거대한 제방은 그야말로 요새 역할을 했습니다. 제(齊)는 5번을 싸워 모두 이겼지만, 오직 한 번 연(燕)나라와 싸워 이기지 못하자 패망(敗亡)의 길로 접어들었습니다. 이로 미루어 보면 무릇 전쟁이란, 만승(萬乘)의 대국(大國)이라도 존망의 갈림길이 되는 것입니다. 또한 제가 일찍이 듣건대, 일의 흔적[자취]을 없애려면 뿌리까지 남기지 말아야 하고, 재앙(災殃)을 멀리하면, 재앙이 있을 수 없다고 했습니다.[6]

 진(秦)은 초(楚)의 군대와 싸워 초를 크게 격파하고, **영(郢)**까지 습격하여 동정(洞庭)과 오호(五湖), 강남(江南)을 차례로 탈취했습니다. 이에 초왕(楚王)과 군신(君臣)들은 패주(敗走)해 동쪽의 진(陳) 땅에 몸을 숨기고 한숨 돌렸습니다. 그때 군대를 보내 초왕을 추격했다면 초(楚)를 멸망시킬 수 있었을 것입니다. 초를 멸망시켰다면 민중들을 족히 확보할 수 있고, 그 땅

---

6) '장성(長城)'은, 지금의 만리장성이 아닌, 산동성(山東省) 근처에 있던 장성을 가리킨다.

에서도 충분한 이익을 도모할 수 있었을 것입니다.[7]

이어 동쪽으로 제(齊)와 연(燕)을 약화시키고, 중앙으론 **삼진(三晉)**을 넘볼 수도 있었습니다. 그렇게 되었다면 단번에 패왕의 명성을 얻어 사방의 제후들로부터 조공(朝貢)을 받을 수도 있었습니다. 사정이 이러함에도 모신(謀臣)들은 그렇게 하지 않고 군대를 이끌고 물러나 초(楚)군과 다시 화평을 맺었습니다. 이는 초군으로 하여금 잃어버린 도성을 수복하고, 흩어진 민중을 모아 사직(社稷)의 신주를 세우게 했습니다.[8]

뿐만 아니라 종묘(宗廟)의 제사를 관장하는 관서(官署)를 두어 천하의 제후들을 이끌고 서쪽을 향해 진(秦)과 대적할 수 있도록 시킨 셈이 됩니다. '이것이 처음부터 패왕이 되는 길을 잃게 만든 첫 번째 이유'입니다. 이후 천하의 제후들은 또 연합하여 군대가 화양(華陽) 성 아래까지 쳐들어왔습니다. 대왕께선 법령을 내려 이를 격파하고, 그 군대를 내처 위(魏)나라의 도읍인 대양(大梁)의 **외성(外城)** 아래까지 이르렀습니다.[9]

그렇게 양(梁)나라를 포위하고 수십 일을 끌었다면 양을 충분히 함락시킬 수 있었습니다. 양(梁)나라의 성이 함락되면, 위(魏)를 멸망시킬 수 있습니다. 위나라가 멸망하면 초(楚)와 조(趙)의 연합은 끊어질 것이고, 초와 조의 연합이 끊기면 조는 위태로워질 것입니다. 조(趙)가 위태로워지면

---

7) '영(郢)'은, 오늘날 호북성(湖北省) 강릉 땅, 옛 초나라의 도성을 가리킨다.

8) '삼진(三晉)'은, 중원의 한(韓)나라와 위(魏)나라, 조(趙)나라를 가리킨다.

9) 원문엔 양곽(梁郭)으로 나온다. 여기서 양(梁)은 국도(國都)를 말하고, 곽(郭)은 도읍의 외성(外城)을 가리킨다.

초(楚)는 의심을 품었을 것입니다. 그러면 동쪽으로 제(齊)와 연(燕)을 약화시키고, 중앙으론 **삼진(三晉)**을 넘볼 수도 있었습니다.[10]

그렇게 되었다면 단번에 패왕의 명성을 얻어 사방의 제후들로부터 조공을 받을 수 있었습니다. 사정이 이러함에도 모신(謀臣)들은 그리하지 않고 물러나 **위씨(魏氏)**와 다시 화평을 맺었습니다. 이는 위씨로 하여금 잃어버린 도성(都城)을 수복하고, 흩어진 민중을 모아 사직(社稷)의 신주를 세우고, 종묘(宗廟)의 제사를 관장하는 관서(官署)를 두어 천하의 제후들을 이끌고 서쪽을 향해 진(秦)과 대적하도록 한 셈입니다.[11]

'이것이 처음부터 패왕이 되는 길을 잃게 만든 두 번째 이유'입니다. 전에 **양후(穰候)** 위염(魏冉)이 진(秦)의 재상이 되었을 때, 일국(一國)의 군대를 활용해 진나라와 자신의 영토를 동시에 넓히는 공을 이루고자 했습니다. 이 때문에 병사들은 평생 나라 밖에서 비바람에 시달리고, 안에서는 사민(士民)이 지치고 병들어, 패왕의 명성이 이루어질 수 없었습니다. '이것이 패왕이 되는 길을 잃게 만든 세 번째 이유'입니다.[12]

| 04 |

조(趙)는 **중앙에 위치한 나라**로 떠돌이들, 즉 **유민(流民)**의 나라라고 할

---

10) '삼진(三晉)'은, 진(晉)에서 분리되어 나온 한(韓), 위(魏), 조(趙)를 일컫는다.
11) '위씨(魏氏)'는, 위(魏)나라를 말한다.
12) '양후(穰候)'는, 진나라 소양왕(昭襄王)의 어머니 선태후(宣太后) 의부의 아우다. 소양왕 41년, 재상자리에서 추방당했다. 양(穰) 땅을 봉지(封地)로 받아 이른바 '양후'로 불린다.

수 있습니다. 민심이 매우 경박스러워 그들을 군사로 쓰기는 어렵습니다. 호령이 제대로 미치지 못하고, 상벌(賞罰)이 명확하지 않아 신뢰가 없으며, 지세 또한 불리했습니다. 조나라 군주가 민중들의 힘을 다 발휘시킬 수 없었던 이유입니다. 처음부터 '망국(亡國)의 형세'에 있었던 것입니다. 그럼에도 **민초**를 걱정하지 않고, 사민들을 내몰았습니다.[13]

그리고 그들로 하여금 장평(長平) 성 아래에 진을 치고, 한나라의 상당(上黨) 땅을 빼앗으려 다투었습니다. 이에 대왕께서 진나라 군사에 명을 내려 이들을 쳐부수고, **무안(武安)** 땅을 함락시켰던 것입니다. 상황이 이런데도 조나라는 상하가 서로 화목하지 않고, 귀천(貴賤)이 서로 불신하는 상태였습니다. 그러므로 한단(邯鄲)은 지켜낼 수 없는 것이었습니다. 이런 시기에 진(秦)나라가 '한단을 함락시키는 것'은 쉽습니다.[14]

또 산동(山東)의 하간(河間) 지방을 제압한 뒤, 군대를 이끌고 다시 서쪽으로 수무(修武)를 공략하면, **양장(羊腸)**을 넘어 대(代) 땅과 상당(上黨) 지방을 손에 넣을 수 있었습니다. 이렇게 되면 대(代) 땅에 속한 36개의 현(縣)과 상당에 속한 17개 현(縣)은 갑옷 한 벌도 쓰지 않고, 사민(士民) 한 사람의 노고(勞苦)도 없이 진나라 소유[領有]가 되었을 것입니다. 진(秦)이 '대

---

13) 중앙지국(中央之國)으로 불린 조(趙)나라의 도읍은 한단(邯鄲)이었다. 연나라의 남쪽, 제나라의 서쪽, 위나라의 북쪽, 한나라의 동쪽에 위치했던 이유로 중앙이라 한 것이고, '유민(流民)'은, 이른바 잡민(雜民)으로도 불리는데, 여러 나라로부터 흘러들어와 뒤섞여 사는 사람들을 말하며, '민초(民草)'는, 천한 신분의 민중으로, 타 지역에서 온 사람들을 가리킨다.
14) '무안(武安)'은, 지금의 하북성(河北省)을 가리킨다.

와 상당지방'을 소유했다면, 어떻게 되었겠습니까.[15)]

　제(齊)나라와 연(燕)나라도 가만히 있지는 않았을 것입니다. 조나라 동
쪽에 있는 **동양(東陽)**과 **하외(河外)** 지방은 싸우지도 않고 제나라 소유가
되고, 북쪽에 있는 중산(中山)과 호타(呼沱) 이북의 땅은 역시 싸우지도 않
고 연나라 소유가 되었을 것입니다. 이는 바로 조(趙)나라의 멸망을 의미
합니다. 조나라가 멸망하면 한(韓)나라도 이내 멸망할 것입니다. 한나라
가 멸망하면, 초(楚)나라와 위(魏)나라도 독립할 수 없습니다.[16)]

　이렇게 되면, 단 한 번의 공격으로 한을 격파하고, 위를 무너뜨리며, 초
를 함락시켰을 것입니다. 그러면 동쪽으로 제와 연의 세력은 약화될 것
이고, 이때 **백마(白馬) 나루터** 물을 위나라로 흘려보내면 단번에 삼진(三
晉)을 멸망시키고, 합종(合從)의 맹방들은 와해되었을 것입니다. 그러면
대왕께선 옷자락을 늘어뜨리고 팔짱을 낀 채 가만히 있기만 해도 천하
제후들이 복종해올 것이니, 패왕의 명성을 이룰 수 있었습니다.[17)]

　그런데도 진나라의 모신(謀臣)들은 그것을 하지 않고 군대를 이끌고 물
러나 조(趙)와 화평을 맺었습니다. 무릇 대왕의 현명함과 진나라 군사의

---

15)　'양장(羊腸)'은, 지금의 산서성(山西省) 진성현(晉城縣) 남쪽에 위치한 태항산의 언덕길 산을
　　가리킨다. 양의 창자처럼 고갯길이 구불구불하다고 표현한 것이다.
16)　'동양(東陽)'은, 지금의 하북성 은현(恩縣) 근처 땅을 가리키고, '하외(河外)'는, 황하(黃河)를 기
　　준으로 하는 하내(河內) 지방의 대칭을 가리킨다.
17)　'백마(白馬) 나루터'는, 백마지구(白馬之口)로, 하남성 활현(滑縣) 근처에 있던 당시 황하 연안
　　의 선착장을 가리킨다.

강력함을 가지고도 패왕(覇王)이 되는 대업을 저버리고, 땅을 조금도 얻지 못하면서 도리어 망한 것이나 다름없는 나라에 속임을 당했으니, 이는 진나라 모신들이 졸렬(拙劣)했기 때문입니다. 즉 망했어야 할 조는 건재하고, 패자가 되었어야 할 '진'은 패업을 이루지 못했습니다.

진나라가 아직도 패업을 이루지 못한 것은 천하의 제후들이 진나라의 모신들 능력을 헤아리고 있었다는 증거입니다. 이것이 첫 번째 과오입니다. 사정이 이런데도 다시 사졸들을 모아 한단(邯鄲)을 치게 했으나 함락시키지 못했을 뿐만 아니라, 오히려 갑옷을 버리고 병기를 짊어지고 공포에 떨면서 퇴각했습니다. 이는 천하의 제후들이 미리부터 진나라의 군사력을 헤아리고 있었다는 증거입니다. 이것이 두 번째 과오입니다.

그래서 군사를 이끌고 물러나 이성(李城) 아래에서 쉬고 있을 때, 대왕께선 또다시 군사를 이끌고 와 전투를 벌였으나 이기지 못했습니다. 곧바로 돌아갈 수도 없었던 까닭에 군사들은 크게 지쳐 사방으로 도망쳤습니다. 이는 천하의 제후들이 미리부터 진나라의 국력을 충분히 가늠하고 있었다는 증거입니다. 이것이 세 번째 과오입니다. 즉 안으론 모신들의 능력이 간파당하고, 밖으론 병력의 한계가 드러난 것입니다.

이로 미루어 볼 때, 저의 생각으론 천하 제후들의 합종(合從)은 그리 어려운 일이 아닙니다. 실제로 진(秦)나라 정황을 살펴보면, 안으로 군대 장비는 크게 손상되어 있고, 사(士)와 민(民)은 병들어 있으며, 쌓아둔 재화는 바닥이 났습니다. 게다가 논밭은 황폐해졌고, 따라서 곳간은 텅 비었습니다. 또 밖으로 천하 제후들은 더욱 굳게 결속[단합하는 마음]해 있습니다. 원하건대 대왕께서는 이 일을 '깊이 생각'해 보십시오.

| 05 |

제가 듣건대, 두려워하면서 날로 삼가라. 진실로 도(道=治道)를 삼가면 천하를 소유할 수 있다고 했습니다. 무엇으로 알 수 있겠습니까. 옛날 **주 (紂)**가 은(殷)의 천자였을 때, 천하의 군사 백만을 이끌고 정벌에 나섰는데, 좌군(左軍)이 기수(淇水) 계곡에서 말들에게 물을 먹이고, 우군(右軍)이 원계(洹谿)에서 물을 먹였습니다. 이에 기수는 고갈되고 원계는 말라 흐르지 못할 정도의 기세로 주(周) **무왕(武王)**과 싸웠습니다.[18]

이때 무왕은 허술한 차림의 군사 3천 명을 이끌고 단 하루의 싸움만으로 **주(紂)의 도성을 격파**하고 그를 사로잡았습니다. 춘추 말 진(晉)의 권신, 지백(智伯)은 삼국[한씨, 위씨의 군대 포함]의 군대를 이끌고 **진양(晉陽)**에서 **조양주(趙襄主)**를 공격했는데, 강물을 끊고 진양성에 수공(水攻)을 가한 지 3달 만에 도성을 함락시켰습니다. 당시 조양주는 거북이 등뼈에 구멍을 뚫어 점을 치고 '산가지로 길흉을 판단'했습니다.[19]

지씨와 한씨, 위씨 가운데 이해득실을 계산하여 어느 나라에 항복할지

---

18) '주(紂)'는, 은(殷)나라의 마지막 왕으로, 제신(帝辛) 혹은 상신(商辛)으로 불리고, '무왕(武王)'은, 주(周)나라의 제1대 천자(天子)다. 성은 희(姬), 이름은 발(發)이다. 문왕(文王)의 아들이다.

19) '무왕(武王)'이, 그 땅을 점거하고 그 민중을 차지했음에도 천하의 어떤 사람도 주(紂)를 불쌍하게 여기지 않았고, '진양(晉陽)'은, 지금의 산서성 태원현(太原縣)을 가리키며, '조양주(趙襄主)'는, 춘추전국시대에 주(主)로 불렸던 대부(大夫)를 가리킨다.

알고자 한 것입니다. 이에 재상(宰相)으로 있던 장맹담(張孟談)을 사신으로 보냈습니다. 그래서 장맹담이 물속으로 헤엄쳐 빠져나가 한씨와 위씨 두 군주를 설득시켜 지백(智伯)과의 약속을 어기게 하고, 두 나라 군대와 합세하여 역으로 지백을 공격해 그를 사로잡았습니다. 조양주가 패망의 위기에서 벗어나, '원래의 지위를 회복'할 수 있었습니다.

지금 진(秦)의 땅은 넓어 그 긴 곳을 잘라 짧은 곳을 메운다면 사방 수천 리가 될 것이고, 우수한 군사도 수십만에서 백만은 될 것입니다. 또 진(秦)의 호령과 상벌은 엄격하며, 지형조건도 유리합니다. 천하에 이와 같은 나라는 없습니다. 이를 토대로 천하의 제후들과 다툰다면 천하를 아울러 소유할 수 있습니다. 제가 죽음을 무릅쓰면서 대왕을 뵙고 말씀드리고자 하는 것은 천하 제후들의 합종을 깨뜨리는 것입니다.

조(趙)를 배앗고, 한(韓)을 멸망하고, 초(楚)와 위(魏)를 신하로 섬기게 하고, 제(齊)와 연(燕)을 내 편으로 만들어 마침내 패왕(霸王)의 명성을 이루어 사방의 제후들로 하여금 '조공을 들게 할 방도를 일러드리는 것'입니다. 대왕께서 제 **의견을 듣고 행하였음**에도, 사방의 제후들로 하여금 조공을 들게 하지 못하게 된다면, 저를 **참형(斬刑)**에 처한 후, 일을 도모한 주모자로서 '불충한 사람'임을 나라 안에 널리 알리십시오.[20]

---

20) 한비는 덧붙이길, '만일 자신의 계책이 들어맞지 않으면, 즉 일거에 천하 제후들의 합종을 깨뜨리지 못하고, 조(趙)를 뺏거나 한(韓)을 멸망시키지 못하고, 초(楚)와 위(魏)를 신하로 삼지 못하고, 제(齊)와 연(燕)을 내 편으로 만들지 못해 결국 패왕의 명성을 이루지 못하고, 사방의 제후들로 하여금 조공을 들게 하지 못하게 된다면' 죽음도 불사하겠다고 선언한 것이다. 그리고 '참형(斬刑)'은, 2가지가 있다. 목을 잘라 죽이는 것과 허리를 자르는 것이 그것이다.

제02장 존한(存韓)

진(秦)나라가 한(韓)나라를 공략하려는 계획을 세우고 있었다. 이를 염려한 한비(韓非)가 진왕(秦王)에게 결코 그것이 이롭지 못함을 설득시켜 자신의 조국, 즉 한(韓)나라의 존속을 도모하고자 올린 글이다.

| 01 |

한(韓)이 **진(秦)을 섬겨**온 지 30여 년이 되었습니다. 밖으로는 방패막이가 되고, 안으론 **석천(蓆薦)** 구실을 하여 평안을 누렸습니다. 진(秦)은 다만 정예군을 출동시켜 한(韓)의 영토를 취하고, 한나라는 그 명을 따랐을 뿐입니다. 그 결과 세상의 모든 원한은 한(韓)에 쏟아지고, 공(功)은 모두 강한 진(秦)에게로 돌아갔습니다. 또한 원래 한은 공물이나 **부역**을 바치고 있어 사실상 진(秦)의 군현(郡縣)과 다름이 없습니다.[21]

---

21) 한나라 희왕(僖王) 23년[기원전 273] 전후의 논의다. 당시 조나라와 위나라 연합군이 한나라의 화양을 공격하자, 진나라가 한나라를 도와 이들을 격파했다. 이후 한나라는 사실상 진나라의 속국이 되었고, '석천(蓆薦)'은, 석(蓆)이나 천(薦) 모두 왕골이나 짚으로 만든 자리를 뜻한다. 즉 거적이나 명석으로, 몸을 편안하게 한다는 의미이며, '부역'은, 공직(貢職)에서 직(職)이 '노력 동원'을 뜻하기 때문에 부역한다고 보는 것이다.

그런데 요즘 귀국의 신하들 계획을 보면, 군사를 일으켜 한(韓)을 치고자 합니다. 이는 잘못된 것입니다. 조(趙)나라는 사졸을 모으고, 합종(合從)을 주장하는 무리들을 양성하여, **천하의 군사력과 연합하려** 합니다. 따라서 이들이 서쪽의 진을 치려고 계획을 세운 게 하루 이틀이 아닙니다. 지금 조(趙)로부터 입을 환난을 놓아두고, 내신(內臣)과도 같은 한(韓)을 친다면 천하의 제후들은 조의 계책이 옳다고 볼 것입니다.[22]

| 02 |

중원(中原)에 위치한 한(韓)나라는 약소국입니다. 그래서 천하의 제후들이 사방에서 공격해오는 것을 대응해야 합니다. 군주는 치욕을 참고, 신하는 고통을 견디며, 상하가 근심 걱정을 함께 해온 지 오래되었습니다. 수비를 단단히 하고, 강적을 경계하며, 많은 것을 축적하고, 성곽(城郭)과 해자(垓字)를 축조하여 수비를 견고히 하고 있습니다. 지금[만일] 진(秦)이 한(韓)을 친다 해도 1년 내 멸망시키지는 못할 것입니다.

겨우 성(城) 하나를 함락하고 물러나면, 그 권위가 천하로부터 경시당할 것입니다. 그러면 천하의 제후들은 진의 군대를 분쇄하려 들 것입니다. 또 한이 진을 배반한다면 위(魏)가 이에 호응하고, 조(趙)는 제(齊)를 배경으로 후원을 얻고자 할 것입니다. 그렇게 되면 한과 위는 조를 돕고 제

---

22) 조(趙)나라가 '사졸(士卒)을 모으고, 합종(合從)을 주장하는 무리를 양성하여, 천하의 군사력과 연합하려는 것'은 진(秦)나라가 강대해질 경우, 반드시 자신의 나라를 멸(滅)할 것을 알기 때문이다.

(齊)에겐 힘을 빌려주는 셈입니다. 이는 제후들이 합종(合從)의 맹약을 굳히는 것이며, 진(秦)을 상대로 '강자 싸움을 벌이는 꼴'입니다.

조(趙)에겐 다행스런 일이지만, 진(秦)에겐 화근인 것입니다. 무릇 나아가 조나라를 치더라도 차지할 수 없고, 물러나 한(韓)을 공격하더라도 함락시키지 못한다면, 강적을 쳐부술 정예병들은 야전에서 지쳐버리고, 물자를 공급할 군수부대도 지칠 것입니다. 그러면 지치고 약해진 무리들을 끌어모아 만승(萬乘)의 두 대국[제와 조]과 대적하게 되는 것입니다. 이는 '한'을 멸망시키겠다는 귀국의 본래 의도와 어긋납니다.[23]

| 03 |

저의 어리석은 계책(計策)으론 누군가를 초(楚)에 사신으로 보내 **요로(要路)의 대신들**에게 정중히 예물을 전하고, 그간 조(趙)가 어찌 진(秦)을 속여왔는지를 설명하는 한편, 위(魏)에 대해선 인질을 보내 안심시키고, 한(韓)을 끌어들여 조나라를 치게 한다면, 조나라가 비록 제(齊)와 하나가 되어막을지라도 크게 우려할 일은 못 됩니다. 이 두 나라 일만 마무리되면, 한(韓)은 서한(書翰) 한 장으로 평정할 수 있습니다.[24]

---

23) 한비는 덧붙이길, '정말로 귀국 신하들의 계획대로 한나라를 치고자 한다면, 진(秦)나라는 반드시 천하 제후들의 공격 목표가 될 것입니다. **폐하(陛下)**께서 비록 금석(金石)처럼 장수(長壽)를 할지라도 천하를 통일하는 날은 결코 오지 않을 것입니다.'라고 했다. 참고로 '폐하(陛下)'란 말은, 본래 '궁전의 계단 아래 서 있는 경호병'이란 뜻이지만, 여기선 왕을 간접적으로 가리키는 경칭(敬稱)으로 쓰였다.
24) '요로(要路)의 대신들'은, 이른바 '정권을 장악한 신하'를 지칭한다.

그리되면 진나라는 단 한 번의 거사로 조와 제(齊), 두 나라를 패망의 길로 몰게 되고, 초와 위 또한 반드시 절로 굴복하고 말 것입니다. 옛말에 이르길, '군사는 흉기다.'라고 했습니다. 따라서 군사를 동원할 땐 신중하지 않을 수 없습니다. 진(秦)은 조(趙)와 적대관계인데 제(齊)가 조(趙)에 가세하고, 이제 또 한(韓)마저 등을 돌리게 되면 미래를 예측할 수 없습니다. 게다가 초와 위는 아직 결속하지도 못한 상황입니다.

이런 상황에서 한(韓)과 싸워 승리를 거두지 못한다면, 도리어 화(禍)를 자초하는 것입니다. 무릇 계책은 일을 결정짓는 바탕입니다. 깊이 생각하지 않으면 안 됩니다. **조(趙)와 진(秦) 사이에 강하고 약함이 결정되는 것은 올 한해에** 달려있습니다. 또한 조가 제후들과 짜고 진을 멸망시키기 위한 음모를 꾸민 지도 오래되었습니다. 무릇 군사를 한번 동원하여 제후들로부터 약점을 보이기라도 하면 이는 위험한 일입니다.[25]

또 계책을 실행에 옮겼다가 도리어 제후들로 하여금 진(秦)의 속마음을 의심하게 만들면, 지극히 위태로운 일입니다. 이처럼 한(韓)을 무작정 치는 행위 등 2가지의 서툰 계책을 보이면 제후들 사이에서 강자로서의 위엄을 인정받지 못할 것입니다. 저는 폐하께서 이 일을 다행히 숙고할 수 있기를 간절히 바랍니다. 한을 공격했다가 합종(合從)한 나라들로 하여금 끼어들 틈을 준다면, 그땐 후회해도 어찌할 수 없습니다.

---

25) 여기선 조(趙)나라와 진(秦)나라가 계속 대립하고 있는 것으로 본다.

승상(丞相) 이사(李斯)가 진시황에게 올린 상소문

우리 왕께서 제게 조명(詔命)을 내려 한(韓)의 객(客 : 한비)이 올린 상소문을 검토하라 했습니다. 한비는 진(秦)이 한을 먼저 도모하면 안 된다고 주장했습니다. 저는 그것이 대단히 마땅치 않다고 생각합니다. 진이 한을 껴안고 있는 것은 마치 사람이 몸 안에 **중병**을 지니고 있는 것과 같습니다. 할 일 없이 조용히 있을 때도 답답하고, 습지에 있으면 발이 달라붙어 빠지지 않는 것 같으며, 급히 달리면 병이 발작합니다.[26]

무릇 한(韓)이 비록 진(秦)의 신하로 있다곤 하나, 지금까지 우리 진에 해[病]가 되지 않은 적이 없습니다. 지금 만일 갑작스런 일이 생긴다면, 한은 결코 믿을 수 없는 나라입니다. 진(秦)과 조(趙)가 적대관계에 있는 관계로, **형소(荊蘇)**를 제(齊)에 사신으로 보내 조와 국교를 끊도록 설득하고 있으나, 일의 성사 여부는 모릅니다. 제가 보기에 제와 조의 국교가 형소 한 사람의 힘만으론 분명히 단절되지 않을 것입니다.[27]

만일 단절이 되지 않는다면, 진(秦)은 총력을 다해 만승의 강국인 제(齊)와 조(趙)를 상대해 싸워야 합니다. 무릇 한(韓)은 진나라에 의리로 복종하

---

26) '중병(重病)'은, 배나 가슴 속에 어찌할 수 없는 병을 말한다.
27) '형소(荊蘇)'는, 제나라에 파견한 진나라의 사신으로, 제나라가 조나라와의 관계를 단절할 것을 설득하기 위해 갔다.

는 것이 아닌, 강력한 힘에 굴복하고 있는 것입니다. 만일 진이 제와 조를 상대로 온 힘을 다한다면, 한은 반드시 복심(腹心)의 병이 되어 크게 발작할 것입니다. 한이 초(楚)와 공모하고 제후들이 거기에 호응하면, 진나라는 반드시 **효새(崤塞)**의 환난을 다시 보게 될 것입니다.[28]

한비(韓非)가 진(秦)에 온 것은, 반드시 한을 존속시켜 그 공으로 한에 중용되고 싶어서입니다. 온갖 변설과 미사로 문장을 짓고 잘못을 꾸미며 거짓 꾀를 짜내 진으로부터 이익을 낚아 한(韓)에 이익이 되도록 폐하의 틈을 엿보고 있습니다. 무릇 진과 한의 교분이 친밀해지면 한비는 중용될 것입니다. 이는 자신의 형편을 고려한 계책에 불과합니다. 제가 보기에 한비는 사설(邪說)과 말을 꾸미는 능력이 매우 뛰어납니다.

저는 폐하께서 한비의 말솜씨에 현혹될까 두렵습니다. 다시 말해 한비의 도적 같은 마음을 받아들여, 일의 실정을 자세히 살피지 못하게 될까봐 두렵습니다. 이제 저의 어리석은 생각으론 진(秦)이 군사를 일으켜 어느 나라를 칠 것인지를 분명히 하지 않은 채로 있으면, 한(韓)의 중신들은 진을 섬기는 계책을 세울 것입니다. 그런 시점에 제가 사자로 가서 한왕(韓王)을 만나 그로 하여금 진(秦)에 직접 입궐토록 하겠습니다.

그러면 대왕께서는 그를 만나보시고, 그대로 볼모[약속을 담보로 한 억류]로 잡아 돌려보내지 마십시오. 얼마 이후, 중신(重臣)들을 불러 그들과

---

28) '효(崤)'는, 효산(崤山)으로, 함곡관과 연결된 요새를 지칭한다. 여기서 치열하게 싸운 적이 있었다.

흥정하면 한의 영토를 많이 쪼개 받을 수 있습니다. 이어 장수인 **몽무(蒙武)**에게 명령하여 동군(東郡) 군사를 출동시켜 국경 근처에서 시위를 벌이도록 하되, 진격할 방향을 밝히지 않으면 제(齊)나라가 두려워 '제와 국교를 끊으라'는 형소(荊蘇)의 계책을 결국 따를 것입니다.[29]

이렇게 되면, 우리는 군사를 동원하지 않고도 만만치 않은 한(韓)을 위세로 굴복시키고, 강국인 제(齊)를 의리로 복종시키는 셈이 됩니다. 이런 사실이 제후들에게도 알려지면 조(趙)는 간담(肝膽)이 서늘해질 것이고, 초(楚)는 갈피를 잡지 못하다 반드시 진에 충성하는 계책을 세울 것입니다. 즉 초가 움직이지 않으면 위(魏)는 우환(憂患)이 되지 않습니다. 원컨대 폐하께서는 저의 계책을 깊이 살펴 소홀히 하지 마십시오.[30]

| 05 |

진(秦)이 마침내 이사(李斯)를 한(韓)에 사절로 파견했다. 이사가 한왕(韓王)에게 사신으로 오게 된 뜻을 고하려 했으나 만날 수 없었다. 따라서 그가 상주(上奏)하는 글을 지어 올렸다.

옛날에 진과 한은 힘을 합하고, 뜻을 하나로 모아 서로 침략하지 않았

---

29) 원문엔 상무(象武)로 되어 있으나, 『사기(史記)』, 「시황본기(始皇本紀)」에는 몽무(蒙武)로 되어 있다. 진나라 장수 몽오(蒙驁)의 아들로, 진시황 사후 조고(趙高)에게 죽임을 당한 몽염(蒙恬)의 부친이다.

30) 이렇게 되면, '제후들의 영토를 서서히 잠식할 수 있고, 조(趙)와 합종에서 떼어내 대적할 수 있을 것으로 기대한 것'이다.

으며, 천하의 제후들도 감히 쳐들어오지 못했습니다. 이런 상태가 여러 대에 걸쳐 이어졌습니다. 지난번 5개국의 제후들이 공동으로 연합해 한을 정벌하고자 했을 때도 진은 군대를 출동시켜 구제해 주었습니다. 한은 중원(中原)에 위치해 있지만, 땅의 넓이는 사방 천 리에도 미치지 못합니다. 그럼에도 천하의 제후들과 같은 반열에 위치해 있습니다.[31]

이런 상황에서도 군신(君臣)이 서로 보존될 수 있었던 것은 대대로 서로 가르치며 진(秦)을 섬긴 공력 덕분입니다. 사정이 이런데도 먼젓번에 **5개 나라 제후들**이 공동으로 연합해 진(秦)을 칠 때에는 한(韓)이 도리어 제후들 편에 가담해 솔선하여 진(秦)으로 향하면서 **함곡관** 아래에 진(陣)을 쳤습니다. 하지만 제후들 군대는 지치고, 힘은 다해 어쩔 수 없이 철군했습니다. 얼마 후, 두창(杜倉)이 진나라의 재상이 됐습니다.[32]

그러자 군대를 일으키면서 지난날 천하 제후들의 공격으로 인한 원한을 갚고자 우선 초(楚)를 치고자 했습니다. 소문을 들은 초의 재상이 근심스럽게 말하길, '한은 진에 대해 불의(不義)하다면서 진과 형제의 의를 맺고, 천하 제후들을 함께 괴롭히다 이제는 또 진을 배반하고 앞장서서 함곡관을 공격한 것이다. 한은 중원에 위치해 있으면서 이리 붙었다 저리

---

31) 한나라의 이왕(釐王) 3년에 조나라와 위나라의 연합군이 화양(華陽)을 침공했을 때, 진나라 소양왕(昭襄王)은 백기(白起)를 파견하여 한나라를 구원한 일이 있다. 하지만 5명의 제후 이름은 분명하지 않다.

32) 진나라의 혜문왕(惠文王) 때 한나라, 위나라, 조나라, 연나라, 제나라가 진나라를 공격했던 일을 말하고, '함곡관(函谷關)'은, 진(秦)에서 산동의 6개 나라로 통하는 관문(關門)으로, 현재의 하남성(河南省) 영보현(靈寶縣) 서남쪽에 위치해 있다. 효함(崤函)이라고도 부른다.

붙었다 하니, 그들의 진의를 알 수 없다.'라고 하였습니다.

천하 제후들은 함께 협의하여 한(韓)의 **상당** 지역 10개 성읍을 진에 바치며 사과했습니다. 이에 진은 군대를 해산했습니다. 일찍이 한은 진을 한 번 배반한 결과 나라는 압박을 받고, 영토는 침략을 당했으며, 군사력도 약해진 상태로 오늘에 이르렀습니다. 이는 간신들의 **무책임한 말**만 믿고 사실을 제대로 파악하지 못한 결과입니다. 그러므로 비록 간신들을 죽인다고 해도 한나라를 다시 강국으로 되돌릴 수는 없습니다.[33]

지금 조(趙)가 병사들을 모아 진(秦)에 맞서 전쟁을 일으키고자 합니다. 진(秦)을 치고자 사신을 보내 **길을 빌려달라**는 뜻을 전하지만, 그 형세로 보아 반드시 한(韓)을 먼저 친 이후에 진을 칠 것입니다. 저는 예로부터 **'입술이 없어지면, 이가 시리다.'**라는 말을 들었습니다. 진과 한은 '걱정을 해도 함께해야 하는 사이'라는 것은 형세로도 알 수 있습니다. 한편 위(魏)가 군사를 일으켜 한(韓)을 공격하려 했을 때입니다.[34]

그때 위(魏)는 진(秦)에 사자(使者)를 보냈습니다. 이에 진은 그 사자를 한으로 바로 보냈습니다. 그런데 지금 진나라 왕이 마찬가지로 저를 사자로 여기 한나라로 보냈는데 만나 뵐 수가 없습니다. 아마도 좌우 측근들

---

33) '상당(上黨)'은, 원문에 상지(上地)로 되어 있고, '무책임한 말'은, 간악한 이들의 근거 없는 엉터리 의견을 말한다.

34) '길을 빌려달라[借道]'는 것은, 먼 나라를 치기 위해 가까운 나라의 길을 통과하게 해달라는 뜻이고, '순망치한(脣亡齒寒)'은, '입술이 없으면 이가 시리다'는 뜻으로, 한쪽의 피해가 다른 쪽에 영향을 주는 밀접한 관계를 말한다.

이 전에 행했던 간신들의 계략을 그대로 답습한 듯합니다. 이러면 한(韓)이 다시 영토를 잃는 우환을 만드는 것이 아닐까 염려됩니다. 제가 정말 만나 뵐 수 없다면, 돌아가 '사실을 복명(復命)해야' 합니다.

이렇게 되면 진과 한의 국교는 반드시 끊어지고 말 것입니다. 제가 이곳에 사자로 온 것은 진왕의 **호의**를 받들어 한에 이로운 계책을 드리고자 함입니다. 어찌 폐하께선 저를 이렇게 맞이하는 것입니까. 한 번이라도 뵙길 원합니다. 뵈면 저의 계책을 말씀드리고자 합니다. 마땅치 않으면 저를 극형에 처하십시오. 원컨대 폐하께서 유의하시길 바랍니다. 지금 한에서 저를 죽인다 해도 폐하는 그것으로 강해질 수 없습니다.[35]

만일 저의 계책을 받아들이지 않으면 반드시 재앙을 부를 것입니다. 진(秦)이 군대를 동원하여 쉬지 않고 쳐들어오면 한(韓)의 사직(社稷)은 위태롭게 됩니다. 저를 죽여 시신을 한의 시장에 드러내면, 그때는 비록 저의 어리석은 계책이라도 살펴볼 수 없을 것입니다. 먼 변경 지역은 짓밟히고, 도성문은 굳게 닫히며, 적군의 **북과 방울소리**로 귀는 따가울 것입니다. 그때 비로소 저의 계책을 쓴다고 해도 이미 늦을 것입니다.[36]

한(韓)의 병력[군사력]이 천하에서 어느 정도인지는 잘 알려져 있습니다. 그런데 지금 또 강국인 진나라를 배반하려 합니다. 무릇 성(城)을 버

---

35) '호의'는, 원문에 환심(歡心)으로 나온다. 즉 상대방에 대한 호의(好意)를 뜻한다.
36) 전쟁터에서 명령을 전하는 북과 큰 방울 소리를 말하는 것으로, 그 소리가 들릴 만큼 적군이 가까이 접근한다는 뜻의 표현이다.

제02장 존한(存韓) 39

리고 패주(敗走)한 군은, 내부에서 반란을 일으켜 반드시 성을 습격할 것입니다. 성이 함락되면 병사들은 흩어지고, 병사들이 흩어지면 군대를 유지할 수 없음은 말할 것도 없습니다. 만일 성을 굳게 지키고자 하면, 진(秦)은 반드시 군사를 일으켜 왕의 한 '도성을 포위할 것'입니다.

여기서 길이 막혀 통하지 못하면, 어떤 계책(計策)도 수행하기 어려워지고, 그런 정세로는 구원받지 못합니다. 이는 측근들의 계책이 두루 면밀(綿密)하지 못하기 때문입니다. 원컨대 폐하께서는 숙고하시기 바랍니다. 만일 저의 진언(進言)이 사실에 부응하지 않는다면, 폐하께선 부디 저를 면전(面前)으로 불러 충분히 의견을 들을 수 있도록 해주십시오. 그런 연후에 관리(官吏)로 하여금 처벌해도 결코 늦지 않을 것입니다.

지금 진왕은 음식을 들어도 맛을 모르고, 유람을 해도 즐겁지 않으며, 오로지 조(趙)를 치겠다는 의도만 있습니다. 그래서 저를 시켜 의견을 말씀드리게 한 것입니다. 원컨대 저를 만나 폐하의 계책을 논하고자 합니다. 만일 직접 만나지 않으면 진은 한의 신의를 믿지 못할 것입니다. 그러면 **진은 반드시 조의 문제를 놓아두고**, 한으로 군사를 이동시킬 것입니다. 원컨대 폐하께선 다시 한번 살펴 결단을 내려주십시오.[37]

---

37) 진나라가 조나라를 칠 당초의 계획을 유보시킨다는 뜻이다.

제03장 난언(難言)

주제를 보면 '말하기 어렵다'는 의미다. 즉 말로 상대를 이해시켜 목적을 이루기가 참으로 어렵다는 뜻을 담고 있다. 한비(韓非)가 군주에게 상주(上奏)하는 형식의 글이다. 먼저 논설의 곤란한 이유를 열거한 뒤, 오해받은 현자(賢者)들을 차례로 거명하고 있다.

| 01 |

저는 '말하는 것 자체'를 어려워하진 않습니다. 제가 '말하는 것을 어렵게 여기는 까닭'은 다음과 같습니다. 말투가 순하면서 조리가 매끄럽게 줄줄 이어지면, 겉만 화려하고 실속이 없는 것으로 여길 것입니다. 말하는 태도가 공경스럽고 두터우며 강직하고 신중하면, 오히려 서툴고 조리가 없다고 여길 것입니다. 말이 많고 비슷한 예(例)를 자주 인용하면, 그것은 공허(空虛)하고 실제론 쓸모가 없다고 여길 것입니다.

요점만을 간추려 대강을 직설화법으로 말하면, 미련하고 화술이 부족하다고 여길 것입니다. 바짝 달라붙어 측근을 비판하며 남의 속마음을 떠보듯 말하면, 헐뜯기를 좋아하고 겸양을 모른다고 여길 것입니다. 뜻이 너무 크고 넓으며 내용이 고상해 헤아리기 어려우면, 과장되고 쓸모가 없다고 여길 것입니다. 하찮은 이익을 헤아려 상세하게 말하고, 자질구레한 것을 구체적인 수치로 논하면, 고루하다고 여길 것입니다.

세속적인 말로 남의 뜻을 거스르지 않는 말만 하면, 아첨한다고 여길 것입니다. 세속과 동떨어진 괴상한 말로 이목을 끌면 무책임한 거짓으로 여길 것입니다. 민첩하게 말을 꾸미고 문채(文采)나게 논하면, **사관(史官)** 정도로 여길 것입니다. 문학적 윤색 없이 바탕 그대로를 말하면, 비루하다고 여길 것입니다. 수시로 시(詩)와 서(書)의 구절을 통해 지나간 옛것을 본받고자 하면, 암송(暗誦)만 되풀이한다고 여길 것입니다.[38]

| 02 |

도량(度量), 즉 법도가 비록 바르더라도 군주가 반드시 받아들이는 것이 아니고, 의리(義理)가 비록 완벽하다고 해도 군주가 반드시 채택하는 것도 아닙니다. 대왕께서 이런 경우처럼 믿지 않으면 유세(遊說)하는 사람이 작게는 비방하고 헐뜯는 사람으로 여길 것이고, 크게는 여러 재앙이나 죽음이 자신의 몸에 미치지 않을까 근심하게 됩니다. 이런 까닭에 **오자서(伍子胥)**는 계책이 뛰어났지만 오왕(吳王)이 그를 죽였습니다.[39]

---

38) 한비는 덧붙이길, '말하는 것을 어렵게 여기고, 크게 염려하는 이유가 바로 이와 같은 경우 때문이다.'라고 했다. 그리고 사관(史官)의 사(史)는 현학(衒學)을 가리킨다. 즉 있는 것처럼 꾸미지만, 실속은 없는 것을 뜻한다.

39) '도량(度量)'은, 법도의 테두리, 즉 사물을 재는 기준으로 제시되는 것을 말하고, 오자서(伍子胥 : ?~기원전 484)는 춘추시대 정치가로 초(楚)나라 사람이었으나 아버지와 형이 살해당한 뒤 오

공자(孔子)는 언변이 뛰어났으나 **광인(匡人)들이 포위**했고, **관중(管仲)**은 현명했으나 노(魯)나라 사람들은 그를 죄인 취급했습니다. 이 3명의 대부들이 어리석어 그런 것입니까. 3명의 군주들 보는 눈이 밝지 못해섰습니다. 옛날 **탕왕(湯王)**은 훌륭한 성인(聖人)이었고, **이윤(伊尹)**은 뛰어난 지자(智者)였습니다. 뛰어난 지혜[이윤]로 훌륭한 성인[탕왕]을 설득하기 위해 무려 70회나 유세를 했으나 받아들여지지 않았습니다.[40]

그래서 이윤이 직접 솥과 도마를 들고 주방일을 맡아 가까이서 친해진 다음에야 비로소 탕왕이 그 현명함을 알고 등용한 것입니다. 이처럼 '뛰어난 지자(智者)라도 성인(聖人)을 설득할 때는 반드시 받아들여지는 것이 아니다.'라고 한 것은 바로 이윤이 탕왕을 설득했던 경우입니다. 또 '지자라도 어리석은 군주를 설득할 때는 반드시 받아들여지는 것이 아니다.'라고 한 것은 문왕(文王)이 주(紂)를 설득했던 경우입니다.

여기서 **문왕(文王)**은 주(紂)를 설득해 보려 했으나 주는 오히려 그를 잡아 가뒀습니다. **익후(翼侯)**는 간(諫)하다 화형(火刑) 당하고, **귀후(鬼侯)**는 시

(吳)나라를 섬겨 복수했다. 오나라 왕 합려(闔廬)를 보좌하여 강대국으로 키웠으나, 합려의 아들 부차(夫差)에게 중용되지 못하고 모함을 받아 자결했다.

40) 노(魯)나라 계씨(季氏)의 가신이었던 양호(陽虎)란 자가 있었다. 그는 광(匡) 땅을 다스리는 동안 온갖 포악한 짓을 저질렀다. 급기야 노나라 정권을 찬탈하려다 뜻을 이루지 못하자, 진(晉)나라로 도망쳤다. 양호에 대한 감정이 좋지 않았던 광(匡) 땅 사람들이 천하를 주유하던 공자(孔子)를 보자, 양호로 오인해 포위한 적이 있었다. 아마도 공자의 외모가 양호와 많이 닮았던 모양이다. 『논어(論語)』, 「자한(子罕)」: 子畏於匡. 그리고 '관중(管仲)'은, 제나라 환공(桓公)이 패자(覇者)가 될 수 있도록 한 사람이고, '탕왕(湯王)'은, 은(殷)나라 왕조를 연 사람이며, '이윤(伊尹)'은, 탕왕 때의 재상으로, 하(夏)나라를 타도하고 은(殷)나라를 여는 데 공이 큰 사람이다.

신을 저며서 말리는 형벌을 받았으며, **비간(比干)**은 심장을 찢겼으며, **매백(梅伯)**은 소금에 절여지는 형벌을 당하였습니다. **관중(管仲)**은 몸이 묶인 채로 제나라 환공(桓公)에게 넘겨졌습니다. **조기(曹羈)**는 진(陳)으로 도망치고, **백리해(百里奚)**는 길에서 구걸을 했습니다.[41]

부열(傅說)은 몸을 팔고 다녔으며, 손빈(孫臏)은 친구 방연(龐涓 : 위나라 대장군)의 제안으로 위나라에 갔다 다리를 잘렸습니다. **오기(吳起)**는 안문(岸門) 땅에서 눈물을 닦고 서하(西河) 지방도 진(秦)에게 배앗길 것이라 통탄했으나 끝내 초(楚)에서 사지(四肢)가 찢겼습니다. 공숙좌(公叔痤)는 **공손앙(公孫鞅)**이 국정을 관장할 만한 인물이라 천거했다가 도리어 불합리하다고 하여, '공손앙은 진(秦)으로 도망'쳐 버렸습니다.[42]

관용봉(關龍逢)은 하(夏)나라 걸(桀)을 간하다 목 베임을 당하고, **장굉(萇**

---

41) '문왕(文王)'은, 주(周)나라 무왕(武王)의 아버지다. 은(殷)나라 때 서방 제후의 수장이었다. 따라서 서백창(西伯昌)으로 불렸다. 여기서 창(昌)은 문왕의 이름이고, '주(紂)'는, 은나라의 마지막 왕으로, 서백창의 설득을 받아들이지 않고, 오히려 그를 유리(羑里)란 감옥에 가둔 사람이며, '익후(翼侯)의 익(翼)'은, 지명으로, 은나라 때 악(鄂) 땅을 말하고, '귀후(鬼侯)'는, 시신을 말리는 잔혹한 형벌을 받았으며, '비간(比干)'은, 주(紂)의 숙부로, 주의 악정(惡政)을 간하다 심장이 찢기는 변을 당했고, '매백(梅伯)'은, 제후로, 소금에 절여지는 형벌을 당했으며, '관중(管仲)'은, 젊은 시절 섬기던 공자(公子) 규(糾)가 제나라 환공에게 패하여 함께 포박 당했던 것을 말하고, '조기(曹羈)'는, 춘추시대 때 조(曹)나라 대부(大夫)로, 간하다 받아들여지지 않자 진(陳)으로 도망친 인물이며, '백리해(百里奚)'는, 진(秦)나라 목공(穆公)을 도와 패업(霸業)을 이루게 한 인물이다. 그런 백리해도 한때 사정이 어려워 구걸하며 살았다.

42) '부열(傅說)'은, 은(殷)나라의 무정(武丁)에게 발탁되어 토목공사장의 노예로부터 삼공(三公)의 자리에까지 오른 현자(賢者)이고, '오기(吳起)'는, 전국시대 위(衛)나라 사람으로, 노(魯)나라와 위(魏)나라, 초(楚)나라를 전전하면서 섬긴 장군이며, '공손앙(公孫鞅)'은, 진(秦)나라의 효공(孝公)으로 하여금 변법을 성공케 하여, 그 공으로 상(商) 땅에 봉후(封侯)되어 일명 상앙(商鞅)으로 불린 인물이다.

宏)은 창자가 토막토막 조각났으며, 윤자(尹子)는 가시 구덩이 속에 던져졌고, **사마자기(司馬子期)**는 살해된 후 강물에 띄워졌으며, 전명(田明)은 **고책(辜磔) 형벌**을 받았고, **복자천(宓子賤)**과 **서문표(西門豹)**는 다투지 않았음에도 사람의 손에 죽었으며, **동안우(董安于)**는 죽어 시체가 시장바닥에 널렸고, **재여(宰予)**는 '전상(田常)과 싸워서' 죽었습니다.[43]

또 **범수(范雎)**는 위(魏)에서 갈비뼈가 부러지는 봉변을 당하기도 했습니다. 이 십수 명의 사람은 모두 어질고 지혜로우며, 충직하고 선량하며, 도덕과 법술을 지닌 인사들입니다. 그런데 불행히도 도리를 모르는 어둡고 어리석은 군주를 만나 목숨을 잃게 된 것입니다. 그렇다면 비록 현자나 성인(聖人)이라도 죽임을 당하고 곤욕을 치르게 되는 것은 도대체 무엇이겠습니까. 바로 어리석은 이는 설득하기 어렵다는 것입니다.[44]

---

43) '관용봉(關龍逄)'은, 하나라의 마지막 왕인 걸(桀)을 간하다 참형을 당했고, '장굉(萇宏)'은, 주나라 경왕(敬王) 때의 대부(大夫)였으며, '사마자기(司馬子期)'의 사마(司馬)는, 벼슬의 명칭이고, 자기(子期)는 자(字)이다. '고책(辜磔) 형벌'은, 몸을 찢어서 죽이는 형벌을 말하고, '복자천(宓子賤)'은, 공자의 제자로, 이름은 부재(不齋)이며, '서문표(西門豹)'는, 위(魏)나라 문후(文侯)의 신하로, 업(鄴)땅의 관개(灌漑)를 성공적으로 이끈 인물이다. '동안우(董安于)'는, 춘추시대 진(晉)나라 조앙(趙鞅)의 신하이고, '재여(宰予)'는, 공자의 제자로, 자(字)는 자아(子我)이다. 제(齊)나라 간공(簡公)을 시해하고 권력을 탈취한 전상(田常)을 적대시했다는 이유로 살해당했다.

44) 한비는 덧붙이길, '이 때문에 군자가 말하길 꺼려하는 이유입니다. 도리에 맞는 최상의 말이란 귀에 거슬리고 마음에 어긋나는 것입니다. 현자나 성인(聖人)의 자질이 아니라면 좀처럼 받아들이지 못합니다. 부디 대왕께선 이 점을 깊이 살피시기 바랍니다.'라고 했다. 그리고 '범수(范雎)'는, 진(秦)나라 소양왕(昭襄王)을 섬겨 재상이 되고, 응후(應侯)로 봉(封)을 받았다. 일찍이 위(魏)나라에서 벼슬할 때 의심을 받아 갈비뼈가 부러지는 폭행을 당한 적이 있다.

제04장 애신(愛臣)

제후나 중신들이 지나치게 비대해지면 천자나 군주 자리가 위험해진다. 또한 사가(私家) 세력이 커지면 위험해지기 때문에 대비해야 한다. 신(臣)으로 자칭(自稱)한 점으로 미루어 역시 군주에게 상주(上奏)하는 글로 보인다.

| 01 |

총애하는 신하와 지나치게 친숙하면 반드시 군주 자신을 위태롭게 하고, 중신(重臣)의 지위가 너무 높아지면 반드시 군주의 자리를 빼앗게 됩니다. **정실부인[主]과 첩(妾)** 사이에 등급차가 없으면, 반드시 대를 이을 적자(嫡子)에게 위험이 닥칠 것이고, 군주의 형제들이 복종하지 않으면, 반드시 나라의 사직을 위태롭게 합니다. 제가 듣기로 병력이 천승(千乘)인 나라에서 군주가 '경계를 게을리'하면, 반드시 위험합니다.[45]

즉 백승(百乘)의 병력을 가진 신하가 측근에 있어 민(民)을 자기편으로 끌어들여 나라를 무너뜨릴 것이며, 병력이 만승(萬乘)인 나라에서 군주가

---

45) 정실은 주(主)라 하고, 소실은 첩(妾)이라 한다.

'경계를 게을리'하면 천승(千乘)의 병력을 가진 나라가 측근에 있어 권력을 휘둘러 나라를 무너뜨립니다. 간신(姦臣)의 세력이 확장되면 군주의 **통어(統御)** 역량은 쇠약해지고, 제후의 영토가 확대되면 천자에겐 해(害)가 되며, 신하들의 부(富)가 커지면 군주에겐 해(害)가 됩니다.[46)]

장수(將帥)와 재상(宰相)이 군주를 현혹시켜 사가(私家)를 융성케 하는 것도 군주는 경계해야 할 일입니다. 만물 가운데 군주 자신의 '몸'보다 귀(貴)한 것은 없고, 군주 자신의 '지위'보다 존엄한 것은 없으며, 군주 자신의 '권위(權威)'보다 중(重)한 것은 없고, 군주 자신의 '세력(勢力)'보다 성한 것은 없습니다. 이 4가지 미덕은 밖에서 구하지 않고, 남에게 부탁하지 않아도 두루 살피기만 하면 얻어낼 수 있는 것입니다.[47)]

| 02 |

옛날 은(殷)나라의 마지막 왕인 주(紂)가 망한 것이나 주(周)나라 왕실의 권위와 세력이 약화된 것은 모두가 당시 제후들의 영토가 지나치게 넓어졌기 때문입니다. 가령 **진(晉)나라가 셋**[한(韓), 위(魏), 조(趙)]으로 나눠지고, 제(齊)나라가 전씨(田氏)에게 **빼앗겼던 것**도 모두 신하들이 지나치게 부(富)해졌기 때문입니다. 대체로 연(燕)나라나 송(宋)나라에서 군주가 시

---

46) '통어(統御)'는, 원문에 주도(主道), 즉 군주를 존립시켜 주는 정치 기반과 통어(統御)하는 기술을 말한다.
47) 한비는 덧붙이길, '군주가 자기 부(富)를 누리지 못하면, 외지[외국]에서 생(生)을 마치게 될 것'이라면서, '최고지도자, 즉 군주는 이점을 반드시 기억해야 한다.'고 강조했다.

해(弑害)당한 까닭도 모두 이와 같은 종류의 것들입니다.[48]

위로 은과 주의 예를 들고, 중간에 진과 제의 예를 들며, 아래로 연과 송의 예를 볼 때 모두 이런 방법에 연유되지 않은 적은 없습니다. 따라서 현명한 군주는 신하를 길들이는 데 있어 철저하게 법을 적용하고, 방비를 미리 해 잘못을 바르게 고쳐나갑니다. 그러므로 죽을죄를 사면하는 일은 없으며, 형벌을 경감시키는 일도 없습니다. 즉 사사(赦死)하거나 감형(減刑)하는 것을 일컬어 권위가 흔들리는 원인이라 말합니다.

권위가 흔들리면 사직[국가]의 존립은 위태로워질 것이고, 국가 권력 또한 신하 쪽으로 편중되기 십상입니다. 이 때문에 군주는 아무리 중신(重臣)들의 봉록이 크더라도 도성(都城)의 세금까지 거두어들이게 하지는 않으며, 지지하는 무리가 아무리 많더라도 국가의 군사들까지 개인의 신하처럼 껴안을 수 있게 하지는 않습니다. 즉 신하된 이가 국정을 행할 때 조정(朝廷)을 사적(私的)으로 운영하지 못하게 하는 것입니다.

말하자면 군(軍)의 통수 자리에 있더라도 이웃 나라들과 사적 관계를 맺지 못하게 하고, 국가 재정을 관리할 경우에도 사적으로 대출할 수 없게 하는 것입니다. 이것이 현명한 군주가 신하의 부정을 금하는 방법입니다. 또 신하에게 경호하는 일을 없게 하고, 전쟁 무기를 사적으로 이동

---

48) 춘추시대 말기에 삼경(三卿)에 의해 한(韓)나라, 위(魏)나라, 조(趙)나라로 나눠졌다는 것이고, 전상(田常)이 간공(簡公)을 시해하고, 정권을 잡았기 때문에 제(齊)가 전씨(田氏)에게 빼앗겼다고 한 것이다.

하지 못하게 해야 합니다. 역(驛)의 말[馬]이 전할 만큼 급박한 상황이 아
님에도 무기를 수레에 실어 이동한다면 사형을 시켜야 합니다.[49]

---

[49] 한비는 덧붙이길, 이런 유형들이 '현명한 군주가 예측하지 못하는 돌발 사태에 대비하는
방책'이라 했다.

제05장 주도(主道)

군주의 길이다. 즉 통치자가 갖춰야 할 기본적인 자세를 논한다. 다시 말해 최고지도자의 권위를 지키기 위한 심술(心術)이기도 하다. 허정(虛靜)과 무위(無爲)를 권하고, 신하의 본심을 파악해 그 능력을 발휘할 수 있도록 하는, 즉 통어(統御) 기술을 제시한다.

| 01 |

도(道)라는 것은 만물이 시작하는 근원이며 시비(是非)를 정하는 근본이다. 이 때문에 현명한 군주는 시작을 지킴으로써 만물 생성의 근원을 알고, 기본을 다스림으로써 일의 **성패(成敗)**, 즉 성공과 실패의 단서를 안다. 마음을 비우고, 고요히 기다리면서 신하들이 스스로 생각하고 주장하고, 그에 따른 책임을 지우게 한다면 일은 저절로 정해진다. 마음을 비우면 실정을 알 수 있고 고요하면 움직이는 정체를 알 수 있다.[50]

---

50) '도(道)라는 것은 만물이 시작하는 근원'으로 출발하는데, 이는 노자(老子)의 도(道) 개념을 도입한 것이 맞다. 하지만 엄밀하게 말해 『한비자』에 나오는 도(道) 개념은 약간 달리 해석된다. 즉 '천지만물의 보편적인 법칙을 상징하는 형이상'의 개념이 아닌, '군주의 통치술을 뜻하는 형이하'의 개념이란 점이다. 이는 한비가 일반 민중을 상대로 논하는 것이 아닌, 군주와 대신들을

신하가 의견[주장]을 내고자 하면 스스로 내게 되고, 어떤 일을 하면 실적이 절로 드러난다. 실적[形]과 주장[名]의 일치 여부를 대조하는 이른바 **형명참동(形名參同)**을 행하면, 군주가 아무 일을 하지 않아도 그 실정(實情)을 분명히 파악할 수 있게 된다. 그러므로 말하기를, '군주[지도자]는 자신이 바라는 것을 밖으로 드러내지 말아야 한다. 군주가 바라는 것을 밖으로 드러내면 신하 자신이 잘 보이려고 꾸밀 것이다.'[51]

'또 군주는 자기 의사를 표시하지 말아야 한다. 군주가 자기 의사를 표하면 신하 자신이 남과 다른 것을 표하려 할 것이다.'라고 한다. 역시 말하길, '호오(好惡)를 드러내지 않으면 신하는 바로 본심을 드러낼 것이고, 지혜와 재주를 드러내지 않으면 신하는 바로 헤아릴 수 없어 신중하게 처신할 것이다.'라고 한다. 따라서 군주는 지혜가 있을지라도 심려하지 않으며, 모든 사람으로 하여금 처신할 바를 스스로 알게 한다.

현명함이 있을지라도 그것으로 일을 해내려 하지 않고, 신하가 일할 근거를 살펴보도록 한다. 용기가 있을지라도 그것으로 분노하지 않고, 여러 신하로 하여금 무용(武勇)을 힘껏 발휘하도록 한다. 그러므로 군주는

상대로 한다는 점에서 타 학파들의 도(道) 개념과는 다른 것이다. 그리고 '성패(成敗)'는, 원문에 선패지단(善敗之端)으로 되어 있으나, 이는 선악성패(善惡成敗)의 줄임말이다. 따라서 여기선 '일의 성패(成敗)가 갈라지는 분기점'으로 이해하면 무리가 없다.

51) '형명참동(形名參同)'은, 법가사상을 관통하는 핵심어다. 여기서 형(形)은 사물의 실체, 명(名)은 사물의 명칭을 뜻한다. 겉과 속, 명분과 실리, 상벌(賞罰)과 공죄(功罪) 등 대칭으로 해석할 수 있다. 그리고 참동(參同)은 명분과 실제를 서로 맞춰보는 것을 뜻한다. 참고로 공자의 정명(正名)과 묵자의 명실합위(名實合爲) 또한 다르지 않은 표현이다.

지혜를 버림으로써 총명해질 수 있고, 현명함을 버림으로써 공적을 세울 수 있으며, 용기를 버림으로써 강해질 수 있다. 신하들로 하여금 직분을 지키게 하고 백관(百官)들로 하여금 일정한 법을 따르게 한다.

이와 같이 각자 능력에 맞춰 부여하는 것을 **습상(習常)**이라 한다. 그래서 말하길, '고요하여 그 자리에 없는 듯 처하고, 텅 비어 그 소재를 파악할 수 없다. 현명한 군주는 위에서 하는 일이 없을지라도 신하들은 아래에서 두려워하며 삼간다.'고 했다. 현명한 군주의 길[道]이란 지혜로운 이로 하여금 생각을 모두 다 짜내게 하여, 그것을 근거로 일을 결단하는 것이기 때문에 군주의 지혜는 막다른 데 이르지 않는다.[52]

또 지혜로운 이로 하여금 그 재능을 스스로 발휘하게 하여 군주는 그것을 근거로 임용하는 것이다. 따라서 군주의 능력이 막다른데 이르지 않는다. 그리고 공(功)이 있으면 군주가 현명하기 때문이고, 잘못이 있으면 신하가 그 책임을 지게 되므로 군주로서의 명성은 막다른 데 이르지 않는다. 이런 까닭에 군주는 현명하지 않음에도 현명한 사람의 스승이 되고, 지혜롭지 못하면서도 지혜로운 사람의 우두머리가 된다.[53]

---

52) '습상(習常)'은, 상도(常道)와 같은 뜻으로, 항상 된 도(道)를 말한다. 노자의 습상(襲常)과도 같으며, 여기서 습(習)은 중복(重複)이란 의미다.

53) 따라서 신하는 노고(勞苦)를 되풀이하고, 군주는 그 성과를 누리는 것이다. 이를 일러 '현명한 군주의 상도(常道)'라 한다. 여기서 상도(常道)는 앞의 습상(習常)과 같은 의미다.

도(道)는 눈으로 볼 수 없는 곳에 있고, 그 작용은 헤아릴 수 없는 곳에 있다. 군주는 허정(虛靜)의 자세로 아무 일도 하지 않고도 캄캄한 어둠 속에서 신하의 허물을 알아차린다. 보고도 못 본 척하고, 들어도 못 들은 척하며, 알고도 알지 못하는 척한다. 신하가 주장하는 말을 다 듣고 난 다음에 이를 변경할 수 없게 하여 실적이 주장과 일치하는지 맞춰본다. 관의 부서마다 한 사람씩 담당을 두어 서로 말을 맞춰본다.

그러면 모든 일을 완벽하게 파악할 수 있다. 군주가 자기 행적을 가려 두고 자기 마음을 숨겨 그 단서를 보이지 않게 하면, 신하는 군주의 속사정을 알 수 없다. 군주가 지략과 재능을 버리면 신하는 심중을 헤아릴 수 없다. 군주는 자기가 의도하는 바를 견지해 신하의 주장과 실적을 맞춰보고, 군주로서의 상벌권을 손안에 굳게 장악하여 신하의 욕망을 차단시키며, 음모를 깨뜨려 '군주 자리를 욕심내지 못하게' 한다.

빗장을 소홀히 하고 문단속을 확실히 하지 않으면, 곧 **호랑이**가 나타날 것이다. 군주가 정사를 신중히 다루지 않고 내부 사정을 숨기지 않으면, 곧 역적(逆賊)이 생겨날 것이다. 주인을 죽이고 그 자리를 갈아치우면, 아무도 그쪽 편을 들지 않을 수 없으므로 그것을 가리켜 호랑이라 한다. 군주 곁에 있으면서 군주의 틈을 노리는 까닭에 이를 역적이라 한다. 여기서 군주는 간사(奸邪)한 도당(徒黨)을 해산시켜야 한다.[54]

---

54) '호랑이'는, 군주의 자리를 빼앗는 간신을 가리킨다.

또한 잔당을 잡아들이는 한편 그들과 뜻을 함께하는 이들을 따돌린다면 나라 안의 호랑이는 사라질 것이다. 아울러 군주 스스로 자세의 크기를 헤아릴 수 없게 하고, 그 깊이를 측정할 수 없게 하여, 신하의 실적과 주장[명분]의 일치 여부를 맞춰보며, 법도와 격식에 비춰 상세하게 점검해 제멋대로 굴던 이들을 벌준다면 나라 안의 역적은 사라질 것이다. 그러므로 군주에게는 '권한(權限)을 해치는 5가지 막힘'이 있다.

신하가 '군주의 이목(耳目)을 닫아 버리는 것'이 그 막힘이고, 신하가 '나라의 재정을 장악하는 것'이 그 막힘이며, 신하가 '마음대로 명령을 내리는 것'이 그 막힘이고, 신하가 '제멋대로 상벌권을 행사하는 것'이 그 막힘이며, 신하가 '사사로이 **작당**하는 것'이 그 막힘이다. 여기서 신하가 군주의 이목을 닫아 버리면, 군주는 곧 자리를 잃게 되고, 신하가 나라의 재정을 장악하면, 군주는 '은덕을 베푸는 권한'이 사라진다.[55]

또 신하가 마음대로 명령을 내리면 군주는 곧 통제력을 잃게 되고, 신하가 제멋대로 상벌(賞罰)권을 행사하면 군주는 곧 권위를 잃게 되며, 신하가 사사로이 작당(作黨)을 하면 군주는 곧 자기편 사람을 잃게 된다. 즉 권위를 내세울 명분이 사라짐을 의미하는 것이다. 따라서 국정(國政)과 국재(國財), 군명(君命), 시은(施恩), 임면(任免) 등은 오직 군주만이 할 수 있는 것이고, 남의 신하된 이의 손에 방치해선 안 된다.

---

55) '작당(作黨)'은, 일종의 붕당(朋黨)으로 불리지만, 여기선 사당(私黨)을 꾸미는 것, 무리를 불리는 것을 가리킨다.

　군주가 취할 길은 고요히 물러나 있는 것을 귀중한 보배로 삼는다. 군주는 직접 정사를 관장하진 않지만 잘되고 못된 것은 알아야 하며, 직접 계책을 내진 않지만, 복과 재앙의 조짐은 알아야 한다. 따라서 군주는 말하지 않아도 신하가 잘 응하며, 약조하지 않아도 일이 잘 진척된다. 군주가 한 말에 신하가 잘 응하면 약조로 한쪽 계(契)를 잡아두고, 이미 일이 진척되면 약조한 또 한쪽의 부(符)를 손에 쥐어 든다.

　부와 계가 맞춰지는 곳이 상벌(賞罰)이 시작되는 지점이다. 여기서 신하들은 의견을 진술하고 군주는 진술한 말에 일을 맡기며, 맡긴 일의 성과를 요구한다. 성과가 맡긴 일에 걸맞고 맡긴 일이 진술한 말에 걸맞으면 상을 주고, 성과가 맡긴 일과 맞지 않고 맡긴 일이 진술한 말과 맞지 않으면 벌을 준다. 현명한 군주가 취할 길은 신하로 하여금 자기 의견을 진술하게 해 말이 성과와 일치하지 않을 수 없게 하는 것이다.[56]

　그러므로 현명한 군주가 상(賞)을 줄 때는 포근함이 마치 시우(時雨)와 같아 민중들은 그 혜택을 좋아하며, 벌(罰)을 줄 때는 무서운 것이 마치 천둥소리와 같아 **신성(神聖)**일지라도 그 노여움을 달랠 수 없다. 그래서 현명한 군주는 상(賞)을 사사롭게 주지 않으며, 형벌(刑罰) 또한 용서하지 않는다. 상(賞)을 사사롭게 주면 공신(功臣)은 '해야 할 일을 게을리'하고,

---

56) '부(符)와 계(契)'는, 계약을 맺는 일종의 표식이다. 대나무를 반으로 쪼개 그것을 다시 합하면 꼭 들어맞게 되어 있다. 언행의 일치 여부를 확인하는 증거로도 삼는다.

형벌을 용서하면 '간신(姦臣)은 쉽게 또 잘못'을 저지른다.[57]

　이런 까닭에 정말 공(功)이 있다면, 비록 멀고 낮은 신분의 사람일지라도 반드시 상(賞)을 주어야 하고, 정말 허물[過]이 있다면, 비록 친근하고 총애(寵愛)를 받는 사람일지라도 반드시 처벌해야 한다. 즉 멀고 신분이 낮더라도 반드시 상을 받고, 친근하고 총애를 받는 이도 반드시 처벌당하는 것을 안다면, 멀고 낮은 신분의 사람일지라도 게으르지 않을 것이고, **친근하고 총애를 받는 사람**도 교만하게 굴진 않을 것이다.[58]

---

57) '신성(神聖)'은, 신(神)이나 성인(聖人)일지라도 처벌하려고 하는 군주의 마음을 되돌릴 수 없다는 의미다.
58) '친근하고 총애를 받는 사람'은, 주변의 친근한 사람을 가리킨다.

제06장 유도(有度)

유도(有度)란 법도를 지킨다는 의미다. 부강한 나라를 만들기 위해선 통치자가 반드시 일정한 법도를 마련하고, 그것을 엄격히 지켜야 한다고 주장한다. 특히 공(公)과 사(私)를 분명히 구분하여 적용할 것을 강조한다.

| 01 |

나라가 항상 강할 수 없듯 항상 약할 수도 없다. 법을 받드는 사람이 강하면 나라가 강해지고, 법을 받드는 사람이 약하면 나라가 약해진다. 춘추시대, 초(楚)나라의 **장왕(莊王)**은 26개국을 병합해 영토를 3천 리나 넓혔다. 그러나 장왕이 죽어 사직을 보존할 수 없게 되자, 초나라는 멸망하기에 이르렀다. 제(齊)나라 **환공(桓公)**도 30개국을 병합해 영토를 3천 리나 넓혔다. 하지만 환공이 죽자, 사직을 보존할 수 없었다.[59]

---

59) '장왕(莊王)'은, 패권국이었던 진(晉)을 격파한, 춘추오패(春秋五霸)의 한 사람이고, '제나라 환공(桓公)'은, 춘추 중엽, 관중(管仲)의 도움으로 패업(霸業)을 이룬 군주다. 원래 이름은 소백(小白)이다. 이복형이었던 양공(襄公)이 정사를 어지럽게 펴자, 사촌형제인 공손 무지(無知)가 살해했다. 이후 소백은 포숙아와 함께 거(莒) 땅으로, 이복형 공자 규(糾)는 관중과 함께 노(魯)나라로 망명했다. 얼마 지나지 않아 공손 무지가 살해되었다는 소식이 들리자, 소백과 규는 후계자가 되

이에 제(齊) 또한 곧 멸망하기에 이르렀다. 연(燕)나라의 **소왕(昭王)**은 황하(黃河)를 경계로 계(薊)를 수도로 삼고, **탁(涿)과 방성(方城)**을 방패로 삼아 제(齊)나라를 격파하고 중산(中山)을 평정했다. 이때 연(燕)과 합세[연나라를 지지함으로써 도움을 받은 제후]한 나라는 천하의 존중을 받았고, 그렇지 못한 나라는 경시를 당했다. 하지만 소왕이 죽어 사직(社稷)을 보존할 수 없게 되자, '연나라 또한 멸망'하기에 이르렀다.[60]

위(魏)의 안리왕(安釐王)은 연(燕)을 쳐 조(趙)를 구하고 하동(河東) 땅을 되찾았으며, 도(陶)와 위(衛)나라 땅을 침공했고, 제(齊)로 쳐들어가 **평륙(平陸)**을 내 것으로 만들었다. 다시 한(韓)을 쳐서 관(管) 땅을 함락시키고, 기산(淇山) 아래에서 대승을 거두었다. 수양(睢陽) 싸움에선 초의 군대가 지쳐 도주하고, 채(蔡)와 소릉(召陵)의 전투에선 초의 군대를 대파했다. 이처럼 위나라의 '무력[권세]은 천하를 덮을 만큼 강대'했다.[61]

그야말로 위(魏)의 위세는 **중원(中原)**을 진동시킬 만했다. 하지만 안리왕이 죽자, 위(魏)도 역시 멸망하기에 이르렀다. 초의 장왕과 제의 환공

기 위해 다툼이 벌어졌다. 『사기(史記)』에 따르면, 매복해 있던 관중이 제나라로 달려가는 소백을 향해 화살로 맞혔다. 소백이 쓰러지자 관중은 기뻐하며 규에게 소백이 죽었다고 보고했다. 하지만 소백은 죽은 척만 했을 뿐 죽지 않았다. 이렇게 해서 규가 방심하는 사이, 소백이 재빨리 제나라로 들어가 보위에 올랐다. 이후 소백은 유감이 있던 관중을 죽이려 했으나, 포숙아가 인재를 중시하라는 건의를 받아들여 재상으로 삼았다. 결국 환공은 관중 덕분에 명실상부한 패자가 될 수 있었다.

60) '소왕(昭王)'은, 양왕(襄王)을 가리키고, '탁(涿)과 방성(方城)'은, 지금 하북성(河北省)의 두 지명을 말한다.

61) '평륙(平陸)'은, 지금의 산동성(山東省) 문상현(汶上縣)을 말한다.

이 있었기에 초와 제가 패업을 이룰 수 있었고, 연의 소왕, 위의 안리왕이 있었기에 연과 위가 강국이 될 수 있었다. 오늘날 이 나라들 모두가 망해 가고 있는 것은 여러 신하와 관리들이 어지러워지는 원인 쪽으로만 힘쓰고, 다스려지는 원인 쪽으론 힘을 쓰지 않았기 때문이다.[62]

나라가 어지러워지고 쇠약해졌음에도 법(法)을 무시하고, 법이 미치지 못하는 곳에서 사사로운 이익을 채웠으니, 이는 마치 섶[땔나무]을 짊어지고 불을 끄러 들어간 것과 다르지 않다. 이것이 나라가 더욱 심하게 어지럽고 쇠약해진 이유다. 그렇기 때문에 오늘 같은 시기를 맞이하여 법을 어기려는 사적인 마음을 배척하고, 국법(國法), 즉 **공적인 법**을 따르도록 한다면, 민중들은 편안해지고, 나라는 잘 다스려[治]질 것이다.[63]

또한 사사로운 행동을 취하지 못하게 하고, 공적인 법을 지켜 나가게 한다면, 군대는 강해지고 적(敵)은 약해질 것이다. 그러므로 법도가 정한 바를 잘 지킬 사람을 신중히 가려내 여러 신하의 윗자리에 앉혀 일하게 하면, 군주가 거짓말에 속는 일은 없을 것이다. 아울러 일의 경중을 잘 저울질하는 사람을 신중히 가려내 먼 **바깥쪽 일**을 맡긴다면, 군주가 천하 정세의 경중에 대해 '속임을 당하는 일도 없을 것'이다.[64]

---

62) '중원(中原)'은, 한족(漢族)이 전통을 지켜온 중원(中原) 땅을 가리킨다.
63) '공법(公法)'은, 국법(國法)을 뜻하므로, 사적(私的)인 행위에 대해 대조적으로 쓴 것이다.
64) '바깥쪽 일'은, 외국에 관한 일, 즉 외교업무를 말한다.

만일 칭찬을 근거로 능력자라고 끌어올리면, 신하들은 위로부터 이탈하여 아래로 자기들끼리 무리를 만들 것이다. 또 붕당관계를 가지고 관리를 등용하면, 민중들은 사적인 교제에만 힘쓰고, 법에 의한 임용은 구하지 않을 것이다. 이렇게 관리 중에 능력자가 없게 되면 나라는 어지러워질 것이다. 칭찬을 받는다고 상(賞)주고 비방을 당한다고 벌(罰)준다면, 사람들은 상을 좋아하고 벌을 싫어하는 쪽으로 움직일 것이다.

즉 공도(公道)를 버리는 사람들과 수작을 부려 사리(私利) 쪽으로만 작당(作黨)하여 서로 감싸줄 것이다. 군주를 잊고 바깥과의 교제에만 힘써 자기 무리만을 천거하게 된다면, 윗자리를 위한 아랫사람들의 충정(忠情)은 당연히 엷어지고 말 것이다. 교제가 넓고 무리가 많아져 조정(朝廷) 안팎에서 **붕당(朋黨)**이 형성되면, 비록 큰 잘못[大過]을 저질렀다고 해도 그것이 은폐(隱蔽)되어 모르게 되는 경우가 많아질 것이다.[65]

그러므로 충신(忠臣)은 죄가 없어도 위태롭게 되어 죽임을 당하고, 간사(奸邪)한 신하는 공(功)이 없음에도 편히 즐기고 이익을 보게 된다. 충신이 위태롭게 되고 죽임을 당하면서도 그것이 죄(罪) 때문이 아니라고 한다면 유능한 신하들은 몸을 숨길 것이다. 또한 간사한 신하가 편히 즐기고 이익을 보면서 그것이 공적 때문이 아니라고 한다면 간악한 신하들이 횡행할 것이다. 이것이야말로 '나라가 멸망에 이르는 근본'이다.

---

65) '붕당(朋黨)'은, 조정 안팎의 사적인 당파를 말한다.

이와 같이 되면, 신하들은 공법(公法)을 물리치고 사적인 권세를 부리며 공법을 깔보게 된다. 실력자의 집에는 빈번하게 드나들지만 군주의 조정에는 한 번도 나오지 않으며, 실력자 개인의 편의는 여러 가지로 생각하지만 군주의 나랏일은 조금도 생각하지 않는다. 비록 거느리는 벼슬아치 수는 많지만 군주의 권위를 높이는 일은 못 되며, 비록 백관(百官)의 직책이 갖추어져 있다 해도 나랏일에 도움이 되지는 않는다.

그렇다면 군주가 나라의 군주란 명분은 있어도 실제로는 여러 신하들의 집에 몸을 붙이고 있는 것과 마찬가지다. 그러므로 나라가 망해 가는 조정엔 사람이 없다고 할 수 있다. 조정에 사람이 없다는 것은 조정 신하의 숫자가 줄었다는 뜻이 아니다. 예컨대 대부들은 자기들 이익만을 늘리는 데 힘쓰고, 풍요로운 나라를 위한 정책은 없다. 중신들은 자신들의 지위만을 높이는 데 힘쓰고, 군주의 존귀를 높이는 정책은 없다.

아래 관리들은 봉록(俸祿)에만 매달려 사적 교제만을 넓히는 데 힘쓰고, 주어진 직무는 소홀히 한다. 이렇게 되는 까닭은 군주가 위에서 엄격하고 공정한 법에 의해 재단(裁斷)하는 것이 아닌, 신하들이 임의(任意)로 하는 것을 그대로 맡겨 두었기 때문이다. 그러므로 현명한 군주는 법이 사람을 고르도록 하고, 임의로 등용하지 못하게 하며, 또 법이 그 공적을 헤아릴 수 있도록 하고, 임의로 그것을 헤아리지 못하게 한다.

유능한 사람은 가려진 채로 있을 수 없고, 능력이 떨어지는 사람은 겉치레만으로 있을 수 없으며, 칭찬받은 사람이라고 **천거(薦擧)**될 수 없고, 비방당한 사람이라고 물러나게 하는 일이 없으면, 군주와 신하 사이에 구별이 분명해져 통치 질서가 잘 잡혀 나갈 것이다. 그래서 군주는 법에 비춰 일만 잘 처리하면 된다. 현명한 사람은 남의 신하가 되어 **북면(北面)하여 폐백을 바치고** 난 다음부터는 두 마음을 품지 않는다.[66]

조정에선 낮은 자리라고 그만두지 않고, 전쟁터에선 위난(危難)을 피하지 않으며, 위에서 하는 일을 순순히 따르고, 사심(私心)없이 명령을 기다리며, 자신이 시비(是非) 판단을 하지 않는다. 입이 있어도 사사로운 말을 하지 않고, 눈이 있어도 사사로운 것을 보지 않는다. 이 때문에 상전은 마음대로 일을 할 수 있는 것이다. 남의 신하된 사람은 비유컨대 손과 같은 것이다. 위로는 머리를 가다듬고, 아래론 발을 손질한다.

추위와 더위에 대비하지 않을 수 없고, 칼이 몸에 닥치면 뿌리치지 않을 수 없다. 어질고 지혜로운 신하라도 사적으로 가까이하지 않고, 모든 일에 뛰어난 사람이라도 사적으론 친근하지 않다. 따라서 민(民)은 향리를 떠나 멀리 사귀려 하지 않고, 백 리나 떨어진 곳에도 친척이 없다. 귀천이 서로 신분을 넘지 않으며, 어리석은 이나 지혜로운 이나 각기 걸맞

---

66) '천거(薦擧)'는, 평판만으로 천거하면 안 된다는 것이고, 신하가 군주를 향해 서 있는 자세를 '북면(北面)'이라 하며, '폐백을 바친다'는 것은, 처음 만난 군주에게 바치는 예물을 말한다.

은 자리에 서게 된다면, 이를 가리켜 통치의 극치[至治]라 한다.

| 04 |

무릇 작위나 봉록을 경시하고 나라를 쉽게 버리며, 망명하여 군주를 골라 벼슬하려는 이를 나는 청렴(淸廉)이라 하지 않는다. 거짓 주장을 내세워 법을 어겨 가면서 군주에게 **강간(强諫)**하는 이를 나는 충성(忠誠)이라 하지 않는다. 은혜를 베풀어 이익을 주고 아랫사람들의 마음을 잡아 명성을 얻으려는 이를 나는 인애(仁愛)라 하지 않는다. 세속을 떠나 숨어 살면서 '군주를 헐뜯는 이'를 나는 의인(義人)이라 하지 않는다.[67]

밖으로 제후들과 통하고 안으론 나라를 훼손시켜 위험한 시기를 엿보아 험상궂게 군주를 협박하며 말하길, '제후들과 사귐은 내가 아니면 친밀하게 해낼 수 없고, 원한은 내가 아니면 풀 수 없다'고 한다. 또 군주는 자신을 믿고 나랏일을 모두 맡기라 한다. 이는 군주의 명성은 떨어지는 반면에 신하의 명성은 올라간다. 이처럼 군주나 나라 사정은 고려 않고 자신의 이익만을 꾀하는 이를 나는 지자(智者)라 하지 않는다.

이 몇 가지 덕목들은 난세에나 통하는 이론이며 선왕의 법으론 적합하지 않다. 선왕의 법에 이르길, '신하가 위엄을 세우는 일이 있으면 안 되고, 이익을 꾀하는 일이 있어도 안 된다. 왕의 의향대로 따르라. 애정을 표하는 일이 있어선 안 되고, 증오를 드러내는 일이 있어서도 안 된다. 왕

---

67) '강간(强諫)'은, 말 그대로 강하게 간(諫)하다는 뜻이다.

의 규정대로 따르라'고 한다. 옛날 잘 다스려질 때 사람은 공법을 받들고 사적인 술수를 버리며 마음과 행동을 오로지 하나로 했다.[68]

무릇 군주가 백관(百官)이 하는 일을 직접 챙기려 하면, 시간도 능력도 미치지 못할 것이다. 또 군주가 직접 보려 하면, 신하는 겉만 좋게 꾸밀 것이고, 군주가 직접 들으려 하면, 신하는 소리만 잘 가다듬을 것이며, 군주가 직접 판단하려 하면, 신하는 빈번하게 언변을 늘어놓을 것이다. 옛 선왕은 이 3가지가 충분하지 않다고 여겼기 때문에 군주 자신의 능력을 놓아두고 **법술**에 의한 상벌 규정을 명확히 했던 것이다.[69]

선왕이 취한 것은 요령이 있었다. 따라서 법은 간략하더라도 그것을 범하는 이가 없어 군주 혼자서도 천하를 지배할 수 있었다. 총명한 사람이라도 속임수를 부릴 수 없고, 영리한 사람이라도 꾸며댄 말이 받아들여지지 않으며, 간사한 사람이라도 의지할 데가 없었다. 멀리 천 리 밖에 나가 있는 이도 군주에게 한 말은 바꿀 수 없고, 가까이 요직에 있는 이도 다른 사람의 선행을 가리거나 자기 비행을 숨길 수 없었다.[70]

조정에선 모든 신하가 직접 군주를 대면할 수 있었고, 직분이 높고 낮음에 관계없이 서로가 월권을 하지 않았다. 군주의 정무(政務)가 적고 시간 여유가 많은 것은 군주가 권세에 의존하기 때문에 그렇게 된 것이다.

---

68) 이후, 군주의 임용을 기다렸다.
69) '법술(法術)'은, 법률(法律)과 술수(術數)를 말한다.
70) 사람들의 선행을 가리거나, 자신의 비행(非行)을 숨길 수 없었다.

무릇 남의 신하된 이가 군주의 권한을 침범하는 것은 마치 여행길에 느끼는 지형과 같다. 조금씩 변해 가는 동안 군주로 하여금 방향 감각을 잃게 하면, 동서의 방향이 바뀌어도 군주는 알지 못하게 된다.

그러므로 선왕은 **지남침**을 세워 동서방향을 정확히 잡았던 것이다. 그리고 현명한 군주는 신하들로 하여금 법 테두리 밖으로 벗어날 생각을 못 하게 하고, 사사로운 은혜를 법 테두리 안으로 끌어들여 베풀지 못하게 했다. 모든 행동이 법에 의하지 않는 것이 없도록 한 것이다. 법이란 죄를 저지르지 못하게 하는, 즉 사심을 품지 못하게 하는 수단이며, 형벌이란 법령을 철저히 수행하여 아랫사람을 응징하는 수단이다.[71]

권위는 두 사람이 지닐 수 없고, 통제도 양쪽에서 할 수 없다. 권위와 통제를 군주와 신하가 함께하면 사악(邪惡)이 횡행하고, 법을 확실하게 실행하지 못하면 군주의 앞길이 **위태로워진다**. 때문에 '능숙한 목수는 눈짐작만으로도 틀림없이 먹줄을 맞추지만 반드시 먼저 규구(規矩)를 가지고 재며, 우수한 지혜를 가진 이는 재빠르게 행동해도 일을 그르치지 않지만, 반드시 선왕이 마련한 법에 비추어 생각한다.'고 했다.[72]

---

71) '지남침(指南針)'은, '남쪽을 기준으로 삼는 것처럼, 변별의 기준을 정'할 때 쓰는 도구다. 흔히 나침반으로 불린다.
72) '위태로워진다.'는 말은, 형벌이 준엄하게 단행되지 않으면, 결국 악(惡)을 누르지 못하게 된다는 뜻이다.

먹줄을 반듯하게 하면 굽은 나무도 곧게 자를 수 있고, **수준기(水準器)**를 수평으로 놓으면 울퉁불퉁한 표면도 평평하게 깎을 수 있으며, 저울대에 추를 걸면 무게를 균형감 있게 잴 수 있다. 그러므로 '법(法)으로 나라를 다스리는 것은 지극히 쉬운 일'이다. **법은 귀(貴)한 사람 천(賤)한 사람을 가리지 않는다**. 또한 법을 적용하는 데 있어선 지자(智者)라고 해도 변명할 수 없으며, 용자(勇者)라 해도 감히 다툴 수 없다.[73]

즉 지은 죄(罪)를 벌(罰)하는 데 있어서는 중신(重臣)이라 하여 피할 수 없고, 선행(善行)에 대해 상(賞)을 주는 데 있어서는 일반 민중이라 하여 빠뜨릴 수 없는 것이다. 따라서 윗자리에 있는 사람의 잘못을 바로잡고, 아랫사람의 사악함을 꾸짖어 얽힌 것을 풀며, 어그러진 것을 끊고, 넘치는 것을 물리치며, 올바르지 못한 것을 가지런하게 하여 민중들이 지킬 규범(規範)을 하나로 하는 데는 법(法)보다 더 좋은 것이 없다.

또 관리(官吏)를 독려하고 민중을 위압(威壓)하며, 단정하지 못한 이를 물리치고, 속임수를 못 쓰도록 하는 데는 형벌보다 더 좋은 것이 없다. 형벌이 무거우면 귀한 사람도 신분이 낮은 사람을 깔보지 못하고, 법이 분명하면 윗자리가 존엄하여 침해받지 않는다. 윗자리가 존엄하여 침해를

---

73) '수준기(水準器)'는, 수평선 또는 수평면을 구하기 위한 도구를 말하고, '법은 귀(貴)한 사람천(賤)한 사람을 가리지 않는다'는 말은, 승묵(繩墨)과 같은 것으로, 즉 먹줄은 나무가 휘었다고 굽혀 가며 재지 않는 것과 같은 경우다.

받지 않으면, 군주의 위세도 강해져 **요긴한 점**을 지킬 수 있다. 그러므로 선왕이 그 요긴한 점을 귀중히 여겨 후세에 전한 것이다.[74]

---

74) 한비는 덧붙이길, '사정이 이러함에도 군주가 법을 버려두고 사사로이 움직인다면, 상하는 분별이 없어질 것이다.'라고 했다. 그리고 '요긴한 점'은, 법술(法術)과 상벌(賞罰)의 권한을 지킬 수 있음을 뜻한다.

제07장 이병(二柄)

한비(韓非)에게 정치권력의 실체는 법술(法術)이다. 법술의 내용은 상(賞)과 벌(罰) 2가지다. 그렇다면 군주는 어떻게 상벌(賞罰)을 행사할 수 있을 것인가. 이병(二柄)은 상벌을 두 개의 칼자루로 비유한 말이다. 즉 군주 자신이 직접 칼자루를 쥐고 신하를 통제해야 한다는 경고의 의미가 들어 있다.

| 01 |

현명한 군주가 신하를 제어(制御)하기 위해 의존할 것은 두 개의 권병(權柄)뿐이다. 두 개의 권병이란 형(刑)과 덕(德)이다. 무엇을 일컬어 '형과 덕'이라 하는가. 처벌하여 죽이는 것을 형이라 하고, 칭찬하여 상 주는 것을 덕이라 한다. 남의 신하된 이는 처벌을 두려워하고, 상 받는 것을 이익으로 생각한다. 그러므로 군주 자신이 직접 형을 집행하고 덕을 베푼다면 신하들은 그 위세를 두려워하며 이익 쪽으로 향할 것이다.

그러나 **사악(邪惡)한 신하**는 그렇지 않다. 자기가 미워하는 사람은 군주로부터 교묘하게 권한을 얻어 처벌하고, 자기가 좋아하는 사람은 역시 군주로부터 교묘하게 권한을 얻어 상(賞)을 준다. 만일 군주가 상벌(賞

罰)의 이익과 위세를 자신으로부터 나오도록 하지 않고, 신하에게 상벌을 행사하도록 하면 나라의 모든 사람은 군주를 깔보고, 신하만을 두려워하며 신하 쪽으로 향배를 돌림으로써 군주는 버려질 것이다.[75]

이것이 군주가 상벌의 권한을 잃어 생기는 환난이다. 무릇 호랑이가 능히 개를 굴복시킬 수 있는 까닭은 발톱과 어금니를 가졌기 때문이다. 호랑이가 발톱과 어금니를 버리고 개로 하여금 그것을 쓰도록 하면, 호랑이는 도리어 개에게 굴복될 것이다. 군주란 형(刑)과 덕(德)을 지니고 신하를 제어한다. 만일 군주가 형과 덕의 권한을 놓아두고 신하로 하여금 그것을 쓰도록 하면 군주는 도리어 신하에게 제어 당할 것이다.

그러므로 **전상(田常)**은 위로 군주에게 작위와 봉록을 억지로 요청해 여러 신하에게 나누어 주고, 아래론 두곡(斗斛)의 분량을 크게 하여 민중들에게 은혜를 베풀었다. 이렇게 간공(簡公)은 포상(襃賞)의 권병(權柄)을 잃고 말았다. 전상이 그것을 행사했기 때문에 '간공은 살해당한 것'이다. **자한(子罕)**은 송(宋)나라 군주에게, '포상과 사여(賜與)는 민중들이 좋아하는 것이니, 군주께서 직접 그것을 행사하십시오.'라고 했다.[76]

한편 '살육(殺戮)이나 형벌은 민중들이 싫어하는 것이니, 제게 맡겨 주

---

75) '사악(邪惡)한 신하'는, 간신(姦臣)을 말한다. 간신은 '군주의 권한을 침범하는 이'를 가리킨다.

76) '전상(田常)'은, 춘추 말기, 제(齊)나라의 실력자를 가리키고, '자한(子罕)'은, 전국시대 송(宋)나라의 찬역(簒逆) 신하로, 자한(子罕)은 황희(皇喜)의 자(字)다. 춘추시대 때 악희(樂喜)와는 다른 인물이다.

십시오.'라고 했다. 그래서 송군(宋君)은 형(刑) 집행 권한을 넘겨줘 자한이 그것을 행사했다. 이 때문에 송군은 협박당한 것이다. 전상이 단지 덕을 베푸는 권한을 행사한 것만으로 간공은 살해됐고, 자한은 단지 형벌 주는 권한을 행사한 것만으로 송군은 협박당한 것이다. 그런데 지금 이 시기에 남의 신하된 이는 '형과 덕' 두 권병을 함께 쥐고 있다.

뿐만 아니라 그것을 행사하고 있으니, 이는 세상 **군주**들의 위태로움이 간공과 송군보다 더 심한 상태라고 하는 것이다. 그러므로 협박당하거나 살해되거나 혹은 눈 가려진 군주는, 형과 덕 양쪽을 잃고 신하로 하여금 그것을 행사하도록 하는 것이다. 이 때문에 자신을 위태롭게 함은 물론 나라를 망치는 일이 계속되는 것이다. 그래서 군주가 간신을 막기 위해 '실적과 명분이 일치하는지 살피는 것'은, 당연한 일이다.[77]

| 02 |

남의 신하된 이가 어떤 일에 대해 자기 의견을 진술하면, 군주는 진술한 말에 걸맞은 일을 맡겨 주고, 오로지 그 일에 맞춰 성과(成果)를 요구한다. 성과가 그 일과 들어맞고 일이 그 말과 들어맞으면 상(賞)을 주고, 성과가 그 일과 들어맞지 않고 일이 그 말과 들어맞지 않으면 벌(罰)을 준다. 또 의견은 큰데 성과가 작으면 벌한다. 이는 성과가 작다고 벌하는 것이 아니라, 내걸었던 명분과 들어맞지 않아 벌하는 것이다.

---

77)   여기서 말하는 '군주'는, 이상적인 군주[明君]와 구분하여 '통속적인 군주'를 가리킨다.

또한 '의견은 작으면서 성과가 큰' 신하도 벌(罰)한다. 큰 성과가 기쁘지 않아서가 아니라, 명분이 들어맞지 않아 생길 해(害)가 이익보다 훨씬 크기 때문에 벌하는 것이다. 옛날에 **한(韓)의 소후(昭侯)**가 술에 취해 선잠을 잔 일이 있다. 관(冠)을 담당하는 신하가, 아무래도 추울 것으로 판단돼 군주의 몸 위에 옷을 덮어줬다. 이후 잠에서 깨어난 군주가 좋아하며 좌우 측근들에게 물었다. '옷을 덮어준 이가 누구더냐.'[78]

좌우가 '관을 담당하는 신하'라고 대답했다. 군주는 이 일로 옷을 담당하는 이와 관을 담당하는 신하를 함께 처벌했다. 옷을 담당한 이를 처벌한 것은 '해야 할 일을 게을리'했다고 생각했기 때문이고, 또 관을 담당한 이를 처벌한 것은 '자기 **직분을 넘어** 분별없는 일'을 했다고 판단했기 때문이다. 추운 것을 싫어하지 않아서가 아닌, 다른 직분까지 침범하는 폐해가 추운 것보다 '훨씬 더 심하다고 여겨졌기 때문'이다.[79]

그러므로 현명한 군주가 신하를 거느릴 경우에는 신하가 자기 직분(職分)을 넘어서는 업적을 세울 수 없도록 해야 한다. 즉 진술한 의견과 실제 일이 부합하지 않으면 용납하지 않는다. 직분 이상을 넘보면 형벌(刑罰)에 처하고, 하는 일이 들어맞지 않으면, 이 또한 죄가 되는 것이다. 각각 관직에 따라 직분이 지켜지고, 진술한 말이 실제로 한 일[성과]과 들어맞는다면, 신하들이 감히 '무리를 형성할 수 없을 것'이다.

---

78) '한(韓)의 소후(昭侯)'는, 한비보다 백 년 전에 살았던 군주다. 신불해(申不害)를 등용해 술(術)로 국세(國勢)를 떨친 인물이다.

79) '직분을 넘는다'는 말은, 월관(越官)과 같은 뜻으로, 이른바 월권(越權)을 가리킨다.

군주에게는 2가지 근심거리가 있다. 유능한 사람을 선발해 등용하면 신하들이 유능한 것을 빙자해 그 군주를 밀어붙이려 하고, 특별한 제한 없이 등용하면 일이 정체되어 어찌할 수 없게 된다. 따라서 군주가 유능한 이를 좋아하면, 신하들은 자신의 행위를 꾸며 군주가 바라는 바에 **영합(迎合)**한다. 그러면 여러 신하의 실정이 잘 드러나지 않는다. 신하들의 실정이 드러나지 않으면 군주는 신하를 가려낼 수가 없다.[80]

예컨대 **월(越)나라 왕**이 용맹을 좋아하자, 민중들 가운데 죽음을 가볍게 여기는 이들이 많아졌고, 초(楚)나라의 **영왕(靈王)**은 허리가 가는 이[細腰]를 좋아하자, 도성 안에 굶어 죽는 이들이 많아졌다. 제(齊)나라의 환공(桓公)은 질투심이 강하고, 여색(女色)을 특히 좋아했다. 이 때문에 **수조(豎刁)**는 스스로 거세(去勢)하고, 후궁[내시] 일을 도맡았고, 또 환공이 미식(美食)을 즐기자, **역아(易牙)**는 자기의 맏아들을 삶아 바쳤다.[81]

연(燕)나라 왕이었던, **자쾌(子噲)**는 평소 '어질다는 칭찬을 아주 좋아'했다. 이런 태도 때문에 자지(子之)가 나라를 물려주어도 받지 않는 척 거짓을 부렸다. 한편 군주가 싫어하는 것을 겉으로 내비치면, 신하들은 싫어

---

80) '영합(迎合)'은, 자신들의 이익을 위해 군주의 취향에 맞춰 움직이는 것을 말한다.
81) '월왕(越王)'은, 기원전 5세기 전반의 구천(勾踐)을 가리키고, '영왕(靈王)'은, 기원전 6세기 중기 때 인물이며, '수조(豎刁)'의 수(豎)는, 내시를 말하고, 조(刁)는 이름이고, '역아(易牙)'는, 요리를 잘 하는 신하였다.

할 만한 단서(端緒)를 숨기고, 군주가 좋아하는 것을 겉으로 내비치면 여러 신하는 능력이 없어도 있는 척한다. 군주가 자기 의욕을 겉으로 드러내면 신하들은 자신을 '꾸미는 기회를 얻게 되는 것'이다.[82]

다시 돌아가 자지(子之)를 보자. 그는 자쾌(子噲)가 어진 것을 좋아한다는 핑계로 군주자리를 빼앗은 인물이고, 수조(豎刁)와 역아(易牙)는 군주의 욕망을 빌려 군주의 권한을 침해한 이들이다. 후일 자쾌(子噲)는 내란으로 죽고, 환공은 죽어 구더기가 문밖으로 기어 나올 정도였음에도 시신을 매장하지 못했다. 이렇게까지 된 것은 무엇 때문인가. 군주가 자기 본심을 드러내 신하들에게 보여줬기 때문에 생긴 재앙이다.

남의 신하가 된 심정은 군주를 사랑해서가 아니라, 이익을 귀중하게 여기기 때문이다. 만일 군주가 본심을 가리지 않고 생각하는 단서를 보이면, 신하들이 자지(子之)나 전상(田常)처럼 되는 것은 어렵지 않다. 그러므로 말하길, '좋은 표정을 짓지 말고, 싫은 표정도 짓지 말라. 그러면 여러 신하가 그 본바탕을 드러낼 것이다.'라고 한다. 신하들이 본바탕을 드러내면, 군주의 이목(耳目)이 가려지는 일은 없을 것이다.

---

82) '자쾌(子噲)'는, 기원전 4세기 말 연나라 왕으로, 요(堯)가 현자 허유(許由)에게 양위하려고 한 일을 훌륭하다고 동경하여, 군주 자리를 신하인 자지(子之)에게 물려줬다가 봉변을 당한 인물이다.

제08장 양권(揚權)

양권(揚權)이란 권능(權能)을 보존하기 위해 양언(揚言), 즉 논리를 펼친다는 뜻이다. 그것은 군주가 상벌(賞罰)의 두 권병을 단단히 쥐고 형명참동(刑名參同)을 추진하여 사악(邪惡)이 일어나지 않도록 방비해야 한다는 주장이다. 앞의 주도(主道), 이병(二柄) 장과 아울러 군주의 통치 기술을 이론적으로 전개한 일종의 군주론이라 할 수 있다.

| 01 |

천지자연엔 **일정한 법칙**이 있고, 인간에게도 정해진 큰 원칙이 있다. 무릇 향기롭고 먹기 좋은 음식, 술과 기름진 고기는 입에는 달지만 몸을 병들게 한다. 살결이 매끄럽고 이가 하얀 여인은 남성의 정욕을 충족시켜 기쁘지만 정력을 소진시킨다. 따라서 도에 지나치지 않게 삼가면 몸에 바로 해(害)는 없을 것이다. 군주는 권력을 남에게 휘둘러 보이려 하지 않고, 본바탕 그대로를 지켜 새삼스런 일을 하지 않는다.[83]

---

83) '일정한 법칙'은, 자연의 법칙, 즉 사람의 도리 등 큰 원리를 말한다.

실제 일은 사방의 신하들에게 분담시키고 요체(要諦)만을 군주가 장악한다. 현명한 군주는 그 요체를 단단히 쥐고 있으면 사방에서 신하들이 모여들어 각기 성과를 보고한다. 군주가 마음을 비우고 기다리면 신하들은 스스로 능력을 발휘한다. 신하들을 사방에 붙박이로 앉혀 두면 그 실정을 보이지 않는 곳에서도 분명히 파악할 수 있다. 좌우에 상벌 원칙이 이미 확립되면 군주는 마음의 문을 열어 놓고 대응할 수 있다.

그 태도를 바꾸지 않고 **형(形)과 명(名)**, 둘을 함께 맞추어 끝까지 관철시켜 나가는 것을 일컬어 '군주의 도리를 실천하는 것'이라 한다. 무릇 사물이란 모두 적성(適性)이 있고, 재능도 각기 다르다. 따라서 적성에 맞춰 알맞게 배치하면 상하 모두 무위(無爲)의 경지에서 천하를 다스릴 수 있다. 즉 닭에게 새벽 시간을 알리게 하고, 고양이에게 쥐를 잡게 하듯, 각자의 능력을 활용하면 군주는 따로 일하지 않아도 된다.[84]

한편 군주에게 뛰어난 재능이 있어 이를 함부로 드러내면, 사안이 제대로 해결되지 못할뿐더러 모든 일에 있어 균형을 잃기 십상이다. 또한 군주가 자랑이 심하고 자신의 능력을 뽐내면 신하들은 속임수를 통해 군주에게 아부한다. 군주가 총명을 드러내고 지혜를 자랑하며 아녀자들의 자애인 부인지인(婦人之仁)을 행하면, 신하들은 군주에게 빌붙어 사적 이익을 꾀한다. 이처럼 상하역할이 바뀌면 나라를 다스릴 수 없다.

---

84) '형(形)과 명(名)'은, 상(賞)과 벌(罰)로도 표현할 수 있다.

군주가 지켜나갈 유일한 길은 명분이다. 명분이 바로 서면 사물의 질서가 안정되고, 명분이 기울어지면 질서가 흔들린다. 그러므로 성인(聖人)은 유일한 원칙을 쥐고 고요히 있으면서 신하들로 하여금 스스로 명분을 밝히고 일을 처리토록 한다. 군주가 자신의 성향을 보이지 않으면 신하는 본바탕을 드러낸다. 소질에 따라 임용하면 그들 스스로 힘써 일하며 능력에 따라 직책을 주면 그들 스스로 성과를 올리려 애쓴다.

군주가 바른 자세로 대처하면, 신하들은 모두 스스로 자리 잡게 된다. 군주는 명분을 가지고 신하를 기용하며, 내세울 명분이 분명치 않을 경우에는 드러난 성과(成果)에 따라 다시 검토한다. 성과가 명분에 일치하는가의 여부를 비춰 그에 알맞은 상벌(賞罰)을 실시한다. 상과 벌 2가지 일이 확실하게 행해지면, 신하들은 자기 자신을 **숨김없이 다 드러낼 것**이다. 맡은 일을 신중히 하고, 그 '성패 여부는 하늘'에 맡긴다.[85]

그리고 **정치요체**를 놓치지 않아야 이상적인 군주라 할 수 있다. 이런 군주가 취할 방식은 인위적인 지혜와 기교를 버리는 것이다. 그렇지 않으면 상도(常道)라 할 수 없다. 만일 민중이 그것을 사용하면 자신의 몸에 많은 재앙이 닥치고, 군주가 그것을 사용하면 나라가 망할 것이다. 따라서 천지자연의 법칙에 따르고, 실제 사물의 원리대로 돌아가 여러 관찰

---

85) '숨김없이 다 드러낼 것'이란 말은, 지니고 있는 진심(眞心)을 다 들어낸다는 뜻이다.

과 점검을 계속해, 끝나면 또 시작하듯 멈추지 말아야 한다.[86]

| 03 |

도(道)란 넓고 커서 형상이 없으며, **덕(德)이란 분명한 조리(條理)**가 있어 도처에 고루 미친다. 모든 생물에 그것[道]이 알맞게 적용되는 덕분에 만물이 번성한다. 또한 도(道)는 모든 일에 스며들어 두루 존재한다. 그 법칙성에 맞춰 시간과 더불어 생사(生死)의 변화를 일으키고, 명분과 성과를 각각 달리하면서도 하나로 통하니 실제론 다르지 않은 것이다. 그러므로 말하길, '도는 만물에 대하여 같은 차원이 아닌 것이다.'[87]

또 '덕(德)은 음양(陰陽)에 대하여 같은 차원이 아니고, 저울대는 경중(輕重)에 대하여 같은 차원이 아니며, 승묵(繩墨), 즉 먹줄은 **출입(出入)**에 대하여 같은 차원이 아니고, 생황(笙簧)은 조습(燥濕)에 따른 기본음을 조절하나 조습과 같은 차원이 아니며, 군주는 신하들과 차원이 다르다'고 한다. 무릇 이 6가지 경우는 도(道)의 움직임에서 나온 것이다. 따라서 도는 함께 견줄 것이 없기 때문에, 유일자(唯一者)라 말한다.[88]

---

86) 한비는 덧붙이길, '또한 군주는 허정(虛靜)한 자세를 유지하면서 결코 사사로운 지혜와 재능을 쓴 적이 없다. 군주의 우환은 반드시 신하의 편파적인 견해에 함부로 동조하는 데서 일어나는 만큼, 신하들로 하여금 소신껏 의견개진을 하도록 하되, 동조하지 않으면 모든 사람이 하나같이 따를 것이다.'라고 했다. 그리고 '정치요체'는, 형명참동(形名參同)으로, 법가사상을 관통하는 핵심어를 가리킨다.

87) 덕(德)은 사물에 갖춰진 작용으로 인해 조리(條理)가 명확하다고 보는 것이다.

88) '출입(出入)'은, 오목하게 들어가고, 볼록하게 솟은 것을 가리킨다.

이런 까닭에 현명한 군주는 홀로 선 도(道)의 모습을 존귀하게 여긴다. 군주와 신하는 도, 즉 존재방식을 달리한다. 신하는 명분을 내세워 작록을 구하고, 군주는 그 명분을 붙잡아 둔다. 즉 신하가 일한 성과를 공적으로 드러내면, 군주는 그 공적과 명분을 대조하여 하나로 일치되면 상하 관계는 곧 조화를 이룬다. 무릇 군주가 신하의 의견을 청취하는 비결은 그 입으로부터 나온 말을 돌이켜 그 성과를 추구하는 데 있다.

그러므로 말한 명분을 세밀하게 검토해 지위를 정해 주고, 직분을 명확히 하여 일의 종류를 구별한다. 신하의 말을 듣는 요체는 무심한 자세를 취하는 것이 마치 술에 취한 듯한 모습이다. 신하가 입술을 들썩이며 말하기 전까지는 먼저 말하지 말라. 신하가 치아까지 드러날 정도로 더욱 열을 내면서 말하면, 아예 바보처럼 입을 다물어 버린다. 신하들이 스스로 말해오면 군주는 그것을 통해 모든 실정을 알 수 있다.

시시비비(是是非非) 다른 의견들이 폭주하더라도 군주는 거기에 응할 필요가 없다. 허정(虛靜)한 상태로, 하는 것 없는 자세가 도(道)의 참모습이다. 여러 가지가 뒤섞여 서로 겨루는 것은 사물의 형상이다. 도는 여러 가지에 서로 비추어 알맞은 상태로 허정하게 있는 것이다. 근본 처지가 바뀌지 않으면 군주로서의 동정에 큰 실수가 없다. 스스로 동작을 취하고 일을 꾸미더라도 새삼스럽지 않아 절로 교화가 이루어진다.

만일 군주가 무엇인가 좋아하면 할 일[달라붙는 일들]이 점점 많아지고, 군주가 무엇인가 미워하면[싫어하면] 원한을 살 일이 점점 많이 생긴다. 그러므로 좋아하고 미워하는 감정을 버리고, 마음을 비워 도(道)가 깃들 수 있게 해야 한다. 군주가 해야 할 일을 신하와 함께 나누지 않으면 민중들은 오히려 그를 존중한다. 군주는 어떤 의논(議論)에도 개입하지 말아야 하고, 신하들로 하여금 스스로 직분을 다하도록 한다.

군주가 마치 문을 굳게 닫아 안쪽에 빗장을 지르고 방에서 바깥을 내다보듯 한다면 사소한 일도 눈앞에 펼쳐져 모두가 있을 자리에 있게 될 것이다. 가령 상(賞)줄 사람에겐 상을 주고, 벌(罰)할 사람에겐 벌을 내려 그 행한 바에 따라 각각 보답을 스스로 받게 한다. 선에는 상이, 악에는 벌이 반드시 주어지면, 그 누가 감히 군주를 믿지 않겠는가. 법도의 기준이 확립되어 있다면 다른 일도 모두 바르게 **정돈**될 것이다.[89]

| 04 |

군주에게 **신(神)과 같은 위엄(威嚴)**이 없으면, 신하들이 장차 넘볼 기회를 노릴 것이다. 하는 일에 정당성(正當性)을 잃으면, 신하들이 나름의 원칙을 세워 비판하려 들 것이다. 하늘과 같이 땅과 같이 조화를 이룬다면, 이를 가리켜 평정(平正)이라 한다. 땅과 같이 하늘과 같이 공평하다면, 누구를 멀리하고 누구를 더 친하게 할 수 없다. 능히 천지자연(天地自然)을 본받을 수 있다면, 이를 가리켜 '성인(聖人)'이라 한다.[90]

---

89) 한쪽의 일을 잘 정리 정돈하면, 다른 쪽 일은 절로 처리되듯, '기준을 바로 세워야 함'을 강조하는 것이다.

90) '신(神)과 같은 위엄(威嚴)'이란, 신(神)의 기능은 헤아릴 수 없는 오묘한 상태, 즉 '헤아릴 수 없는 권위'를 의미한다.

궁궐(宮闕)을 다스리려면 전담자를 두되 친근하지 말며, 백관(百官)을 다스리려면 관직마다 전임을 두라. 직무상 권한을 멋대로 넘을 수 없게 하면, 남용하거나 침범하지 못할 것이다. 중신(重臣)들 집엔 사람들이 많이 모여드는 것을 경계해야 한다. 무릇 통치가 지극히 잘 된 상태에서는 신하들이 사적으로 덕(德)을 베풀 수 없다. 군주가 확실하게 형명(形名)을 일치시켜 나간다면 민중들은 직분을 충실히 지키게 될 것이다.

만일 이를 버리고 달리 구한다면, 이를 가리켜 대혹(大惑)이라 한다. 교활한 민중이 많아지고 사악한 신하들이 측근에 가득할 것이다. 그러므로 말하길, '신하를 부(富)하게 하지 말라. 부해지면 군주를 이기려 할 것이다. 신하를 귀(貴)하게 하지 말라. 귀해지면 군주를 가볍게 볼 것이다. 오로지 한 사람만 신임하지 말라. 그러면 도성과 나라를 보전할 수 있다.'고 했다. 장딴지가 허벅다리보다 굵으면 빨리 달리기 어렵다.

군주가 신(神)과 같은 권위(權威)를 잃으면, 호랑이 같은 악신(惡臣)들이 **뒤를 노린다.** 군주가 알아차리지 못하면, 호랑이는 장차 소신(小臣)인 개[犬]들을 모을 것이다. 군주가 빨리 그것을 막지 못하면, 개들의 수가 점점 늘어 끝이 없을 것이다. 호랑이가 무리를 이루면 어미인 군주를 죽일 것이다. 군주가 되어 신하들이 없다면 어찌 나라가 보존될 수 있겠는가. 군주가 법(法)을 시행하면 큰 호랑이는 겁을 먹을 것이다.[91]

군주가 형(刑)을 집행하면 호랑이도 온순해질 것이다. 법과 형이 신실

---

91) '뒤를 노린다'는 것은, 틈만 나면 군주의 약점을 노린다는 말이다.

하게 구현되면, 호랑이도 사람답게 교화되어 다시 본연의 모습으로 돌아갈 것이다. 군주가 나라를 잘 다스리려면, 반드시 붕당(朋黨)을 막아야 한다. 붕당을 막지 못하면 그들은 장차 많은 무리를 모을 것이다. 또 군주가 영지(領地)를 잘 다스리려면, 반드시 적절한 **사여(賜與)**를 시행해야 한다. 사여가 적절하지 않으면, '난신(亂臣)이 더 요구할 것'이다.[92]

신하가 요구하는 대로 군주가 받으면, 그것은 적에게 도끼를 빌려주는 격이다. 도끼를 빌려주는 것은 옳지 않다. 저들이 장차 그것을 사용해 군주를 칠 것이다. 『**황제서(黃帝書)**』에, '군신 사이는 하루에도 백 번을 다툰다.'는 말이 있다. 신하는 사심을 숨기고, 군주의 태도를 살피며, 군주는 법도(法度)를 통해 신하를 제재한다. 따라서 법도를 확립함은, 군주의 보배가 되고, 도당(徒黨)을 형성함은, 신하에게 보배가 된다.[93]

| 05 |

도(道)를 터득한 군주는 **신하의 집**을 부유(富裕)하게 하지 않는다. 도를 터득한 군주는 신하의 지위를 귀(貴)하게 하지 않는다. 즉 부귀(富貴)하면 군주 자리를 위협하기 때문이다. 위험에 대비해 태자를 일찍 정하면 화

---

92) '사여(賜與)'는, 나라에서 민중들에게 금품이나 물건 따위를 내려 주는 것을 말한다.

93) 한비는 덧붙이길, '여기서 신하가 군주를 시해(弑害)하지 못하는 것은, 도당이 형성되지 않았기 때문이다. 따라서 군주가 조금이라도 실수하면 신하는 바로 이익을 본다. 군주가 신하의 영지인 채읍(采邑)을 크게 하지 않는 것도 이와 같은 이유다.'라고 했다. 그리고 '황제(黃帝)'는, 중국 신화에 나오는 삼황오제(三皇五帝)의 하나로, 민간전승이나 문헌에 따라 다양한 모습으로 나타난다. 일반적으로 복희(伏羲), 신농(神農), 여와(女媧)를 삼황(三皇)으로, 황제(黃帝), 전욱(顓頊), 제곡(帝嚳), 요(堯), 순(舜)을 오제(五帝)로 본다.

(禍)가 일어나지 않을 것이다. 안으론 그 위험의 싹을 찾아내고, 밖으로는 사악을 막는 동시에 반드시 군주가 직접 법도를 시행해야 한다. 크게 법도에 어긋난 이는 깎아 버리고 작게 어긋난 이는 덜어낸다.[94]

깎거나 덜어내는 데도 원칙이 있어야 한다. 그래야 민중이 군주를 속이지 못한다. 깎는 것은 달이 이지러지는 것처럼 하고, 덜어내는 것은 열을 가하는 것처럼 한다. 법령은 간략하고 벌(罰)주는 일은 신중하되 처벌은 철저해야 한다. 이런 격언이 있다. '너의 활시위를 늦추지 말라. 한 둥지에 두 마리 수컷이 있다. 두 마리 수컷이 함께 있으면 무서운 싸움이 일어난다. 늑대가 같은 우리에 있으면 양은 번식하지 않는다.'

또 '한 집안에 두 주인이 있으면 집안일이 잘되지 않는다. 부부가 가사를 맞겨루면 자식은 마땅히 따를 데가 없다.' 군주가 된 사람은 나무[신하]를 자주 베어 가지가 뻗지 못하게 해야 한다. 나뭇가지가 무성하게 뻗으면, 장차 공가(公家)의 문을 막게 될 것이다. 즉 사가(私家)로 사람들이 모이면 조정(朝廷)은 텅 비어 군주는 장차 이목(耳目)이 가려질 것이다. 나무를 자주 베어 '가지가 밖으로 자라지 못하게 해야' 한다.

나뭇가지[신하]가 밖으로 자라면 장차 군주의 자리를 위협할 것이다. 나무를 자주 베어 가지가 커지고 몸통이 작아지지 않도록 해야 한다. 가지가 크고 몸통이 작으면 '미풍에도 버티지 못할 것'이다. 미풍에도 버티지 못하면 가지가 **나무의 심(芯)을 해칠 것**이다. 공자(公子)의 숫자가 늘어

---

94) '신하의 집'은, 일반적으로 대부(大夫)의 집으로, 권신(權臣)이 소유한 영지(領地)를 가리킨다.

나면 종실(宗室) 쪽에서는 탄식 소리가 난다. 그것을 그치게 하는 방법은, 그 나무를 자주 베어 가지가 무성하지 않도록 하는 것이다.[95]

---

95) 한비는 덧붙이길, '나무를 자주 베어 없애면 도당들은 곧 흩어진다. 신하의 마음속을 살펴 그 위세를 빼앗아야 한다. 군주가 권한을 행사하는 것은 번개처럼 빨라야 한다.'라고 했다. 그리고 '나무의 심(芯)을 해칠 것'이란 말은, 가지 끝에 움트는 심(芯)을 태자(太子)에 비유하여 그것을 해친다는 뜻이다.

제09장 팔간(八姦)

간(姦)은 군주의 권한을 침해하는 것을 뜻한다. 다시 말해 군주에 대항하는 사적(私的) 세력을 악(惡)으로 규정한다. 당시 정세에서, 군주에게 장애가 되는 8가지의 문제점을 열거하고, 그것을 제거해 나가는 방법을 제시한다.

| 01 |

무릇 남의 신하된 사람이 군주에 대해 간악(姦惡)한 일을 해내는 방법으로 8가지가 있다. 첫째, 동상(同牀)이다. 무엇을 동상이라 하는가. 잠자리를 함께하는 사람을 가리킨다. 즉 귀부인과 총애하는 첩, 마음에 드는 **미녀들[愛孺子]**로, 그들은 군주를 현혹하는 대표적인 사람들이다. 군주가 편히 쉬거나 취했을 때를 노려 자신들이 원하는 것을 반드시 들어주게 만든다. 때문에 신하들은 그들을 적절히 활용하는 것이다.[96]

즉 신하들이 그녀들에게 은밀히 접근하여 금옥(金玉)을 사용해 군주를 현혹토록 사주하는 것이다. 이를 동상이라 한다. 둘째, 재방(在旁)이다. 무

---

96) '애유자(愛孺子)'는, 본래 어린아이를 지칭하지만, 여기선 군주에게 사랑받는 부녀자를 가리킨다.

엇을 재방이라 하는가. 군주 곁에 가까이 있는 이들을 말한다. 즉 광대나 난쟁이, 측근의 친숙한 이들로, 그들은 군주가 명하지 않아도 '예', '예'하고, 시키기도 전에 '네', '네' 한다. 그들은 군주의 뜻을 받들고, 용모나 안색을 살펴 군주의 심중(心中)을 앞서 헤아리는 사람들이다.

그들은 모두 군주와 보조를 맞춰 진퇴하고, 입을 맞춰 응대하며, 말씨를 하나로 쓰고, 행동도 같이하여 군주의 마음을 움직인다. 때문에 신하들은 은밀히 그들에게 접근해 금옥(金玉)이나 진기한 노리개를 바치고, 밖으론 그들을 위해 불법을 자행한 뒤, 그들을 통해 군주의 마음을 변하게 만든다. 이를 재방이라 한다. 셋째, 부형(父兄)이다. 무엇을 부형이라 하는가. 방계(傍系)의 숙부(叔父)나 **서형제인 공자(公子)들이다.**[97]

또 군주가 친애하는, 즉 조정의 중신과 고급 관리로 늘 군주와 정책을 논하기 때문에, 이들의 주장은 군주가 대체로 받아준다. 이런 정서를 활용해 신하들은 가인(歌人)과 무녀(舞女)를 바쳐 공자와 방계 숙부들을 섬긴다. 또한 온갖 **교언(巧言)**으로 중신과 고급관리들 마음을 빼앗는다. 일이 성사되면 작위가 오르고 봉록도 늘어난다. 이와 같이 환심을 사는 것은 결국 '군주의 권한을 침해하는 것'이니, 이를 부형이라 한다.[98]

넷째, 양앙(養殃)이다. 무엇을 양앙이라 하는가. 군주의 재앙을 조장하는 것이다. 즉 군주가 궁실(宮室)과 대지(臺地)를 아름답게 만들고, 미녀나

---

97) '서형제인 공자(公子)들'은, 서자들로 형성된 공자(公子)를 가리킨다.
98) '교언(巧言)'은, 빌붙기 위한, 일종의 사탕발림과 같은 말이다.

개, 말 등을 예쁘게 꾸미도록 하는 것이 군주의 재앙이다. 신하들은 민력(民力)을 동원하여 궁실과 대지를 아름답게 만들고, 세금을 무겁게 징수하여 미녀나 개, 말 등을 예쁘게 꾸며 군주를 즐겁게 한다. 군주의 욕망을 만족시켜 놓고, 자신들의 이익을 취하는 것이 '양앙'이다.

다섯째, 민맹(民萌)이다. 무엇을 **민맹**이라 하는가. 신하들이 공공의 재화를 뿌려 민중들이 좋아하게 하고, 하찮은 은혜를 베풀어 따르게 하며, 조정이나 민중들로 하여금 자기를 칭송하도록 한다. 즉 군주가 민중들과 원만한 소통을 하지 못하도록 차단해 자신들의 욕망을 이루는 것을 민맹이라 한다. 여섯째, 유행(流行)이다. 무엇을 유행이라 하는가. 군주란 본래 신하와의 **대화통로가 좁아** 논의할 수 있는 기회가 적다.[99]

따라서 능한 변설(辯舌)로 군주를 움직인다. 신하들이 제후국의 변사들을 불러들이고 나라 안에 말 잘하는 사람들을 양성하여, 그들로 하여금 자신들의 이익을 도모한다. 즉 교묘한 언사(言辭)나 유창(流暢)한 변설을 떨게 하는 것이다. 때론 이로운 정세를 군주에게 보이고, 때론 걱정스런 해악으로 겁을 준다. 또 허황된 언사를 늘어놓아 군주의 생각을 흩트리기도 한다. 이를 유행, 즉 '유창한 변설을 이용'한다고 한다.

일곱째, 위강(威强)이다. 무엇을 위강이라 하는가. 군주란 신하들과 민중들에 의지하여 위세를 떨치는 사람이다. 따라서 '신하들과 민중들이 좋

---

99) '민맹(民萌)'은, 다른 곳에서 흘러들어온 민중을 말하고, '대화통로가 좁다'는 것은, 자유로운 언로가 막혀 군주까지 도달하기 쉽지 않다는 말이다.

다고 하면 군주도 그것을 좋다 하고, 신하들과 민중들이 좋다고 하지 않으면 군주도 그것을 좋다고 하지 않는다. 그런데 신하들은 허리에 칼을 꽂은 협객(俠客)을 모으고, 필사(必死)의 각오를 하는 무사를 길러 그 위력을 빛내어 자신들을 위해 일하는 사람들은 반드시 이익을 준다.

만일 자신들을 위해 일하지 않는 이들은 반드시 죽인다고 밝혀, 신하들과 민중들을 겁먹게 한다. 즉 이들은 위세를 이용해 자신들의 사리(私利)를 도모하는 것이다. 이를 위강이라 한다. 여덟째, 사방(四方)이다. 무엇을 사방이라 하는가. 군주는 나라가 작으면 큰 나라를 섬기고, 병력이 약할 때는 강한 군대를 두려워한다. 대국이 요구하면 소국은 반드시 들어주며, 강한 군대가 밀어붙이면 약한 군대는 반드시 굴복한다.

여기서 신하들은 세금을 무겁게 거두고 국고(國庫)를 텅 비게 한 뒤 큰 나라를 섬기도록 하여 그 위세(威勢)를 빌려 군주를 마음대로 이끈다. 심할 경우엔 군사를 일으키고, 외국 사신들을 불러들여 군주를 위협하거나 공포에 떨게 한다. 이를 일러 사방, 즉 주변 국가를 이용하는 것이라 한다. 무릇 이 8가지는 신하들이 '간악한 일을 성취하는 수단'인 동시에, 군주의 이목(耳目)이 가려져 결국 나라를 잃게 하는 원인이다.[100]

| 02 |

---

100) 한비는 덧붙이길, '이와 같은 8가지는 신하들이 간악한 일을 성취하는 수단이다. 따라서 자칫 군주의 이목(耳目)이 가려지고 협박당하면, 결국 나라를 잃게 되는 원인이 된다. 군주가 항상 신중하게 살피지 않을 수 없는 일이다.'라고 했다.

현명한 군주는 후궁들에 대한 여색(女色)을 즐기기는 하지만, 공적(公的)인 말을 하지 못하게 하고, 사적(私的)으로도 청탁을 못하게 한다. 좌우 측근(側近)에 대해서는 일을 시켜 반드시 자신이 말한 것을 그대로 실행하도록 요구하며, **쓸데없는 말을 더하지 못하게** 한다. 부형(父兄)이나 중신(重臣)에 대해선 그 하는 말을 받아들이지만, 반드시 형벌을 가지고 그 후까지 책임지게 하여 경솔한 행동을 하지 못하게 한다.[101]

군주가 보고 듣고 즐기는 애완용품(愛玩用品)에 대해서는 반드시 그 출처를 알리게 하고, 신하들이 마음대로 올리거나 마음대로 물리치지 못하게 하며, 그들로 하여금 군주의 의중을 추측(推測)하지 못하도록 한다. 은혜를 베푸는 데 있어서는 궁 안의 재물을 방출하거나 큰 곡식창고를 개방하여 민중들에게 이익을 주는 일 등은 반드시 군주의 명(命)을 통하도록 하고, 신하가 '사적(私的)으로 은혜를 베풀지 못하게' 한다.

의견을 듣고 논의를 하는 데 있어선 칭찬받는 이의 장점과 비방당하는 이의 단점에 대해 반드시 확인하는 절차를 거친다. 즉 신하들이 그들과 한 무리가 되어 말을 맞추지 못하게 하는 것이다. 용력(勇力)을 지닌 무사를 대하는 자세에 대해선 전쟁에서 세운 공(功)이라도 절차 없이는 상 주지 않고, 시장에서 다투는 용기에 대해서는 죄를 용서하지 않으며, 신하들로 하여금 사재를 들여 **'무사를 양성하지 못하도록'** 한다.[102]

---

101) 공식석상에서 규정된 발언을 하는 것 외의 말은 못하게 한다.
102) 즉 개인의 재산으로 용사(勇士)를 양성하지 못하도록 한다는 말이다.

제후의 요구는 도리에 맞으면 받아들이고, 도리에 맞지 않으면 거절한다. 이른바 망국의 군주란 나라를 갖지 못한 것이 아니라, 가지고 있는 그 자체가 실제로 자신의 것이 아니란 말이다. 만일 신하들이 외세를 통해 국내를 제어한다면, 사실상 망한 것이나 다름없다. 대국의 요구를 받아들이는 것은 망하는 것을 구하기 위함인데, 망하는 것이 요구를 들어주지 않는 것보다 빠르면 그것 때문에 들어주지 않는 것이다.[103]

| 03 |

현명한 군주가 관직(官職)과 작위(爵位), 봉록(俸祿)을 마련하는 까닭은 훌륭한 인재를 끌어올리고, 공로(功勞)가 있는 사람을 격려하기 위해서다. 그러므로 말하길, '훌륭한 인재는 후한 봉록을 받고, 대관(大官)으로 임명되며, 공로가 큰 사람은 높은 작위에 올라 많은 상(賞)을 받는다.'고 했다. 현명한 사람으로 하여금 관직에 나아가게 할 경우엔 능력을 잘 헤아려야 하고, 봉록을 부여할 경우엔 그 공로에 어울려야 한다.

이런 까닭에 현명한 사람은 능력을 거짓으로 속여 가며 군주를 섬기지 않고, 공로가 있는 사람은 그 일에 힘쓰는 것을 즐거워한다. 이런 이유로 일이 완성되고 공적(功績)이 오르는 것이다. 하지만 지금은 그렇지 않다.

---

103) 한비는 덧붙이길, '또 신하들이 자신들의 의견을 군주가 받아주지 않는다는 것을 안다면, 밖으로 제후들과 은밀하게 교섭하진 않을 것이다. 제후들 역시 그 군주가 신하들의 의견을 받아주지 않는다는 것을 안다면, 그 신하들이 설령 군주의 일을 거짓으로 말하더라도 받아들이지 않을 것이다.'라고 했다.

그가 훌륭한지, 미치지 못하는지, 검토를 하지 않는다. 또 공로가 있는지 없는지도 가리지 않는다. 제후들이 중(重)하게 여기는 사람이라고 등용(登用)하거나 좌우 측근의 청탁이라고 그대로 받아들인다.

부형(父兄)이나 중신(重臣)들은 위로 군주에게 작위와 봉록을 강하게 청하고, 아래론 그것을 팔아 재물을 끌어모은다. 마침내는 그것으로 사사로이 도당(徒黨)을 만든다. 여기서 사재(私財)가 많은 사람은 관직을 돈으로 사서 귀(貴)한 신분에 오르고, 군주의 측근과 교제가 있는 사람은 부당한 청탁을 통해 권세(權勢)를 강화한다. 결국 공로가 있는 신하들은 인정을 받지 못하게 되며, 관직의 이동도 정당성을 잃는다.[104]

---

104) 한비는 덧붙이길, '이런 까닭에 관리들은 조정 일을 대강 처리하고, 은밀히 외국과 교섭하며, 이재(利財) 쪽으로만 관심을 둔다. 따라서 훌륭한 인재라도 게을러져 일에 힘쓰지 않고, 공로가 있는 사람도 역시 게으름을 피우며 일을 소홀히 한다. 이런 것이 망국의 풍조다.'라고 했다.

제10장 십과(十過)

군주가 자신을 망치고 나라를 잃는 원인을 10가지 과오(過誤)로 분석했다. 조목별로 정리하여 첫머리에 들고, 이어 각 조목에 해당되는 설화[사례]를 통해 논한다. 여기에 나오는 설화는 한비(韓非)의 법술사상(法術思想)과 직접적인 관련은 없지만, 다양한 옛이야기들이 흥미(興味)를 더해준다.

| 01 |

군주가 범할 수 있는 잘못, 열 개가 있다. 첫째, 작은 충성을 행하면, 큰 충성을 방해하게 된다. 둘째, 작은 이익에 구애받으면, 큰 이익을 손해 보게 된다. 셋째, 행실을 제멋대로 하고 제후들에게 무례하면 몸을 망치는 데 이르게 된다. 넷째, 정사에 힘쓰지 않고 음악만을 즐기면 막다른 상태에 빠지게 된다. 다섯째, 틈만 나면 탐욕하고 빈둥거리며 이익(利益)만을 좋아하면 '나라를 망치고 목숨을 잃게 되는 근본'이 된다.

여섯째, 여색에 빠져 국정을 돌보지 않으면, 나라가 망하는 화근이 된다. 일곱째, 도성을 떠나 멀리 유람하고 간(諫)하는 사람을 무시하면, 자신을 위험하게 만드는 길이 된다. 여덟째, 충신을 멀리하고, 독단적으로 행동하면 명성을 잃고 비웃음을 사는 시초가 된다. 아홉째, 안으로 역량을 헤아리지 않고, 밖으로 제후들에게 의지하면 우환에 이르게 된다. 열째, 나라가 작은데도 예의를 지키지 않으면 **대(代)가 끊기게** 된다.[105]

| 02 |

어떤 것을 가리켜 '작은 충성'이라 하는가. 옛날에 **초(楚)**의 **공왕(共王)**이 **진(晉)**의 **여공(厲公)**과 언릉(鄢陵) 땅에서 싸운 일이 있다. 초나라 군이 패하고 공왕은 눈에 상처를 입었다. 싸움이 한창일 무렵 초의 장수 **사마자반(司馬子反)**이 목이 말라 마실 것을 찾았다. 이때 시중을 들던 곡양(穀陽)이 술을 한잔 가져와 바쳤다. 이때 자반이, '가져가라. 술이 아닌가.'라고 말하자, 이에 곡양이, '술이 아닙니다.'라고 말했다.[106]

그러자, 자반은 이내 받아 마셨다. 자반의 사람됨이 원래 술을 즐겨 마시는 사람으로, 그것을 입에서 뗄 수 없어 대취하고 말았다. 그날의 전투는 초나라의 패배로 끝났다. 이튿날 공왕(共王)이 반격을 위해 사람을 시켜 사마자반을 불렀다. 그런데 사마자반은 가슴이 아프다는 핑계로 사절했다. 이에 공왕이 직접 말을 타고 가서 그의 막사 안으로 들어갔는데, '술 냄새가 진동'하여 그냥 돌아왔다. '초나라 공왕'이 말했다.

---

105) 계승할 대(代)가 끊길 형세란 뜻이다.
106) '초(楚)나라 공왕(共王)'은, 춘추 중기에 벌어졌던 언릉(鄢陵) 전투에서 대패해 부왕인 장왕(莊王)이 이룩한 패자(霸者)의 권위를 상실했고, '진(晉)나라 여공(厲公)'은, 이 전투에서 부왕인 경공(景公)이 잃었던 패자(霸者)의 지위를 회복했으나, 신하에게 시해를 당했다. '사마자반(司馬子反)'은, 초(楚)나라의 공자(公子) 측근으로, 사마(司馬)는 관명이고, 중군(中軍)의 장수였다.

'오늘 전투에서 나는 상처를 입었다. 의지할 이는 사마뿐이다. 그런데 사마가 또 취했으니 초나라 사직과 민중 걱정은 전혀 없는 것이다. 나는 다시 싸울 여력이 없다.'고 했다. 그리고는 곧장 군사를 철수시키고 돌아가, 자반의 목을 베어 저잣거리에 내걸었다. 시중을 들던 곡양이 술을 바친 것은 자반에게 적의가 있어서가 아니라, 마음속으로 그를 '충실히 사랑'했기 때문인데, 도리어 그것이 자반을 죽이게 만든 것이다.[107]

| 03 |

어떤 것을 가리켜 '작은 이익'에 구애된다고 하는가. 옛날에 진(晉)나라 **헌공(獻公)**이 **우(虞)**로부터 길을 빌려 **괵(虢)**을 치고자 했다. 대부(大夫) 순식(荀息)이 말하길, '군주께서 수극(垂棘)에서 나는 옥(玉)과 굴(屈) 땅에서 기른 명마(名馬)를 우공(虞公)에게 뇌물로 보내 길을 빌려 달라고 하면 반드시 우리에게 길을 빌려줄 것입니다.'라고 했다. 이에 군주가 반문하길, '수극의 옥은 선왕께서 소중히 여긴 보물(寶物)이다.'[108]

'그리고 굴 땅의 명마는 나의 준마(駿馬)다. 만일 내가 보낸 뇌물을 받기만 하고, 길을 빌려주지 않으면 어찌할 것인가.' 순식이 말하길, '저들이 길을 빌려주지 않으려면 반드시 뇌물을 받지 못할 것입니다. 만일 뇌물

---

107) 한비는 덧붙이길, '작은 충성을 베푸는 것은, 큰 충성을 해치는 것이 된다.'라고 했다.
108) '진(晉)나라 헌공(獻公)'은, 춘추 초기, 패자(覇者)였던 문공(文公)의 아버지다. '우(虞)'는, 지금의 하남성 평육현(平陸縣) 동북부 지방으로, 진(晉)의 남쪽에 있던 작은 나라다. '괵(虢)'은, 지금의 하남성 섬현(陝縣) 동남지역이다. 황하(黃河)를 사이에 두고 우(虞)의 대안(對岸)에 있었다.

을 받고 우리에게 길을 빌려만 준다면, 이 보물은 마치 안 창고에서 내다가 바깥 창고에 들여놓는 것과 마찬가지며, 말도 역시 궁 안의 마구간에서 끌어다 바깥 마구간으로 옮겨 두는 것과 같습니다.'

군주가 '좋다.'고 답하고, 바로 순식을 시켜 수극(垂棘)의 옥과 굴 땅의 명마[駿馬]를 우공에게 뇌물로 바치며 길을 빌려 달라 요구했다. 우공이 옥과 말을 탐내 허락하려 하자, **궁지기(宮之奇)**가 간하길, '허락해선 안 됩니다. 무릇 우와 괵 사이는 수레에 보(輔), 즉 덧방나무가 있는 것과 같은 관계입니다. 수레의 덧방나무는 수레 자체에 의존하며, 수레 또한 그 덧방나무에 의지합니다. 우와 괵의 정세가 이런 것입니다.'[109]

'만일 길을 빌려주면 괵(虢)은 아침에 망하고, 우(虞)는 저녁에 망할 것입니다. 불가합니다. 허락하지 마십시오.'라고 했다. 우공이 듣지 않고 마침내 길을 빌려줬다. 순식이 괵을 쳐서 이기고 돌아온 지 3년 만에 다시 군사를 일으켜 우를 정벌했다. 순식이 준마와 옥을 가져가 헌공에게 바치자, 기뻐하며 말하길, '옥은 그대론데 **말[馬]의 나이는 더 들었구나.**' 우공의 군대가 깨지고 영토를 빼앗긴 것은 무엇 때문인가.[110]

| 04 |

---

109) '궁지기(宮之奇)'는, 진(晉)나라 헌공(獻公)의 가도멸괵(假道滅虢 : 길을 빌려 괵나라를 멸하다) 계책을 꿰뚫고 순망치한(脣亡齒寒)을 언급한 어진 대부다. 하지만 간언(諫言)이 받아들여지지 않자 나라를 떠났다.

110) 한비는 덧붙이길, '우(虞)나라의 군대가 깨지고 영토를 빼앗긴 것은, 작은 이익[利]에 마음이 끌려 그 해[害]를 생각하지 못했기 때문이다. 그러므로 작은 이익에 구애되면, 큰 이익을 손해 본다.'라고 했다. 그리고 '말[馬]의 나이를 언급한 것'은, 순식 또한 나이가 든 것을 비유한 농담이다.

어떤 것을 가리켜 '**편벽된 행동**'이라 하는가. 옛날에 초(楚)나라 **영왕(靈王)**은 신(申) 땅에서 제후들과 회맹을 했다. 이때 송(宋)의 태자가 늦게 도착하자 그를 붙잡아 가두었고, 서(徐)의 군주에겐 모욕을 주었으며, 제(齊)의 경봉(慶封)은 구속했다. 이에 중사지사(中射之士)가 간하길, '제후의 회합에는 예(禮)가 없을 수 없습니다. 이번 모임은 존망이 달렸습니다. 옛날에 걸(桀)이 유융(有戎) 땅에서 제후들과 회합했습니다.'[111]

'하지만 유민(有緡)이 배반했습니다. 주(紂)가 여구(黎丘)에서 제후들과 사냥모임을 가졌으나 서융(西戎)과 북적(北狄)이 배반했습니다. 이는 예(禮)를 갖추지 못했기 때문입니다. 군주께선 이를 잘 헤아리십시오.' 영왕은 이를 듣지 않고 자기 마음대로 행동했다. 1년이 안 되어 초의 영왕은 남쪽으로 순행(巡行)을 하게 되었는데, 신하들이 이 틈을 타 보위에서 쫓아냈다. 결국 영왕은 굶주림에 지쳐 건계(乾溪)에서 아사했다.[112]

| 05 |

어떤 것을 가리켜 '음악(音樂)을 좋아한다'고 하는가. 옛날에 위(衛)의 **영공(靈公)**이 진(晉)으로 가던 중 **복수(濮水)** 가에 이르러, 말을 풀어 놓고 막

---

111) '편벽된 행동'은, 다른 말로 '행실을 제멋대로 하는 것'을 말하고, '초(楚)나라 영왕(靈王)'은, 패왕(霸王)의 지위를 얻었으나, 내외로 많은 적(敵)을 만들어 공자(公子)들로부터 배반당해 결국 자결했다.

112) 한비는 덧붙이길, '편벽된 행동, 즉 행동을 제멋대로 하거나 제후들에게 무례하면, 스스로를 망치는 지경에 이른다.'고 했다.

사에서 하룻밤을 잤다. 한밤중에 듣지 못하던 곡을 타는 소리가 들려 좋아했다. 사람을 시켜 누군지 확인했으나 모두 듣지 못했다고 했다. 이에 악사 **사연(師涓)**을 불러 말하길, '이제까지 듣지 못한 곡을 타는 소리가 나서 사람을 시켜 주변에 물었으나 모두 듣지 못했다네.'[113]

'느낌이 마치 귀신이 만든 곡조네. 그대가 대신 듣고 베껴 주게'라고 명했다. 사연이 '예'라 답하고, 그 자리에 조용히 앉아 거문고를 뜯으면서 곡을 베꼈다. 사연이 이튿날 고하길, '제가 곡은 다 베꼈습니다. 하지만 아직 익숙하지 않습니다. 다시 하룻밤 더 머물러 익숙해지도록 해주십시오.'라고 청했다. 영공이 '좋다.'고 승낙했다. 그래서 하루 더 머물렀다. 이튿날 완전히 익숙해진 뒤, 마침내 그곳을 떠나 진나라로 갔다.

진(晉)의 **평공(平公)**이 시이(施夷)의 대(臺)에서 연회를 베풀었다. 주연이 무르익을 무렵 영공이 일어나서 말하길, '진귀한 곡이 있는데, 한번 공개하고 싶습니다.'라고 했다. 평공이 '좋다'고 허락하자, 이에 사연(師涓)을 불러 사광(師曠) 옆에 앉게 하고, 거문고를 끌어 곡을 타도록 했는데, 끝나기도 전에 사광이 사연의 손을 눌러 그치게 하고 말하길, '이것은 망국의 음악입니다. 끝까지 타게 할 순 없습니다.'라고 했다.[114]

---

113) '위(衛)의 영공(靈公)'은, 춘추 말기 사람으로, 무도(無道)한 군주로 알려진 인물이고, '복수(濮水)'는, 지금의 산동성 복현(濮縣) 남쪽으로 흐르는 황하의 지류를 가리키며, '사연(師涓)'의 사(師)는, 관명이고, 연(涓)은 이름이다.
114) '평공(平公)'은, 악사로 유명한 사광(師曠)을 곁에 두고, 음악을 애호하던 춘추 말기 진(晉)나라의 군주다.

이에 평공이, '이 곡은 대체 어디서 나온 것인가.'라고 물으니, 사광이 답하길, '이것은 사연(師延)이 만든 곡으로 은의 주(紂)를 위해 음란하게 만든 것입니다. 무왕(武王)이 주를 정벌하자, 사연은 동쪽으로 도망가 박수에 이르러 물에 몸을 던졌습니다. 그러므로 이 곡을 듣는 것은 반드시 박수 가에서만 가능하며, 남보다 먼저 이 곡을 들은 이는 반드시 그 나라를 잃었습니다. 끝까지 곡을 타선 안 됩니다.'라고 말했다.

그러나 평공은 말하길, '내가 좋아하는 것은 음악이다. 그대는 그것을 끝까지 타게 하라.'고 하자, 사연이 곡을 끝까지 탔다. 평공이 사광에게, '이 곡조를 가리켜 무엇이라 하는가.'라고 묻자, 사광이 답하길, '이것이 이른바 청상(淸商)이란 곡조입니다.'라고 했다. 평공이 '청상이 정말로 제일 슬픈가.'라고 묻자, 사광이, '청치(淸徵)만은 못합니다.'라고 대답했다. 그러자 평공이, '청치를 들려줄 수 있는가.'라고 청했다.

이에 사광이, '안 됩니다. 옛날에 청치를 들을 수 있는 사람은 모두 덕의(德義)를 갖춘 군주였습니다. 지금 우리 군주는 덕(德)이 적어 듣기에 부족합니다.'라고 말했다. 평공(平公)이 다시 '내가 좋아하는 것은 음악이다. 부디 조금이라도 들려주기 바라네.'라고 요청했다. 사광이 할 수 없이 거문고를 끌어당겨 타기 시작했다. 한 번 울리자, 검은 **학(鶴)**이 두 줄로 8마리가 남쪽에서 날아와, '회랑의 문 용마루 위'에 앉았다.[115]

재차 울렸더니 한 줄로 나란히 늘어서고, 3번 울렸더니 목을 길게 늘여

---

115) 전설에, '학(鶴)'이 2천 '년을 살면, 흰색에서 검정색으로 변한다고 알려져 있다.

울며, 날개를 펴서 춤을 추기 시작했다. 울음소리가 궁(宮)과 상(商) 곡조에 알맞고 하늘까지 소리가 울려 퍼졌다. 평공은 물론 좌중의 사람들이 모두 좋아했다. 평공이 술잔을 들고 일어나 사광의 장수(長壽)를 빌고, 자리에 돌아와 앉아 묻기를, '소리에 청치보다 더 슬픈 곡조는 없는가.'라고 하였다. 사광이 '청각(淸角)이 있긴 합니다.'라고 대답했다.

그러자 평공이 '청각을 들려줄 수 있는가.'라고 청했다. 사광이 말하길, '아니 됩니다. 옛날에 황제(黃帝)가 귀신들을 태산(泰山)에 모이게 한 일이 있습니다. 그때 황제는 상아로 만든 수레에 올랐습니다. 6마리 **교룡(蛟龍)**이 그것을 끌고, 목신(木神) **필방(畢方)**은 수레바퀴 옆에 붙고, 군신(軍神) **치우(蚩尤)**는 앞에 자리 잡고, **풍백(風伯)**은 갈 길을 쓸고, **우사(雨師)**는 길에 물을 뿌리고, 호랑(虎狼)이는 선두에 섰습니다.'[116]

'귀신은 뒤따르고, 등사(螣蛇)는 땅을 기고, 봉황은 하늘을 덮는 것처럼, 그렇게 성대한 귀신들의 모임에서 청각을 만들었던 것입니다. 지금 군주께선 덕이 적어 듣기에 부족합니다. 그것을 듣게 되면 아마도 재앙이 따를지 모르겠습니다.'라고 했다. 평공이 다시, '나는 늙었네. 좋아하는 것은 음악이네. 부디 들려주게나.'라고 청했다. 사광이 할 수 없이 곡을 타기 시작했다. 한 번 울리자 검은 구름이 서북방으로부터 일었다.

---

116) '교룡(蛟龍)'은, 용이 되지 못한 이무기를 가리키고, '필방(畢方)'은, 나무의 요정, 즉 목신(木神)이라 하며, '치우(蚩尤)'는, 황제의 6신하 가운데 한사람으로 후에 군신(軍神)으로 불렸고, '풍백(風伯)'은, 바람을 일으키는 신(神)이며, '우사(雨師)'는, 비를 내리는 신(神)이다.

두 번째 울리자 큰바람이 불고, 호우로 장막을 찢고, 그릇과 도마를 부수고, 회랑의 기왓장을 날려, 자리에 있던 사람들이 달아났다. 평공은 공포에 떨며 회랑 바닥에 엎드렸다. 이후 진(晉)에 큰 가뭄이 들어 '농토가 벌거숭이 상태로 3년이나 지속'됐으며, 평공은 마침내 **중병**에 걸렸다. 그러므로 말하길, '정사에 힘쓰지 않고, 음악만을 좋아하여 그칠 줄 모르면, 자신이 막다른 상태에 빠지게 된다.'라고 하는 것이다.[117]

| 06 |

어떤 것을 가리켜 '탐욕스럽고 괴팍'하다고 하는가. 옛날에 **지백요(智伯瑤)**가 한(韓), 위(魏), 조(趙)의 군사를 이끌고 **범(范)과 중행(中行)**을 쳐서 멸망시켰다. 그리고 귀환해 병사들을 쉬게 한 지 여러 해가 되자 사람을 한(韓)에 보내 토지를 요구했다. 이에 한(韓)의 강자(康子)는 거절하고자 했으나, 가신인 단규(段規)가 간했다. '주지 않을 수 없습니다. 대체 지백의 사람됨은 이익을 좋아하고 오만하며 비뚤어져 있습니다.'[118]

'저편에서 토지를 요구했는데 주지 않으면, 군대를 한(韓) 쪽으로 이동할 것이 분명합니다. 군주께선 요구대로 주십시오. 주게 되면, 지백이 재미를 붙여 장차 또 다른 나라에도 토지를 요구하게 될 것입니다. 다른 나라 중엔 듣지 않으려는 나라도 있을 것입니다. 듣지 않으면, 지백은 반드

---

117) 여기서 '중병'은, 곧 죽을 운명의 병이 아닌, 노인들의 몸이 수척(瘦瘠)해지는 병을 말한다.
118) '지백요(智伯瑤)'는, 순요(荀瑤)이며, 춘추시대 진(晉)나라의 육경(六卿) 가운데 최강자였다. 여기서 지(智)는 채읍(采邑)의 이름으로, 지금의 산서성 해현(解縣)을 말한다. '범(范)과 중행(中行)'은, 모두 진(晉)나라의 6경(六卿) 가운데 한사람이다.

시 그 나라에 무력(武力)을 행사할 것입니다. 그렇게 되면, 한(韓)은 재난을 면(免)하고 정세의 변화를 기다릴 수 있습니다.'라고 했다.

강자(康子)가 '좋다'고 말하고, 사람을 보내 호수(戶數)가 1만이 되는 읍(邑) 하나를 지백에게 바쳤다. 지백은 좋아하며, 이번엔 사람을 위(魏)에 보내 토지를 요구했다. 위(魏)의 선자(宣子)가 주지 않으려 하자, 가신인 조가(趙葭)가 간하길, '지백이 한(韓)에 토지를 요구해 한이 그것을 주었습니다. 이제는 위에 토지를 요구하고 있습니다. 위가 주지 않으면 위가 안으로 강한 척하면서 밖으로 지백의 노여움을 사게 됩니다.'

'따라서 토지를 주지 않으면 군대를 위(魏)쪽으로 돌릴 것이 뻔합니다. 요구를 들어주는 것이 좋겠습니다.'라고 했다. 이에 선자(宣子)가 '좋다'고 말하고, 사람을 보내 호수(戶數)가 1만이 되는 읍(邑) 하나를 지백에게 바쳤다. 지백이 좋아하며, 이번엔 사람을 조(趙)에 보내 채(蔡)와 고랑(皐狼) 땅을 요구했다. 하지만 조(趙)의 양자(襄子)는 거부했다. 그러자 지백은 한, 위와 은밀히 맹약을 맺고, 장차 조(趙)를 치고자 했다.

다급해진 조(趙)의 양자는 장맹담(張孟談)을 불러 이 일에 대해 말하길, '대체 지백(智伯)의 사람됨이 겉으로는 매우 친한 척하면서 속으론 싫어하는 사람이다. 한과 위에는 3번씩이나 사자(使者)를 보내면서 나에겐 의논(議論)이 없다. 지백이 나를 치는 것은 분명하다. 이제 내가 어디에 근거지를 두면 좋겠는가.'라고 물었다. 장맹담이 답하길, '동안우(董安于)라는 사

람은 선군(先君) **간주(簡主)**의 재주 있는 신하였습니다.'[119]

'그가 진양(晉陽) 땅을 다스리고, 윤탁(尹鐸)이 그것을 계승해 끼친 교화가 아직 남아 있습니다. 군주께서 정하실 근거지는 진양뿐입니다.'라고 하니, 양자가 '좋다'고 말하고, 이내 연릉생(延陵生)을 불러 병거(兵車)와 기마(騎馬)를 이끌고 진양을 향해 먼저 출발토록 하고, 양자는 뒤따랐다. 조의 양자가 진양에 도착해 곧 성곽과 5개 관아의 곳간을 순시했는데, 성곽은 수리가 안 되어 있고 창고엔 비축된 곡식이 없었다.

또 부고(府庫)는 텅 비었고, 무기고는 갑옷과 병기가 없으며, 거리엔 지킬 수 있는 시설이 없었다. 양자가 두려워 장맹담을 불러 말하길, '내가 성곽과 5개 관아의 곳간을 둘러보니, 모두 준비가 안 되어 있다. 장차 어떻게 적과 대항할 수 있겠는가'라고 했다. 장맹담이 말하길, '제가 듣기로 성인의 다스림이란 민간에 비축하지, 관아의 곳간엔 비축을 하지 않으며, 교화에는 힘을 쓰지만 성곽수리는 하지 않는다고 합니다.'

'군주께서 명령을 내려 민중으로 하여금 3년 먹을 식량을 남기고, 남는 곡식이 있거든 관아 창고에 들여놓게 하며, 3년 동안 쓸 비용을 남겨 놓고, 남는 돈이 있거든 부고에 들여놓게 하며, 남는 인력이 있거든 성곽을 수리토록 시키십시오.'라고 했다. 양자가 저녁에 명령을 내렸는데, 이튿날 곳간엔 곡식으로 가득 차고, 부고엔 돈을 쌓아 놓을 수 없을 정도였으며, 무기고도 병장기를 받아 넣을 수 없을 정도가 되었다.

---

119) '간주(簡主)'는, 조간자(趙簡子), 즉 양자(襄子)의 아버지를 가리킨다.

그리고 5일 만에 성곽 수리는 물론 방어태세가 완비됐다. 양자가 장맹담을 불러 말하길, '성곽은 수리가 다 끝났고, 방어태세도 갖추었고, 돈과 식량도 충분하고, 갑옷과 병장기도 남을 정도로 많다. 그런데 우리에겐 화살이 없다. 이를 어찌하면 좋겠는가.'라고 했다. 장맹담이 말하길, '제가 듣기로 동자(董子)가 진양을 다스릴 때 공관의 담을 모두 갈대쑥과 가시나무로 울타리를 쳐 그 높이가 한 길이나 되었다고 합니다.'

'군주께서 그것을 베어 사용해 보십시오.'라고 했다. 그래서 그것을 베어 시험해 보니, 단단함이 균로(菌輅) 대나무의 억셈도 이에 미치지 못할 정도였다. 또 양자가 말하길, '우리에게 화살은 이제 충분하다. 하지만 화살촉[銅]이 없는 것을 어찌하면 좋겠는가.'라고 했다. 장맹담이 다시 말하길, '제가 듣기로는 동자(董子)가 진양을 다스릴 때 공관이나 관사 건물의 기둥 기초를 모두 정련한 동(銅)으로 만들었다고 합니다.'

'군주께서 그것을 캐내 활용해 보십시오.'라고 했다. 이에 그것을 캐내니 '동'이 남았다. 전쟁 호령이 구석구석 내려지고, 방어태세가 완전히 굳혀질 무렵, 과연 삼국의 군대가 쳐들어왔다. 진양성에서 적군을 맞아 싸운 지 3개월이 됐으나 함락되지 않았다. 삼국의 군대가 진양천의 강둑을 끊고 진양성을 포위한 지도 3년이 되었다. 성안에선 거처를 새 둥지와 같이 높다랗게 만들어 살고, '솥을 공중에 매달아 취사'를 했다.

이제 재물도 식량도 떨어지고, 사병들도 지치고 병들었다. 양자가 장맹담에게 말하길, '식량은 죄다 없어지고 재력도 다하고 사병은 지쳐 병들었다. 나는 아마도 지켜낼 수 없을 것 같다. 성(城)을 들어 항복(降服)하고 싶은데, 어느 나라에 항복하면 좋겠는가.'라고 했다. 장맹담이 말하길, '제가 듣기로 망하게 된 것을 존속시킬 수 없거나 위험에 처한 것을 안전하게 되돌리지 못하면 지혜를 소중히 여길 필요가 없습니다.'

'군주께서는 지금 계략을 잘못 이해하고 있습니다. 제가 몰래 빠져나가 한(韓)과 위(魏)의 군주를 만날 생각입니다.'라고 했다. 이후, 장맹담이 한과 위의 군주를 만나 말하길, '제가 알기로, 입술이 없으면 이가 시리다고 합니다. 지금 지백(智伯)이 두 군주를 이끌고 조(趙)를 쳐 장차 조가 멸망하려 합니다. 조가 망하면 두 군주는 다음 차례가 될 것입니다.'라고 했다. 두 군주가 말하길, '우리도 그렇게 될 것을 알고 있네.'

'비록 그렇더라도 지백은 사람이 난폭하고 인정이 없는 사람이네. 오늘 우리의 모의(謀議)가 만일 발각된다면, 그 화(禍)가 반드시 미칠 것이네. 이를 어찌하면 좋겠는가.'라고 했다. 장맹담이 말하길, '모의는 지금 두 군주의 입에서 나와 저의 귓속으로 들어간 것뿐입니다. 아무도 아는 사람이 없습니다.'라고 했다. 두 군주는 장맹담과 한(韓), 위(魏), 조(趙) 삼군(三軍)이 모반할 것을 약속하고, 함께 그 '기일을 정'하였다.

밤이 되어 장맹담을 진양성으로 들여보내 두 군주가 모반하기로 한 약속을 양자에게 보고토록 했다. 양자는 맹담을 맞아 두 번 절했으나, 한편으론 두려워하고 한편으론 좋아했다. 두 군주는 장맹담을 보내고, 지백에게 아침 문안 인사를 하고 나오다 **지과(智過)**를 만났다. 지과가 두 군주의 안색이 이상하다고 여기면서 그대로 안으로 들어가 지백을 만나 말하

길, '두 군주의 표정이 장차 변이 있을 것 같습니다.'라고 했다.[120]

지백이 '어떠하기에 그러느냐.'라고 물었다. 지과가 말하길, '걸음걸이 가 거만하고, 흥분한 듯 보였습니다. 여느 때의 몸짓과 다릅니다. 군주께 서 먼저 손을 쓰는 것이 좋을 듯합니다.'라고 했다. 이에 지백(智伯)이, '나 는 두 군주와 약속을 신중하게 했다. 조(趙)를 격파하면 그 토지를 셋으로 나눌 것이다. 내가 그들을 친하게 여기기 때문이다. 그들은 결코 나를 거 역하며 속일 리 없다. 군대가 진양에 도착한 지 3년이다.'

'이제 곧 그곳을 함락시켜 이익을 보려는 순간이다. 어찌 여기서 다른 마음을 품으려고 하겠는가. 결코 그렇지 않다. 그대는 의심을 풀고 염려 치 말라. 그리고 절대 입 밖으로 그런 말을 해선 안 될 것이다.'라고 했다. 이튿날 아침 두 군주가 역시 아침 문안 인사를 하고 나오다 다시 지과(智 過)를 병영 문에서 만났다. 지과가 안으로 들어가 지백을 만나, '군주께서 제가 한 말을 두 군주에게 일러주었습니까.'라고 물었다.

군주가 말하길, '어떻게 그것을 아느냐.'고 했다. 지과가 말하길, '오늘 두 군주가 아침 문안 인사를 하고 나오다 저를 보자, 안색이 변하고 시선 이 저에게서 떨어지지 않았습니다. 이는 반드시 변이 있다는 표시입니 다. 군주께서 그들을 죽여야 합니다.'라고 했다. 지백이 말하길, '그대는 그만하라. 두 번 다시 말하지 말라.'고 했다. 지과가 다시, '안 됩니다. 반 드시 죽이십시오. 죽일 수 없다면 더욱 친밀하게 하십시오.'

---

120) '지과(智過)'는, 지백(智伯)의 일족으로, 진(晉)의 대부였다.

이에 지백이, '더욱 친밀하게 하려면 어떻게 하면 좋은가.'라고 물었다. 지과가 말하길, '위의 선자(宣子) 참모는 조가(趙葭)라 하고, 한의 강자(康子) 참모는 단규(段規)라 합니다. 이들 모두는 군주의 계략을 바꿀 수 있는 실력자들입니다. 군주께서 그 두 군주와 약속을 하셔서 조를 격파하면 그 두 사람에게도 각각 1만 호의 현(縣) 하나씩을 봉해 준다고 하십시오. 그러면 두 군주의 마음을 변치 않게 할 수 있을 것입니다.'

이에 지백이 말하길, '조(趙)를 격파해 토지를 셋으로 나누고, 여기에 조가(趙葭)와 단규(段規), 두 사람에게 각각 1만 호의 현을 또 봉해 주면 나의 소득이 적어진다. 그렇게 할 순 없다.'라고 했다. 지과는 자신의 말이 받아들여지지 않는다는 것을 알고 도망쳐 나와 성(姓)을 바꾸어 보(輔)씨라 했다. 한편 '약속한 날의 밤'이 되자, 조(趙)는 지백이 만든 수로의 제방을 지키는 이를 죽이고, 물꼬를 지백의 군사 쪽으로 돌렸다.

이에 지백(智伯)의 군사들은 강물을 막으려 큰 혼란이 벌어졌다. 이때 한(韓)과 위(魏)의 군대가 협공(挾攻)을 가해 지백의 진영을 쳤다. 또 양자는 군사를 이끌고 정면으로 덮쳐 지백군을 크게 무너뜨리고 지백을 생포했다. 결국 지백은 자결하고 군대는 깨졌으며, 국토는 삼분되어 천하의 웃음거리가 되었다. 그러므로 '탐욕스럽고 괴팍하며, 이익을 좋아하면 나라를 망치고 목숨을 잃게 되는 근본이다.'라고 말하는 것이다.

어떤 것을 가리켜 '여자의 무악(舞樂)에 정신 못 차린다'고 하는가. 옛날에 서융(西戎)의 왕이 **유여(由余)**를 진(秦)에 사절로 보낸 일이 있다. 그때 진(秦)의 **목공(穆公)**이 그에게 묻기를, '내가 일찍부터 나라를 다스리는 이상적인 치도(治道)에 관해선 듣고 있지만, 아직까지 이 눈으로는 그렇게 되는 상황을 보지 못하였다. 옛날 현명한 군주가 나라를 얻고 잃는 것이 평소에 무엇을 가지고 하였는지 듣고 싶다.'라고 했다.[121]

유여가 답하길, '제가 일찍이 들은 바로는 항상 검약(儉約)으로 나라를 얻고, 사치(奢侈) 때문에 나라를 잃는다고 했습니다.'라고 했다. 이에 목공이 힐난(詰難)하며 말하길, '나는 체면을 가리지 않고 그대에게 치도(治道)를 물었는데, 그대는 내게 검약을 가지고 답하는 것은 무슨 일인가.'라고 했다. 유여가 다시 답하길, '제가 듣기로 옛날 요(堯)는 천하를 다스릴 때 흙으로 만든 그릇에 밥을 담고, 물 마시며 살았습니다.'

'그럼에도 요(堯)가 다스리는 땅은 남쪽으로 **교지(交趾)**에 이르고, 북쪽으론 **유도(幽都)**에 이르며, 동서로는 해[日]와 달[月]이 뜨고 지는 데까지 이르러, 복종(服從)해 오지 않는 사람이 없었다고 합니다. 요(堯)가 천하를 선양(禪讓)하고, 순(舜)이 그것을 물려받자, 식기를 새로 만들었습니다. 산에서 나무를 재료로 삼아 칼과 톱으로 그것을 매끈하게 다듬어 그 위에

---

121) '유여(由余)'의 선조는, 진(晉)나라 사람이지만, 융(戎) 땅으로 망명한 현자다. '목공(穆公)'은, 춘추 초기 진(秦)나라의 군주로, 서융(西戎)의 패자(覇者)다.

검정 옻칠을 입혀, 궁 안으로 가져와 식기로 썼습니다.'[122]

'제후국들 가운데 이를 사치스럽게 여겨 복종하지 않는 나라가 13개국이나 나왔습니다. 또 순(舜)이 천하를 선양하여 우(禹)에게 그것을 전하자, 우는 새롭게 제기를 만들었습니다. 겉에는 검정 칠을 하고, 안쪽은 붉은 색으로 무늬를, 발이 고운 명주로 방석을 만들고, 즐자리를 엮어 짜고 술잔에 색칠하고 준조(樽俎)에 장식을 붙였습니다. 제후국들 가운데 이를 사치스럽게 여겨 복종하지 않는 나라가 33개국이나 됐습니다.'

'하(夏)가 망하고, 은(殷)이 계승(繼承)하자, 새롭게 대로(大路)를 만들고 9개의 정기(旌旗)를 세웠습니다. 식기에 조각하고, 술잔과 방석에는 문양을 넣었습니다. 제후국들 가운데 이를 사치스럽게 여겨 복종하지 않는 나라가 무려 53개국이나 되었습니다. 군자(君子)들은 모양을 아름답게 꾸밀 줄은 알았으나, 복종하려는 나라는 오히려 줄었습니다. 이런 까닭으로 검약(儉約)만이 나라를 보존하는 길이라 주장하는 것입니다.'

유여가 물러가자, 목공(穆公)은 다시 **내사(內史)**인 **요(廖)**를 불러서 말하길, '내가 알기로는 이웃 나라에 총명(聰明)한 사람이 있으면, 다른 나라의 걱정거리가 된다고 했다. 그런데 유여는 총명한 사람이다. 나는 그것이 두렵다. 장차 어찌하면 좋겠는가.'라고 했다. 요가 답하길, '제가 듣기로는 융왕(戎王)이 살고 있는 데가 궁벽(窮僻)스럽고, 멀리 떨어져 있는 곳이라

---

122) '교지(交趾)'는, 남쪽에서 '끝으로 생각하는 지역'을 가리키고, '유도(幽都)'는, 지금의 하북성 원평(宛平) 근처로, '북쪽에서 끝으로 생각하는 지역'을 가리킨다.

중국의 음악(音樂)을 아직 들어본 일이 없다고 합니다.'[123]

'군주께서 거기에 여자 악인(樂人)을 보내 정사(政事)를 교란시키고, 유여가 돌아가는 기일을 늦춰주도록 요청해 그가 간(諫)할 수 없게 하십시오. 그러면 군신 사이의 틈이 분명 벌어질 것이니, 그런 후에 도모하면 될 것입니다.'라고 했다. 목공이 '좋다'고 하자, 바로 요(廖)를 시켜 여자 악인(樂人) **8명씩 두 짝**을 융왕에게 보내고, 곁들여 유여가 돌아가야 할 기일을 늦춰 달라고 요청했다. 그러자 융왕이 이를 허락했다.[124]

한편 융왕은 여자 악공들을 보자, 크게 기뻐하며 **술과 음악으로 세월**을 보냈다. 유여가 돌아와 융왕에게 간했지만, 듣지 않아 유여는 진(秦)으로 갔다. 진의 목공은 그를 맞이하면서 상경(上卿) 벼슬을 주었다. 그리고 융의 정세를 파악해 군사를 일으켜 쳤다. 12개의 나라를 합치고, 사방 천리나 되는 영토를 넓혔다. 이처럼 '여자의 무악(舞樂)에 빠져 국정을 돌보지 않으면 나라가 망(亡)하는 화근'이라 말하는 것이다.[125]

| 08 |

어떤 것을 가리켜 '도성(都城)을 떠나 멀리 유람(遊覽)한다'고 하는가. 옛날에 **전성자(田成子)**가 바닷가로 유람을 갔는데, 무척 즐거웠다. 여러 대

---

123) '내사(內史)'는, 군주를 도와 책명(策命)을 맡아 보는 직책이고, '요(廖)'는, 사람 이름이다.
124) 여자 악인(樂人)이 8명씩 두 줄로 늘어선 것을 말한다.
125) '서융(西戎)'은, 기본적인 생활이 유목이다. 따라서 풀을 찾아 옮겨 다녀야 하는데, 술과 음악에 빠져 해가 지나도록 옮기지 않아 소와 말들이 많이 죽었다.

부에게 명(命)을 내리길, '돌아가자고 하는 이는 죽일 것이다.'라고 했다. 이에 **안탁취(顔涿聚)**가 말하길, '군주께서 바닷가를 유람하며 즐거워하지만, 만일 나라를 엿보는 이가 있다면 어찌 하시겠습니까. 군주께서 비록 즐기고 싶어도 그렇게 할 수 없을 것입니다.'라고 간했다.[126]

전성자가 말하길, '내가 명령을 내려 돌아가자고 하는 이는 죽인다고 했는데, 지금 그대는 나의 명령을 어긴 것이다.'라고 하며, 창을 끌어당겨 그를 치려고 했다. 안탁취가 말하길, '옛날에 걸(桀)이 **관용봉(關龍逢)**을 죽이고, 주(紂)가 왕자 **비간(比干)**을 죽였습니다. 지금 군주께서는 비록 저를 죽여 3번째 일로 삼으셔도 좋습니다. 제가 주장하는 것은 나라를 위한 것이지, 제 자신을 위한 것이 결코 아닙니다.'라고 했다.[127]

그리고 목을 길게 늘어뜨리면서 다시 말하길, '군주께서 저를 빨리 치십시오.'라고 했다. 전성자(田成子)는 곧 창을 버리고, 급히 말을 달려 돌아왔다. 3일이 되어 도성(都城) 사람 가운데, 누군가 **전성자를 안에 들이지 말자는 음모가 있다.**'는 것을 들었다. 전성자가 마침내 제(齊)나라를 차지할 수 있었던 것은 안탁취의 힘이었다. 그러므로 '도성을 떠나 멀리 유람하면, 자신을 위험하게 만드는 길이 된다.'고 하는 것이다.[128]

---

126) '전성자(田成子)'는, 제나라 간공(簡公)의 권신(權臣)인 전상(田常)을 말하고, '안탁취(顔涿聚)'는, 제나라의 대부(大夫)로, 충신으로 알려진 인물이다.

127) '관용봉(關龍逢)'은, 하(夏)나라의 마지막 폭군인 걸(桀)에게 간하다 살해됐고, '비간(比干)'은, 은(殷)나라의 마지막 폭군인 주(紂)의 숙부로, 역시 간하다 죽임을 당했다.

128) 외유(外遊)에서 도성으로 돌아오지 못하도록 하자는 설을 말한다.

어떤 것을 가리켜 '잘못을 저지르고 충신에게 귀를 기울이지 않는 것'
인가. 옛날에 제(齊)의 **환공(桓公)**은 제후들을 여러 번 모아 천하를 하나로
하여 오패(五霸)의 수장이 됐는데, 관중(管仲)이 그를 보좌했다. 관중이 늙
어 정사를 볼 수 없자, 물러나 집에서 쉬고 있었다. 환공이 찾아 묻기를,
'**중보(仲父)**께서 병으로 집에 계시는데, 불행하게도 병환에서 일어나지 못
한다면 누구와 정사(政事)를 논하는 것이 좋겠습니까.'[129]

관중이 말하길, '나는 이제 늙었습니다. 물어볼 것이 못 됩니다. 비록
그렇지만 내가 듣기론 신하 일을 아는 것은 그 군주만 한 사람이 없고,
자식 일을 아는 것은 그 아버지만 한 사람이 없다고 합니다. 군주께서 한
번 시험 삼아 자신의 생각으로 정해 보십시오.'라고 대답했다. 군주가 '**포
숙아(鮑叔牙)**가 어떻습니까.'라고 물으니 관중이 말하길, '안 됩니다. 포숙
아의 사람됨은 지나치게 곧고, 고집스러우며, 과격합니다.'[130]

'지나치게 곧으면 민중(民衆)들을 거칠게 대할 수 있고, 고집스러우면
민중들의 마음을 잃게 되며, 과격하면 아랫사람들이 등용되는 것을 꺼
리게 됩니다. 게다가 그의 마음은 삼갈 줄도 모릅니다. 패자(霸者)의 보좌

---

129) '환공(桓公)'은, 춘추 중엽, 관중(管仲)의 도움으로 패업(霸業)을 이룬 군주이고, '중보(仲
父)'는, 환공이 관중을 존중하여 부른 칭호다. 참고로 부(父)가 존칭으로 사용될 때는 '보'로 발
음한다.
130) '포숙아(鮑叔牙)'는, 제나라 대부(大夫)로, 관중(管仲)과는 죽마고우(竹馬故友)다. 환공에게 관
중을 천거하여 재상으로 삼게 했다.

110   김해영 박사의 한비자 읽기

로는 어울리지 않습니다.'라고 했다. 이에 환공이, '그렇다면 수조(豎刁)는 어떻습니까.'라고 물었다. 관중이 말하길, '불가합니다. 무릇 사람의 인정 (人情)이란 자신을 소중하게 여기지 않는 사람이 없습니다.'

'그런데 공께서 질투가 심하고 여색을 좋아한다 하여, 수조는 스스로 거세하고 후궁을 관리했습니다. 자신의 몸도 소중히 여기지 않는데, 어찌 군주를 소중히 할 수 있겠습니까.'라고 했다. 환공이, '그렇다면 위(衛) 의 공자 개방(開方)은 어떻습니까.'라고 물었다. 관중이 말하길, '안 됩니다. 제(齊)와 위(衛)는 불과 10일이면 당도할 수 있는 거리입니다. 그는 군주를 섬기고 있다는 이유로, 15년 동안 부모를 외면했습니다.'

'군주를 하고 싶은 의향 때문에 그토록 오랜 세월 동안 부모를 만나러 가지 않았습니다. 이는 사람의 인정(人情)에 어긋나는 것입니다. 자기 부모도 모시지 못하는 이가 어떻게 군주를 모실 수 있겠습니까.'라고 했다. 환공이 말하길, '그렇다면 역아(易牙)는 어떻겠습니까.'라고 했다. 관중이 말하길, '안 됩니다. 역아가 군주를 위해 요리의 맛을 내고 있었습니다. 군주가 아직 맛보지 못한 것은 사람의 고기뿐이라 했습니다.'

'이에 역아는 자기 자식의 머리를 삶아 반찬으로 군주에게 바쳤습니다. 이는 군주께서도 아시는 바입니다. 인정(人情)이라곤 찾아볼 수 없는 사람입니다. 자기의 자식도 사랑하지 않는 사람이 어찌 군주를 사랑할 수 있겠습니까.'라고 했다. 환공이, '그렇다면 대체 누가 좋겠습니까.'라고 했다. 관중이 말하길, '습붕(隰朋)이 좋습니다. 사람됨이 속마음은 단단하고,

겉으론 예의가 바르며 욕심이 적고 신뢰가 두텁습니다.'[131]

'무릇 마음속이 단단하면 모범으로 삼기에 충분하고, 예의가 바르면 큰 일을 도모할 수 있습니다. 또 욕심이 적으면, 능히 여러 사람 위에 설 수 있고, 신뢰가 두터우면 능히 이웃 나라와 잘 사귈 수도 있습니다. 이야말 로 패자(覇者)의 보좌감입니다. 군주께서 그를 등용해 보십시오.'라고 했 다. 환공이 '좋다'고 말했다. 이후, 1년 남짓 되어 관중이 죽었다. 하지만 환공은 습붕을 등용하지 않고, 수조에게 자리를 주었다.

수조(豎刁)가 정사를 맡은 지 3년 만에 환공은 남쪽으로 **당부(堂阜)** 땅을 유람했다. 이때 수조는 역아와 위(衛)의 개방(開方) 등 대신들을 이끌고 반 란을 일으켰다. 환공은 목이 마르고 굶주린 상태로 남문의 침전 방안에 갇혀 죽었다. 시신(屍身)을 3달 동안 거두지 않아 구더기가 문밖으로 기어 나올 정도였다. 한때 환공은 오패(五覇)의 수장을 했다. 하지만 신하에게 살해되고, '천하의 웃음거리가 된 것'은 어째서인가.[132]

---

131) '습붕(隰朋)'은, 제나라의 대부로, '예의와 언사'에 있어, 관중이 그에 미치지 못한다고 할 정도의 인물이다.

132) 한비는 덧붙이길, '관중(管仲)의 말을 듣지 않은 잘못 때문이다. 그러므로 잘못을 저지르 고, 충신의 말에 귀를 기울이지 않으며, 자기 멋대로 행동하면, 명성을 잃음은 물론 사람들의 비웃음을 사는 시초가 된다.'라고 했다. 그리고 '당부(堂阜)'는, 지금의 산동성 몽음현(蒙陰縣) 서북 쪽 땅이다. 제나라와 노나라 경계지역이다.

어떤 것을 가리켜 '안으로 자신의 역량을 헤아리지 못하는 것'인가. 옛날에 진(秦)이 **의양(宜陽)**을 쳤을 때, 한(韓)은 상황이 위급했다. **공중붕(公仲朋)**이 한의 군주에게 말하길, '대체 우리 쪽 나라들은 믿을 수가 없습니다. 어찌 장의(張儀)를 내세워 진과 화해하는 것만 같겠습니까. 큰 도성을 뇌물로 주고, 남쪽으로 초(楚)를 함께 치십시오. 이는 진에 대한 걱정을 풀고 피해를 초에게 전가시키는 것입니다.'라고 했다.[133]

군주가 '좋다'고 말했다. 이에 공중붕의 여행 채비를 단단히 시키고, 서쪽의 진과 화해하고자 했다. 초왕이 이 소식을 듣고 놀라 진진(陳軫)을 불러 말하길, '한의 붕(朋)이 서쪽의 진과 화해를 하려 하네. 이제 우리는 어찌하면 좋겠는가.'라고 했다. 진진이 대답하기를, '진은 한의 도성 하나를 얻고, 단련된 군사를 몰아 진과 한이 연합해 남쪽으로 초를 향해 올 것입니다. 이는 진왕이 종묘(宗廟)에 빌며 원했던 것입니다.'

'이것이 초에게 손해되는 것은 확실합니다. 왕께선 서둘러 사신(使臣)을 통해 많은 수레에 귀한 폐백을 실어 한(韓)에 바치면서 다음과 같은 말을 하도록 시키십시오. 즉 우리나라가 비록 작지만 이미 한을 돕기 위해 군사를 일으켰습니다. 바라건대 한은 진(秦)에 대해 소신대로 뜻을 펼치십시오. 아울러 귀국의 사신을 우리 국경에 들여보내 초(楚)가 일으킨 군사

---

133) '의양(宜陽)'은, 당시 한(韓)의 성읍으로, 지금은 하남성 낙하(洛河)의 중류 의양현(宜陽縣) 근방이다. '공중붕(公仲朋)'은, 한(韓)의 일족으로, 재상이었다. 붕(朋)을 명(明)으로 부르기도 한다.

를 직접 확인해 보기 바란다는 말도 덧붙이도록 시키십시오.'

 이에 한(韓)은 사람을 시켜 초(楚)로 가게 했다. 초왕은 수레와 기마를 동원해 북으로 통하는 길목에 정렬시키고 한의 사자에게 말하길, '우리나라 군사가 지금 막 국경으로 들어가려 한다고 한의 군주에게 보고를 하십시오.'라고 했다. 사자가 돌아와 한의 군주에게 보고했다. 한의 군주가 크게 기뻐하며, 공중(公仲)이 가는 것을 중지시켰다. 공중이 말하길, '안 됩니다. 무릇 우리에게 실제로 해를 끼치는 나라는 진입니다.'

 '그리고 명분만으로 우리를 돕는다는 나라는 초입니다. 초의 빈말을 믿고 멍청하게 강한 나라인 진의 실제 화(禍)를 경시하는 것은 나라를 위태롭게 만드는 근본입니다.'라고 했다. 하지만 한의 군주는 듣지 않았다. 공중은 노(怒)를 참지 못해 집으로 돌아가 열흘 동안 조정에 나오지 않았다. 이제 의양(宜陽)의 형세는 더욱 다급해졌다. 한의 군주가 사자를 보내 초에 원군(援軍)을 재촉하였으나, 끝내 원군은 오지 않았다.[134]

| 11 |

 어떤 것을 가리켜 '나라가 작은데도 예의를 지키지 않으면 대(代)가 끊긴다'는 것인가. 옛날에 진(晉)나라의 공자 **중이(重耳)**가 망명해 조(曹)에 들

---

[134] 결국 의양(宜陽)은 함락되고, 제후들의 웃음거리가 되었다. 한비는 덧붙이길, '안으로 자신의 역량을 헤아리지 못하고, 밖으로 제후들을 의지하면, 나라가 망하는 우환에 이른다.'라고 했다.

른 적이 있다. 이때 조의 군주가 목욕 중인 **중이의 알몸을 훔쳐**보았다. 이부기(釐負羈)와 숙첨(叔瞻)도 그 앞에 서 있었다. 숙첨이 조의 군주에게 말하길, '제가 진(晉)의 공자인 중이를 살펴봤는데, 보통 사람이 아니었습니다. 따라서 오늘 군주께선 무례(無禮)를 저질렀습니다.'[135]

'그가 만일 자기 나라로 돌아가 군사를 일으키기라도 한다면, 우리 조(曹)나라에 해가 될까 두렵습니다. 차라리 군주께서 그를 죽이는 것이 좋을 듯합니다.'라고 했다. 하지만 조의 군주는 듣지 않았다. 이부기가 귀가해 우울해하자, 처가 물었다. '퇴근해서 우울한 표정을 짓고 있는데, 무슨 일이 있습니까.' 부기가 말하길, '내 듣기로 좋은 일이 있을 땐 나에게 미치지 않지만 **나쁜 일이 닥치면 나까지 말려든다**고 했소.'[136]

'오늘 우리 군주가 진의 공자를 불러 무례한 짓을 했소. 나도 그 앞에 있었소. 그 때문에 우울한 것이오.'라고 했다. 이에 처가 말하길, '내가 진의 공자를 보니 만승의 군주가 될 상(相)이고, 좌우에 따르는 측근들도 역시 만승의 나라 재상감입니다. 지금은 궁지에 몰려 망명해 조에 들렀던 것인데, 조가 그에게 무례를 범했습니다. 사정이 이렇게 되었으니, 만일 그가 귀국한다면, 반드시 무례한 나라들을 칠 것입니다.'

---

135) '중이(重耳)'는, 진(晉)의 문공(文公)으로, 제나라 환공(桓公)에 버금가는 패자(覇者)였다. 그리고 조나라 군주가 목욕중인 중이의 알몸을 훔쳐본 것은, 중이(重耳), 즉 후일의 진(晉)나라 문공(文公)이 갈비뼈가 하나로 붙은 이른바 변협(骿脇)이란 소문을 듣고 이를 확인하기 위함이었다. 하지만 이 때문에 원한을 사게 된 것이다.
136) 연좌의 의미로, 자신에게도 화(禍)를 당한다는 뜻이다.

'그렇다면 조가 첫 번째가 될 것입니다. 당신은 어찌 먼저 **다른 관계를 맺지 않습니까.**'라고 했다. 부기가 '좋다'라고 했다. 그리고 황금을 항아리에 담고, 음식을 가득 채운 다음 그 위에 벽옥(碧玉)을 더 얹어 밤중에 사람을 시켜 공자 중이(重耳)에게 보냈다. 공자가 사자(使者)를 만나 재배(再拜)한 후, 음식은 받아들였으나 벽옥은 사절했다. 이후, 공자는 조(曹)에서 초(楚)로 들어갔다 다시 초에서 진(秦)으로 들어갔다.[137]

진나라로 들어간 지 3년이 되었을 때, 진(秦)의 목공(穆公)은 어느 날 신하들을 불러놓고 말하길, '옛날에 맺었던 진(晉)의 헌공(獻公)과 나 사이의 **친교(親交)**를 제후들 가운데 모르는 사람은 없다. 그런데 헌공이 불행하게도 신하들을 버리고 돌아가신 지, 어느새 10년이나 되었다. 그래서 대(代)를 이을 자식이 마땅치 않다. 장차 종묘에 **불제(祓除)**를 행하지 못하고, 사직(社稷)에 희생(犧牲)을 바치지 못하게 될까 두렵다.'[138]

'이대로 놓아두고 **안정시키지 못한다면**, 다른 사람과 친교를 맺는 도리(道理)가 아닐 것이다. 따라서 나는 중이(重耳)를 도와 진(晉)으로 들여보내고자 한다. 내 생각이 어떠한가.'라고 묻자, 신하들은 하나같이 '좋다'고 했다. 그러자 목공은 바로 군사를 일으켰다. 가죽으로 무장한 수레 5백 승(乘)과 짝을 지은 기마(騎馬) 2천 그리고 보병 5만으로 중이를 도왔다.

---

137) 조의 군주와는 별도로 진나라 공자, 중이와 관계를 맺어야 함을 이른다.
138) 진(秦)의 목공(穆公) 부인이 진(晉)나라 헌공(獻公)의 장녀였다. 따라서 양국은 혼인관계로 특히 친교가 깊었다. 그리고 '불제(祓除)'는, 더러워진 곳을 깨끗하게 한다는, 즉 제사를 지낸다는 말이다.

중이는 목공의 도움으로 마침내 진(晉)의 군주가 되었다.[139]

　　중이(重耳)가 즉위한 지 3년이 되자, 군사를 일으켜 조(曹)를 쳤다. 그때 사람을 보내 조의 군주에게 말하길, '숙첨(叔瞻)을 결박해 내놓아라. 그를 죽여 **본때를 보일 것**이다.'라고 했다. 한편 사람을 보내 이부기(釐負羈)에게 이르길, '나의 군사들이 성(城)으로 다가가네. 그대가 나를 외면하지 않은 일을 잊지 않고 있네. 그대가 사는 마을 앞에 표시를 해두라. 명을 내려 군사들로 하여금 감히 범하지 못하도록 할 것이네.'[140]

　　조의 사람들이 그 말을 듣고 친척들을 이끌고 와 이부기의 마을에서 보호를 받은 이들이 7백여 집이나 되었다. 이는 바로 예(禮)가 도움을 준 것이다. 대체 조는 작은 나라로 진(晉)과 초(楚) 사이에 눌려 군주의 위태함이 마치 **계란을 쌓아 올려놓은 것**과 같음에도 무례하게 대했다. 이것이 대(代)가 끊긴 원인이다. 따라서 '나라가 작은데도 예의를 지키지 않고, 신하의 말을 무시하면 대가 끊기는 것'이라 말한 것이다.[141]

---

139)　불안정한 정세를 방치한다는 뜻이다.
140)　중이(重耳)를 죽이라고 했던 숙첨(叔瞻)을 결박해 성문 앞에 매달면, 그를 죽여 본보기로 삼겠다는 의미다.
141)　'누란지위(累卵之危)'란 말로, '위태로운 형편'이란 뜻이다.

제11장 고분(孤憤)

한비(韓非)가 '홀로 격분해 하는 것'을 뜻한다. 군주를 에워싼 측근, 권력을 장악한 중신들의 전횡으로, 온전한 법술지사(法術之士)가 인정받지 못하는 당시 체제에 대한 강한 분노를 드러낸, 일종의 '정치 비판론'이다. 이 장은 한비의 글 가운데 비중이 큰 것으로, 진(秦)의 시황제(始皇帝)도 읽고 감탄했다고 전한다.

| 01 |

이른바 **지술지사**(智術之士)는 반드시 멀리 내다보고, 일을 명확히 꿰뚫어 본다. 일을 명확히 꿰뚫어 보지 못하면 사적 이익을 추구하는 음모(陰謀)를 들춰낼 수 없다. 이른바 **능법지사**(能法之士)는 반드시 의지가 강고(强固)해 일을 엄격(嚴格)하게 처리한다. 일을 엄격히 처리하지 않으면, 간악한 짓을 바로잡을 수 없다. 신하가 명에 따라 일을 추진하고, 정해진 법(法)에 의해 직무를 수행하면 중인(重人)이라 부르지 않는다.[142]

---

142) '지술지사(智術之士)'에서 지(智)는 지(知)와 통하고, 술(術)은 군주가 '신하를 통제하는 기술'을 말하고, '능법지사(能法之士)'는, 법치(法治)에 능해, 그것을 실행할 수 있는 사람을 말한다.

'중인'이란 명(命) 없이 제멋대로 행동하고, 법(法) 규정을 무너뜨리면서 사익을 취하며, 국가 재정을 빼돌려 자기 편의를 도모하고, 힘으로 능히 군주를 조종할 수 있는 사람이다. 이런 사람이 바로 중인이다. 지술지사는 명확히 꿰뚫어 보므로 그를 등용해 쓴다면 중인의 숨겨진 실정이 드러날 것이다. 그리고 능법지사는 일을 엄격히 처리하므로 그를 등용해 쓴다면 장차 중인의 간악한 행동들을 바로잡을 수 있을 것이다.

그러므로 지술, 능법지사가 등용되면 신분이 높고 권세가 막중한 신하들이라도 법을 어기면 반드시 추방되고 말 것이다. 따라서 지술, 능법지사와 **요직의 실권자**는 양립할 수 없는 적대관계가 되는 것이다. 무릇 요직(要職)에 있는 이가 중추부를 장악해 마음대로 조종하면 나라 안팎에선 모두가 그를 위해 움직일 것이다. 그리고 제후들도 그에게 의지해야 일이 성사되기 때문에 자연스럽게 그를 위해 칭송하는 것이다.[143]

백관(百官)들도 그에게 의지하지 않으면 사업이 진척되지 않기 때문에 그를 위해 일한다. 낭중(郎中)의 시종들도 그에게 의지하지 않으면, 군주 가까이 접근할 수 없기 때문에 모두들 그를 위해 비리를 숨겨 준다. 학사(學士)들은 어떤가. 그에게 의지하지 않으면 봉록이 적고 예우가 낮기 때문에 학사들도 그를 위해 변호하게 되는 것이다. 이 **4가지 도움**이야말로 사악한 중신들이 자신을 '스스로 분장하는 수단인 것'이다.[144]

---

143) 정치적으로 요직(要職)에 있는 중신(重臣)을 말한다.
144) 제후(諸侯)와 백관(百官), 낭중(郎中), 학자(學者) 등 4부류의 도움을 말한다.

때문에 중인(重人)은 군주에게 충성하기 위해 자신의 적(敵)인 법술지사(法術之士)를 천거할 리 없고, 군주 역시 4부류의 도움을 얻지 않고는 사악한 신하들을 꿰뚫어 볼 수 없는 것이다. 그러므로 군주는 더욱 눈이 가려지고, 신하는 더욱 권세가 강해지는 것이다. 무릇 요직에 있는 사람이 군주에게 신임이나 사랑을 받지 못하는 경우는 드물다. 게다가 오래도록 친숙(親熟)한 사이라고 한다면 두말할 필요도 없는 것이다.

그들은 군주의 마음을 정확히 읽고 움직인다. 관작(官爵)은 높고 중(重)하며 무리도 많아 사람들로부터 칭송받는다. 한편 법술지사로 군주에게 인정받기를 바라는 이들은 믿음이나 사랑받을 친밀함이 애초부터 없고, 오래전부터 아는 사이도 아니다. 게다가 법술(法術)이란 엄격한 논리를 가지고, 군주의 치우치고 구부러진 마음을 바로잡으려 한다. 그들이 차지할 지위는 낮고, 신분은 천하며, 무리도 없어 고독한 것이다.

| 02 |

군주와 소원한 관계에 있는 사람이 군주 가까이서 총애(寵愛)를 받고 신임(信任)받는 이와 겨루면 객관적으로 이길 승산이 없다. 신참의 몸으로 오래도록 친숙한 이와 겨루면 객관적으로 이길 승산이 없다. 군주의 의향에 거슬리는 처지에서, 군주의 호(好), 불호(不好) 정서를 같이하는 이와 겨루면 객관적으로 이길 승산이 없다. 세력이 없고 낮은 신분으로, 세력이 있고 귀한 신분과 겨루면 객관적으로 이길 승산이 없다.

오직 **혼자만의 입**을 가지고 나라가 **칭송하는 사람**과 겨루면 객관적으로 이길 승산이 없다. 따라서 법술지사(法術之士)는 이 5가지를 '도저히 이길 승산이 없는 정세'로 본다. 이에 따라 여러 해를 거듭 헤아리더라도 여전히 군주를 만날 수 없음은 말할 것도 없다. 하지만 당도지인(當塗之人)은 5가지 모두를 이길 승산이 거의 확실하다. 아침[朝]과 저녁[夕]으로 군주 앞에 나아가 의견을 충분히 피력할 수 있기 때문이다.[145]

그러면 법술지사는 어떻게 군주 앞에 나설 수 있을까. 사실 둘이 함께 존립할 수 없는 정세라면 조건상 승산이 없다. 따라서 법술지사는 위험에 노출될 수밖에 없다. 없는 죄과를 거짓으로 씌울 수 있는 경우엔 공법(公法)으로 주살(誅殺)하고, 죄과를 씌울 수 없는 경우엔 자객의 칼로 목숨을 끊어 버린다. 따라서 법술에 능통해 군주에게 거스르는 이는, 형리(刑吏)에게 죽지 않으면 반드시 자객의 칼에 죽게 되어 있다.

| 03 |

한편 붕당해서 중인과 한패가 되어 군주의 눈을 가리고, 법에 어긋난 말을 함으로써 **사적인 이익을 도모해 주는 이**는 중인에게 반드시 신임을 받는다. 여기서 공적을 들어 구실 붙일 만한 이는 관직이나 작위를 높여 주고, 구실 붙일 미명(美名)이 없는 이는 외부 세력의 힘을 빌려서라도 중용된다. 이처럼 군주의 눈을 가리고, 중인의 무리에 들어간 이는 관작으

---

145) '법술지사(法術之士)'는, 오직 혼자만의 입으로 정론(正論)을 주장하는데 비해, '중인(重人)'은, 나라가 칭송하는 사람이다.

로 영달하지 못하면 반드시 외부 세력에 의해 중용된다.[146]

　지금 군주는 확실한 증거를 기준으로 점검치 않고 형벌을 행한다. 실제로 공적을 기다려 보지도 않고 작록을 주고 있다. 이러니 법술지사가 죽음을 무릅쓰고 어찌 주장을 펼 수 있을 것이며, 사악한 간신들이 어찌 이익을 버리고 뒤로 물러설 수 있겠는가. 여기서 군주의 위엄은 더욱 쇠하고, 중인의 권세는 더욱 존중되는 것이다. 대체로 월(越)이란 나라는 비록 부유하고 군대가 강하기는 하지만 너무나 멀리 떨어져 있다.

　따라서 중원(中原)의 군주들은 모두 자기들에게 아무런 이익이 없음을 알고 있다. 그래서 말하길, '우리가 통제할 수 있는 바가 아니다.'라고 한다. 가령 여기에 어떤 나라가 있어 비록 그 토지가 넓고, 인구가 많더라도 군주의 이목이 가려지고, 중신들이 권력을 마음대로 휘두른다면, 이 나라는 **월(越)과 마찬가지**일 것이다. 월과는 지리적으로 다르다는 것은 알면서 나라가 통제 능력을 잃어 달라지고 있음은 잘 모른다.[147]

　즉 사물의 유(類)와 별(別)을 분간할 줄 모르는 것이다. 사람들이 제(齊)나라가 망했다고 말하는 까닭은 토지나 도성(都城)이 사라졌기 때문이 아니다. 군주인 **여(呂)씨**가 통제할 수 없게 되고, 신하인 전(田)씨가 실권을 행사한다는 데 있는 것이다. 또 진(晉)이 망했다고 말하는 까닭도 역시 토

---

146)　법(法)에 어긋난 이론을 가지고, 중인(重人)의 편의[이익]를 제공하는 것을 말한다.
147)　자기 나라를 마음대로 통제하지 못한다는 점에서 지리적으로 먼 거리에 있는 월나라와 다름이 없다는 말이다.

지나 도성이 사라졌기 때문이 아니다. 군주인 희(姬)씨가 통제할 수 없게 되고, **육경(六卿)**들이 정사를 전횡한다는 데 있는 것이다.[148]

만일 중신(重臣)들이 상(賞)과 벌(罰)에 대한 실권을 장악해 전횡(專橫)하고 있음에도 군주가 그것을 거두어들일 줄 모른다면, 이는 군주가 명석하지 못한 것이다. 죽은 사람과 같은 병(病) 증세를 보이는 사람은 살릴 수 없고, 멸망한 나라와 같은 정황을 보이는 나라는 더 이상 존속(存續)시킬 수 없는 것이다. 이제 제나라나 진나라와 똑같은 행적을 되풀이하면서 나라의 안녕을 바라는 것은 결코 이루어질 수 없는 것이다.

| 04 |

무릇 법(法)과 술(術)이 행하여지기 어려운 것은 유독 만승(萬乘)의 나라만이 아닌, 천승(千乘)의 나라도 마찬가지다. 가령 군주의 좌우 측근들은 반드시 지자(智者)들만 존재하지 않는다. 군주가 어느 사람을 지자(智者)라고 생각해 그 의견을 듣고 그런 다음에 좌우 측근들과 그 의견을 검토한다면, 이는 우자(愚者)와 함께 '지자'를 검토하게 되는 것이다. 또 군주의 좌우 측근들은 반드시 현자(賢者)들만 존재하지 않는다.

군주가 어느 사람을 현자(賢者)라고 생각해 그를 예우하고 그런 다음에

---

148) 주(周)나라 초기에 여상(呂尙)이 봉후(封侯) 받아 시작되었기 때문에 여씨라 불린 것이다. 그리고 '육경(六卿)'은, 중신의 가계였던 범(范), 중행(中行), 지(智), 한(韓), 위(魏), 조(趙)씨가 진(晉)의 실권을 장악하여 후에 한(韓), 위(魏), 조(趙)씨로 진(晉)을 삼분했다.

좌우 측근들과 그 몸가짐을 논평한다면, 이는 불초자(不肖子)와 함께 '현자'를 논평하게 되는 것이다. 여기서 지자(智者)는 **헌책(獻策)**의 가부를 우자(愚者)에게 판정받고, 현자(賢者)는 그 행위의 선악(善惡)을 '불초자'에게 평가받게 된다. 그렇다면 결과적으로 현자(賢者)나 지자(智者)가 치욕을 당하는 셈이고, '군주의 판단도 어긋나게 되는 것'이다.[149]

벼슬자리를 얻고자 하는 신하로, 자신이 수사(修士)인 경우엔 청렴결백으로 자신을 다잡으려 하고, 지사(智士)인 경우엔 합리적인 능력으로 일을 진행시키려 한다. '수사'는 청렴결백을 믿으므로 뇌물을 써서 남에게 빌붙을 수 없으며, '지사'는 일 처리 능력을 믿으므로 다시 법을 굽혀 편의를 꾀할 수 없다. 그러므로 수사나 지사 좌우 측근에 빌붙지 않고 청탁을 받아들이지도 않는다. 하지만 군주의 좌우 측근들은 다르다.

즉 행위가 **백이(伯夷)**와는 다른 것이다. 요구한 것을 얻지 못하거나 뇌물을 받지 못하면, 청렴이나 일 처리 능력의 공(功)은 묵살되고 중상모략이 난무한다. 일의 성과는 제동 걸리고, 청렴결백한 행위는 훼손된다. 그리고 수양과 지모를 지닌 관리는 사직하고, 군주의 총명은 막혀 버린다. 좌우 측근이나 친숙한 사람의 말만 따르면, 조정(朝廷)에는 무능한 사람만 있게 되고, '어리석고 부정한 관리가 일 처리'를 맡게 된다.[150]

---

149) '헌책(獻策)'은, 지자(智者)가 낸 정책이나 의견을 말한다.
150) '백이(伯夷)'은, 은(殷)나라 말, 고죽군(孤竹君)의 장자로, 주(周)나라가 들어서자, 그 곡식을 먹지 않겠다고 굶어죽었다. 고결(高潔)한 사람의 예(例)로 제시되고 있다.

만승(萬乘)의 나라, 즉 큰 나라의 근심거리는 중신(重臣)들의 권력이 지나치게 크다는 점이고, 천승(千乘)의 나라, 즉 작은 나라의 근심거리는 측근(側近)들이 지나치게 신임을 많이 받는다는 점이다. 이것이 군주라면 모두가 느끼는 공통적인 근심거리다. 이 때문에 장차 신하는 큰 죄를 범할 수 있고, 군주도 큰 실수를 저지를 수 있다. 신하와 군주의 이익이 서로 달라 모순되기 때문이다. 무엇으로 이를 확인할 수 있을까.

가령 '군주의 이익'은 신하의 능력이 존재해서 관직(官職)을 맡길 수 있는 것이고, '신하의 이익'이란 무능한 상태로도 일자리를 얻는 것이다. 또 '군주의 이익'은 신하의 공로(功勞)가 있을 때 작록(爵祿)을 주는 것이고, '신하의 이익'은 공로가 없어도 부귀(富貴)해지는 데 있다. 그리고 '군주의 이익'은 호걸(豪傑)로 하여금 능력을 발휘하도록 하는 데 있고, '신하의 이익'은 붕당(朋黨)을 해서 사리(私利)를 도모하는 데 있다.

즉 나라의 영토가 줄어도 사가(私家) 쪽은 부(富)해지고, 군주의 지위는 낮아져도 중신(重臣)들의 권한은 막강해진다. 가령 군주가 권세를 잃고 신하가 나라를 얻으면, 군주의 명칭은 **번신(藩臣)**으로 바뀌고, 재상이 군권(君權)을 대신 행사한다. 이것이 신하가 군주를 속여 사리(私利)를 도모하는 것이다. 당대의 중신들 가운데 그 군주에게 정세변화가 생기면, 이전과 같은 총애를 받을 사람은 열에 두셋도 되지 않는다.[151]

---

151) '번신(藩臣)'은, 군주를 지키는 신하를 말한다.

까닭이 무엇인가. 신하가 저지른 죄과(罪科)가 크기 때문이다. 신하에게 큰 죄가 있다는 것은 군주를 속이는 행위며, 그 죄과는 사형(死刑)에 해당한다. 그렇기 때문에 지모(智謀)를 지닌 지사는 세상을 멀리 내다보는 혜안이 있어, 사형당할 것이 두려워 결코 중인(重人)을 따르지 않는다. 지혜로운 현사 또한 몸을 닦아 염결(廉潔)하므로 간신과 함께 군주를 속이는 일 등은 하지 않는다. 즉 '부끄러워 행하지 않는 것'이다.

요직(要職)에 있는 **중신(重臣)의 무리**는 어리석어 장래의 화(禍)를 미리 알지 못하는 사람이며, 성정(性情)이 거칠어 간악(姦惡)한 일도 결코 마다하지 않는다. 중신들은 어리석고 거칠어진 사람들을 껴안아 위로는 이들과 함께 군주(君主)를 속이고, 아래론 이들과 함께 이익(利益)을 찾아 침탈(侵奪)도 사양하지 않는다. 또한 붕당(朋黨)을 통해 하나의 무리를 형성해 서로 말을 맞춰 '군주를 현혹시키고 법을 파괴'한다.[152]

그리고 민중들의 생활을 어지럽혀 마침내는 나라를 위험에 빠뜨려 영토가 줄어들고, 군주는 애만 쓰며 욕(辱)을 당하게 된다. 이는 신하에게 있어 큰 죄다. 신하에게 큰 죄가 있음에도 군주가 이를 금하지 않는 것은 또한 군주에게 있어 큰 실수이다. 만일 군주가 위에 있어 큰 실수를 저지르고, 신하가 아래에 있어 큰 죄를 범하게 되는 상황이라면, 나라가 멸망하지 않기를 아무리 기대해도 어떻게 할 수 없는 일이다.

---

152) '중신(重臣)의 무리들'은, 사실상 사적인 무리들, 즉 반역 도당(徒黨)과 다르지 않다.

제12장 세난(說難)

> 세(說)란 권력자에게 자기 의견을 진술해 깨닫게 하는 것이다. 하지만 말하는 방법이 쉽지 않다는 뜻에서 난(難)이라 한다. 당시 정치적으로 어려운 상황에서 지식인이 과연 어떻게 발언하는 것이 효과적일지 세상의 인심과 한비(韓非) 자신의 체험을 통해 집요하게 추구한다. 내용은 난언(難言)장과 유사하다.

| 01 |

무릇 다른 사람에게 유세(遊說)하는 것은 어려운 일이다. 하지만 내가 알고 있는 것을 설득[납득]시키기 어렵다는 뜻이 아니고, 나의 말솜씨로 내 의중(意中)을 제대로 드러내는 게 어렵다는 뜻도 아니며, 대담[과감]한 행보로 내 뜻을 모두 펼치는 게 어렵다는 것도 아니다. 무릇 유세의 어려움[남에게 의견을 진술하기 어려움]은 설득 대상의 마음을 헤아려 내가 말하고자 하는 것을 '상대에게 맞추기 쉽지 않다'는 것이다.

가령 유세 대상이 **'명예를 떨치는 데 관심'**을 갖고 있는데, 많은 이익을 얻는 것으로 유세하면 비속하다고 여겨져 반드시 멀리할 것이다. '많은 이익에 관심'이 많은데, 높은 명예로 유세하면, 생각이 부족하고 세상 물정에 어둡다고 여겨져 반드시 받아들이지 않을 것이다. '속으론 많은 이익'을 얻고자 하면서도, '겉으론 명예'를 따르는 척하는데, 명예가 높아지는 것으로 유세하면, 겉으론 듣는 척하지만 실제로는 멀리한다.[153]

이와는 반대로 '많은 이익을 얻는 것'으로 유세하면, 속으론 이를 채택할지라도 겉으론 자신의 속마음을 들키지 않기 위해 내치게 된다. 이런 상황을 잘 살펴보지 않을 수 없다. 무릇 일이란 비밀(祕密)이 유지되어야 성공하고, 말이 누설(漏泄)되면 실패하는 것이다. 그리고 유세하는 사람이 의도적으로 누설하지 않아도 대화하는 가운데 그만 숨겨진 일이 드러나게 되는 경우가 있다. 이렇게 되면 유세하는 사람은 위험해진다.

상대가 겉으론 어떤 일을 하는 척하며 실제로는 다른 일을 추진하는데, 유세하는 사람이 겉으로 드러난 일뿐만 아니라 그렇게 하려는 이유까지 알게 되는 경우가 있다. 이렇게 되면 유세하는 사람의 신변이 위험해진다. 또 유세하는 사람의 계책이 군주의 마음에 들었으나, 어떤 지략가가 이를 알아내 밖으로 누출하면 군주는 유세하는 사람이 퍼뜨린 것으로 의심한다. 이렇게 되면 유세하는 사람의 신변이 위험해진다.

유세하는 사람이 군주와의 친밀관계가 아직 두텁게 형성되지 않았는데도, **계책(計策)을 다 동원**하여 실행에 옮겨지는 경우가 있다. 그 일이 제대로 행해져 실제로 공(功)을 세우게 되면 곧 잊혀지고, 그 일이 제대로

---

153) 명망(名望)과 인품이 고결(高潔)한 사람을 가리킨다.

행해지지 않아 실패하면 의심을 받게 된다. 이렇게 되면 유세하는 사람의 신변이 위험해진다. 군주가 일을 잘못했을 때 예의(禮義)를 논하며, 그 잘못을 들춰낼 경우에도 유세하는 사람의 신변이 위험해진다.[154]

또한 군주가 좋은 계책을 얻어 이를 자신의 공적(功績)으로 삼고자 하는데, 어찌하여 그 내막을 정확히 알게 되는 경우에도 유세하는 사람의 신변이 위험해진다. 군주에게 있어 실천하기 어려운 일을 억지로 강요하거나, 그만둘 수 없는 일임에도 그것을 억지로 그만두게 하면, 유세하는 사람의 신변이 위험해진다. 그리고 군주는 유세하는 사람이 중신(重臣)에 관해 논하면, '군신간의 관계를 이간하려는 것으로 의심'한다.

신분이 낮은 사람들에 관해 논하면, '군주의 권력을 팔아 아랫사람에게 사적인 은혜를 베풀려는 것으로 의심'한다. 군주가 총애하는 사람에 관해 논하면, '그들의 힘을 빌리려는 것으로 의심'한다. 군주가 미워하는 사람에 관해 논하면, '군주의 마음을 살펴보려는 것으로 의심'한다. 유세할 때 거두절미하고 핵심만 논하면, 지혜가 없고 졸렬하다고 여기며, 장광설(長廣舌)을 늘어놓으면, 말이 많고 잡다(雜多)하다고 여긴다.[155]

---

154) 자신이 알고 있는 지식을 다 동원해 말하는 것이다.
155) 한비는 덧붙이길, '사실을 생략하고 큰 뜻만을 논하면, 겁이 많아 할 말도 다 못한다고 여기고, 일을 충분히 헤아려 거침없이 논하면, 야비하고 오만하다고 여긴다. 때문에 유세가 어려운 것이다. 잘 알아두지 않으면 안 된다.'라고 했다.

무릇 군주를 설득하는 데 있어 명심할 일은, 설득시킬 상대가 자랑거리로 삼을 만한 것은 두둔해 주고, 부끄럽게 여길 만한 것은 감싸주는 요령을 알아야 한다. 또 그가 사적으로 요구하는 일이 있으면, 반드시 공적인 의의를 드러내 일을 할 수 있도록 만들어준다. 그가 마음속으로는 저속하다고 생각하면서도 포기하지 못한다면, 말하는 이는 그대로 쫓아 그 좋은 점을 부추겨 주고, 도리어 하지 않는 것을 나무라야 한다.

그가 마음속으론 동경(憧憬)하지만 실제(實際)로 거기에 미칠 수 없는 환경이라면, 말하는 이는 그를 위해 허물[과실]을 지적하고, 좋지 않은 것을 보여줌으로써 도리어 실행하지 않은 것을 칭찬해 주는 일이다. 그가 자신의 지혜(智慧)와 능력을 자랑하고 싶어 한다면, 다른 일 가운데 유사(類似)한 사례를 들어 **자료를 충실하게 만들어 주고**, 자기 쪽 주장을 취하도록 하면서도 모르는 척하며 그의 지혜를 도와줄 일이다.[156]

한편 나라와 나라가 상호 공존하는 것에 대해 유세하고 싶다면, 충분한 명분을 가지고 그것을 밝혀야 하고, 개인의 이익과도 **은근히 일치한다**는 것을 보여줄 일이다. 위태하고 해로운 일에 대해 유세하고 싶다면, 비난의 대상을 밝혀 어렴풋이 개인의 화(禍)도 될 수 있음을 보여줄 일이다. '칭찬하려면' 그와 동일한 행동을 취한 사람을 칭찬하고, '일을 바로잡으

---

156) 스스로 선택하는 것처럼 근거 자료를 갖춰준다.

려면' 그와 동일하게 계획한 다른 일을 '바로잡아주는 것'이다.[157]

군주와 같은 결점을 가진 사람이 있다면, 그것은 별 해(害)가 되지 않는
다고 감싸줄 일이다. 같은 실패를 한 사람이 있다면, 그것은 크게 허물이
되지 않는다고 밝혀 감싸줄 일이다. 그가 스스로 역량(力量)을 자랑한다
면, 어려운 경우를 들어 질책하지 말아야 한다. 자신의 결단에 용감하다
고 생각하면, 흠집을 들어 노(怒)하지 않도록 한다. 스스로 계획이 현명하
다고 생각하면, 실패할 경우를 들어 추궁하지 말아야 한다.[158]

| 03 |

이윤(伊尹)이 은(殷)의 탕(湯)임금 요리사가 되고, 백리해(百里奚)가 우(虞)
에서 **노예 노릇**을 했던 것은, 모두 군주에게 등용(登用)되길 바라는 수단
이었다. 이 두 사람은 모두 현명한 사람들이었지만 오히려 스스로 천(賤)
한 일에 종사하여 가까이 나아가지 않을 수 없었던 것이다. 지금 자기 말
[言]이 요리사나 노예의 말과 같아질지라도 그것이 받아들여져 세상을
구할 수만 있다면 유능한 사람으로 부끄러운 일이 아니다.[159]

무릇 오랜 시일(時日)을 거치면서 허물이 없을 만큼 친숙(親熟)해지고,

---

157) 개인의 이익에 대해 적극적으로 드러내기보다는, 은근히 보여주는 것이 효과적이란 의미다.
158) 한비는 덧붙이길, '논지(論旨)가 거슬리지 않고, 말씨가 저촉되는 데가 없으면, 비로소 지
혜와 변설을 마음껏 구사할 수 있다. 이것이 군주와 친근하게 되어 의심받지 않으며, 말하고 싶
은 것을 충분히 다 할 수 있는 방법이다.'라고 했다.
159) 한때 소와 양을 치던 사람이다.

후(厚)한 은덕(隱德)을 입으며, 어떤 기획에 깊숙이 관여해도 의심받지 않으며, 경우에 따라선 논쟁(論爭)을 벌여도 벌(罰)을 받지 않는다면, 이해(利害)를 분명하게 판단하여 그 일을 성공시키고, 옳고 그른 것을 바로 지적하여 군주를 바로잡는다. 이런 상태에선 군신이 서로 떠받쳐 주게 된다. 이것이 의견을 진술하는, 이른바 '유세(遊說)의 완성'이다.

| 04 |

옛날에 정(鄭)의 무공(武公)이 호(胡)를 치고자 했다. 그래서 자신의 딸을 호의 군주와 혼인시켜 기분 좋게 비위를 맞추었다. 그리고는 신하들을 향해 '군사를 일으키고자 한다. 어느 나라를 치는 것이 좋겠는가.'라고 물었다. 대부인 관기사(關其思)가 답하길, '호를 치면 좋겠습니다.'라고 했다. 이에 무공이 노(怒)하며 말하길, '호와는 형제 관계의 나라다. 그대가 치라고 말하다니, 이 무슨 해괴(駭怪)한 소리란 말인가.'[160]

호(胡)의 군주가 이런 소식을 듣고 정(鄭)이 자기에게 호의적이라 생각해 드디어 정에 대한 방비를 하지 않았다. 그러자 정의 군대가 호를 습격하여 점령해 버렸다. 한편 송(宋)에 부유(富裕)한 집이 있었다. 비가 내려 담장이 무너졌다. 그 아들이 말하길, '당장 고치지 않으면, 앞으로 반드시 도적(盜賊)이 들 것입니다.'라고 했다. 그 이웃집의 노인도 역시 같은 말을

---

160) '정(鄭)나라 무공(武公)'은, 기원전 8세기 주(周)나라가 동천(東遷)할 때 즉위한 정(鄭)의 두 번째 군주를 말하고, '호(胡)'는, 동북의 이민족을 가리키지만, 여기선 하남성 언성현(郾城縣)에 있던 나라로 전해진다.

했다. 밤이 되자 과연 예상대로 재물을 크게 잃어버렸다.

그 집에서 아들은 대단히 지혜롭다고 여겼지만, 이웃집 노인은 의심했다. 두 사람의 예상은 모두 그대로 적중했다. 하지만 심한 경우는 죽임을 당하고, 가벼운 경우는 의심을 받는다. 그래서 진실을 아는 것이 어려운 게 아니라, 아는 것에 대처하는 게 어려운 것이다. 가령 **요조(繞朝)**가 한 말은 들어맞아 진(晉)나라에선 그가 지혜로운 사람이었지만, 진(秦)나라에선 죽임을 당하였다. 어찌 잘 살펴보지 않을 수 있겠는가.[161]

| 05 |

옛날에 **미자하(彌子瑕)**가 위(衛)의 군주에게 총애를 받고 있었다. 위나라 법에 '군주의 수레를 몰래 타는 사람'은 **월(刖)**이란 형벌에 처한다고 되어 있다. 어느 날, 미자하의 어머니가 병이 들자, 어떤 사람이 밤에 은밀히 가서 미자에게 알렸다. 미자는 거짓을 꾸며 군주의 수레를 빌려 타고 나갔다. 군주가 전해 듣고 오히려 칭찬하며 말하길, '효자(孝子)다. 어머니의 병고 때문에 발이 잘리는 벌까지 잊었구나.'라고 했다.[162]

---

161) '요조(繞朝)'는, 춘추시대 진(秦)의 대부(大夫)다. 당시 진(晉)의 사회(士會)가 진(秦)으로 망명 (亡命)하자, 진(晉)에선 지용(智勇)을 겸비한 사회(士會)를 빼 가기 위해 위수여(魏壽餘)를 배반자로 위장시켜 진(秦)에 들여보내 그를 데려오도록 모의했다. 이때 진(秦)의 군대는 황하의 서쪽에, 위 수여의 군대는 황하의 동쪽에 있었는데, 진(秦)의 군주가 협상 대표로 사회(士會)를 보내자, 요조 (繞朝)는 사회(士會)가 진군(晉軍)으로 가면, 다시는 돌아오지 못할 것을 알고 보내지 말자고 건의 했으나, 진(秦)의 군주는 듣지 않고 그대로 보냈다. 이에 요조(繞朝)는 사회(士會)에게 말채찍을 주 면서, "그대는 우리 진(秦)나라에 사람이 없다고 말하지 말라. 다만 나의 계책이 쓰이지 않았을 뿐이다."라고 했다.

162) '미자하(彌子瑕)'는, 춘추시대 위(衛)나라 영공(靈公)의 총신(寵臣)으로, 정치를 전횡한 인물이

어느 날, 군주를 모시고 과수원을 갔다. 복숭아를 먹다가 맛있어 다 먹지 않고 반쪽을 군주에게 먹였다. 군주가 말하길, '나를 사랑하는구나. 그 좋은 맛을 잊고서 나를 먹여주는구나.'라고 했다. 세월이 지나 미자의 용모가 쇠퇴하고 총애가 엷어지자 군주에게 책망을 들었다. 군주가 말하길, '이 녀석은 훨씬 이전에 거짓을 꾸며 내 수레를 몰래 탄 일이 있고, 또 전에 먹다가 남은 복숭아를 나에게 먹인 일도 있다.'고 했다.

미자의 행동은 처음과 변함이 없다. 하지만 전에 칭찬받던 이유로 뒤에 책망을 듣게 된 것은 애증이 변했기 때문이다. 그러므로 군주에게 총애를 받고 있을 땐 그 생각이 군주의 뜻과 알맞아 더욱 친밀해지지만, 군주에게 미움을 받고 있을 땐 그 생각이 군주의 뜻과 맞지 않아 책망을 듣게 되고, 더욱 소원해지는 것이다. 따라서 간언(諫言)이나 담론(談論)을 펴고자 하는 사람은 군주와의 관계를 반드시 확인해야 한다.

다시 말해 담론(談論)을 펴기 전, 군주로부터 총애를 받는지 미움을 받는지 여부를 살펴본 뒤 유세해야 한다. 무릇 용(龍)이란 짐승은 길들이면 타고 다닐 수도 있다. 그런데 턱밑에 난 직경 한 자[尺] 정도의 **거꾸로 난 비늘**을 건드리면, 설사 그 사람이 용을 길들인 사람이라도 반드시 죽인다. 군주에게도 역린(逆鱗)이 존재한다. 유세하는 사람이 군주의 역린을 건드리지 않고 설득할 수 있다면, '성공을 기대'할 수 있다.[163]

고, '월(刖)'은, 발[복사뼈 아래]을 절단하는 형벌을 말한다.

163) 이른바 '역린(逆鱗)'으로, 건드리면 반드시 죽인다.

제13장 화씨(和氏)

한비(韓非)는 나라가 부강하려면 반드시 법술(法術)에 의한 통치가 필요하다고 강조한다. 설화를 통해 절실히 호소하지만, 당시의 정치상황은 법술지사의 진가를 인정받기 어려운 환경이었다. 때문에 비통한 어조로 고발하고 있다.

| 01 |

초(楚)나라 사람 화씨(和氏)가 **초산(楚山)**에서 옥(玉) 덩어리를 발견해 그 것을 두 손으로 받들어 여왕(厲王)에게 바쳤다. 여왕이 옥인에게 그것을 감정하게 했다. 옥인이 말하길, '보통 돌입니다.'라고 했다. 여왕은 화씨가 자신을 속였다고 여겨 그의 왼쪽 발을 자르는 벌을 내렸다. 여왕이 죽고 무왕(武王)이 즉위했다. 화씨는 다시 그 옥(玉) 덩어리를 두 손으로 받들어 무왕에게 바쳤다. 무왕이 '옥인에게 그것을 감정'시켰다.[164]

옥인이 말하길, '보통 돌입니다.'라고 했다. 무왕 역시 화씨가 자신을 속

---

164) '초산(楚山)'은, 호북성에 있는 형산(荊山)을 말한다.

였다고 여겨 그의 오른쪽 발을 자르는 벌을 내렸다. 무왕이 죽고 문왕(文王)이 즉위했다. 화씨가 옥(玉) 덩어리를 껴안고 초산 기슭에서 큰 소리로 울었다. 사흘 밤낮을 울어 눈물이 마르고 피가 흐를 정도였다. 왕이 그것을 듣고 사람을 보내 그 까닭을 물었다. '천하에 발 잘리는 형벌을 받은 이들이 많다. 그대는 어찌 그렇게 슬퍼하는가.'라고 했다.

화씨가 대답하길, '저는 발 잘리는 형벌을 받은 것 때문에 슬퍼하는 것이 아닙니다. 저것이 보옥(寶玉)임에도 '보통 돌'이라 불리고, 제가 '정직한 사람임에도 거짓말쟁이로 불리는 것'이 미치도록 슬픕니다. 이것이 제가 슬퍼하는 까닭입니다.'라고 했다. 왕이 곧 옥인을 시켜 그 옥(玉) 덩어리를 다듬으니 보옥이 되었다. 그러므로 **화씨지벽(和氏之璧)**이란 이름이 붙여졌다. 무릇 '주옥'이란 군주가 갖고 싶어 하는 물건이다.[165]

화씨가 바친 옥이 비록 아름답지는 않지만 군주에게 해(害)가 되진 않는다. 그러나 두 발이 잘리고 나서야 '보옥'이란 감정을 받았다. 보옥을 감정하는 것은 이처럼 어렵다. 지금 군주의 법술(法術)에 대한 태도는 화씨의 보옥을 탐낼 정도는 아니다. 하지만 법술은 모든 이의 사악(邪惡)을 금지시킬 수 있다. 즉 법술의 도(道)를 터득한 사람이 사형당하지 않은 것은, 제왕의 보옥이라 할 법술을 아직 올리지 않았다는 것이다.

군주가 술(術)을 채용하면, 중신들은 제멋대로 일을 재단할 수 없고, 측근들은 감히 군주의 권세를 팔 수 없다. 또 관(官)이 법대로 일을 행하면

---

165) '화씨지벽(和氏之璧)의 벽(璧)'은, 둥글고 평평하며, 가운데 구멍이 뚫린 옥을 말한다.

떠돌던 민중들은 농경 쪽으로 몰리게 되고, 일이 없는 사람들은 전쟁터로 몰리게 될 것이다. 따라서 법술은 신하들과 사민들에겐 화근이다. 군주가 법술(法術)의 도를 논하는 논리에 동조하지 않으면, 법술지사가 비록 죽음에 이른다고 해도 이 도는 결코 평가받지 못할 것이다.

| 02 |

옛날 오기(吳起)가 초(楚)나라의 **도왕(悼王)**을 가르쳤다. 그가 초나라의 습속에 대해 말하길, '중신(重臣)들의 권세가 지나치게 강하고, 토지를 봉(封)한 영주가 너무 많습니다. 이것이 지속되면 그들이 위로는 군주를 핍박하고 아래론 민중을 학대하게 됩니다. 이는 나라를 가난하게 만들고 군대를 약화시키는 길입니다. 따라서 영주의 자손은 3대가 되면 작록을 몰수하고, 일반 관리의 봉록 등급은 끊거나 줄여야 합니다.'¹⁶⁶⁾

'또 불요불급(不要不急)한 관서를 줄여 그것으로 골라 뽑은 숙련된 사람들의 봉록(俸祿)에 충당토록 하는 것이 좋겠습니다.'라고 했다. 도왕이 그대로 실행했으나, 불행하게도 1년 만에 죽자, 오기는 초나라에서 손발이 찢기는 형벌을 당했다. **상군(商君)**이 진(秦)의 **효공(孝公)**을 가르쳤다. 5가구 혹은 10가구씩 묶어 조직하는, 이른바 연좌제를 설정했다. 시(詩)와 서(書)는 불태우고 '법령을 밝혀 권세가의 청원'을 막았다.¹⁶⁷⁾

---

166) 초(楚)나라는 춘추시대만 해도 중원의 진나라와 자웅을 겨루던 나라다. 이런 초나라가 전국시대에 들어 토착 귀족세력의 위세로 피폐(疲弊)를 면치 못했다. 이런 상황에서 '도왕(悼王)'은, 위나라에서 망명한 오기(吳起)를 등용해 강력한 변법을 실시해 초나라를 부강하게 했다.

167) '상군(商君)'은, 전국 중기의 위(衛)나라 사람으로, 본명은 공손앙(公孫鞅)이고, 변법(變法)을

그리고 공실(公室)에 공로가 있는 사람은 천거하고, 벼슬을 구하러 떠다니는 이는 막고, 농사를 짓거나 전쟁터에 나가는 이는 표창토록 했다. 효공이 그대로 실행했다. 군주의 지위가 존엄해지고 나라가 부강해졌다. 하지만 8년이 지나 효공은 죽었다. 결국 상군은 진나라에서 자신이 만든 거열(車裂)이란 형벌에 처해졌다. 초(楚)나라는 오기의 의견이 반영되지 않았기 때문에 영토가 줄어들고 나라 안이 어지러워졌다.

또 진(秦)은 상군의 법을 실행하여 부강한 나라가 되었다. 두 사람의 주장은 옳았다. 그럼에도 오기는 손발이 찢기고, 상군은 거열이란 형벌을 받았다. 무슨 까닭인가. 중신들은 법이 옳게 행해지는 것을 싫어하고, 민중들은 법치(法治)를 싫어하기 때문이다. 중신들이 권세를 탐내고 민중들이 혼란에 익숙한 것은 초와 진 당시의 습속보다 더 심하다. 게다가 군주에겐 도왕이나 효공만큼 신하 의견을 받아들일 능력도 없다.[168]

행해 그 공로로 상(商) 땅을 봉후(封侯) 받아 상군으로 불린 인물이고, '효공(孝公)'은, 전국 중기, 상앙(商鞅)을 등용해 변법을 단행한 인물이다. 진나라를 일약 부강한 나라로 만든 인물이다.

168) 한비는 덧붙이길, '법술지사(法術之士)는 위험을 무릅써가며 법술을 밝힐 수 없다고 주장한다. 세상이 혼란해지고 패왕(霸王)이 나타나지 않는 까닭이다.'라고 했다.

제14장 간겁시신(姦劫弑臣)

> 군주를 해치는 신하들의 다양한 형태를 다루었다. 간신(姦臣), 겁신(劫臣), 시신(弑臣)이 횡행하는 이유는 무엇인가. 또 이를 막아내는 방법은 무엇인가에 대해 논한다. 한비(韓非)는 법술을 실행하는 것만이 군주의 지위를 확보하는 길이라 주장하는 한편, 논리를 전개하는 방식에서 그의 인간관을 자연스럽게 확인할 수 있다.

| 01 |

무릇 '간악한 신하'란 군주의 마음에 영합(迎合)해 신임(信任)을 받고 총애를 받는 상태를 유지하는 사람이다. 가령 군주가 좋아하는 사람이 있으면 신하는 무작정 그를 추종하고 칭찬하며, 군주가 싫어하는 사람이 있으면 신하는 이런저런 핑계 삼아 그를 헐뜯는다. 대체로 사람의 정리(情理)를 보면 좋아하고 싫어하는, 즉 취향이 같은 사람은 서로 인정한다. 좋아하고 싫어하는, 즉 취향이 다른 사람은 서로 물리친다.

여기서 신하가 칭찬하는 사람을 군주도 인정하면 이를 동취(同取)라 하고, 신하가 헐뜯는 사람을 군주도 물리치면 이를 동사(同舍)라 한다. 대체로 좋아하고 싫어하는 마음이 동일하면서, 군주와 신하 사이에 서로 반목한다는 소리를 일찍이 들어본 적이 없다. 이것이 신하가 신임을 받고 총애를 받는 방법이다. 무릇 '간악한 신하'는 신임과 총애를 받는 상황을 이용해 헐뜯거나 칭찬함으로써 여러 신하를 나아가게 한다.

그리고 물리치는 것은 군주의 **술수**로 통어(統御)하는 것이 아니다. 그렇다고 확실한 증거를 가지고 진상을 밝히는 것도 아니다. 다만 이전에 자신의 의견과 일치했다는 것만으로 신뢰하는 것이다. 이것이 총애를 받는 신하가 군주를 속여 사적 이익을 취하는 방법이다. 따라서 군주는 반드시 위에서 속임 당하고, 신하는 반드시 아래서 권세를 부리게 된다. 이를 가리켜 군주를 제멋대로 조종하는 신하라고 하는 것이다.[169]

| 02 |

나라에서 군주를 마음대로 조종하는 신하가 있다면, 모든 신하는 지력(智力)을 다해도 충성할 수 없으며, 백관들도 법을 받들어 공적을 올릴 수 없게 된다. 무엇으로 그것을 아는가. 무릇 안전하고 유리한 쪽으로 나가고, 위험하고 손해를 보는 쪽을 피하는 것이 인지상정이다. 가령 지금 신하로, 힘을 다해 공적을 쌓고 지혜를 짜내 충성하는 사람은 오히려 고달프고, 집은 가난해져 '부자(父子)'는 오히려 해'를 입는다.

---

169) '술수(術數)'는, 군주가 신하를 통제하는 책략이다. 여기서 술(術)은 법술(法術)을, 수(數)는 술책(術策)을 가리킨다.

그런데 사적으로 간악한 일을 행하는 이는 군주의 눈을 가리고 뇌물을 써 중신들에게 빌붙는다. 자신은 영달하고 집은 부유해지며, 부자(父子)는 혜택을 받는다. 이러면 사람들이 어찌 안전하고 유리한 길을 버리고, 위험하고 해로운 쪽으로 가겠는가. 나라 다스리는 방법이 이처럼 잘못되어 있다. 군주가 아래 신하들이 간악한 일을 저지르지 않고, 관리들이 법대로 따르기를 아무리 '기대해도 될 수 없음'은 자명한 일이다.

그러므로 측근의 신하들이 진실과 신의를 가지고도 안전을 담보할 수 없음을 알게 되면 반드시 말하길, '내가 충심으로 군주를 섬기고 공로를 쌓아 안전을 담보하려 해도 불가능한 일이다. 이는 시각장애인이 흑과 백의 실상을 구별하려는 것과 같아 반드시 기대할 수 없을 것이다. 또 법술에 의한 교화를 가지고 바른 도리를 행해 부귀(富貴) 쪽으로 달려가지 않고, 군주를 섬겨 안전을 담보하려 해도 불가능한 일이다.'

'이는 농아장애인이 맑은 소리와 탁한 소리를 구별하려 드는 것과도 같아 더욱 기대할 수 없을 것이다. 이 2가지로 안전을 담보할 수 없다면, 내가 어찌 서로 무리를 짜 군주의 이목을 가리고, 또한 사적으로 간악한 일을 통해 중신들의 비위를 맞추지 않을 수 있겠는가.'라고 할 것이다. 이런 상태라면 반드시 군주의 도의(道義)는 돌아보지 못할 것이다. 그리고 백관들 역시 예의 바르게 행동해도 어쩔 수 없을 것이다.

즉 자신의 안전을 담보할 수 없음을 알게 되면, 반드시 말하길, '내가 청렴(淸廉)한 자세로 군주를 섬겨 안전을 담보하려 해도 불가능한 일이다. 마치 컴퍼스와 잣대 없이 네모나 둥근 모양을 그리려는 것과 같아 반드시 기대할 수 없을 것이다. 혹은 무리를 짜지 않고 법(法)을 준수하며 직무에 힘써 안전을 담보하려 해도 불가능한 일이다. 마치 발을 가지고 머리 위를 긁으려는 것과 같아 더욱 기대할 수 없을 것이다.'

'이 2가지로 안전을 담보할 수 없다면, 어찌 능히 법을 무시하고 사리(私利)를 꾀해 중신들의 비위를 맞추지 않을 수 있겠는가.'라고 할 것이다. 이런 상태라면 반드시 군주가 정한 법을 돌아보지 못할 것이다. 그리고 사리를 꾀해 중신들을 위하는 이는 많아지고, 법에 따라 군주를 섬기는 이는 적어진다. 따라서 군주는 위에서 고립되고, 신하는 아래서 무리를 짜게 된다. 이것이 **간공(簡公)**이 **전상(田常)**에게 죽은 이유다.[170]

| 03 |

무릇 법술(法術)을 터득한 사람이 신하가 되면, 법도에 맞는 유세를 할 것이다. 즉 위로는 군주의 법을 밝히고, 아래론 간악한 신하들을 억누른다. 군주는 존귀해지고, 나라는 평안해질 것이다. 그러므로 법도에 맞는 유세를 할 수 있다면, 뒤에 상(賞)과 벌(罰)이 반드시 행해지게 되는 것이다. 만일 군주가 성인이 만든 **법술**에 밝으면, 세속의 정서에 이끌리지 않고 명분과 실제가 부합하는지에 따라 시비를 판정할 것이다.[171]

---

170) '간공(簡公)'은, 강태공(姜太公) 후손으로 제나라의 29대 군주이고, '전상(田常)'이, 간공을 시해한 것은, 마치 노(魯)나라의 실권자였던 삼환(三桓 : 孟孫氏, 叔孫氏, 季孫氏)이 노나라를 좌지우지 하듯, 제나라는 전상(田常)의 권세가 점점 커짐에 따른 것이다.
171) 성인(聖人)이 만든 '법술(法術)'은 한비가 이상으로 삼는 법술을 터득한 사람의 술(術)을 말한다.

그리고 언론을 잘 살필 수 있다면, 측근의 신하들은 거짓으로 안전을 담보할 수 없게 됨을 알게 될 것이다. 따라서 말하길, '간악한 사적 행동을 멈추지 않고, 힘과 지혜를 다 짜내 군주를 섬기지 않으며, 게다가 무리를 지어 남을 칭찬하거나 헐뜯음으로써 안전을 담보하려 한다면, 이는 천(千)근이나 되는 무거운 짐을 짊어지고, 깊이를 모르는 연못에 빠져들면서 살기를 바라는 것처럼 도저히 기대할 수 없다.'고 할 것이다.

백관(百官)들 역시 간악한 사적 행동을 통해서는 그 어떤 안전도 담보될 수 없음을 알게 된다면, 반드시 말하길, '내가 청렴(淸廉)과 예의(禮義)가 바른 자세로 법을 지키지 않고, 도리어 탐욕(貪慾)과 더러워진 마음가짐으로 법을 왜곡하여 사리(私利)를 취하려 한다면, 이는 마치 높은 구릉(丘陵)의 정상에 올라 험한 계곡(溪谷) 밑바닥으로 굴러떨어지면서도 살기를 바라는 것과 같아 도저히 기대할 수 없다.'고 할 것이다.

안전한 길과 위험한 길이 이처럼 분명하다면, 좌우 측근들이 어찌 거짓말로 군주를 현혹(眩惑)시킬 수 있으며, 많은 관리가 어찌 탐욕스런 마음을 가지고 민중들을 수탈할 수 있겠는가. 이 때문에 신하들은 충성을 다하는 데 훼방을 받지 않으며, 아랫사람들은 직무를 제대로 수행할 수 있어 여한이 없게 되는 것이다. 이것이 바로 관중(管仲)이 제(齊)를 잘 다스린 이유며, 상군(商君)이 진(秦)나라를 강하게 만든 배경이다.

이를 통해 보면, 성인(聖人)이 나라를 다스릴 경우엔 사람들이 군주를 위해 일하지 않을 수 없도록 하는 방안이 있다. 즉 사람들이 군주를 사랑하는 것에 의지하지 않고, 스스로 군주를 위하도록 만드는 게 그것이다. 다시 말해 군주 자신에 의지해 헌신하지 않을 수 없게 하는 것이다. 무릇 군신 사이는 골육(骨肉)간 친밀함이 없다. 정직한 방법으로 안전을 얻을 수 있다면, 신하들은 '있는 힘을 다해 군주'를 섬길 것이다.

하지만 정직한 방법으로 안전을 담보할 수 없다면, 신하들은 사리(私利)를 꾀해 위에 빌붙으려 할 것이다. 현명(賢明)한 군주는 이런 생리를 잘 알고 있어 이(利)가 되고 해(害)가 되는, 이른바 상(賞)과 벌(罰)이란 제도를 마련해 그것을 천하에 제시할 뿐이다. 무릇 이런 까닭으로, 군주가 비록 자신의 입으로 많은 관리를 가르치지 않아도, 그리고 자신의 눈으로 간악한 이들을 색출(索出)하지 않아도 나라는 잘 다스려진다.

군주가 **이루(離婁)**와 같은 눈이 있어 눈이 밝다고 하는 게 아니고, **사광(師曠)**과 같은 귀를 가지고 있어 귀가 밝다고 하는 게 아니다. 눈에 대해 정해진 술수(術數)에 맡기지 않고, 자기 눈으로 본 것만으로 밝다고 여긴다면, 실제로 보이는 것이 적어 당하지 않을 방법이 없다. 또 귀에 대해 **정해진 형세**에 따르지 않고, 자기 귀에 들리는 것만으로 귀가 밝다고 여긴다면, 실제로 들리는 게 적어 당하지 않을 방법이 없다.[172]

현명한 군주는 천하 사람들로 하여금 자신을 보지 않을 수 없게 하고,

---

172) '이루(離婁)'는, 예로부터 '눈이 밝은 사람'을 가리키고, '사광(師曠)'은, 진(晉)의 평공(平公)을 섬긴 악사(樂士)로, 귀가 밝은 사람으로 유명하다. 그리고 '정해진 형세'는, 개인의 능력을 넘어 객관적인 필연의 것으로 인식됨을 말한다.

총기(聰氣) 있게 듣지 않을 수 없게 한다. 그리고 자신은 궁중 속에 있으면서도 세상을 다 볼 수 있다. 사람들이 능히 눈을 가릴 수 없고, 속일 수도 없다. 무슨 까닭인가. 군주를 현혹하고 어지럽히는 길이 사라지고, 총명해지는 형세(形勢)가 갖춰졌기 때문이다. 그러므로 형세를 잘 활용하면 나라가 안전하고, 형세를 활용하지 못하면 위태롭게 된다.

| 04 |

옛날 진(秦)나라의 관습을 보면, 신하들이 법을 무시하기 일쑤고, 사적인 이익(利益)을 추구하기 바빴다. 이런 까닭에 나라의 풍속(風俗)은 어지럽고, 군대는 약했으며, 군주의 권위는 낮았다. 이에 상군(商君)이 진언(進言)하여 변법(變法)을 통해 풍속을 바꾸고, 공공(公共)의 도(道)를 분명히 밝혔다. 간악한 일을 고발하는 사람에게는 상(賞)을 주고, 가능한 상업을 억제하면서 농사일에 전념(專念)할 수 있도록 설득했다.[173]

당시 진나라 사람들은 죄를 범해도 면할 수 있고, 공적이 없어도 높은 지위와 명예를 얻을 수 있었다. 오랜 관습에 익숙해 새 법을 가볍게 여기고 범했다. 그래서 법을 범한 사람은 처벌에서 벗어날 수 없게 하고, 그것을 고발한 사람에겐 후하게 상(賞)을 주어 누락되지 않게 했다. 이 때문에 간악한 일을 저지르면 반드시 적발되어 형벌을 받았다. 많은 사람이 상군을 미워했다. 원망과 비난의 소리가 그치는 날이 없었다.

---

173) 즉 말단적인 일거리로 여긴 상업은 가능한 억제하고 괴롭힌 것이다.

하지만 효공(孝公)은 상군의 법을 그대로 시행했다. 사람들은 이윽고 죄가 있으면 반드시 처벌된다는 것을 깨달았고, 간악한 일을 목격하면 고발해 이익을 얻는 사람들이 많아졌다. 이런 까닭에 사람들이 죄를 범하지 않게 되었다. 나라는 다스려지고 군대는 강해졌으며 영토는 넓어지고 군주의 권위는 높아졌다. 이렇게 된 이유는 범죄를 숨기는 벌(罰)은 무겁고, 간악한 일을 목격해 고발하면 상(賞)이 후했기 때문이다.[174]

| 05 |

무릇 세상의 어리석은 학자들은 치란(治亂)의 실정도 잘 모르면서 쓸데없이 옛 서적의 글귀나 읊어대며 시끄럽게 떠든다. 이는 당대의 정치를 어지럽히는 짓이다. 지혜와 사려(思慮)가 부족해 함정에 빠져드는 것조차 피하지 못하면서, 함부로 법술을 터득한 사람을 비난한다. 그 의견을 받아들이는 사람은 위태롭고, 그 계략을 채용하는 사람은 어지러워진다. 이야말로 어리석음의 극치며, 가장 심한 우환(憂患)인 것이다.

그들은 법술을 터득한 사람과 마찬가지로 담론자로 이름나 있지만 사실은 천양지차(天壤之差)다. 즉 이름은 같아도 실질은 완전히 다른 것이다. 도대체 세상의 어리석은 학자들이 법술(法術)을 터득한 사람과 비교한다는 것이 말이 되는가. 이는 마치 개미 무덤을 큰 구릉(丘陵)에 비교하는 것처럼 그 차이가 대단히 큰 것이다. 하지만 성인(聖人)은 옳고 그름에 대해

---

174) 한비(韓非)의 이와 같은 주장은, '나라를 잘 다스리기 위한 법술(法術)은 이처럼 명백한데, 세상의 군주들과 학자들은 이를 몰라 실천하지 못한다고 비판한 것'이다.

확실히 밝아 치란(治亂)의 실정을 제대로 분별할 수 있다.

그러므로 나라를 다스릴 땐 명확한 법을 설정하고, 엄격한 형벌(刑罰)을 제시해 장차 그것으로 모든 사람의 혼란을 제거하고, 천하의 재앙을 물리쳐야 한다. 그래야 강자가 약자를 침해하지 않고, 다수가 소수를 학대하지 않으며, 노인은 천수(天壽)를 다 누린다. 또한 고아들도 성장할 수 있고, 변경(邊境)은 침략당하지 않으며, 군신은 친밀해지고 부자(父子)는 서로 감싸주며, 전쟁으로 죽거나 노비로 끌려갈 염려가 없다.

이것이 바로 최상의 공적(功績)이라 하는 것이다. 어리석은 사람들은 이를 제대로 모르면서 도리어 법술(法術)을 폭정이라 여긴다. 물론 어리석은 사람들도 기본적으론 나라가 잘 다스려지길 바라나 그 다스리는 방법은 싫어한다. 즉 위험한 것을 싫어하면서도 그 위험해지는 방법은 좋아하는 것이다. 어떻게 그것을 아는가. 무릇 엄한 형(刑)과 무거운 벌(罰)은 민중들이 싫어하는 것이지만, '나라는 그 때문'에 잘 다스려진다.

민중을 가엾게 여겨 형벌을 가볍게 하는 것은 민중들이 좋아하는 것이지만, 나라는 그 때문에 위험해진다. 성인(聖人)은 법을 시행할 경우, 반드시 세속의 동향을 거역하고 근본 원리에 따른다. 이런 원리를 아는 사람은 정의(正義)인 법술에 당연히 찬동하고 세속의 정서에 반대하지만, 이런 원리를 모르는 사람은 법술을 반대하고 세속의 정서에 따르는 것이다. 천하에 이것을 아는 사람이 적어 법술이 비난받는 것이다.[175]

---

175) 한비(韓非)의 이와 같은 주장은, '법술(法術)의 도(道)가 인정받지 못하는 것'이, 많은 사람들

초(楚)나라 장왕(莊王)의 아우, **춘신군(春申君)**에게 애첩이 있었는데, 여(余)라 한다. 춘신군의 본처가 낳은 아들은 갑(甲)이라 한다. 여(余)가 춘신군에게 그 본처를 버리게 하려고 일부러 스스로 자기 몸에 상처를 입혀 그것을 춘신군에게 보이며 말하길, '저는 군의 첩이 될 수 있어 매우 행복합니다. 그러나 부인의 비위를 맞추자니, 군을 섬기는 도리가 아니고, 군의 마음에 맞추자니, 부인을 섬기는 도리가 아닙니다.'[176]

'저는 원래 못나 두 분의 마음에 들 능력이 없습니다. 어차피 다 같이 마음에 들지 못할 형편이라면 부인의 손에 죽느니보다는 차라리 군(君) 앞에서 죽는 것이 좋겠습니다. 그리고 제가 죽은 뒤, 만일 다시 측근의 누군가를 총애(寵愛)하시더라도 군께선 반드시 이런 사정을 잘 살피시어 사람들의 웃음거리가 되지 않기를 바라고 또 바랍니다.'라고 했다. 이에 춘신군은 애첩 '여(余)의 거짓말을 그대로 믿고' 본처를 버렸다.

여(余)는 또 갑(甲)을 죽이고 자기 자식을 후계자로 삼고 싶었다. 그래서 속옷 안쪽을 일부러 찢어 그것을 군에게 보이며 말하길, '제가 군에게 총애를 받아 온 지 오래됐습니다. 갑도 이를 모르지 않습니다. 그런데 저를 억지로 희롱했습니다. 제가 반항을 하다 옷이 찢기기에 이르렀습니다.

로부터 헐뜯기고, 세속의 언론에 영합하기 때문이라 진단한다. 이로 말미암아 지혜로운 사람이 죽어도 세상에 드러나지 않는다고 보는 것이다.

176) '춘신군(春申君)'은, 식객 3천을 포용하던 전국 사군자(四君子)의 한명이다.

자식의 불효가 이처럼 클 수가 없습니다.'라고 했다. 군이 노(怒)해 갑을 죽였다. 결국 첩의 거짓으로 본처는 버려지고 자식은 죽었다.

이 일로 미뤄보면, 아버지의 자식에 대한 애정조차 오히려 헐뜯음으로 해칠 수 있다. 하물며 군신 간의 관계는 어떻겠는가. 부자처럼 무간(無間)한 것도 아니다. 게다가 신하들의 비방은 일개 애첩의 험구(險口) 정도가 아니다. 어찌 저 현성(賢聖)들이 죄를 입고, 죽임을 당하는 일을 이상하다고 할 수 있겠는가. 이야말로 상군(商君)이 진(秦)에서 거열(車裂) 당한 이유고, **오기(吳起)**가 '초(楚)에서 지해(枝解) 당한' 까닭이다.[177]

무릇 신하로 있는 이는 죄가 있어도 군주로부터 처벌을 면하고 싶어 하고, 공적이 없는 사람도 모두 높은 지위나 명예를 얻고 싶어 한다. 하지만 성인(聖人)이 나라를 다스리면, 공적이 없는 이에겐 포상이 뒤따르지 않고, 죄가 있는 이에겐 반드시 형벌이 뒤따른다. 그렇다면 법술을 터득한 사람이 신하가 될 경우엔 처음부터 측근의 간신들에게 해(害)를 입으므로, 현명한 군주가 아니면 '능히 받아들일 수 없는 것'이다.

| 07 |

세상의 학자들은 군주에게 자신의 의견을 표출할 때, 권력의 위세(威勢)

---

177) 초(楚)나라는 춘추시대만 해도 중원의 진나라와 자웅을 겨루던 나라다. 이런 초나라가 전국시대에 들어 토착 귀족세력의 위세로 피폐를 면치 못했다. 이런 상황에서 도왕(悼王)은 위나라에서 망명한 오기(吳起)를 등용해 강력한 변법을 실시해 초나라를 부강하게 했다. 즉 오기의 변법으로 초(楚)는 다시 부강한 나라가 되었으나, 그는 사지(四肢)가 찢기는 형벌을 당했다.

를 몰아 간사하고 사악한 신하들을 혼내라 하지 않고, 모두 **인의(仁義)와 혜애(惠愛)**가 있을 뿐이라 말한다. 한편 세상의 군주는 인의(仁義)란 명분에 이끌려 그 실상을 간파하려 하지 않는다. 이런 까닭에 심할 경우엔 나라를 망치고 자신도 죽으며, 그만 못 할 경우엔 영토가 줄어들거나 군주의 권위가 떨어진다. 무엇을 가지고 이를 증명할 수 있는가.[178]

무릇 빈곤한 이에게 베푸는 것이 세상에서 논하는 인의(仁義)며, 민중을 가엾게 여겨 처벌을 차마 하지 못하는 것이 세상에서 논하는 혜애(惠愛)다. 그런데 막상 빈곤한 이에게 베풀어 주면 공적 없는 이가 상을 받게 되고, 처벌하지 않으면 난폭한 일이 끊이지 않는다. 나라에 공적 없이 상을 받는 이가 있으면, 민중들은 안으로 힘든 농사일을 부지런히 하지 않고, 밖으론 전쟁터에서 '적의 목'을 베려 힘쓰지 않는다.

모두 뇌물을 통해 부귀한 사람을 섬기거나, 선행을 통해 높은 벼슬과 후한 봉록을 기대한다. 이뿐인가. 간악한 이들이 점점 많아져 난폭한 행위가 더욱 기승을 부리게 된다. 나라가 망하지 않고 무엇을 기대하겠는가. 무릇 엄한 형(刑)은 민중이 두려워하고, 무거운 벌(罰)은 민중이 싫어한다. 따라서 성인(聖人)은 두려워하는 것을 제시하여 그것으로 사심(邪心)을 끊고, 싫어하는 것을 갖추어 그것으로 간악(姦惡)을 막는다.[179]

---

178) 민중들에게 은혜를 베풀고 사랑하란 뜻이다.

179) 한비는 덧붙이길, '이렇게 해야 나라가 안정되고 난폭한 일이 일어나지 않는다. 즉 인의(仁義)와 혜애(惠愛)의 가치보다는 엄하고 무거운 형벌을 통해서만 나라가 강건할 수 있다.'라고 했다.

채찍의 위협과 재갈 물리는 준비가 없으면 **조보(造父)**라도 말[馬]을 달리게 할 수 없다. 규구(規矩)나 승묵(繩墨)의 규준이 없으면 **왕이(王爾)**라도 네모나 둥근 원을 그릴 수 없다. 상벌(賞罰)의 규정이 없으면 요순(堯舜)이라도 세상을 다스릴 수 없다. 지금 세상의 군주는 모두 경솔하게 엄한 형과 무거운 벌을 버리고, 혜애(惠愛)의 정을 베풀어 천하의 패왕이 되는 공업을 이루려 하지만 이 또한 '기대할 수 없는 것'이다.[180]

그러므로 뛰어난 군주는 상(賞)을 분명히 밝혀 이익을 제시함으로써 격려하고, 민중으로 하여금 공적(功績)이 있어 상을 받게 하며, 인의(仁義)로써 베풀어 주지 못하게 한다. 즉 엄한 형과 무거운 벌로 사심(邪心)을 끊고, 간악(姦惡)을 막는 것이지, 혜애(惠愛)로써 형벌(刑罰)을 벗어나지 못하게 한다. 이런 까닭에 공적이 없는 사람은 상을 바라지 않고, 죄를 지은 사람은 면하기 위해 '요행(儌倖)'을 바라지 않는 것'이다.

견고한 수레나 양마(良馬)에 몸을 맡기면, 험난한 고갯길도 넘을 수 있고, 안전한 배를 타고 노를 저으면, 장강이나 황하도 건널 수 있다. 법술이란 방책을 손에 쥐고, 엄한 형과 무거운 벌을 행하면, 천하의 패왕으로 공업을 이룰 수 있다. 나라를 다스리는 데 있어 법술을 갖춘다는 것은, 견

---

180) '조보(造父)'는, 주(周)나라 목왕을 섬긴 전설적인 마부(馬夫)다. 한편 전국시대 조(趙)나라를 세운 조씨의 조상으로, 조보(趙父)라고도 한다. '왕이(王爾)'는, 전설적인 목수[巧工]의 이름으로, 고대 때, 공(工)쟁이로 유명하다.

고한 수레나 양마와 같으며, 안전한 배와 노와 같다. 이것을 타고 가면 도달할 수 있고, 이것을 손에 쥐면 공(功)을 이룰 수 있다.

| 09 |

이윤(伊尹)이 법술을 터득함으로써 탕(湯)이 왕자(王者)가 될 수 있었고, 관중(管仲)이 법술을 터득함으로써 제(齊)가 패권(覇權)을 쥘 수 있었으며, 상군(商君)이 법술을 터득함으로써 진(秦)이 강국(强國)이 될 수 있었다. 이 세 사람은 모두 패왕(覇王)이 될 술(術)에 밝고, 강하게 다스릴 방책을 꿰뚫어 세속의 의견에 얽매이지 않았다. 또한 때 마침 현명한 군주의 마음에 들어, 바로 '경상(卿相)의 자리'에 설 수 있었다.

법술을 터득한 사람들이 나라를 다스리자, 군주의 권위는 높아지고 영토는 넓어지는 실적을 올릴 수 있었다. 때문에 이들을 가리켜 족히 존중할 만한 신하라 한다. 탕(湯)은 이윤(伊尹)을 얻었기 때문에 천자가 될 수 있었고, 환공(桓公)은 관중을 얻어 오패(五覇)의 장이 되어 많은 제후를 모아 천하를 하나로 바로잡을 수 있었으며, 효공(孝公) 또한 상군을 얻었기 때문에 영토를 넓히고 군대를 강력하게 할 수 있었다.[181]

---

181) 한비는 덧붙이길, '충신이 있으면, 안으로 난신(亂臣)이 발호(跋扈)할 걱정이 없고, 밖으론 적국(敵國)으로부터 침공당할 염려가 없어 오래도록 천하를 안정시켜 이름을 후세에 전한다.'라고 했다.

　예양(豫讓)이 지백(智伯)의 신하가 되었다. 그는 위로 군주를 설득해 법술의 도리를 충분히 이해시켜 재난 걱정을 면하도록 하지 못하고, 아래로 민중을 통솔해 나라를 안정시키지도 못했다. 마침 조(趙)나라 양자(襄子)가 지백을 죽이자, 예양은 스스로 이마에 먹물을 들이고, 코를 베어 얼굴 모양을 망가뜨렸다. 이것으로 지백을 위해 양자에게 복수한다고 했다. 즉 지백을 위해 자신의 몸과 마음을 모두 헌신한 것이다.[182]

　하지만 이런 태도는 명성은 있을지라도 지백에겐 어떤 이익도 없다. 나는 일찍이 이런 자세를 경멸하지만, 군주들은 충의라 여기고 높게 평가한다. 옛날에 백이(伯夷)와 숙제(叔齊)는 수양산에서 굶어 죽었다. 이들에겐 형이나 벌, 상도 소용없다. 상으로도 유인이 안 되고, 벌로도 위협이 안 된다. 이를 가리켜 이익이 되지 않는 신하라 한다. 내가 경시하여 물리치는 사람이지만 세상의 군주들은 중시하여 찾는 사람들이다.

---

182)　'예양(豫讓)'은, 진(晉)의 육경(六卿)인 지백(智伯)의 후한 예우에 보답하기 위해, 원수인 조(趙)의 양자(襄子)를 암살하려다 실패한 인물이다. 즉 예양은 '선비는 자기를 알아주는 이를 위해 죽는다.'며 보복을 맹세한 뒤, 죄인으로 가장해 비수를 품고 조양자의 변소에 잠입해 그를 죽이려다 실패했다. 조양자는 예양을 의인(義人)이라 여겨 석방했다. 하지만 그는 다시 몸에 옻칠을 하고 거지행세를 하며, 조양자가 외출할 때를 노렸다. 어느 날 다리 밑에 숨어 조양자가 건널 때 척살코자 했으나 또 실패했다. 조양자가 이번엔 용서하지 않고 죽이려 하자, 예양은 조양자에게 간청해 그의 옷을 받아 칼로 3번을 친 뒤 자결했다.

속담에, '문둥병자가 왕을 불쌍히 여긴다.'고 한다. 이는 불손(不遜)한 말이다. 비록 그렇더라도 절로 만들어진 속담은 없으므로 생각해 보지 않을 수 없다. 이것은 협박당하거나 시해되어 목숨을 잃은 군주를 위해 한 말이다. 군주로서 법술(法術) 없이 신하를 제어하면, 오랜 연륜을 쌓고 재능이 비록 뛰어나더라도 중신들은 오히려 더욱 권세를 쥐고, 정사를 마음대로 하며, 제멋대로 재단해 '각자 그 사욕'을 이루려 한다.

하지만 군주의 숙부들 일족과 걸출한 인물들이 권력을 의지해 자신들을 억눌러 벌주지 않을까 두려워한다. 때문에 그들은 현명하거나 나이가 많은 이는 죽이며, **다루기 좋은 어린이를 세운다.** 그러므로『춘추』에 기록하길, '초(楚)의 왕자 위(圍)는 정(鄭)에 순방 사절로 가다가 국경을 넘기 전, 왕의 중병(重病) 소식을 듣고 되돌아와 내실에 들어가 문병(問病)하고는 자신의 관 끈으로 왕을 죽이고 스스로 즉위했다.'고 한다.[183]

또 '제(齊)나라 **장공(莊公)**은 당강(棠姜)이란 미모의 최저(崔杼) 처와 사통했다. 이에 최저 일당이 장공을 공격했다. 장공이 도망치다 영토의 반을 나눠주겠다고 제의했으나 최저는 거부했다. 장공이 조상 묘당(廟堂)에서 자결하게 해달라고 청했으나 역시 최저는 듣지 않았다. 이에 담을 넘어 도주를 시도하다 최저 일당이 쏜 화살에 다리를 맞았다. 그리고 휘두른

---

[183] 경우에 따라선 본처의 자식인 적자(嫡子)는 폐하고, 의롭지 않은 서자(庶子)를 세우기도 한다.

창칼로 최후를 맞고 그의 아우인 경공(景公)이 옹립됐다.'[184]

　근세에 볼 수 있는 예로, **이태(李兌)**는 조(趙)에서 권력을 쥐자, 군주인 **주보(主父)**를 백 일간 굶겨서 죽였고, **요치(淖齒)**는 제(齊)에서 실권을 장악하자, 민왕(湣王)을 묘당의 들보에 매달아 죽였다. 여기서 신하에게 협박당하거나 살해되어 목숨을 잃은 군주들이 받는 정신적 공포와 육체적 고통이란 문둥병자보다 훨씬 더 심한 것이었다. 이렇게 본다면 '문둥병자가 왕을 불쌍히 여긴다.'는 속담은 틀리지 않은 말이다.[185]

---

184)　'장공(莊公)'은, 이름이 광(光)이고, 영공(靈公)의 아들이다. 영공이 먼저 광으로 태자를 세웠다가 나중에 폐하고, 중희(仲姬)의 아들 아(牙)를 태자로 삼았다. 영공이 병으로 죽기 직전, 대부(大夫)인 최저(崔杼)가 광(光)을 맞아 즉위하니, 바로 장공이다. 재위 6년, 최저의 아내와 사통하다 살해당했다.

185)　한비는 덧붙이길, '문둥병자는 비록 온몸에 종기 부스럼이 난다하더라도, 옛날로 거슬러 춘추시대에 비한다면 목졸림을 당하거나 허벅다리에 화살을 맞는 데까진 이르지 않았다. 또 아래로 내려와 근세에 비한다면 굶어 죽거나 근육이 추려지는 데까진 이르지 않았다.'라고 했다. 그리고 '이태(李兌)'는, 한때 조(趙)나라의 실권을 장악했던 사구(司寇)이고, '주보(主父)'는, 조(趙)의 무령왕(武靈王)이 혜문왕(惠文王)에게 왕위를 양위한 뒤 스스로 부른 칭호이며, '요치(淖齒)'는, 초(楚)의 경양왕(頃襄王) 때의 장수다. 연(燕)의 악의(樂毅)에게 패한 제(齊)의 민왕(湣王)을 구해 재상이 된 인물이다. 하지만 요치(淖齒)도 결국 비참한 죽임을 면치 못했다. 민왕(湣王)과 과거 고락(苦樂)을 함께 했던 대부 왕손가(王孫賈)가 수백 명의 민중들과 요치의 처소로 쳐들어가 그를 죽이고, 젓갈을 담근 것이다.

제15장 망징(亡徵)

> 나라를 망(亡)하게 하는 징조(徵兆)는 무엇인가. 한비(韓非)는 사례를 50여
> 개 가까이 나눠 논한다. 자신의 법술사상을 중심으로 당시 군주들을 둘러싼
> 정치 정황과 유세하는 이들의 활동 상황을 구체적으로 분석했다. 특히 전국
> (戰國)이란 말기적 현상이 정확히 반영되어 망국(亡國)에 대한 경계가 제시된
> 것으로 본다.

| 01 |

무릇 군주가 다스리는 나라는 작은데 대부의 집은 크며, 군주의 권력은
약한데 신하 쪽이 강하면 그 나라는 망한다. 법에 의한 금령(禁令)은 소홀
히 하고 실없는 모략에 힘쓰며, 국내 정치를 어지럽히고 외국과의 교제
나 원조에 의지하면 그 나라는 망한다. 신하들은 쓸모없는 학문을 닦고,
귀족의 자제들은 공허한 변설(辯舌)만 좋아하며, 상인들은 재화를 외국에
쌓아두고, 민중들은 의협심만 강하면 그 나라는 망한다.

군주가 궁전과 누대(樓臺), 정원을 좋아하고, 거마(車馬)와 복식(服飾), 기
물(器物), 애완품에 열중하며, 민중들은 피폐하고 재화가 모두 탕진되면

그 나라는 망한다. 군주가 작위(爵位)를 기준으로 의견을 청취하고, 실제 증거를 대조해 일을 살펴보지 않으며, 한 사람만을 중용(重用)해 창구로 삼으면 그 나라는 망한다. 중신(重臣)들에게서 관직을 구할 수 있고, 뇌물을 써서 작록을 얻을 수 있는 경우도 나라는 망한다.

군주의 성품이 유약(柔弱)해 일이 제대로 추진되지 않고, 결단력이 부족해 좋고 싫음에 대한 매듭이 없으며, 확고한 지도력이 없으면 그 나라는 망한다. 군주가 만족할 줄 모르고 무엇이든 이익만을 추구하면 그 나라는 망한다. 절차와 과정을 무시하고 처형을 일삼으며, 법에 맞추는 데 힘쓰지 않고 논설하기만 좋아하여 실질을 추구하지 않으며, 꾸밈에만 혈안(血眼)해 실제 공적을 살펴보지 않으면, 그 나라는 망한다.

| 02 |

군주의 인품이 천박해 비밀이 쉽게 누설되고, 주도면밀하지 못해 신하들의 말이 쉽게 새어 나가면 그 나라는 망한다. 군주가 고집불통으로 신하들과 화합하지 못하고, 간(諫)하는 말마다 거슬러 받아들이지 않으며, 사직(社稷)을 경시하고 자만심으로 가득하면 그 나라는 망한다. 먼 나라와의 동맹과 원조는 중시하면서 도리어 가까운 나라는 등한시하고, 또 강대국의 구원은 중시하면서 약소국을 얕보면 그 나라는 망한다.

외국에서 들어와 **기우(寄寓)**하는 사람이 그 재산과 처자식은 밖에 있으면서, 위로 계략 꾸미는 일에 개입하고, 아래로 민중의 정사에 참여할 경우 그 나라는 망한다. 민중이 재상 쪽을 신뢰하고, 군주 역시 재상을 신임하는 것을 멈추지 않으면 그 나라는 망한다. 국내의 우수한 인재를 등용하지 않고 외국 인재를 구하며, 공적을 가지고 능력을 시험하지 않고, 오로지 명성에만 의존해 진퇴를 결정하면 그 나라는 망한다.[186]

또한 기우(寄寓)하는 이가 뛰어나게 영달(榮達)하여 오래전부터 수고한 신하들을 업신여기면, 그 나라는 망한다. 본처의 적자(嫡子)를 경시하고, 서자(庶子)로 하여금 맞겨루게 하며, 태자가 정해지기 전에 군주가 사망하면 그 나라는 망한다. 군주가 무슨 일이든 대담(大膽)해 잘못은 뉘우치지 않고, 나라가 혼란함에도 자랑만 늘어놓으며, 나라의 실제 역량은 헤아리지 못하면서 '이웃나라를 가볍게 보면' 그 나라는 망한다.

나라가 작음에도 겸손하게 낮추지 않고, 힘이 약함에도 강한 나라를 두려워하지 않으며, 무례(無禮)한 태도로 이웃의 크고 강한 나라를 넘보고, 주야장천 탐욕스런 마음을 꺾지 않으며, 게다가 외교까지 서투르면 그 나라는 망한다. 태자(太子)가 이미 세워졌음에도 적국에 새로 장가를 들어 본처로 삼으면 태자의 처지가 위태롭게 된다. 이렇게 되면 신하들의 생각이 바뀌게 된다. 신하들의 생각이 바뀌면 그 나라는 망한다.

| 03 |

군주가 겁이 많아 소신대로 일을 추진하지 못하고, 앞일을 내다보면서도 성품이 유약(柔弱)해 결단을 내리지 못하며, 생각은 옳다고 여기지만

---

186) '기우(寄寓)'는, 외국에서 임시로, 즉 잠시 들어온 손님을 지칭한다.

결연히 그것을 실행하지 못하면 그 나라는 망한다. 망명한 군주가 외국에 살고 있음에도 나라에선 새로 군주를 옹립하고, 인질로 잡혀간 태자(太子)는 아직 돌아오지도 않았는데, 군주는 급히 태자를 바꾸는 등의 행위를 하면, 나라는 분열한다. 나라가 분열하면 그 나라는 망한다.

군주가 중신(重臣)들에게 예의 없이 대하면서 분노(憤怒)와 치욕이 일어나도록 끝없이 조장하고 그러면서 측근에 오래도록 둔다면 반드시 역적(逆賊)이 생겨난다. 역적이 생기면 그 나라는 망한다. 중신들이 권력을 양(兩) 진영으로 만들어 대립하고, 군주의 숙부와 서(庶)형제들 수가 많아져 그것이 세력으로 형성되면, 안으론 붕당(朋黨)을, 밖으론 외국의 원조를 받아 권세를 다투게 된다. 권세를 다투면, 그 나라는 망한다.

시녀(侍女)나 첩(妾)의 말이 받아들여지고, 마음에 위안을 주는 농신(弄臣)의 지혜가 쓰이며, 조정의 안팎에 슬픔과 탄식이 끊이지 않음에도 번번이 법에 거슬리는 일을 행하면 그 나라는 망한다. 군주가 민중들을 괴롭히는 것도 모자라 죄(罪) 없는 사람들을 죽이면 그 나라는 망한다. 군주가 잔꾀를 부려 법을 자주 왜곡하고, 사(私)를 공(公)으로 둔갑(遁甲)시키며, 법령을 수없이 바꿔 명(命)을 내리면, 그 나라는 망한다.[187]

지세도 없고 성곽도 허술하며, 무장도 부실한 상태에서 적을 공격하면 그 나라는 망한다. 혈족이 단명해 번번이 군주가 일찍 죽어 어린이를 군주로 세우면, 중신들이 권력을 장악한다. 이때 외국인들을 기용하면, 바

---

187) '농신(弄臣)'은, 군주가 위안으로 삼는 놀잇감을 가리킨다.

로 무리를 형성해 외국과 교제(交際)를 시작한다. 그러면 그 나라는 망한다. 태자가 지나치게 추앙받고, 따르는 세력이 강하며, 대국(大國)들과 많은 교제를 통해 일찍부터 권세를 부리면, 그 나라는 망한다.

| 04 |

군주가 차분하지 못하고 성품도 거칠어 쉽게 격분해 앞뒤를 분간하지 못하면, 그 나라는 망한다. 군주가 화를 잘 내고, 전쟁하기를 좋아하며, 농사일과 군대 훈련을 소홀히 하고, 경솔하게 적국(敵國)을 공격하면 그 나라는 망한다. 귀족들은 서로 시샘하고, 중신들은 세력이 강해져 밖으로 적국의 힘을 빌리고, 안으론 민중들을 착취하면서, 그것으로 사적인 원수(怨讐)를 치더라도 군주가 처벌하지 못하면 그 나라는 망한다.

군주는 어리석은데 측실(側室)들은 어질고, 태자의 위상은 낮은데 서자(庶子)들의 위세는 높으며, 관리들의 능력은 약한데 민중들은 사납고 거칠다. 이러면 나라가 혼란(昏亂)해진다. 나라가 혼란해지면 그 나라는 망한다. 군주가 노여움을 묻어둔 채 터뜨리지 않고, 죄상을 지적하면서 처벌은 하지 않으며, 신하들로 하여금 군주를 미워하고 두려움에 떨게 하면서, 항상 나라의 형편을 알 수 없게 하면 그 나라는 망한다.

군대를 출동시키면서 장수(將帥)에게 권한을 크게 주거나, 변경(邊境)을 지키는 수령(守令)의 지위가 너무 높으면 마음대로 재단한다. 즉 공사(公私) 구분 없이 행동을 직접 취하면서 조정의 명을 받들지 않으면 그 나라는 망한다. 왕비는 음란하고, 태후도 추행(醜行)을 거듭해 조정과 궁중이 뒤섞여 내통함으로써 남녀의 구분이 없게 되는 상태를 '군주의 실세가 둘'이라 한다. 군주의 실세가 둘이 되면 그 나라는 망한다.

정부인(貞夫人)의 입지는 낮고 시녀나 첩은 높으며, 태자는 얕보이고 서자들은 높여지며, 재상의 권위는 떨어지는 반면 **중개를 맡은 이**의 권위는 높여진다면 조정이 안팎으로 혼란해진다. 조정이 안팎으로 혼란하면 그 나라는 망한다. 중신들의 지위는 갈수록 높아지고, 군주의 지위는 갈수록 낮아지면 그 나라는 망한다. 귀족의 가신들은 등용되고, 나라를 위해 공(功)을 세운 장수의 자제들이 배척당하면 그 나라는 망한다.[188]

| 05 |

군주의 창고는 텅 비어 있는데 중신들의 곳간은 가득 차 있고, 토착민은 가난한데 외래인은 부유하며, 전쟁과 농업에 종사하는 사람은 곤궁하고, 상공(商工)업에 종사하는 사람은 이익을 본다. 이러면 그 나라는 망한다. 군주가 큰 이익이 된다는 것을 알면서도 추구하지 않고, 화(禍)가 될 조짐을 알면서도 대비를 하지 않으며, 전쟁과 방어하는 일은 소홀히 하고, 인의를 가지고 꾸미는 데만 혈안하면 그 나라는 망한다.

군주가 격(格)에 어울리는 효행(孝行)을 하지 않고, 민중들이 행하는 효

---

188) 한비는 덧붙이길, '시골 마을의 작은 선행은 표창하고, 관직의 공로는 무시당하며, 개인의 행동은 중시하고, 공적인 업적을 경시하면 그 나라는 망한다.'라고 했다. 그리고 '중개를 맡은 이'는, 궁중에서 빈객(賓客)을 안내하는 사람, 즉 내시를 가리킨다.

(孝)를 동경하며, 나라의 사직(社稷)을 돌보지 않고, 왕후(王后)가 시키는 말만 들으며, 여인과 환관(宦官)이 국정을 좌지우지(左之右之)하면 그 나라는 망한다. 군주가 언변은 좋으나 법에 들어맞지 않고, 두뇌는 명석하나 통치술을 터득하지 못하며, 재능은 풍부하나 법도(法度)를 지니고 시의적절(時宜適切)한 정책을 추진하지 못하면 그 나라는 망한다.

경력이 짧은 신하는 승진하고 경력이 많은 신하는 물러서며, 어리석은 이들이 정사를 담당하고, 현량(賢良)한 이들은 몸을 숨긴다. 공적이 없는 이들을 귀(貴)히 여기고, 노고(勞苦)가 많은 이들을 천(賤)하게 여기면 아랫사람들이 원한을 품는다. 이러면 그 나라는 망한다. 군주의 숙부와 서(庶)형제, 중신들의 봉록 서열이, '공적 있는 이들에 비해 지나치게 높아' 문제가 됨에도 군주가 제어하지 않으면 그 나라는 망한다.

신하가 공적이 있는 이들에 비해 지나친 예우를 받고 있음에도 군주가 이를 금하지 않으면 신하들의 욕심은 한(限)이 없어진다. 신하들의 욕심이 한이 없도록 내버려 두면 그 나라는 망한다. 또 군주의 사위나 손주들이 민중들과 같은 마을에 살면서, 그 이웃들에게 난폭하고 거만하면 그 나라는 망한다. 지금까지 '나라가 망한다'는 표현은 징조를 말한 것이다. 즉 '반드시 망한다'는 것이 아니라 '망할 수 있다'는 말이다.

여기 요(堯)와 걸(桀)이 있다면, **동시에 왕이 되거나 동시에 망하진 않는다.** 존망은 치란(治亂)과 무관치 않다. 나무가 꺾이는 것은 벌레가 먹어서고, 담이 무너지는 것은 틈이 생겨서다. 하지만 벌레 먹은 나무도 강풍이 아니면 꺾이지 않고, 틈이 생긴 담도 폭우가 아니면 붕괴되지 않는다. 만승의 나라 군주가 법술(法術)을 통해 망할 징조가 있는 군주를 향해 강풍과 폭우 역할을 하면, 천하를 겸병하는 일은 어렵지 않다.[189]

---

189) 요(堯)와 같은 성군(聖君)이 두 명일 경우, 두 사람 모두 왕이 될 수 없는 것처럼, 걸(桀)과 같은 폭군(暴君)이 두 명일 경우, 두 사람 모두 망하는 것은 아니다. 흥망(興亡)의 관건은 반드시 치란(治亂)과 강약(强弱) 가운데 어느 쪽으로 기울어져 있느냐에 달려 있다.

제16장 삼수(三守)

나라를 통치하는 군주가 반드시 '지켜야 할 3가지 수칙'을 제시하고 있다. 이 3가지 수칙을 지킴으로써 군주의 권력은 지속할 수 있는 것이다. 만일 이를 지키지 못하면, 신하들에게 협박(脅迫)을 당하거나 살해될 것이라 경고한다.

| 01 |

군주에겐 지켜야 할 3가지 수칙이 있다. 이 3가지 수칙이 완전하게 지켜지면, 나라가 안정되고 그 자신도 빛날 것이며, 이 3가지 수칙이 완전히 지켜지지 않으면, 나라가 불안하고 그 자신도 위태로울 것이다. 무엇을 가리켜 3가지 수칙이라 하는가. 첫째, 신하들 가운데 '요직에 있는 이의 실수', '정사를 맡은 이의 허물', '명성이 있는 이의 속사정'에 대해 논하는 경우가 있다. 군주는 '이것을 마음속에 담아둬야' 한다.

만일 측근(側近)이나 총애하는 사람에게 이것을 흘리면, 신하들 가운데 유세하고 싶은 이들은 아래로 측근이나 총애하는 사람의 마음에 들게 하지 않고선 위로 군주에게 들려주지 못할 것이다. 즉 직접 유세를 하고자 하는 사람은 군주를 만나볼 수 없으며, 더구나 성실하고 정직한 사람은 날로 멀어지게 될 것이다. 둘째, 군주가 마음에 드는 사람을 독단적으로 이익을 주고 싶으면, 좌우의 칭찬을 기다린 뒤에 이익을 준다.

반대로 군주가 미워하는 사람에게 불이익을 주고 싶으면, 독단적으로 해치워야 한다. 자칫 좌우의 비난을 기다린 뒤에 해치우면, 군주에게 위엄은 사라지고 권력은 측근들에게 옮겨간다. 셋째, 군주 자신이 직접 다스리는 노고가 싫어 신하들에게 정사(政事)를 맡기면, 군주의 권위는 금방 아래로 떨어진다. 즉 상벌(賞罰)의 권병(權柄)과 살생의 기(機), 여탈(與奪)의 요(要)가 중신들의 수중(手中)으로 바로 들어가는 것이다.

이렇게 되면, 군주는 중신들에게 권리를 침해당하는 것이다. 이를 가리켜 **지켜야 할 3가지 수칙**이 완전하지 못하다는 것이다. 지켜야 할 3가지 수칙이 완전하지 못하면, 군주는 협박(脅迫)을 당하거나 살해(殺害)되는 징후가 나타난다. 무릇 군주가 협박을 당하는 형태는 모두 3가지다. 첫째, 명겁(明劫), 즉 명분에 의한 협박이고, 둘째, 사겁(事劫), 즉 실제 일에 의한 협박이며, 셋째, 형겁(刑劫), 즉 형벌에 의한 협박이다.[190]

| 02 |

신하들 가운데 높은 중신(重臣)의 지위에 오른 사람이 있어 국정을 주

---

190) '지켜야 할 3가지 수칙'을 간단히 요약하면 이렇다. 첫째, '입을 무겁게 하라'는 것이고, 둘째, '위엄(威嚴)을 지켜야 한다'는 것이고, 셋째, '상벌(賞罰)의 권한을 쥐고 있어야 한다'는 것이다.

도하게 하고, 신하들로 하여금 그에게 의존하게 함으로써 국내외의 모든 일을 그가 아니면 행할 수 없도록 만들어 버린다. 비록 현량(賢良)이 있다 하더라도 거역할 경우엔 반드시 화(禍)를 입고, 순종할 경우엔 반드시 이익을 보게 된다. 이렇게 되면 신하들은 군주에게 충성하고 나라를 걱정하며, 사직의 이해를 논쟁하는 일조차 감히 할 수 없게 된다.

군주가 현명할지라도 홀로 정사를 관장할 수 없으며, 더구나 신하들이 군주를 위해 충성을 다 하려 하지 않는다면, 그 나라는 망하고 말 것이다. 이런 정황을 '나라에 신하가 없다'고 하는 것이다. 나라에 신하가 없다고 하는 것이, 비단 군주의 측근에 사람이 없고 조정에 신하가 적다고 하는 것이겠는가. 신하들은 봉록을 받으면서 사적 교제에 관심이 많고, 공적 충성은 다하지 않는다. 이를 가리켜 명겁(明劫)이라 한다.

군주의 총애(寵愛)를 팔아 제멋대로 권세를 부리고, 외국 사정을 거짓으로 꾸미며, 국내를 위압하고 화복과 이해득실이 되는 정황을 비틀어 말함으로써 군주가 좋아하고 싫어하는 정서에 영합하는 이가 나올 수 있다. 군주는 이것을 받아들여 자기 자신을 누르고, 정사도 잊어 가며 그가 계획하는 일을 도와주려 한다. 일이 어그러지면 그 피해의 반은 군주와 나누게 되지만 성공하면 신하가 그것을 혼자 독차지하게 된다.

정사를 분담하는 이들은 모두 그를 칭찬한다. 누군가 그 죄악을 논해도 믿지 않는다. 이를 가리켜 사겁(事劫)이라 한다. 또 **형벌**부터 **감옥**에 이르기까지 신하가 제멋대로 조정하는 경우가 있다. 이를 가리켜 형겁(刑劫)이라 한다. 군주가 지켜야 할 3가지 수칙이 불완전하면 3가지 협박이 일어나고, 지켜야 할 3가지 수칙이 완전하면 3가지 협박은 그친다. 3가지 협박이 그친다면 그 군주는 '천하의 왕자(王者)가 될 것'이다.[191]

---

191) 형벌이나 감옥 등은 재판을 관장하는 사법부 혹은 법원을 말한다.

제17장 비내(備內)

> 내(內)란 궁 안의 후비(后妃), 부인(夫人), 적자(嫡子)를 말한다. 그들이 군주
> 를 해칠 수 있으므로 항상 대비해야 한다는 뜻이다. 여기서 군주는 자신 이
> 외의 어느 누구도 믿어선 안 된다고 하는 인간 불신의 태도가 엿보인다. 혈
> 육(血肉) 간에도 믿을 수 없는데, 하물며 신하들은 더 말할 나위가 없다는 논
> 리가 전개된다.

| 01 |

군주의 화(禍)는 다른 사람을 믿는 데서 비롯된다. 다른 사람을 믿으면,
그 사람으로부터 제압을 당하게 된다. 신하는 군주와 혈육(血肉)의 친분
을 맺고 있는 것이 아닌, 권세(權勢)에 얽매어 어찌 할 수 없이 섬기는 것
이다. 그러므로 남의 신하된 이는 군주의 마음속을 살피느라 잠시도 쉬
지 못하지만, 군주는 그 위에서 게으르고 오만하게 처신한다. 이것이 세
상에서 군주를 협박하고 시해(弑害)하는 일이 생기는 원인이다.

군주가 자식을 지나치게 신임하면, 간악한 신하들은 그 자식을 이용해
사욕을 채우려 한다. 이태(李兌)는 조왕(趙王)의 보좌를 하며 주보(主父)를

굶겨 죽였다. 또 군주가 부인을 지나치게 신임하면 간악한 신하들은 그 부인을 이용해 사욕을 채우려 한다. 배우 **시(施)**가 **여희(驪姬)**의 보좌를 하며 신생(申生)을 죽이고, **해제(奚齊)**를 태자로 세웠다. 무릇 부인이나 자식들도 믿지 못하는 판이니, 나머지는 더욱 말할 것도 없다.[192]

| 02 |

무릇 만승의 큰 나라 군주나 천승의 나라 군주의 후비(后妃)와 부인(夫人), 적자(嫡子)로 태자(太子)가 된 이들 가운데 간혹 그 군주가 일찍 죽기를 바라는 이가 있을 수 있다. 무엇으로 그렇다고 아는가. 도대체 처(妻)라 하는 것은 골육(骨肉)간의 은애(恩愛)하는 정이 아니다. 즉 애정이 있는 동안은 친하고, 애정이 없어지면 소원해지는 것이다. 속담에 이르길, '그 어머니가 사랑스러우면, 그 자식도 안아 준다.'고 한다.

그렇다면 반대로 뒤집어 해석하면 어떤가. '그 어머니가 미우면 그 자식도 버리게 된다'는 것이다. 장부는 나이 50세가 돼도 아직 호색(好色)함이 줄지 않지만, 부인(婦人)은 나이 30세가 되면 미모가 쇠한다. 미모가 쇠한 부인이 호색하는 장부를 섬기면, 자신은 소외되고 천시(賤視)되지나 않을까 의심하게 되며, 내 자식이 후계를 받지 못할까 의심하게 된다. 이것이 후비와 부인들이 군주가 일찍 죽기를 바라는 이유다.

---

192) '시(施)'는, 진(晉)나라 헌공(獻公)을 섬기던 배우이고, '여희(驪姬)'는, 진나라 헌공이 총애하던 미녀다. 우시와 통해 음모를 꾸며 부인(夫人)이 되었다. 그리고 '해제(奚齊)'는, 여희가 낳은 자식이다.

어머니가 태후(太后)가 되고, 자식이 군주가 되어 명을 내리면 실행되지 않는 게 없고, 금령을 내리면 그치지 않는 게 없으며, 남녀 간의 환락도 선군(先君) 때보다 줄지 않고, 만승의 대국을 마음대로 하길 서슴지 않는다. 이것이 군주를 **짐주(鴆酒)**로 독살하거나, 은밀하게 목을 졸라 죽이거나 목을 베려는 까닭이다. 그러므로 『도올춘추(檮杌春秋)』에 이르길, '군주가 병(病)으로 죽는 경우는 절반도 되지 않는다.'고 한다.[193]

즉 군주가 이를 알지 못하면, 환난이 일어날 소지가 많아지는 것이다. 그래서 '군주의 죽음으로 이익을 얻는 사람이 많을수록, 군주는 위험해진다.'라고 한다. 옛날 조(趙)나라 양자(襄子)의 마부였던 왕량(王良)이 말[馬]을 사랑하고, 월왕(越王) 구천(勾踐)이 민중을 사랑한 것은 그들을 전쟁터에 내보내 말을 빨리 달리게 하기 위함이었다. 의사가 환자의 고름을 빨거나 나쁜 피를 입에 머금는 것은 '이익을 얻기 때문'이다.

그래서 수레[輿]를 만드는 사람은 수레를 만들면서 사람들이 부귀(富貴)해지길 바라고, 관(棺)을 짜는 사람은 관을 만들면 사람들이 요절(夭折)하길 바란다. 다시 말해 수레를 만드는 사람이 어질고, 관을 짜는 사람이 잔혹해서가 아니다. 사람이 부귀해지지 않으면 수레가 팔리지 않고, 사람이 죽지 않으면 관이 팔리지 않기 때문이다. 즉 사람을 미워해서가 아니라 사람이 죽어야 거기서 이익을 볼 수 있어 그런 것이다.

---

193) '짐주(鴆酒)'는, 짐새의 독(毒)있는 깃털로 담근 술이다. 이것으로 독살시킨다는 말이다.

그러므로 후비, 부인, 태자가 무리를 이루며 군주가 죽기를 바라는 것은, 군주가 죽지 않으면 세력이 커지지 않기 때문이다. 즉 군주를 미워해서가 아니라 군주가 죽어야 이익을 볼 수 있는 것이다. 때문에 군주는 자기 죽음을 이익으로 생각하는 이들에 대해 주의를 기울이지 않을 수 없다. **해와 달의 무리**가 밖을 에워싸도 적은 그 안에 있고, 마찬가지로 미워하는 이를 방비한다고 하지만 '화근은 사랑하는 이'에 있다.[194]

이런 까닭에 현명한 군주는 검증되지 않은 일은 하지 않고, 평소와 다른 음식은 먹지 않는다. 먼 곳의 상황도 귀를 기울이고, 가까운 곳의 일은 직접 관찰해 안팎의 실책을 가려낸다. 또 관원들의 의견이 동일한지 여부를 살펴 붕당의 실정을 알아내고, 여러 증거를 대조해 진언한 실적을 확인하며, 성과 후엔 진언한 말과 부합하는지 맞춰본다. 법령에 따라 민중들을 다스릴 땐 여러 단서를 비교해 진실여부를 확인한다.

여기서 사(士)는 요행으로 상을 받는 일이 없고, 분수에 넘치는 행동을 하지 않으며, 사형(死刑)을 내릴 땐 반드시 그에 합당해야 하고, 죄를 지었을 땐 사면하지 말아야 한다. 그래야 간악한 이들이 사욕을 품지 않는다. 한편 **요역(徭役)**이 많아지면 민중들이 고생한다. 민중들이 고생하면 요역을 담당하는 이들의 권세가 일어나고, 권세가 일어나면 요역 면제가 많아지며, 요역 면제가 많아지면, '권신들은 부유'해진다.[195]

---

194) 해와 달 주변을 둘러싼 무리로, 해나 달에 무리가 지면 재앙이 생긴다는 예언이다.
195) '요역(徭役)'은, 조세 이외에 토목사업 등에 동원되는 노역(勞役)을 말하고, 이 요역에 따른 면제가 많아지면, 이를 담당하는 관리들의 권세는 점점 커진다. 이들이 부유해지는 이유다.

민중들을 고생시켜 귀인(貴人)을 부유하게 하고, 권력 행세[權勢]를 일게 해 그것을 신하에게 빌려준다는 것은, 천하를 다스리는 데 있어 장구한 이익이 되지 못한다. 그러므로 요역이 줄어들면 민중들이 편안하고, 민중들이 편안하면 권력을 강화할 신하들이 줄어든다. 따라서 권력을 강화할 신하들이 줄어들면 권력 행세 자체가 줄어들고, 권력 행세 자체가 줄어들면, '덕'을 베푸는 것이 '군주에게 있다'고 하는 것이다.

| 03 |

물[水]이 불[火]을 이긴다는 것은 명백한 사실이다. 하지만 **가마솥**을 그 중간에 두면, 물은 위에서 끓어 모두 증발하지만, 불은 아래서 활활 성하게 타오를 수 있어, 물이 불을 이길 기능을 잃는다. 한편 법치로 간악을 금할 수 있다는 것은 이보다 더욱 명백하다. 그런데 법을 집행하는 신하가 물과 불을 갈라놓는 가마솥 역할을 한다면, 법은 단지 군주의 가슴속에서만 명백할 뿐이고, 간악을 금할 힘은 상실하게 된다.[196]

상고로부터 전하는 말과 『춘추(春秋)』의 기록을 보면, 법을 위반하고 군주를 배반하며, 중대한 죄를 범하는 이는 일찍이 존귀한 신하로부터 나오지 않은 적이 없다. 그럼에도 법령의 적용범위나 형벌의 심판에 의해 처벌을 받은 대상은 항상 비천한 민중들이다. 이 때문에 민중들은 절망하고 울분을 호소할 데가 없다. 이에 중신들은 서로 작당해 군주의 이목

---

196) 시루처럼 생긴 큰 가마솥을 가리킨다.

을 가리고, 은밀히 서로 도우면서도 겉으론 사이가 나쁜 척한다.

군주에게 이렇게 사심이 없는 것처럼 보이는 것은, 서로 눈이 되고 귀가 되어 군주의 틈을 엿보기 위해서다. 군주는 결국 이목(耳目)이 가려져 진실을 보거나 들을 방도가 없고, 군주란 명분만 있지 실질은 없으며, 신하들이 법을 독차지하여 집행하게 된다. 주(周)나라 천자의 예가 대표적이다. 군주의 권세를 완전히 빌려주게 되면, 상하 자리가 뒤바뀌게 된다. 이것이 신하에게 권세를 빌려주면 안 된다고 하는 이유다.

제18장 남면(南面)

> 남면(南面)이란 조정(朝廷)에서 군주가 바라보는 방향을 말한다. 신하는 반대로 북면(北面)을 하게 된다. 이 장은 비내(備內) 편에 이어 권력의 속성상 누구도 믿어선 안 된다는 논리로 일관한다. 군주가 생명력을 오래 지속하기 위해선 오로지 법령(法令)을 명확히 할 것을 부연 설명한다.

| 01 |

군주가 신하와의 관계에서 비롯되는 과실이 있다. 가령 신하에게 일을 맡겼는데 반대로 그 일을 맡지 않은 이에게 감시를 시키는 것이다. 이 논리로 보면, 감시하는 이는 그 일을 맡은 이와 적대관계가 된다. 그리고 군주는 반대로 일을 맡지 않은 이로부터 견제를 당한다. 지금 감시하는 이가 지난번엔 감시를 당했기 때문이다. 군주가 법을 분명하게 밝혀 중신들의 위세를 견제하지 못하면, 민중들의 신뢰를 받을 수 없다.

군주가 법을 외면하고 신하로 신하를 감시하게 하면, 서로 친한 이들끼리 한통속이 되어 칭찬하고, 증오하는 이들 간에는 작당해 서로 비방한다. 이처럼 칭찬과 비방이 경쟁적으로 일어나면 군주는 혼란에 빠진다.

신하란 이는 평판을 좋게 만들어 은밀한 청탁을 하지 않고선 나아가 일할 수 없고, 법을 어겨 제멋대로 하지 않고선 위세를 부릴 수 없으며, 성실과 신의를 위장하지 않고선 금제(禁制)로부터 벗어날 수 없다.

이 '3가지가 군주를 혼란시키고 법을 무너뜨리는 근본'이라 한다. 군주는 신하가 비록 지혜(智慧)와 능력을 겸비했다 하더라도 법을 위반하면서까지 처신을 할 수 없도록 하고, 비록 뛰어난 행동을 한다고 하더라도 실제 공적(功績)을 초월하여 상(賞)을 줄 수 없게 하며, 비록 성실하고 신의가 있더라도 법을 외면하거나 버려두고 금제(禁制)를 풀 수 없게 해야 한다. 이렇게 하는 것이 '법을 분명히 밝힌다'고 하는 것이다.

| 02 |

군주는 사업(事業)에 유혹당할 수 있고, 언론에 귀가 가려질 수 있다. 이 2가지를 조심하지 않을 수 없다. 신하들 가운데 사업을 쉽게 말하는 이는, 적은 비용으로 견적을 내 근사한 사업처럼 군주를 속인다. 군주는 유혹되어 알아채지 못하고, 그대로 동의를 한다. 이렇게 되면 신하가 도리어 군주를 제압하게 된다. 이와 같은 것을 가리켜 '사업에 유혹당한다'고 한다. 사업에 유혹당한 군주는 그 화(禍)로 고통을 받는다.

한편 진언(進言)할 때 견적은 적었는데 실제 비용이 많아졌다면, 비록 공이 있더라도 그 진언은 신용이 떨어진다. 진언에 따른 신용이 떨어진 이는 벌을 주고, 사업에 공이 있는 이는 반드시 상을 준다면, 신하들이 감히 군주의 눈을 흐리게 하지 못할 것이다. 군주가 취할 길은 신하에 대해 앞서 말한 것처럼, 진언한 사업과 일치하지 않으면 반드시 죄를 묻는 것이다. 이것이 신하에게 '일을 잘 맡긴다고 하는 것'이다.

신하가 군주를 위한 사업을 기획하면서, 후일의 비판이 걱정되면 사전에, '이 일을 비판하는 이는 이 일에 대해 시샘하는 것이다.'라고 한다. 군주가 이 말을 들으면 가슴속에 묻고, 사업에 대한 반대 의견을 거부하려 하며, 신하들도 감히 일에 대한 비판을 자제한다. 이 2가지 정황이 작동하면, 충신의 의견은 사라지고 평판 좋은 신하만이 홀로 신임을 받게 된다. 이와 같은 것을 가리켜 '언론에 귀가 가려진다'고 한다.

'언론에 귀가 가려진 군주'는 신하에게 제압당한다. 여기서 군주가 취할 길은 신하로 하여금 반드시 발언에 책임을 질 수 있게 하고, 또 발언하지 않은 부분까지도 책임을 질 수 있게 하는 것이다. 즉 군주는 신하가 언급한 처음의 의견과 실제 성과를 항상 점검해 책임을 추궁하면, 신하는 감히 쉽게 의견을 낼 수 없을 뿐 아니라 감히 침묵만 지키지도 못할 것이다. 이를 '발언과 침묵'에 모두 책임이 있는 것이라 한다.

| 03 |

군주가 사업을 하고 싶으나 전모를 파악하지 않고 의욕만을 앞세우면 낭패를 볼 수 있다. 즉 사업에 대한 청사진 없이 일을 추진하면 사업에 대한 이익은 없고, 결국 손해로 돌아오게 되는 것이다. 일을 잘하는 이는 일의 원칙에 따르고, 욕심을 제거한다. 가령 일은 항상 정해진 규정대로 한다. 즉 수입은 많게 계획하고 지출은 적게 하는 것이다. 반대로 눈이 어

두운 군주는 수입만을 계산하고 지출은 계산하지 않는다.

비록 지출이 배가 되더라도 손해를 알아채지 못하면, 이는 명분상의 이익일 뿐이고 실제는 없는 것이다. 이와 같을 경우 공(功)은 작고 해(害)는 클 것이다. 무릇 공이란 수입은 많고 지출은 적어야만 바로 공이라 할 수 있다. 만일 막대한 비용을 들이고도 죄가 안 되고, 소득은 적은데 공이 된다면, 신하들은 막대한 비용을 써가면서도 작은 공만 이룰 것이다. 신하가 작은 공을 이루면 '군주는 역시 손해'를 보는 것이다.

| 04 |

통치술을 모르는 사람은, '고제(古制)를 고치지 말라, **상법(常法)**을 바꾸지 말라'고 한다. 제도를 손질하는 것에 대해 성인(聖人)은 상황에 맞게 다스릴 뿐이라 했다. 즉 고제를 고치지 않을지, 상법을 고치지 않을지 말지는 고제와 상법이 좋은가 좋지 않은가에 달려 있다. 이윤(伊尹)이 은(殷)의 고제를 고치지 않고, 태공(太公)이 주(周)의 고제를 고치지 않았다면, 탕(湯)과 무왕(武王)은 '왕자(王者)가 되지 못했을 것'이다.[197]

또 관중(管仲)이 제(齊)의 풍습을 바꾸지 않고, 곽언(郭偃)이 진(晉)의 습속을 뒤바꾸지 않았다면 환공(桓公)과 문공(文公)은 패자(覇者)가 되지 못했을 것이다. 무릇 사람들이 고제 고치기를 망설이는 것은, 민중들이 익숙하게 여기기 때문에 바꾸기를 두려워하는 것이다. 반대로 고제를 고치지

---

197) '고제(古制)'는, 옛 제도를 말하고, '상법(常法)'은, 관습처럼 익숙해진 법을 뜻한다.

않는 것은, 결국 어지러운 뒤를 그대로 밟는 것이고, 또 민중들의 정서에 맞춘다는 것은, '사악한 행동을 그대로 방치'하는 것이다.

민중들은 어리석어 세상의 어지러움을 알지 못하고, 군주는 나약해 고치지 못한다면, 이것이 바로 통치의 실패다. 군주라는 이는 그 현명함이 통치술을 능히 터득할 수 있어야 하고, 위엄을 지니면서 일을 단호하게 추진할 수 있어야 한다. 때문에 민중들의 정서에 거슬리더라도 그 통치 방침을 확고하게 세워야 한다. 한 예로 상군(商君)이 조정 안팎을 출입할 때 철제창과 여러 겹의 방패를 가지고 미리 경계한 일이 있다.

곽언이 정치를 맡자 문공에게 경호를 붙이고, 관중이 정치를 맡자 환공을 무장한 수레에 타게 했다. 민중을 경계하는 방비였다. 우둔하고 게으른 민중은 작은 비용조차 싫어해 큰 이익을 생각지 못한다. 그러므로 **인호(黈虎)**는 비방을 받자, 작은 변화조차 두려워 장기적인 편익을 상실하고, 추고(鄒賈)는 행상인이 아님에도 난세에 익숙했다. 또 치세에 너그럽지 못해 정인(鄭人)들은 '집에 돌아갈 수 없는 것'과 같았다.[198]

---

198) 이처럼 작은 변화를 두려워한 탓에 나라는 혼란을 거듭했고, 정인(鄭人), 즉 정나라 사람들은 돌아갈 곳이 없게 된 것이다. '인호(黈虎)'는, 진(陳)나라의 대부 경인(慶黈)과 경호(慶虎)를 말한다.

제19장 식사(飾邪)

식(飾)이란 칙(飭) 자와 마찬가지로 계(戒)의 뜻이고, 사(邪)는 복서(卜筮)나 점성(占星) 같은 신앙을 가리킨다. 즉 식사(飾邪)는 군주가 미신(迷信)에 현혹되지 말아야 한다는 경계의 말이다. 한비(韓非)는 당시 정치에 노출된 불합리한 문제들을 척결하고, 객관적인 법에 의거한 상벌(賞罰)을 일관되게 주장한다. 특히 미신 타파의 논조가 준엄하다.

| 01 |

옛날에 점(占)을 쳐 전쟁을 결단한 나라가 있다. 실제로 거북 등에 구멍을 뚫고 서죽(筮竹)을 통해 점괘가 대길(大吉)로 나와 연(燕)을 친 것은 조(趙)나라다. 마찬가지로 거북 등에 구멍을 뚫고 서죽(筮竹)을 통해 점괘가 대길(大吉)로 나와 조(趙)를 친 것은 연(燕)나라다. 극신(劇辛)이 연을 섬겼으나, 성과가 없어 사직이 위태롭게 되었고, 추연(鄒衍)이 연을 섬겼으나, 역시 성과가 없어, '나라를 유지하기'에도 어려웠다.[199]

---

199) 연(燕)나라 소왕(昭王)은 전란으로 황폐해진 나라를 되찾고 싶었다. 소왕이 곽외(郭隗)에게 물었다. '제는 우리 연의 내란을 틈타 습격을 해왔습니다. 하지만 우리는 세력이 미약해 보복할

조(趙)는 먼저 연(燕)에 대해 뜻을 이루고, 뒤에 제(齊)에 대해 뜻을 이루었다. 나라는 비록 혼란하기 그지없었으나 기세(氣勢)가 드높아 스스로 진(秦)과 맞선다고 여겼다. 이는 조나라의 거북이 영험하고 연나라의 거북이 속인 것이 결코 아니다. 또 조나라는 일찍이 거북 등에 구멍을 뚫고 서죽(筮竹)을 통해 북으로 연나라를 쳐 장차 그 연나라를 협박하여 진(秦)을 막아보려 한 것인데, 점괘가 대길(大吉)로 나온 것이다.

이에 따라 처음에 대량(大梁)을 공략했는데 진나라는 조나라의 상당(上黨)으로 진출하고, 조(趙)의 군대는 연(燕)의 이(釐) 땅에 이르렀을 때, 조의 육성(六城)은 진에게 점령되었으며, 다시 양성(陽城)에 이르렀을 때는 진이 업(鄴) 성을 함락시켰다. **방원(龐援)**이 군대를 되돌려 남으로 돌아오니, 조의 **성채(城砦)**는 모두 진의 수중에 떨어지고 말았다. 그래서 말하길, '조의 거북점이 멀리 연(燕)에 대해서는 보지 못했다.'[200]

'그럼에도 역시 가까이 진(秦)에 대해서는 알아차려야만 좋았을 것.'이라 했다. 진은 그 대길(大吉)이란 점괘를 가지고 영토를 넓히는 실익을 거

힘이 없습니다. 현명한 인재들을 얻어 장차 선왕의 치욕을 씻고자 합니다. 어떻게 하면 좋겠습니까.' 곽외가, '황제의 업을 이루는 군주는 현자를 스승으로 삼고, 왕의 업을 이루는 군주는 현자를 친구로 삼으며, 패자의 업을 이루는 군주는 현자를 신하로 삼습니다. 그리고 나라를 망치는 군주는 비천한 소인배를 신하로 삼습니다.'라고 말했다. 이에 곽외는 이른바 '인재 우대 정책'을 도입했다. 소왕은 먼저 곽외를 스승으로 삼는 한편, 널리 인재를 구한다고 표방했다. 과연 극신(劇辛)이 조나라에서 왔고, 추연(鄒衍)이 제나라에서 왔다. 후일 연나라는 건실하고 부유한 나라가 되었으나, 소왕이 죽고 그의 아들인 혜왕이 등극하자, 인재 우대 정책은 사라졌다. 나라가 백척간두의 위기가 되었음은 말할 것도 없다.

200) '방원(龐援)'은, 조나라의 방연(龐涓)을 말하고, '성채(城砦)'는, 본성(本城)과 떨어진 요소에 쌓은 작은 성(城)을 말한다.

두었으며, 연(燕)을 구출한다는 명성까지 얻었다. 하지만 조나라는 똑같이 대길(大吉)이란 점괘를 가지고도 영토가 줄어들었을 뿐 아니라 오히려 군대는 욕(辱)을 당했으며, 군주는 뜻을 이루지 못하고 죽었다. 이 또한 진의 거북이 영험하고, 조(趙)의 거북이 속인 것이 아니다.

| 02 |

지난번에는 위(魏)나라가 여러 해에 걸쳐 동쪽을 향해 군사를 일으켜 정도(定陶)와 위(衛) 땅을 완전히 공략했다. 한편 위나라는 다시 여러 해에 걸쳐 서쪽을 향해 군사를 일으켰으나 진나라에 패하여 국토를 잃고 말았다. 이는 **풍륭(豊隆)**과 오행(五行), 태일(太一), **왕상(王相)**, **섭제(攝提)**, 육신(六神), 오괄(五括), 천하(天河), **은창(殷搶)**, **세성(歲星)** 등 길성(吉星)이 여러 해 동안 서쪽에 있었기 때문에 그런 것이 아니다.[201]

또한 천결(天缺)과 **호역(孤逆)**, 형성(刑星), 형혹(熒惑), 규(奎), 태(台) 등 흉성(凶星)이 여러 해 동안 동쪽에 있었기 때문도 아니다. 그러므로 말하길, '거북점이나 서죽(筮竹)의 계시(啓示)와 귀신의 가호(加護)가 있다 하더라도 그것으로 승리를 담보할 순 없는 것이며, 전후좌우의 별자리도 그것으로 충분히 싸울 수 있다고 하지는 못한다.'고 할 것이다. 그럼에도 불구하고 그것을 의지한다면, '그것보다 어리석은 것'은 없다.[202]

---

201) '풍륭(豊隆)'은, 점(占)을 치는 별이름이고, '왕상(王相)'은, 은하수의 4개 별 중 하나이며, '섭제(攝提)'는, 대각성(大角星)의 좌우에 포진한 6개의 별을 말한다. 그리고 '은창(殷搶)'은, 붉게 빛나는 별로, 천창(天槍)으로도 불리고, '세성(歲星)'은, 목성을 말한다.
202) '호역(孤逆)'은, 병란과 관련한 흉성(凶星)을 말한다.

옛날에 선왕은 민중을 친숙히 따르게 하는 일에 매진하고, 법을 명확히 세우는 일을 거듭했다. 법이 명확하면 충신들이 힘을 쓰고, 벌이 반드시 행해지면 사악한 신하들이 물러난다. 이처럼 법과 벌이 명확해짐에 따라 충신과 사악한 신하의 구별이 생기고, 군주의 권위도 높아진 나라가 진(秦)이고, 신하들이 무리를 짓고, 한통속이 되어 부정한 일을 마구 행해 영토가 줄고 '군주의 권위도 떨어진 나라'가 **산동(山東)**이다.[203]

어지러워지고 약해진 나라가 망하는 것은 상식이다. 반대로 잘 다스려 부강해진 나라에서 왕자(王者)가 나오는 것도 상식이다. 월왕(越王), 구천 (勾踐)은 대붕(大朋)이란 거북의 계시를 믿고, 오(吳)와 싸워 이기지 못해 그 자신이 '오'에 신하로 들어가 섬기다가 나라로 다시 돌아오게 되자, 거북 을 버리고 법을 명확히 세워 민중을 친숙히 따르게 하여, 그것으로 '오'를 보복하니, 부차(夫差)가 도리어 포로가 되고 말았다.

이런 까닭에 귀신을 믿는 사람은 법을 등한시하고, 제후들을 믿는 사람 은 그 나라를 위태롭게 한다. 조(曹)는 제(齊)를 믿고 송(宋)을 따르지 않았 기 때문에, 제가 초(楚)를 공격하는 틈을 타 송이 조를 멸망시켰다. 초는 오(吳)를 믿고 제를 따르지 않았기 때문에, 월(越)이 오를 치는 틈을 타 제

---

203) '산동(山東)'은, 당시 함곡관(函谷關) 동쪽에 있는 6개 나라로 진(秦)과 대립했다.

가 초를 멸망시켰다. 또 **허(許)**는 초를 믿고 위(魏)를 따르지 않았기 때문에, 초가 송을 공격하는 틈을 타 '위'가 '허'를 멸망시켰다.[204]

정(鄭)은 위(魏)를 믿고 한(韓)을 따르지 않았기 때문에, 위가 초(楚)를 공격하는 틈을 타 한(韓)이 정(鄭)을 멸망시켰다. 지금 한은 나라가 작음에도 큰 나라 도움만을 기대하고 있으며, 군주가 태만해 진과 위를 따르거나 제와 초를 믿고 움직이려 하는데, 이렇게 되면 작은 나라는 더욱더 멸망을 앞당길 뿐이다. 이처럼 다른 사람을 믿어선 결코 땅을 충분히 넓힐 수 없다. 그럼에도 '한'은 이를 내다보지 못하고 있다.

또 초가 한을 구한다는 명분으로 위를 쳐 군대를 허(許), 언(鄢)에 진출시키고, 제가 임(任), 호(扈)를 공략해 위의 영토가 줄어들더라도 수도 정(鄭)을 지켜낼 수 없는데, 한은 이를 모른다. 이는 법령을 통해 나라를 다스리지 않고, 외국에 의존했기 때문에 사직을 멸망시킨 예들이다. 그래서 말하길, '군주가 통치 원칙에 밝으면 나라가 부(富)해질 것이고, 상벌을 명확히 하면 민중이 적더라도 강해질 것이다.'라고 한 것이다.

상벌을 원칙 없이 행하면 나라가 유지될 수 없다. 가령 군대가 약해지면, 그 영토는 금방 사라진다. 영토가 사라지면, 그 민중도 사라진다. 영토가 없고 민중이 없다면 요순(堯舜)이라도 왕자(王者)가 될 수 없고, 하(夏), 은(殷), 주(周) 삼대(三代)의 왕조도 강국이 될 수 없다. 지금 어떤가. 군주는 분에 넘치는 상을 남발하고, 신하는 하는 일 없이 받기만 한다. 그리

---

204) '허(許)'는, 지금의 하남성 섭현(葉縣) 서쪽에 있던 소국(小國)이다.

고 성왕과 현군의 공덕을 말하는 사람에게 국정을 맡긴다.

　그러므로 말하길, '이는 옛날에 공덕을 기리는 방식이고, 옛날에 상을 주던 방식대로 지금 사람에게 상을 주려는 것이다.' 군주가 이렇게 분에 넘치는 상을 주고, 신하는 하는 일 없이 상만 받게 되어 있다. 군주가 상을 분에 넘치게 주면, 신하는 요행을 바라게 되며, 또 하는 일 없이 받기만 하면 실제 공적은 존중받지 못하게 될 것이다. 공적 없는 이가 상을 받는다면 재정이 다하더라도 민중은 그것을 기대할 것이다.

　재정이 다하더라도 민중이 그것을 기대하게 되면, 민중은 노력을 다하지 않을 것이다. 따라서 상만 주면 민심을 잃게 되고, 형벌만 가하면 민중이 두려워하지 않는다. 상이 있어도 족히 힘을 돋울 수 없고, 형벌이 있어도 족히 금할 수 없다면 나라가 크다고 할지라도 반드시 위험하게 된다. 그러므로 말하길, '소지(小知)인 사람에게 일을 꾀하게 할 수 없고, 소충(小忠)인 사람에게 법을 다루게 할 수 없다.'고 하는 것이다.

| 05 |

　어떤 것을 가리켜 '작은 충성'이라 하는가. 옛날에 초(楚)나라의 **공왕(共王)**이 진(晉)나라의 **여공(厲公)**과 언릉(鄢陵) 땅에서 싸운 일이 있다. 초군이 패하고 공왕은 눈에 상처를 입었다. 싸움이 한창일 무렵 초의 장수 **사마자반(司馬子反)**이 목이 말라 마실 것을 찾았다. 이때 시중을 들던 곡양(穀陽)이 술을 한잔 가져와 바쳤다. 이때 자반이, '가져가라. 술이 아닌가.'라고 말하자, 이에 곡양이, '술이 아닙니다.'라고 말했다.[205]

그러자, 자반은 이내 받아 마셨다. 자반의 사람됨이 원래 술을 즐겨 마시는 사람으로, 그것을 입에서 뗄 수 없어 대취하고 말았다. 그날의 전투는 초나라의 패배로 끝났다. 이튿날 공왕(共王)이 반격을 위해 사람을 시켜 사마자반을 불렀다. 그런데 사마자반은 가슴이 아프다는 핑계로 사절했다. 이에 공왕이 직접 말을 타고 가서 그의 막사 안으로 들어갔는데, '술 냄새가 진동'하여 그냥 돌아왔다. '초나라 공왕'이 말했다.

'오늘 전투에서 나는 상처를 입었다. 의지할 이는 사마뿐이다. 그런데 사마가 또 취했으니 초나라 사직과 민중 걱정은 전혀 없는 것이다. 나는 다시 싸울 여력이 없다.'고 했다. 그리고는 곧장 군사를 철수시키고 돌아가, 자반의 목을 베어 저잣거리에 내걸었다. 시중을 들던 곡양이 술을 바친 것은 자반에게 적의가 있어서가 아니라, 마음속으로 그를 '충실히 사랑'했기 때문인데, 도리어 그것이 자반을 죽이게 만든 것이다.[206]

| 06 |

위(魏)나라가 바야흐로 국법을 세우고 헌령(憲令)을 준수하던 시기엔 공

---

[205] '초(楚)나라 공왕(共王)'은, 춘추 중기에 벌어졌던 이 언릉(鄢陵) 전투에서 대패해 부왕인 장왕(莊王)이 이룩한 패자(霸者)의 권위를 상실했고, '진(晉)나라 여공(厲公)'은, 이 전투에서 부왕인 경공(景公)이 잃었던 패자(霸者)의 지위를 회복했으나, 신하에게 시해를 당했다. 아울러 '사마자반(司馬子反)'은, 초(楚)나라의 공자(公子) 측근으로, 사마(司馬)는 관명이고, 중군(中軍)의 장수였다.
[206] 이렇게 해서 나온 말이, '작은 충성을 베푸는 것은, 큰 충성을 해치는 것이 된다.'고 했다. 참고로 이 문단은 제10장 십과(十過)에서 다룬 것과 거의 흡사한 문장으로 이뤄져 있다. 따라서 앞의 문장을 그대로 적시했음을 밝힌다.

적이 있으면 반드시 상을 받고, 죄를 지으면 반드시 벌을 받았다. 그 강세로 천하를 바로잡고 위엄이 사방 이웃 나라까지 미쳤다. 그러나 법이 허술해지고 상(賞)을 남발하자, 영토는 날마다 줄어들게 되었다. 조(趙)나라가 바야흐로 국법을 세우고 대군을 거느리던 시기엔 민중의 수가 많아지고, 병력도 강해 제(齊)와 연(燕) 쪽으로 토지를 넓혀 나갔다.

하지만 국법이 허술해지고 정치인들의 의식이 나약해진 즈음엔 영토는 날마다 줄어들게 되었다. 연(燕)이 바야흐로 법을 세우고 관원이 정사를 신중히 하던 시기엔 동쪽의 제나라를 현(縣)으로 삼고, 남쪽은 중산(中山) 지역을 모두 접수했다. 그러다 국법이 경시되고, 관원의 정사도 미약해지자 군주의 측근들은 서로 다투고, 상벌 논의가 아래서 일어 병력은 약해졌으며, 결국 영토가 줄어 나라는 적들에게 제압당했다.

그래서 말하길, '법을 세우는 사람은 강(强)하고, 법을 소홀히 하는 사람은 약(弱)하다.'고 했다. 강함과 약함의 원인이 이처럼 분명하다. 그럼에도 세상의 군주들은 법을 세우고 준수하려 하지 않는다. 나라가 멸망(滅亡)하는 것은 당연한 일이다. 속담에 이르길, '집안에 일정한 생업이 있으면 비록 기근(飢饉)이 들어도 굶지 않고, 나라에서 정한 상법(常法)이 구현되면, 비록 위기(危機)에 처해도 망(亡)하지 않는다.'고 했다.

무릇 군주가 '정해진 상법'을 배척하고 사적 의견에 동의하면, 신하들은 지혜나 능력을 꾸며 보이게 되고, 신하들이 지혜나 능력을 꾸며 보이면, 법령과 금제는 무력해지기에 이른다. 그러면 제멋대로 생각하는 방법이 행해지고, 나라를 바르게 다스리는 정도가 사라진다. 군주가 법을 해치는 이들을 물리칠 수 있다면, 신하들이 지혜나 능력을 꾸미더라도 거기에 현혹되지 않을 수 있으며, 거짓 칭찬에도 속지 않을 수 있다.

옛날에 순(舜)이 관리를 시켜 홍수 물을 터 흘려보낼 때 명령을 채 내리기도 전에 공을 세운 이가 있어 순이 그를 사형시킨 일이 있다. 우(禹)가 제후국 군주들을 회계산(會稽山) 가에서 조회를 받을 때 방풍(防風)의 군주가 늦게 와서 우가 그를 참형(斬刑)한 일도 있다. 이를 통해 보면 명령에 앞서는 이도 사형이고, 명령에 뒤늦은 이도 사형이다. 그렇다면 옛날엔 무엇보다 명령 따르는 것을 소중히 했었음을 알 수 있다.

| 07 |

여기서 거울을 투명한 상태로 유지해 아무 일이 없으면 미(美)와 추(醜)가 저절로 비교되고, 저울을 정확한 상태로 유지해 아무 일이 없으면, 경(輕)과 중(重)이 저절로 계량된다. 무릇 거울을 흔들면 투명할 수 없고, 저울을 흔들면 정확할 수 없다고 하는 것은, 법(法)을 말하는 것이다. 따라서 선왕은 도(道)를 원칙으로 삼고, 법을 근본으로 삼는다. 근본을 잘 다루면 명성이 높아지고, 근본을 어지럽히면 명성이 끊긴다.

무릇 지혜나 재능이 뛰어나 쓰일 데가 있으면 제 기능을 다하지만, 쓰일 데가 없으면 막혀 버린다. 따라서 지혜와 재능은 그런대로 도를 다하더라도, 그렇다고 남에게 전수할 순 없다. 도와 법에 의존하면 모두 안전하지만, 지혜나 재능에 의존하면 실패가 많다. 무릇 저울대를 매달면 평형 상태를 알고, 규구(規矩)를 활용하면 원형을 알 수 있다. 이 때문에 현명한 군주는 민중들로 하여금 법을 익히도록 이끄는 것이다.

즉 도(道)에 대한 전고(典故)를 알아야 편안하게 성과를 거둘 수 있다. 만일 규구를 버리고 재능에 맡기거나, 법을 버리고 지혜에 맡기는 것은 혼란을 야기하는 짓이다. 혼란한 군주는 민중으로 하여금 재능만을 꾸며보이도록 시키고, 도에 대한 전고를 알지 못하기 때문에 성과는 없고 고통만 있는 것이다. 군주가 정한 법률과 금령을 버리고 청탁을 받아들이면 신하들은 위로는 관직을 팔고, 아래론 댓가를 받을 것이다.

이런 까닭으로 이익은 사가(私家)에 있게 되고, 위세(威勢)는 신하들 수중에 있게 된다. 그러므로 민중들은 힘을 다해 군주를 섬길 마음이 사라지고, 애써 윗사람과의 교제만을 일삼는다. 민중들이 윗사람과의 교제를 즐기게 되면, 뇌물이 위로 흘러 이른바 말재주를 부리는 이들이 등용된다. 이렇게 되면 실제 공(功)을 세울 사람은 점점 줄어든다. 또 간악한 신하들만 진출하고, 충성스런 신하들이 물러나면 어찌 되겠는가.

군주는 갈피를 못 잡아 민중들이 모여도 의지할 방도(方道)를 모른다. 이는 법령을 폐하고 공로는 뒤로하며, 겉으로 평판과 청탁만을 받아들인 실수다. 무릇 법을 깨뜨리는 이는 반드시 거짓을 꾸며 무엇인가 명분을 만들어 군주에게 가까이하고자 하고, 또 세상에 흔하지 않은 일을 좋아한다. 이것이 폭군이나 어리석은 군주들이 현혹되는 원인이며, 주도면밀하게 보좌하는 신하들이 군주의 권한을 침해하는 원인이다.

그러므로 신하가 이윤(伊尹)이나 관중(管仲)의 공적을 일컬어 논하는 것은 법을 어기고 지혜를 떨쳐 보이려는 명분에 불과하고, 비간(比干)과 오자서(伍子胥)의 충성을 일컬어 논하는 것은 억지로 강하게 간하려는 명분에 불과한 것이다. 무릇 높여서 칭송할 경우, 현성(賢聖)과 명철(明哲)을 들고, 내려서 헐뜯을 경우, 난폭함과 어리석음을 드는 것은 적절치 않아 일반사례로 취할 수는 없다. 이와 같은 경우는 금해야 한다.

군주가 법을 세우는 것은 그것이 옳기 때문이다. 지금 신하들은 모두 사사로운 지혜를 내세워 법을 옳지 않다 하고, 지혜를 옳다 하여, 법을 넘어서 지혜를 앞세우고 있다. 이와 같은 일은 금해야 한다. 이것이 군주의 도(道)다. 군주의 도는 반드시 공사(公私)의 구분을 명확히 하고, 법제 규정을 명시해 사사로운 정을 물리치는 것이다. 무릇 명령은 반드시 행해지고, 금제는 반드시 그치게 하는 것이 군주의 **공의(公義)**다.[207]

| 08 |

한편 반드시 사사로운 정(情)으로 행동하고, 붕우(朋友) 사이에 신의를 굳히며, 상(賞)으로도 힘을 돋울 수 없고, 벌(罰)로도 제재(制裁)할 수 없는 것이 신하 쪽의 사의(私義)다. '사의'가 행해지면 혼란해지고, 공의(公義)가 행해지면 다스려진다. 그러므로 공사(公私)의 구분이 있다. 신하에게는 사심이 있으나 공의 또한 있다. 자신의 몸을 결백하게 하고, 행동을 공정하게 하며, 관직에 사사로움이 없는 것이 신하의 공의다.

---

207) '공의(公義)'는, 공적으로 바른 길을 말한다.

반대로 부정한 행동을 하고, 취하고 싶은 대로 하며, 자신의 몸과 집안의 이익만을 꾀하는 것이 '신하의 사심'이다. 따라서 현명한 군주가 위에 있으면, 신하는 '사심을 버리고 공의'를 행하며, 어리석은 군주가 위에 있으면, 신하는 '공의를 버리고 사심'을 행한다. 군주는 계산(計算)해서 신하를 통솔하고, 신하는 신하대로 계산해서 군주를 섬긴다. 이런 구조로 볼 때, 군주와 신하는 서로가 계산하는 사이라 할 수 있다.

손해를 감수하면서 국가에 이익되는 일을 하지 않는 것이 신하이고, 국가에 손실을 끼치면서 신하에게 이익되는 일을 하지 않는 것이 군주다. 즉 신하의 속생각은 자신의 손해가 이로울 수 없고, 군주의 속생각은 국가 손실이 이로울 수 없는 것이다. 이처럼 군신관계란 계산을 통해 결합된다. 그리고 어려운 국면에서 죽기를 각오하고 지혜를 짜내 있는 힘을 다하는 것은 다름 아닌 법이 있기 때문에 그리하는 것이다.

이 때문에 선왕은 상을 명시해 힘을 돋우고, 벌을 엄하게 집행해 위엄을 보였다. 상과 벌이 명확하면 민중은 죽을힘을 다하고, 민중이 죽을힘을 다하면 군대가 강해지며, 군주의 권위 또한 높아진다. 반대로 상벌이 분명치 않아 민중이 공로도 없이 상을 받으려 하고, 죄가 있어도 처벌을 면하고자 하면, 군대는 약해지고 군주의 권위도 낮아진다. 그래서 선왕의 뛰어난 신하들은 있는 힘을 다해 지혜를 짜내었던 것이다.[208]

---

208) 한비(韓非)는 덧붙이길, '공(公)과 사(私)를 분명히 구별하지 않을 수 없고, 법률(法律)과 금령(禁令)을 확실하게 세우지 않을 수 없다.'라고 했다.

제20장 해로(解老)

해로(解老)는 한비사상(韓非思想)의 기저에 깔려있는 『노자(老子)』의 가장 오래된 해설서다. 해(解)는 전(傳)과 마찬가지로 주석(注釋)의 의미를 지닌다. 여기서 거론한 이론은 『노자(老子)』 자체에 충실하다기보다는 오히려 관자(管子)에 가까운 법가(法家)나 유가(儒家)의 절충이라 할 수 있다.

| 01 |

덕(德)이란 내적(內的)인 것이고, 득(得)이란 외적(外的)인 것이다. '**최상의 덕(德)은 득(得)이 아니다.**'라고 함은 마음이 외부에 흔들리지 않는 것을 말한다. 마음이 외부에 흔들리지 않으면, 몸이 온전하다. 몸이 온전한 것을 가리켜 '덕'이라 한다. 덕이란 몸에 얻는 것이다. 무릇 덕이란 무위(無爲)함으로써 모이고, 무욕(無欲)함으로써 이루며, 사려(思慮)하지 않음으로써 안정이 되고, 기능을 하지 않음으로써 확고해진다.[209]

---

[209] 『노자(老子)』, 38장의 상덕부덕(上德不德)에서 상덕(上德)은 덕(德)의 최상의 상태로, 이를 득(得)이라 의식하지 않는 것을 의미한다.

한편 행위(行爲)를 하고 욕망(欲望)을 일으키면 덕(德)이 떠나 버린다. 덕이 떠나면 몸이 온전하지 못하다. 기능을 하고 사려를 하면, 덕이 확고하지 못하다. 덕이 확고하지 못하면 효과가 없고, 효과가 없는 것은 외적인 득(得)에 기인한다. 득하면 덕이 없고, 득에 끌리지 않으면 덕을 지닌 상태로 있게 된다. 그러므로 『노자(老子)』에서 이르길, '최상의 덕(德)은 득(得)이 아니다. 이런 까닭에 덕이 있다.'라고 하는 것이다.

| 02 |

아무 일을 하지 않고 생각도 하지 않으며, 허심(虛心)의 상태를 귀하게 여기는 것은 그 의지에 구속당하는 바가 없기 때문이다. 무릇 **통치술**을 터득하지 못한 이는 의도적으로 아무 일도 하지 않고 생각도 하지 않으며, 허심의 상태가 되려 한다. 의도적으로 아무 일도 하지 않고 생각도 하지 않으며, 허심의 상태가 되려는 이는 의지가 항상 허심의 상태를 잊지 않는다. 즉 허심의 상태가 되려는 욕구에 구속당한 것이다.[210]

허(虛)란 의지가 구속당하지 않는 것을 뜻한다. 만일 허심의 상태가 되려는 욕구에 구속당한다면 이는 허심의 상태가 아니다. 허심 상태가 된 사람의 무위(無爲)는 고정된 원칙을 지니지 않는다. '무위'로 고정된 원칙을 지니지 않으면 허심할 수 있다. 허심하면 덕이 성하게 된다. 덕이 성한 것을 가리켜 최상의 덕이라 한다. 그러므로 『노자』에서 이르길, '최상의 덕은 하지 않음에도 하지 않는 것이 없다.'라고 하는 것이다.

---

210) 여기서의 통치술(統治術)은, '덕(德)을 얻는 방법'을 말한다.

인(仁)이란 마음속으로 다른 사람을 사랑하는 것을 말한다. 다른 사람에게 복(福)이 있는 것을 기뻐하고, 다른 사람에게 화(禍)가 미치는 것을 미워하는 것은 나면서부터 그만둘 수 없는 것이며, 보답을 바라고 하는 것은 아니다. 그러므로 『노자』에서 이르길, '최상의 인이란 그것을 하면서도 의도가 없다.'라고 하는 것이다. 의(義)란 군신의 직책관계이고, 부자의 차등관계이며, 벗과의 교제관계이고, 친소의 분별관계이다.

신하가 군주를 섬기는 것, 아랫사람이 윗사람을 따르는 것이 마땅하다. 자식이 부모를 섬기는 것, 신분 낮은 이가 높은 이를 공경하는 것이 마땅하다. 아는 벗들 간에 서로 돕는 것, 친숙한 이를 안으로, 소원한 이를 밖으로 하는 것이 마땅하다. 의(義)란 마땅함을 가리키는 말이다. 마땅한 방식을 취해 그것을 행하는 것이다. 그러므로 『노자』에서 이르길, '**최상의 의**는 그것을 행하여 분명한 의식을 갖는다.'고 하는 것이다.[211]

예(禮)란 속마음을 외부로 드러내는 방법이고, 여러 가지 의(義)를 수식하는 형태이며, 군신(君臣)과 부자(父子) 사이의 교제 방식이고, 귀천과 현(賢), 불초(不肖)를 구분하는 수단이다. 마음속으로 그리더라도 알리지 못하므로, 달려가 몸을 낮추어 그것을 표명한다. 진정으로 사랑하더라도 알아주지 않으므로 좋아하는 말을 나열해 그것을 믿도록 한다. 다시 말해 예(禮)란 외형인 '절도가 그 내심을 깨닫게 하는 수단'이다.

---

211) '최상의 의'에서 의(義)는 인(仁)과 달리 어떤 목적의식을 가지고 행한다는 말이다.

그러므로 『노자』에서 이르길, '예(禮)는 그것으로 속마음을 꾸민다.'고 하는 것이다. 무릇 사람이란 외물(外物)로 움직이기 때문에 자신을 위한 '예'를 알아차리지 못한다. 민중들이 '예'를 행하는 것은 다른 사람을 높이기 위해서다. 그러므로 때로는 힘을 쓰고, 때로는 게을리 한다. 군자가 '예'를 행하는 것은 자신을 위해서다. 자신을 위해 '예'를 표하기 때문에 내심을 거짓 없이 나타내는 '신(神)'을 최상의 예로 생각한다.

여기서 '최상의 예(禮)'는 신(神)의 상태를 말하는 것이다. 따라서 일반 민중들은 여기에 부합(符合)되지 않아 서로 응할 수 없다. 서로 응할 수 없기 때문에 『노자』에서 이르길, '최상의 예는 그것을 수행해도 응하는 사람이 없다.'고 했다. 일반 민중이 비록 어긋난다 하더라도 성인(聖人)은 공경을 행하고, 수족 움직이는 예(禮)를 게을리 하지 않는다. 그러므로 『노자』에서 이르길, '**팔을 비틀어 끌어당긴다**.'고 한 것이다.[212)]

| 04 |

도(道)에는 적(積), 즉 쌓임이 있고, 쌓이면 공(功), 즉 효과가 있게 된다. 덕(德)이란 도(道)의 효과를 말한다. 공(功)에는 충실(充實)함이 있고, 충실하면 빛이 난다. 인(仁)이란 덕(德)의 빛을 말한다. 빛[光]에는 윤기가 있고, 윤기가 있으면 할 일이 드러난다. 의(義)란 인(仁)이 드러난 할 일을 말한

---

212) 『노자(老子)』, 38장에 나오는 말로, "최상의 예(禮)는 작위(作爲)하되 응함이 없으면, 팔을 비틀어 끌어당긴다." 즉 예(禮)를 강요하는 것이다.

다. 할 일엔 도리(道理)가 있고, 도리는 문식(文飾)을 갖는다. 예(禮)란 의(義)의 문식을 말한다. 그러므로 『노자』에서 말했다.[213]

예(禮)는 속마음을 외부로 드러내는 것이고, 문(文)은 실질을 외부로 꾸미는 것이다. 무릇 군자는 속마음을 취하고 외형을 버리며, 실질을 좋아하고 꾸밈을 싫어한다. 즉 외형에 의지해 속마음을 논하는 것은 속마음이 좋지 않은 것이고, 수식을 기다려 실질을 논하는 것은 실질이 떨어지는 것이다. 어찌 그런가. 화씨(和氏)의 벽(璧)은 오색(五色)으로 장식되지 않고, **수후(隋侯)의 진주**는 금이나 은으로 장식한 일이 없다.[214]

말하자면 '실질'이 지극히 아름다워 다른 물건으론 더 이상 꾸밀 수 없는 것이다. 무릇 물건이 꾸며진 뒤에 거래되면 실질은 훌륭하지 않은 것이다. 이런 까닭으로 부자간에는 예(禮)가 소박하고 분명하지 않다. 그러므로 『노자』에서 이르길, '예는 박하다.'고 했다. 모든 사물이 동시에 성할 순 없다. 음과 양이 그렇다. 그 이치가 서로 주고받는 관계다. 형벌과 은상(恩賞)도 그렇다. 실제 속마음이 '후한 사람은 외형이 박'하다.

부자(父子)간 예의가 이것이다. 이것으로 볼 때, 예(禮)가 번다(煩多)한 이는 실제 속마음이 빈약하다. 여기서 예를 행하는 것은 소박한 심정을 통

---

213) '도(道)를 잃은 후에 덕(德)이 생기고, 덕을 잃은 후에 인(仁)이 생기며, 인을 잃은 후에 의(義)가 생기고, 의를 잃은 후에 예(禮)가 생긴다.'라고 했다.
214) '수후(隋侯)의 진주(眞珠)'는, 이름난 진주로, 한수(漢水) 동쪽에 희성(姬姓)을 가진 제후가 큰 뱀의 상처를 보고 치료해주자, 그 뱀이 강물로 들어가 큰 구슬을 가지고 나와 보답했다고 전한다.

하도록 하는 일이다. 사람이 예를 행해 응해 주면 기뻐하고, 응해 주지 않으면 꾸짖고 원망한다. 즉 예를 행하는 것은 사람들의 소박한 심정을 통하도록 하면서 동시에 상대를 꾸짖고 원망하는 구실을 한다. 이렇게 되면 다투지 않을 수 없게 된다. 다툼이 일어나면 혼란해진다.[215]

| 05 |

사물이 일어나기 전에 행하고, 이치가 밝혀지기 전에 움직이는 것을 전식(前識)이라 한다. 전식은 '근거 없이 헤아리는 억측'이다. 무엇을 가지고 그렇게 말하는가. **첨하(詹何)**가 방에 있고, 제자가 옆에서 모시고 있었다. 밖에서 소 울음소리가 들렸다. 제자가 말하길, '이는 검정소입니다. 그리고 흰털 이마를 가졌습니다.'라고 했다. 이에 첨하가 이르길, '그렇다. 이는 검정소다. 하지만 흰색은 뿔 위에 있다.'고 했다.[216]

사람을 시켜 그것을 확인하니 과연 검정소가 맞았고, 흰 천으로 뿔을 감싸고 있었다. 첨하의 술수(術數)를 가지고 일반 사람들의 마음을 끌어당긴다면, 이는 겉은 화려하지만 위태(危殆)로울 것이다. 그러므로 말하길, '도(道)의 부질없는 꽃이다.'라고 한다. 만일 시험 삼아 첨하의 추측(推測)을 배제하고 어리석은 아이를 시켜 그것을 보게 할지라도 역시 그것은 검정소이고, 흰 천으로 뿔을 감싼 것임을 알 수 있을 것이다.

---

215) 그러므로 『노자』에서 이르길, '무릇 예(禮)라 함은 진심이 박(薄)해져 생긴 것으로, 난(亂)이 일어나는 발단이다.'라고 했다.
216) '첨하(詹何)'는, 초(楚)의 은자(隱者)로, 도술(道術)을 잘 아는 사람으로 유명하다.

따라서 첨하의 추측으로 정신을 괴롭히고 피곤하게 할지라도, 결국은 어리석은 아이와 효과가 동일하다. 이런 까닭에 『노자』에서 이르길, '전식(前識)이란 것은 도(道)의 화려한 꽃이다. 하지만 어리석음의 시작이다.'라고 한다. 『노자』에 이른바 '대장부'란 지혜가 큰 것을 말한다. 이른바 '후(厚)한 곳에 거처하고 박(薄)한 데 거처하지 않는다.'고 하는 것은 속마음의 진실을 행하고, 예의의 겉모양 차림을 거부한다는 말이다.

이른바 '실질(實質)에 몸을 두고, 겉모양만 꾸미는, 즉 화려(華麗)한 곳에 몸을 두지 않는다.'고 하는 것은 반드시 도리(道理)에 따라 움직이며, 성급히 뛰어넘으려 하지 않는다는 말이다. 이른바 '저쪽을 버리고, 이쪽을 취한다.'고 하는 것은 예의의 겉모양이나 성급히 뛰어넘는 생각을 버리고, 도리에 따르거나 속마음의 진실을 취한다는 의미다. 그러므로 『노자』에서 이르길, '저쪽을 버리고, 이쪽을 취한다.'고 하는 것이다.

| 06 |

사람이 재앙을 당하면 마음이 두렵고, 마음이 두려우면 행동을 바로 한다. 행동을 바로 하면 재해를 입지 않고, 재해를 입지 않으면 천수를 누린다. 또 행동을 바로 하면 사려가 깊어지고, 사려가 깊어지면 사물의 이치를 알며, 사물의 이치를 알면 반드시 일이 이뤄진다. 천수를 누리면 몸이 온전해지고, 일이 이뤄지면 부(富)하고 귀(貴)하게 된다. 오래 살고, 온전해지며, 부귀(富貴)하게 되는 것을 일컬어 복(福)이라 한다.

그렇다면 이 복(福)의 근원은 재앙을 당하는 데서 비롯된다. 그러므로

『노자』에서 이르길, '화(禍)란 복이 의존하는 곳이다.'라고 하는 것이다. 결과적으로 이것에서 공(功)을 이루는 것이다. 말하자면 사람이 복이 있으면 부귀(富貴)에 이르고, 부귀에 이르면 먹고 입는 것이 호화(豪華)롭다. 먹고 입는 것이 호화로우면 교만(驕慢)한 마음이 생기고, 교만한 마음이 생기면 행동이 삿되며, 동작이 도리(道理)에 어긋난다.[217]

행동이 삿되면 일찍 죽게 되고, 동작이 도리에 어긋나면 일을 이룰 수 없다. 무릇 안으로 일찍 죽을 재난이 들고, 밖으로 일을 이루지 못하는 것, 즉 명성을 얻지 못하는 것은 큰 재앙이다. 그렇다면 재앙의 근원은 복이 있는 데서 비롯된다. 그러므로 『노자』에서 이르길, '복(福)이란 화가 잠겨있는 곳이다.'라고 한다. 무릇 도리를 따르면 이루지 못할 것이 없고, 이루지 못할 것이 없는 이는 제후나 천자도 될 수 있다.[218]

한편 도리를 버리고 멋대로 행동하면, 위로 천자나 제후란 자리를 갖거나 아래로 **의돈(猗頓)**, **도주(陶朱)**, **복축(卜祝)** 같은 부(富)를 지닐지라도 오히려 민중들에게 버림받고 재산을 잃게 된다. 많은 사람이 경솔하게 도리를 버리고, 안이하게 제멋대로 행동하는 것은 화복(禍福)의 나타남이 이처럼 심각하고, 도가 이처럼 넓고 큰 것을 모르기 때문이다. 그러므로 『노자』에서 이르길, '누가 궁극을 알겠는가.'라고 한 것이다.[219]

---

217) 『노자(老子)』, 58장에 나오는 말로, "화(禍)란 복(福)이 그에 의지하고, 복(福)은 화(禍)에 잠겨있는 곳이다."

218) 다시 말해 도리(道理)에 따르면, 권세(權勢) 있는 자리도 오를 수 있다. 작게는 경상(卿相), 크게는 제후(諸侯)나 천자(天子)도 될 수 있는 것이다.

219) '의돈(猗頓)'은, 전국 시기, 염철(鹽鐵)을 가지고 군주에 버금가는 부(富)를 이룬 사람이고,

사람은 부귀하고 몸은 온전하며 오래 살기를 바란다. 하지만 가난하고 미천하면 일찍 죽는 재앙을 당한다. 마음으론 부귀하고 몸은 온전하며 오래 살기를 바라지만, 현실은 가난하고 미천해 일찍 죽는 것이다. 이렇게 되면 애초 이르고자 하는 데에 이를 수 없게 된다. 무릇 이르고자 하는 길을 잃어버리고, 제멋대로 행하는 것을 가리켜 '**갈피를 못 잡는다**'고 한다. 갈피를 못 잡으면 '이르고자 하는 데'에 이를 수 없다.[220]

천지개벽 이래 지금까지 계속되고 있지만, 많은 이들이 이르고자 하는 데 이를 수 없는 것은 사람들이 갈피를 못 잡기 때문이다. 즉 『노자』에서 이르길, '사람이 갈피를 못 잡는 것은 그 시일이 벌써 오래되었다.'고 한 것이 이를 반증한다. 『노자』에서 이른바 방(方)이란 내심과 외모가 서로 맞고, 언행이 일치하는 것을 말한다. 그리고 염(廉)이란 반드시 생사(生死)를 명(命)으로 받아들이고 '재화에 담담한 것'을 뜻한다.[221]

이른바 직(直)이란 주장이 반드시 공정하고, 마음이 한쪽으로 치우치지 않는 것을 말한다. 이른바 광(光)이란 관작이 높고 귀하며 복장이 화려한 것을 뜻한다. 여기서 도술(道術)을 터득한 사람은 자신이 비록 내심과 외모가 성실하고 바르더라도, 그것으로 비뚤어지고 바르지 못한 이를 비방

'도주(陶朱)'는, 월(越)의 공신인 범려(范蠡)를 가리키며, 복축(卜祝)은 무지한 민중의 신앙을 통해 부(富)를 일군 사람이다.

220) '갈피를 못 잡는다'는 말은, 길을 잃고 헤맨다는 뜻이다.

221) '천지개벽(天地開闢)'이란 말은, 쪼개져 열린다는, 즉 사물이 나눠짐을 뜻한다.

하지 않는다. 자신이 비록 절의(節義)에 죽을 각오를 하고 재화에 담담하더라도, 그것으로 겁 많고 탐욕스런 이를 모욕하지 않는다.

자신이 비록 행동을 바르게 하고 무리를 이루지 않더라도, 그것으로 사악(邪惡)한 이를 물리치거나 사리(私利)를 챙기는 이를 벌주지 않는다. 자신이 비록 권세가 높고 복장(服裝)이 화려하더라도, 그것으로 낮은 이에게 자랑하거나 가난한 이를 업신여기지 않는다. 대체 이렇게 하는 이유는 무엇 때문인가. 가령 길을 잃은 사람으로 하여금 익숙하거나 잘 아는 사람에게 묻거나 듣게 한다면 더 이상 헤매는 일은 없을 것이다.

지금 많은 사람이 성공하길 바라면서도 도리어 실패하게 되는 원인은 도리를 알지 못하면서 굳이 잘 아는 이에게 묻거나 능력 있는 이에게 의견을 듣지 않으려는 데서 비롯된다. 사람들이 굳이 잘 아는 이에게 묻거나 능력 있는 이에게 의견을 듣지 않으려는 데서 성인(聖人)이 억지로 실패를 꾸짖으면 도리어 원망(怨望)을 한다. 일반 사람은 많고 성인은 적다. 적은 수가 많은 수를 이기지 못하는 것은 '정해진 이치'다.

지금 행동을 취하여 천하의 모든 사람과 원수(怨讎) 사이가 되는 것은 자신의 몸을 오래도록 온전히 보존하는 길이 아니다. 그래서 절도(節度)에 맞게 행동하면서 세상과 함께한다는 것이다. 그러므로 『노자』에서 이르길, '올바르게 하면서도 남을 해치지 않고, 깨끗이 하면서도 남에게 상처 입히지 않으며, 곧게 하면서도 자기 마음대로 하지 않고, 영광(榮光)이 있으면서도 남에게 드러내지 않는다.'라고 하는 것이다.[222]

| 08 |

총명(聰明)과 예지(叡智)는 천부적인 효능이고, 행동과 사려(思慮)는 인위적인 활동이다. 사람은 하늘이 준 시력으로 보고, 하늘이 준 청력으로 들으며, 하늘이 준 지력으로 사려한다. 따라서 시력을 무리하게 쓰면 눈이 잘 보이지 않고, 청력을 심하게 쓰면 귀가 밝지 못하며, 사려를 지나치게 하면 지혜가 혼란해진다. 눈이 잘 안 보이면 흑백 색깔을 구분할 수 없고, 귀가 밝지 못하면 맑고 탁한 음성을 분별할 수 없다.

그리고 지혜가 혼란하면 이익과 손실을 가려낼 수 없다. 눈이 흑백 색깔을 구분할 수 없는 것을 맹(盲)이라 하고, 귀가 맑고 탁한 음성을 분별할 수 없는 것을 농(聾)이라 하며, 마음이 이익과 손실을 가려낼 수 없는 것을 광(狂)이라 한다. 눈이 멀면 한낮에도 위험물을 피할 수 없고, 농아(聾啞)인이 되면 천둥 번개 같은 해악(害惡)도 알아차리지 못하며, 광(狂)인이 되면 세상에서 법령을 어겨 받는 화(禍)를 면치 못한다.

『노자』에서 **치인(治人)**이라 함은 행동에 있어 절도를 알맞게 하고, 사려에 있어 낭비를 줄이는 것을 의미하며, 사천(事天)이라 함은 청력이나 시력을 끝까지 쓰지 않고, 지혜의 기능을 다하지 않는 것을 이른다. 끝까지 다하면 정신적인 낭비가 많고, 정신적인 낭비가 많아지면 눈과 귀까지 먹고 도리에 어긋난 광적인 화(禍)가 닥친다. 이 때문에 아껴야 한다. 아

222) 『노자(老子)』, 58장 : 方而不割, 廉而不劌, 直而不肆, 光而不燿.

낀다는 것은 정신을 소중히 하고, 지혜를 아껴 쓰는 것이다.[223]

그러므로 『노자』에서 이르길, '인위(人爲)를 조정하고, 자연(自然) 상태를 유지하는 것은 소중히 아끼는 것만 못하다.'라고 하는 것이다. 일반 사람들의 마음가짐은 부산하다. 부산하면 낭비가 많고, 낭비가 많은 것을 '사치'라 한다. 성인(聖人)의 마음가짐은 조용하다. 조용하면 낭비가 적고, 낭비가 적은 것을 '아낀다'고 한다. 아끼는 방법은 도리(道理)로부터 나온다. 무릇 아낄 수 있어야, '도리에 따른다'고 할 수 있다.

일반 사람들은 우환(憂患)이 들고 뜻밖의 재난을 당해도 여전히 물러설 줄 모르고, 자연의 도리에 따르려 하지 않는다. 성인(聖人)은 비록 우환이나 재난의 형태가 나타나지 않더라도 허심(虛心)의 자세로 도리(道理)에 따르기 때문에 **조복(早服)**이라 일컫는다. 그러므로 『노자』에서 이르길, '오직 아끼기 때문에 이것이 도리에 일찍 따른다.'고 하는 것이다. 여기서 인위를 조정할 줄 아는 이는 사려가 침착하여 조용하다.[224]

자연 상태를 유지할 줄 아는 이는 이목구비, 즉 감관이 텅 빈 상태다. 사려가 침착하면 본래 지닌 덕을 잃지 않는다. 감관이 비어 있으면 화기(和氣)가 날로 들어온다. 따라서 말하길, '덕(德)을 거듭 쌓는다.'고 하는 것이다. 무릇 본래 지닌 덕을 잃지 않도록 하고, 새로운 '화기'를 날로 이르

---

223) '치인(治人)'은, 인위(人爲)를 조정하는 것을 뜻한다.
224) 성인(聖人)의 삶은 허심(虛心)의 자세로 도리(道理)에 따르기 때문에 조복(早服), 즉 일찌감치 복종하며 사는 것이다.

게 할 수 있는 이가 도리에 일찍 따르는 사람이다. 그러므로 말하길, '일찍 따르는 조복을 일러 거듭 덕을 쌓는다.'고 하는 것이다.

덕(德)을 쌓은 후에 비로소 마음이 침착해지고, 마음이 침착해지면 비로소 화기(和氣)가 많아지며, 화기가 많아지면 비로소 계략(計略)이 잘 되고, 계략이 잘 되면 비로소 만물을 능히 제어할 수 있으며, 만물을 능히 제어할 수 있으면 싸움에서 적(敵)을 쉽게 이기고, 논의에 있어 일세(一世)를 **풍미[蓋世]**하게 된다. 싸우면 적을 쉽게 이기고, 논의하면 반드시 일세를 풍미하니 이르길, '이기지 못하는 것이 없다.'고 한다.[225]

여기서 '이기지 못하는 것이 없다'고 하는 것은 '거듭 덕을 쌓는 상태'에 근본을 두는 것이다. 그러므로 말하길, '거듭 덕을 쌓으면 이기지 못하는 것이 없다.'라고 하는 것이다. 싸워서 적을 쉽게 이긴다면 천하를 모두 차지할 수 있고, 논의에 있어 반드시 일세를 풍미한다면 민중이 복종하게 된다. 앞으로 나가 천하를 차지하고, 물러나 안으로 민중을 복종하게 하는 도술이 심원해 일반 사람들은 그 **끝을 볼 수 없다.**[226]

| 09 |

무릇 나라를 보유하다 나중에 그것을 망치고, 몸을 보존하다 나중에 그

---

225) 한 세대를 풍미, 즉 압도[蓋世]한다는 말이다.
226) 끝을 볼 수 없기 때문에 그 궁극도 알 수 없다. 그러므로 『노자』에서 이르길, '이기지 못하는 것이 없으면, 그 궁극도 알 수 없게 된다.'고 한 것이다.

것을 해친다면, 능히 나라를 보유할 수 없고, 능히 몸을 보존할 수 없다고 할 수 있다. 무릇 능히 나라를 보유할 수 있다면, 반드시 능히 사직(社稷)을 안정시킬 수 있으며, 능히 몸을 보존할 수 있다면, 반드시 능히 천수(天壽)를 누릴 수 있다. 이런 연후에야 비로소 능히 나라를 보유할 수 있으며, 능히 몸도 보존할 수 있다고 말할 수 있는 것이다.

무릇 능히 나라를 보유하고 몸을 보존할 수 있는 이는 반드시 도를 체득하게 된다. 도를 체득하면 지혜가 깊어지고, 지혜가 깊어지면 계략이 원대해지며, 계략이 원대해지면 일반 사람들은 그 끝을 알 수 없다. 오직 사람들로 하여금 일의 끝을 알 수 없게 할 뿐이다. 일의 끝을 알 수 없게 해야 나라를 보유하고, 몸을 보존한다. 그러므로 『노자』에서 이르길, '그 끝을 알아보지 못한다면, 가히 나라를 보유할 수 있다.'

『노자』에서 나라를 보유하는 것을 모(母)라 했다. 여기서 '모'란 도(道)를 일컫는다. '도'라는 것은 나라를 보유하는 수단인 술(術)을 낳는다. 나라를 보유하는 수단이기 때문에 이를 가리켜 '나라를 보유하는 모(母)라 부른다.' 무릇 도는 이 세상과 함께 변전(變轉)하는 것이므로, 그 생을 살아가는 것이 길고, 그 녹(祿)을 지속시키는 것도 길다. 그러므로 말하길, '나라를 보유하는 모는 가히 장구할 수 있다.'고 하는 것이다.

수목(樹木)의 뿌리엔 2가지가 있다. 가는 실뿌리가 있고, 곧은 뿌리가 그것이다. 곧은 뿌리는 『노자』에서 이른바 저(柢), 즉 밑뿌리를 말하고, 이 밑뿌리는 나무가 지탱하는 근간을 뜻한다. 가는 실뿌리는 생을 유지하는 근간을 말한다. 한편 덕(德)이라 하는 것은, 사람이 살아가는 근거다.

녹(祿)이라 하는 것은, 사람이 생을 유지하는 근거다. 만일 자연의 이치에 근거하여 살아간다면, 이 녹(祿)을 유지해야 오래갈 것이다.

그러므로 말하길, '그 실뿌리를 깊게 하라.'고 하는 것이다. 또 도(道)를 체득(體得)한 사람은 생(生)이 날로 길어진다. 그러므로 말하길, '그 밑뿌리를 단단하게 하라.'고 하는 것이다. 말하자면 밑뿌리가 단단하면 생이 길어지고, 실뿌리를 깊게 펴나가면 오래 살 수 있기 때문이다. 그러므로 『노자』에서 이르길, '그 실뿌리를 깊게 펴고, 그 밑뿌리를 단단하게 하는 것이 생을 길게 하고 오래 사는 길이다.'라고 하는 것이다.

| 10 |

기업인이 업종(業種)을 자주 바꾸면 성과를 제대로 거두지 못하고, 농업인이 경작지를 자주 옮겨 다니면 일을 망칠 것이다. 가령 한 사람의 작업량이 매일 반나절씩 헛되게 보낸다면, 10일에 결국 5사람 몫의 손해를 볼 것이다. 또 1만 사람의 작업량이 매일 반나절씩 헛되게 보낸다면, 결국 10일에 5만 명 몫의 손해를 볼 것이다. 그렇다면 업종을 자주 바꾸는 경우, 인원이 많으면 많을수록 '손해는 더욱더 커질 것'이다.

무릇 법령을 고치면 이해관계가 바뀌고, 이해관계가 바뀌면 민중이 힘써야 할 일도 바뀐다. 힘써야 할 일이 바뀌는 것을 이른바 '업종을 바꾼다'고 한다. 따라서 도리(道理)를 생각해 볼 때 민중으로 하여금 일을 시키면서 자주 법을 바꾸면 성공할 확률이 적다. 큰 기물을 자주 옮기면 파손이 많고, 작은 생선을 요리하면서 자주 쑤석거리면 윤기를 해치며, 큰 나

라를 다스리면서 자주 법을 바꾸면 민중이 고통받는다.[227]

| 11 |

사람이 병이 들면 의원을 존중하고, 재앙이 들면 귀신을 두려워한다. 성인(聖人)이 군주 자리에 있으면 민중은 욕심이 적어지고, 민중이 욕심을 적게 가지면 혈기가 잘 통해 거동을 편하게 하며, 혈기가 잘 통해 거동이 편하면 재해가 적어진다. 무릇 몸에 종기나 부스럼의 피해가 없고, 형벌받는 화(禍)가 없는 이는 귀신도 업신여길 것이다. 그러므로 말하길, '도를 가지고 천하에 임하면, 귀신도 영험하지 않다.'고 한다.

잘 다스려진 세상의 민중은 귀신(鬼神)과 서로 해(害)치지 않는다. 따라서 '귀신이 영험(靈驗)하지 않은 것이 아니라, 영험으로 사람을 해치지 못한다.'고 하는 것이다. 귀신이 사람 괴롭히는 것을, '귀신이 사람을 해친다.'고 하고, 사람이 앙화(殃禍) 몰아내는 것을, '사람이 귀신을 해친다.'고 한다. 또 민중이 법령 어기는 것을, '민중이 군주를 해친다.'고 하고, 군주가 민중 처형하는 것을, '군주가 민중을 해친다.'고 한다.

그러므로 민중이 법령을 준수하면, 군주 또한 민중에 대한 형벌을 집행하지 않는다. 즉 군주가 형벌을 집행하지 않는 것을 가리켜 '군주가 사

---

227) 한비는 덧붙이길, '이런 까닭에 도(道)를 터득한 군주는 안정을 귀하게 여기고, 법 고치기를 신중하게 생각하는 것이다.'라고 했다. 그리고 『노자』에서, "큰 나라를 다스리는 사람은 마치 작은 생선을 요리하듯이 하라."라고 한 것이 맥을 같이 한다.

람을 해치지 않는다.'고 하는 것이다. 그러므로 말하길, '성인(聖人)도 역시 민중을 해치지 않는다.'고 하는 것이다. 즉 군주는 민중과 더불어 서로 해치지 않고, 사람도 귀신과 더불어 서로 해치지 않는다. 그러므로『노자』에서 이르길, '양쪽이 서로 해치지 않는다.'고 하는 것이다.

다시 말해 민중이 법을 어기지 않으면, 군주는 안으로 형벌을 가하지 않고, 밖으로 산업의 이익을 탐내지 않는다. 군주가 안으로 형벌을 가하지 않고, 밖으로 산업의 이익을 탐내지 않으면, 민중이 번식할 것이다. 민중이 번식하면 축적(蓄積)도 풍성해질 것이다. 민중이 번식하고 축적이 풍성해지는 것을 '덕(德)이 있다'고 한다. 무릇 재앙이란 혼백이 빠져나가고, 정신이 혼란해지는 것이다. 정신이 혼란해지면 덕이 없다.

귀신이 사람에게 화(禍)를 입히지 않으면 혼백이 나가지 않고, 혼백이 나가지 않으면 정신도 혼란해지지 않는다. 정신이 혼란해지지 않는 것을 '덕이 있다'고 한다. 군주가 축적을 풍성하게 만들어 주고, 귀신이 정신을 혼란스럽게 하지 않으면 덕이 민중에게 갖춰질 것이다. 그러므로『노자』에서 이르길, '양쪽이 서로 해치지 않으면, 덕은 서로의 것으로 돌아온다.'고 하는 것이다. 상호 덕이 풍성하게 돌아온다는 말이다.

| 12 |

도(道)를 체득한 군주는 밖으로 인접한 적에게 해를 끼치지 않고, 안으로는 민중에게 은덕을 베푼다. 무릇 밖으로 인접한 적에게 해를 끼치지 않는다는 것은 제후와의 교제에서 예의를 지킨다는 말이고, 안으로 민중에

게 은덕을 베푼다는 것은 민중을 다스리는 일에서 농사를 우선한다는 뜻
이다. 제후와의 교제에서 예의를 지키면 전쟁이 일어나지 않고, 민중을
다스리는 일에서 농사를 우선하면, 사치(奢侈)가 그치게 된다.

무릇 말[馬]이 크게 쓰이는 까닭은 밖으로 무기를 공급하고, 안으론 사
치품을 실어 나르기 때문이다. 이에 도(道)를 체득한 군주는 밖으로 무기
를 사용하지 않고, 안으론 사치를 금한다. 따라서 위로 군주가 말[馬]을
전투나 적을 추격하는 데 쓰지 않으면, 아래로 민중도 말[馬]을 먼 곳으로
부터 사치품 전하는 데 쓰지 않는다. 힘을 쏟는 곳은 오직 논밭뿐이다. 논
과 밭에 힘을 쏟으면 반드시 땅을 일구고 물을 대게 된다.

그러므로 『노자』에서 이르길, '천하에 도(道)가 행해지면 발 빠른 말을
물리치고, **논밭을 갈게 한다.**'고 하는 것이다. 여기 군주 된 사람이 도(道)
를 터득하지 못하면, 안으로 민중을 학대(虐待)하고, 밖으로 이웃 나라를
침범(侵犯)한다. 안으로 학대하면 민중이 산업(産業)을 없애고, 밖으로 이
웃 나라를 침범하면 전쟁이 자주 일어난다. 즉 민중이 산업을 없애면 가
축이 줄어들고, 전쟁이 자주 일어나면 병사들은 죽게 된다.[228]

가축이 감소하면 군마가 부족하고, 병사들이 죽으면 군대가 위태롭다.
군마가 부족하면 암말까지 끌어내고, 군대가 위태로우면 측근의 신하들
까지 전쟁터에 동원된다. 말은 군에서 크게 쓰이는 것이고, 교(郊)란 도성

---

[228] 천하에 도(道)가 행해지면, 전쟁터로 향하는 말[馬]들은 모두 농사 짓는 데 도움이 되도록
논밭으로 가게 된다.

에서 가까운 곳을 말한다. 이제 군에 보급되어야 할 장비가 암말이나 측근의 신하들로 갖춰지는 것이다. 그러므로 『노자』에서 이르길, '천하에 도가 행해지지 않으면 군마가 근교에서 새끼를 낳는다.'고 했다.

<h2 style="text-align:center">| 13 |</h2>

사람이 욕심을 내면 사려(思慮)가 흐트러지고, 사려가 흐트러지면 욕심이 심해지며, 욕심이 심해지면 사악한 마음이 강해지고, 사악한 마음이 강해지면 일을 경솔히 하며, 일을 경솔히 하면 재난이 생긴다. 이렇게 보면 재난은 사악한 마음에서 생기고, 사악한 마음은 욕심을 내는 데서 비롯되는 것이다. 욕심을 내는 일들이 많아지면 민중들을 간악하게 만들고, 그렇지 않더라도 착한 사람들로 하여금 화(禍)를 입게 한다.

간악한 일들이 생기면 위로 군주를 침해하고, 화가 닥치면 민중이 다친다. 결국 욕심을 낼만한 일들은 위로 군주를 침해하고, 아래로 민중을 다치게 하는 것이다. 무릇 위로 군주를 침해하고, 아래로 민중을 다치게 한다는 것은 큰 죄다. 그러므로 『노자』에서 이르길, '화가 욕심을 내는 것보다 더 큰 것은 없다.'고 하는 것이다. 이런 이유로 성인(聖人)은 오색의 아름다움에 끌리지 않고, 음악의 즐거움에 빠지지 않는다.[229]

---

229) 한비는 덧붙이길, '아울러 현명한 군주는 귀한 물건을 천시(賤視)하고, 음란한 미색(美色)를 물리친다.'라고 했다.

사람에겐 털이나 깃이 없다. 옷을 입지 않으면, 추위를 견디지 못한다. 위로 하늘에 매달려 있지 못하고, 아래로 땅에 붙어 있지 못한다. 그리고 먹지 않으면 살아갈 수 없다. 이런 이유로 이익을 얻고자 하는 마음은 지속되고, '이익을 얻고자 하는 마음을 물리치지 못하면 근심'이 된다. 그러므로 성인(聖人)은, '옷이 충분히 추위를 견딜 수 있고, 음식이 충분히 허기진 배를 채울 수 있다면, 근심을 하지 않는다.'고 했다.

하지만 일반 사람들은 이렇게 못한다. 크게는 제후가 되고, 작게는 천금이나 되는 재산을 남기더라도 이익 보려는 마음을 물리치지 못한다. 죄수들도 혹 형벌을 면제받고 죽을죄도 때로는 살릴 수 있다. 그러나 만족할 줄 모르는 이의 근심은 평생토록 풀려날 수 없다. 그러므로 『노자』에서 이르길, '재앙은 만족할 줄 모르는 것보다 큰 것이 없다.'고 하는 것이다. 한편 이익을 보려는 마음이 심(甚)하면 근심이 생긴다.[230]

근심이 생기면 질병이 되고, 질병이 되면 지혜가 쇠약해지며, 지혜가 쇠약해지면 사물을 헤아리지 못하고, 사물을 헤아리지 못하면 행동을 멋대로 한다. 행동을 멋대로 하면 재난이 쌓이고, 재난이 쌓이면 병이 몸 안에 엉겨 붙는다. 병이 몸 안에 엉겨 붙으면 화(禍)가 밖으로부터 닥치고,

---

230) 『노자(老子)』, 46장에 나오는 말로, "재앙[禍]은 만족할 줄 모르는 것보다 큰 것이 없고, 허물[咎]은 얻으려는 것보다 큰 것이 없다. 그러므로 만족(滿足)을 아는 만족이 항상 만족스런 것이다."라고 했다.

화가 밖으로부터 닥치면 고통이 위와 장 사이에 번갈아 일어난다. 고통이 위와 장 사이에 번갈아 일어나면, 사람을 상(傷)하게 한다.

　사람을 상하게 하면 아프고, 아프면 물러나 자신을 허물한다. 물러나 자신을 허물하는 것은 이익을 보려는 마음에서 비롯된다. 그러므로 『노자』에서 이르길, '허물은 이익 보려고 하는 것보다 아픈 것이 없다.'고 했다. 도(道)란 만물이 존재하는 근거이고, 모든 이(理)가 모인 근원이다. 이(理)는 사물을 이루는 조리이고, 도는 만물을 이루게 하는 원인이다. 그러므로 『노자』에서 이르길, '도는 다스리는 것이다.'라고 했다.[231]

　사물엔 각기 '이'가 있어 서로 침범할 수 없다. 사물엔 각기 '이'가 있어 서로 침범할 수 없으므로 '이'가 사물을 각기 결정지으며 만물은 각각 '이'를 달리한다. 만물은 각각 '이'를 달리하고, '도'가 만물의 '이'를 모두 통할하므로 변하지 않을 수 없다. 변하지 않을 수 없으므로 일정한 존재방식이 없다. 일정한 존재방식이 없는 까닭으로 생사의 기(氣)를 받고 모든 지혜를 펴내며 모든 일의 흥망성쇠가 여기서 비롯된다.

| 15 |

　하늘은 도(道)를 얻었기 때문에 높고, 땅은 도를 얻었기 때문에 만물을 간직하며, 북두칠성은 도를 얻었기 때문에 위세를 떨치고, 일월(日月)은

---

231) 『노자(老子)』, 14장에 나오는 말로, "옛날의 도(道)를 잡아 지금의 유(有)를 다스린다. 아득한 태초의 시작을 알 수 있으니, 이를 도(道)의 본질[是謂道紀]이라 한다."고 했다.

도를 얻었기 때문에 빛나며, 오행(五行)은 도를 얻었기 때문에 자리를 유지하고, 별들은 도를 얻었기 때문에 운행하며, 4계절은 도를 얻었기 때문에 기후 변화를 통제하고, **헌원(軒轅)**은 도를 얻었기 때문에 사방에 군림하며, **적송자**는 도를 얻었기 때문에 천지와 더불어 있다.[232]

성인(聖人)은 도(道)를 얻었기 때문에 문물제도를 만들었다. 도(道)가 요순(堯舜)을 만나면 함께 지혜롭고, **접여(接輿)**를 만나면 함께 미치광이가 되며, 걸주(桀紂)를 만나면 함께 멸망하고, 탕무(湯武)를 만나면 함께 번창(繁昌)한다. 가까이 있다고 생각하면 사방 끝없는 곳에 있고, 멀리 있다고 생각하면 항상 내 곁에 존재하며, 어둡다고 생각하면 그 광채(光彩)가 밝게 빛나고, 밝다고 생각하면 '물체가 캄캄하게' 보인다.[233]

그러면서 공력(功力)이 천지(天地)를 조성하고, 화기(和氣)가 천둥과 번개를 융화시킨다. 우주 안의 모든 사물이 거기에 의존해 이뤄지는 것이다. 무릇 도(道)의 실체는 아무런 규제를 받지 않고, 형태도 갖추지 않았으며, 유연(柔軟)하게 때에 따라 변(變)하고, 이와 함께 서로 대응(對應)하여 움직인다. 만물은 이를 얻음으로써 죽고, 이를 얻음으로써 살며, 모든 일이 이를 얻음으로써 실패하고, 이를 얻음으로써 성공한다.

---

232) '헌원(軒轅)'은, 중국 상고시대의 신화적인 인물인 황제(黃帝)를 가리키고, '적송자(赤松子)'는, 신농씨(神農氏) 때의 우사(雨師)와 선인(仙人)으로 알려진 인물이다. 참고로 '법가(法家)'는, 황제(黃帝)를 법가의 효시(嚆矢)로 본다.

233) '접여(接輿)'는, 미치광이로 알려진 초(楚)의 은자(隱者)다. 성은 육(陸), 이름은 통(通), 접여는 자(字)다.

도(道)는 비유하면 마치 물과 같다. 가령 사람이 물에 빠지면 물을 너무 많이 마셔 죽게 되고, 목마른 사람은 물을 적당히 마심으로써 살게 된다. 또 비유하면 칼이나 창과도 같다. 가령 어리석은 사람이 그것으로 분을 풀면 화(禍)가 되지만, 성인(聖人)이 그것으로 포악한 이를 처벌하는 데 쓰면 복이 된다. 그러므로 『노자』에서 이르길, '이를 얻음으로써 죽거나 살고, 이를 얻음으로써 실패나 성공도 한다.'고 하는 것이다.[234]

| 16 |

중원 사람들은 산 코끼리를 본 일이 거의 없다. 그래서 죽은 코끼리 뼈를 얻어 그 그림에 의지하여 살아있는 모습을 상상한다. 때문에 사람들은 마음속으로 상상한 것을 모두 코끼리[象]라 부르는 것이다. 이제 비록 도를 실제로 보거나 들을 수 없다 해도, 성인(聖人)은 그 드러난 공의 자취를 통해 그 형체를 소상히 내보인다. 그러므로 『노자』에서 이르길, '형상 없는 상(狀)이며, 물체 없는 상(象)이다.'라고 하는 것이다.[235]

| 17 |

무릇 이(理)란 형질에 있어 모나고 둥근 것, 짧고 긴 것, 거칠고 가는 것, 단단하고 연한 것이 구별되는 갈림을 말한다. 따라서 이(理)가 일정해진

---

234) 현행본 『노자』엔 이런 구절이 보이지 않는다. 아마도 일문(佚文)으로 봐야 할 듯하다.
235) 『노자(老子)』, 14장에 나오는 말로, "형상 없는 상(狀)이며, 물체 없는 상(象)이다."라고 한다.

이후에 도(道)를 파악할 수 있다. 따라서 고정된 이(理)에 존(存)과 망(亡)이 있고, 생(生)과 사(死)가 있으며, 성(盛)과 쇠(衰)가 있는 것이다. 무릇 사물이 한 번 있다 한 번 사라지고, 갑자기 죽었다 갑자기 살아나며, 처음엔 성하다 나중엔 쇠하는 것을 '상(常)'이라 할 수 없다.

오직 천지(天地)가 나눠지면서 함께 생하고, 천지가 소멸되어 사라질 때까지 죽지도 쇠하지도 않는 것을 상(常)이라 한다. 그래서 상이란 불변이나 고정된 것이 아니다. 고정된 것을 갖지 않으므로 일정한 곳에 있지 않고, 이 때문에 도(道)라 할 수 없는 것이다. 성인(聖人)은 유현(幽玄)한 허무를 알아차리고, 두루 움직여 가는 점을 들어 억지로 이름 붙이길, 도(道)라 말한 것이다. '이후에 논의를 할 수 있게 된 것'이다.[236]

| 18 |

사람은 나면서 시작해 죽는 데서 끝난다. 시작하는 것을 출(出)이라 하고, 끝나는 것을 입(入)이라 한다. 그러므로 『노자』에서 이르길, '생으로 시작해 사로 들어간다.'고 하는 것이다. 사람의 몸엔 360개의 골절이 있는데, 이 가운데 사지(四肢)와 9개의 구멍이 중요한 기관이다. 4개의 사지(四肢)에 9개의 구멍을 더하면 13개가 된다. 13개의 동(動)과 정(靜)은 모두 생(生) 쪽에 속한다. 속하는 것을 가리켜 도(徒)라 한다.[237]

---

236) 그러므로 『노자』에서 이르길, '도(道)라 말할 수 있는 도(道)는 상도(常道)가 아니다.'라고 한 것이다.
237) 『노자(老子)』, 50장에 나오는 말로, "나옴은 사는 것이요, 들어감은 죽는 것이다."라고 했다.

그러므로 『노자』에서 이르길, '생의 도가 13이다.'라고 하는 것이다. 한편 죽음에 이르면 13개 기관이 모두 뒤집혀 사(死) 쪽에 속한다. 죽음의 도(徒) 역시 13이다. 『노자』에서 이르길, '생의 도가 13이며, 사의 도가 13이다.'라고 한 것이다. 무릇 사람이 생생하게 산다는 것은 본래 활동하는 것이고, 활동을 다하면 몸을 손상하게 된다. 그러면서 활동을 그만두지 않으면 바로 몸을 손상시키면서도 그만두지 않는 것이 된다.

몸을 손상시키면서도 그만두지 않으면 생을 마치게 된다. 생을 마치는 것을 가리켜 사(死)라 한다. 그렇다면 13기관이란 것이 모두 죽음 쪽으로 몰고 가는 터전이 되는 셈이다. 그러므로 『노자』에서 이르길, '사람이 생생하게 활동할 때에 움직여서 모두 사지(死地) 쪽으로 가도록 하는 것도 역시 13기관이다.'라고 하는 것이다. 이런 까닭으로 성인(聖人)은 '마음 쓰는 일을 아끼고 평정한 상태로 있는 것을 귀하게 여긴다.'

사지(死地)로 몰고 가는 일은 들소나 호랑이의 피해보다 더 크고 심각하다. 무릇 들소나 호랑이는 정해진 영역을 가지며, 활동에도 일정한 시기가 있다. 그 영역을 피하고, 그 시기를 잘 살피면 들소나 호랑이의 피해를 면할 수 있다. 사람들은 오직 들소 뿔이나 호랑이 발톱 무서운 줄만 알고, 모든 사물이 발톱과 뿔을 지녔다는 것은 모른다. 때문에 만물의 피해로부터 벗어나지 못한다. 무엇을 가지고 이렇게 말하는가.

시우(時雨)가 하루 종일 들판과 산천에 세차게 내리면, 바람과 이슬이란 발톱과 뿔의 해를 입는다. 군주를 섬기면서 불충하고 경솔하게 금령(禁令)

을 어기면, 형벌(刑罰)이란 발톱과 뿔의 해를 입는다. 시골에 살면서 예를 무시하고 애증(愛憎)에 법도(法度)가 없으면, 분쟁과 다툼이란 발톱과 뿔의 해를 입는다. 기호(嗜好)나 욕심이 끝이 없고 동정(動靜)에 절도(節度)가 없으면, 부스럼과 종기란 발톱과 뿔의 해를 입는다.[238]

이기적인 꾀를 즐기면서 도리를 저버린다면 법망이란 발톱과 뿔의 해를 입는다. 들소나 호랑이에게는 일정한 활동영역이 있듯 모든 피해에는 원인이 있다. 그 영역을 피하고, 그 원인을 막는다면 모든 피해를 면할 수 있다. 무릇 무기나 갑옷은 적의 침해를 방비하기 위한 수단이다. 생명을 소중히 여기는 이는 군대에 들어가도 성내며 다툴 마음이 없다. 다툴 마음이 없기 때문에 적의 침해로부터 지킬 방비도 필요 없다.

이는 야전군에만 해당되는 것이 아니다. 그리고 성인(聖人)이 세상을 편안하게 살아가는 것은 사람을 해칠 마음이 없어서다. 다른 사람을 해칠 마음이 없으면, 반대로 다른 사람으로부터 침해를 당할 일도 없다. 즉 다른 사람을 방비(防備)할 필요가 없는 것이다. 그러므로 『노자』에서 이르길, '육지를 가더라도 들소나 호랑이를 만나지 않는다.'고 하는 것이다. 말하자면 산속에 들어가더라도, 침해에 대한 방비가 필요 없다.

따라서 말하길, '군대에 들어가더라도 무기나 갑옷으로 방비를 하지 않는다.'고 한다. 즉 여러 가지 해(害)로부터 멀리 떨어져 있는 것이다. 그러므로 『노자』에서 또 이르길, '들소도 뿔을 부딪칠 데가 없고, 호랑이도 발

---

238) '시우(時雨)'는, 계절에 따라 내리는, 이른바 장맛비를 가리킨다.

톱을 걸 데가 없으며, 무기도 칼날을 가할 데가 없다.'고 하는 것이다. 방비를 하지 않아도 해가 없는 것이 천지의 도리다. 천지(天地) 자연의 도를 체득했기 때문에, '죽을 터전이 없다.'고 말하는 것이다.[239)

| 19 |

자식을 귀여워하는 이는 자식을 사랑하고, 생명을 소중히 하는 이는 몸도 소중히 하며, 공적(功績)을 귀하게 여기면 하는 일도 귀하게 여긴다. 사랑이 깊은 자모(慈母)는 자식이 행복해지도록 힘쓰고, 행복해지도록 힘쓰면 화(禍)를 물리치는 일을 하며, 화를 물리치는 일을 하면 사려가 깊어지고, 사려가 깊어지면 사리를 알게 되며, 사리를 알게 되면 반드시 성공을 하고, 반드시 성공하면 일을 실행할 때 망설이지 않는다.

망설이지 않는 것을 '용기'라 한다. 성인(聖人)이 일을 하는 것은, 자모가 자식을 위해 염려하는 것과 다르지 않다. 반드시 행하지 않을 수 없는 도를 찾아낸다. 행하지 않을 수 없는 도를 찾아내면 사리에 밝아지기 때문에 일을 할 때 망설이지 않는다. 다시 말해 망설이지 않는 것을 '용기'라 한다. 망설이지 않는 것은 자애로부터 생긴다. 그러므로 『노자』에서 이르길, '자애롭기 때문에 용감해질 수 있다.'고 하는 것이다.

---

239) 한비는 덧붙이길, '따라서 행동함에도 죽을 터전이 없다면 섭생(攝生), 즉 주술적(呪術的) 방법이 아닌 합리적 처세술(處世術)을 잘 하는 것이다.'라고 했다.

주공(周公)이 말하길, '겨울에 얼어붙은 상태가 단단하지 않으면 봄과 여름에 초목의 성장도 무성하지 않다.'고 했다. 아무리 천지라도 항상 사치하고 낭비만 할 순 없다. 하물며 사람에게 있어서는 더 말할 필요가 없다. 그러므로 만물엔 반드시 성(盛)과 쇠(衰)가 있고, 만사엔 반드시 이완되거나 긴장하는 일들이 있으며, 국가엔 반드시 문(文)과 무(武)란 2가지 길이 있고, 공적 기관의 다스림엔 반드시 '상과 벌'이 있다.

이런 이유로 지혜로운 이가 재물(財物)을 적게 쓰면 집안이 부유(富裕)해지고, 성인(聖人)이 정신을 아끼고 소중히 간직하면 정력(精力)이 왕성해지며, 군주가 병사들을 자주 싸움터로 내몰지 않으면 민중의 수가 많아진다. 민중의 수가 많아지면 국토도 넓어진다. 이런 이유로 『노자』에서 이르길, '검소하기 때문에 능히 광대할 수 있다.'고 하는 것이다. 무릇 물건에 형체가 있는 것은, 재단(裁斷)하기 쉽고 분할하기 쉽다.

무엇으로 이렇게 말할 수 있는가. 형체가 있으면 짧거나 긴 것이 있고, 짧거나 긴 것이 있으면 작거나 큰 것이 있으며, 작거나 큰 것이 있으면 모나거나 둥근 것이 있고, 모나거나 둥근 것이 있으면 단단하거나 무른 것이 있으며, 단단하거나 무른 것이 있으면 가볍거나 무거운 것이 있고, 가볍거나 무거운 것이 있으면 희거나 검은 것이 있다. 짧거나 긴 것, 크거나 작은 것, 모나거나 둥근 것을 가리켜 '이(理)'라 한다.

또 단단하거나 무른 것, 가볍거나 무거운 것, 희거나 검은 것을 가리켜

'이(理)'라 한다. '이'가 정해져 있어 물건을 각기 분할하기 쉬운 것이다. 따라서 조정(朝廷)에서 논의가 있고 난 뒤에 의견을 말한다면, 논리가 설 것이다. 권모(權謀)에 뛰어난 사람은 이를 잘 안다. 여기서 네모나 둥근 모양을 그리면서 그 규구(規矩)대로 따르면, 모든 일이 효과를 볼 것이다. 그래서 모든 만물에는 '각각 알맞은 규구가 있는 것'이다.

논의하고 의견을 말하는 사람은 규구를 안다. 성인(聖人)은 무엇이든 만물의 규구에 따른다. 그러므로 『노자』에서 이르길, '감히 천하보다 앞서려고 하지 않는다.'고 하는 것이다. 천하보다 감히 앞서지 않으면 무슨 일이든 되지 않는 일이 없고, 높은 벼슬에 있지 않으려 해도 그렇게 되지 않는다. 그러므로 『노자』에서 이르길, '감히 천하보다 앞서려 하지 않기 때문에 능히 큰 구실을 할 장(長)이 된다.'고 하는 것이다.

| 21 |

자식을 사랑하는 이는 군이 의식을 끊으려 하지 않고, 자기 몸을 소중히 하는 이는 법도를 어기려 하지 않으며, 네모나 원을 그리고자 하는 이는 군이 규구를 배제하지 않는다. 전쟁터에서 병사나 관리들을 사랑하면 싸워 적을 이겨낼 것이고, 기구나 설비들을 귀하게 여기면 성곽(城郭)을 견고하게 지킬 것이다. 그러므로 『노자』에서 이르길, '자애를 가지고 싸우면 이기고, 그것을 가지고 지키면 군건하다.'고 하는 것이다.

무릇 자신을 온전하게 하면서 또 만물의 이치에 따를 수 있는 이는 반드시 하늘에서 생(生)을 보장할 것이다. 하늘에서 생을 보장한다는 것은 생의(生意)를 살려 나간다는 의미다. 만일 자애(慈愛)를 가지고 그것을 지킨다면 일이 반드시 완전해지고, 행동도 마땅하지 않음이 없게 될 것이다. 바로 그것을 가리켜 '보배'라 한다. 그러므로 『노자』에서 이르길, '나에게 3가지 보배가 있어 그것을 간직해 나간다.'고 하는 것이다.[240]

| 22 |

『노자』에 이른바 '대도(大道)'라 하는 것은 정도(正道)를 말한다. 이른바 '길이 굽어 있다'고 언급한 것은 삿된 사도(邪道)를 말한다. 지름길을 뜻하는 경도(徑道)가 중시되는 것은 길이 화려해 보이기 때문이다. 하지만 경도는 사도의 일부다. '조정(朝廷)이 깨끗하다'는 것은 송사(訟事)가 빈번(頻繁)하다는 증거다. 송사가 빈번하면 논밭이 황폐해지고, 논밭이 황폐해지면 창고가 텅 비며, 창고가 텅 비면 나라가 가난해진다.

나라가 가난해지면 민중의 풍속이 사치하게 되고 민중의 풍속이 사치하게 되면 의식(衣食)을 얻는 생업을 하지 않으며, 의식을 얻는 생업을 하지 않으면 민중이 교묘하게 꾸미지 않을 수 없게 되고, 교묘하게 꾸미면 문채를 낼 줄 안다. 문채를 낼 줄 아는 것을 '문채 나는 옷을 입는다.'고 한다. 송사가 빈번하고 창고가 텅 비며, 사치하는 풍속이 형성되면 나라가 입는 손상은 마치 '예리한 칼날로 찌르는 것'과 같아진다.

그러므로 『노자』에서 이르길, '예리한 칼을 몸에 찬다.'고 하는 것이다.

---

240) '생의(生意)'는, 타고난 이치대로 알맞게 되어 있는 마음을 뜻한다.

사람들이 지혜와 기교로 분식(粉飾)하여 나라를 손상시키는 지경까지 이르면 개개의 사가(私家)는 반드시 부유해질 것이다. 개개의 사가가 반드시 부유해지기 때문에 『노자』에서 이르길, '재화가 남아돈다.'고 하는 것이다. 나라가 이와 같은 지경이라면 어리석은 민중이 유혹되어 그것을 본받지 않을 수 없게 되고, 그것을 본받으면 좀도둑이 생겨난다.

이를 통해 보면 나라에 간악한 일이 일어나면 좀도둑이 따른다. 우(竽)란 피리는 오성(五聲) 악기의 중심이다. '우'가 앞서면 종(鍾)과 비파(琵琶)가 따르고, '우'가 소리를 내면 악기들이 모두 거기에 화답한다. 이제 간악한 일이 일어나면 사람들이 소리 내 부를 것이고, 사람들이 소리 내 부르면 좀도둑이 거기에 화답할 것이다. 그러므로 『노자』에서 이르길, '문채 나는 옷을 입고, 예리한 칼을 몸에 찬다.'고 한 것이다.[241]

| 23 |

지혜로운 사람이나 어리석은 사람이나 가릴 것 없이 모두 취사(取捨) 선택을 하지 않을 수 없다. 담담(淡淡)하고 욕심이 없는 평정(平靜)한 상태라면 화(禍)나 복(福)이 어디서 발단되는지 그 원인을 안다. 그런데 좋아하고 미워하는 감정에 사로잡히고, 이른바 음란(淫亂)한 물건에 빠져든 다음엔 마음의 평안을 잃어 어지럽게 된다. 이렇게 되는 이유는 바깥 사물에 끌려, '즐기는 물건'에 마음이 어지럽혀지기 때문이다.

---

241) 좀 더 부연하면, '문채 나는 옷을 입고, 예리한 칼을 몸에 차며, 음식을 물리도록 먹고, 그래도 재화가 남아도는 이를 가리켜 도적의 우두머리다.'라고 했다.

욕심 없이 담담하면 취사(取捨) 선택의 기준이 분명하고, 마음의 평정을 이루면 화복(禍福)에 대한 계교(計較)도 부릴 줄 안다. 그런데 지금은 '즐기는 물건'이 마음을 바꾸고, 바깥 사물이 마음을 잡아 계속 이끌어 나간다. 그러므로 『노자』에서 이르길, '뽑는다.'고 하는 것이다. 한편 성인(聖人)에 이르러선 그렇지 않다. 한번 취사(取捨) 선택의 기준을 세우면 비록 즐기는 물건을 본다 하더라도 그 마음을 끌어당길 수 없다.

그 마음을 끌어당길 수 없는 것을 가리켜 『노자』에선, '뽑히지 않는다'고 하는 것이다. 그 마음을 오로지 하나로 갖는다면, 비록 욕심낼 만한 것들이 있더라도 정신이 흔들리지 않는 것이다. 정신이 흔들리지 않는 것을 가리켜 『노자』에선, '떨어져 나가지 않는다.'고 하는 것이다. 사람의 자손이 된 사람이 이 도(道)를 체득해 종묘(宗廟)를 지켜내고, 망(亡)하지 않는 것을 『노자』에서는 '제사를 그만두지 않는다.'고 한다.

| 24 |

개인에 있어선 정력의 쌓임이 덕(德)이 되고, 집에 있어선 재화 축적이 덕이 되며, 한 마을과 나라 그리고 천하에 있어선 민중의 수가 덕이 된다. 여기서 자신을 잘 다스리면 바깥 사물이 정신을 어지럽힐 수 없다. 그러므로 『노자』에서 이르길, '개인이 이것을 실천하면 그 덕이 순진하다.'고 하는 것이다. 진(眞)은 '덕이 확고'한 상태다. 집을 잘 다스려 쓸데없는 일들이 사려 판단을 흔들 수 없게 하면 재화가 남아돈다.

그러므로 『노자』에서 이르길, '집에서 이것을 실천하면 그 덕이 남아돈다.'고 하는 것이다. 마을 다스리는 이가 이 절도를 지키면 남아도는 집이 많아진다. 그러므로 『노자』에서 이르길, '마을에서 이것을 실천하면 그 덕이 오래 간다.'고 하는 것이다. 나라 다스리는 이가 이 절도를 지키면 나라에 덕을 지닌 사람들이 많아진다. 그러므로 『노자』에서 이르길, '나라에서 이것을 실천하면 그 덕이 풍성해진다.'고 한 것이다.

또 천하를 다스리는 이가 이 절도(節度)를 지키면 민중의 생활에서 혜택을 받지 않는 이들이 없게 된다. 그러므로 『노자』에서 이르길, '천하에서 이것을 실천하면 그 덕이 널리 미친다.'고 하는 것이다. 자기 스스로를 닦는 이가 이것으로 군자와 소인을 구별하고, 마을을 다스리고, 나라를 다스리고, 천하를 다스리는 이들이 각각 이 과정에 맞추어 성(盛)과 쇠(衰)를 정확히 관찰한다면 '만에 하나도 실수가 없을 것'이다.[242]

---

242) 좀 더 부연하면, 『노자』에서 이르길, '개인의 관점으로 개인을 인식하고, 집의 관점으로 집을 인식하며, 마을의 관점으로 마을을 인식하고, 나라의 관점으로 나라를 인식하며, 천하의 관점으로 천하를 인식한다. 내가 어떻게 천하가 이렇다고 아는가. 이상의 방법으로 안다.'라고 했다.

제21장 유로(喩老)

앞장의 해로(解老)가 『노자(老子)』에 대한 논리적 해설이었던 것과는 다르게 유로(喩老) 장은 한비(韓非) 철학의 기저를 거듭 다지기 위한 독자적 비유 방식의 부연 설명이라 할 수 있다. 비유에 있어 많은 역사적 고사나 전설을 인용하고 있다. 다만 한비의 『노자』 이해는 단장취의(斷章取義)적 경향이 짙다는 한계도 존재한다.

| 01 |

천하에 도(道)가 행해지고, 급박한 우환도 없으면 평정(平靜)이라 한다. 또한 역(驛)의 수레들이 쓸모없게 된다. 그러므로 『노자』에서 이르길, '전쟁터에서 질주하던 말이 논밭을 갈게 한다.'고 했다. 천하에 도(道)가 없으면, 나라간 공격과 수비가 끊이지 않는다. 갑옷엔 이[蝨]와 서캐가 자라고 막사엔 새가 둥지를 틀어도 병사들은 돌아갈 수 없다. 그러므로 『노자』에서 이르길, '군마가 근교에서 새끼를 낳는다.'고 한다.

적(翟) 사람이 진(晉) 문공에게 여우 털과 검정 표범 가죽을 바친 일이 있다. 이에 문공이 모피를 받아들고 탄식하길, '이 짐승은 털이 아름다워 화근이 되었다.'고 했다. 무릇 나라를 다스리는 이가 '명예 때문에' 화(禍)를 당한 일이 서(徐) 언왕(偃王)의 경우다. 성(城)과 토지 때문에 화(禍)를 당한 일은 우(虞)와 괵(虢)의 경우다. 그러므로 『노자』에서 이르길, '죄가 욕심을 부리는 것보다 더 큰 것은 없다.'고 한 것이다.[243]

지백(智伯)이 범(范)씨와 중행(中行)씨의 영토를 병합(倂合)했다. 여기서 그치지 않고 조(趙)나라를 공격했다. 그러나 한(韓)나라와 위(魏)나라가 그를 배반해 군대가 진양 땅에서 패하고, 그 자신은 고량(高梁) 동쪽 땅에서 살해를 당했다. 이후 끝내 영토(領土)는 분할되었고, 그의 머리 두개골은 옻칠해 술잔으로 만들어졌다. 그러므로 『노자』에서 이르길, '화(禍)가 자족할 줄 모르는 것보다 더 큰 것은 없다.'고 하는 것이다.

우(虞)의 군주가 궁지기(宮之奇)의 간언(諫言)을 무시하고, 굴(屈) 지방의 명마(名馬)와 수극(垂棘)에서 나는 옥(玉)을 탐내다 결국 나라를 망치고 자신도 살해당했다. 그러므로 『노자』에서 이르길, '허물이 이익을 보려는 것보다 더 아픈 것은 없다.'라고 한 것이다. 나라는 존속(存續)시키는 것이 정상이고, 패왕(霸王)이 되는 것은 다른 일이다. '몸은 생존(生存)하는 것'이 정상이고, '부귀(富貴)를 노리는 것'은 다른 일이다.[244]

---

243) 서북방의 이민족을 가리킨다.

244) 한비는 덧붙이길, '욕심이 자신을 해치지만 않는다면 나라가 망하지 않고, 자신도 죽지 않는다. 그러므로 『노자』에서 이르길, '만족할 줄 아는 것이 진정한 만족이다.'라고 했다.

초(楚)의 장왕은 황하(黃河)와 형옹(衡雍) 사이에서 진(晉)과 싸워 이기고 돌아와 재상인 **손숙오(孫叔敖)**에게 상을 주었다. 손숙오는 한수(漢水) 변두리에 사석(沙石)이 많은 땅을 요청했다. 초(楚)의 국법에 신하에게 봉록을 줄 경우, 2대(代) 만에 토지를 회수하게 되어 있다. 하지만 손숙오는 그대로 가지고 있었다. 이렇게 국법으로 회수하지 못한 이유는 토지가 척박했기 때문이다. 따라서 '제사가 9대(代)까지' 이어졌다.[245]

그러므로 『노자』에서 이르길, '잘 세우면 뽑히지 않고, 잘 껴안으면 떨어져 나가지 않으며, 자손(子孫)이 그 제사 때문에 대대(代代)로 그치지 않는다.'고 하는 것이다. 이는 손숙오를 가리켜 하는 말이다. 그리고 통제력이 자기에게 있는 것을 '진중(鎭重)하다'고 하고, 그 지위로부터 떠나지 않는 것을 '안정(安定)되다'라고 한다. 진중하면 능히 경솔한 사람을 부릴 수 있고, 안정되면 능히 소란한 이를 부릴 수 있는 것이다.

그러므로 『노자』에서 이르길, '무거운 것은 가벼운 것의 뿌리가 되고,

---

245) '손숙오(孫叔敖)'의 원래 성(姓)은, 위(蔿)고, 이름은 오(敖)다. 『여씨춘추(呂氏春秋)』에 따르면, 초장왕이 조회를 마치고, 근심어린 모습을 보였다. 이에 신하들이 까닭을 묻자, 장왕은, "예로부터 어진 선비를 스승으로 맞으면 훌륭한 군왕이 되고, 똑똑한 사람을 벗으로 삼으면 처세에 걱정이 없다고 했소. 그런데 조회에 참석한 이들의 말을 들어보면 나보다 못한 수준이니, 어찌 나라의 미래가 걱정되지 않겠소."라고 했다. 이때 마침 기사(期思) 땅에 사는 손숙오가 친척과 마을 사람들을 동원해 대규모 관개공사(灌漑工事)를 시행한 덕에 곡물 생산을 획기적으로 늘렸다는 소식을 듣게 됐다. 장왕이 바로 그를 부른 뒤 치국방안을 논의했다. 손숙오의 답에 막힘이 없자 크게 기뻐하며 바로 재상으로 임명해 국정을 맡겼다.

조용한 것은 소란한 것의 군주가 된다.'고 하는 것이다. 나라는 군주에게 무거운 **치중(輜重)**이다. 그러므로 『노자』에서 이르길, '군자가 종일 길을 갈지라도 치중을 떠나지 않는다.'고 하는 것이다. 주보(主父)는 생전에 나라를 물려줬다. 곧 치중을 떠난 것이다. 비록 대(代)나 운중(雲中)의 즐거움은 있었으나, 초연한 가운데 이미 조(趙)를 잃은 것이다.[246]

주보(主父)는 만승(萬乘)의 군주이면서도 천하에 대해 자신을 너무도 가볍게 처신했다. 권세(權勢) 잃는 것을 가리켜 경(輕)이라 하고, 그 자리를 떠난 것을 가리켜 조(躁)라고 한다. 이런 까닭에 주보는 생전에 유폐되어 죽었다. 그러므로 『노자』에서 이르길, '경솔(輕率)하면 신하를 잃고, 소란(騷亂)하면 군주를 잃는다.'고 하는 것이다. 이는 '주보를 가리켜 한 말'이다. 그리고 '권세란 군주에게 있어 연못과도 같은 것'이다.

군주가 된 사람이 신하들 사이에서 권세를 잃으면 곧 끝난다. 제(齊)의 간공(簡公)이 그것을 전성자(田成子)에게 빼앗기고, 진(晉)의 군주는 그것을 육경(六卿)에게 빼앗겨 나라를 망쳤으며, 자신도 살해당했다. 그러므로 『노자』에서 이르길, '물고기는 깊은 연못에서 빠져나오지 못한다.'고 하는 것이다. 상벌(賞罰)은 나라를 다스리는 이기(利器)다. '군주에게 있으면 신하를 제압'하지만, 신하들에게 있으면 군주를 해친다.

다시 말해 상벌은 나라를 다스리는 이기(利器)다. 가령 군주가 상(賞)줄

---

246) '치중(輜重)'의 '치(輜)'는, 옷 등을 싣는 수레고, '중(重)'은, 무거운 물건을 싣는 수레다. 즉 물자를 실어 나르는 무거운 수레를 말한다. 또 전시(戰時)엔 식량을 보급하는 차량 역할도 한다.

뜻을 보이면, 신하 쪽은 그것을 줄여 은덕(恩德)으로 삼고, 군주가 처벌할 뜻을 보이면 신하 쪽은 그것을 더해 위엄을 삼으려 한다. 말하자면 군주가 상(賞)줄 뜻을 내보이면 신하는 그 권세를 이용하고, 군주가 처벌할 뜻을 내보이면 신하는 그 위력을 타는 것이다. 그러므로 『노자』에서 이르길, '나라의 이기를 남에게 보여선 안 된다.'고 하는 것이다.

| 03 |

월왕(越王)이 오(吳)나라 조정에 신하로 들어가 제(齊)를 치도록 권했다. 이는 오(吳)를 피폐시키기 위한 책략이었다. 오의 군사가 이미 예릉(艾陵) 땅에서 제나라 군과 싸워 이기고, 장강(長江)과 제수(濟水) 지역으로 세력을 확장해 황지(黃池)까지 힘을 과시했다. 그러므로 『노자』에서 이르길, '장차 움츠리려 한다면 반드시 잠깐 펼쳐 두어라. 장차 약하게 하려고 한다면 반드시 잠깐 강하게 해주어라.'라고 하는 것이다.[247]

진(晉)나라 헌공(獻公)은 장차 우(虞)를 습격하고자 미리 벽옥(璧玉)과 명마를 선물로 보내 주었고, 지백(智伯)은 장차 구유(仇由)를 습격하고자 큰 수레를 선물로 보내 주었다. 그러므로 『노자』에서, '장차 취하고자 한다면 반드시 잠깐 내주어라.'라고 한 것이 이와 같은 경우다. 형체가 드러나지 않는 곳에서 일을 일으켜 천하의 큰 공(功) 세울 것을 기대한다. 이는 『노자』에서 이르길, '미명(微明)이라 한다.'라고 했다.[248]

---

247) 이렇게 해서, 월(越)나라가 오호(五湖) 지방에서 오(吳)나라를 제압할 수 있었다.
248) 작고 약한 처지에서 거듭 낮추는 것을, '약하면서 강한 것을 이긴다.'고 하는 것이다.

형체를 갖는 유(有)에서 큰 것은 반드시 작은 데서 시작되고, 오래 걸리는 일들은 반드시 적은 데서 시작된다. 그러므로 『노자』에서 이르길, '천하의 어려운 일은 반드시 쉬운 일부터 일어나고, 천하의 큰일은 반드시 미세(微細)한 일부터 일어난다.'고 하는 것이다. 즉 사물을 제어하려면 그것이 미세할 때 다뤄야 한다. 그러므로 『노자』에서 이르길, '어려운 일은 쉬울 때 도모하고, 큰일은 미세할 때 처리한다.'고 하는 것이다.

천(千) 길이나 되는 제방(堤防)도 땅강아지와 개미굴 때문에 무너지고, 백(百) 척이나 되는 궁실도 굴뚝 틈새의 연기불로 인해 타버린다. 그러므로 **백규(白圭)**는 제방을 돌며 구멍을 메우고, 노인은 불을 조심해 굴뚝 틈새기를 진흙으로 발랐다. 이런 까닭에 백규는 홍수(洪水) 피해가 없었고, 노인은 화재 염려가 없었다. 이는 모두 '쉬울 때 조심'함으로써 어려움을 피하고, '미세할 때 삼감'으로써 큰일을 멀리한 것이다.[249]

편작(扁鵲)이 채(蔡)의 **환후(桓侯)**를 만났다. 한동안 선 채로 있다 편작이 말하길, '군주의 병세가 피부에 있습니다. 치료하지 않으면 앞으로 깊어질까 두렵습니다.'라고 했다. 환후가 말하길, '나는 병이 없다.'고 했다. 편작이 물러나갔다. 환후가 말하길, '의원(醫員)이 우쭐거리기를 좋아하여, 병(病) 아닌 것을 고쳐 공(功)을 세우려 한다.'라고 했다. 열흘 있다 편작이

---

249) '백규(白圭)'는, 전국시대 말기, 위(魏)나라에서 활약한 천하의 거부로 알려진 인물이다. 『맹자(孟子)』에선 그가 많은 돈을 들여 제방을 정비하는 등 치수(治水)에 성공한 일화가 나온다.

다시 뵙고 말하길, '군주의 병이 살갗 속에 있습니다.'[250]

'치료하지 않으면 앞으로 더욱 깊어질 것입니다.'라고 했다. 환후가 듣지 않자, 편작이 물러갔다. 환후는 심기(心氣)가 좋지 않았다. 열흘 있다 편작이 다시 뵙고 말하길, '군주의 병이 창자와 위 속에 있습니다. 치료하지 않으면 앞으로 더욱더 깊어질 것입니다.'라고 했다. 환후가 또 듣지 않자, 편작이 물러갔다. 환후는 또 '심기'가 좋지 않았다. 열흘 있다 편작이 환후를 멀리서 바라보다, '발길을 돌려' 멀리 달아났다.

환후가 일부러 사람을 보내 까닭을 물었다. 편작이 말하길, '병이 피부에 있으면 찜질로 치료가 가능하고, 살갗 속에 있으면 침으로 치료가 가능하며, 창자와 위 속에 있으면 약제로 치료가 가능합니다. 그러나 골수속에 있으면 어찌할 수 없습니다. 지금 군주의 골수 속에 병이 있으니, 어찌할 수 없습니다.'라고 했다. 닷새 있다 환후의 몸에 증세가 나타났다. 사람을 시켜 편작을 찾았으나 이미 진(秦)으로 도망갔다.[251]

---

250) '편작(扁鵲)'은, 춘추시대 사람으로, 전설적인 명의(名醫)로 불리는 인물이고, '채(蔡)나라 환후(桓侯)'는, 춘추시대 노(魯)나라 은공(隱公)과 같은 시대 사람으로, 환공(桓公)으로 불리는 인물이다.

251) 환후는 마침내 죽었다. 그러므로 훌륭한 의원은 병을 치료할 때 피부부터 다스린다. 즉 작은 것부터 해결하는 것이다. 무릇 사물의 화(禍)와 복(福)도 피부 같은 것에서 비롯된다. 그러므로 성인(聖人)은, "일을 일찍 처리한다."고 했다.

| 04 |

옛날에 진(晉)나라의 공자 **중이(重耳)**가 망명해 정(鄭)나라에 들렀다. 정나라 군주가 예우하지 않았다. 숙첨(叔瞻)이 간하여 말하길, '이 사람은 현명한 공자입니다. 군주께서 후히 대접하여 은덕을 쌓으면 좋겠습니다.'라고 했다. 정나라 군주가 듣지 않았다. 숙첨은 또 간하여 말하길, '후하게 대접하지 않으려면, 차라리 그를 죽이는 것이 좋습니다. 반드시 후환을 없애야 합니다.'라고 했다. 정나라 군주가 또 듣지 않았다.[252]

중이가 진으로 돌아가자, 군사를 일으켜 정을 쳐 크게 깨뜨리고 8개의 성(城)을 탈취했다. 진(晉)의 헌공(獻公)이 수극(垂棘)에서 나는 옥(玉)으로, 우(虞)에게 길을 빌려 괵(虢)을 치고자 했다. 대부 궁지기(宮之奇)가 간하여 말하길, '불가합니다. 입술이 없어지면 이가 시리다고 합니다. 우와 괵이 서로 돕는 것은 서로 은덕을 베푸는 게 아닙니다. 오늘 진이 괵을 멸하면, 내일은 우도 반드시 따라 망할 것입니다.'라고 했다.

우의 군주는 듣지 않았다. 벽옥을 받아들이고 길을 빌려줬다. 진은 먼저 괵을 탈취하고 돌아오면서 우를 멸했다. 이 두 신하는 모두 '피부 단계'에서 일을 끝내려 했으나 군주들이 거부한 것이다. 즉 숙첨과 궁지기는 정(鄭)과 우(虞)의 편작이었으나 군주들이 듣지 않은 것이다. 정은 깨지고, 우는 망했다. 그러므로 『노자』에서 이르길, '안정된 상태에선 유지하

---

[252] '중이(重耳)'는, 진(晉)의 문공(文公)으로, 제나라 환공(桓公)에 버금가는 패자(覇者)였다.

기 쉽고, 조짐이 나타나기 전엔 도모하기 쉽다.'고 하는 것이다.²⁵³⁾

| 05 |

옛날에 주(紂)가 상아로 젓가락을 만들자, **기자(箕子)**가 두려워했다. 생각하길, '상아 젓가락이라면 반드시 질그릇에 얹어 놓을 수 없고, 반드시 무소뿔[犀角]이나 옥(玉) 그릇을 써야 한다. 상아 젓가락과 옥 그릇이라면 반드시 야채로 만든 국을 먹지 않고, 쇠고기나 코끼리 고기, 어린 표범 고기라야 한다. 쇠고기나 코끼리 고기, 어린 표범 고기라면 반드시 해지고 짧은 옷을 입거나 띠로 엮은 초가집에서 먹을 수는 없다.'²⁵⁴⁾

'반드시 비단옷을 입고 고대광실에서 살고자 할 것이다. 나는 마지막이 두렵다. 그래서 그 시작을 불안해한다.'고 했다. 5년이 지나 주(紂)는 **포락(炮烙)의 형벌**을 만들고 술지게미가 쌓인 언덕을 오르며, 술을 채운 연못에서 즐겼다. '주'가 망한 이유다. 여기서 기자는 상아 젓가락을 보고 천하의 화근(禍根)을 미리 알 수 있었다. 그러므로 『노자』에서 이르길, '작은 것을 꿰뚫어 보는 것을 명(明)이라 한다.'고 하는 것이다.²⁵⁵⁾

---

253) 이 고사는 『춘추좌전(春秋左傳)』, 「노희공(魯僖公) 23년(年)」조에 나오는 것으로, 우(虞)와 괵(虢)이 서로 돕는 것은 결코 은덕을 베풀기 위한 것이 아니란 의미다.

254) '기자(箕子)'는, 은(殷)의 폭군인 주(紂)의 숙부로, 주(紂)의 폭정을 간하다 감옥에 갇혔다. 주(周)나라 무왕(武王)이 은나라를 멸한 뒤 그를 석방했다.

255) '포락(炮烙)의 형벌'은, 구리 기둥에 기름을 발라 장작불에 걸쳐놓은 뒤, 죄인들로 하여금 그 위를 걷게 하는 벌을 말한다.

월(越)나라 구천(勾踐)이 오(吳)나라 조정(朝廷)에 신하로 들어가 몸소 창과 방패를 들고 오왕의 **선구(先驅)**가 되었다. 그렇게 함으로써 능히 오(吳)의 부차(夫差)를 **고소(姑蘇)**에서 죽일 수 있었다. 문왕(文王)은 **옥문(玉門)**에서 욕설을 당해도 안색을 바꾸지 않았다. 그래서 '무왕'이 주(紂)를 목야(牧野)에서 사로잡을 수 있었다. 그러므로 『노자』에서 이르길, '부드러운 자세로 일관하는 것을 강(强)이라 한다.'고 하는 것이다.[256]

월왕(越王)이 패자(霸者)가 된 것은 적(敵)의 신하된 일을 괴로워하지 않았기 때문이다. 무왕(武王)이 왕도(王道)를 펼 수 있었던 것은 남에게 욕설 당한 일을 괴로워하지 않았기 때문이다. 그러므로 『노자』에서 이르길, '성인(聖人)이 병(病)으로 생각하지 않는 것은, 그 병을 병으로 여기지 않기 때문이다. 이런 까닭에 병이 없다.'라고 하는 것이다. 송(宋)나라의 어느 시골 사람이 귀한 옥(玉)을 얻어 자한(子罕)에게 바쳤다.

하지만 자한은 그것을 받지 않았다. **시골 사람**이 이상하게 생각해 말하길, '이것은 보물(寶物)입니다. 당연히 귀(貴)한 사람이 지녀야 할 물건입니다. 저처럼 낮은 사람이 쓰는 것은 마땅치 않습니다.'라고 했다. 이에 **자한**이 말하길, '그대는 옥(玉)을 보물로 생각하지만, 나는 그대의 옥을 받지

---

[256] '선구(先驅)'는, 말[馬]머리에 앞장서서 달리는 병졸을 말하고, '고소(姑蘇)'는, 오(吳)나라의 도성이 있던 산 이름으로, 지금의 소주(蘇州)를 지칭하고, '옥문(玉門)'은, 옥으로 장식한 주(紂)의 궁전 문을 가리킨다.

않는 것을 보물로 생각한다네.'라고 답했다. 이것이 바로 시골 사람은 옥을 바라지만, 자한은 옥을 바라지 않는다고 하는 것이다.[257]

그러므로 『노자』에서 이르길, '바라지 않는 것을 바라고, 얻기 어려운 재화를 귀하게 여기지 않는다.'고 하는 것이다. **왕수(王壽)**가 책을 짊어지고 주(周)로 가는 도중 **서풍(徐馮)**을 만났다. 서풍이 말하길, '일이란 행위(行爲)다. 행위는 때에 따라 시작한다. 때란 정해진 일이 없다. 책이란 옛 사람들의 말이다. 말은 지혜로부터 나오고, 그 지혜는 책에 기술을 못 한다. 지금 그대는 무엇 때문에 짊어지고 다니는가.'라고 했다.[258]

이에 왕수(王壽)는 그대로 책을 불사르고 춤을 추었다. 그러므로 지혜로운 사람은 말로 가르치려 하지 않고, 깨달은 사람은 장서(藏書)를 소중히 여기지 않는다. 이는 세속 사람들이 지나쳐 버리는 것이지만, 왕수는 여기에 복귀한 것이다. 이것이 바로 '배우지 않는 배움을 배운다.'고 하는 것이다. 그러므로 『노자』에서 이르길, '배우지 않는 배움을 배우면, 많은 사람이 지나쳐 버리는 경지(境地)로 복귀한다.'고 하는 것이다.

| 07 |

무릇 사물은 정해진 형태가 있어 그대로 이끌어야 한다. 즉 사물의 형

---

257) '시골 사람'은, 변방에 사는 사람을 말하고, '자한(子罕)'은, 송나라의 대부(大夫)를 지칭한다.
258) '왕수(王壽)'는, 책을 좋아하는 장서가로 알려진 인물이고, '서풍(徐馮)'은, 주나라의 은자(隱者)다.

태에 따라야 안정된 상태에서 개성을 살릴 수 있고, 움직일 경우 법칙에 순응해야 하는 것이다. 송(宋)나라의 어떤 사람이 군주(君主)를 위해 상아(象牙)를 재료로 삼아 닥나무 잎을 만들었다. 3년 걸려 완성했다. 잎의 두터운 곳과 얇은 곳, 줄기와 가지, 잔털과 부드러운 윤기가 닥나무 잎들 가운데 뒤섞여 있어도 '구별할 수 없을 정도'로 정교했다.

이 사람은 드디어 공(功)으로 송나라에서 봉록을 받게 되었다. 열자(列子)가 이 소식을 듣고 말하길, '만일 천지(天地)가 3년 걸려 나뭇잎 하나를 만든다면, 식물 가운데 잎 달린 나무들은 거의 없을 것이다.'라고 했다. 말하자면 천지의 본질을 따르지 않고, 한 사람의 재능에 맡기려 하며, 자연의 도리를 따르지 않고, 모두가 한 사람의 지혜(智慧)를 배우려고만 한다면, 이는 모두가 잎 하나를 만드는 일과 같은 행위이다.[259]

| 08 |

몸의 구멍이란 정신의 창문이다. 귀와 눈이 성색(聲色)에 지치고, 정신이 외모 꾸미는 데 지치면 중심인 주인이 없게 된다. 중심인 주인이 없게 되면 비록 화복(禍福)이 산처럼 밀어닥치더라도 이를 분별할 수 없게 된다. 그러므로 『노자』에서 이르길, '문밖에 나가지 않아도 천하를 알 수 있고, 창구멍을 들여다보지 않아도 천도를 알 수 있다.'고 하는 것이다. 이

---

259) 그러므로 겨울철에 심은 곡물은 후직(后稷 : 농사를 맡은 벼슬)도 넉넉하게 거둘 수 없고, 풍년의 큰 수확은 종들도 안 되게 할 수 없다. 한 사람의 힘을 가지고 일을 하면 후직이라도 부족하지만, 자연 상태를 따른다면 종들까지도 여유가 있다는 것이다. 『노자』에선, "만물의 자연 상태에 의존해 굳이 하지 않는다."고 했다.

것은 정신이 그 몸 안에서 빠져나가지 않은 상태를 말한다.

| 09 |

　조(趙)의 양주(襄主)가 말[馬] 부리는 법을 왕어기(王於期)에게 배웠는데, 갑자기 왕어기와 경주를 하게 됐다. 3번 말을 바꿨으나 3번 다 뒤떨어졌다. 양주가 말하길, '그대는 말 부리는 법만 나에게 가르치고, 재주는 가르쳐 주지 않은 것 같네.'라고 했다. 왕어기가 답하길, '재주는 이미 다 가르쳐 드렸는데, 말 부리는 용법이 잘못됐습니다. 무릇 말을 부림에 있어 중요한 것은 말의 몸이 수레에 차분히 안정돼야 합니다.'[260]

　'즉 말과 말 부리는 사람의 마음이 맞아야 합니다. 그래야 빨리 달리게 하고 멀리까지 이를 수 있습니다. 지금 군께선 뒤떨어지면 따라붙으려 하고, 앞서면 따라 잡히지 않을까 두려워합니다. 무릇 길에서 경쟁(競爭)할 때는 앞서지 않으면 뒤떨어지게 되어 있습니다. 그런데 앞서든 뒤떨어지든 마음이 모두 나에게 와 있으니 도대체 어떻게 말과 맞출 수 있겠습니까. 이것이 군께서 뒤떨어지는 까닭입니다.'라고 했다.

　한편 백공승(白公勝)이 반란을 도모했다. 조정을 물러나올 때 지팡이를 거꾸로 짚다가 그 끝이 턱을 찔러 피가 땅바닥까지 흘러도 알지 못했다. 정(鄭)나라 사람들이 말하길, '턱까지 잊을 정도면 앞으로 무엇을 잊지 않

---

260)　'조(趙)의 양주(襄主)'는, 춘추시대 진(晉)의 육경(六卿) 가운데 한 사람이고, '왕어기(王於期)'는, 춘추시대 때 말을 잘 부리던 왕량(王良)을 가리킨다. 어기(於期)는 그의 자(字)다.

겠는가.'라고 했다. 그러므로 『노자』에서 이르길, '밖으로 멀리 나가면 나갈수록 아는 것은 더욱 적어진다.'고 하는 것이다. 이는 지혜가 먼 데까지 두루 미치면 '가까이 있는 것'을 곧 잊어버린다는 말이다.

이 때문에 성인(聖人)은 마땅한 행동은 삼간다. 그래서 널리 알 수 있다. 그러므로 『노자』에서 이르길, '나가지 않아도 안다.'고 하는 것이다. 또한 널리 볼 수 있다. 그러므로 『노자』에서 이르길, '눈으로 보지 않아도 내다보인다.'고 하는 것이다. 때에 따라 일을 일으키고, 소질을 바탕으로 공(功)을 세우며, 만물의 기능을 활용해 이익을 거둔다. 그러므로 『노자』에서 이르길, '아무 일을 하지 않아도 이룬다.'고 한 것이다.

| 10 |

초(楚)의 **장왕**(莊王)이, 즉위해 정사(政事)를 행한 지 3년이 되도록 법령을 내린 적이 없고, 정무(政務)를 집행하지 않았다. 어느 날 **우사마**(右司馬)가 장왕 곁에서 수수께끼를 냈다. 말하길, '어떤 새가 남쪽 언덕에 앉아 있습니다. 3년 동안 날지도 울지도 않고, 심지어는 날갯짓조차 없습니다. 이는 대체 무슨 새입니까.'라고 물었다. 장왕이 대답하길, '3년 동안 날갯짓을 하지 않은 것은 장차 날개를 크게 펼치려는 것이다.'[261]

'날지도 않고, 울지도 않은 것은 장차 민중의 동향을 파악하려는 것이

261) '초(楚)의 장왕(莊王)'은, 춘추시대 최초의 패자(覇者)였던 진(晉)과 싸워 승리한 패자(覇者)이고, '우사마(右司馬)'는, 군사를 담당한 신하로, 좌우 둘이 배치된다.

다. 비록 날지 않더라도 한 번 날면 하늘을 찌르고, 비록 울지 않더라도 한 번 울면 사람을 놀라게 할 것이다. 그대는 그만두라. 나는 그것을 안다.'라고 했다. 반년이 지나 장왕은 정사를 보기 시작했다. 10건의 제도를 폐지시키고, 9건의 새 제도를 세웠으며, 5명의 대신에겐 벌(罰)주고, 6명의 인재를 발탁했다. 이렇게 해서, '나라가 크게' 다스려졌다.

뿐만 아니라 군사를 일으켜 제(齊)를 쳐서 **서주(徐州)**를 무찌르고, 황하와 형옹(衡雍) 지역에서 진(晉)을 이겼으며, 제후들을 송(宋)에 모음으로써 마침내 천하의 패자(霸者)가 되었다. 장왕(莊王)은 작은 선행을 하지 않았기 때문에 큰 명성을 얻었고, 서둘러 능력을 드러내 보이지 않았기 때문에 큰 공(功)을 세울 수 있었다. 그러므로 『노자』에서 이르길, '큰 그릇은 늦게 이루어지고, 큰 음성은 들을 수 없다.'고 하는 것이다.[262]

초(楚)의 **장왕(莊王)**이 월(越)을 치고자 했다. 두자(杜子)가 간하길, '왕께서 월을 치려고 하니 무슨 까닭입니까.'라고 했다. 장왕이 답하길, '정치가 어지럽고 군대가 약하기 때문이다.'라고 했다. 이에 두자가 말하길, '저는 사람의 지혜가 눈과 같은 것이 두렵습니다. 능히 100보 밖을 내다보면서도 자신의 눈썹은 보지 못합니다. 왕의 군대가 진(秦)나라와 진(晉)에게 패(敗)한 이래로 무려 수백 리의 영지(領地)를 잃었습니다.'[263]

'이는 군대가 약하다는 것입니다. **장교(莊蹻)**가 경내(境內)에서 도적질을 해도 관리들이 금하지 못합니다. 이것은 정치가 어지러운 것입니다. 왕의 군대가 약하고 정치가 어지러운 것이 월(越)보다 못하지 않으면서 그럼에도 월나라를 치고자 하십니다. 이는 지혜가 눈과 같은 것입니다.' 이에 장왕은 월을 치고자 하는 계획을 포기했다. 이처럼 알기 어려운 것이 다른 사람을 보는 데 있지 않고, 자신을 보는 데 있는 것이다.[264]

| 11 |

자하(子夏)가 **증자(曾子)**를 만났다. 증자가 대뜸, '어찌하여 이리 살이 쪘습니까.'라고 물었다. 자하가 답하길, '싸워 이겨서 살찌게 되었습니다.'라고 답했다. 증자가, '무슨 뜻입니까.'라고 물었다. 자하가 답하길, '내가 집에 들어앉아 선왕의 법도를 배웠는데 마음이 끌리고, 밖에 나가 부귀의 즐거움을 알아보니 또 마음이 끌렸습니다. 이 2가지 것들이 가슴속에서 마구 싸워 승부를 알 수 없어 초기엔 수척(瘦瘠)했습니다.'[265]

---

264) 그러므로 『노자』에서 이르길, '자신을 보는 것을 명(明)이라 한다.'고 한 것이다. 그리고 '장교(莊蹻)'는, 초나라의 대도(大盜)로, 도척(盜跖 : 옛날의 큰 도적으로, 부하 9천 명을 거느리고 천하를 횡행한 인물)과 같은 흉악범을 가리킨다.

265) '자하(子夏)'의 본래 이름은 복상(卜商)으로, 자하(子夏)는 그의 자(字)다. 공자보다 44년 연하로, 문학과 예(禮)엔 명망이 높았으며, 정미한 논의엔 탁월함을 보였다. 공자가 죽은 뒤, 전국시대 초기, 위나라 문후는 자하의 제자들을 대거 등용해 천하를 호령했다. 특히 『논어(論語)』를 편찬할 당시, 그는 학문뿐만이 아닌 모든 면에서 두각을 나타냈다. 한편 '증자(曾子)'는, 본래 이름이 증삼(曾參)으로, 노나라 무성출신이다. 공자보다 46세 연하로, 부친인 증석(曾晳)과 함께 공자의 제자였다. 그는 평생 노나라에 머물면서 수많은 제자들을 양성해 유학사상(儒學思想)이 세상에 알려지는 데 결정적 역할을 했다. 특히 그는 효행(孝行)을 실천한 인물로 유명하고, 공자의 덕행 또한 크게 부각시켰다. 이 때문에 송나라 학자들은 그를 공자의 문도(門徒)들 가운데 안연(顔淵) 다음으로 뛰어난 인물로 올렸다. 이는 안자(顔子)-〉증자(曾子)-〉자사(子思)-〉맹자(孟子)-〉

'하지만 지금은 선왕(先王)의 도리(道理) 쪽이 이겼기 때문에 결국 이렇게 살찌게 된 것입니다.'라고 말했다. 이런 까닭에 뜻을 세우기가 어렵다는 것은, 다른 사람을 이기는 데 있지 않고, 자기 스스로를 이기는 데 있다는 것이다. 그러므로 『노자』에서 이르길, '자기 스스로를 이기는 것을 강(强)이라 한다.'고 하는 것이다. 주(周)에 옥(玉)으로 만든 도판이 있었다. 주(紂)왕이 **교격(膠鬲)**을 시켜 그것을 구해 오도록 했다.[266]

하지만 문왕(文王)은 그것을 내주지 않았다. 그러자 이번엔 **비중(費仲)**이 그것을 구하러 왔다. 이에 문왕이 그것을 내주었다. 교격은 어질고, 비중은 무도했기 때문이다. 즉 주(周)의 입장에선 어진 이가 뜻을 얻는 것이 싫었기 때문에 비중에게 내준 것이다. 문왕이 위수(渭水) 가에서 태공(太公)을 찾아 등용한 것은 그를 존중했기 때문이다. 한편 비중에게 옥(玉) 도판을 내준 것은 장차 그가 소중히 쓰일 수 있기 때문이다.[267]

<hr />

주자(朱子)로 이어지는 이른바 도통설(道統說)이 횡행한데 따른 것이다. 증자에 비해 자하가 낮게 평가되고, 맹자에 비해 순자(荀子)가 낮게 평가되는 것도 이와 무관치 않다.

266) '교격(膠鬲)'은, 주(紂)를 섬기던 어진 신하다.

267) '비중(費仲)'은, 아부에 능해 주(紂)의 횡포를 방조한 신하다. 문왕이 비중에게 옥(玉) 도판을 내준 것은 장차 그가 소중히 쓰일 수 있다고 보았기 때문이다. 즉 그와 같은 간신들이 존재해야 나라가 빨리 망할 수 있다고 본 것이다.

제22장 세림 상(說林上)

세(說)는 유세란 뜻이다. 여기에 동원되는 이야기가 수풀처럼 많다고 림
(林)이라 한다. 한비(韓非)가 자신의 주장을 설득력 있게 전달하기 위해 엮은
설화집이다. 상하(上下) 두 장에 수많은 설화가 수록되어 있는데, 내용 배열
엔 별 의미가 없다. 변설(辯舌)의 대본으로 쓰일 수 있는 일종의 자료집이라
할 수 있다.

| 01 |

탕(湯)이 걸(桀)을 이미 쳐서 멸(滅)했다. 그러나 천하가 자기에게 탐욕(貪
慾)스럽다고 말할까 두려워 바로 **무광(務光)**에게 천하를 물려주고자 했다.
하지만 또 다른 한편으론 무광이 그것을 받아들일까 두려웠다. 그래서
사람을 시켜 무광에게 타일러 말하길, '탕(湯)이 그 군주를 죽이고 악명을
그대에게 떠넘기기 위해 천하를 그대에게 물려주려는 것이네.'라고 했다.
무광은 그 때문에 스스로 황하 강물에 몸을 던진 것이다.[268]

---

268) 탕(湯)이 걸(桀)을 멸(滅)했다는 것은 은(殷)의 탕(湯)이 하(夏)의 폭군인 걸(桀)을 토벌한 것을
말하고, '무광(務光)'은, 변수(卞隨)와 더불어 전설적인 은자(隱者)로, 탕왕이 보위를 넘기려 하자,

진(秦)나라의 무왕(武王)이 **감무(甘茂)**에게 시종(侍從)이나 외교관 가운데 본인이 하고 싶은 것을 선택하도록 했다. **맹묘(孟卯)**가 말하길, '그대의 장기는 외교사절(外交使節)이지만 시종을 선택하는 것이 좋을 것이다. 비록 그대가 시종을 하더라도 무왕은 마찬가지로 외교사절을 시킬 것이다. 즉 시종의 인장(印章)을 몸에 지니고, 외교사절 일을 하게 될 것이니, 이렇게 되면 그대는 2가지를 겸하게 되는 것이다.'라고 했다.[269]

자어(子圉)가 공자를 송(宋)의 재상에게 소개했다. 공자가 나가고 자어가 들어와 어떤가 물었다. 재상이 말하길, '내가 공자를 보고 나서 자네를 보니 마치 벼룩이나 이[蝨]처럼 작게 보이네. 나는 곧 군주를 만나게 할 것이네.'라고 했다. 자어는 공자가 군주에게 존중받을까 두려워 재상에게 말하길, '군주께서 공자를 만나면 자네 역시 벼룩이나 이[蝨]처럼 보일 것이네.'라고 했다. 재상은 공자를 군주에게 소개하지 않았다.

"그대는 불의를 저지른데 이어 우리까지 망치려 든다."고 비판하며 몸을 던진 것이다.
269) '감무(甘茂)'는, 하채(下蔡) 출신으로, 장의(張儀)를 통해 진(秦)의 혜문왕(惠文王)을 만나 장수가 된 인물이고, '맹묘(孟卯)'는, 전국시대 제(齊)나라의 유세객이다.

위(魏)나라 혜왕(惠王)이 구리(臼里)에서 회맹(會盟)을 열어, 새로운 천자(天子)를 세우고자 했다. 이에 팽희(彭喜)가 정(鄭)나라 군주에게 일러 말하길, '군주께서는 받아들이지 마십시오. 대국(大國)은 천자가 존재하는 것을 좋아하지 않고, 소국(小國)은 천자가 존재하는 것을 유리하게 생각합니다. 만일 군주께서 큰 나라와 함께 받아들이지 않는다면, 위나라가 어찌 작은 나라와 함께 옹립할 수 있겠습니까.'라고 했다.[270]

| 05 |

진(晉)이 형(邢)을 쳤다. 제(齊)나라 환공(桓公)이 이를 구원하고자 했다. 포숙아(鮑叔牙)가 말하길, '지금 구원하는 것은 이릅니다. 형(邢)이 망하지 않으면, 진(晉)도 피폐하지 않고, 제(齊)의 위세도 오르지 않습니다. 또한 위험한 상태를 유지하게 하는 공(功)은 망해 가는 나라를 되살려 주는 은덕(恩德)만 같지 않습니다. 군주께서 더 늦게 구원하면 진(晉)을 피폐시키고, 제(齊)는 실질적인 이익을 더 챙길 수 있습니다.'[271]

'형(邢)이 망하는 것을 기다려 다시 보존할 수 있게 해줘 좋은 평판을 얻는 것이 좋겠습니다.'라고 했다. 환공은 이에 구원하지 않기로 했다. 한편

---

270) '위(魏)나라 혜왕(惠王)'은, 기원전 4세기 중기 사람으로, 『맹자(孟子)』에선 양혜왕(梁惠王)으로 불리는 인물이고, 팽희(彭喜)가 '정(鄭)나라 군주'라고 칭한 것은, 한왕(韓王)을 지칭하는 말로, 한(韓)이 정(鄭)을 멸하고, 그 땅을 차지했기 때문에 '정나라 군주'라고 한 것이다.

271) '형(邢)'은, 주(周)와 같은 희성(姬姓)인 작은 나라이고, '제(齊)나라 환공(桓公)'은, 춘추 중엽, 관중(管仲)의 도움으로 패업(霸業)을 이룬 군주이며, '포숙아(鮑叔牙)'는, 제나라 대부(大夫)로, 관중(管仲)과는 죽마고우(竹馬故友)다. 환공에게 관중을 천거해 재상으로 삼게 했다.

자서(子胥)가 도망갔다. 변방에서 망보던 이가 붙잡았다. 자서가 말하길, '군주가 나를 찾는 것은 내가 미옥[美珠]을 지니고 있기 때문이다. 그런데 나는 이미 잃어버렸다. 나는 장차 네가 그것을 빼앗아 삼켰다고 말할 것이다.'라고 했다. 그래서 망보던 이가 그를 놓아주었다.[272]

| 06 |

경봉(慶封)이 제(齊)나라에서 난(亂)을 일으키고, 월(越)나라로 도망가고자 했다. 그때 일족(一族) 사람이 말하길, '진(晉)나라가 가까운데 왜 진나라로 가지 않습니까.'라고 물었다. 경봉이 말하길, '월(越)은 멀기 때문에 피난하기에 이롭다.'고 답했다. 일족 사람이 다시 말하길, '그 마음을 바꾸면 진에 있더라도 좋습니다. 그 마음을 바꾸지 않는다면, 비록 월보다 멀다 해도 그것이 어찌 안전할 수 있겠습니까.'라고 했다.[273]

| 07 |

지백(智伯)이 위(魏)나라 선자(宣子)에게 토지를 요구했다. 이에 위(魏) 선자는 내주지 않았다. 임장(任章)이 말하길, '무슨 까닭으로 내주지 않습니까.'라고 했다. 선자가 말하길, '까닭도 없이 토지를 요구하므로 내주지 않는 것이다.'라고 대답했다. 임장이 다시 말하길, '까닭도 없이 토지를 요구

---

272) '자서(子胥)'는, 춘추시대 초(楚)나라 사람으로, 자(字)는 오원(伍員), 부형(父兄)이 살해당해 오(吳)로 도망간 후 초(楚)를 쳐서 원수를 갚은 인물이다.
273) '경봉(慶封)'은, 제(齊)나라 대부(大夫)로, 한때 실권을 장악했으나 실각해 오(吳)에서 살해됐다.

하면 이웃 나라들도 반드시 두려워할 것입니다. 그가 욕심이 많아 만족하지 않는다면, 천하 제후들도 반드시 두려워할 것입니다.'[274]

 '군께서는 그에게 토지를 내주십시오. 지백은 반드시 방자(放恣)하게 뽐내면서 적(敵)을 얕볼 것이고, 이웃 나라들은 반드시 두려움에 떨며 서로 친근해질 것입니다. 서로 친근해진 군대를 이끌고, 상대 나라를 얕보는 이에 대항하면 지백의 운명은 길지 않을 것입니다. 『주서』에서 이르길, "장차 그를 깨뜨리고자 하면, 반드시 잠깐 그를 도와주라. 장차 그를 취하려 한다면, 반드시 잠깐 그에게 내주어라."라고 했습니다.'[275]

 '군께서는 토지를 내주어 지백을 교만하게 만들어야 합니다. 그리고 군은 천하 제후들과 지백을 타도할 계획을 세우지 않고, 어찌 홀로 지백의 표적이 되게 하십니까.'라고 했다. 이에 군은 1만 호의 읍을 내주었다. 지백은 크게 좋아하고, 이어 또 조(趙)에 토지를 요구했다. 조는 내주지 않았다. 그래서 진양(晉陽)을 포위했다. 한(韓)과 위(魏)가 밖에서 배반하고, 조(趙)가 안에서 호응하자, 지백은 그것 때문에 멸망했다.

| 08 |

 진(秦)의 강공(康公)은 고대(高臺)를 축조하는 데 3년이나 걸렸다. 초(楚)

---

274) '지백(智伯)'은, 춘추 말기, 진(晉)의 육경(六卿) 가운데 실력자이고, '선자(宣子)'는, 지백과 같은 육경(六卿) 가운데 한 사람이다.
275) 『주서(周書)』는, 『서경(書經)』의 「주서」가 아닌, 종횡가(縱橫家)인 소진(蘇秦)이 읽었다고 전하는 『주서음부(周書陰符)』와 유사한 책이다.

나라 사람이 군사를 일으켜 장차 제(齊)를 치고자 했다. 임망(任妄)이 말하길, '기근이 적병을 불러들이고, 질병이 적병을 불러들이며, 노역이 적병을 불러들이고, 내란이 적병을 불러들인다고 합니다. 군께서 고대를 축조하느라 3년이나 걸렸습니다. 지금 초가 군사를 일으켜 제(齊)를 칠 것으로 알려져 있습니다만 저는 그것이 명분일 것이라 봅니다.'

'사실은 진(秦)을 덮치려는 것으로 보여 두렵습니다. 이에 반드시 대비해야 할 것으로 보입니다.'라고 했다. 이렇게 해서 동쪽 국경을 강화하자, 초나라 사람은 출병을 그만두었다. 이후 제(齊)가 송(宋)을 공격했다. 이에 송은 급히 장손자(臧孫子)를 남쪽의 초(楚)나라로 보내 구원(救援)을 요청하도록 했다. 구원을 요청받은 초는 승낙은 물론 크게 환대(歡待)를 했다. 장손자는 오히려 걱정스런 표정으로 발길을 돌렸다.

그를 모시던 이가, '초가 구원해 주기로 했습니다. 그런데 당신께선 걱정스런 표정을 하니, 무슨 일입니까.'라고 물었다. 장손자가 말하길, '송은 작고, 제는 크다. 대체 작은 송을 구원하여 큰 제에게 미움을 사는 일은 사람 누구나가 걱정하는 까닭이다. 그럼에도 초왕이 좋아하는 것은 반드시 우리의 수비를 견고하게 하려는 것이다. 우리가 수비를 견고히 하면 제가 피폐해진다. 그러면 초에겐 이익이 된다.'라고 대답했다.

장손자는 이내 돌아왔다. 제나라 사람이 송나라를 공략해 5개의 성을 함락시켰으나 끝내 초나라의 구원군은 오지 않았다. 한편 위(魏)의 **문후**(文侯)가 조(趙)의 길을 빌려 중산(中山)을 공략코자 했다. 조의 **숙후**(肅侯)가 승낙하지 않으려 하자, **조각**(趙刻)이 말하길, '군께서 잘못하고 계십니다.

위가 중산을 공략해 빼앗지 못한다면, 위는 반드시 피폐해질 것입니다. 위가 피폐해지면 조나라는 오히려 강해지는 것입니다.'[276]

'또 위가 중산을 함락시키더라도 반드시 중간에 조를 넘어 중산을 지탱할 순 없습니다. 그러면 군대를 동원하는 쪽은 위나라고, 토지를 얻는 쪽은 조입니다. 군께선 승낙하십시오. 승낙하더라도 화색은 감추십시오. 저들이 군에게 그것이 이익이 된다는 것을 알아차릴 수 있기 때문입니다. 알아차리면 출병을 중지할 것입니다. 군께서 길을 빌려주더라도 어쩔 수 없이 승낙하는 것으로 보이는 것이 좋습니다.'라고 했다.

| 09 |

치이자피(鴟夷子皮)는 전성자(田成子)를 섬겼다. 전성자가 제(齊)를 떠나 도망쳐 연(燕)으로 가고자 했다. 치이자피는 **통관 감찰**을 짊어지고 **망읍(望邑)**까지 왔다. 자피가 말하길, '당신은 혼자만 저 고택(涸澤)의 뱀 이야기를 듣지 못하셨습니까. 연못에 물이 말라 뱀이 장차 옮겨 가려고 했습니다. 작은 뱀이 큰 뱀에게 일러 말하길, "자네가 앞서가고, 내가 뒤따라가면 사람들은 보통 뱀이 지나가는 것일 따름이라 생각한다네.'[277]

---

276) '장손자(臧孫子)'는, 송나라 신하이나 사적은 정확하지 않다. 『전국책(戰國策)』, 「송위책」에 유사한 일화가 나온다. 여기엔 장손자(臧孫子)가 장자(臧子)로 나온다. 그리고 '위(魏)의 문후(文侯)'는, 전국 초기, 현자를 우대해 국력을 증강시킨 군주이고, '조(趙)의 숙후(肅侯)'는, 실재하던 숙후(肅侯)와는 다른 조후(趙侯)를 가리키며, '조각(趙刻)'은, 조나라 신하로, 조리(趙利)로 불리는 인물이다.

277) '치이자피(鴟夷子皮)'는, 전성자(田成子)가 그 군주 간공(簡公)을 살해하고, 제(齊)를 찬탈한 사건에 함께 가담한 이를 가리키고, '통관(通關) 감찰'은, 관문을 지날 때 쓰이는 일종의 어음을 말

'그래서 반드시 자네를 죽이려 할 것이네. 그래서 하는 말이네. 서로 꼬리를 입으로 물고, 나를 등에 업고 가는 것만 같지 못하네. 그러면 사람들은 우리를 마치 신령(神靈)이라 생각할 것이네."라고 했습니다. 이에 두 마리 뱀은 서로가 입으로 물고, 또 등에 업히며, 큰길을 건너갔습니다. 사람들이 모두 그것을 피하며 말하길, "신령님이다."라고 했다는 것입니다. 지금 당신은 훌륭해 보이고, 저는 추(醜)하게 보입니다.'

'여기서 당신이 저를 상객(上客)으로 삼는다면, 천승(千乘) 나라의 군주 정도로 보일 것입니다. 그러나 만일 당신이 저의 시종(侍從)이 된다면, 만승(萬乘) 나라의 재상으로 보일 것입니다. 그래서 드리는 말씀입니다. 당신이 저의 측근 시종이 되어주면 어떻겠습니까.'라고 했다. 그래서 전성자가 '통관 감찰'을 짊어지고, 치이자피를 수행해 숙소에 이르렀다. 숙소의 주인이 매우 정중히 예우하기 위해 술과 고기까지 바쳤다.

| 10 |

온(溫) 사람이 주(周)에 갔는데 주에선 타국 사람을 들이지 않았다. 관리가 그에게, '타국 사람인가.'라고 물었다. 답하길, '이 나라 사람이다.'라고 했다. 그 고을 사람에게 확인해 보니, 모른다고 해서 그를 가두었다. 군주가 사람을 시켜, '그대는 주(周)나라 사람이 아님에도 주나라 사람이라 주

한다. 즉 통관(通關) 절차에 필요한 부절(符節)을 등에 짊어짐을 뜻하며, '망읍(望邑)'은, 국경 지역의 경비를 위해 만든 고을이다.

장하는 근거는 무엇인가.'라고 물었다. 답하길, '젊은 시절 읊조린 시(詩)에 따르면, "넓은 하늘 아래 왕의 땅 아닌 데가 없다."²⁷⁸⁾

"또 땅의 끝까지 왕의 신하 아닌 사람이 없다."고 합니다. 지금 군주께서 천자로 계신다면, 저는 천자의 신하입니다. 어떻게 남의 신하가 된 사람에게 또 타국(他國) 사람이라 부를 수 있습니까. 이런 까닭에 이 나라 사람이라 말한 것입니다.'라고 했다. 군주는 그를 풀어 주었다. 한편 한(韓)나라 **선왕(宣王)**이 **규류(樛留)**에게, '내가 **공중(公仲)**과 **공숙(公叔)** 두 사람을 등용(登庸)하고 싶은데, 그래도 되겠는가.'라고 물었다.²⁷⁹⁾

이에, '안 됩니다. 진(晉)이 육경(六卿)을 등용해 나라가 분열되었고, 간공(簡公)이 전성(田成)과 감지(闞止) 둘을 등용했다가 간공은 살해당했고, 위(魏)가 **서수(犀首)**와 **장의(張儀)** 둘을 등용했다가 서하(西河) 바깥 지역을 잃었습니다. 지금 왕께서 두 사람을 등용하면 힘이 강한 이는 무리를 만들 것이고, 힘이 약한 이는 외세를 빌릴 것입니다. 만일 안으로 무리를 짜고, 밖으로 외국과 교섭하면 나라가 위태롭게 됩니다.'²⁸⁰⁾

---

278) '온(溫) 사람'은, 온현(溫縣) 사람으로, 전국시대엔 온(溫)이 위(魏)에 속한 작은 나라였고, '주(周)'는, 동주(東周) 때 낙양(洛陽)을 가리킨다.

279) '한(韓)의 선왕(宣王)'은, 기원전 4세기 사람으로, 선혜왕(宣惠王)으로 불리고, '규류(樛留)'는, 한(韓)의 신하이며, '공중(公仲)과 공숙(公叔)'은, 한(韓)나라 종실의 귀족으로, 둘은 권력을 차지하기 위해 다투었다.

280) '서수(犀首)'는, 관직 명칭으로, 합종책(合從策)을 쓴 위(魏)의 공손연(公孫衍)을 가리키고, '장의(張儀)'는, 진나라 출신으로, 연횡책(連橫策)을 쓴 인물이다.

소적매(紹績昧)란 이가 술에 취해 잠자다 갖옷을 잃어버렸다. 송군(宋君)이, '술에 취하면 옷까지도 잃어버리는가.'라고 했다. 답하길, '걸(桀)은 술에 취했기 때문에 천하를 잃었습니다. 「강고(康誥)」에 이르길, "항상 술을 하지 말라."고 합니다. 항상 술을 한다는 것은 평소에도 술을 마신다는 뜻입니다. 평소에 술을 마시는 이가 천자(天子)인 경우 천하를 잃고, 필부(匹夫)인 경우 그 자신을 잃게 되는 것입니다.'라고 했다.

관중(管仲)과 **습붕(隰朋)**이 환공(桓公)을 따라 고죽(孤竹)을 쳤다. 봄에 가서 겨울에 돌아오는데, 길을 잃었다. 관중이 말하길, '늙은 말[馬]의 지혜가 쓸 만합니다.'라고 했다. 늙은 말을 풀어 놓고 뒤를 따라가자 과연 길이 나타났다. 산속을 가는 도중 물이 떨어졌다. 습붕이 말하길, '개미는 겨울에 산 남쪽에 살고, 여름엔 산 북쪽에 삽니다. 개미집 높이가 한 치가 되면, 그 아래 한 길 깊이에 물이 있습니다.'라고 했다.[281]

땅을 파자, 드디어 물을 얻었다. 관중의 총명과 습붕의 지혜로도 알지 못하는 데 이르면, 늙은 말이나 개미도 스승으로 삼는 데 주저하지 않는다. 그런데 지금 사람들은 어리석은 마음으로 성인(聖人)의 지혜를 스승으로 삼을 줄 모른다. 어찌 잘못된 일이 아니겠는가. 한편 초왕(楚王)에게 불

---

281) '습붕(隰朋)'은, 관중과 함께 환공을 섬겼다. 관중이 가장 신임한 인물이기도 하다.

사(不死)약을 바치는 이가 있었다. 알자(謁者)가 그것을 손에 들고 안으로 들어갔다. 숙직하던 무관이, '먹을 수 있는가.'라고 물었다.

  알자가, '그렇다.'고 했다. 그러자 그것을 먹어버렸다. 왕이 크게 노(怒)해 숙직 무관을 죽이라 했다. 숙직 무관이 다른 사람을 통해 왕에게 해명하길, '제가 알자에게 물었더니, "먹어도 좋다."고 했습니다. 그래서 먹었습니다. 그러니 저에겐 죄가 없고, 알자에게 죄가 있는 것입니다. 또 객이 바친 것은 불사약인데, 그것을 먹었다 하여 왕께서 저를 죽이시면 그것은 사약(死藥)이 됩니다. 이는 객이 왕을 속인 것입니다.'[282]

  '대체 죄 없는 저를 죽이고, 객이 왕을 속였다고 알려지기보단, 저를 차라리 풀어 주시는 것만 못합니다.'라고 했다. 왕은 그를 죽이지 않았다. 한편 전사(田駟)가 추군(鄒君)을 속였다. 추군이 그를 죽이고자 했다. 전사가 두려워 혜자(惠子)에게 알렸다. 혜자가 추군을 만나 말하길, '만일 어떤 사람이 군을 뵙고 한쪽 눈을 감는다면 어찌하시겠습니까.'라고 했다. 추군이 말하길, '나는 그를 반드시 죽일 것이다.'라고 했다.[283]

  이에 혜자가 다시 말하길, '시각장애인은 두 눈을 감고 있습니다. 그럼에도 군께서는 어찌 죽이지 않는 것입니까.'라고 했다. 추군이 말하길, '눈을 감지 않을 수 없기 때문이다.'라고 했다. 혜자가 다시 말하길, '전사는

---

282) '알자(謁者)'는, 궁중에서 빈객을 안내하는 사람이다.
283) '추군(鄒君)'은, 지금의 산동성 추현(鄒縣)에 있는 작은 나라의 군주를 말하고, '혜자(惠子)'는, 변객(辯客)인 혜시(惠施)를 가리킨다.

동쪽으로 제후(齊侯)를 속이고, 남쪽으로 초왕(楚王)을 속이고 있습니다. 전사가 사람 속이는 것은 시각장애인과 똑같습니다. 군께서 어찌 유감으로 여기십니까.'라고 했다. 이에 전사를 죽이지 않았다.

| 13 |

노(魯)의 **목공(穆公)**이 공자들을 진(晉)에 **사환(仕宦)**시키고, 초(楚)에 사환시켰다. **이서(犂鉏)**가 말하길, '월(越)에서 사람을 불러와 물에 빠진 아이를 구하려 하면, 월나라 사람이 헤엄을 잘 치더라도 아이는 반드시 죽을 것입니다. 불이 나 바다에서 물을 끌어 온다면 바닷물이 비록 많더라도 불을 끌 수 없습니다. 지금 진과 초가 비록 강하지만, 제(齊)가 가까이 있으니 노(魯)의 화환(禍患)을 구할 수는 없습니다.'라고 했다.[284]

| 14 |

엄수(嚴遂)와 주군(周君)은 사이가 좋지 않았다. 주군이 그것을 걱정했다. 풍저(馮沮)가 말하길, '엄수는 재상이지만, **한괴(韓傀)**가 군주에게 더 존중받고 있습니다. 한괴를 암살하십시오. 이때 군주는 반드시 엄씨의 짓이라 생각할 것입니다.'라고 했다. 한편 장견(張譴)은 한(韓)의 재상인데 병들어 죽어가고 있었다. 공승무정(公乘無正)이 30근의 황금을 싸 들고 병문

---

284) '노(魯)의 목공(穆公)'은, 전국 초기 공자(孔子)의 손자인 자사(子思)를 등용하여 선정을 베푼 군주이고, '사환(仕宦)'은, 우호의 표시로 공자(公子)를 타국에 인질로 보내는 것을 뜻하며, '이서(犂鉏)'는, 제(齊)나라 대부를 가리킨다.

안을 했다. 한 달 있다가 한왕이 직접 장견에게 물었다.[285]

'만일 그대가 죽으면, 장차 누구를 재상으로 기용하면 좋겠는가.'라고 했다. 답하길, '무정은 법을 존중하며 군주를 두려워합니다. 그러나 공자인 식아(食我)는 민중의 신망(信望)이 두텁습니다.'라고 했다. 장견이 죽자, 무정이 재상이 되었다. 한편 **악양(樂羊)**이 위(魏)의 장수가 되어 중산(中山)을 쳤다. 아들이 중산에 있었다. 중산의 군주가 아들을 삶은 국을 악양에게 보냈다. 악양은 '진중의 장막에서 그것을' 받아 마셨다.[286]

문후(文侯)가 도사찬(堵師贊)에게 말하길, '악양은 나 때문에 아들의 고기를 먹었다.'고 했다. 도사찬이 답하길, '그 아들까지 먹었으니, 장차 누구인들 먹지 못하겠습니까.'라고 했다. 악양이 중산에서 돌아오자, 문후는 공을 포상하면서도 마음은 의심했다. 한편 맹손(孟孫)이 사냥을 나가 새끼 사슴을 잡았다. 진서파(秦西巴)를 시켜 그것을 가지고 돌아가게 했는데, 어미가 따라오면서 울었다. 진서파는 참지 못하고 주었다.

맹손이 돌아와 새끼 사슴을 찾았다. **진서파**가 답하길, '제가 차마 볼 수 없어 그 어미에게 돌려주었습니다.'라고 했다. 맹손이 노하여 쫓아냈다. 3개월 후, 그를 다시 불러 아들의 사부(師父)로 삼았다. 시종이 말하길, '전

---

285) '엄수(嚴遂)'는, 한(韓)나라 애후(哀侯)의 신하로, 엄중자(嚴仲子)로 불리고, '한괴(韓傀)'는, 한외(韓虞)로도 불리는 사람으로, 애후(哀侯)의 숙부다. 자객인 섭정(聶政)에게 살해당했다.
286) '악양(樂羊)'은, 전국시대 초기 위(魏)나라 문후(文侯)를 위해 중산국을 정벌한 공(功)으로 영수현(靈壽縣)에 봉해졌다. 『사기(史記)』, 「악의열전(樂毅列傳)」은 전국시대 말기 제나라를 패망 직전까지 몰아간 악의(樂毅)를 악양(樂羊)의 후손으로 기록하고 있다.

번에는 죄를 주고, 지금은 아들의 사부로 삼으니 어찌 된 일입니까.'라고
했다. 맹손이 말하길, '대체 새끼 사슴의 고통도 차마 견디지 못하는데,
또한 장차 내 아들을 박정하게 대하겠는가.'라고 했다.[287]

| 15 |

증종자(曾從子)는 칼을 잘 감정하는 사람이다. **위군(衛君)**이 마침 오왕(吳
王)에게 원한을 품고 있었다. 증종자가 말하길, '저는 칼을 감정하는 사람
이고, 오왕은 칼을 좋아합니다. 제가 오왕을 위한다며 칼을 감정해 주고,
그것을 뽑아서 틈을 타 군을 위해 찔러 죽이겠습니다.'라고 했다. 위군이
말하길, '그대의 이 같은 행위는 의리(義理)가 아닌 그대의 이익 때문이다.
오(吳)는 강하고 부하며, 위(衛)는 약하고 가난하다.'[288]

'그럼에도 그대가 간다면, 나는 그대가 오왕을 위한다는 그 수법을 내
게 쓰지 않을까 두렵다.'라고 했다. 그리곤 그를 쫓아냈다. 한편 주(紂)가
상아로 젓가락을 만들자, 기자가 두려워했다. 생각하길, '상아 젓가락이
라면 반드시 질그릇에 얹어 놓을 수 없고, 반드시 무소뿔[犀角]이나 옥(玉)

---

287) 한비는 덧붙이길, '이 때문에 간교한 거짓은 서투른 성실보다 못하다는 것이다. 악양(樂
羊)은 공이 있었기에 의심을 받고, 진서파(秦西巴)는 죄가 있었기에 더욱 신임을 받은 것이다.'라
고 했다. 한편 '맹손(孟孫)'은, 노(魯)나라의 실권자인 맹손씨(孟孫氏)를 가리키고, '진서파(秦西巴)'
는, 맹손의 사신(私臣)으로, 이름은 파(巴)다.
288) '증종자(曾從子)'는, 칼, 즉 도검(刀劍) 종류를 잘 감정하는 사람이고, '위군(衛君)'은, 위나라
출공(出公)을 가리킨다. 기원전 483년, 위나라 출공이 지금의 강소성 여고현 동쪽인 운(鄆) 땅에
서 만난다. 이때 오나라 군사가 문득 위나라 출공의 관사 주변을 포위했다. 위나라 출공은 공자
의 제자인 자공의 유세 덕분에 간신히 풀려날 수 있었다. 이후, 위나라 출공은 오나라의 환심을
사기 위해 오나라 언어를 열심히 배웠다는 기록이 『춘추좌전』에 보인다

그릇을 써야만 한다. 상아 젓가락과 옥그릇이라면 반드시 야채로 만든 국을 먹지 않고, 쇠고기, 코끼리 고기, 어린 표범 고기라야 한다.'

'쇠고기, 코끼리 고기, 어린 표범 고기라면 반드시 해지고 짧은 옷을 입거나 띠로 엮은 초가집에서 먹을 수는 없다. 반드시 비단옷을 입고 고대 광실에서 살고자 할 것이다. 여기에 어울리는 것을 구한다면 천하가 부족할 것이다.'라고 했다. 성인(聖人)은 미미한 움직임을 보고 그 싹을 알며, 일의 실마리를 보고 그 끝을 안다. 상아로 만든 젓가락을 보고, 불안에 떤 것은 천하가 다 충족시키지 못할 것을 알기 때문이다.[289]

| 16 |

주공(周公) 단(旦)이 이미 은(殷)을 이기고 나서 장차 **상개(商蓋)**를 치고자 했다. 신공갑(辛公甲)이 말하길, '큰 나라는 치기 어렵고, 작은 나라는 굴복시키기 용이합니다. 많은 작은 나라를 굴복시켜 큰 나라를 겁주는 것이 좋겠습니다.'라고 했다. 이에 구이(九夷)를 먼저 치고, 상개를 굴복시켰다. 한편 주(紂)가 밤낮으로 술자리를 열어 그 즐거움으로 날짜까지 잊어버렸다. 좌우 측근에게 물었으나, 모두 다 알지 못했다.[290]

---

289) 바로 앞 단락의 '주(紂)가 상아로 젓가락을~'로 시작되는 문장은 앞의 제21장 「유로(喩老)」, |5|절에서 다룬 것과 거의 동일한 문장이다. 따라서 여기선 앞의 문장과 거의 유사하게 기술했음을 밝힌다.

290) '주공(周公) 단(旦)'은, 주(周)나라의 건국공신으로, 무왕(武王)의 아우다. 단(旦)은 이름이고, '상개(商蓋)'는, 상족(商族)의 근거지로, 지금의 산동성 곡부(曲阜) 부근이다.

이에 사람을 기자(箕子)에게 보내 물어보게 했다. 기자가 그 아랫사람에게 일러 말하길, '천하의 주인이 되어 온 나라가 모두 날짜를 잊으면 천하가 위태롭게 될 것이다. 온 나라가 모두 모르는데 나만 혼자 그것을 안다면 나 자신이 위험할 것이다.'라고 했다. 이에 취했기 때문에 알지 못한다고 해명했다. 한편 노(魯)나라 사람이 자신은 삼신을 잘 삼고, 처는 흰 비단을 잘 짰다. 그래서 월(越)나라로 이사를 가고자 했다.

어떤 이가 그에게 일러 말하길, '그대는 반드시 궁박해질 것이다.'라고 했다. 이에 노나라 사람이 깜짝 놀라며 말하길, '왜 그런지 그 이유를 알려줄 수 없겠나.'라고 했다. 답하길, '삼신은 발에 신기 위한 것인데, 월나라 사람들은 맨발로 다닌다. 흰 비단은 관을 만들어 쓰기 위한 것인데, 월나라 사람들은 산발을 한다. 그대의 장기가 쓰이지 않는 나라에 가면 궁해지지 않으려 해도 그렇게 될 수 있겠는가.'라고 했다.

| 17 |

진진(陳軫)이 위왕(魏王)에게 중용(重用)되자, 혜자(惠子)가 말했다. '반드시 측근들에게 잘해라. 무릇 버들이란 옆으로 눕혀 심더라도 바로 살고, 거꾸로 심더라도 바로 살며, 꺾어 심더라도 역시 산다. 하지만 열 사람이 그것을 심는다 해도 한 사람이 그것을 뽑는다면, 살아날 수 있는 버들이 없다. 대체 열 사람이나 되는 많은 사람이 살기 쉬운 것을 심는데도 불구하고 한 사람을 이겨내지 못하는 까닭은 무엇인가.'[291]

---

291) '진진(陳軫)'은, 전국시대 때 명성을 떨친 당대의 유세객이다. 처음엔 진나라에서 일했고,

'심기는 어려워도 뽑기는 쉽기 때문이다. 그대가 스스로 왕에게 심는 일을 잘하더라도 그대를 뽑아 버리고자 하는 이들은 많기 때문에, 그대는 반드시 위태로울 것이다.'라고 했다. 한편 노(魯)의 계손(季孫)이 그 **군주를 시해**할 무렵, 오기(吳起)가 섬기고 있었다. 어떤 사람이 오기에게 말하길, '무릇 죽어도 처음엔 피가 흐른다. 그러다 피가 멈추면 몸이 굳고, 몸이 굳으면 재로 변하며, 재가 오래되면 흙으로 돌아간다.'[292]

'흙으로 돌아간 다음엔 어찌할 수가 없다. 만일 계손이 지금 바로 여기서 죽은 피라 할지라도 어찌 될 것인지는 알 수 없다.'라고 했다. 따라서 오기는 노(魯)를 떠나 진(晉)으로 갔다. 한편 **습사미(隰斯彌)**가 **전성자(田成子)**를 만났다. 전성자와 누대에 올라 사방을 둘러봤다. 삼면이 모두 트였는데, 남쪽은 습사미의 집 나무가 시야를 가렸다. 전성자는 아무 말이 없었으나, 습사미는 귀가해 사람을 시켜 나무를 베게 했다.[293]

나무를 베기 위해 도끼로 여러 상처를 내자, 습사미가 중지시켰다. 집 관리인이 말하길, '어찌 그렇게 빨리 변합니까.'라고 했다. 습사미가, '옛날 속담에 이르길, "연못 속의 물고기를 아는 이는 불길하다."고 했다. 저 전성자는 장차 큰일을 도모코자 한다. 그런데 내가 그 기미를 미리 보인다면 나는 위태로울 것이다. 나무는 베지 않아도 죄(罪)가 없다. 하지만 말하지 않은 것을 알아차리면, 그 죄는 클 것이다.'라고 했다.

이어 초나라와 위나라를 위해 일했다.

292) 노(魯)나라 실권자인 계손씨(季孫氏)에게 시해를 당한 군주는 도공(悼公)이다.

293) '습사미(隰斯彌)'는, 제나라의 대부로, 습붕의 후예로 불리는 인물이고, '전성자(田成子)'는, 제나라 간공(簡公)의 권신(權臣)인 전상(田常)을 가리킨다.

| 18 |

양자(楊子)가 송(宋) 땅을 지나다 여관에 묵었다. 여관 주인에겐 첩이 둘이었는데, 추녀가 높고 미녀가 낮았다. 그 까닭을 묻자, 여관 주인이 대답하길, '미녀는 스스로 미녀라 여기지만 저는 미녀로 보이지 않습니다. 추녀는 스스로 추녀라 여기지만 저는 추녀로 보이지 않습니다.'라고 했다. 양자가 제자에게 말하길, '훌륭한 행동을 하면서도 훌륭하다고 자랑하는 마음을 버린다면, 어디를 가도 칭찬받지 않겠는가.'라고 했다.[294]

| 19 |

위(衛)나라 사람이 딸을 시집보내면서 가르치길, '반드시 남모르게 돈을 모아라. 남의 집 며느리가 되어 내쫓기는 일은 보통이고, 줄곧 살게 되는 것은 우연이다.'라고 했다. 딸이 은밀하게 돈을 모았다. 시어머니가 사사로운 것이 많다고 내쫓았다. 딸이 가지고 돌아온 것이 시집갈 때보다 갑절이나 되었다. 아버지가 잘못 가르친데 대한 죄의식은 없고, 부(富)해진 것만을 생각해 모두 자기 지혜 덕분이라 자랑스러워했다.

지금 남의 신하가 되어 관직에 진출한 이들도 모두 유사한 사람들이다. 한편 노단(魯丹)은 3번이나 중산(中山)의 군주에게 유세(遊說)했으나 받아들여지지 않았다. 그래서 군주의 측근들에게 50금을 뿌렸다. 이후 군주

---

294) '양자(楊子)'는, 맹자(孟子)가 비판한 극단적 위아주의자(爲我主義者)인 양주(楊朱)를 가리킨다.

258   김해영 박사의 한비자 읽기

를 만나자, 의견을 제시하기도 전에 군주가 식사를 대접했다. 노단이 물러나와 숙소로 돌아가지 않고, 그대로 중산을 떠나고자 했다. 시종이 말하길, '다시 만나 뵙자, 마침내 우리를 잘 대해 주었습니다.'

'무슨 까닭으로 떠나려 하십니까.'라고 했다. 노단이 말하길, '대체로 남의 말을 들어 우리를 잘 대해 준다면, 반드시 남의 말을 들어 우리를 죄줄 수도 있다.'고 했다. 아직 국경을 벗어나기도 전에 공자(公子)가 비난했다. '조(趙)를 위해 첩자로 온 것입니다.'라고 했다. 중산의 군이 그를 찾아내 벌(罰)주었다. 한편 **전백정(田伯鼎)**은 사(士)를 좋아해 군주를 살아남게 했고, 백공(白公)은 오히려 초(楚)를 혼란에 빠뜨렸다.[295]

사(士)를 좋아한 사실은 같으나, 사(士)를 좋아한 까닭은 다르다. **공손지(公孫支)**는 스스로 발을 잘라 백리해(百里奚)를 높였고, 수조(竪刁)는 스스로 거세해 환공(桓公)에게 아첨했다. 혜시(惠施)가 말하길, '미친 사람이 동쪽으로 가면 그를 쫓는 이도 동쪽으로 간다. 동쪽으로 가는 것은 같으나 동쪽으로 가서 일한 까닭은 다르다. 그러므로 같은 일을 하는 사람이라도 소상하게 살펴보지 않을 수 없는 것이다.'라고 했다.[296]

---

295) '전백정(田伯鼎)'의, 사적은 알려진 게 없다. 다만 성이 전(田)이고, 선비들을 좋아한 점에 비춰 맹상군(孟嘗君) 전문(田文)과 마찬가지로 전국시대 때 활약한 제나라 공실의 일족으로 보이는 인물이다.

296) '공손지(公孫支)'는, 춘추시대 진(秦)나라 목공(穆公)을 섬긴 대부(大夫)로, 백리해(百里奚)에게 상경(上卿) 자리를 양보한 인물이다.

제23장 세림 하(說林下)

> 세(說)는 유세란 뜻이다. 여기에 동원되는 이야기가 수풀처럼 많다고 림
> (林)이라 한다. 한비(韓非)가 자신의 주장을 설득력 있게 전달하기 위해 엮은
> 설화집이다. 상하(上下) 두 장에 수많은 설화가 수록되어 있는데, 내용 배열
> 엔 별 의미가 없다. 변설(辯舌)의 대본으로 쓰일 수 있는 일종의 자료집이라
> 할 수 있다.

| 01 |

백락(伯樂)이 발길질 잘하는 말[馬]에 대해 두 사람에게 가르쳤다. 이후
두 사람이 간자(簡子)의 마구간에서 말을 감정했다. 한 사람은 발길질 잘
하는 말을 가려냈으나, 다른 사람은 뒤쪽을 따라 3번이나 말의 엉덩이를
만졌음에도 걷어차이지 않았다. 앞서 감정한 사람이 스스로 감정을 잘못
했다고 여기자, 뒤에 감정한 사람이, '그대는 감정을 잘못한 것이 아니네.
그것은 말[馬]의 어깨가 굽고, 무릎이 부었기 때문이네.'[297]

---

297) '백락(伯樂)'은, 말[馬]을 잘 감정하는 사람으로, 본래 진(秦)나라 목공(穆公) 때 활약한 인물
이다. 그러면 여기서 다루는 일화처럼 춘추 말기, 조간자(趙簡子) 때 등장하는 백락은 누구인가.

'대개 발길질 잘하는 말은 뒷발을 들어 올리면, 앞발로 무게 중심을 잡 게 되는데, 무릎이 이렇게 부면 무게 중심을 잡을 수 없기 때문에 발길질 을 못 한 것이네. 그대는 발길질을 잘하는 말의 감정은 알았으나, 말의 부 은 다리를 보는 데는 서툴렀던 것이네.'라고 했다. 무릇 사물이란 이처럼 반드시 귀결(歸結)되는 곳이 있다. 무릎이 부은 까닭에 말[馬]이 무게 중심 을 잡지 못하는 것을 아는 것은 오직 지자(智者)만이다.[298]

| 02 |

위(衛)나라 장군 **문자(文子)**가 **증자(曾子)**를 만났다. 증자는 일어나지도 않고, 앉은 자리에서 끌어들여 안쪽에 몸을 두고 있었다. 문자가 말을 모 는 시종(侍從)에게 말하길, '증자는 참으로 어리석은 사람이다. 나를 군자 (君子)로 생각한다면, 어찌 군자답게 예우하지 않을 수 있는가. 나를 난폭 (亂暴)한 사람으로 여긴다면 어찌 난폭한 사람을 깔볼 수 있겠는가. 증자 가 봉변당하지 않은 것은 운(運)이 좋은 것이다.'라고 했다.[299]

고전에 나오는 백락은 크게 두 사람이다. 하나는 춘추 중기, 진(秦)나라 목공(穆公) 때 활약한 백 락이고, 다른 하나는 춘추 말기 조간자(趙簡子)의 말을 몰던 왕량(王良)이다. 두예는 『춘추좌전』, 「노애공 2년」조를 주석하면서 왕량을 백락(伯樂)이라 했다.

298) 혜자(惠子)는, "원숭이도 울 속에 가두면 돼지나 똑같다."라고 했다. 즉 정세가 불리하면 능력을 제대로 발휘할 수 없는 것이다.

299) '문자(文子)'는, 위(衛)나라 영공(靈公)의 손자로, 증자(曾子)가 상석에서 자신을 보고도 일어 나지 않은 채, 자리를 권하는 모습이 무척이나 거북했던 듯하다. 참고로 '증자(曾子)'는, 노나라 무성출신으로, 부친인 증석(曾皙)과 함께 공자의 제자였다. 평생 노나라에 머물면서 수많은 제 자들을 양성해 유학사상(儒學思想)이 세상에 알려지는 데 결정적 역할을 한 인물이다.

| 03 |

새 가운데 도도(翢翢)란 새가 있다. 머리가 무겁고 꼬리 쪽이 굽었다. 때문에 물을 마시려고 하면, 균형이 맞지 않아 반드시 뒤집어진다. 이에 다른 새가 그 날개를 입에 물고 마시게 한다. 사람의 경우, 만일 잘 마시지 못하는 사람이 있다면, 그를 도와줄 사람을 찾지 않을 수 없다. 한편 장어는 뱀과 비슷하고, 누에는 애벌레와 비슷하다. 그런데 사람들이 뱀을 보면 대체로 깜짝 놀라고, 애벌레를 보면 소름이 끼친다.[300]

| 04 |

말을 보는 탁견의 소유자, **백락(伯樂)**은 자기가 미워하는 사람에겐 천리를 달리는 말[千里馬]의 감정법(鑑定法)을 가르치고, 마음에 드는 사람에겐 일반적인 말의 감정법을 가르쳤다. 천 리를 달리는 말은 어쩌다 한 번씩 있어 벌이가 시원치 않지만, 일반적인 말은 매일 팔리기 때문에 이익이 빠르다. 이것이야말로 『주서(周書)』에 이르길, '비속한 말[馬]일지라도 훌륭하게 쓰이는 일이 간혹 있을 수 있다.'고 하는 것이다.[301]

---

300) 한비는 덧붙이길, '어부는 장어를 손에 쥐고, 아낙은 누에를 주워 올린다. 이익이 있는 곳에선 모두가 맹분(孟賁)이나 전저(專諸)와 다르지 않다.'라고 했다. 여기서 '맹분(孟賁)'은, 전설적인 용사(勇士)고, '전저(專諸)'는, 춘추 말기에 활약한 용사(勇士)다.

301) 여기서 백락과 『주서(周書)』를 인용한 것으로 볼 때, 조간자(趙簡子)의 수레를 몰았던 왕량(王良)보다는 진나라 목공 때 활약한 백락으로 보는 것이 합리적이다.

환혁(桓赫)이, '조각을 함에, 코는 크게 하는 것이 좋고, 눈은 작게 하는 것이 좋다. 코가 크면 작게 할 수 있으나, 작으면 크게 할 수 없다. 눈이 작으면 크게 할 수 있으나, 크면 작게 할 수 없다.'고 했다. 일도 다르지 않다. 다시 할 수 없는 것을 생각한다면 일에 실패가 적을 것이다. 한편 **숭후(崇侯)**와 **악래(惡來)**는 주(紂)에게 벌(罰) 받을 일을 하지 않을 줄은 알면서도, 무왕(武王)이 그를 멸할 것은 내다보지 못했다.[302]

비간(比干)과 자서(子胥)는 그 군주가 반드시 망(亡)할 것은 알면서도 자신이 죽을 줄은 알지 못했다. 그러므로 일러 말하길, '숭후(崇侯)와 악래(惡來)는 그 마음속을 알았으나 일의 추세는 알지 못했고, 비간과 자서는 일의 추세는 알았으나 마음속은 알지 못했다.'고 했다. 성인(聖人)은 둘을 다 겸비한 사람이다. 한편 송(宋)나라의 재상이 높아져서 정치를 독단하고 있었다. 이에 계자(季子)가 송군(宋君)을 만나 뵙고자 했다.

양자(梁子)가 듣고 말하길, '말을 할 땐 반드시 재상이 배석하는 자리에서 하는 것이 좋습니다. 그렇지 않으면 재앙을 면치 못할 것입니다.'라고 했다. 그래서 계자는 송군에게 생(生)을 소중히 하고, 나랏일엔 관심을 두지 말라 했다. 한편 양주(楊朱)의 아우, **양포(楊布)**가 흰옷을 입고 밖에 나

---

302) '숭후(崇侯)의 숭(崇)은, 나라 이름이고, 후(侯)는 작위다. 주(紂)에게 문왕(文王)을 모함했다가 후에 무왕(武王)으로부터 토벌을 당했고, '악래(惡來)'는, 주(紂)의 간신으로, 역시 무왕이 칠 때 살해당했다.

갔다. 비가 와서 흰옷을 벗고, 검정 옷을 입고 돌아왔다. 집의 개가 알아보지 못하고 짖었다. 양포가 '노(怒)해 때리려' 했다.[303]

| 06 |

혜자(惠子)가 말하길, '전설의 명궁(名弓)인 **예(羿)**가 깍지를 끼고, 팔찌를 대어 활을 잡아당기려 하면, 먼 월(越)나라 사람도 다투어 과녁[貫革]을 들어 올리고자 한다. 하지만 어린아이가 활을 잡아당기면 그 어머니라 하더라도 방에 들어가 문을 닫아 버릴 것이다.' 그러므로 말하길, '확실하면 먼 월나라 사람도 예(羿)를 의심하지 않으나, 확실하지 않으면 그의 어머니라도 어린아이에게서 멀리 도망칠 것이다.'라고 했다.[304]

| 07 |

환공(桓公)이 관중(管仲)에게 묻기를, '부(富)란 것이 멈추는 데가 있는가.'

---

303) 이에 양주가 말하길, '때리지 말라. 그대도 마찬가지였을 것이다. 먼저 그대 개로 하여금 흰색으로 나갔다가 검정색으로 돌아오게 한다면, 그대 또한 어찌 이상하게 생각하지 않겠는가.'라고 했다. 참고로 '양포(楊布)'는, 양주(楊朱)의 아우로, 『열자』, 「역명(力命)」에 형인 양주에게 나이와 언행, 재능 등이 같음에도 빈부귀천(貧富貴賤)의 차이가 나는 이유를 묻는 모습이 나온다. 이에 양주는 아우에게 '외물에 흔들리지 않는 도인(道人)의 자세'를 해답으로 제시한 점에서 여기서의 일화와 취지가 같음을 알 수 있다.

304) '예(羿)'는, 전설에 나오는 영웅으로, 활의 명수로 알려져 있다. 『좌씨전(左氏傳)』에 따르면, 하(夏)나라 때 사람으로, 지금의 산동성(山東省)을 지배했고, 한때는 하조(夏朝)를 멸망시킬 정도로 세력이 강했다. 한편 『회남자(淮南子)』에 따르면, 예(羿)는 옛날 요(堯)임금의 신하로, 10개의 태양이 떠올라 곡식을 말려 죽이므로, 그 중에서 9개를 쏘아 떨어뜨리고, 민중을 해치는 괴수를 퇴치하였다는 신화적 인물이다. 원래는 동방의 미개한 부족의 신화적 영웅이었던 것이 후에 중앙의 전설과 교류된 결과, 여러 이설(異說)을 낳게 되었다.

라고 했다. 대답하길, '물이 멈추는 데에 이룸은 그 물이 없는 것입니다. 부가 멈추는 데를 이룸은 그 부가 이미 충분하다는 것입니다. 사람이 스스로 충분한 데서 멈출 수 없다면, 그 부의 멈추는 데란 없는 것입니다.' 라고 했다. 한편 송(宋)의 부상(富商)으로 감지자(監止子)가 있었다. 타인과 값이 백금(百金)이나 되는 박옥(璞玉)을 사려 경쟁했다.

그래서 일부러 그것을 떨어뜨려 깨트린 뒤 **백금 값을 변상하고, 깨진 흠집을 갈아 내어 천일(千溢)을 벌었다.** 일에는 그것을 하다 실패를 하더라도 하지 않는 것보다 나은 경우가 있으니, 그 배상이 시의에 맞는 경우를 가리킨다. 한편 말[馬] 부리는 재주를 가지고 초왕(楚王)을 만나려는 이가 있었다. 다른 많은 마부가 그를 시샘했다. 그래서 말하길, '저는 사슴을 능히 잡을 수 있습니다.'라고 했다. 왕이 만나 봤다.[305]

| 08 |

초(楚)나라가 공자(公子)를 시켜 진(陳)을 치도록 했다. **장로(長老)**가 그를 배웅하면서 말하길, '진(晉)은 강한 나라이니, 신중하지 않으면 안 됩니다.'라고 했다. 공자가 말하길, '노인께서 어찌 그런 걱정을 하십니까. 내가 노인을 위해 진을 깨뜨릴 것입니다.'라고 했다. 장로가 다시 말하길,

---

305) 왕이 직접 말을 몰아보았으나 사슴을 따라잡지 못했다. 하지만 그는 따라잡았다. 왕이 그의 말 부리는 재주를 칭찬하자, 많은 마부가 자기를 시샘하고 있다고 비로소 말했다. 그리고 백금(百金)이나 되는 박옥(璞玉)을 일부러 떨어뜨려 깨트린 뒤 백금값을 변상하고, 깨진 흠집을 갈아 내어 천일(千溢)을 벌었다는 것은, 즉 천일(千溢)의 가치는 변상금의 10배 정도로 엄청난 이익을 가리킨다.

'좋습니다. 나는 곧 진의 남문 밖에 여막(廬幕)을 지어 놓겠습니다.'라고 했다. 공자가 말하길, '그것은 무슨 말씀입니까.'라고 물었다.[306]

장로가 대답하길, '나는 구천(勾踐)이 한 일을 우습게 여길 것입니다. 남을 위해 하는 일이 이와 같이 쉬운 것이라면, 그가 왜 혼자서 10년씩이나 갖은 고생을 했겠습니까.'라고 했다. 한편 요(堯)가 천하(天下)를 **허유(許由)**에게 물려주려 하자, 허유는 도망가 민가(民家)에 묵었다. **민가 사람이 얼른 관(冠)을 감추었다.** 대체 천하를 버린다고까지 하는데 민가 사람이 그 관을 감춘 일은 허유라는 이를 잘못 알았다는 것이다.[307]

| 09 |

이[蝨] 세 마리가 서로 말다툼을 하고 있었다. 다른 한 마리 이가 지나다 말하길, '다툼의 요지가 무엇인가.'라고 했다. '이'들이 말하길, '살찌고 풍족한 곳을 다툰다.'고 했다. 다른 한 마리 이가 다시 말하길, '곧 다가올 제삿날에 불살라지는 것은 걱정하지 않고, 그 무엇이 또 걱정거리인가.'라고 했다. 그래서 곧 서로가 모여들어 그 어미를 물어뜯고 피를 빨아먹었다. 돼지가 '비쩍 말라' 사람들이 바로 죽이지 않았다.

---

306) 장로(長老)가 공자를 배웅하면서 '진(晉)은 강한 나라니, 신중(愼重)하라'고 당부한 것은 진(陳)나라는 소국이지만, 배후에 강한 진(晉)이 있음을 경고한 것이다.
307) '허유(許由)'는, 천하도 버린 사람이지만, 민가 사람은 허유의 겉모습이 초라한 까닭에 도적으로 오인해 가죽 모자인 관(冠)을 재빨리 감춘 것이다. 허유가 어떤 사람인지 알 수 없었기 때문이다.

| 10 |

수많은 동물(動物) 가운데 훼(螝)라는 희한한 뱀이 있다. 이 '훼'는 몸이 하나인데, 입은 두 개나 된다. 때문에 먹이를 두고 다투다 서로 물어뜯어, 끝내는 서로 죽고 만다. 신하들이 권력을 다투다 나라를 망치는 것도 모두 '훼'의 모습과 다르지 않다. 한편 집에 흰 흙을 바르고, 그릇을 헹구어 씻으면 그것으로 청결(淸潔)해진다. 사람의 몸가짐도 역시 마찬가지다. 칠하거나 씻어낼 여지를 없게 하면 잘못 또한 적을 것이다.

| 11 |

공자(公子) **규(糾)**가 장차 난(亂)을 일으키려 했다. 환공(桓公)이 사자(使者)를 보내 그를 살펴보게 했다. 사자가 보고하길, '웃고 있어도 즐거워 보이지 않고, 사물을 보아도 주시하질 않습니다. 반드시 난을 일으킬 것 같습니다.'라고 했다. 이에 노(魯)나라 사람을 시켜 그를 죽이도록 했다. 한편 공손홍(公孫弘)이 긴 머리털을 자르고, 월왕(越王)의 기병이 됐다. 공손희(公孫喜)가 사람을 보내 의절할 것을 알리며 말했다.[308]

'나는 그대와 형제의 교분을 갖지 않겠네.'라고 했다. **공손홍**이 이에 말하길, '나는 머리털을 잘랐을 뿐입니다. 그런데 형은 목까지 잘려가며 남

---

308) '노나라로 망명한 공자(公子) 규(糾)'는, 환공(桓公)의 이복형으로, 그가 난(亂)을 일으키려 하자, 먼저 귀국해 보위에 오른 환공이 사자를 보내 그를 살펴보게 한 뒤, 노나라를 시켜 죽인 것이다.

을 위해 전쟁을 하려 하오. 내가 장차 형에게 뭐라고 충고해야 좋을까.'라고 했다. 이후 주남(周南) 지역의 전투에서 공손희가 죽었다. 한편 포악한 사람의 이웃에 사는 이가 집을 팔고 이사 가려 했다. 이에 어떤 사람이 말하길, '그 사람의 죄가 곧 극치(極致)에 이를 참이다.'[309]

'이사보다 그대가 잠시 기다려보면 어떻겠나.'라고 했다. 대답하길, '나는 그 죄가 나를 가지고 극치에 달하지 않을까 두렵다.'라고 했다. 그리고 마침내 떠났다. 그러므로 말하길, '사물에 기미가 보이면 꾸물거릴 일이 아니다.'라고 하는 것이다. 한편 공자가 제자들에게 이르길, '누가 나서 **자서(子西)**가 자신의 명성을 높이려 하는 것을 막을 수 있겠는가.'라고 했다. **자공(子貢)**이 말하길, '저라면 할 수 있습니다.'라고 했다.[310]

이에 자공이 자서(子西)를 찾아 세상의 정서를 들어 충고했으나 전혀 신경 쓰지 않았다. 이에 공자가 말하길, '너그럽구나, 명리에 빠지지 않았도다. 깨끗하구나, 변치 않는 도덕심의 성품을 지켰도다. 굽으면 굽었다 하고, 곧으면 곧다고 한다. 그래서 자서는 재앙을 면하기 어렵다.'고 했다. 백공(白公)이 난을 일으키자, 자서는 횡사했다. 그러므로 말하길, '행동을

---

309) '공손홍(公孫弘)'은, 『사기(史記)』에 그의 형 공손희(公孫喜)가 한나라 장수로 나온다는 점에서, 한나라 출신으로 보인다.
310) '자서(子西)'는, 초나라 평왕의 장서자로, 초나라 소왕의 이복형인 공자 신(申)을 말하고, '자공(子貢)'은, 이름이 단목사(端沐賜)로, 위(衛)나라 출신이다. 공자보다 31세 연하로, 공자의 제자들 가운데 자타가 공인하는 총명한 인물이다. 사마천은 『사기(史記)』에서 자공을, '공부하면서 부(富)를 쌓은 대표적인 유상(儒商)으로 평가'했다. 특히 그는 유창한 언변으로 열국을 종횡무진 뛰어다니며 협상을 한 '탁월한 외교관'으로 명성을 떨친 사람이다. 때문에 종횡가(縱橫家)의 효시로 불리기도 한다.

곧게 갖는 사람은 명예욕에 거스른다.'고 하는 것이다.

| 12 |

진(晉)나라의 **중행문자(中行文子)**가 망명(亡命)을 가다 어느 현(縣)의 고을을 지나갔다. 문자를 따르던 이가 묻기를, '이곳 **색부(嗇夫)**는 공과 잘 아는 사람입니다. 공께서 왜 쉬어 가지 않습니까. 잠시 후속 수레를 기다리면 좋겠습니다.'라고 했다. 문자가 말하길, '내가 일찍이 음악을 좋아했더니, 그 사람이 잘 울리는 거문고를 나에게 보내주었네. 또 내가 패옥(佩玉)을 좋아했더니, 둥근 옥을 나에게 보내준 일도 있었다네.'[311]

'그것은 내 잘못을 구해 주려는 것이 아닌 그것으로 내 마음을 사려는 것이었네. 나는 그가 나를 통해 다른 사람의 마음을 사려 하지 않을까 두렵네.'라고 했다. 그리고 바로 그곳을 떠나자, 과연 그가 문자의 후속 수레 2대를 빼앗아 군주에게 바쳤다. 한편 **주조(周趮)**가 **궁타(宮他)**에게 말하길, '제나라가 나를 위해 위(魏)나라에 중용되게 힘써주면 위나라가 제왕(齊王)을 섬기도록 해드리겠다."라고 말해 줄 수 있는가.'[312]

궁타가 답하길, '좋지 않습니다. 이는 위(魏)에서 세력이 없다는 사실

---

311) '중행문자(中行文子)'는, 춘추시대 때 중원의 패자인 진(晉)나라의 실권자 육경(六卿) 가운데 일원인 중행씨의 대표자, 즉 순인(荀寅)을 말하고, '색부(嗇夫)'는, 지방의 민사(民事) 문제를 다루는 하위직 벼슬아치를 말한다.

312) '주조(周趮)'는, 위(魏)나라 사람으로, 주소(周宵)를 가리키고, '궁타(宮他)'는, 제나라 사람으로, 주(周)의 대부(大夫)다.

을 보이게 되는 것입니다. 제왕(齊王)은 결코 위(魏)에서 세력이 없는 이를 도와 위의 권력자에게 원한을 살 일은 하지 않을 것입니다. 차라리 공이 "왕께서 바라시는 것을 말씀하시면, 제가 그대로 위(魏)가 받아들이도록 하겠습니다."라고 말하는 것만 못합니다. 그러면 제왕은 반드시 공이 위에서 세력 있는 이로 여겨 공에게 반드시 의지할 것입니다.'[313]

| 13 |

백규(白圭)가 송(宋)나라 영윤(令尹)에게 일러 말하길, '군주가 장성하여 자신이 직접 정사를 보게 되면, 공은 권세가 없어질 것입니다. 지금 군주는 나이가 어려 명성(名聲)을 얻고자 합니다. 초(楚)나라로 하여금 군주의 효성(孝誠)을 칭찬해 주도록 하면 좋을 것입니다. 그러면 군주는 공의 자리를 빼앗지 않음은 물론 오히려 공을 크게 존중할 것입니다. 그렇게 된다면 공은 송의 권력을 계속 잡게 될 것입니다.'라고 했다.

| 14 |

관중(管仲)과 포숙(鮑叔)은 서로 일러 말하길, '군의 난행(亂行)이 심하니 반드시 나라를 잃고 말 것이네. 제(齊)나라의 여러 공자(公子)들 가운데 보좌할 만한 이는 공자 규(糾)가 아니면 소백(小白)이야. 자네와 더불어 각자 한 사람씩 섬기다 먼저 성공한 이가 서로를 거두기로 하세.'라고 했다. 이

---

313) 한비는 덧붙이길, '이것이 바로 공이 제나라에 세력을 펴 제나라의 힘으로 위나라에서 세력을 얻게 되는 것입니다.'라고 했다.

에 '관중은 공자 규를, 포숙은 소백'을 따랐다. 나라 사람이 과연 군을 시해(弑害)했다. 소백이 먼저 들어가 군주가 되었다.

노(魯)나라 사람이 관중을 붙들어 바쳤다. 포숙이 말해 그를 재상으로 삼았다. 그러므로 속담에, '무함(巫咸)이 비록 잘 빌더라도 자기 재앙은 털어낼 수 없고, 진(秦)의 의원이 병을 잘 고치더라도 자기에게 침을 놓을 순 없다.'고 한다. 관중의 훌륭함도 포숙의 도움이 절실한 것이다. 이것은 속된 말로, '노비가 스스로 갖옷을 팔더라도 팔리지 않고, 사(士)가 스스로 말솜씨를 자랑하더라도 믿지 않는다.'고 하는 것이다.[314]

| 15 |

초왕(楚王)이 오(吳)를 쳤다. 오는 저위궐융(沮衛蹶融)을 보내 초의 군사들을 위로했다. 그래서 장군이 말하길, '그를 포박하라. 죽여 피를 북에 바르겠다.'고 했다. 그에게 묻기를, '네가 여기 올 때 점을 쳤느냐.'라고 했다. 대답하길, '점을 쳤다.'라고 했다. '점괘가 길(吉)하던가.' 대답하길, '길하다.'고 했다. 초나라 사람이 말하길, '지금 초에선 장차 그대를 죽여 북에 피를 바르려고 하는데, 그것이 무엇이냐.'고 물었다.[315]

답하길, '그게 길한 까닭이다. 오(吳)가 나를 시킨 것은 장군의 노여움을

---

314) '무함(巫咸)'은, 은나라 때 유명했던 무당을 말하고, '진(秦)의 의원'은, 명의(名醫)로 불리는 편작(扁鵲)을 가리킨다.
315) '저위궐융(沮衛蹶融)의 저위(沮衛)'는, 관명이고, 궐융(蹶融)은 인명을 가리킨다.

떠보려는 것이다. 장군이 노하면 해자를 깊이 파고, 성채를 높게 쌓을 것이다. 장군이 노하지 않으면 안심해 나태해질 것이다. 이제 장군이 나를 죽이면 오는 반드시 경계를 강화할 것이다. 또 나라가 점을 친다는 것은 한 신하를 위한 것이 아니다. 무릇 신하 한 명을 죽여 한 나라가 보존된다면, 그것을 길(吉)이라 하지 않고 무엇이라 하겠는가.'

'더구나 죽은 이에게 지각이 없다면, 내 피를 북에 바른다 한들 무슨 이익이 있겠는가. 죽은 이에게 지각이 있다면, 나는 막 싸움이 벌어지려 할 때를 맞아 내 힘으로 북을 울리지 못하게 할 것이다.'라고 했다. 초나라 사람은 그를 죽이지 않았다. 한편 지백(智伯)이 구유(仇由)를 치고자 했으나, 길이 험해 군대가 지나가지 못했다. 이에 큰 종을 주조해 구유 군주에게 선물로 보냈다. 구유 군주가 기뻐 길을 열어주려 했다.

이에 **적장만기(赤章曼枝)**가 말하길, '안 됩니다. 이것은 작은 나라가 큰 나라를 섬기는 방법입니다. 그런데 지금은 큰 나라가 반대로 해가지고 온다는 것입니다. 즉 군대가 반드시 따라올 것입니다. 받아들여서는 안 됩니다.'라고 했다. 그럼에도 구유의 군주는 적장만기의 간언을 듣지 않고, 마침내 그것을 수락했다. 그래서 적장만기는 **수레 굴대 끝을 자르고 달아나**, 제(齊)나라로 갔다. 7개월이 지나자 구유는 멸망했다.[316]

---

316) '적장만기(赤章曼枝)'는, 구유의 신하로, 적장(赤章)이 성이고, '수레 굴대 끝을 자르고 달아났다'는 표현은, 구유(仇由)의 산에 난 길이 좁았기 때문이다.

월(越)나라가 오(吳)를 쳐서 이긴 후, 이어 초(楚)나라에 군사원조를 요청해 진(晉)나라를 공략하고자 했다. 좌사(左史) 의상(倚相)이 초왕(楚王)에게 일러 말하길, '도대체 월은 오를 쳐서 깨뜨리기는 하였으나 뛰어난 용사는 죽고, 정예병들은 다 사라졌으며, 중장비 군대 또한 상처를 입었습니다. 지금 군사원조를 요청해 그것으로 진(晉)을 공략하려는 것은 우리에게 그 군대가 아직 건재함을 과시하려는 것에 불과합니다.'

'차라리 우리가 군사를 일으켜 오(吳)를 함께 나누어 갖는 것만 못합니다.'라고 했다. 초왕이 '좋다'고 말했다. 그래서 군사를 일으켜 월군의 뒤를 추격했다. 월왕이 노해 대응코자 했다. **문종(文種)**이 말하길, '안 됩니다. 우리의 뛰어난 용사는 죽고, 중장비 군대도 상처를 입었습니다. 초를 상대하면 반드시 패할 것입니다. 뇌물을 보내주는 것이 낫습니다.'라고 했다. 이에 노산(露山)의 북쪽 5백 리 땅을 뇌물로 보냈다.[317]

초(楚)가 진(陳)을 토벌할 때 오(吳)가 진을 구원했다. 양군의 사이가 3십 리였다. 비가 열흘간 내리다 밤에 개었다. 좌사 의상이 자기(子期)에게 말하길, '비가 열흘이나 내려 갑옷을 간수(看守)하고 무기를 모아둔 틈을 노려, 오의 군대가 반드시 쳐들어올 것입니다. 방비를 하는 것이 좋겠습니

---

317) '문종(文種)'은, 월나라 공신으로, 성은 문(文)이고, 이름은 종(種)이다.

다.'라고 했다. 이에 진지를 정비했다. 진(陳)을 다 치기도 전에 오나라 군대가 쳐들어왔으나 초의 진지가 견고한 것을 보고 돌아갔다.

좌사가 말하길, '오나라 군대가 왕복 6십 리를 행군하면 장교들은 반드시 쉬어야 하고, 병졸들은 반드시 먹어야 합니다. 우리 쪽이 3십 리를 행군해 그를 친다면 반드시 쳐부술 수 있습니다.'라고 했다. 이에 뒤를 추격해 마침내 오의 군대를 깨뜨렸다. 한편 한(韓)과 조(趙)나라 사이에 서로 다툼이 생겼다. 한나라 군주가 위(魏)나라에 군대를 청하면서 말하길, '바라건대 군사를 빌려 조나라를 치고자 합니다.'라고 했다.

이에 위나라의 문후(文侯)가 말하길, '나는 조나라와 형제지의(兄弟之義)를 맺어 그 제의에 따를 수 없습니다.'라고 했다. 이때 조나라 또한 군대를 청해 한나라를 치고자 했다. 이에 위나라의 문후가 말하길, '나는 한나라와 형제지의를 맺어 그 제의에 따를 수 없습니다.'라고 했다. 한과 조 두 나라가 원병을 얻을 수 없어 노하며 돌아갔다. 얼마 있다 문후가 자기들을 화해시키려는 것을 알고 곧 위에 **참예(參詣)**했다.[318]

| 18 |

제(齊)가 노(魯)를 치고, **참정(讒鼎)**을 요구했다. 노는 위조물을 가지고 갔다. 제나라 사람이 말하길, '가짜다.'라고 했다. 노나라 사람이 변명하길, '진짜다.'라고 했다. 제(齊)에서 말하길, **'악정자춘(樂正子春)**을 오게 하라.

---

318) '참예(參詣)'는, '나아가 뵌다'는 뜻으로, 다른 말로 위나라 문후를 조회(朝會)한다는 말이다.

우리는 그분의 의견을 들어보고 싶다.'고 했다. 노군(魯君)이 악정자춘에게 부탁하자, 악정자춘이 묻길, '왜 진짜를 가지고 가지 않았습니까.'라고 했다. 군이 답하길, '나는 그것이 아깝다.'라고 했다.[319]

악정자춘이 말했다. '저도 역시 신용이 아깝습니다.'라고 했다. 한편 한구(韓咎)가 나서 군주가 되었으나 아직 안정되지 않았다. 그 아우가 주(周)에 있었는데, 주에선 그의 지위를 예우하면서도 한구가 인정하지 않을까 두려웠다. 기무회(綦毋恢)가 말하길, '전차 100대를 그에게 딸려 보내는 것이 좋겠습니다. 인정하면 그대로 경호를 했다고 하면 되고, 인정하지 않으면 바로 적(敵)을 바치러 왔다고 하면 됩니다.'라고 했다.

| 19 |

정곽군(靖郭君)이 설(薛) 땅에 성을 쌓으려 하자, 식객 중에 그것을 간하는 이들이 많았다. 정곽군이 알자(謁者)에게 일러 말하길, '객을 안내해 들이지 말라.'고 했다. 그런데 제(齊)나라 사람으로 뵙기를 청하는 이가 있어 말하길, '저에게 3마디 말만 하게 해주십시오. 3마디 말을 넘으면 저를 삶아 죽이십시오.'라고 했다. 정곽군은 그래서 그를 만나보았다. 객이 종종걸음으로 다가와 말하길, '해,대,어(海,大,魚)'라 했다.[320]

---

319) '참정(讒鼎)'은, 노나라의 보물로, '3개의 발이 달린 거대한 솥'을 말하고, '악정자춘(樂正子春)'은, 노나라 사람으로, 증자(曾子)의 제자 가운데 한 사람이다. 특히 효행(孝行)에 뛰어난 인물이다.

320) '정곽군(靖郭君)의 이름'은, 전영(田嬰)으로, 제나라 위왕(威王)의 아들이다. 즉 맹상군 전문(田文)의 부친이기도 하다.

이렇게 말하고 되돌아갔다. 정곽군이 말하길, '그 까닭을 듣고 싶다.'고 했다. 객이 말하길, '저는 군이 죽음을 거는 놀이를 하지 못합니다.'라고 했다. 정곽군이 다시 말하길, '바라건대 나를 위해 그것을 말해 달라.'고 했다. 이에 답하길, '정곽군께선 큰 물고기에 대해 들어본 적이 있으십니까. 그물로도 잡을 수 없고, 주살로도 잡을 수 없으나, 뛰어서 물 밖으로 나오면 땅강아지나 개미들도 마음대로 할 수 있습니다.'

'지금 제나라는 정곽군에겐 역시 바다와 같습니다. 정곽군께서 제나라를 오래도록 가지고 계신다면 설(薛) 땅이 무슨 문제겠습니까. 군께서 제나라를 잃는다면 비록 설 땅에 성(城)을 하늘 높이 쌓는다 하더라도 별 이익이 되지 못합니다.'라고 했다. 정곽군이 말하길, '좋다'고 했다. 이에 설 땅에 성을 쌓으려던 계획을 포기했다. 한편 초왕(楚王)의 아우가 진(秦)에 가 있었는데, 진나라가 그를 돌려보내려 하지 않았다.

측근의 무관이 말하길, '저에게 백금을 주시면 제가 그를 능히 돌려보내게 할 수 있습니다.'라고 했다. 이렇게 해서 백금을 수레에 싣고 진(晉)의 숙향(叔向)을 만나 말하길, '초왕의 아우가 진(秦)에 가 있는데 진이 돌려보내지 않습니다. 백금을 드리니 이것으로 잘 부탁합니다.'라고 했다. 숙향이 돈을 받고 그에게 진(晉)의 평공(平公)을 만나게 해주었다. 그리고 말하길, '호구(壺丘) 땅에 성(城)을 쌓아야 합니다.'라고 했다.

이에 평공이 '이유가 무엇인가.'라고 물었다. 숙향이 답하길, '초나라 왕의 아우가 진(秦)나라에 가 있는데 진나라가 그를 돌려보내지 않습니다. 이는 진이 초를 미워하는 것입니다. 반드시 우리가 호구에 성 쌓는 것을 막지 못할 것입니다. 만일 막으려고 하면, 우리가 말하길, "우리를 위해 초왕의 아우를 돌려보내 주면 우리는 성을 쌓지 않겠다."고 하는 것입니다. 그쪽이 만일 돌려보내주면, 초(楚)를 얻을 수 있습니다.'

'혹 그쪽이 돌려보내 주지 않으면, 이는 끝내 미워하는 것입니다. 반드시 우리가 **호구**에 성 쌓는 것을 막지 못할 것입니다.'라고 말했다. 공이 말하길, '좋다'고 했다. 이에 호구에 성을 쌓기로 하고, 진공(秦公)에게 일러 말하길, '우리를 위해 초나라 왕의 아우를 돌려보내 준다면 우리는 성을 쌓지 않겠다.'고 했다. 진(秦)은 그래서 그를 돌려보내 주었다. 초왕이 크게 좋아하여, 순금 백일(百鎰)을 진(晉)에 보내주었다.[321]

| 20 |

합려(闔廬)가 영(郢)을 쳐서 3번 싸워 3번 이겼다. 자서(子胥)에게 묻기를, '철수해도 좋겠는가.'라고 했다. 자서가 대답하길, '사람을 물에 빠져 죽게 하는 사람이 한 번 물을 먹이고 그만둔다면 빠져 죽을 사람이 없습니다. 쉬지 않고 계속해야 합니다. 기세를 타서 그를 가라앉게 하는 것만 못합니다.'라고 했다. 한편 정(鄭)나라 사람 가운데 어떤 집의 아들이 벼슬을 하기 위해 떠나려 했다. 이에 사람들이 말을 해줬다.[322]

---

321) '호구(壺丘)'는, 지금의 산서성 원곡현(垣曲縣)의 동남 지역이다. 여기에 성(城)을 쌓으면 진(秦)나라가 위협이 되는 곳이다.

322) 이 글은 나라는 다르나, 제12장 「세난(說難)」, 104에 나오는 문장과 유사하므로, 그대로 싣는다. "송(宋)에 부유(富裕)한 집이 있었다. 비가 내려 담장이 무너졌다. 그 아들이 말하길, '당장 고치지 않으면, 앞으로 반드시 도적이 들 것입니다.'라고 했다. 그 이웃집의 노인도 역시 같

제24장 관행(觀行)

관행(觀行)이란 '일정한 행동을 관찰한다'는 뜻이다. 사람은 자신이 취한 행동에 대해 직접 구별하기 어렵다. 특히 군주가 신하의 행동을 관찰함에 있어서의 능력은 한계가 있다. 그러므로 객관적인 법술(法術)이나 세(勢) 기준을 따라야 한다는 주장이다.

| 01 |

옛사람들은 자기 눈으로 자신을 보기 어렵기 때문에 거울을 통해 얼굴을 보았다. 자기 지혜로 자신을 알기 어렵기 때문에 도(道)를 기준으로 자신을 바로잡았다. 그러므로 거울에게 얼굴의 흠을 보였다고 해서 죄(罪)가 될 일은 없고, 도(道)를 기준으로 자신의 허물을 밝혔다고 해서 원망(怨望)을 받을 일도 없다. 눈에 거울이 없다면 수염이나 눈썹을 가지런히 할 수 없고, 자신에게 도가 없다면 갈피를 잡을 수 없다.

은 말을 했다. 밤이 되자 과연 예상대로 재물을 크게 잃어버렸다. 그 집에서 아들은 대단히 지혜롭다고 여겼지만, 이웃집 노인은 의심했다. 두 사람의 예상은 모두 그대로 적중했다." 그리고 '합려(闔廬)'는, 오나라의 왕료(王僚)를 시살(弑殺)하고, 왕위에 오른 공자 광(光)이다. 부차(夫差)의 부친이기도 하다.

| 02 |

　서문표(西門豹)는 성미(性味)가 아주 급하기 때문에 평소 가죽 끈을 차 스스로를 느슨하게 하고, 동안우(董安于)는 마음이 느긋하기 때문에 평소 활시위를 차 스스로를 다잡았다. 따라서 여유 있는 것을 가지고 부족(不足)한 것을 메우며 긴 것을 가지고 짧은 데를 잇는 것을 가리켜 '현명한 군주'라 하는 것이다. 한편 '천하에는 확실한 원리 3가지'가 있다. 첫째, 지혜가 있더라도 공을 세울 수 없는 경우가 있다고 한다.[323]

　둘째, 힘이 있더라도 들어 올릴 수 없는 경우가 있다고 한다. 셋째, 강하더라도 이길 수 없는 경우가 있다고 한다. 그러므로 비록 요(堯)임금 같은 지혜가 있더라도 많은 사람들의 도움이 없으면 큰 공을 세우지 못할 것이다. 오확(烏獲) 같은 힘이 있더라도 남의 도움을 얻지 못하면, 자신의 몸을 들어 올리지 못할 것이다. 맹분(孟賁)이나 하육(夏育) 같은 굳셈이 있더라도 법술을 지키지 못하면, 오래 살지 못할 것이다.[324]

　이 때문에 정세(政勢)에는 어찌할 수 없는 경우가 있고, 일에도 이룰 수 없는 경우가 있다. 그러므로 오확(烏獲)이 천균(千鈞)되는 무게를 가볍게 다루면서도 자신의 몸을 무거워하는 것은 자신의 몸이 천균보다 더 무거

---

323)　'서문표(西門豹)'는, 전국 초기, 위(魏)나라 문후(文侯)를 섬긴 현신(賢臣)이고, '동안우(董安于)'는, 춘추 말기, 진(晉)나라 조앙(趙鞅)의 신하다.
324)　'오확(烏獲)'은, 전국시대 진(秦)의 무왕(武王)을 섬기던 역사(力士)이고, '맹분(孟賁)'과 '하육(夏育)'은, '전설적인 용사(勇士)'로 병칭되는 이름이다.

워서가 아니라, 자세가 불편하기 때문이다. 이주(離朱)가 백 보 거리를 쉽게 보면서도 눈썹 사이를 보기 어려운 것은 백 보 거리가 가깝고 눈썹 사이가 멀어서가 아니라, '도리(道理)상 할 수 없기 때문'이다.

따라서 현명한 군주는 오확이 자신의 몸을 들어 올릴 수 없다고 추궁하지 않으며, 이주가 자신을 보지 못한다고 괴롭히지 않는다. 할 수 있는 정세에 따라 하기 쉬운 방법을 찾는 것이다. 그러므로 힘을 적게 들이고도 공명(功名)이 세워진다. 시기란 충족될 때와 공허한 때가 있고, 일이란 유리한 경우와 불리한 경우가 있으며, 사물엔 생사(生死)가 있다. 군주가 이 3가지 때문에 기쁘다거나 노(怒)하는 기색을 나타낸다.

그러면 금석(金石)처럼 굳은 충성스런 마음도 떠날 것이고, 성현(聖賢)의 무리들도 회의를 느낄 것이다. 따라서 현명한 군주는 남을 관찰하더라도 남이 자신을 관찰하게 하진 않는다. 요(堯)라 해도 혼자선 일을 이룰 수 없고, 오확이라 해도 자신의 몸을 들어 올릴 수 없으며, 맹분과 하육이라도 스스로 이길 수 없다는 원리를 명확히 이해한 후에 법술을 가지고 나간다면, 신하의 행동을 관찰하는 방법은 완벽할 것이다.

제25장 안위(安危)

국가를 보존(保存)하는 원칙과 위기(危機)를 극복하는 방식을 몇 가지 항목으로 나눠 거론하고, 그것을 다시 개괄적으로 부연 설명하고 있다. 논리를 전개하는 방식에서 특히 객관적 기준인 법(法)에 대한 존중이 중심을 이루고 있다.

| 01 |

안술(安術)에 7가지가 있고, 위도(危道)에 6가지가 있다. 안전을 꾀하는 방법은 첫째, 상벌(賞罰)이다. 즉 일의 옳고 그름에 따라 행하는 것을 말한다. 둘째, 화복(禍福)이다. 즉 행위의 선악(善惡)에 대응하는 것을 말한다. 셋째, 살생(殺生)이다. 즉 법도에 따라 하는 것을 말한다. 넷째, 현·불초(賢·不肖)다. 즉 현·불초의 판단에 애증 개입이 없는 것을 말한다. 다섯째, 우현(愚賢)이다. 즉 어리석거나 어진 것의 분별이다.[325]

---

325) '안술(安術)'은, 국가의 안전, 즉 안리(安利)를 도모하는 방법을 말하고, '위도(危道)'는, 국가를 재난에 빠뜨려 해(害)를 입히는 것을 뜻한다.

다시 말해 어리석거나 어진 것을 분별함에 있어 비방이나 칭찬이 개입되면 안 되는 것을 말한다. 여섯째, 일정한 잣대다. 즉 일에 있어선 반드시 '기준'이 있어야 하고, 임의로 헤아리는 일이 있어선 안 되는 것을 말한다. 일곱째, 신의(信義)다. 즉 속임수가 없는 것을 말한다. 위태롭게 되는 길은 첫째, 법규에 따르지 않고 사적으로 일을 처리하는 것을 말한다. 둘째, 법규에서 벗어나 자의적으로 일을 재단하는 것을 말한다.

셋째, 남의 손해를 자기 이익으로 삼는 것을 말한다. 넷째, 남의 화(禍)를 즐기는 것을 말한다. 다섯째, 남의 안전을 위태롭게 만드는 것을 말한다. 여섯째, 사랑해야 할 것과 친하지 않고, 미워해야 할 것과 멀리하지 않는 것을 말한다. 이렇게 되면 삶[生]이 즐거운 이유를 모르고, 죽음[死]도 싫어할 이유를 모른다. 사람들이 삶을 즐기지 못하면, 군주도 존중받지 못하며, 죽음을 싫어하지 않으면 명령도 이행되지 않는다.

| 02 |

천하 사람들로 하여금 모두 법과 제도에 맞춰 지능(知能)을 다 짜내게 하고, 기준에 따라 능력을 최대로 발휘하게 한다면, 그것으로 움직일 때 승리하고, 안정(安靜)을 취할 때 편안할 것이다. 세상을 다스림에 있어 사람들이 옳은 일을 하는 데 삶을 즐기고, 그른 일을 하는 데 몸을 아끼도록 한다면, 소인(小人)은 줄어들고 군자(君子)는 많아질 것이다. 그러면 사직(社稷)은 바로 서고, 국가(國家)는 오래도록 안정될 것이다.

광분(狂奔)하는 수레 위엔 공자도 몸을 두지 않을 것이고, 전복된 배 밑엔 백이(伯夷)도 있지 않을 것이다. 여기서 호령(號令)은 국가의 '배나 수레' 다. 안정되면 지혜와 청렴이 생겨나고, 위태하면 다툼과 추악함이 일게 될 것이다. 그러므로 나라를 편안하게 하는 방법은, 굶주릴 때 먹여주고, 추울 때 옷을 입혀 주듯 하면, 명령을 내리지 않아도 저절로 다스려질 것 이다. 선왕의 통치 원리는 **죽백(竹帛)**에 붙여 놓았다.[326]

그 도리가 이치에 부합한 까닭에 후세 사람들도 승복(承服)한 것이다. 만일 사람들로 하여금 굶주리거나 추위를 느끼게 하고, 의식(衣食)을 버리 게 하면 비록 맹분이나 하육과 같은 용사라 하더라도 무리하게 그 명령 을 수행할 수는 없을 것이다. 즉 자연스럽지 않으면 비록 선왕의 도(道)에 순순히 따를 수는 있어도 바로 서진 못한다. 용맹스런 이도 이행하지 못 할 것을 억지로 하게 하면 윗자리가 안정될 수 없는 것이다.

여기서 윗사람이 끝없는 욕심을 가지고, 이미 다한 데까지 추궁하면 아 랫사람은 남은 것이 없다고 답할 것이다. 남아 있는 것이 없으면 법을 경 시하게 된다. 법이란 나라를 다스리는 수단이다. 따라서 법을 경시하면 공(功)이 서지 못하고, 명성도 이루지 못할 것이다. 한편 들은 바에 따르 면, 옛날 편작(扁鵲)은 병을 치료할 때 칼로 뼈를 찔렀고, 성인(聖人)은 위 급한 나라를 구할 때 '충언으로 군주의 귀를 거슬리게' 했다.

편작(扁鵲)이 칼로 뼈를 찌르면 몸이 약간의 통증을 느끼지만, 몸에는 큰 이익을 보게 되고, 귀에 거슬리므로 마음에는 약간의 저항을 느끼지

---

326) 선왕의 통치 원리를 죽간(竹簡)이나 비단 천[帛書]에 기록한 것이다.

만, 나라에는 오래도록 복을 받는다. 그러므로 심한 병에 걸린 사람은 통증을 참아냄으로써 이익을 보고, 고집이 센 군주라 하더라도 귀에 거슬리는 말을 들음으로써 복을 받을 수 있는 것이다. 통증을 참아냈기 때문에 편작이란 사람이 명의(名醫) 소리를 들을 수 있던 것이다.

그리고 귀에 거슬리더라도 그 말을 들었기 때문에 오자서(伍子胥)도 충언(忠言)을 헛되게 하지 않은 것이다. 이것이 오래 살고, 나라를 안전하게 하는 방법이다. 병에 걸려 아픔을 참아내지 못하면 편작의 재주도 보람이 없게 되고, 위태로운 나라임에도 귀에 거슬리는 말을 받아들이지 못하면, 성인(聖人)의 의지라도 헛될 것이다. 이와 같은 상태라면 오래 갈 이익이 멀리 지속되지 못하고 '공명'도 오래도록 떨칠 수 없다.

| 03 |

군주 스스로 요(堯)임금이 되려고 노력하지 않으면서, 신하에겐 오자서(伍子胥)가 되기를 바라면서 꾸짖는다면, 이는 바로 은(殷)나라 사람늘이 모두 비간(比干) 같은 충신이 되기를 바라는 것이다. 모두가 비간같이 된다면 군주는 천하를 잃지 않고, 민중은 몸을 망치지 않을 것이다. 세력을 단속하지 못해 전상(田常) 같은 이가 나타났음에도 신하가 모두 비간같이 되기를 바라기 때문에 나라가 한 번도 안정될 수 없었다.

요순(堯舜) 같은 이를 폐하고 걸주(桀紂) 같은 이를 세운다면 사람들은 장점을 살려 즐기거나 단점을 성찰하지 못할 것이다. 장점을 살리지 못하면 국가의 공적(功績)이 없고, 단점을 그대로 가져가면 민중은 즐거움이 없을 것이다. 공적이 없는 상태로 살고, 즐거움이 없는 상태로 민중을 다스린다는 것은 어불성설에 다름 아니다. 이렇게 되면 윗사람이 아랫사람을 부릴 수 없고, 아랫사람도 윗사람을 섬길 수 없게 된다.

| 04 |

안위(安危)란 시비(是非)를 가리는 기준에 달린 것이지, 강약(强弱)에 있는 것이 아니다. 존망(存亡)은 **권력의 허실(虛實)**에 달린 것이지, 병력 수의 많고 적음에 있는 것이 아니다. 여기서 제(齊)나라는 병력 수가 만승이나 되는 나라임에도 명분과 실질이 일치하지 않아 국정에 있어 위[上]는 실권을 잃고, 명분과 실질에 있어 아래[下]는 실권을 부풀려 장악했기 때문에 신하가 군주의 자리를 찬탈(簒奪)할 수 있었던 것이다.[327]

은(殷)나라는 천자의 나라임에도 시비(是非) 기준이 없어, 공(功)이 없는 이에게 상을 주고, 비방과 아첨을 일삼는 이가 거짓으로 높아지게 하며, 또 죄(罪) 없는 이에게 벌을 주고, 곱추로 하여금 타고난 천성의 등뼈를 쪼개도록 시켰다. 즉 거짓 꾸밈을 옳다 하고, 타고난 천성을 그르다고 했기 때문에 작은 나라가 큰 나라를 이길 수 있었다. 한편 현명한 군주는 나라 안을 '굳게 하기 때문에' 밖으로 실패를 하지 않는다.

가까운 곳의 땅을 잃으면서 먼 곳의 땅을 잃지 않는 사람은 없다. 그

---

327) '권력의 허실(虛實)'은, 권력의 주체가 되어야 할 군주가 실권이 없는 경우와 명실(名實)이 모두 갖춰져 있는 것을 말한다.

러므로 주(周)나라가 은(殷)나라의 천하(天下)를 빼앗은 것은 조정에 떨어진 것을 주워 담듯 쉬웠던 것이다. 만일 은나라가 조정에 떨어뜨리지 않았더라면, 주나라가 경계 밖에서 추호의 땅이라도 감히 바라보지 못했을 것이다. 하물며 감히 자리를 바꿀 수 있었겠는가. 현명한 군주의 도(道)는 법에 충실하다. 또 그 법(法)은 사람 마음에 충실한 것이다.

그렇기 때문에 민중들을 대함에 있어 잘 다스리고 떠나더라도, 민중들로 하여금 그리운 마음이 지속되는 것이다. 요(堯)임금이 아교나 옻칠 같은 약속을 하지 않아도 그 당시에는 사람의 도(道)가 행해지고, 순(舜)임금은 송곳 하나 세울 만한 땅이 없었음에도 후세(後世)에까지 은덕(恩德)을 맺게 했다. 사람의 도를 아득한 옛날에 세워 그 은덕을 만대(萬代)까지 전해 주는 사람을 가리켜 '현명(賢明)한 군주'라 하는 것이다.

제26장 수도(守道)

나라를 지키는 방도를 의미한다. 객관적인 법의 존엄성이 강조되고, 모든 자의적인 행태가 배제된다. 군신(君臣)과 상하(上下)가 서로 하나 되는 상황을 이상(理想)으로 상정하고, 외공(外攻)보단 안으로 권력을 확립할 것과 질서를 요구한다. 군주의 법과 대립하는 개인적 능력을 배제하는 논리로 일관하고 있다.

| 01 |

성왕(聖王)이 법을 제정할 때 하사하는 상(賞)은 족히 선행을 권할 만하고, 그 형벌의 위엄은 족히 난폭한 행위를 제압할 만하며, 그 방비는 족히 완벽을 기할 만했다. 잘 다스려지는 세상에서 신하는 공(功)이 많은 이가 높은 자리에 오르고, 힘껏 노력을 다한 이가 후한 상을 받으며, 성의(誠意)를 다한 이가 이름을 날리게 된다. 선행은 마치 봄날 새싹처럼 생겨나고, 악행은 마치 늦가을의 초목처럼 살기가 도는 듯하다.

그러므로 민중은 힘을 다하고자 노력하고, 정성스럽게 하는 것을 즐거워하니, 이를 가리켜 '상하의 뜻이 서로 맞는다.'고 하는 것이다. 상하의 뜻이 서로 잘 맞기 때문에 능히 힘쓰는 이로 하여금 스스로 법도 안에서 있는 힘을 다하게 하고, **임비(任鄙)** 같은 장사(壯士)가 되도록 노력하게 하며, 또 싸우는 무사(武士)로 하여금 사력(死力)을 다하게 함으로써 **맹분(孟 賁)**이나 **하육(夏育)**과 같은 용사가 되도록 바라는 것이다.[328]

이렇게 도(道)를 지키는 이들로 하여금 금석(金石)과도 같은 의지(意志)를 품게 하면, 모두 오자서(伍子胥) 같은 충절(忠節)로 죽을 수 있게 할 수 있다. 가령 힘을 쓰는 사람은 임비(任鄙)와 같은 장사(壯士)가 되고, 싸울 때는 맹분이나 하육과 같은 훌륭한 용사가 되며, 사람의 도(道) 지키기를 마치 금석과도 같이 한다면, 남의 군주 된 사람이 베개를 높여 자더라도, 나라 지키는 일은 '이미 완벽하게 되어 있는 것'이다.

| 02 |

옛날에 나라를 잘 지키던 군주는 엄중한 형벌(刑罰)로 다스렸다. 즉 가벼운 죄도 짓지 못하게 하고, 만일 죄를 지으면 견디기 힘든 벌로 죄인을 다룬 것이다. 그러므로 군자와 소인(小人) 모두가 바르게 되고, **도척(盜跖)**과 **증사(曾史)**도 다 같이 청렴해질 수 있었다. 무엇으로 그것을 아는가. 무릇 탐욕스런 도적도 골짜기로 들어가 금을 줍지는 않는다. 골짜기로 들어가 금을 주우면 '자신도 안전하지 못하기 때문'이다.[329]

---

328) '임비(任鄙)'는, 전국시대 진(秦)나라 무왕(武王)을 섬기던 힘센 장사를 말한다. 그리고 '맹분(孟賁)이나 하육(夏育)'은, 전설적인 용사(勇士)로 병칭되는 이름이다.

329) '도척(盜跖)'은, 춘추시대의 대도(大盜)를 말하고, '증사(曾史)'의 '증(曾)'은, 공자의 제자인 증삼(曾參)을 지칭하며, '사(史)'는, 공자로부터 곧다고 칭찬받은 위나라 대부 사어(史魚)를 가리킨다.

맹분(孟賁)이나 하육(夏育)도 적의 힘을 헤아리지 않았다면 용명을 떨칠 수 없었을 것이고, 도척도 그 가능성 여부를 확인하지 않았다면 이익을 올릴 수 없었을 것이다. 현명한 군주가 금령을 세워 지키기 때문에 맹분이나 하육도 능히 이겨낼 수 없는 곳에서 억눌림을 당하고, 도척도 능히 취할 수 없는 곳에서 해를 입는 것이다. 그러므로 능히 맹분과 하육이 범할 수 없게 금할 수 있고, 도척도 취할 수 없는 것이다.[330]

| 03 |

군주가 법을 버리고 남의 도움을 받지 않으면, 백이(伯夷)처럼 함부로 보위를 차지하지 않을 사람도 위험에 처하고, 전상(田常)이나 도척이 보위를 탈취하는 것을 면치 못하게 되는 것은 무엇인가. 지금 세상엔 백이 같은 이는 하나도 없고, 간악한 사람들의 대만 끊이지 않기 때문이다. 때문에 법도(法度)를 세우는 것이다. 법도가 확실하면 백이는 옳은 길을 잃지 않을 것이고, 도척도 비행(非行)을 저지르지 않을 것이다.

법(法)을 분명히 제시하면, 지혜(智慧)있는 사람이 어리석은 사람을 침탈할 수 없고, 강한 사람이 약한 사람을 침해할 수 없으며, 다수가 소수를 포악하게 할 수 없을 것이다. 천하(天下)를 요(堯)임금 법에 맡긴다면, 곧

---

330) 한비는 덧붙이길, '또한 포악한 이는 신중해지고 사악한 이도 바른 길로 돌아갈 것이다. 큰 용맹이 신중하게 되고, 큰 도적이 바르게 되면, 천하가 공평해져서 민중들의 성정 또한 바르게 될 것이다.'라고 했다.

은 인사가 그 본분을 잃지 않게 되고, 간악한 사람이 요행을 바라지 않게 된다. 활의 명수인 예(羿)에게 천금을 지키게 하면, 청렴한 백이도 빼앗길 일이 없고, 도척도 감히 그것을 탈취하지 못할 것이다.

요(堯)임금이 간악한 이를 놓치지 않게 법을 분명히 했기 때문에 천하에 사악(邪惡)이 없어지고, 예(羿)가 실수 없이 활을 쏘는 재주가 있었기 때문에 천금의 돈을 잃지 않았던 것이다. 사악한 사람이 제대로 살지 못하고, 도척이 악(惡)을 멈춘 것이 이와 같다. 그러므로 도판(圖版)에 **재여(宰予)**가 실리지 않고, **육경(六卿)**을 거론하지 않으며, 서책에 오자서(伍子胥)의 일을 기록하지 않고, 부차(夫差)를 밝히지도 않았다.[331]

또 손자(孫子)와 오기(吳起)의 병서도 폐하고, 도척의 나쁜 마음도 자취를 감추었다. 여기서 군주는 아름다운 궁전 안에서 음식과 옷을 즐기고, 눈을 부릅뜨거나 이를 갈며 머리를 흔드는 근심이 없다. 신하도 견고한 성안에서 팔짱을 낀 채 할 일이 없으며, 분통 터지거나 입술을 다물고 탄식하는 화(禍)도 없다. 한편 호랑이를 길들이려 하면서 우리를 이용하지 않고, 악을 금하려 하면서 '법을 쓰지 않는 것은 잘못'이다.

거짓을 막으려 하면서 부절(符節)을 사용하지 않는 것은, 맹분(孟賁)이나 하육(夏育)도 우려하지 않을 수 없는 일이고, 요(堯)나 순(舜)도 어렵게 여기는 것이다. 여기서 '우리'를 설치하는 것은 쥐를 막기 위함이 아닌, 겁

---

331) '재여(宰予)'는, 공자의 제자로, 제나라 간공(簡公) 신하로 있다 전상(田常)에게 살해되었고, '육경(六卿)'은, 진(晉)에서 권세를 누렸던 6개 귀족의 성씨를 말한다.

많은 어린이로 하여금 능히 호랑이를 굴복시키기 위함이고, 법을 세우는 것은 증삼(曾參)이나 사어(史魚)를 대비함이 아닌, 평범한 군주로 하여금 능히 도척(盜跖)의 악행을 막을 수 있게 하기 위함이다.

그리고 부절(符節)을 만든 것은 **미생(尾生)**과 같은 사람을 미리 대비함이 아닌, 많은 사람으로 하여금 서로 속이지 않게 하기 위함이다. 또 비간(比干)처럼 충절(忠節)을 지켜서 죽기를 기대하는 것도 아니고, 난신(亂臣)들이 서로 속이지 않도록 하기 위함이다. 따라서 이것은 요행을 바라는 것이 아닌, 겁 많은 어린이가 능히 호랑이를 굴복시킬 수 있는 수단이고, 평범한 군주가 쉽게 지킬 수 있는 수단을 장악하는 것이다.[332]

오늘날 세상에서 군주를 위해 충실한 계획을 짜고, 천하를 위해 은덕을 맺으려 한다면 이와 같이 하는 것보다 더 유리한 방법은 없다. 그러므로 군주 된 이는 나라 망칠 일을 도모하지 않고, 충성스런 신하는 자신을 파멸시킬 일을 계획하지 않는다. 공적이 있으면 지위가 오르고, 반드시 상 받는 것을 분명히 한다. 그러므로 법도에 따라 힘을 다할 수 있게 하고, 관직에 나가 그 절개를 지켜 죽을 수 있게 하는 것이다.[333]

---

332) '미생(尾生)'은, 다리 밑에서 여인을 기다리다, 물이 불어 익사한 전설적인 인물이다. 이른 바 미생지신(尾生之信)은 '고지식한 믿음'을 상징한다.
333) 한비는 덧붙이길, '맹분(孟賁)이나 하육(夏育) 같은 심정을 이해하더라도 죽음으로 생을 바꾸는 일은 하지 않고, 도척 같은 탐욕에 현혹되더라도 재물 때문에 자신의 몸과 바꾸는 일이 없도록 한다면 그것으로 나라 지키는 도(道)는 충분히 갖춰졌다고 할 것이다.'라고 했다.

제27장 용인(用人)

군주가 신하를 통어(統御)하는 요령을 논한다. 한비(韓非)는 신하에 대한 처우가 군주의 자의적 정서에 좌우되는 것을 반대하고, 법술의 존중과 신상필벌(信賞必罰)의 논리를 견지한다. 그리고 '천(天)'이란 자연의 원리에 따라야 함을 객관적 근거로 삼고 있다는 점에서 도가(道家)와 절충이라 볼 수 있다.

| 01 |

들기로 옛날에 사람을 잘 부리는 이는 반드시 하늘을 따르고, 사람에 맞춰 상과 벌을 명확히 했다고 한다. 하늘을 따르면 힘을 적게 들여도 공(功)이 서고, 사람에 맞추면 형벌을 줄여도 법령이 행해지며, 상과 벌을 명확히 하면 백이(伯夷)와 도척(盜跖)의 구별이 혼란해질 일이 없을 것이다. 이와 같다면 흑백(黑白)의 구분도 명확해질 것이다. 잘 다스려진 나라의 신하는 나라에 공적을 올림으로써 자리에 나아가게 된다.

벼슬에 걸맞은 능력을 보이고, 법도(法度)에 따라 힘을 다한다. 신하된 사람 모두가 능력에 어울리는 자리에 나가 그 관직을 잘 지키고, 그 임무를 가볍게 처리해 여력(餘力)을 마음에 두지 않아도 되며, 여러 벼슬을 겸직함으로써 군주에게 책임을 느낄 일도 없다. 그러므로 안으론 원한이 쌓인 난(亂)이 일어나지 않고, 밖으론 **마복(馬服)** 같은 화(禍)를 당할 일도 없다. 현명한 군주는 임무를 서로 충돌하지 않게 시킨다.[334]

그러므로 분규(紛糾)가 없고, 사(士)로 하여금 여러 개 벼슬을 겸직시키지 않기 때문에 각자의 기능이 발달한다. 사람들로 하여금 같은 공(功)을 세우도록 시키지 않기 때문에 다투는 일이 없고, 분규가 멈추면서 기능이 발전하면, 강자와 약자가 서로 다툴 일도 없으며, 얼음이나 숯처럼 서로 용납지 못하는 것들이 한 용기 안에서 충돌하는 일이 없게 된다. 이렇게 상호 해치는 일이 없게 되면, 바로 다스림의 극치라 한다.

| 02 |

법술(法術)을 배제하고 마음 내키는 대로 통치하면, 요(堯)임금도 한 나라를 바르게 다스릴 수 없을 것이다. 규구(規矩)를 버리고 아무렇게나 어림잡으면, **해중(奚仲)**도 수레바퀴 하나를 완성할 수 없을 것이다. 잣대 없이 길고 짧은 차를 가린다면, **왕이(王爾)**도 절반으로 자를 수 없을 것이다.

---

334) '마복(馬服)'은, 마복지환(馬服之患)이라고도 하는데, 조나라 장수 조괄(趙括)이 이끄는 군사가 장평대전(長平大戰)에서 패한 뒤, 거짓으로 투항했다가 생매장당한 일을 지칭한다. 마복(馬服)은 지금의 하북성 한단시 서북쪽에 있는 지역으로, 조괄의 부친 조사(趙奢)가 진나라 군사 20만 명을 격파한 공으로 얻은 봉지(封地)다. 여기서 '마복'은 부친인 조사의 뒤를 이어 마복군(馬服軍)의 군호(君號)를 이어받은 조괄을 지칭하는 것으로, 본래 조괄은 병서(兵書)를 두루 읽어 병법에 능통했다. 하지만 실전 경험은 전혀 없는 이론만 밝은 인사였다. 『사기(史記)』, 「염파인상여열전(廉頗藺相如列傳)」에 따르면, 그는 기원전 260년 진나라 장수 무안군(武安君) 백기(白起)와 지금의 산서성 고평현 장평(長平)에서 접전 끝에 휘하 군사 40여 만 명이 산채로 땅에 묻히는 참패를 당했다.

한편 평범한 군주로 하여금 법술을 지키게 하고, 서툰 기술자라도 규구나 잣대를 들게 한다면, 만에 하나도 '실수가 없을 것'이다.[335]

군주 된 이가 어질거나 재주가 있다 하더라도 할 수 없는 것은 버리고, 평범한 군주나 서툰 기술자도 만에 하나 실패하지 않는 것을 지켜나간다면, 사람들은 그 능력을 다해 공명(功名)을 세울 수 있을 것이다. 현명한 군주는 누구나 받을 수 있는 상(賞)을 제정하고, 누구도 피할 수 없는 벌(罰)을 설정한다. 그러므로 어진 사람이 상을 받으려고 힘써도 자서(子胥)와 같은 화를 당하지 않고, 못난 사람도 벌을 적게 한다.

따라서 곱추는 등이 찢길 만한 일이 없고, 눈먼 이는 평지에 살게 되어 깊은 골짜기를 만나지 않으며, 어리석은 사람은 평정(平靜)을 지켜 위험한 정황에 빠지는 일이 없다. 이와 같이 된다면, 상하가 은애(恩愛)의 정이 맺어질 것이다. 옛사람이 말하길, '그 마음은 알기가 어렵고, 희로(喜怒)의 감정은 맞추기 어렵다.'고 했다. 그러므로 표식으로 눈에 보여주고, 북으로 귀에 알려주며, '법으로 마음에 가르쳐 주는 것'이다.

이와 같이 군주 된 사람은 3가지 용이한 술수를 배제하고, 단 한 가지도 알기 어려운 마음을 따라 행하려 한다. 이렇게 되면 군주에겐 노여움이 쌓이고, 민중들에겐 원한이 쌓일 것이다. 쌓인 노여움으로, 쌓인 원한

---

335) '해중(奚仲)'은, '수레 제작을 잘하는 장인'으로 기록하나, 하나라 우왕 때 거복(車服)을 관리하는 우두머리로 해석하는 학자도 있다. '왕이(王爾)'는, 『회남자(淮南子)』, 「본경훈」의 주에 '옛날에 뛰어난 장인'으로 소개하고 있다.

을 통어(統御)하면, 양쪽이 모두 위험하게 된다. 한편 현명한 군주가 세운 표식은 보기가 쉬워 약속이 잘 지켜지고, 가르침은 알기 쉽기 때문에 잘 들리며, 법은 실행이 용이하기 때문에 명령이 잘 이행된다.

이 3가지가 확립되면 군주는 사심(私心)이 사라지고, 신하는 법에 따라 다스릴 수 있게 된다. 마치 표식을 통해 행동하고, 먹줄을 따라 자르며, 재단한 대로 꿰매는 것과 같다. 이와 같이 하면, 군주는 권세를 부려 해독(害毒)을 끼치는 일이 없을 것이고, 신하는 어리석고 서툴다는 이유로 처벌받는 일이 없을 것이다. 따라서 군주는 명석하게 살피는 까닭에 노여움이 적어지고, 신하는 충성을 다하는 까닭에 죄가 적어진다.

듣기로 '일을 벌여 걱정이 없는 것은 요(堯)도 할 수 없다.'고 했다. 더구나 세상에 일 없이도 지낼 수 있던 때는 없었다. 군주 된 사람이 작록을 가볍게 여기지 않고, 부귀를 대단하게 생각한다면 위급한 나라를 구할 수 없다. 그러므로 현명한 군주는 염치를 권하고, 인의를 든다. 옛날에 **개자추(介子推)**는 작록이 없음에도 의(義)로 진나라 문공을 수행했고, 그가 배고픔을 호소하자, 인(仁)으로 자신의 살을 베어 먹였다.[336]

때문에 군주가 은덕(恩德)을 기리고, 서책과 도판에 그 이름을 적어 두게 한 이유다. 군주란 사람들은 공적(公的) 일로 힘을 다하는 것을 즐거워

---

336) '개자추(介子推)'는, 진문공(晉文公)이 19년간 망명생활을 할 때 곁에서 보좌했던 충신이다. 『장자(莊子)』, 「도척(盜跖)」에 개자추는 지극히 충성스러워 자신의 넓적다리 살을 베어 문공에게 먹일 정도였다. 하지만 문공이 천하의 패자(覇者)가 된 후 자신을 배반하자, 진(晉)을 떠나 산속으로 들어가 나무를 껴안은 채 불에 타죽고 말았다는 기록이 나온다.

하나, 사적(私的)으로 신하가 자신의 권위를 빼앗을까 괴로워한다. 반면 신하란 사람들은 능력에 따라 직분이 주어지면 안심하지만, 한 몸이 2가지 일을 맡으면 괴로워한다. 그러므로 현명한 군주는 신하들이 괴로워하는 것을 제거하고, 자신이 즐거워하는 것을 내세우는 것이다.

이렇게 되면, 군신(君臣) 상하 간의 이익이 이보다 오래갈 것은 없다. 하지만 중신들의 집안을 살펴보지 않고, 중요한 일들을 가볍게 생각하며, 하찮은 죄(罪)를 엄히 처벌하고, 사소한 과오를 오래도록 원망하며, 잠시의 쾌락을 한없이 탐내고, 화근(禍根)이 될 만한 사람에게 은상을 자주 베풀면, 이는 마치 손을 절단하고 옥으로 그것을 잇는 것과 같은 것이다. 그러므로 군주의 '자리가 바뀔 우려가 생긴다고 하는 것'이다.

| 03 |

군주가 실행하기 어려운 법을 세우고, 그 법을 이행하지 못하는 이들을 벌준다면, 사사로운 원망이 생긴다. 신하가 자신의 특기를 발휘하지 못하고, 부하가 걸리는 일을 하면 원한을 품게 된다. 애쓰고 있음에도 위로하지 않고, 슬퍼함에도 가엾게 여기지 않다가 좋으면 소인도 칭찬하고, 현불초를 막론하고 상을 주며, 노하면 군자도 헐뜯어 백이(伯夷)와 도척(盜跖)도 욕을 먹게 한다. 신하가 군주를 배반하는 이유다.

만일 연왕(燕王)이 안으로 민중을 미워하고, 밖으로 노(魯)나라 사람을 사랑하면 연의 민중은 도움은커녕 노나라도 편들지 않을 것이다. 연의 민중은 미움을 받기 때문에 온 힘을 다해 일에 종사하지 않을 것이고, 노나라 사람들은 사랑은 받더라도 목숨 걸고 친하게 지낼 순 없을 것이다. 이처럼 군신 사이의 틈이 벌어지면 군주는 고립된다. 틈이 벌어진 신하로 고립된 군주를 섬기는 상태를 '위태롭다'고 하는 것이다.

| 04 |

올바른 과녁[표적]을 버려두고 제멋대로 활을 쏜다면, 비록 적중하더라도 재주가 있다고 말하지 않고, 올바른 법제(法制)를 버려두고 함부로 노여워하면, 비록 죽이더라도 간악한 사람은 이를 두려워하지 않는다. 가령 죄(罪)는 갑(甲)이 저질렀는데, 화(禍)는 을(乙)에게 돌아간다면 남모를 원한이 속에 맺힐 것이다. 그러므로 지극히 잘 다스려지는 나라는 상벌은 있어도 희로(喜怒)는 없다. 법술가가 법제를 봉행하는 이유다.

다시 말해 '법술을 지닌 사람이 징계를 할 경우'에는 형법을 기준으로 하고, 군주의 사적인 분노로 인한 해독(害毒)이 없는 까닭에 간악한 사람들조차 승복(承服)하는 것이다. 활을 쏘아 과녁에 적중하듯, 상벌이 알맞게 행해지면, 요(堯)임금이 부활하고, 명궁인 예(羿)가 재림하는 것과 같다. 이와 같이 된다면, 군주는 은(殷)나라나 하(夏)나라처럼 망할 걱정이 없고, 신하는 비간(比干)처럼 '화(禍)를 당할 일이 없는 것'이다.[337]

---

337) 한비는 덧붙이길, '또한 군주는 베개를 높이 베고, 신하는 일을 즐기면서 힘쓸 수 있으며, 도(道)는 천지에 두루 미치고, 은덕은 만세에 끼치게 될 것이다.'라고 했다.

무릇 군주가 벽의 틈새나 구멍을 막지 않고 **자악(赭堊)** 칠에만 힘쓰면 폭우나 폭풍에 반드시 무너질 것이다. 눈앞의 재앙을 물리치지 않고, 맹분과 하육 같은 이가 군주를 위해 죽기를 바라며, **숙장(肅牆)** 안에서 일어나는 우환을 경계하지 않고, 먼 국경에 견고한 성을 쌓으며, 가까이 있는 어진 신하의 계책은 쓰지 않고, 천리 밖의 나라와 외교를 맺는 것이 그렇다. 이런 상황에서 **정치적 회오리**가 일면 대책 난망이다.[338]

즉 맹분이나 하육도 구할 수 없고, 외국의 원군도 이르지 못해 도움이 되지 못할 것이다. 지금 세상에서 군주를 위해 충실하게 계책을 내는 이는 연왕(燕王)이 노나라 사람을 좋아하도록 해선 안 되고, 지금 사람이 옛날의 어진 이를 그리워하게 해선 안 되며, 먼 월나라 사람으로 하여금 중원의 물에 빠진 이를 구하게 해선 안 된다. 이처럼 하면 군신이 서로 친숙해지고, 안으로 공이 쌓이고, 밖으론 명성을 이룰 것이다.

---

338) '자악(赭堊)'은, '집의 벽을 새로 칠하는 것'을 말한다. 여기서 자(赭)는 붉은 흙이고, 악(堊)은 흰 흙을 뜻한다. 그리고 '숙장(肅牆)'은, 밖에서 문 안쪽을 볼 수 없도록 세운 벽을 가리키고, '정치적 회오리'는, 표풍(飄風), 즉 다른 말로 선풍(旋風)이라 한다.

제28장 공명(功名)

앞장의 말미를 이어 군주가 공(功), 즉 정치 목적을 이루고 명성을 날릴 수 있는 방도를 제시한다. 내용은 개인의 능력에 의존하기보단 객관적 세위(勢位)가 중요함을 논한다. 그리고 인위적이 아닌 자연스런 상태를 강조한다. 특히 여기선 순자(荀子)와 다르게 도법(道法) 절충의 흔적도 확인할 수 있다.

| 01 |

현명한 군주가 공을 세우고, 명성을 이루는 데 4가지 수단이 있다. 첫째, 천시(天時)이고 둘째, 인심(人心)이며 셋째, 재능(才能)이고 넷째, 세위(勢位)이다. 천시를 어기면 요(堯)임금이라도 겨울에 벼이삭을 나게 할 수 없고, 인심을 거스르면 맹분(孟賁)이나 하육(夏育)이라 하더라도 사람들에게 힘을 다하게 할 수 없다. 그러므로 천시를 얻으면 힘쓰지 않아도 절로 나고, 인심을 얻으면 '재촉하지 않아도' 절로 일하게 된다.

또 재능에 맡기면 서두르지 않아도 절로 빨리하고, 세위를 얻으면 추진하지 않아도 명성이 이뤄진다. 마치 물이 흐르는 것과 같고, 배가 뜨는 것과 같다. 자연의 도를 지키고, 끝없는 명령이 행해지기 때문에 현명한 군주라 하는 것이다. 한편 재능은 있더라도 세위가 없으면, 비록 어진 사람이라도 어리석은 사람을 통제할 수 없다. 가령 한 자밖에 안 되는 나무라도 높은 산 위에 세우면, '천길 골짜기'도 내려 볼 수 있다.

이는 나무가 길어서가 아니라 그 위치가 높기 때문이다. 걸(桀)이 천자가 되어 능히 천하를 제어할 수 있었던 것은 그가 현명해서가 아니라 권세(權勢)가 막중했기 때문이다. 요(堯)가 필부였다면 3개의 집안도 다스릴 수 없었을 것이라고 하는 것은 어리석어서가 아닌 지위가 낮았기 때문이다. **천균(千鈞)** 나가는 무게의 물건도 배가 있으면 물 위에 뜨고, **치수(錙銖)**처럼 가벼운 물건도 '배를 잃으면' 물속에 가라앉는 것이다.[339]

다시 말해 천균이 가볍고, 치수가 무거워서가 아닌 세(勢)가 있고 없음의 차이다. 짧은 것이 높은 곳에서 내려다 볼 수 있는 것은 위치 때문이고, 어리석은 이가 어진 이를 통제할 수 있는 것은 세(勢) 때문이다. 군주란 천하가 힘을 합쳐 함께 추대한 것이기 때문에 편안할 수 있고, 많은 사람의 마음을 모아 내세운 것이기 때문에 존엄할 수 있는 것이다. 신하란 장점이 인정되어 '능력을 발휘하므로 충성'할 수 있다.[340]

---

339) '천균(千鈞)'의 균(鈞)은, 무게의 단위로 30근을 말한다. 따라서 천균(千鈞)은 매우 무거운 것을 상징하고, '치수(錙銖)'의 '치(錙)'는, 조 낱알 백 개의 무게이고, '수(銖)'는, 치(錙) 6배의 무게로, 매우 미세한 무게를 가리킨다.
340) 한비는 덧붙이길, '따라서 존엄한 군주 자리를 가지고 충성스런 신하를 통어하면, 삶을 길게 즐길 뿐만 아니라 공명(功名)을 이루는 것이다. 명분과 실질이 서로 떠받쳐 이루고, 형체와 그림자가 상응하여 성립한다. 그러므로 군주와 신하는 욕망을 같이하면서도 직분은 달리하는 사이다.'라고 했다.

군주의 근심은 불러도 응해 주지 않는 데 있다. 그러므로 '한 손으로 손뼉을 치면 비록 빨리 치더라도 소리가 나지 않는다.'고 한다. 신하의 걱정은 한 가지로, 일을 할 수 없는 데 있다. 그러므로 '오른손으로 원을 그리고 왼손으로 네모를 그리면 둘 다 완성하지 못한다.'고 한다. 그러므로 말하길, '가장 잘 다스려진 나라의 군주는 마치 북채와 같고 신하는 북과 같으며, 기능은 마치 수레와 같고 일은 말과 같다.'고 한다.

그러므로 여력이 있으면 응하기 쉽고, 남는 재주가 있으면 일하기 편하다. 한편 공(功)을 세우려는 이는 힘이 부족하고, 측근과 가까이하려는 이는 믿음이 부족하며, 명성을 이루려는 이는 세(勢)가 부족하다. 측근과 친하게 지내더라도 교분이 없으면 명분과 실질이 맞지 않을 것이다. 성인(聖人)에 있어선 덕(德)이 요순(堯舜)과 같고 행실이 백이(伯夷)와 같더라도 지위가 추대되지 않으면 '공(功)도 명성'도 이루지 못한다.

그러므로 '공과 명성'을 이룰 수 있었던 것은, 사람들이 힘으로 돕고, 측근이 정성으로 친분을 맺었으며, 먼 곳 사람들이 그 명성을 칭찬하고, 신분이 높은 이가 세(勢)를 통해 추대했기 때문이다. 따라서 태산 같은 공을 길이 국가에 세우고, 일월(日月) 같은 명성을 오래도록 천지에 드러낼 수 있었다. 이것이 **요(堯)**가 **남면(南面)**하여 명성을 지킬 수 있었던 까닭이고, **순(舜)**이 **북면(北面)**하여 공적을 빛낼 수 있었던 이유다.[341]

---

341) '요(堯)가 남면(南面)하고, 순(舜)이 북면(北面)한다'는 것은, 조정에서 '천자와 신하의 자리

제29장 대체(大體)

> 대체(大體)는 소체(小體)인 수족에 대해 몸통을 가리킨다. 즉 나라 다스리는 요체를 총괄한다는 대강(大綱)의 뜻이다. 객관적인 법술과 상벌에 의한 통치를 논한다. 군주와 신하 사이가 안정 상태를 유지해야 잘 다스려진다고 주장한다. 자연의 원리에 순응하는 자세를 중시하는 특색도 보여준다.

| 01 |

치국(治國)의 대강을 온전하게 터득한 이는 하늘과 땅을 본받아 민중을 기르고, 강과 바다를 보고 널리 배우며, 산과 골짜기 형태에 따라 덕을 베풀었다. 해와 달이 번갈아 비치듯, 4계절이 차례로 변하듯, 구름이 펼쳐지고 바람이 나부끼듯 했다. 지혜를 가지고 마음을 괴롭히지 않으며, 사심을 가지고 자기 몸을 괴롭히는 일이 없다. 치란(治亂)을 법술에 의지하고, 시비를 상벌에 의탁하며, 경중을 저울대 기준에 맡긴다.

하늘의 이치를 어기지 않고, 사람의 성정을 상하게 하지 않는다. 털을

방향을 말한다.

불어 작은 흠을 찾아내지 않고, 때를 씻어 알기 어려운 것을 살피지 않는다. 정해진 틀 밖으로 끌어내지 않고, 틀 안으로 밀어 넣으려 하지도 않는다. 또 법(法) 이상으로 엄하게 다루지 않고, 법 이하로 가볍게 다루지도 않는다. 정한 원칙을 지키고 자연에 따른다. **화(禍)**와 **복**은 도(道)와 법이 낳고, 영예와 치욕의 책임은 자신이지, 남에게 있지 않다.[342]

| 02 |

평안한 시대의 법은 아침이슬처럼 촉촉하고, 민중은 순박함을 잃지 않는다. 마음에 원한이 없고, 입에선 불평하는 말이 없다. 그래서 수레와 말이 먼 길을 급히 달릴 일이 없고, 깃대들이 늪 속에 빠져 헤매는 혼란이 없으며, 민중들이 침략전쟁으로 목숨을 잃거나 용사들이 깃발 아래서 목숨을 잃을 일이 없다. 호걸(豪傑)이 그림과 서책에 이름을 적지 않고, **반우(盤盂)**에 공을 새기지도 않으며, 연대기 기록란은 비어있다.[343]

그러므로 '간략함보다 큰 이익은 없고, 평안함보다 오래 갈 복은 없다.' 고 한다. 만일 **장석(匠石)**으로 하여금 천 년을 살게 해 곡척을 손에 잡고, 규구를 눈대중으로 먹줄을 써 태산을 바로잡게 한다거나, 맹분(孟賁)과 하육(夏育)으로 하여금 **간장(干將)** 칼을 허리에 차게 해 민중을 가지런히 길

---

342) '화(禍)'와 복(福)'은, 도리(道理)와 법도(法度)가 결정하는 것으로, 즉 지능과 대비시켜 거론한 것이다.
343) '반우(盤盂)'는, 원형의 청동기를 지칭한다. 일반적으로 '반(盤)'은, 대야처럼 밑이 얕은 까닭에 세수(洗手) 등에 사용하고, '우(盂)'는, 비교적 깊은 까닭에 음식물 등을 담을 때 이용한다. 고대인들은 이 반우(盤盂)에 글을 새겨 공(功)을 기렸다.

들이게 하더라도 비록 있는 힘을 다해 재주를 부리거나 목숨을 다 바친다고 해도 태산(泰山)의 형태는 '바로잡히지 않을 것'이다.[344]

이렇게 해선 민중을 가지런히 길들일 수 없을 것이다. 그러므로 말하길, '옛날에 천하를 잘 길들여 다스리는 사람은 장석으로 하여금 그 재주를 다 부리게 해 태산의 형체를 망가뜨리는 일은 하지 않으며, 또 맹분이나 하육으로 하여금 그 위세를 다 부리게 해 민중들의 천성을 훼손시키는 일은 하지 않는다.'고 했다. 도(道)에 따라 법을 온전히 하기 때문에 군자는 생을 즐기고, 사악(邪惡)이 그쳐 편안하고 조용한 것이다.

| 03 |

천명(天命)을 따르기 때문에 치국의 대체(大體)를 장악할 수 있다. 그래서 사람들로 하여금 법에 위배되지 않게 하고, 물고기[군주]로 하여금 물을 잃는 화(禍)를 당하지 않게 한다. 이러면 천하에서 할 수 없는 일이 없는 것이다. 한편 윗사람이 하늘과 같지 않으면 아랫사람을 두루 감싸지 못하고, 그 마음이 땅과 같지 않으면 만물을 지탱하지 못한다. 태산은 좋고 싫음을 분별하지 않기 때문에 그 높이를 이룰 수 있었다.

강과 바다는 작은 천을 가리지 않았기 때문에 풍부함을 이룰 수 있었다. 훌륭한 사람은 **천지에 몸을** 맡겨 만물이 갖춰지고, **산과 바다에 마음**

---

344) '장석(匠石)'은, 옛날에 유명한 기술자로, 이름은 석(石), 자(字)는 백(伯)이다. '간장(干將)'은, 막야(莫邪)와 더불어 오(吳)나라에서 생산된 '전설적인 명검'을 말한다.

을 합쳐 국가가 부해진다. 위가 분노로 사람을 해치는 일이 없고, 아래가 원한을 쌓는 재앙이 없다. 위아래가 다 같이 순박해 도(道)를 집으로 삼는다. 그러므로 긴 이익을 쌓고, 큰 공을 세우며, 살아서 이름을 날리고, 죽어도 은덕을 전하니, 가히 다스림의 극치라 이를 만하다.[345]

---

345) '천지(天地)에 몸'을 맡기고, '산과 바다'에 마음을 합하는 것은, 몸을 거기에 의탁하고, 마음을 거기에 둔다는 의미다.

제30장 내저설 상(內儲說上) 칠술(七術)

저(儲)는 저축의 뜻이고, 설(說)은 설명을 위한 사례들이다. 즉 군주에게 의견을 진술하기 위한 일종의 자료집이다. 많은 설화를 모아 주제별로 정리했다. 내(內)는 편집상 외저설(外儲說)에 대(對)한 것으로, 이를 다시 상하(上下)와 좌우(左右)로 나눴다. 각 장마다 강령(綱領)에 해당하는 경(經)과 해설이라 할 전(傳)으로 엮여 있다. 칠술(七術)은 이 장의 주제라 할 수 있는데, 군주가 실행해야 할 7가지 방법과 대책들이다. 참고로 전(傳)은 칠술(七術)에 따르지 않고, 읽기 쉽게 옮긴이가 적절히 배분했음을 일러둔다.

경(經)

군주가 사용할 술책은 7가지, 살펴야 할 기미(機微)는 6가지다. 첫째, 많은 증거를 대조하는 일. 둘째, 죄(罪)지은 이는 반드시 벌(罰)주어 위엄을 보이는 일. 셋째, 공(功)이 있는 이에게 상(賞)주는 일. 넷째, 말을 듣고 실적을 추궁하는 일. 다섯째, 고의(故意)로 속임수를 쓰는 일. 여섯째, 알면서 모르는 척 질문하는 일. 일곱째, 말을 일부러 뒤집어 반대로 해 보이는 일 등이다. 이 7가지야말로 군주가 살펴야 할 일이다.

| 01 | 참관(參觀)

 보거나 듣는 데 있어 여러 증거(證據)들을 대조해 맞춰보지 않으면, 진실(眞實)이 귀에 들리지 않으며, 듣는 데 있어 문호(門戶)를 하나로 정하면 신하가 군주의 이목(耳目)을 가리게 될 것이다. 그 사례로 '난쟁이가 꿈에 부엌 귀신(鬼神)을 보았다'는 이야기와 **애공(哀公)**이, '여러 사람이 함께하면 헤매지 않는다.'는 속담을 일컬었던 이야기가 전한다. 그런가 하면, 제(齊)나라 사람이 **'하백(河伯)을 보았다'**는 이야기도 나온다.[346]

 여기에 혜시(惠施)가 **'그 절반을 잃었다'**고 하는 말도 나온다. 염려가 되는 것은 **'수우(豎牛)**가 **숙손(叔孫)**을 굶겨서 죽인 이야기'와 **'강걸(江乞)**이 초(楚)나라의 속담을 말한 데'에 있다. **사공(嗣公)**은 신하를 잘 거느리려 하였으나 술수(術數)를 몰랐기 때문에 적(敵)을 만들게 되었다. 그러므로 현명한 군주는 철판을 쌓아 화살을 막아 내는 유(類)의 이야기를 미루어 한 시장바닥의 '분분한 화근(禍根)을 살펴본다는 것'이다.[347]

---

346) '애공(哀公)'은, 노(魯)나라 정공(定公)의 뒤를 이은 사람이다. 이름은 장(蔣)이고, 그의 치세 때 공자가 세상을 떠났다. 그리고 '하백(河伯)을 보았다'는, 이야기는 제(齊)나라 사람이 큰 물고기를 잡아 '황하(黃河)의 신(神)'이라 명명하여 왕에게 보낸 것을 말한다.
347) '그 절반을 잃었다'는 말은, 군주가 자문을 구할 때, 그 가부(可否)가 반반이어야 할 것을 모두 가(可)라 하면, 나라의 반쪽을 잃게 될 것이란 이야기고, '수우(豎牛)'는, 궁안의 내시 이름이며, '숙손(叔孫)'은, 노나라의 3환(桓) 중 하나인 숙손씨(叔孫氏)의 우두머리인 숙손표(叔孫豹)를 말하고, '강걸(江乞)'은, 위(魏)나라 사람으로, 초(楚)나라를 섬겼다. 그가 초나라 속담을 들어 말한 후, 백공(白公)이 난(亂)을 일으켰다고 전한다. 아울러 '사공(嗣公)'은, 위(衛)나라 평후(平侯)의 아들로, 신화(神話)와 겨루다 도리어 유폐를 당했던 인물이기도 하다.

| 02 | 필벌(必罰)

애정(愛情)이 많은 경우는 법이 서지 않고, 위엄(威嚴)이 적은 경우는 아랫사람이 위를 범하게 된다. 따라서 형벌이 확실하지 않으면, 금령(禁令)이 행해지지 않는다. 예컨대 **동안우(董安于)**가 석읍(石邑) 지방을 순시하러 갔던 일과 자산(子産)이 **유길(游吉)**을 가르친 이야기가 있다. 그러므로 공자는 서리가 내린 이야기를 말하고, 은(殷)의 법은 길가에 재를 버린 이를 처형하며, 행렬을 인솔하던 이는 악타(樂池)를 떠났다.[348]

하지만 상앙(商鞅)은 가벼운 죄도 엄하게 다스렸다. 이 때문에 **여수(麗水)**의 사금(砂金)을 지키지 못하고, **적택(積澤)**의 불을 끄지 못했다고 한다. 성환(成歡)은 군주가 지나치게 인자(仁慈)해 제(齊)가 약해졌다고 생각하고, 복피(卜皮)는 자애로운 마음이 위왕(魏王)을 망하게 했다고 여겼다. 관중(管仲)은 필벌을 알기 때문에 죽은 사람을 다시 처형하고, 사공(嗣公)도 그것을 알기 때문에 일부러 '죄인을 사들였던 것'이다.[349]

| 03 | 상예(賞譽)

상(賞)과 칭찬[譽]을 소홀히 하거나 아무렇게나 할 경우, 아랫사람들은

---

348) '동안우(董安于)'는, 춘추시대 때 진(晉)나라 조앙(趙鞅)의 신하로, 석읍(石邑) 지방을 순시했던 일을 말하고, '유길(游吉)'은, 성이 유(游), 이름은 길(吉)이다. 자산(子産)의 뒤를 이어 정(鄭)나라의 재상이 된 인물이다.

349) '여수(麗水)'는, 초(楚)나라 남쪽을 흐르는 강으로, 사금(砂金)이 많이 나기로 유명하고, '적택(積澤)'은, 산동성 곡부(曲阜) 북쪽 지역으로, 흔히 불을 질러 사냥하던 곳이다.

일을 제대로 하지 않고, 상(賞)과 칭찬[譽]을 후하게 하거나 제대로 예의(禮義)를 갖출 경우, 아랫사람들은 목숨도 아끼지 않는다. 그 사례는 **윤문자(尹文子)**가 '신하란 마치 사슴과 같다.'고 일컬은 적이 있다. 그러므로 월왕(越王)은 일부러 궁전(宮殿)을 불태우고, 오기(吳起)는 수레의 끌채를 문에 걸쳐 놓았으며, **이회(李悝)**는 궁술[활쏘기]로 재판을 했다.[350]

또 송(宋)나라의 **숭문(崇門) 사람들은 몸이 말라 죽었다.** 구천(勾踐)은 그 까닭을 알기 때문에 위세(威勢) 부리는 두꺼비를 보고 경례(敬禮)했으며, 소후(昭侯)는 그 까닭을 알기 때문에 낡은 바지를 간직해 두었다. 후하게 상(賞)을 준다면, 사람들로 하여금 맹분(孟賁)이나 전저(專諸)가 되게 할 수도 있다. 이익이 있는 곳에선 아낙이 누에를 손으로 집고, 어부가 장어를 쥘 수도 있으니, 이것으로 그 '이유를 다 밝힐 수 있다.'[351]

| 04 | 일청(一聽)

하나씩 의견을 들어 판단하면 어리석거나 영리한 것을 혼동하지 않고, 아래로 실적을 추궁하면 신하들도 혼동하지 않을 것이다. 그 사례는 **위왕(魏王)이 정(鄭)에게 요구한 이야기**와 **피리를 불게 한 일화**가 있다. 그 폐

---

350) '윤문자(尹文子)'는, 명분과 실제가 일치해야 함을 강조하는 명가(名家)의 학자이고, '이회(李悝)'는, 위(魏)나라 문후(文侯) 때 활약한 인물로, 경제개혁을 담당해 재상으로 발탁됐다. 진(秦)나라 효공(孝公) 때 두 차례에 걸쳐 변법을 성공적으로 마무리해 서쪽 진나라를 부강하게 만든 상앙(商鞅)이 이회의 사상적 후계자다.
351) '숭문(崇門) 사람들은 몸이 말라 죽었다'는, 말은 부모의 상(喪)을 극진히 하다 몸이 수척해져 죽는 일을 가리킨다.

해가 되는 예는 **신불해(申不害)**가 **조소(趙紹)**와 **한답(韓沓)**을 시켜 시험한 일에 있다. 그러므로 공자 사(氾)는 하동(河東) 지역을 베어주자고 건의하고, **응후(應侯)**는 상당(上黨)에서 군사를 이동하려 했다.[352]

| 05 | 궤사(詭使)

자주 만나보고 오랫동안 기다리게 하면서 임용(任用)을 하지 않으면, 간악한 사람은 바로 사슴처럼 산산이 흩어져 버리고, 사람에게 일을 시키면서 엉뚱하게 다른 일에 관해 질의하면, 사적으로 자신을 팔 수 없게 된다. 이런 이유로 **방경(龐敬)**은 **공대부(公大夫)**를 돌려보내고, 대환(戴讙)은 **온거(轀車)**를 감시하라 명했으며, 주군(周君)은 일부러 옥비녀를 잃어버리고, 송(宋)나라 재상은 '쇠똥이 많다고 꾸짖었던 것'이다.[353]

| 06 | 협지(挾智)

아는 것을 묻어 두고 질의하면 모르던 것도 알게 되고, 한 가지 사물을 깊이 탐구하면, 숨겨진 많은 것들이 드러난다. 그 사례로 한(韓) 소후(昭侯)가 손톱 한 개를 주먹에 쥐고 찾게 한 일이 있다. 그러므로 남문의 일을

---

352) '위왕(魏王)이 정(鄭)에게 요구한 이야기와 피리를 불게 한 일화'는, '위(魏)나라 군주가 정(鄭)나라를 합병하려는 것'이었고, '제(齊)나라 민왕(湣王)이 피리를 불게 한 일화'를 가리킨다. 그리고 '신불해(申不害)'는, 법가(法家)의 선구자로, 신하들을 제압하는 이른바 술치론(術治論)을 역설한 사람이고, '조소(趙紹)'와 '한답(韓沓)'은, 한나라 공족이며, '응후(應侯)'는, 진나라 소양왕 때 재상을 지낸 범수(范睢)를 가리킨다.

353) '방경(龐敬)'은, 위나라 신하이고, '공대부(公大夫)'는, 20등급에 해당하는 계급을 말하며, '온거(轀車)'는, 누워서 탈 수 있는 덮개가 달린 수레를 지칭한다.

살펴 **3개의 고장 일을 알게 되었다.** 주군(周君)이 굽은 지팡이를 찾아내자 신하들이 두려움에 떨었고, 복피(卜皮)는 **서자(庶子)들**을 부리며 서문표(西門豹)는 거짓으로 '수레의 빗장을 잃어버린 척'했다.[354]

| 07 | 도언(倒言)

말을 뒤바꿔서 해보고, 행동을 반대로 해본다. 이렇게 의심스런 것을 시험해 보면, 간악한 일의 실정을 알게 된다. 그러므로 **산양군(山陽君)**은 규수(繆豎)를 속여 노(怒)하게 하고, **요치(淖齒)**는 진(秦)나라 사자로 위장했으며, 제(齊)나라 사람이 난을 일으키려 했고, **자지(子之)**는 백마가 달린다고 거짓말을 했으며, **자산(子產)**은 소송자를 양쪽으로 따로 분리시키고, **사공(嗣公)**은 사람을 시켜 관문을 통과하게 했던 것이다.[355]

전(傳)

『한비자(韓非子)』는 한비가 죽은 다음, 전한(前漢) 중기[기원전 2세기 말] 이전, 지금의 형태로 정리된 것으로 추정된다. 하지만 지금 우리가 살펴

---

354) '3개의 고장 일을 알게 되었다'는 말은, 남문을 제외한 나머지 3개 지역[3개 고장]의 일을 알았다는 것이고, '서자(庶子)들'은, 가신(家臣)으로, 측근에서 시중드는 사람을 지칭한다.
355) '산양군(山陽君)이 규수(繆豎)를 속여 노(怒)하게 한 것'은, 산양군이 규수를 비방해서 그가 자신을 의심한다는 사실을 알아냈다는 뜻이고, '요치(淖齒)'는, 초나라 장수이며, '자지(子之)'는, 연나라 재상을 가리키고, '자산(子產)'은, 정(鄭)나라의 재상으로, 소송하는 사람을 따로 떼어 진상을 가려냈다는 뜻이며, '사공(嗣公)'은, 위(衛)나라 사공(嗣公)으로, 그는 사람을 시켜 관문을 지키는 관원들의 비리를 알아내기 위해 관문을 통과했다는 말이다.

보는 『한비자(韓非子)』는 송(宋)나라 건도(乾道 : 1165~1173)에 의한 판본, 『송건도본(宋乾道本)』이다. 이 건도본(乾道本)엔 단순히 일(一)로만 되어 있으나, 『한비자금주금역(韓非子今註今譯)』엔 전일(傳一)로 기록되어 있다. 전(傳)은 예로부터 전해 내려오는 이야기란 뜻이다.

| 01 |

　미자하(彌子瑕)가 위(衛)나라 영공(靈公) 때 총애를 받아 위를 전횡하고 있었다. 어느 난쟁이가 공을 만나 말하길, '저의 꿈이 맞았습니다.'라고 했다. 공이, '무슨 꿈이냐.'고 물었다. 답하길, '꿈에 부엌 아궁이를 보았는데, 공을 만나 뵙기 위한 징조였습니다.'라고 했다. 공이 노하며 말하길, '내가 듣건대 군주를 만나보는 이는 꿈에 해[日]를 본다고 한다. 어찌 나를 만나면서 꿈에 부엌 아궁이를 보았다고 하느냐.'고 했다.[356]

---

356) '미자하(彌子瑕)'의 일화는, 세난(說難)장에서 이미 언급이 있었으나, 이해를 배가하기 위해 한 번 더 기술한다. "위나라 법에 '군주의 수레를 몰래 타는 사람'은 월(刖)이란 형벌에 처한다고 되어 있다. 어느 날, 미자하의 어머니가 병이 들자, 어떤 사람이 밤에 은밀히 가서 미자에게 알렸다. 미자는 거짓을 꾸며 군주의 수레를 빌려 타고 나갔다. 군주가 전해 듣고 오히려 칭찬하며 말하길, '효자(孝子)다. 어머니의 병고 때문에 발이 잘리는 벌까지 잊었구나.'라고 했다. 또 어느 날, 군주를 모시고 과수원을 갔다. 복숭아를 먹다가 맛있어 다 먹지 않고 반쪽을 군주에게 먹였다. 군주가 말하길, '나를 사랑하는구나. 그 좋은 맛을 잊고서 나를 먹여주는구나.'라고 했다. 세월이 지나 미자의 용모가 쇠퇴하고 총애가 엷어지자 군주에게 책망을 들었다. 군주가 말하길, '이 녀석은 훨씬 이전에 거짓을 꾸며 내 수레를 몰래 탄 일이 있고, 또 전에 먹다가 남은 복숭아를 나에게 먹인 일도 있다.'고 했다. 미자의 행동은 처음과 변함이 없다. 하지만 전에 칭찬받던 이유로 뒤에 책망을 듣게 된 것은 애증이 변했기 때문이다. 그러므로 군주에게 총애를 받고 있을 땐 그 생각이 군주의 뜻과 알맞아 더욱 친밀해지지만, 군주에게 미움을 받고 있을 땐 그 생각이 군주의 뜻과 맞지 않아 책망을 듣게 되고, 더욱 소원해지는 것이다."

이에 난쟁이가 대답하길, '무릇 해[日]는 온 천하를 두루 비추어 주는 것이므로, 한 물건이 그것을 가로막을 순 없습니다. 군주도 온 나라를 두루 비추어 주므로 한 사람만으로 그것을 다 감쌀 순 없습니다. 그러므로 장차 군주를 만나 뵈려는 이는 꿈에 해[日]를 보는 것입니다. 그런데 부엌 아궁이는 한 사람이 불을 쬐면 뒷사람은 볼 방법이 없습니다. 지금 혹시 어떤 한 사람이, 군주 앞에서 불을 쬐고 있지 않습니까.'

'그렇다면 제가 비록 꿈에 부엌 아궁이를 보았다고 하더라도 옳지 않겠습니까.'라고 했다. 한편 노(魯)나라 애공(哀公)이 공자에게 묻기를, '시골 속담에 이르길, "여러 사람이 함께하면 헤매지 않는다."고 한다. 지금 내가 일을 하면서 여러 신하들과 함께 고려하고 있음에도 나라가 계속 어지러운 까닭은 무엇인가.'라고 했다. 공자가 답하길, '현명한 군주가 신하에게 물으면 어떤 사람은 알고, 어떤 사람은 그걸 모릅니다.'

'이와 같아야만 현명한 군주가 위에 있고, 신하들이 아래서 정직하게 의논할 수 있습니다. 그런데 지금은 신하들이 온통 계손(季孫)과 말을 하나로 맞추고 있습니다. 노나라가 모두 하나가 되어 버린 것입니다. 군주께서 비록 나라 안 모든 사람에게 물어 본다 하더라도 오히려 어지러운 데서 벗어나지 못할 것입니다.'라고 했다. 일설에 따르면, **제(齊)나라 안영 (晏嬰)**이 사자(使者)가 되어 노(魯)나라를 방문했다고 한다.[357]

---

357) '제(齊)나라 안영(晏嬰)'은, 춘추 말기 사람으로, 관중(管仲)에 이어 두 번째로 이름난 명재상으로, 공자보다 약간 선배로 알려진 인물이다.

이에 애공(哀公)이 묻기를, '속담에 이르기를 "세 사람이 함께하면 헤매지 않는다."고 한다. 지금 내가 온 나라 사람들과 함께 의논하고 있음에도 노나라가 어지러움을 면치 못하니 왜 그런가.'라고 했다. 안영이 말하길, '옛날에 이른바 "세 사람이 함께하면 헤매지 않는다."고 한 것은 한 사람은 틀려도 두 사람이 맞으면 세 사람으로 충분히 여러 사람이 됩니다. 그래서 세 사람이 함께하면 헤매지 않는다고 한 것입니다.'

'지금 노나라 신하는 수천 수백을 헤아리지만, 계손(季孫)씨의 이익에만 말을 맞추고 있습니다. 사람 수는 적다고 할 수 없으나, 그 하는 말들은 모두 한 사람이 하는 것과 똑같습니다. 어찌 세 사람이라 할 수 있겠습니까.'라고 했다. 한편 제(齊)에서 어떤 사람이 제왕(齊王)에게 말하길, '하백(河伯)은 영험한 귀신입니다. 어찌 시험 삼아 만나보지 않으십니까. 제가 왕께서 만날 수 있도록 해드리고 싶습니다.'라고 했다.[358]

| 02 |

장의(張儀)는 서쪽의 진(秦)나라를 비롯한 한(韓)과 위(魏)의 군세를 합해 제(齊)나라와 초(楚)나라를 치자고 주장했다. **혜시(惠施)**는 제나라가 초나라와 동맹을 맺어 전쟁을 그만두자고 주장했다. 두 사람은 논쟁했다. 신하들과 측근들이 모두 장의를 위해 발언했다. 즉 제와 초를 침으로써 이익이 된다고 생각한 것이다. 반면에 혜시를 위해 발언하는 이는 없었다.

---

[358] 이에 큰 물가에 제단을 만들고, 제나라 왕과 서 있었다. 얼마 후, 큰 물고기가 뛰어 올라왔다. 그러자, 그가 소리치길, '저것이 바로 하백입니다.'라고 했다.

왕은 끝내 장의 주장을 받아들이고 혜시 주장은 묵살했다.[359]

여기서 제와 초를 치는 일이 이미 정해졌다. 혜시가 안에 들어가 왕을 만났다. 왕이 말하길, '선생은 아무 말도 하지 말라. 제와 초를 치는 일이 결국은 이익이다. 온 나라가 다 그렇다고 생각한다.'고 했다. 이에 혜시가 말하길, '주장이란 것은 깊이 살펴 따져 보지 않을 수 없습니다. 대체 제와 초를 치는 일이 정말 이익이 된다면, 온 나라가 다 이롭다고 여기는 것이 어찌 지혜로운 사람들이 많아서, 그런 것이겠습니까.'

'또한 제나라와 초나라를 치는 일이 정말 이롭지 않다면, 온 나라가 다 이롭다고 여기는 것이 어찌 어리석은 사람들이 많아 그런 것이겠습니까. 대개 의논을 한다는 것은 헷갈리는 일이 있기 때문입니다. 헷갈리는 일이 정말로 많다면 그것을 옳다고 생각하는 사람들도 반일 것이고, 옳지 않다고 생각하는 사람들도 반이 될 것입니다. 지금 온 나라가 다 옳다고 생각하고 있다고 하니, 왕께서는 바로 반쪽을 잃은 것입니다.'

'이처럼 신하에게 위협받은 군주는 본래부터 그 반쪽을 잃어버린 것입니다.'라고 했다. 한편 **숙손(叔孫)**은 노(魯)의 재상이었다. 신분이 높아 국정을 전횡(專橫)했다. 그가 총애하던 이는 **수우(竪牛)**라 하는데, 그 수우 역시 숙손의 명(命)을 마음대로 조종했다. 숙손에겐 **임(王)이란 아들**이 있었는데, 수우가 그를 투기해 죽이고자 했다. 어느 날, 임과 노군(魯君)의 행

---

359) '장의(張儀)'는, 전국 말기, 진(秦)나라를 위주로 연횡책(連橫策)을 주장한 사람이고, '혜시(惠施)'는, 한때 위(魏)나라의 재상이었으나, 장의가 온 후, 위나라를 떠났다.

제30장 내저설 상(內儲說上) 칠술(七術) 315

궁으로 놀러갔다. 노군이 그에게 옥환(玉環)을 주었다.[360]

임(壬)은 그것을 받았으나 감히 허리에 차지 못하고, 수우를 시켜 숙손에게 허락을 청했다. 수우가 그를 속여 말하길, '내가 이미 당신을 위해 허락을 받았습니다. 당신이 그것을 차도록 하였습니다.'라고 했다. 그래서 임은 수우의 말을 믿고 그것을 허리에 찼다. 그렇게 해놓고 수우가 숙손에게 일러 말하길, '왜 임(壬)을 군주께 뵙도록 하지 않습니까.'라고 했다. 숙손이 말하길, '어린아이가 어찌 뵐만 하겠는가.'라고 했다.

수우가 다시 말하길, '임(壬)은 이미 군주를 자주 뵙고 있습니다. 군주께서 옥환까지 주셔서 임이 벌써 그것을 차고 있습니다.'라고 했다. 숙손이 임을 불러 만나보니 과연 그것을 차고 있지 않은가. 숙손이 노(怒)해 임(壬)을 죽였다. 임의 형은 병(丙)이라 한다. 수우가 또 투기해 그를 죽이고자 했다. 어느 날, 숙손이 병(丙)을 위해 종을 만들었다. 병(丙)은 그것을 감히 치지 못하고, 수우를 시켜 '숙손에게 허락'을 청했다.

수우는 청을 하지 않고 또 그를 속여 말하길, '내가 이미 당신을 위해 허락을 받았습니다. 당신이 그것을 치도록 하였습니다.'라고 했다. 그래서 병(丙)이 그것을 쳤다. 숙손이 종소리를 듣고 말하길, '병(丙)은 허락을 청하지도 않고, 제멋대로 종을 치는구나.'라고 했다. 노(怒)해 그를 내쫓았

---

360) '숙손(叔孫)'은, 노나라 실권자인 삼환(三桓) 가운데 하나로, 이름은 표(豹)이고, '수우(豎牛)'의 '수(豎)'는, 측근에서 시중드는 사람들이고, '우(牛)'는, 그 가운데 한 사람의 이름이다. 그리고 '숙손의 아들'은, 중임(仲壬)과 그의 형, 맹병(孟丙)이 있는데, 이들은 숙손의 정실인 국씨(國氏) 사이에서 난 자식들이다.

다. 이에 병은 달아나 제(齊)로 갔다. 1년이 지나자, 수우가 숙손에게 병의 사면을 건의했다. 숙손이 '수우를 시켜 불러오게' 했다.

그런데 부르지도 않고 보고하길, '제가 부르러 갔었습니다. 그러나 병은 노여움이 심해 돌아오려 하지 않습니다.'라고 했다. 숙손이 크게 노(怒)해 사람을 시켜 병(丙)을 죽였다. 두 아들은 다 죽었다. 그 뒤 숙손은 병(病)이 들었다. 그래서 수우는 좌우 측근들을 물리치고 혼자 간병하며 사람을 안에 들이지 않았다. 이에 말하길, '숙손이 사람 말소리를 듣기 싫어한다.'고 한 것이다. 그렇게 하여, 먹이지 않고 굶겨 죽였다.

수우는 상(喪)도 치르지 않고, 창고 안의 귀중한 보물을 옮겨 텅 비우고는 제(齊)로 도망쳤다. 대체 믿는 이의 말만 듣고, 자식과 아버지가 남에게 욕을 당했으니, 이는 언행을 살펴 맞춰보지 않은 화(禍)다. 한편 **강걸(江乞)**이 위왕(魏王)의 사자가 되어 초(楚)로 갔다. 초왕(楚王)에게 말하길, '제가 왕의 영내에 들어와 나라의 풍속을 들으니, "군자는 남의 좋은 것을 숨기지 않고, 남의 잘못을 입에 담지 않는다."고 합니다.'[361]

'정말 그렇습니까.'라고 했다. 초왕이, '그렇다.'고 답했다. 다시 말하길, '그렇다면 **백공(白公)**의 난(亂)도 위험하지 않겠습니다. 정말 이럴 수 있다면, 저도 죽을죄를 면(免)할 수 있겠습니다.'라고 했다. 한편 **위(衛)나라 사군(嗣君)**은 **여이(如耳)**를 중히 여기고, **세희(世姬)**를 사랑했다. 하지만 모두가 총애를 틈타 자기 이목이 막힐까 두려워 **박의(薄疑)**를 높여 여이와 맞

---

361) '강걸(江乞)'은, 위(魏)나라 출신의 유세가로 초나라를 섬긴 인물이다.

서게 하고, '위희(魏姫)를 높여 세희와 맞서게' 했다.[362]

그리고 말하길, '이렇게 함으로써 서로 대조시켜 보는 것이다.'라고 했다. 사군은 이목이 막히지 않게 하려 했으나 그 술수(術數)는 몰랐다. 대체 신분이 낮은 사람이 높은 사람을 비판하거나, 아랫사람이 윗사람의 자리에 앉지 못하게 하고, 반드시 권세의 균형을 맞춘 뒤에나 국사를 논하게 한다면, 이것은 더욱더 '이목을 가로막는 신하를 길러 내는 일'이다. 사군의 이목이 가려진 발단이 바로 '여기서 비롯된 것'이다.

무릇 날아오는 화살의 방향이 일정하면, 철판으로 한쪽만 대비하면 문제가 없다. 그러나 날아오는 화살의 방향이 일정하지 않으면, 철판을 사방으로 에워싸야 한다. 그래야 화살이 어떤 방향에서 날아오던 다 막아 낼 수 있다. 이처럼 완벽한 방비(防備)를 해야, 몸을 다치지 않고 안전하게 보전할 수 있다. 즉 모든 방향의 화살을 대비해야 하듯, 모든 사람을 적으로 여겨 대비한다면, 간악한 신하가 나오지 않을 것이다.

| 03 |

방공(龐恭)이 태자를 따라 한단(邯鄲)에 인질(人質)로 가게 되었다. 위왕(魏王)에게 일러 말하길, '만일 어떤 한 사람이, "장바닥에 호랑이가 나타

---

362) '백공(白公)'은, 초나라 평왕(平王)의 태자, 건(建)의 아들로, 영윤 자서(子西)를 죽이고, 혜왕(惠王)을 위협한 인물이고, '위(衛)나라 사군(嗣君)'은, 위(衛)나라 평후(平侯)의 아들로, 군(君)이란 이름은 진(秦)에서 폄하한 명칭이다. 그리고 '여이(如耳)'는, 본래 위(魏)나라 사람으로, 위(衛)에 와서 벼슬을 했고, '박의(薄疑)'는, 조(趙)에 있다 위(衛)에 와서 벼슬을 했다.

났다.”고 말한다면, 왕께선 그것을 정말로 믿을 수 있겠습니까.'라고 했다. 위나라 왕은 '믿을 수 없다.'고 답을 했다. 그러자 다시, '두 사람이, “장바닥에 호랑이가 나타났다.”고 말한다면, 왕께선 그것을 정말로 믿을 수 있겠습니까.'라고 하니, '역시 믿을 수 없다.'고 대답했다.

그러자 또다시, '세 사람이, “장바닥에 호랑이가 나타났다.”고 말한다면, 왕께선 그것을 정말로 믿을 수 있겠습니까.'라고 하니, '이번엔 믿게 될 것이다.'라고 했다. 방공이 말하길, '대체 장바닥에 호랑이가 나타날 수 없다는 것은 분명합니다. 그럼에도 세 사람이 말하면 호랑이가 나타난 것이 됩니다. 제가 가는 한단은 위(魏)로부터 거리가 장바닥보다 더 멉니다. 더구나 저를 비판하는 이는 세 사람보다 많을 것입니다.'[363]

| 04 |

동안우(董安于)가 조(趙)나라 **상지(上地)** 태수가 되어 석읍(石邑) 산중을 순시했다. 산골 물은 깊고, 장벽같이 치솟아 깊이가 백 길이나 되어 보였다. 그래서 그 주변 고을 사람들에게 묻기를, '사람이 일찍이 이곳에 빠진 적이 있었는가.'라고 했다. 답하길, '없었습니다.'라고 했다. 다시 말하길, '어린아이나 천치, 바보, 농아인, 미친 사람 중에 일찍이 이곳에 빠진 적이 있었는가.'라고 했다. 답하길, '없습니다.'라고 했다.[364]

---

363) 그러면서 '바라옵건대 왕께서 이를 깊이 살펴 주십시오.'라고 했다. 이후 방공(龐恭)이 한단(邯鄲)으로부터 돌아왔지만, 끝내 왕을 만날 순 없었다. 여기서 방공(龐恭)은 위(魏)나라 신하로, 태자가 인질로 한단에 갈 때 수행했던 인물이다.

364) '동안우(董安于)'는, 춘추시대 진(晉)나라 조앙(趙鞅)의 신하이고, '상지(上地)'는, 지명이다.

다시 말하길, '소[牛]나 말[馬], 개[犬], 돼지[彘] 중에 일찍이 이곳에 빠진 적이 있었는가.'라고 했다. 역시 답하길, '없습니다.'라고 했다. 여기서 동안우(董安于)는 깊은 한숨을 내쉬며 말하길, '내가 잘 다스릴 수 있게 됐다. 내가 법(法)을 가차 없이 적용해 마치 산골 계곡에 빠지면 반드시 죽게 된다는 것과 같이 하면, 사람들이 그것을 감히 범(犯)하지 못할 것이다. 내가 무엇 때문에 잘 다스리지 못하겠는가.'라고 했다.

| 05 |

자산(子産)은 정(鄭)나라 재상이었다. 병(病)이 들어 죽을 즈음, 유길(游吉)에게 일러 말하길, '내가 죽은 뒤에 그대가 반드시 정나라를 다스리게 될 것이네. 그때 반드시 엄한 자세로 사람을 대하게. 무릇 불의 형체는 사납게 보이므로 사람이 적게 타죽고, 물의 형체는 만만하게 보이기 때문에 사람이 많이 빠져 죽는 것이네. 그대가 만만하게 보여 물에 빠져 죽게 하지 말아야 하네.'라고 했다. 얼마 후에 자산이 죽었다.

자산의 유언에도 불구하고 유길(游吉)은 그 자세를 엄격히 하지 않았다. 정(鄭)나라 젊은이들이 무리를 지어 도적이 되고, 갈대 늪을 근거지로 삼아 장차 정나라의 화근(禍根)을 만들려 했다. 유길은 전차와 기병을 이끌고 그들과 싸웠다. 꼬박 하루 걸려 간신히 제압할 수 있었다. 그가 탄식하며 말하길, '내 일찍이 그 어른[자산(子産)]의 가르침을 따랐다면, 반드시 이 지경에 이르러 후회하진 않았을 것이다.'라고 했다.

노(魯)나라 **애공(哀公)**이 공자에게, 『춘추』에 이르길, "겨울 12월에 서리 가 내렸으나, 콩잎이 시들지 않았다."고 했는데 무엇 때문에 이렇게 기록 한 것일까요.'라고 했다. 공자가 답하길, '이것은 시들게 했어야 될 것을 시들게 하지 않은 것을 말합니다. 무릇 마땅히 시들게 했어야 될 것을 시 들게 하지 않으면 복숭아나 오얏이 겨울에 열매를 맺습니다. 하늘이 그 도(道)를 잃게 되면, 초목도 그것을 역으로 범하게 됩니다.'[365]

'하물며 군주에 있어서야, 더욱 그렇습니다.'라고 했다. 한편 은(殷)나라 법에 길거리에 재를 버린 사람은 벌하게 되어 있다. 자공(子貢)이 과하다 여겨 공자에게 이유를 물었다. 공자가 답하길, '다스리는 법을 터득한 것 이다. 무릇 길거리에 재를 버리면 반드시 사람의 몸에 덮일 것이다. 그것 이 사람 몸에 덮인다면, 사람은 반드시 화(火)를 낼 것이다. 화를 내면 싸 우게 되고, 싸우면, 반드시 집안끼리 서로 살상하게 된다.'

'이는 자칫 온 집안이 서로 살상을 당하게 되는 구조다. 따라서 처벌을 할 수 있는 것이다. 그리고 중벌(重罰)이란 사람들이 싫어하는 것이고, 재 를 버리지 못하게 하는 일은 사람들이 하기 쉬운 것이다. 사람들에게 쉬 운 것을 행하게 하고, 싫어하는 것에 걸리지 않게 하는 일이 바로 잘 다 스리는 길이다.'라고 했다. 한편 일설(一說)에 따르면, '은(殷)나라 법(法)에

---

365) '애공(哀公)'은, 노(魯)나라 정공(定公)의 뒤를 이은 사람이다. 이름은 장(蔣)이고, 그의 치세 때 공자(孔子)가 세상을 떠났다.

는 큰 길거리에 재를 버린 사람은 그 손을 자른다.'고 한다.

 이에 **자공(子貢)**이 말하길, '재를 버린 죄(罪)는 무겁지 않으나, 손을 자르는 벌(罰)은 대단히 무겁습니다. 옛사람들은 왜 이렇게 엄(嚴)한 것입니까.'라고 했다. 이에 공자가 말하길, '재를 큰길에 버리지 못하게 하는 일은 쉬운 것이고, 손이 잘리는 일은 싫어하는 것이다. 쉬운 일을 행하게 하여 싫어하는 것에 걸려들지 않게 만드는 일, 즉 옛사람들은 그것이 쉽다고 생각했기 때문에 법을 시행했던 것이다.'라고 했다.[366]

| 07 |

 중산(中山)의 재상 악지(樂池)가 수레 백 대를 거느리고 조(趙)나라에 사절로 떠났다. 식객들 가운데 지능이 높은 이를 골라 **지휘자**로 삼았다. 가는 도중에 행렬이 어지러워졌다. 이에 악지가 말하길, '나는 공을 지혜가 높은 사람이라 생각해 공으로 하여금 지휘자가 되게 했다. 지금 도중에 어지러워진 것은 어찌 된 일인가.'라고 했다. 객(客)이 그 때문에 사퇴하고, 떠나면서 말하길, '공께서는 다스리는 법을 잘 모릅니다.'[367]

---

366) '자공(子貢)'은, 이름이 단목사(端沐賜)로, 위(衛)나라 출신이다. 공자보다 31세 연하로, 공자의 제자들 가운데 자타가 공인하는 총명한 인물이다. 사마천이 『사기(史記)』에서 자공을, '공부하면서 부(富)를 쌓은 대표적인 유상(儒商)으로 평가'했다. 특히 그는 유창한 언변으로 열국을 종횡무진 뛰어다니며 협상을 한 '탁월한 외교관'으로 명성을 떨친 사람이다. 때문에 종횡가(縱橫家)의 효시로 불리기도 한다.
367) '중산(中山)'은, 전국시대 때, 지금의 '하북성 정현(定縣) 근방에 있던 나라'고, '지휘자'는, 길 떠나는 행렬의 총지휘를 맡은 관명이다.

'사람을 족히 복종시킬 만한 위엄을 세우고, 족히 힘쓰도록 권할 만한 이익을 주어야 능히 다스려지는 것입니다. 저는 군의 소객(小客)입니다. 대체 하객이 상객을 바로잡고, 낮은 신분으로 귀한 신분을 다스리려 하며, 게다가 이해의 권한으로 통제할 수 없으니, 이것이 어지러워지는 이유입니다. 만일 시험 삼아 저들 가운데 우수한 이를 경상(卿相)으로 삼고, 악한 이를 목 벨 수 있다면, 어찌 다스려지지 않겠습니까.'

| 08 |

공손앙(公孫鞅)의 법(法)은 가벼운 죄(罪)도 무겁게 다룬다고 한다. 중죄(重罪)란 사람들이 범하기 어려운 것이고, 작은 잘못이란 사람들이 쉽게 피할 수 있는 것이다. 사람들이 쉽게 피할 수 있는 것을 피하도록 하고, 범하기 어려운 것에 걸리지 않도록 한다면, 이것이 잘 다스리는 길이다. 무릇 작은 잘못이 일어나지 않고, 대죄[重罪]가 이르지 않는다면, 사람들이 죄를 짓지 않을 뿐만 아니라, '난(亂)도 일어나지 않는다.'368)

일설에, 공손앙(公孫鞅)이 말하길, '형을 집행함에 있어 그 가벼운 죄도 무겁게 처벌하면, 가벼운 죄도 일어나지 않고, 무거운 죄도 일어나지 않는다. 이를 일러 형벌로 형벌을 물리친다고 하는 것이다.'라고 했다. 한편 초(楚)나라 남쪽 땅 여수(麗水)에서 사금(沙金)이 많이 나왔다. 많은 사람이 사금을 채취하기 위해 몰려들었다. 나라에선 사금을 캐지 못하게 하는

---

368) '공손앙(公孫鞅)'은, 전국 중기, 진(秦)의 효공(孝公)을 섬겨 법치(法治)의 공으로 상(商) 땅을 봉후 받은 상앙(商鞅)을 말한다.

법을 만들었다. 위반하면 '찢어 죽여' 시장에 매달았다.[369]

　시장에 매다는 것도 부족해 이젠 죽은 시체들을 여수 강에 버리자, 그 수가 어찌나 많은지 여수 강물이 두 갈래로 갈라져 흐를 정도였음에도 사람들은 사금(沙金)을 훔치는 일을 결코 포기하지 않았다. 도대체 죄가 시장에서 찢겨 죽기보다 더 무거운 것이 없음에도 오히려 포기하지 않는 것은 무엇 때문인가. 사금을 훔치다 '반드시 체포된다는 생각을 하지 않기 때문'이다. 그러므로 여기에 어떤 한 사람이 나타나 말했다.

　'그대에게 천하를 주는 대신, 그대 몸을 죽일 것이다.'라고 하면, 어떤 사람도 받아들이지 않을 것이다. 무릇 천하를 갖는 것은 큰 이익이지만, 오히려 그것을 받아들이지 않는 것은, '반드시 죽는다'는 것을 알기 때문이다. 그러므로 반드시 체포되는 것이 아니라고 하면, 비록 찢어 죽인다 해도 몰래 사금을 훔치는 일은 멈추지 않을 것이다. '반드시 죽는다'는 것을 안다면, 비록 천하를 갖는다 해도 하지 않을 것이다.

| 09 |

　노(魯)나라 사람이 **적택(積澤)**에 불을 질렀다. 북풍으로 불길이 남쪽으로 쏠리고, 화마(火魔)가 도성(都城)까지 덮칠 것 같았다. 애공(哀公)이 걱정되어 사람들을 이끌고 불을 끄도록 재촉했다. 하지만 좌우엔 사람이 없고, 모두 짐승을 뒤쫓느라 불을 끄지 못했다. 이에 공자에게 묻자, 공자가 답

---

369)　'여수(麗水)'는, 지금의 운남성 금사강(金沙江)으로, 사금(沙金)의 산지다.

하길, '짐승을 쫓는 일은 즐겁고, 벌도 받지 않는데, 불 끄는 일은 괴롭고, 상도 받지 못합니다. 불을 끄지 못하는 이유입니다.'[370]

애공이 말하길, '그렇겠다.'고 했다. 공자가 다시 말하길, '일이 다급합니다. 상줄 여유가 없습니다. 불끈 이에게 모두 상을 준다면 나라 형편이 부족합니다. 다만 처벌만 행하십시오.'라고 했다. 애공이, '그렇겠다.'고 했다. 이에 공자가 명령했다. '불을 끄지 않는 이는 항복이나 도주한 죄로 다스리고, 짐승을 쫓는 이는 금역에 들어간 죄로 다스리겠다.'라고 했다. 명령이 내려지고 '두루 알려지기도 전에' 불은 다 꺼졌다.

| 10 |

성환(成驩)이 제왕(齊王)에게 일러 말하길, '왕께서는 너무 인자하고 지나치게 남을 동정합니다.'라고 했다. 이에 왕이 말하길, '너무 인자하고 지나치게 남을 동정하면 좋지 않은가.'라고 했다. 다시 말하길, '이는 신하로서는 선(善)한 일이지만, 군주가 행할 바는 아닙니다. 무릇 신하란 반드시 인자(仁者)해야만 합니다. 그런 후에 함께 일을 꾀할 수 있고, 남을 동정하는 마음이 있어야, 그런 후에 가까이할 수 있습니다.'

'인자하지 못하면 함께 일을 꾀할 수 없고, 남을 동정(同情)하지 못하면 가까이할 수 없습니다.'라고 했다. 왕이 다시 말하길, '그렇다면 나의 어떤

---

370) '적택(積澤)'은, 노(魯)나라 도성 북쪽의 늪 지역으로, 적택(積澤)에 불을 놓는 것은, 사냥을 하기 위해서다.

점이 너무 인자하고 어떤 점이 지나치게 동정한다는 것인가.'라고 했다. 다시 대답하길, '왕께서 **설공(薛公)**에게 너무 인자하고, **전(田)씨 일족**에 대한 동정도 지나칩니다. 설공에게 너무 인자하면 다른 중신들의 권위가 떨어집니다. 전(田)씨 일족에 대해서도 마찬가집니다.'[371]

'그들에게 지나치게 동정하면, 일족의 부형들이 법을 쉽게 범하게 됩니다. 또 중신들의 권위가 떨어지면 외적에 대해 군대가 약해지고, 부형들이 법을 쉽게 범하면 국내 정치가 어지러워집니다. 이는 나라가 망(亡)하는 근본 원인입니다.'라고 했다. 한편 **위(魏)나라 혜왕(惠王)**이 복피(卜皮)에게 말하길, '그대가 들은 나의 평판은 어떠한가.'라고 했다. 대답하길, '제가 듣기로는 왕께서 인자하고 은혜롭다고 합니다.'라고 했다.[372]

혜왕이 흐뭇해하며 말했다. '그렇다면 성과(成果)가 장차 어느 정도에 이르겠는가.'라고 물었다. 이에 복피가 답하길, '혜왕의 성과는 망(亡)하는 데 이를 것입니다.'라고 했다. 왕이 다시 말하길, '인자하고 은혜로운 것은 선(善)을 행하는 일이다. 그것을 행히여 망한나는 것은 무슨 까닭인가.'라고 했다. 복피가 다시 대답하길, '무릇 인자하다는 것은 동정하는 마음씨고, 은혜라는 것은 베풀어 주길 좋아하는 마음씨입니다.'

'하지만 동정하는 마음이 있으면 측은하게 여기기 십상입니다. 즉 잘못

---

371) '설공(薛公)'은, 맹상군(孟嘗君)의 부친인 전영(田嬰)을 말하고, '전(田)씨 일족'은, 제나라의 공실(公室)인 전(田)씨 일족 모두를 가리킨다.
372) '위(魏)나라 혜왕(惠王)'은, 양(梁)나라 혜왕(惠王)을 가리킨다.

이 있어도 처벌하지 않고, 베풀어 주길 좋아하면 공(功)이 없어도 상(賞)을 주게 됩니다. 잘못이 있는데 죄가 되지 않고, 공이 없음에도 상을 받는다면, 망하는 것은 당연한 일입니다.'라고 했다. 한편 제(齊)는 모두가 **후장(厚葬)**을 좋아했다. 베와 무명은 모두 **의금(衣衾)**으로 쓰고, 재목은 **관곽(棺槨)**을 만드는 데 탕진했다. 환공(桓公)이 이를 염려했다.[373]

이에 관중(管仲)에게 말하길, '베와 무명을 다 써버리면 몸을 가릴 수 없고, 재목이 탕진되면 방비를 할 수 없다. 그럼에도 사람들은 후장을 멈추지 않는다. 이를 금하려면 어찌해야 좋겠는가.'라고 했다. 관중이 답하길, '무릇 사람이 무엇인가 하려는 것은 명예 아니면, 이익이 되기 때문입니다.'라고 했다. 여기서 바로 명령을 내려 말하길, '관곽을 지나치게 할 경우는 그 시체에 형을 가하고, 상주는 처벌한다.'고 했다.

무릇 시체에 형이 가해진다는 것은 명예가 사라지는 일이고, 상주가 처벌을 받는다는 것은 이익이 사라지는 일이니, 사람들이 무엇 때문에 그것을 하겠는가. 한편 위(衛)나라 사군(嗣君) 때 어느 한 죄수가 위(魏)로 도주했다. 그는 **위나라 양왕(襄王)**의 후비를 위해 병(病)을 고쳐주고 있었다. 위(衛)나라 사군이 그것을 듣고, 사람을 시켜 5십 금에 팔라고 청했다. 사자가 다섯 번을 왕복했으나 위(魏) 왕은 들어주지 않았다.[374]

---

373) '후장(厚葬)'은, 장례와 매장을 융숭하게 치르는 것을 말한다. 특히 전국 말기, 이에 대한 비판으로, 절장(節葬) 주장이 제기되었다. 그리고 '의금(衣衾)'은, 시체를 싸고 덮는 수의와 이부자리를 말하고, '관곽(棺槨)'은, 내관과 외관, 즉 시체를 넣는 널과 그 널을 한 번 더 둘러싸는 널을 가리킨다.

374) '위(魏)나라 양왕(襄王)'은, 혜왕(惠王)의 아들을 말한다.

그러자, 사군(嗣君)은 **좌씨(左氏)**를 가지고 바꾸려 했다. 여러 신하들과 좌우 측근이 모두 간하며 말하길, '대체 한 도성(都城)을 가지고, 죄수를 사는 일이 옳은 일입니까.'라고 했다. 사군이 말하길, '그대들이 알 바 아니다. 무릇 다스림에는 작은 일이 없고, 난(亂)에 대처함에는 큰 일이 없는 것이다. 법이 바로 서지 못하여 처벌이 제대로 행해지지 않으면 비록 좌씨 같은 도성이 10개가 있더라도 이익이 없을 것이다.'[375]

'역(逆)으로 법이 바로 서서 죄를 지으면 반드시 처벌이 뒤따른다는 것을 알게 되면 비록 좌씨 같은 도성을 10개나 잃는다 해도 손해(損害)가 되지 않는 것이다.'라고 했다. 이 소식을 위(魏)나라 양왕이 듣고 말하길, '군주가 나라를 다스리는 데 있어 이런 확고한 의지는 강한 나라를 만드는 기반이다. 이를 들어주지 않는 것은 불길(不吉)한 것이다.'라고 했다. 그대로 죄수를 수레에 태워 보내면서 아무런 보상도 받지 않았다.

| 11 |

제왕(齊王)이 문자(文子)에게, '나라를 다스리려면 어찌하는 것이 좋은가.'라고 물었다. 답하길, '무릇 상벌이라 하는 것은 이기(利器)입니다. 군주께서 그것을 단단하게 장악하십시오. 남에게 보이면 안 됩니다. **신하들의 행태는 사슴과 같아 오직 풀이 있는 곳으로만 나아갑니다.**'라고 했다. 한편 월(越)나라 왕(王)이 대부인 문종(文種)에게 일러 말하길, '내가 오

---

375) '좌씨(左氏)'는, 위(衛)나라의 한 도성 이름이다.

(吳)나라를 치고자 하는데, 그대는 어찌 생각하는가.'라고 했다.[376]

　문종이 답하길, '좋습니다. 제가 상을 후하게 하여 틀림없이 주고, 벌을 엄하게 하여 빠짐없이 반드시 행하도록 하겠습니다. 군주께서 그것을 확인해 보고자 하신다면 시험 삼아 궁전에 불을 질러 보십시오.'라고 했다. 그래서 일부러 궁전에 불을 질렀으나, 그것을 진화하기 위해 나서는 사람은 아무도 없었다. 이에 명령을 내리면서 말하길, '사람들 중에 불을 끄다 죽은 사람은, 적과 싸우다 죽은 상(賞)과 맞춰 줄 것이다.'

　'하지만 불을 끄고도 죽지 않은 사람은 적과 싸워 이긴 상과 맞춰 줄 것이며, 불을 끄지 않은 사람은 항복하거나 도주한 죄에 맞춰 처벌할 것이다.'라고 했다. 그러자 몸통에 진흙을 바르고 물 젖은 옷을 입고, 불길 속으로 달려가는 사람이 왼쪽 대열에 3천 명, 오른쪽 대열에도 3천 명이었다. 이렇게 오나라와 싸우면 반드시 이길 형세임을 알았다. 한편 오기(吳起)가 **위(魏)나라 무후(武侯) 때, 서하(西河)의 태수**가 되었다.[377]

　진(秦)나라 쪽에 작은 성채가 국경을 지키고 있었다. 오기가 이를 치려고 했다. 제거하지 않으면 농민에게 큰 해를 입힐 듯했기 때문이다. 하지만 병력이 문제였다. 여기서 바로 수레 멍에채 하나를 북문 밖에 비스듬

---

376) '신하들의 행태는 사슴과 같아 오직 풀이 있는 곳'으로만 나아간다는 것은, '상(賞)에 비유'를 한 것이다. 즉 신하들은 이익이 있는 곳으로만 향한다는 뜻이기도 하다.
377) '위(魏)나라 무후(武侯)'는, 문후(文侯)의 아들로, 이름은 격(擊)이다. 오기(吳起)와 사이가 좋지 않아 후일 오기가 초나라로 망명했다. 그리고 '서하(西河)의 태수'는, 황하 서쪽으로, 지금의 섬서성 남쪽 지역의 지방장관을 말한다.

히 세우고 포고하길, '이것을 남문 밖으로 옮기는 이에게는 좋은 농토와 좋은 택지를 내리겠다.'고 했다. 그러나 누구도 옮기는 사람이 없었다. 이윽고 그것을 옮기는 이가 있어 포고한 대로 상(賞)을 내렸다.

그리고 느닷없이 붉은 콩 한 섬을 동문 밖에 놓아두고 포고하길, '이것을 서문 밖으로 옮기는 이에게는 이전과 같이 상(賞)을 내릴 것이다.'라고 했다. 사람들이 다퉈가며 그것을 옮겼다. 이내 명을 내려 말하길, '내일 **성채**를 공격할 것이다. 가장 먼저 오르는 이에게 **국대부(國大夫)** 벼슬을 시키고, 좋은 전답과 택지를 내릴 것이다.'라고 했다. 사람들이 다투어 달려나갔다. 성채를 공격한 지 불과 하루 만에 함락시켰다.[378]

| 12 |

이회(李悝)가 위(魏)나라 **문후(文侯)** 때 상지(上地)의 태수가 되었다. 그때 사람들이 활쏘기를 원해 바로 명을 내려 말하길, '민가에 판가름하기 힘든 소송이 일어날 경우, 과녁을 쏘게 하여 그것을 맞추면 승자, 맞추지 못하면 패자로 할 것이다.'라고 했다. 그러자 사람들은 모두 궁술을 힘들여 배우려고 밤낮을 쉬지 않았다. 마침내 진(秦)나라 사람과 싸워서 그들을 크게 패배시킨 것은, 사람들이 활을 잘 쏘았기 때문이다.[379]

---

378) '성채(城砦)'는, 적의 정황을 탐지하여 봉화(烽火)를 올리던 곳이고, '국대부(國大夫)'는, 대부의 한 계층으로, 도성(都城)에서 벼슬하는 사람을 뜻한다.

379) '이회(李悝)'는, 위(魏)나라 문후(文侯) 때 활약한 인물로, 경제개혁을 담당해 재상으로 발탁됐다. 진(秦)나라 효공(孝公) 때 두 차례에 걸쳐 변법을 성공적으로 마무리해 서쪽 진나라를 부강하게 만든 상앙(商鞅)이 이회의 사상적 후계자다. 그리고 '위(魏)나라 문후(文侯)'는, 무후(武侯)의

| 13 |

송(宋)나라의 숭문(崇門) 안쪽 거리에 사는 사람이 부모의 상(喪)을 치르느라 몸이 상(傷)했다. 시간이 지나자 몹시 야위었다. 군주가 부모에 대한 효심이 깊다고 생각했다. 그래서 그를 발탁하여 관의 장(長)으로 삼았다. 이듬해 사람들 가운데 야위어 죽는 사람이 한 해에 10여 명이나 되었다. 자식이 부모상을 치르는 것은 혈육의 정(情) 때문인데, 오히려 상을 주어 권장하니, 하물며 군주가 민중을 대하는 경우이겠는가.

| 14 |

월왕(越王)이 오(吳)를 치고자 계획했다. 사람들이 목숨을 가볍게 던지기를 원하며 밖에 나갈 때 힘을 모은 두꺼비를 만나면 경례를 했다. 시종하던 이가 말하길, '왜 두꺼비에게 경례를 하십니까.'라고 했다. 왕이 말하길, '기개가 있기 때문이다.'라고 했다. 그 이듬해 사람들 가운데 자기 머리를 바치겠다고 하는 이가 한 해에 10여 명이나 되었다. 이를 미루어 생각해 보면 칭찬해 줌으로써 족히 사람을 죽게 할 수도 있다.

| 15 |

일설에 따르면, '월왕(越王) 구천(勾踐)이 허세 부리는 두꺼비를 보고 경례(敬禮)를 했다.' 이에 시종(侍從)이 말하길, '무엇 때문에 경례를 하는 것

부친이다. 참고로 문(文)과 무(武)는 부자(父子) 세대에 쓰인 시호(諡號)다.

입니까.'라고 했다. 왕이 말하길, '두꺼비의 기세(氣勢)가 저렇게 당차다. 경례하지 않을 수 있겠는가.'라고 했다. 무사들이 그것을 듣고 말하길, '두꺼비조차 기세가 있어 보이면 왕이 오히려 경례를 한다. 하물며 무사에게 용기가 있을 경우는 더할 나위도 없을 것이다.'라고 했다.

그 해 사람들 가운데 스스로 자기 목을 잘라 그 머리를 바치는 이가 있었다. 이런 이유로 왕이 장차 오(吳)에게 복수하기 위해 가르친 것을 시험해 보자고 했다. 즉 누각에 불을 지르고, 북을 쳐 사람들을 불길 속에 뛰어들게 하는 것이다. 사람들이 그 치열한 불길 속을 뛰어드는 것은 상(賞)이 그 불길 속에 걸려 있기 때문이다. 강물에서 북을 쳐 사람들을 물속에 뛰어들게 하는 것은 상이 그 물속에 걸려 있기 때문이다.

전쟁을 맞아 사람들이 목을 잘리고, 배가 갈라지더라도 뒤돌아볼 생각을 못하도록 하는 것은 그 창칼 속에 상(賞)이 걸려 있기 때문이다. 하물며 법에 근거하여 어진 사람을 등용하는 일에 있어서랴. 그 효과는 이보다 훨씬 더할 것이다. 한편 한(韓)나라의 소후(昭侯)가 사람을 시켜 다 해진 바지를 잘 간수하도록 했다. 이에 소후(昭侯)를 가까이서 모시는 이가 말하길, '군주께선 어찌 이리도 인색(吝嗇)하실 수 있습니까.'

'다 해진 바지까지 측근들에게 내려주지 않으시고, 간수하십니다.'라고 했다. 소후가 말하길, '그대는 알 바 아니다. 내가 듣기로 현명한 군주의 몸가짐이란 한 번 찌푸리고, 한 번 웃는 일조차 그 찌푸리는 데 찌푸릴 이유가 있고, 웃는 데도 웃을 이유가 있다고 한다. 지금 그 바지가 어찌 단순히 찌푸리거나 웃는 정도이겠는가. 바지는 찌푸리고 웃는 것과는

훨씬 다르다. 나는 반드시 공(功)있는 이가 나오길 기다릴 것이다.'

'그러므로 그것을 거두어 간수하고, 아직 주지 않은 것이다.'라고 했다. 한편 장어는 뱀을 닮았고, 누에는 큰 벌레를 닮았다. 그런데 사람들이 뱀을 보면 깜짝 놀라고, 큰 벌레를 보면 소름이 끼친다. 그렇지만 아낙네는 아무렇지도 않게 누에를 손으로 주워 담는가 하면, 어부는 장어를 움켜쥐기도 한다. 이처럼 이익(利益)이 있는 곳에서는 싫어하는 것도 잊어버린다. 모두가 '맹분(孟賁)이나 전저(專諸)처럼 용감'해진다.

| 16 |

위왕(魏王)이 정왕(鄭王)에게 일러 말하길, '처음에는 정(鄭)과 양(梁)이 한나라였는데 이후에 갈라졌다. 이제 다시 정(鄭) 땅을 얻어 양(梁)에 합병하고 싶다.'고 했다. 정나라 군주가 이를 염려해 신하들을 불러 위나라에 대응할 방법을 모색했다. 정나라 공자(公子)가 군주에게 일러 말하길, '이것은 대답하기 매우 쉽습니다. 군주께서 위(魏)나라에 대응해, "정나라가 예전에 위나라 땅이었다는 이유로 합병할 수 있습니다."[380]

"이렇게 생각할 수 있다면, 정나라 입장에서도 역시 양나라의 땅을 얻어 정나라에 합병하고 싶습니다."라고 하십시오.'라고 했다. 이에 위나라

---

380) '위왕(魏王)'은, 위나라 혜왕, 즉 재위 9년[기원전 361]에 대량[大梁 : 지금의 개봉(開封)]으로 천도한 후, 양혜왕(梁惠王)으로 불렸다. 그리고 '정왕(鄭王)'은, 한왕(韓王)을 가리킨다. 한(韓)이 춘추시대 때 정(鄭)을 멸하여 그곳에 도읍을 정했기 때문에 정왕(鄭王)으로 불렸다.

왕은 합병 계획을 철회했다. 한편 **제(齊)나라 선왕(宣王)**이 사람을 시켜 피리를 불게 할 때는 반드시 3백 명으로 했다. 성곽 남쪽에 살던 처사들이 왕을 위해 피리를 불겠다고 청원했다. 선왕이 기뻐하며 부양미를 수백 사람에게 내렸다. 마침 '선왕이 죽고 민왕(湣王)'이 섰다.[381]

민왕은 선왕과는 다르게 '피리를 한 사람씩 부는 것'을 선호(選好)했다. 그러자, 처사들은 하나둘 달아나더니, 어느새 모두 달아나고 말았다. 한편 일설에 따르면, **한(韓)나라 소후(昭侯)**가 말하길, '피리 부는 사람이 너무 많아, 나는 그들 중에 누가 진정 잘 부는 사람인지 대체 알 길이 없다.'고 한 적이 있다. 이에 **전엄(田嚴)**이 답하길, '피리 부는 사람들이 함께 하는 연주보다 한 명씩 별도로 들어보십시오.'라고 했다.[382]

| 17 |

조(趙)가 **신불해(申不害)**를 통해 한(韓)에 원병을 청해 장차 위(魏)를 공략코자 했다. 신불해가 그것을 군주에게 말하려더, 혹 자기가 외국과 거래한다고 의심할까봐 두려웠다. 그렇다고 말하지 않으면 조(趙)로부터 미움을 사게 될까 또 두려웠다. 이에 **조소(趙紹)**와 **한답(韓沓)**을 시켜 군주의 동작과 표정을 시험한 후, 그걸 말했다. 이렇게 안으론 소후(昭侯)의 의중을

381) '제(齊)나라 선왕(宣王)'은, 제나라 위왕(威王)의 아들로, 이름은 벽강(辟疆)이다. 직하[稷下 : 지금의 임치(臨淄)]의 학사(學士)로 참여한 맹자(孟子)를 객경(客卿)으로 삼아 수시로 자문을 구했으나, 이견이 생긴 후, 맹자가 제나라를 떠날 때 만류하지 않았다.
382) '한(韓)나라 소후(昭侯)'는, 한비보다 백 년 전에 살았던 군주다. 신불해(申不害)를 등용해 술(術)로 국세(國勢)를 떨친 인물이다. '전엄(田嚴)'은, 성으로 볼 때, 제나라 사람으로 추정된다.

알아내고, 밖으론 조의 은덕을 베푸는 성과를 거뒀다.[383]

| 18 |

3개 나라 군대가 함곡관(函谷關)까지 쳐들어왔다. 진왕(秦王)이 **누완(樓緩)**에게 일러 말하길, '3개 나라의 군대가 깊숙이 쳐들어왔다. 나는 하동(河東) 지역을 베어주고, 강화하고 싶은데, 어떻겠는가.'라고 했다. 누완이 답하길, '무릇 하동 지역을 베어주는 것은 큰 손실이지만, 나라를 환난에서 면하게 하는 일은 큰 성과입니다. 이는 **부형**들의 책임입니다. 왕께서는 왜 공자 사(氾)를 불러 물어보지 않으십니까.'라고 했다.[384]

왕이 사를 불러 이 일을 일러주었다. 공자 사가 답하길, '강화를 해도 후회하고, 강화를 하지 않아도 후회할 것입니다. 왕께서 지금 하동 지역을 베어주고, 강화해 3개 나라 군대가 철수한다면 왕께서 반드시 말씀하시길, "3개 나라는 처음부터 철수하려 했다. 내가 순순히 하동의 3성을 붙여 보낸 꼴이 되었다."고 하실 것입니다. 하지만 강화하지 않아 3개 나라가 함곡관에 쳐들어오면 도성은 반드시 함락당할 것입니다.'

---

383) '신불해(申不害)'는, 법가(法家)의 선구자로, 신하들을 제압하는 이른바 술치론(術治論)을 역설한 사람이고, '조소(趙紹)와 한답(韓沓)'은, 한나라 공족이다.
384) '3개 나라 군대'는, 제(齊), 한(韓), 위(魏)의 연합세력을 말하고, '함곡관(函谷關)'은, 지금의 하남성 영보현 서남쪽에 있는 관문으로, 진나라의 동쪽 관문이다. 그리고 '누완(樓緩)'은, 본래 조(趙)나라 출신으로, 지금의 진왕(秦王), 즉 진소양왕(秦昭襄王) 7년(기원전 300)에 진나라로 건너와 재상이 된 인물이다. 참고로 '부형들'은 '부모와 형제들'의 줄임말이다.

'그때 왕께서 반드시 크게 후회하며 말씀하시길, "3성을 바치지 않았기 때문이다."라고 하실 것입니다. 그러므로 제가, "왕께서 강화를 해도 후회하고, 강화를 하지 않아도 후회할 것이라고 하는 것입니다."라고 했다. 이에 진왕(秦王)이 말하길, '만일 내가 후회할 것이라면 차라리 하동의 3성을 잃고서 후회를 하지, 도성을 위태롭게 함으로써 이내 후회하는 일은 하지 않겠다. 나는 강화하기로 결단을 내리겠다.'고 했다.

| 19 |

응후(應侯)가 진왕(秦王)에게 일러 말하길, '원(宛), 섭(葉), 남전(藍田), 양하(陽夏)를 손안에 넣고 하내(河內) 지역을 분단시켜 양(梁)과 정(鄭)을 혼내면서도 아직 왕자(王者)가 되지 못한 까닭은 조(趙)가 복종하지 않기 때문입니다. 상당(上黨)의 군대를 옮겨 동양(東陽) 쪽으로 임하게 한다면 한단(邯鄲)은 입안의 이가 될 것입니다. 왕께선 팔짱 끼고 천하 제후들에게 조공을 들게 하고, 뒤늦은 나라는 병력을 가해 치십시오.'385)

'하지만 상당(上黨)이 평온한 것은 수비가 철저하기 때문입니다. 저는 군대를 이동시키려 하는데, 들어주시지 않을까 두렵습니다. 어찌하면 좋겠습니까.'라고 했다. 왕이 말하길, '반드시 군대를 이동시켜 바꾸기로 하겠다.'라고 했다. 한편 방경(龐敬)은 한 현(縣)의 장관이었다. 시장(市場) 단

---

385) '응후(應侯)'는, 진나라 소양왕(昭襄王) 때 재상을 지낸 범수(范睢)를 말하고, '원(宛)'은, 하남성 남양현(南陽縣), '섭(葉)'은, 하남성 섭현(葉縣), '남전(藍田)'은, 호북성 형문현 동남쪽, '양하(陽夏)'는, 하남성 태강현을 가리킨다. 그리고 '하내(河內)'는, 하남성 심양현 일대이고, '양(梁)'은, 위나라 도성, '정(鄭)'은, 한나라 도성이며, '한단(邯鄲)'은, 조(趙)나라의 도성이다.

속자를 보내 순찰을 시키고, 총책임자인 공대부(公大夫)를 불러 한참 동안 서 있게 하다 아무 말 없이 끝내 그대로 순시를 보냈다.

시장 단속자들은 현령과 공대부 사이에 어떤 말이 있었다고 생각해 서로가 믿지 않아 간악한 일을 하지 않게 되었다. 한편 대환(戴驩)은 송(宋)의 재상이었다. 밤중에 사람을 시켜 말하길, '듣건대 옥리(獄吏) 집에 며칠 밤을 덮개 씌운 수레가 드나든다고 한다. 조심히 엿보고 오라.'고 했다. 심부름 보낸 사람이 돌아와 보고하길, '덮개 씌운 수레는 보이지 않았습니다만 상자를 들고 옥리와 이야기하는 사람은 보았습니다.'

'그리고 얼마 있다 **옥리가 그 상자를 받았습니다.**'라고 했다. 한편 주(周)의 군주가 옥비녀를 잃어버렸다. 관리를 시켜 그것을 찾게 했으나 사흘이 되어도 찾지 못했다. 주군이 측근의 사람을 시켜 찾게 했더니 민가의 건물에서 발견했다. 주군이 말하길, '관리들이 일을 충실히 하지 않는 것을 알았다. 비녀를 찾게 했으나 사흘이 되어도 찾지 못했다. 내가 측근을 시켜 찾게 했더니 날이 가기 전에 발견했다.'라고 했다.[386]

이에 관리들이 송구스러워하며 **군주를 신명(神明)하다고 여겼다.** 한편 송(宋)의 재상이 **젊은 가신[少庶子]을** 시장(市場)에 가보게 했다. 돌아왔을 때, '시장에서 무엇을 보았는가.'라고 물었다. 가신이 '본 것이 없습니다.'라고 했다. 다시 재상이, '비록 그렇다 하더라도 무엇인가 보지 않았겠느냐.'고 물었다. 가신이 다시 대답하길, '시장의 남문 밖은 우마차가 대단히

---

386) '옥리가 그 상자를 받았다'는 말은, 이른바 '뇌물수수'를 가리킨다.

제30장 내저설 상(內儲說上) 칠술(七術) 337

많아 간신히 지나갈 수 있을 따름이었습니다.'라고 했다.[387]

재상이 여기서 가신들에게 경계하며 말하길, '내가 그대에게 물은 것을 감히 다른 사람에게 이르지 말라.'고 입막음을 단단히 하고, 바로 시장의 관리들을 불러 꾸짖었다. '시장 문밖에 왜 쇠똥이 그리 많은가.'라고 했다. 이에 관리들은 의아하게 생각했다. 나라의 재상이나 되는 사람이 문밖에 쇠똥이 많은 것을, 어찌 그리도 빨리 알 수 있는지를 매우 이상하게 여겼다. 관리들은 긴장하며, 자신이 맡은 직무에 힘썼다.

| 20 |

한(韓)나라 소후(昭侯)가 자른 손톱을 손안에 쥐고, 일부러 손톱 한 개를 잃은 척하며 그것을 찾아내라고 심하게 재촉했다. 그래서 좌우 측근들이 자기 손톱을 잘라 그것을 바쳤다. 소후는 이것으로 측근의 성실 여부를 살필 수 있었다. 한편 소후(昭侯)가 기사(騎士)를 사자(使者)로 삼아 현(縣)을 시찰토록 파견했다. 사자가 돌아와 보고했다. 소후가, '무엇인가 보았는가.'라고 물었다. 답하길, '본 것이 없습니다.'라고 했다.[388]

소후가 다시 말하길, '그렇지만 무엇인가 보았을 것이다.'라고 했다. 답

---

387) '군주를 신명(神明)하다고 여겼다'는 말은, '귀신처럼 밝은 통찰력을 지녔다'는 뜻이고, '젊은 가신[少庶子]'은, 경(卿)이나 대부(大夫) 자제들 가운데, 군주 측근에서 정보를 제공하는 직분을 가리킨다.

388) '한(韓)나라 소후(昭侯)'는, 한비보다 백 년 전에 살았던 군주다. 신불해(申不害)를 등용해 술(術)로 국세(國勢)를 떨친 인물이다.

하길, '남문 밖에서 누런 송아지가 길 왼쪽의 벼 모종을 먹고 있었습니다.'라고 했다. 소후가 이르길, '내가 그대에게 물은 것을 감히 누설하지 말라.'고 했다. 이내 명령을 내려 말하길, '모를 낼 시기에 소나 말이, 남의 밭 속으로 들어가지 못하게 금지한 것은 이전부터 있었던 것이다. 그럼에도 소나 말이, 남의 밭 속으로 들어가는 일이 빈번하다.'

'이는 결국 관리들이 직무를 게을리한 탓이다. 급히 숫자를 조사해 보고하라. 제대로 하지 않으면 죄(罪)를 가중시킬 것이다.'라고 했다. 이에 3개 지방에서 조사해 보고했다. 이에 소후가 말하길, '아직 전부가 아니다.'라고 했다. 다시 나가 살펴보니, 남문 밖에서 누런 송아지를 발견할 수 있었다. 관리들은 소후(昭侯)가 분명히 알아차린다고 여겨 모두가 두려워하며 직무에 힘쓰고, 감히 비행(非行)을 저지르지 못했다.

| 21 |

주(周)의 군주가 명령을 내려 굽은 지팡이를 찾게 했다. 관리들이 여러 날 찾았으나 발견할 수 없었다. 주군이 사적으로 측근을 시켜 찾게 했는데, 날이 가기도 전에 찾았다. 관리들에게 말하길, '나는 관리들이 자기 임무에 충실하지 못한 것을 알았다. 굽은 지팡이는 찾기가 쉬운 것임에도 관리들이 발견하지 못했다. 내가 따로 사람을 시켜 찾았더니, 날이 가기도 전에 찾았다. 어찌 충실하다고 할 수 있는가.'라고 했다.

관리들은 이내 긴장하며 직무에 힘쓰고, 군주를 신명(神明)하다고 여겼다. 한편 복피(卜皮)는 한 현(縣)의 장관이었다. 그곳 감찰관이 부정(不淨)은 물론 애첩을 두고 있었다. 복피가 측근을 시켜 애첩을 연모하는 척하며 감찰관의 비위를 들춰내도록 했다. 한편 서문표(西門豹)는 업(鄴)의 지방장관이었다. 거짓으로 수레바퀴 굴대의 쐐기를 잃었다고 했다. 관리를 시켜 찾았으나 실패해 측근을 시켜 민가의 집에서 찾았다.[389]

| 22 |

산양군(山陽君)은 위(衛)의 재상이었다. 왕이 자기를 의심하고 있다는 정보를 듣고, 규수(樛豎)를 일부러 비방해 노(怒)하게 만들어 그것을 알아냈다. 한편 요치(淖齒)는 제왕(齊王)이 자기를 미워하고 있다는 말을 전해 듣고, 바로 사람을 시켜 진(秦)의 사자로 가장해 그것을 확인했다. 한편 제(齊)나라 사람이 반란을 일으키고자 하는 이가 있었다. 왕이 그것을 알아차릴까 걱정되어 의도적으로 총애하던 이를 위장해 축출했다.[390]

그리고 그가 왕이 있는 쪽으로 도주하게 해서 그 실정을 알아냈다. 한편 자지(子之)는 연(燕)나라의 재상이었다. 자리에 앉아 고의(故意)로 서슴말을 꾸미며, '방금 문으로 달려나간 것이 무엇인가. 백마(白馬)가 아니던가.'라고 물었다. 좌우에 있던 측근들이 모두 보지 못했다고 했다. 이에 어떤 한 사람이 쫓아갔다가 돌아와 보고하길, '백마가 맞습니다.'라고 했다. 자지는 그것으로 좌우 측근들의 성실 여부를 확인했다.

---

389) '업(鄴)'은, 지금의 하북성 임장현(臨漳縣) 서쪽 지역이다.
390) '규수(樛豎)'는, 왕의 시중을 드는 측근으로, 일부러 헐뜯어 화가 나서 함부로 지껄이게 한 것이다.

| 23 |

위(衛)나라의 사공(嗣公)이 사람을 시켜 나그네 차림으로 관문을 지나가게 했다. 관문지기가 그를 엄하게 취조했다. 그래서 돈을 가지고 관문지기에게 매달렸다. 관윤(關尹)이 바로 그를 풀어 주었다. 사공이 관윤에게 일러 말하길, '어느 날 나그네가 그대의 관문을 지나간 일이 있다. 나그네가 그대에게 돈을 주자 그 때문에 그대가 보내주었다.'라고 했다. 관문지기가 이에 크게 두려워하며, 사공이 명찰하다고 생각했다.[391]

---

391) 한비는 덧붙이길, '정나라 자산(子産)은 상호 소송을 제기하는 이들의 진상을 파악코자 할 때는, 일단 쌍방이 소통할 수 없도록 갈라놓았다. 그리고 쌍방이 주장하는 것을 역으로 일러 그것으로 진상을 확인했다.'라고 했다.

제31장 내저설 하(內儲說下) 육미(六微)

군주가 명확히 통찰해야 할 6가지 기미(機微)를 말한다. 미(微)란 신하 쪽에 숨겨진 미묘한 낌새다. 신하에겐 이(利)가 되는 것이지만, 군주에겐 해(害)가 되는 것들이다. 이 장 역시 칠술(七術)과 마찬가지로 육(六) 다음에 묘공(廟攻)을 더해 7개 항목으로 되어 있다. 참고로 여기서도 전(傳)의 내용은 읽기 쉽게 옮긴이가 적절히 배분했음을 일러둔다.

경(經)

국가가 항구적인 발전과 보전을 하는 데 걸림돌이 되는, 즉 여섯 가지 기미(幾微)가 있다. 첫째, 권력이 신하의 손안에 있는 일. 둘째, 이(利)와 해(害)가 달라 외국의 힘을 빌리는 일. 셋째, 비슷한 명분을 삼아 속이는 일. 넷째, 이(利)와 해(害)가 반대로 되어 있는 일. 다섯째, 아래와 위가 뒤섞여 내분이 생기는 일. 여섯째, 적국이 개입해서 임면(任免)하는 일 등이다. 이 6가지야말로 군주가 반드시 살펴야 할 일이다.

| 01 | 권차(權借)

권세(權勢)란 남에게 빌려줄 수 없는 것이다. 군주가 하나를 잃으면, 신하는 그걸 백 배로 취한다. 따라서 신하가 그것을 빌릴 수 있다면 세력이 강해지고, 세력이 강해지면 안과 밖이 그를 위해 일하게 되며, 안팎으로 일하게 되면 군주의 이목은 닫힌다. 이 설명은 『노자』의 놓쳐 버린 물고기 이야기에 있다. 이런 까닭으로 군주는 오래도록 긴 이야기를 하고, 좌우의 측근들은 땀을 닦는 일을 자랑삼아 말하는 것이다.[392]

| 02 | 이이(利異)

예로부터 군주의 이익과 신하의 이익은 완전 다르다. 이런 점에서 신하들에게 진정한 충(忠)이란 없다. 때문에 신하의 이익이 성립되면 군주의 이익이 사라지는 것이다. 이런 까닭으로 간신이란 자들은 적의 군대를 불러들여 안의 방해자를 제거하고, 밖으로 일을 꾸며 군주를 현혹시킨다. 적어도 자신들의 이익이 이뤄지면, 나라의 재앙엔 관심을 두지 않는다. 이 설명은 위(衛)나라 부부의, '따로 복을 빈 이야기'에 있다.

대헐(戴歇)은 왕의 자제를 문제 삼고, 삼환(三桓)은 군주 소공(昭公)을 쳤으며, 공숙(公叔)은 제(齊)의 군대를 끌어들이고, 적황(翟黃)은 한(韓)의 군사

---

[392] 한비는 덧붙이길, '이와 유사한 이야기들은 서동(胥僮)이 여공(厲公)에게 간한 일, 주후(州侯)에 대한 일, 연(燕)나라 사람이 똥물을 뒤집어쓴 이야기 등에서도 보인다.'라고 했다. 그리고 『노자』의 놓쳐 버린 물고기 이야기'는, 제36장에 나오는 이야기로, 물고기가 연못을 벗어나면 안 되듯, 군주도 영역을 벗어나선 안 된다는 뜻이다.

를 불렀다. 또 오(吳)의 재상 비(嚭)가 월(越)의 대부 종(種)을 설득시킨 이야기, 대성오(大成午)가 신불해(申不害)에게 이르는 말, 사마희(司馬喜)가 조왕(趙王)에게 고한 일, **여창(呂倉)**이 진(秦)과 초(楚) 사이에서 꾸민 일, **송석(宋石)**이 위군(衛君)에게 편지한 것 등이 사례다.[393]

| 03 | 사류(似類)

비슷하여 혼동하기 쉬운 일은, 군주가 올바르게 처벌하지 못하게 만드는 원인이고, 반대로 중신들이 사사로운 이익을 성사시키는 원인이 된다. 대표적인 사례로 문지기가 대문 앞에 물을 뿌려놓고는 이야(夷射)가 오줌을 쌌다고 거짓말을 해 주살(誅殺) 당하게 했고, 위나라의 제양군(濟陽君)은 거짓 왕명으로 난(亂)을 일으켜 두 신하를 처벌받게 했으며, 재상 사마희(司馬喜)는 원건(爰騫)을 죽이고, 계신(季辛)의 짓이라 했다.

계신은 이 의심을 받아 주살 당했고, **정수(鄭袖)**는 후궁의 입을 가리게 하고는 냄새를 싫어한다고 일러, 후궁의 코를 베게 하는 형벌을 받게 했으며, **비무기(費無忌)**는 극완(郤宛)을 속여 영윤이 그를 주살하고, 진수(陳需)는 장수(張壽)를 죽이고 서수(犀首)가 죽였다고 모함한 일도 있다. 여물 짚을 쌓아둔 곳간이 불이 나자, 중산(中山)의 공자(公子)가 뒤집어쓰고,

---

393) 한비는 덧붙이길, '백규(白圭)가 포견(暴譴)을 가르친[상호간 존중받을 수 있는 방안] 이야기도 사례의 하나다.'라고 했다. 그리고 '대헐(戴歇)'은, 왕의 자식들까지 믿어선 안 된다고 비판했고, '여창(呂倉)'은, 위(魏)나라 사람으로, 진(秦)과 초(楚) 사이에서 은밀히 일을 꾸며 자신의 지위를 높인 인물이며, '송석(宋石)의 편지'는, 위(衛)나라 군주에게 자신들의 이익을 위해 전쟁을 피하자고 보낸 편지를 말한다.

빈객이 유자(儒者)를 죽이자, '제양군이 포상'한 일도 있다.[394]

| 04 | 유반(有反)

어떤 일이 일어나 이익이 있을 경우, 그 이익을 얻은 이가 일을 주관했을 가능성이 높다. 그것이 해를 끼치는 경우라면, 반드시 그 반사이익을 얻은 사람을 살펴볼 필요가 있다. 이런 까닭으로 현명한 군주가 일을 논의할 때, 나라가 손해를 보면 그 이익을 얻는 사람을 조사하고, 반대로 신하가 손해를 보면 그 이익을 챙긴 사람을 조사한다. 가령 초(楚)나라의 군사가 쳐들어왔을 때 위나라 **진수(陳需)**는 재상이 되었다.[395]

기장의 씨앗, 즉 수수종자 값이 올라가자, 창고를 담당하는 관리가 조사를 받게 된 사례가 있다. 이런 이유로 유세가인 **소해휼(昭奚恤)**은 건초가 불에 타자, 이것을 파는 사람들을 체포했고, 한나라 **희후(僖侯)**는 주방장의 조수를 꾸짖었으며, 진나라 문공(文公)은 **불고기에 감긴 머리카락을 가지고 내시를 문책**하고, 진나라의 승상 양후(穰侯)는 진왕(秦王)을 황제로 옹립해 자신의 지위를 더 높이려 시도한 사례도 있다.[396]

---

394) '정수(鄭袖)'는, 초나라 회왕의 애첩으로, 후궁의 입에서 악취가 난다고 꾸며 코가 잘리는 형벌을 받게 했고, '비무기(費無忌)'는, 초나라 평왕을 나쁜 길로 인도한 간신이며, '극완(郄宛)'은, 초나라의 좌윤(左尹)이었다.

395) 초(楚)나라가 위(魏)나라를 침공했는데, 오히려 그 덕으로 진수(陳需)는 재상이 될 수 있었다.

396) '소해휼(昭奚恤)'은, 지붕을 이는 띠를 파는 장사꾼이 방화범이란 것을 알고 체포했고, '희후(僖侯)'는, 일을 책임진 당사자보다 후임 자리를 노리는 차석을 꾸짖었으며, '불고기에 감긴 머리카락을 가지고 내시를 문책했다'는 말은, '주방장을 투기하는 이의 소행'임을 알았기 때문이다.

| 05 | 참의(參疑)

아래와 위의 세력이 비슷해지면 난(亂)이 일어나게 되는 원인이 된다. 때문에 현명한 군주는 이를 신중을 기하면서 경계한다. 이런 까닭에 진(晉)의 여희(驪姬)가 태자 신생(申生)을 죽였고, **정부인(鄭夫人)이 독약을 쓰게 되며**, **위(衛)의 주우(州吁)가 군주인 완(完)을 살해하고**, 공자 근(根)이 동주(東周)를 차지했던 것이다. 초(楚)의 왕자 직(職)이 지나치게 총애를 받았기 때문에 태자 상신(商臣)이 끝내 난을 일으켰다.[397]

그런가 하면 엄수(嚴遂)와 한외(韓廆)가 다투었기 때문에 애후(哀侯)가 끝내 자객에게 저격당했고, 전상(田常)과 감지(闞止) 그리고 대환(戴驩)과 황희(皇喜)가 서로 적대(敵對)했기 때문에 송(宋)나라 군주와 제(齊)나라 간공(簡公)이 살해된 것이다. 이 설명은 진(晉)나라의 **호돌(狐突)**이 군주가 좋아하는 2가지 취향에 대해 일컬었던 사례와 정소(鄭昭)가 '아직 태어나지 않았습니다.'라고 정군(鄭君)에게 대답해준 말에 있다.[398]

---

397) '정부인(鄭夫人)이 독약을 썼다는 것'은, 정나라 부인이 독약으로 군주를 살해했다는 말이고, '위(衛)의 주우(州吁)가 군주 완(完)을 살해했다는 것'은, 위(衛)나라 장공(莊公) 사후, 태자 완(完)이 위환공(衛桓公)으로 즉위하자, 기원전 719년 완(完)을 죽이고, 스스로 보위에 올랐다는 말이다.

398) '호돌(狐突)'은, 진(晉)나라 문공(文公)의 외조부로, 자는 백행(伯行)이다. 태자 신생의 사부로 있던 그는 진(晉)나라 헌공(獻公 : 문공의 부친)이 여희를 총애하며 부인으로 삼자, 병을 칭한 뒤, 6년 간 두문불출했다.

| 06 | 폐치(廢置)

적이 힘쓰는 것은, 이쪽을 혼란스럽게 해서 실수하도록 하는 것이다. 군주가 이를 알아차리지 못하면, 적은 이쪽 신하들을 회유하거나 활용할 것이다. 예컨대 문왕(文王)이 **비중(費仲)**에게 밑천을 대주고, 진왕(秦王)이 초(楚)의 사자를 걱정해 대책을 세웠으며, **여저(黎且)**가 공자를 떠나게 하고, **간상(干象)**이 감무(甘茂)를 방해했다. 이런 이유로 자서(子胥)가 역으로 말을 퍼뜨려 자상(子常)이 등용되고 미녀를 받아들였다.[399]

| 07 | 묘공(廟攻)

참의(參疑)와 폐치(廢置) 2가지는 현명한 군주라면 국내에선 못하게 끊고, 국외에서나 그것을 시행하게 한다. 신분이 낮은 이에겐 자금을 보내주고, 세력이 약한 이에겐 강력하게 도와주는 것을, **묘공(廟攻)**이라 한다. **참오(參伍)**의 술수를 국내에서 먼저 쓰고, 동시에 국외의 정황을 면밀히 정탐하면, 적(敵)의 속임수는 금방 드러난다. 이는 진(秦)의 난쟁이가 혜문군(惠文君)에게 '초나라 정보를 알려준 일화'에도 있다.[400]

---

[399] 한비는 덧붙이길, '또한 우(虞)와 괵(虢)이 망하게 되었고, 거짓 편지를 보내와 장홍(萇弘)이 죽었으며, 닭과 돼지 피를 써서 회(鄶)의 호걸들이 모두 살해됐다.'라고 했다. 그리고 '비중(費仲)'은, 은(殷)의 주왕(紂王)에게 아첨하던 신하이고, '여저(黎且)'는, 공자(孔子)가 여악(女樂)에 빠진 노(魯)나라 애공(哀公)을 버리고 떠나가도록 한 장본인이며, '간상(干象)'은, 현자(賢者)인 감무(甘茂)를 진왕(秦王)이 등용하지 못하게 막은 것을 말한다.

[400] 한비는 덧붙이길, '또한 양자(襄疵)는 조왕(趙王)이 업(鄴)을 칠 것이라 알려주고, 사공(嗣公)은 현령에게 방석을 보낸 일화[위나라 사공은, 현령의 처소에 첩자를 들여 현령이 깔고 앉는 방석이 낡은 것을 알고, 새 방석을 내려준 일도 있다.'라고 했다. 그리고 '묘공(廟攻)'은, 직접 싸우지 않고, 묘당(廟堂) 안에서 계략만으로 적을 이기는 전법을 말하고, '참오(參伍)'는, 신하들의 여

전(傳)

| 01 |

권력(權力)이란 군주에게 '연못과 같은 것'이고, 신하란 그 '권력 속의 물고기와 같은 것'이다. 물고기가 연못 안에서 튀어나오면 다시 붙잡을 수 없다. 또 군주가 권력을 신하에게 빼앗기면, 다시 돌려받을 수 없다. 옛날 사람들은 직접 말하길 꺼려해 물고기에 비유한 것이다. 상벌(賞罰)이란 마치 잘 드는 칼날과 같은 것이다. 군주는 그것을 쥐고 신하를 제어하며, 신하는 그것을 얻어, 군주의 이목(耳目)을 막아 버린다.

이 때문에 군주가 상(賞)을 주려는 대상을 보이면 신하는 그것을 통해 공치사하고, 군주가 벌(罰)주려는 대상을 보이면 신하는 그것을 팔아 위세를 부린다. 그러므로 말하길, '나라 다스리는 예리한 무기를 다른 사람에게 보여선 안 된다.'고 하는 것이다. 한편 **정곽군(靖郭君)**은 제(齊)의 재상이다. 옛 친구와 오랫동안 이야기를 나눴더니, 그 친구는 금방 부유해졌고, 측근에게 손수건을 주었더니 '바로 무게'가 실렸다.[401]

오래 이야기를 나누고, 손수건을 주는 일은 작은 밑천인데, 그것만으로도 부(富)를 이뤘다. 하물며 **관리들의 권세**에 있어선 두말할 게 없다. 한

러 언행을 서로 대조하여 판단하는 술수를 뜻한다.

401) '정곽군(靖郭君)'은, 제(齊)나라의 실력자인 전영(田嬰)을 말한다. 맹상군(孟嘗君)의 부친이기도 하다.

편 진(晉)의 여공(厲公) 때 육경(六卿) 지위는 높았다. 서동(胥僮)과 장어교(長魚矯)가 간하길, '중신들의 지위가 높고 권세가 강하며, 군주와 정사를 다투고 외세와 붕당을 만들며, 아래로 국법을 어지럽히고 위로 군주를 협박하고도 위험하지 않은 경우는 없습니다.'라고 했다.[402]

여공이 '그렇겠다.'고 말하곤 삼경(三卿)을 주살했다. 서동과 장어교가 다시 간하길, '무릇 같은 죄를 지은 사람들 가운데 일부만 주살하면 원한을 품는 이들이 생깁니다.'라고 했다. 여공이 답하길, '나는 하루아침에 삼경을 주살했다. 차마 더는 할 수 없다.'라고 했다. 서동과 장어교가 거듭 간하길, '군주가 차마 할 수 없다고 하면, 저들은 앞으로 반드시 군주를 해칠 것입니다.'라고 했다. 하지만 '여공'은 듣지 않았다.[403]

| 02 |

주후(州侯)는 초(楚)의 재상이었다. 지위가 높아지자 제멋대로 전횡했다. 초왕(楚王)이 그를 의심해 측근들에게 물었다. 측근들이 답하길, '당치 않습니다.'라고 했다. 그 말이 마치 한 사람의 입에서 나오는 것 같았다. 한편 연(燕)나라 사람이 미치지 않았음에도 고의로 개똥을 뒤집어쓰게 됐다. 연나라 사람의 처가 젊은 남자와 몰래 통정하고 있었다. 그 남편이 일찍 밖에서 돌아왔는데 그 남자가 '마침 나가는 중'이었다.[404]

---

402) '관리들의 권세'란, 권력의 위세를 빌려 행사하는 것을 가리킨다.
403)   한비는 덧붙이길, '과연 3개월이 지나자, 여러 경(卿)들이 난(亂)을 일으켜 마침내 여공을 죽이고, 그 땅을 분할했다.'라고 했다.
404)   '주후(州侯)'는, 초나라 장왕의 후예인 능양군(陵陽君) 장신(莊辛)을 말한다.

남편이 말하길, '어떤 손님인가.'라고 했다. 그 처가 말하길, '손님이 없습니다.'라고 했다. 좌우 사람들에게 물었다. 좌우 사람들도 없다고 말했는데, 마치 한 입에서 나오는 것 같았다. 그 처가 다시 말하길, '당신이 이상해졌습니다.'라고 하고는 개똥을 그에게 끼얹었다. 한편 일설에 따르면, 연(燕)나라 사람 이계(李季)가 멀리 돌아다니길 좋아했다. 그 처가 몰래 젊은 남자와 통정하고 있었는데 이계가 별안간 돌아왔다.

젊은 남자는 방 안에 있었다. 처가 그것을 걱정했다. 여종이 말하길, '공자로 하여금 벌거벗은 채 머리를 풀고 문으로 곧장 나가게 하십시오. 우리는 거짓으로 보지 못한 것으로 하겠습니다.'라고 했다. 그래서 공자는 그 계략대로 쏜살같이 달려 문밖으로 달아났다. 이계가 말하길, '이 사람이 누구냐.'고 했다. 집사람들이 모두 말하길, '아무도 없습니다.'라고 했다. 이계가 말하길, '내가 도깨비를 보았는가.'라고 했다.

여자들이 '그렇습니다.'라고 했다. 이계가 '그러면 어찌하면 좋겠는가.'라고 했다. 여자들이, '5가지 짐승의 똥을 모아 몸에 끼얹으십시오.'라고 했다. 이계가 '그렇게 하자.'고 했다. 그래서 똥물을 퍼부었던 것이다. 한편 위(衛)나라 사람으로 기도하는 부부가 있었는데, 아내가 말하길, '우리를 무사하게 하여 주시고, 삼베 백 필을 꼭 벌 수 있도록 해주십시오.'라고 했다. 남편이 말하길, '어찌 그리 적은가.'라고 물었다.

답하길, '이보다 더하면 당신이 앞으로 첩(妾)을 들일 것입니다.'라고 했다. 한편 초왕(楚王)이 공자들을 이웃 나라에 벼슬을 시키고자 했다. 대헐

(戴歠)이 말하길, '안 됩니다.'라고 했다. 왕이, '공자가 이웃 나라에서 벼슬하면 이웃 나라가 반드시 그들을 중하게 대할 것이다.'라고 했다. 대헐이 다시 말하길, '공자들이 밖에 나가면 중히 대접을 받습니다. 중히 대접을 받으면 반드시 중히 대접해주는 나라를 위해 편들게 됩니다.'[405]

| 03 |

노(魯)나라의 **삼환(三桓)**, 즉 맹손씨(孟孫氏)와 숙손씨(叔孫氏), 계손씨(季孫氏)가 상호 협력하여 소공(昭公)을 협박하다 마침내는 그 나라를 빼앗고 마음대로 지배했다. 노나라의 삼환(三桓)이 **공실(公室)**을 계속해서 핍박하자, 소공이 계손씨를 쳤다. 그러자, 맹손씨와 숙손씨가 서로 모의하여 말하길, '구원해야 하는가.'라고 했다. 이때 숙손씨의 시종이 말하길, '우리는 가신(家臣)입니다. 어찌 공실의 일을 알겠습니까.'[406]

'대체 계손씨가 있는 것과 없는 것, 어느 쪽이 우리에게 유리하겠습니까.'라고 했다. 모두가 말하길, '계손씨가 사라지면 반드시 숙손씨도 사라질 것입니다.'라고 했다. 숙손씨의 시종이 말하길, '그렇다면 구원해야 합니다.'라고 했다. 이에 서북 모퉁이를 쳐서 들어갔다. 맹손이 숙손씨의 깃발이 들어가 있는 것을 보고, 역시 구원에 나섰다. 삼환은 한 덩어리가 됐

---

405) 한비는 덧붙이길, '이렇게 되면, 공자에게 외국과의 상거래를 가르치는 셈이 됩니다. 서툰 일[이득이 되지 못하는 일]입니다.'라고 했다.
406) '삼환(三桓)'은, 노(魯)나라의 실권자로, 맹손씨(孟孫氏), 숙손씨(叔孫氏), 계손씨(季孫氏) 3개의 명문을 가리키고, '공실(公室)'은, 조정(朝廷)을 가리킨다.

다. 소공은 이기지 못하고 쫓겨나 **건후(乾侯)**땅에서 죽었다.[407]

| 04 |

공숙(公叔)은 한(韓)나라의 재상이면서 제(齊)나라에도 공로가 있는 인물이다. **공중(公仲)**은 왕에게 대단한 신임을 받은 사람이다. 공숙은 왕이 공중을 재상으로 삼지 않을까 두려워 제나라와 한나라가 맹약(盟約)을 맺어위(魏)나라를 공략하도록 했다. 그리고 공숙은 그것을 명분 삼아 제나라군사를 한나라 땅에 끌어들여 그것으로 군주를 협박함으로써 자신의 지위를 굳건히 지키고, 두 나라 사이의 맹약을 확실하게 했다.[408]

| 05 |

적황(翟璜)은 위왕(魏王)의 신하였다. 그러나 한(韓)과도 친숙했다. 이에한나라의 군대를 불러들여 위나라를 치도록 시켰다. 이를 기화로 위나라왕을 위해 화평할 것을 청하고, 자신의 지위를 크게 높였다. 한편 월왕(越王)이 오왕(吳王)을 쳐부수었다. 오왕이 빌면서 항복을 표시했다. 이에 월왕이 허락하려 하자, **범려(范蠡)**와 대부종(大夫種)이 말하길, '안 됩니다. 옛날에 하늘이 월(越)나라를 오(吳)나라에 주었습니다.'[409]

---

407) '건후(乾侯)'는, 지금의 하북성 성안현(成安縣) 부근의 지명이다.
408) '공숙(公叔)'은, 『사기(史記)』, 「한세가(韓世家)」에 나오는 백영(伯嬰)을 말하고, '공중(公仲)'은,
공중붕(公仲朋)을 말한다.
409) '범려(范蠡)'는, 월왕 구천의 패업(霸業)을 도운 책사(策士)다. 구천의 패업이 완성되자, 그는
제나라 도(陶) 땅으로 들어가 큰 재산을 모았다. 사람들은 그를 도주공(陶朱公)으로 불렀다.

'하지만 오나라가 그것을 받지 않았습니다. 지금 하늘이 부차(夫差)를 보복하는 것은 역시 하늘의 재앙으로, 오(吳)를 월나라에 주는 것입니다. 재배하여 그것을 받으십시오.'라고 했다. 이에 오나라 태재(太宰), 비(嚭)가 대부종에게 편지를 써서 말하길, '날쌘 토끼가 다 잡히면 좋은 개는 삶아 먹히고, 적국이 멸하면 계략 꾸미던 신하도 망합니다. 대부께서 왜 오를 풀어 주어 월(越)을 괴롭히도록 하지 않습니까.'라고 했다.

대부종이 편지를 받아 읽고는 크게 탄식하며 말하길, '죽겠구나. 월도 오나라와 같은 운명이다.'라고 했다. 한편 **대성오(大成午)**가 조(趙)로부터 한(韓)에 있는 **신불해(申不害)**에게 말하길, '한나라 힘으로 내가 조나라에 서 요직을 맡게 도와주시오. 그러면 조나라 힘으로 그대가 한나라에서 요직을 맡도록 도와드리겠소이. 그러면 그대는 두 개의 한(韓)을 가지 게 되고, 나도 두 개의 조(趙)를 갖게 되는 셈이오.'라고 했다.[410]

| 06 |

사마희(司馬喜)는 중산군(中山君)의 신하였다. 하지만 조(趙)와 친밀하여 언제나 중산 쪽의 계략을 **조왕(趙王)에게 몰래 고했다.** 한편 여창(呂倉)은 위왕(魏王)의 신하인데, 진(秦)과 초(楚)와도 가깝게 지냈다. 몰래 진과 초를 부추겨 두 나라가 위나라를 치도록 시켰다. 이를 기화로 화평을 청하고, 강화함으로써 자신의 지위를 크게 높였다. 한편 송석(宋石)은 위(魏)나라

---

410) '대성오(大成午)'는, 조나라 재상이고, '신불해(申不害)'는, 한나라 재상이다.

의 장수였고, 위군(衛君)은 초(楚)나라의 장수였다.[411]

두 나라가 전쟁할 때, 두 사람 다 군사를 거느렸다. 송석이 위군에게 편지를 보내 말하길, '양쪽 군대가 마주 대하여 두 깃발을 서로 바라보고 있다. 오직 한바탕 싸울 정세다. 싸우면 반드시 양쪽이 살아남지 못한다. 이전쟁은 바로 두 군주의 일이다. 당신과 사사로운 원한이 있는 것도 아니다. 좋다고 한다면 서로 싸움을 피하자.'라고 했다. 한편 백규(白圭)는 '위(魏)의 재상이었고, 포견(暴譴)은 한(韓)의 재상'이었다.

백규가 포견에게 말하길, '그대가 한나라의 힘으로, 위나라에서 나를 예우하도록 도와주십시오. 나도 위나라의 힘으로, 한나라에서 그대를 예우하도록 돕겠습니다. 그러면 내가 위나라의 정사를 오래 맡게 되고, 그대도 한나라의 정사를 오래 맡게 될 것입니다.'라고 했다. 한편 제(齊)나라의 중대부(中大夫)로 **이야(夷射)**라는 사람이 있어 왕의 술시중을 들었다.

---

411) '사마희(司馬喜)가 조왕(趙王)에게 몰래 고했다는 것'은, '사마희의 이적행위를 지적하는 것'이다. 일화를 하나 소개하면, 하루는 사마희가 조나라로 하여금 자신을 중산국의 상국으로 세워줄 것을 청하게 했다. 이때 중산국 중신인 공손홍(公孫弘)이 이를 은밀히 탐지해 냈다. 중산국의 군주가 출타하자, 사마희가 수레를 몰고 공손홍이 같은 수레에 배승(陪乘)하게 됐다. 공손홍이 중산국의 군주에게 묻기를, '신하가 되어 대국의 힘을 빌려 상국의 자리를 차지하려는 이가 있다면, 군주는 어찌 할 것입니까.' 이에 군주는, '나는 그 고기를 씹어 먹으면서, 다른 사람에게 나눠주지 않을 것이오.'라고 했다. 사마희가 곧 수레 앞턱의 가로지른 나무에서 돈수(頓首)하며, '신은 죽음이 임박했음을 알게 되었습니다.'라고 했다. 사마희의 거듭된 요청에 아무 말이 없던 중산국 군주가 이내 '어서 수레를 모시오. 나는 이미 그 일을 알고 있소.'라고 했다. 얼마 후, 조나라가 사마희를 위해 상국의 자리에 앉힐 것을 요청하자, 중산국 군주는 공손홍이 이 사실을 어찌 알게 되었는지 의아해하며 그가 혹시 조나라와 내통했는지 크게 의심했다. 맥을 역으로 짚은 셈이다. 공손홍이 마침내 중산국을 빠져나갔다.

취기(醉氣)가 심해 밖에 나와 회랑문에 기대어 쉬고 있었다.[412]

지체장애 문지기가 말하길, '어른께서 나머지 술을 내려주지 않겠습니까.'라고 했다. 이야가 말하길, '무슨 소리냐. 물러가라. 죄인 주제에 감히 높은 어른에게 술을 달라 하느냐.'라고 했다. 지체장애 문지기는 물러났다. 이야가 나가자 지체장애 문지기가 그 틈을 타 회랑문 처마 아래에 물을 뿌려 소변을 본 것처럼 보이게 했다. 이튿날, 왕이 나와 그것을 보고 야단치며 말하길, '누가 여기서 소변을 봤느냐.'라고 했다.[413]

지체장애 문지기가 답하길, '저는 아무도 보지 못했습니다. 하지만 어제 중대부 이야(夷射)가 이곳에 서 있었습니다.'라고 했다. 왕은 그래서 이야를 책망하고, 죽여버렸다. 한편 위왕(魏王)의 신하 두 사람이 제양군(濟陽君)과 사이가 좋지 않았다. 그래서 제양군이 일부러 사람을 시켜 왕명을 거짓으로 꾸며 자기를 치게끔 일을 꾸몄다. 왕이 사람을 보내 제양군에게 묻기를, '누구와 원한(怨恨) 관계가 있느냐.'고 했다.

답하길, '굳이 원한을 살 만한 사람은 없습니다. 하지만 일찍이 두 사람과는 사이가 좋지 않았습니다. 여기에 이를 정도는 아닙니다.'라고 했다. 왕이 측근에게 물어보았다. 측근이 말하길, '정말 그렇습니다.'라고 했다. 왕은 그래서 두 사람을 사형에 처했다. 한편 계신(季辛)과 원건(爰騫)은 서

---

412) '이야(夷射)'는, 상대부와 하대부 사이에 있는 중대부(中大夫)로, 주로 궁궐 안에서 일하는 사람이다.
413) '지체장애 문지기'는, 죄(罪)를 지어 발이 잘린 사람으로, 이들이 주로 문지기를 했다.

로 원한을 품고 있었다. 여기에 사마희(司馬喜)가 계신을 미워하기 시작했다. 그래서 은밀하게 사람을 시켜 원건을 죽여버렸다.[414)

| 07 |

초왕(楚王)이 총애하는 정수(鄭袖)란 애첩이 있었다. 그런데 초왕이 새로 미녀를 얻었다. 정수가 그녀를 가르치며 말하길, '왕께선 사람이 입을 가리는 것을 대단히 좋아한다. 만일 왕 가까이 가거든 반드시 입을 가려야 한다.'라고 했다. 미녀는 정수가 가르친 대로 왕을 뵈러 들어가 왕과 거리가 가까워지자 바로 입을 가렸다. 왕이 그 까닭을 물었다. 정수가 말하길, '저 사람은 본래 왕의 냄새가 싫다고 합니다.'라고 했다.

어느 날, 초왕과 정수, 미녀가 자리를 함께하게 됐다. 정수가 먼저 시종에게 조심스럽게 이르길, '만일 왕께서 어떤 말씀이 계시면, 반드시 왕의 말씀대로 신속히 따라야 한다.'라고 했다. 이후, 미녀가 앞에 나아가 왕과 거리가 가까워지자 여러 번 심하게 입을 가렸다. 왕이 불끈 화를 내며 말하길, '이게 뭐하는 짓이냐. 미녀의 코를 당장 베어 버려라.'라고 했다. 이에 시종이 바로 칼을 뽑아, '미인의 코'를 베어 버렸다.

일설에 따르면, 위왕(魏王)이 초왕(楚王)에게 미녀를 보내주었다. 초왕은 그녀를 대단히 좋아했다. 부인 정수(鄭袖)는 왕이 그녀를 사랑한다는 것을

---

414) 한비는 덧붙이길, '이에 중산(中山)의 군주는 계신(季辛)이 한 짓이라 여겨 계신을 죽여 버렸다.'라고 했다.

알고, 정수도 그녀를 사랑했다. 따라서 의복과 애완품을 좋아하는 대로 골라 그녀에게 주었다. 왕이 말하길, '부인은 내가 미녀를 사랑한다는 것을 알고 나보다 더 사랑스러워한다. 이것은 효자가 부모를 봉양(奉養)하는 방법이고, 충신이 군주를 섬기는 방법이다.'라고 했다.

정수(鄭袖)가 미녀를 질투하지 않는다는 것을 왕이 알게 되자, 미녀에게 일러 말하길, '왕께서 그대를 대단히 사랑하신다. 하지만 그대 코가 밉다 하신다. 그대가 왕을 뵐 때는 항상 코를 가리면 왕께서 오래도록 그대를 총애하실 것이다.'라고 했다. 그래서 미녀는 그 말을 따라 왕을 뵐 때마다 항상 코를 가렸다. 왕이 부인에게 일러 말하길, '어찌 된 일인지 미녀가 나를 볼 때마다 항상 코를 가리네. 왜 그런가.'라고 했다.

정수가 답하길, '어찌 제가 그것을 알겠습니까.'라고 하자, 왕이 집요하게 물었다. 이에 답하길, '요즈음 왕의 체취(體臭)를 맡기가 싫다고 합니다.'라고 했다. 왕이 노(怒)하면서 말하길, '미녀의 코를 당장 베어 버려라.'라고 했다. 부인이 이보다 먼저 시종에게 조심스럽게 이르길, '만일 왕께서 어떤 말씀이 계시면, 반드시 명대로 신속하게 따라야 좋을 것이다.'라고 했다. 그래서 시종이 칼을 뽑아 '미인의 코'를 베었다.

| 08 |

비무극(費無極)은 초(楚)나라 영윤(令尹)과 가까운 사람이다. 그런데 극완(郤宛)이 새로 영윤을 섬기게 되었다. 영윤이 그를 대단히 총애했다. 그래서 무극이 영윤에게 말하길, '군께서 완을 대단히 좋아하는 것 같습니다.

한번 그 집에서 주연을 베풀지 않겠습니까.'라고 했다. 영윤이 '좋다.'고 했다. 그래서 극완의 집에다 술자리를 갖추도록 준비시켰다. 무극이 완을 가르쳐 말하길, '영윤은 매우 오만하고 무기를 좋아한다.'[415]

'그대는 반드시 삼가고 겸손하게 대해야 한다. 우선 서둘러 무기(武器)를 당(堂) 아래부터 문과 뜰에까지 진열시켜 놓으라.'고 했다. 극완이 그대로 따랐다. 이에 영윤이 극완의 집에 들어서자, 크게 놀라며 말하길, '이것이 웬일인가.'라고 물었다. 무극이 말하길, '군께서는 매우 위험합니다. 속히 떠나십시오. 사태를 장담할 수 없습니다.'라고 했다. 영윤이 크게 노(怒)해 군대를 보내 극완(郤宛)을 쳐서 마침내 그를 죽였다.

| 09 |

서수(犀首)와 장수(張壽)는 서로 원한을 품고 있었다. **진수(陳需)**가 새로 들어왔는데, 서수와 사이가 좋지 않았다. 그래서 진수가 은밀히 사람을 시켜 장수를 죽였다. 위왕(魏王)은 서수가 한 짓이라 여겨 그를 처벌했다. 한편 중산(中山)에 **천공자**가 있었다. 말[馬]이 마르고 수레도 많이 낡았다. 왕의 측근에 사적으로 사이가 나쁜 이가 있었다. 그를 위해 왕에게 말하길, '공자가 매우 가난하고 말[馬]도 많이 말랐습니다.'[416]

---

415) '비무극(費無極)'은, 초나라의 대부(大夫)이고, '영윤(令尹)'은 재상을 가리킨다.
416) '서수(犀首)'는, 공손연(公孫衍)으로, 위나라 혜왕(惠王) 때 재상이었고, '진수(陳需)'는, 서수의 뒤를 이어 재상이 된 인물이다. 그리고 '천공자(賤公子)'는, 신분이 낮은 공자를 가리킨다.

'왕께서 어찌 말먹이를 더 주지 않으십니까.'라고 했다. 왕은 허락하지
않았다. 이에 측근이 밤에 몰래 여물 곳간에 불을 지르라고 시켰다. 왕은
천공자가 한 짓이라 여겨 그를 바로 처벌했다. 한편 위(魏)나라에 나이가
지긋한 유자(儒者)가 있었는데, 제양군(濟陽君)과 사이가 좋지 않았다. 마침
빈객 중에 나이 든 유자와 사적으로 원한을 가진 사람이 있었다. 그래서
나이 든 유자를 죽이고, 제양군에게 아첨을 떨며 말했다.

'저는 유자(儒者)가 군을 좋아하지 않기에, 군을 위해 죽였습니다.'라고
했다. 그래서 제양군은 살펴보지도 않고 그에게 상(賞)을 주었다. 한편 일
설에 따르면, 제양군(濟陽君)의 소서자(小庶子) 가운데 인정받지 못하는 이
가 있었다. 이에 군에게 총애를 받고자 가까이하려 했다. 마침 제(齊)에서
나이 많은 유자(儒者)를 시켜 마리산(馬梨山)에서 약초를 캐오게 했다. 그
리고 그는 공을 세우기 위해 들어가 군주를 만나 말했다.

'제가 군을 위해 나이가 지긋한 유자(儒者)를 시켜 마리산에서 약초를
캐오게 하고 있습니다. 명분은 약초를 캔다고 하지만, 사실은 군의 나라
를 염탐하고 있는 것입니다. 군이 그를 죽이면 장차 제나라에서 군께 문
책을 하게 될 것입니다. 그래서 제가 그를 몰래 죽이고자 합니다.'라고 했
다. 이에 군이 '그리하시오.'라고 했다. 이에 이튿날 성(城)의 북쪽에서 그
를 찾아내 죽였다. 제양군은 '그를 더욱 친근'하게 대했다.

| 10 |

진수(陳需)는 위왕(魏王)의 신하인데 초왕(楚王)과도 사이가 좋았다. 그래

서 고의로 초나라가 위나라를 치도록 시켰다. 이에 초가 실제로 위로 쳐 들어왔다. 진수는 바로 자청해 위왕을 대신해 강화를 맺었다. 그렇게 초 나라의 세(勢)를 빌려 위나라 재상이 되었다. 한편 한(韓)나라 소후(昭侯) 때 수수종자 값이 크게 오른 일이 있었다. 소후가 사람을 시켜 창고 관리 를 살펴보게 했다. 과연 '수수를 많이 훔쳐 밖에 팔았다.'

| 11 |

소해휼(昭奚恤)이 초(楚)나라 정사를 맡았을 때 곳간 지붕에 불을 지른 이가 있었다. 그런데 범인을 잡지 못했다. 소해휼이 관리를 시켜 지붕을 이는 띠를 파는 장사꾼을 붙잡아 신문했더니, 과연 그가 불을 질렀다. 한 편 **소희후(昭僖侯)** 때 주방장이 밥상을 올렸다. 그런데 국[羹] 속에 날 간 이 들어 있었다. 소후가 주방의 차석을 불러 꾸짖어 말하길, '그대는 어찌 하여 내가 먹는 국 속에 날 간을 넣어 두었느냐.'라고 했다.[417]

주방장이 돈수(頓首)하고, 죽을죄를 빌며 말하길, '아무도 모르게 주방 의 수석을 제거하고 싶었습니다.'라고 했다. 한편 일설에 따르면, 희후가 목욕하러 들어갔는데 탕물 속에 조약돌이 있었다. 희후가 말하길, '탕 관 리자를 그만두게 하면 대신 맡을 이가 있는가.'라고 했다. 측근이 답하길, '있습니다.'라고 했다. 희후가 그를 불러오게 해서 꾸짖어 말하길, '무엇

---

417) '소해휼(昭奚恤)'의 '소(昭)'는 성이고, '해휼(奚恤)'은 이름이다. 초나라 선왕(宣王) 때 영윤을 지냈다. 그리고 '소희후(昭僖侯)'는, 시호가 소희(昭僖) 두 자인 까닭에, 문헌에 따라 한소희후, 한 소후, 한희후 등으로 나온다.

때문에 탕물 속에 조약돌을 넣어 두었느냐.'고 추궁했다.

이에 답하길, '탕 관리자가 그만두면 제가 대신할 수 있습니다. 그래서 조약돌을 탕물 속에 넣어 두었습니다.'라고 했다. 한편 **문공(文公)** 때 주방장이 불고기를 올렸다. 그런데 머리카락이 거기에 감겨 있었다. 문공이 주방장을 불러 꾸짖어 말하길, '그대가 내 목을 막히게 하려고 하는가. 어찌하여 머리카락으로 불고기를 감았는가.'라고 했다. 주방장이 돈수(頓首) 재배하고 청원하며 말하길, '죽을죄를 3번 범(犯)했습니다.'[418]

'숫돌을 가져다가 칼을 갈아 마치 **간장(干將)**과 같이 날카롭게 날을 세웠습니다. 고기를 썰어 고기는 잘 잘렸습니다만 머리카락은 잘리지 않았습니다. 이것이 첫 번째 죄(罪)입니다. 나무 꼬치를 가져다가 고기를 꿰었습니다만 머리카락은 보이지 않았습니다. 이것이 두 번째 죄입니다. 숯불 화로를 들어다가 불을 완전히 빨갛게 피웠습니다만 고기가 다 익도록 머리카락이 타는 일은 없었습니다. 이것이 세 번째 죄입니다.'[419]

'그렇다면 당하에서 저를 미워하는 이가 몰래 할 수 있는 일이 아니겠습니까.'라고 했다. 문공이 말하길, '이해가 간다.'고 했다. 이에 그 당하 사람을 불러 꾸짖으니 과연 그대로였다. 그리고 바로 처벌했다. 한편 일설에 따르면, 진(晉)나라 평공(平公)이 **상객(觴客)**에게 술자리를 베풀었다.

---

418) '문공(文公)'은, 제(齊)나라 환공(桓公)에 이어 두 번째 패자(覇者)가 된 진(晉)나라 문공을 말한다.
419) '간장(干將)'은, 오(吳)나라의 전설적인 도공(刀工)이 만든 칼 이름이다.

시종(侍從)이 불고기를 올렸는데, 거기에 머리카락이 감겨 있었다. 평공이 주방장을 빨리 죽이라 하고, 명령을 어기지 못하게 했다.[420]

이에 주방장이 하늘을 향해 외치면서 말했다. '아, 저에겐 3가지 죽을 죄가 있습니다. 하지만 제 자신도 알지 못하는 일입니다.'라고 했다. 평공이, '무엇을 말하는 것이냐.'라고 물었다. 대답하길, '제 칼은 잘 들어 **풍미(風靡)**할 만하였습니다. 그래서 뼈까지 잘랐으나 머리카락은 자르지 못했습니다. 이것이 첫 번째 죄입니다. 좋은 숯불로 고기를 구웠습니다. 고기는 붉게 잘 구워졌으나 머리카락은 불에 타지 않았습니다.'[421]

'이것이 두 번째 죄입니다. 불고기가 완전히 다 익었을 때 또 눈을 집중시켜 살펴보았지만, 머리카락이 불고기에 감겨 있는 것이 제 눈엔 보이지 않았습니다. 이것이 세 번째 죄입니다. 혹시나 당하에서 저를 몰래 미워하는 사람도 있지 않겠습니까. 확인 없이 저를 죽이는 것은 너무 빠르지 않습니까.'라고 했다. 한편 **양후(穰侯)**는 진(秦)나라 재상이다. 그런데 제(齊)가 강했다. 양후는 진왕을 황제(皇帝)로 세우고 싶었다.[422]

---

420) '상객(觴客)'은, '손님과 술자리를 가졌다'는 말이다.
421) '풍미(風靡)'는, 바람에 풀이 쓰러지듯 풀을 잘 베는 것을 뜻한다. 즉 예리한 칼날을 형용한 말이다.
422) '양후(穰侯)'는, 진왕을 황제(皇帝)로 세우고 싶었으나, 제나라가 듣지 않았다. 그래서 진나라 왕을 서제(西帝), 제나라 왕을 동제(東帝)로 세우는 방안을 제시했다. 하지만 제나라의 거부로 뜻을 이루지 못했다.

진(晉)나라 헌공(獻公) 때 여희(驪姬)의 자리가 높아져 정부인과 비길 만했다. 그는 자식 해제(奚齊)를 태자 신생(申生) 대신 세우고자 했다. 따라서 군주에게 신생을 모함해 죽이게 하고 마침내 해제를 태자로 삼았다. 한편 정군(鄭君)은 이미 태자를 세웠다. 그런데 총애하는 미녀가 따로 있었다. 어느 날부터 미녀가 자신의 자식을 후계자로 삼으려 하자, 부인이 두려워졌다. 그리하여 독약으로 군주를 비참하게 죽였다.

위(衛)나라 주우(州吁)는 권세가 군주와 견줄만했다. 신하와 민중들이 그 권세에 떨었다. 주우가 끝내 군주를 죽이고 정권을 탈취했다. 한편 **공자(公子) 조(朝)**는 주(周)의 태자였다. 그 아우 **공자 근(根)**이 군주에게 총애를 받았다. 군주가 죽자, 동주(東周)를 칭하며, 두 나라가 되었다. 한편 초(楚)의 성왕(成王)이 아우 상신(商臣)을 태자로 삼았다. 그런데 또 공자 직(職)을 세우고자 했다. 상신이 난을 통해 성왕을 죽였다.[423]

일설에 따르면, 초(楚)의 성왕(成王)이 상신(商臣)을 태자로 삼았다. 그런데 아들 왕자 직(職)을 다시 태자로 세우려 했다. 상신이 소문을 들었으나 확인하지 못했다. 사부 반숭(潘崇)에게 일러 말하길, '어찌 확인할 수 있을

---

423) '공자(公子) 조(朝)'는, 전국시대 서주(西周)의 혜공(惠公)을 말하고, '공자(公子) 근(根)'은, 부친인 서주(西周)의 위공(威公)으로부터 총애를 받다, 위공이 죽자 반기를 들어 동주(東周)를 세웠다.

까.'라고 했다. 반숭이, '**강미(江芊)**를 초대해 소홀히 대해 보십시오.'라고
했다. 태자가 그대로 행했다. 강미가 말하길, '이 시시한 놈아, 왕이 너를
폐하고, 직(職)을 세우려는 것이 당연하다.'고 했다.[424]

상신이 말하길, '정말이다.'라고 했다. 반숭이, '왕자 직(職)을 섬길 수 있
습니까.'라고 물었다. 이에, '할 수 없다.'고 했다. '외국의 제후에게 갈 수
있습니까.'라고 물었다. 다시, '할 수 없다.'고 했다. '대사를 일으킬 수 있
겠습니까.'라고 물었다. '할 수 있다.'고 했다. 여기서 바로 숙소에 있던 군
사를 동원해 성왕을 쳤다. 성왕은 곰발바닥 고기를 먹고 난 후에 죽게 해
달라고 요청했으나 허락되지 않자 마침내 자결했다.

| 14 |

한외(韓廆)는 한(韓)나라 애후(哀侯)의 재상이다. 엄수(嚴遂)도 군주의 신
임이 두터웠다. 두 사람은 적대시했다. 엄수가 자객을 시켜 조정에서 한
외를 찔러 죽이게 했다. 이에 한외가 군주에게 달려가 껴안자, 자객이 한
외를 찌르고 애후(哀侯)까지 찔렀다. 한편 전항(田恒)은 제(齊)나라의 재상
이었다. 그런데 감지(闞止)도 간공(簡公)에게 신임이 두터웠다. 두 사람은
서로 적대했다. 전항이 간공을 죽이고 정권을 탈취했다.

---

[424] '강미(江芊)'는, 성왕(成王)의 누이이자 상신의 고모로, 춘추시대 하남성 식현(息縣) 남쪽에
있던 강(江) 나라로 시집을 간 사람이다.

| 15 |

대환(戴驩)은 송(宋)나라 재상이었다. 황희(皇喜)도 군주에게 신임이 두터
웠다. 두 사람은 정사(政事)를 보면서도 다투고 서로를 미워했다. 황희가
드디어 난(亂)을 일으켜 송군(宋君)을 죽이고, 정권을 탈취했다. 한편 **호돌
(狐突)**이 말하길, '군주가 여색을 좋아하면 태자(太子)가 위태롭고, 내시(內
侍)를 좋아하면 신하들이 위태롭다.'고 했다. 한편 정군(鄭君)이 정소(鄭昭)
에게 '확실하지도 않은 태자의 안위'에 대해 물었다.[425]

정소가, '태자는 아직 태어나지 않았습니다.'라고 했다. 군주가, '태자를
세웠는데 아직 태어나지 않았다니, 무슨 말인가.'라고 물었다. 답하길, '비
록 태자를 세웠으나 군주께서 여색 좋아하길 멈추지 않습니다. 총애하는
분에게서 자식이 생기면 군주께선 반드시 그를 사랑할 것입니다. 사랑한
다면 반드시 후계자로 삼고 싶어질 것입니다. 저는 그런 까닭으로 태자
가 아직 태어나지 않았다고 말씀드린 것입니다.'라고 했다.

| 16 |

문왕(文王)이 비중(費仲)을 후원해 주(紂) 옆으로 가게 했다. 즉 주(紂)의
기색을 살펴 마음을 어지럽게 한 것이다. 초왕(楚王)이 사람을 진(秦)에 사
신으로 보냈다. 진왕이 그를 정중히 예우했다. 왕이 말하길, '적국에 현자
가 있는 것은 나라의 화근이다. 지금 초왕의 사자는 대단한 현자다. 나는

---

425) '호돌(狐突)'은, 진(晉)나라 헌공(獻公)의 태자 신생(申生)의 사부(師父)다.

그것이 두렵다.'라고 했다. 이에 신하들이 간하길, '왕은 현명하고, 나라는 재부(財富)가 충만한데, 초왕의 현자를 샘내십니까.'

'왕께선 어찌 그와 친밀히 사귀어 뇌물 등을 주지 않습니까. 초(楚)는 그가 외국에서 이용당한다고 여기면 반드시 주살할 것입니다.'라고 했다. 한편 공자가 노(魯)나라의 정사를 맡으면서 사람들이 길에 버려진 것을 줍지 않았다. 제(齊)나라 경공(景公)이 그것을 두려워했다. 여저(黎且)가 경공에게 말하길, '공자를 떠나게 하는 것은, 털을 불어 날리는 것과 같습니다. 군주께선, 후한 봉록과 높은 지위로 초청을 하십시오.'

'그리고 애공(哀公)에겐 여악(女樂)을 보내 마음을 빼앗으십시오. 애공이 그것을 즐기면 반드시 정사(政事)를 게을리 할 것입니다. 그러면 공자는 간(諫)할 것이고, 간하면 노(魯)에서 반드시 쉽게 끝낼 것입니다.'라고 했다. 경공이 말하길, '좋겠다.'고 했다. 바로 여저를 시켜 애공에게 여악(女樂) 16명을 보냈다. 그러자, 진실로 애공은 그것이 즐거워 끝내 정사를 게을리했다. 공자가 간했으나, 듣지 않아 초(楚)나라로 갔다.

| 17 |

초왕(楚王)이 **간상(干象)**에게 말하길, '내가 초(楚)의 힘으로 감무(甘茂)를 도와 진(秦)의 재상을 시키고 싶은데 되겠는가.'라고 했다. 간상이 답하길, '안 됩니다.'라고 했다. 왕이, '왜 그런가.'라고 묻자, 답하길, '감무는 젊어서 **사거(史擧)** 선생을 스승으로 모셨습니다. 그런데 사거는 상채(上蔡)의 문지기였습니다. 크게는 군주가 안중에 없었고, 작게는 집안일을 돌보지

않았으며, 엄격한 것으로 천하에 소문이 났습니다.'[426]

'감무는 그를 섬겨 뜻이 잘 맞았습니다. 혜왕(惠王) 같은 밝음과 장의(張儀) 같은 변론가를 섬기면서 관직을 10가지나 지냈어도 허물이 없었습니다. 이는 감무가 현자였기 때문입니다.'라고 했다. 왕이, '사람을 동원해 진나라 재상 자리에 감무를 재상으로 삼는 것이 안 된다는 까닭은 무엇인가.'라고 물었다. 간상이 말하길, '지난번에는 왕께서 **소활(邵滑)**을 월(越)에 가게 해서 5년 만에 월을 망하게 할 수 있었습니다.'[427]

'그렇게 된 까닭은 월나라는 어지럽고, 초나라는 잘 다스려졌기 때문입니다. 지난번엔 그 방법을 월나라에 쓰실 줄 아셨으면서 지금은 진나라에 대해 그것을 잊으셨습니다. 어찌 잊는 것이 그리도 빠르십니까.'라고 했다. 왕이, '그러면 어찌해야 좋은가.'라고 물었다. 간상이 답하길, '공립(共立)이 재상이 되는 것이 좋을 것입니다.'라고 했다. 이에 왕이, '공립을 재상으로 시키는 것이 좋다는 까닭은 무엇인가.'라고 물었다.

답하길, '공립은 어려서 진왕의 총애를 받고, 장성해선 높은 벼슬인 경상(卿相)이 되어, 옥으로 장식된 옷을 입고, 향초인 **두약(杜若)**을 입에 물고는 옥가락지를 낀 채 조정에서 정사를 보고 있습니다. 장차 진나라를 어지럽게 하는 데는 그가 이로울 것입니다.'라고 했다. 한편 오나라가 초(楚)

---

426) '간상(干象)'은, 초나라 대부(大夫)이고, '사거(史擧)'는, 감무(甘茂)를 제자로 삼아 백가(百家)의 설을 가르쳤다.
427) '소활(邵滑)'은, 초나라 출신의 유세가다.

를 정벌했다. 자서(子胥)가 말을 퍼뜨리길, '자기(子期)가 등용되면 공격할 것이고, 자상(子常)이 등용되면 퇴각할 것이다.'라고 했다.[428]

| 18 |

진(晉)나라 헌공(獻公)이 우(虞)와 괵(虢)을 토벌코자 했다. 이에 **굴(屈) 땅**에서 나는 명마[4마리 말]와 수극(垂棘)에서 나는 벽옥과 여악(女樂) 16명을 보내 그 마음을 혼란하게 하여 정사를 혼란스럽게 했다. 한편 숙향(叔向)이 장홍(萇弘)을 참소할 때, 거짓 편지를 만들었다. 거기에 쓰길, '장홍이 숙향에게, "그대가 진군(晉君)에게 약속한 시기가 되었다고 말하시오. 왜 군대를 빨리 보내오지 않습니까."라고 전하시오.'[429]

이처럼 거짓으로 쓴 편지를 주군(周君) 조정에 떨어뜨리고 달아났다. 주(周)에선 장홍이 주나라를 팔아넘긴다고 여겨 바로 장홍을 죽였다. 한편 **정(鄭)나라 환공(桓公)**이 장차 **회(鄶)**를 습격코자 했다. 그래서 먼저 회(鄶)의 호걸과 양신(良臣), 지모가 뛰어나고 용감한 사람들의 면면을 확인했다. 그리고 회(鄶)의 좋은 땅을 골라 그들에게 뇌물로 주고, 관작(官爵) 명칭을 만들어 그것을 성문 밖에 제단을 설치하고 묻었다.[430]

---

428) 한비는 덧붙이길, '이에 초나라 사람이 그것을 듣고 그대로 자상(子常)을 등용하고, 자기(子期)를 물리쳤다. 오나라 사람이 공격해 마침내 이겼다.'라고 했다. 그리고 '두약(杜若)'은, 향초 이름으로, 담배처럼 입에 머금고 다니는 모습을 말한다.

429) '굴(屈) 땅'은, 지금의 산서성 길현(吉縣) 근처다.

430) '정(鄭)나라 환공(桓公)'은, 이름이 우(友)이고, 주여왕(周厲王)의 막내아들로 주선왕(周宣王)의 서제(庶弟)이기도 하다. 그리고 '회(鄶)'는, 주여왕 때 소국[지금의 하남성 밀현(密縣) 동북쪽]으로 있다 정환공에 의해 병탄(倂呑)됐다.

그리고 닭과 돼지 피를 발라 마치 맹약을 하는 것처럼 꾸몄다. 이에 회군(鄶君)이 내란을 일으킨다고 여겨 자신의 양신들을 대거 죽였다. 이때 환공이 회를 습격해 마침내 차지했다. 한편 진(秦)의 난쟁이 광대는 초왕(楚王)은 물론 초왕의 측근들과도 은밀히 친했다. 안으로는 **혜문군(惠文君)**에게 중히 여김을 받았다. 그래서 초(楚)가 혹시라도 뭔가 꾀하는 일이 있으면, 난쟁이는 언제나 그것을 듣고 혜문군에게 알렸다.[431]

| 19 |

업(鄴)의 장관이었던 **양자(襄疵)**는 조왕(趙王)의 측근들과 은밀히 친했다. 조왕이 업을 습격하고자 일을 꾀할 때마다 양자는 늘 재빠르게 듣고, 위왕(魏王)에게 알렸다. 위왕이 이에 대비를 하여 조(趙)는 이내 그만두고 돌아갔다. 한편 위(衛)의 사군(嗣君) 때 **현령 측근에 사람을 두었다.** 현령의 자리가 심하게 훼손됐다는 보고에, 사군이 속히 새 자리를 만들어 보낸다고 하니, 현령은 놀라며 사군이 신통력이 있다고 여겼다.[432]

---

431) ‘혜문군(惠文君)’은, 진(秦)나라 효공(孝公)의 아들로, 보통 혜왕(惠王)으로 부른다.
432) ‘양자(襄疵)’는, 위(魏)나라 관리다. 그리고 ‘현령 측근에 사람을 두었다’는 말은, 사적으로 정보원을 두었다는 뜻이다.

제32장 외저설 좌상(外儲說左上)

저(儲)는 저축의 뜻이고, 설(說)은 설명을 위한 사례들이다. 즉 군주에게 의견을 진술하기 위한 일종의 자료집이다. 여기에 들어 있는 설화 내용은 모두 법술사상으로 일관되어 있다. 외저설이란 내저설(內儲說)에 대(對)한 것으로, 좌상(左上)은 전체를 편의상 좌우(左右) 2장으로 나누고, 또 그것을 상하(上下)로 나눈 4장 가운데 제1장이란 뜻이다. 내저설과 마찬가지로 경(經)과 전(傳)으로 구성되어 있다. 참고로 여기서도 전(傳)의 내용은 읽기 쉽게 옮긴이가 적절히 배분했음을 일러둔다.

경(經)

| 01 |

현명한 군주의 길은 **유약(有若)**이 **복자(宓子)**에게 응답한 말과 같다. 군주가 신하 말을 들을 땐 변설 잘하는 것을 칭찬하고, 행동을 관찰할 땐 고원(高遠)한 것을 기특하게 여긴다. 그래서 신하들과 민중들이 말하는 언어는 과장되고, 몸가짐은 현실과 멀다. 이유는 **전구(田鳩)**가 초왕(楚王)에게 대답한 말에 있다. 묵자(墨子)가 나무로 된 솔개를 만든 이야기와 가수 계(癸)가 무궁(武宮)을 세울 때 노래 부른 일화 등이 있다.[433]

| 02 |

군주가 신하의 말을 들을 때는, 실제 효용을 목표로 하지 않으면, 말하는 사람 다수가 가시나무에 조각한다든가 백마(白馬)는 말[馬]이 아니라는 주장을 한다. 가령 정해진 표적을 맞추게 하지 않으면, 활을 쏘는 사람들은 모두가 예(羿)와 같이 될 것이다. 군주가 언설(言說)을 대하는 태도는 모두 연왕(燕王)이 도(道)를 배우는 것 같고, 이른바 장광설(長廣舌)을 펴는 이는 모두 정(鄭)나라 사람이 나이를 다투는 것과 같다.

이런 까닭에 말을 섬세하고 정밀하게, 미묘하고 알기 어렵게 하는 것은 시급한 게 아니다. 그러므로 계진(季眞)이나 혜시(惠施), 송연(宋銒), 묵적(墨翟) 등은 모두가 **대쪽에 그린 그림**과 같다. 그리고 이론을 심원하고 광대하게 하는 것은 쓸모가 없다. 그러므로 위모(魏牟)와 장로자(長盧子), 첨하(瞻何), 진병(陳騈), 장주(莊周) 등은 모두가 **요괴**와 같다. 언행이 인정에 어긋나고 무리를 하며, 고집스러운 것은 실효가 없다.[434]

---

433) 한비는 덧붙이길, '무릇 약이 되는 술과 충고의 말은 현명한 군주나 성군(聖君)만이 아는 것이다.'라고 했다. 그리고 '유약(有若)'은, 공자의 제자인 유자(有子)의 자(字)를 말한다. 공자 사후, 그가 공자의 용모를 닮았다고 하여 그를 스승으로 내세웠고, '복자(宓子)'는, 공자의 제자인 자천(子賤)을 지칭하며, '전구(田鳩)'는, 제(齊)나라 출신으로, 묵자(墨子)의 제자다.

434) '대쪽에 그린 그림'은, '대나무쪽에 그림을 그려 그 위에 옻칠을 하면, 선명하게 분별이 안된다'는 말이다. 그리고 '요괴'란 말은, '사람을 놀라게 하는 도깨비'를 뜻한다.

다시 말해 언행을 고려치 않고, 확고한 학설만 주장하는 것은 실효성을 거둘 수 없다. 그래서 무광(務光)과 변수(卞隨), 포초(鮑焦), 개자추(介子推), 묵적(墨翟) 등은 모두가 딱딱한 표주박과 같다. 또 우경(虞慶)은 목수를 설득시켰으나 집이 무너지고, 범수(范雎)는 장인(匠人)을 궁지로 몰았으나 활이 부러졌다. 진실을 구하고자 하면 개구쟁이 아이들이 때 되면 집으로 돌아와 밥을 먹듯, 실질을 기준으로 삼지 않으면 안 된다.

| 03 |

서로 남을 위한다고 여기면 책망을 하게 되지만, 자신을 위한다고 생각하면 일이 잘된다. 그러므로 부자간에도 혹 원망하고 꾸짖으며, 사람을 사서 농사를 짓는 이는 맛있는 국을 내놓게 된다. 이는 문공(文公)이 미리 선언해 둔 일과 구천(勾踐)이 **여황(如皇)**을 비난한 이야기에서 볼 수 있다. 때문에 환공(桓公)은 채(蔡)에 대해 노여움을 숨기고, 초(楚)를 고의로 쳤으며, **오기(吳起)는 사후 보답을 계산해 고름을 빨았다.**[435]

또 선왕을 칭송하는 시부(詩賦)나 종(鐘), 솥에 새긴 명문(名文)은 모두가 파오산(播吾山)의 발자취이고, **화산(華山)의 바둑판**과 같은 것이다. 하지만 선왕이 기대했던 것은 자신의 이익이고, 사용한 것은 민중의 힘이었다.

---

435) '여황(如皇)'은, 오나라 왕이 만든 건물 이름으로, 그 화려함을 비난한 것이고, '오기(吳起)가 사후 보답을 계산해 고름을 빨았다'는 말은, '병사의 종기를 치료해준 뒤에 거두는 실제 효과를 마음속으로 생각한 것'을 뜻한다.

사사(社祠)를 세울 때의 속담은 자신, 즉 진(晉)나라 문공(文公)을 위한 변명의 말들이 다수다. 이에 학자들을 시켜 선왕에 대해 막연히 기리는 말들을 하게 한다면, 아마도 오늘에 맞지 않을 것이다.[436]

이와 같은 것을 고칠 수 없는 일은, 마치 정(鄭)나라의 시골 사람이 수레에 얹는 멍에를 손에 들고 있는 이야기, 위(衛)나라 사람이 주살 쏘는 이를 거들어준[佐弋] 이야기, **복자(卜子)의 처가 해진 바지를 만든 이야기**, 그리고 연소자 이야기와 같은 것 등이다. 선왕의 말 중에는 작은 뜻으로 한 것을 세상에서 크게 생각하는 부분이 있고, 큰 뜻으로 한 것을 세상에서 작게 생각하는 부분이 있다. 이는 '제대로 몰라서'다.[437]

이러한 설명은 송(宋)나라 사람이 글을 잘못 이해한 이야기와 양(梁)나라 사람이 기록을 잘못 읽은 이야기를 예로 들 수 있다. 이 때문에 선왕 때, 초나라 수도인 영(郢) 사람의 편지가 있었는데, 후세에 이것을 달리 해석한 연(燕)나라 사람들이 많았다. 도대체 실제로 일어난 나랏일에 맞추지 않고, 선왕만을 모범으로 삼아 일을 꾀하려는 것은, 모두가 집에 돌아가 **발을 잰 잣대를 찾은 사람**과 전혀 다르지 않은 것이다.[438]

---

436) '화산(華山)의 바둑판'은, 진(秦)나라 소왕(昭王)이 산 정상에 큰 바둑판을 만들게 하여 신선과 바둑을 둔 흔적을 남긴 것을 말하고, '사사(社祠)'는, 토지신(土地神) 세우는 것을 말한다.
437) '복자(卜子)의 처가 해진 바지를 만든 이야기'는, '새로 만든 바지가 누더기가 되었다'는 말이다.
438) '발을 잰 잣대를 찾은 사람'이란, '신발을 살 때, 자기 발에 맞추지 않고, 치수를 재어 놓은 잣대를 찾으러 집에 가는 것'을 가리킨다.

이익이 있는 곳에 민중이 모이고, 명성이 드러나는 곳에 선비가 목숨을 바친다. 이런 까닭에 공적이 법에 어긋남에도 상을 주면 군주가 이익되는 것을 아래로부터 거둘 수 없고, 명성이 법에 어긋남에도 영예를 더하면 선비가 명성을 올리는 데 힘쓰며, 군주에게 머물러 있으려 하지 않는다. 따라서 **중장(中章)**과 **서기(胥己)**가 벼슬하자, 중모(中牟)의 민중들 가운데 논밭을 버리고, 학문하는 이들이 고을의 반이나 되었다.[439]

진(晉)나라 평공(平公)이 숙향과 논의할 때, 다리가 아프고 발이 저려도 자세를 잃지 않자, 진나라 관리들이 사직하고 숙향을 따르는 이들이 절반이나 되었다. **세 선비**란 이들은 하는 말이 법에 적합하면 관청의 장부에 오르고, 취한 행동이 사업에 걸맞으면 법령에 잘 따르는 민중일 뿐이다. **두 군주**가 취한 예우는 지나친 것이었다. 만일 말이 법에 어긋나고, 행위가 실적과 거리가 있다면 법을 벗어난 민중이 되는 것이다.[440]

두 군주는 왜 그들을 예우했는가. 벼슬하지 않는 선비는 일이 없으면 힘쓰지 않고, 난(亂)이 생겨도 갑옷을 입지 않는다. 예우하면 할 일을 게을리하고, 예우하지 않으면 정해진 법을 해친다. 나라가 편안하면 존경받고 영달하며, 위태로우면 **굴공(屈公)**과 같이 겁낸다. 군주가 벼슬하지

---

439) '중장(中章)과 서기(胥己)' 두 사람의 학문을 높이 평가하여, 조(趙)나라 양주(襄主)가 중대부(中大夫)로 등용한 것을 가리킨다.

440) '세 선비'란, 중장(中章)과 서기(胥己), 숙향(叔向)을 가리키고, '두 군주'는, 진(晉)나라 평공(平公)과 조(趙)나라 양주(襄主)를 가리킨다.

않는 선비에게 무엇을 기대할 것인가. 그러므로 현명한 군주라면 **이자(李**
疵)가 중산(中山)을 정찰하던 경우를 문제로 다뤄 볼 만하다.[441]

| 05 |

『시(詩)』에 이르길, '몸소 자신이 하지 않으면, 민중은 믿지 않는다.'고
했다. 관중(管仲)은 이를 '자색옷을 입지 말라'는 뜻으로 설명하고, 정(鄭)
나라 간공(簡公)과 송(宋)나라 양공(襄公)의 이야기를 인용해 경작과 전투를
존중하도록 요구했다. 가령 직분을 명확히 하고, 일한 성과를 추구하며,
자신이 직접 아래에 임한다면, 장차 수레에서 내려 달려가고, 앉아서 졸
면서도 또한 '미복(微服)을 덮어씌우는 이야기'가 될 것이다.[442]

| 06 |

작은 신의가 이뤄져야 큰 신의도 확립된다. 때문에 현명한 군주는 신
의를 중시한다. 상벌(賞罰)이 명확하지 않으면 금령(禁令)이 이행되지 않는
다. 이는 **문공(文公)이 원(原)을 칠 때**의 이야기와 **기정(箕鄭)이 기근을 구하**
는 일화에 있다. 이런 이유로 오기(吳起)는 옛 친구를 기다려 식사하고, **문**

---

441) '굴공(屈公)'은, 전쟁터에서 적이 무서워 기절한 겁쟁이와 같은 사람이고, '이자(李疵)의 중
산(中山) 정찰'은, '조(趙)나라 주보(主父)가 학자와 거사(居士)들만 존중하여, 군사력이 약해진 중산
(中山)을 치기 전에 이자(李疵)와 논의해 정찰한 것'을 말한다.
442) 한비는 덧붙이길, '공자가 이를 알지 못했기 때문에 물 담는 그릇과 같다고 했고, 추군(鄒
君)도 알지 못했기 때문에 자신을 먼저 욕보였던 것이다. 현명한 군주의 길이란, 숙향(叔向)이 사
냥 짐승을 나눈 방식[사냥한 짐승을 공(功)에 따라 나눔]과 한나라 소후(昭侯)가 어떻게 신하들의
의견을 들어야 했는지를 아는 것처럼 해야 한다.'라고 했다.

후(文侯)는 우인(虞人)을 만나 사냥할 것을 정했다. 현명한 군주가 신의를 표시하는 일은 '증자(曾子)가 돼지를 잡는 것'과 같다.[443]

전(傳)

| 01 |

복자천(宓子賤)이 **단보(單父)**를 다스렸다. 유약(有若)이 그를 만나 말하길, '그대는 어찌하여 그렇게 야위었는가.'라고 했다. 복자가 답하길, '군주께서 저의 불초(不肖)함을 모르시고, 단보를 다스리게 했습니다. 따라서 관청 일이 바쁘고, 마음이 걱정되다 보니, 야위었습니다.'라고 했다. 이에 유약이 말하길, '옛날에 순(舜)임금은 오현(五絃)의 거문고를 타고, 남풍(南風)의 시(詩)를 노래로 부르면서도 천하를 잘 다스렸다.'[444]

'그런데 단보처럼 작은 지역을 다스리는데도 걱정이 되는가. 장차 천하를 다스리면 어찌할 것인가.'라고 했다. 그러므로 술(術)을 익혀야 한다.

---

443) 한비는 덧붙이길, '우려되는 것은 여왕(厲王)이 경계하는 북을 친 일, 이회(李悝)가 경호하는 병사를 속인 일들이다.'라고 했다. 그리고 '문공(文公)이 원(原)을 칠 때의 이야기'는, '진(晉)나라 문공이 약속한 날짜에 원(原)을 치지 못하고 돌아가자, 그 신의에 감동하여 원(原)이 항복한 일'을 말하고, '기정(箕鄭)이 기근을 구하는 일화'는, '진(晉)나라 대부인 기정이 기근을 구하는 방법에 대해, 신의(信義)를 강조한 것'을 말하며, '문후(文侯) 이야기'는, '위(魏)나라 문후가 사냥 약속을 어기지 않으려 강풍이 부는 데도 사냥터 관리인을 만나 그 여부를 물었던 것'을 말하고, '증자(曾子)가 돼지를 잡는 것'은, '증자가 우는 아들과의 약속대로 돼지를 잡아 먹인 것'을 말한다.
444) '단보(單父)'는, 춘추시대 노(魯)나라의 읍(邑)이다. 지금 산동성 단현(單縣)의 남쪽 땅이다.

술(術)을 익혀 다스리면 무리가 따르지 않는다. 가령 **묘당(廟堂)** 위에 앉아 처녀애 같은 안색을 하고 있어도 정사(政事)가 두루 행해진다. 하지만 술(術)을 익히지 않으면, 몸은 몸대로 고달프고, 마음은 마음대로 근심과 걱정으로 날을 보낸다. 몸이 야위어도 도움이 되지 않는다.[445]

| 02 |

초왕(楚王)이 **전구(田鳩)**에게 일러 말하길, '묵자(墨子)란 사람은 이름난 학자다. 그 행동은 옳지만, 언론은 장황(張皇)하고 유창하지 못한데 왜 그런가.'라고 했다. 답하길, '옛날에 **진백(秦伯)**이 딸을 진(晉)나라 공자에게 시집보낼 때 진(晉)에서 신부 의상을 꾸미도록 시키고, 화려한 옷을 입힌 시녀 70명을 진(晉)에 딸려 보냈습니다. 진(晉)나라에 이르자, 공자는 그의 시녀들을 좋아하고, 정작 딸은 업신여기게 됐습니다.'[446]

'이는 시녀를 잘 시집보냈다고 할 순 있어도 딸을 잘 시집보냈다고 할 수는 없습니다. 또 진주를 정(鄭)에 팔려는 초(楚)나라 사람이 있었습니다. 목란(木蘭) 상자를 만들어 **계(桂)와 초(椒)를 피우고**, 주옥을 달아 붉은 보석으로 장식했으며, 물총새 깃털을 모아 그 속에 넣었습니다. 정나라 사람은 그 상자만 사고 진주는 돌려주었습니다. 이는 상자를 잘 팔았다고

---

445) '묘당(廟堂)'이란, 정치하는 곳, 즉 조정을 말한다. 예로부터 중요한 정사는 종묘에서 의논해 결정했기 때문이다.

446) '전구(田鳩)'는, 제(齊)나라 출신으로, 묵자(墨子)의 제자이고, '진백(秦伯)'은, 진(秦)나라 목공(穆公)을 가리킨다.

할 순 있어도 진주를 잘 팔았다고 할 수는 없습니다.'[447]

  '지금 세상에서 말하는 담론은, 모두 교묘하게 꾸민 말을 입에 올리는 것입니다. 군주는 꾸민 쪽만을 보고, 실질을 잊어버립니다. 묵자의 주장은 선왕의 도를 전하고, 성인(聖人)의 말씀을 논하여 널리 사람들에게 알리는 것입니다. 만일 말을 꾸미면 사람들이 그 꾸밈에 마음이 끌려 진실을 잊을까 두렵습니다. 꾸밈 때문에 실질을 해치게 되는 것입니다. 이는 진주를 팔려는 것과 딸을 시집보낸 일과 같은 유의 것입니다.'

  '언론이 장황하고, 유창하지 못한 것은 이와 같은 경우입니다.'라고 했다. 한편 묵자(墨子)가 나무로 솔개를 만드는 데 장장 3년이 걸렸으나, 겨우 하루 만에 부서지고 말았다. 이에 제자가 말하길, '선생의 기예는 나무 솔개가 날 수 있는 경지에 이르렀습니다.'라고 했다. 묵자가 일러줬다. '나는 수레 축을 만드는 이의 기예만 못하다. 그는 작은 나무를 깎아 한나절도 걸리지 않고 만들어 30섬이나 되는 무거운 짐을 끈다.'

  '멀리 갈 만큼 힘이 세고, 오랜 세월 길게 견딘다. 나는 나무 솔개를 만드는 데 장장 3년이나 걸렸는데, 겨우 하루 날리고 이내 부서졌다.'고 했다. 혜시(惠施)가 듣고 말하길, '묵자는 뛰어난 기예를 지녔다. 실용적인 수레 축 일은 교(巧)라 하고, 비실용적인 나무 솔개를 만드는 일은 졸(拙)이라 한다.'고 했다. 한편 **송왕(宋王)**이 제(齊)와 다툰 이후, 무궁(武宮)을 지을

---

447) '계(桂)와 초(椒)를 피운 것'은, '계수나무와 산초의 향기가 스며들게 한 것'이다.

때다. 규(癸)가 선창하자, 사람들이 멈추고 구경했다.[448]

뿐만 아니라, 노래를 들으면 일하면서도 힘든 줄 몰랐다. 왕이 소식을 듣고 규(癸)를 불러 상(賞)을 주자, 그가 말하길, '저의 스승 사계(射稽)의 노래는 저보다 훌륭합니다.'라고 했다. 왕이 사계를 불러 노래를 부르게 했으나 길 가던 사람이 멈추지 않고, 일하던 사람도 피로를 느꼈다. 왕이 말하길, '길 가던 사람이 멈추지 않고, 일하던 사람도 피로를 느낀다. 노래가 그대보다 아름답지 못한 것은 왜 그런가.'라고 했다.

답하길, '왕께서 시험 삼아 일한 분량을 보십시오. 저는 판축 4장을 쌓았지만, 사계는 8장을 쌓았습니다. 흙이 굳은 정도를 찔러 보십시오. 저는 5치나 패였지만, 사계는 2치였습니다.'라고 했다. 한편 무릇 좋은 약은 입에 쓰지만 지혜로운 이가 그것을 마시게 하는 것은, 그것이 몸에 들어가면 병을 고쳐준다는 것을 알기 때문이다. 충언은 귀에 거슬리지만 현명한 군주가 듣는 것은, 효과가 있다는 것을 알기 때문이다.

| 03 |

송(宋)나라 사람이 연왕(燕王)을 위해 대추나무 가시 끝에 원숭이 조각을 해주겠다는 사람이 있었다. 하지만 반드시 3달 동안 재계(齋戒)한 이후

---

448) '송왕(宋王)'은, 송나라 언왕(偃王)으로, 제나라와 싸워 이기자, 그것을 기념하기 위해 무궁(武宮)을 지은 것이다. 그리고 '규(癸)'는, 노동현장에서 힘을 돋아주는 가수로, 그가 노래를 부르면, 길을 가던 사람들이 멈춰 구경하고, 일하는 사람들도 피곤해하지 않았다.

에나 그것을 볼 수 있다고 했다. 그래서 연왕은 **삼승(三乘)의 녹**을 주고 그를 받들게 했다. 모시던 대장장이가 왕에게 말하길, '저는 군주께서 10일이나 주연(酒宴)을 물리치고 재계할 순 없다고 들었습니다. 지금 왕께서 오래도록 재계하면서까지 시간을 보낼 이유도 없습니다.'[449]

'따라서 그런 쓸데없는 조각을 보기 위해 재계하지 않을 것임을 알기에 고의로 3달의 기간을 정한 것입니다. 무릇 조각하는 칼은 대상을 깎는 것이기 때문에 반드시 대상보다 작아야 합니다. 지금 저는 **대장장이**이지만 그것을 깎는 칼을 만들지 못합니다. 이는 실제로 존재할 수 없는 물건입니다. 왕께서 **반드시 살피셔야 합니다**.'라고 했다. 그래서 왕이 그를 붙잡아 가두고 물어보았다. 과연 엉터리로 드러나 바로 죽였다.[450]

| 04 |

일설(一說)에 따르면, 연왕(燕王)이 세공품을 좋아했다. 위(衛)나라 사람이 말하길, '대추나무 가시 끝에 능히 원숭이를 만들 수 있습니다.'라고 했다. 연왕은 마음에 들어 그를 오승(五乘) 몫의 봉록을 주어 먹고 살게 했다. 왕이 말하길, '나는 그대가 만든 대추나무 가시의 원숭이 조각을 한번 보고 싶다.'고 했다. 객이 답하길, '군주께서 그것을 보고 싶으면, 6개월간 후궁에 들어가지 않고, 술도 마시지 않아야 합니다.'

---

449) '삼승(三乘)의 녹'이란, 전차 3대 분의 병력을 보유할 영지(領地) 혹은 그 수준의 봉록(俸祿)을 말한다.
450) 대장장이는 왕에게 덧붙여 말하길, '사물을 측정할 때 정해진 기준이 없으면, 변론을 늘어놓는 선비들 가운데, 가시 끝에다 조각한다는 말을 하는 이들이 많을 것입니다.'라고 했다.

'또 고기도 먹지 않아야 하고, 비가 개고 해가 뜰 때 음지와 양지 사이를 보면 대추나무 가시 끝에 원숭이가 보일 것입니다.'라고 했다. 그래서 위나라 사람을 예우했으나 원숭이 조각은 끝내 볼 수 없었다. 마침 정(鄭)나라에서 벼슬하던 대장장이가 와 있어 연왕에게 말하길, '저는 나무 깎는 칼을 만드는 사람입니다. 세공품은 반드시 작은 칼로 깎아서 만들어야 하기 때문에 깎이는 대상은 반드시 칼보다 더 커야 합니다.'

'지금 대추나무 가시 끝은 작은 칼날을 받아들일 데가 없습니다. 즉 대추나무 가시 끝을 다룰 수 있는 칼은 없습니다. 왕께서 시험 삼아 그 사람의 칼을 한번 살펴보십시오. 과연 그 칼이 존재하는지, 존재하지 않는지를 알 수 있을 것입니다.'라고 했다. 왕이 말하길, '좋다.'고 했다. 이에 연왕이 위나라 사람을 불러 말하길, '그대가 대추나무 가시 끝에 원숭이 조각을 하는데 무엇을 가지고 그것을 조각하는가.'라고 물었다.

위나라 사람이 답하길, '작은 칼을 가지고 합니다.'라고 했다. 왕이 다시 말하길, '내가 그것을 구경하고 싶다.'고 했다. 답하길, '숙소로 가서 가지고 오겠습니다.'라고 했다. 그렇게 답하고는 그 길로 도망쳐 버렸다. 한편 아열(兒說)은 송(宋)나라 사람으로, 변설에 능통했다. '백마는 말이 아니란 논리'로 '직하(稷下)의 논리학자들을 설득'시켰다. 하지만 그가 백마를 타고 관문을 지나갈 때는 백마에 부과된 세금을 물었다.[451]

---

451) 한비는 덧붙이길, '이처럼 허사(虛辭)에 의지할 경우는 온 나라 사람을 능히 이길 수 있으나, 실제 일을 조사해 사실을 확인할 경우는 한 사람도 속일 수 없는 것이다.'라고 했다.

무릇 새로 숫돌에 간 화살촉을 큰 활에 걸어 힘껏 당기면 비록 눈을 감고 쏴도 터럭만 한 물체까지 적중하지 않은 적이 없다. 하지만 두 번 다시 같은 곳을 맞추지 못하면 잘 쏜다고 말할 수 없다. 그것은 일정한 표적이 없기 때문이다. 5치의 과녁을 만들어 10보 거리를 두고 활을 당겨도 **예(羿)**나 봉몽(逢蒙)이 아니고는 모두 명중시킬 수 없다. 일정한 표적이 있어서다. 기준이 있으면 어렵고, 기준이 없으면 쉬운 것이다.[452]

일정한 표적이 있으면 교(巧)라 하여 예나 봉몽도 5치의 과녁을 맞힌다. 하지만 일정한 표적이 없으면 졸(拙)이라 하여 대강 쏘아 맞힌다. 그러므로 법도(法度) 없이 응대할 경우, 변설이 능한 이는 번다(煩多)하게 말하지만, 법도를 마련해 그것을 지키면 비록 지혜로운 이라도 오히려 실수할까 두려워 대강 말하지 않는다. 지금 군주는 변설을 들으면서 법도로 응대하지 않고 말재주만을 좋아해, '공(功)'을 헤아리지 못한다.

이 때문에 형평에 어긋나는 것이다. 이것이야말로 군주가 오래도록 속임을 당하는 이유고, 변설하는 이가 항상 녹을 받게 되는 까닭이다. 한편

---

452) '예(羿)'는, 전설에 나오는 영웅으로, 활의 명수로 알려져 있다. 『좌씨전(左氏傳)』에 따르면, 하(夏)나라 때 사람으로, 지금의 산동성(山東省)을 지배했고, 한때는 하조(夏朝)를 멸망시킬 정도로 세력이 강했다. 한편 『회남자(淮南子)』에 따르면, 예(羿)는 옛날 요(堯)임금의 신하로, 10개의 태양이 떠올라 곡식을 말려 죽이므로, 그 중에서 9개를 쏘아 떨어뜨리고, 민중을 해치는 괴수를 퇴치하였다는 신화적 인물이다. 원래는 동방의 미개한 부족의 신화적 영웅이었던 것이 후에 중앙의 전설과 교류된 결과, 여러 이설(異說)을 낳게 되었다.

어떤 식객 가운데 연왕(燕王)에게 죽지 않는 방법을 가르쳐 주겠다고 하는 이가 있었다. 왕이 사람을 보내 그것을 배우게 했다. 하지만 신하가 배우러 가는 도중에 식객이 죽고 말았다. 왕이 노(怒)해 벌을 주었다. 왕은 식객이 속인 것을 모르고 '늦게 도착했다고 벌을 준 것'이다.

대체 있을 수 없는 일을 믿고, 죄(罪) 없는 신하를 처벌한 것은 사실을 살피지 못한 재해다. 또한 사람에겐 자신의 몸만큼 귀한 것이 없다. 즉 자신의 몸조차 죽는 것을 막지 못하면서 어찌 왕에게 죽지 않는 방법을 알려줄 수 있겠는가. 한편 정(鄭)나라 사람들 중에 서로 나이가 많다고 다투는 일이 벌어졌다. 어떤 사람이, '나는 요(堯)와 동갑이다.'라고 주장하자, 어떤 이는, '나는 황제(黃帝)의 형과 동갑이다.'라고 말했다.[453]

| 06 |

식객 가운데 주군(周君)을 위해 젓가락에 그림을 그리는 이가 있었다. 3년 걸려 그것을 완성했다. 군주가 살펴보니 옻칠한 젓가락과 모양이 같아 크게 노(怒)했다. 그림 그린 이가 말하길, '판축 10장 높이의 담장을 쌓아 8자 창구멍을 뚫어 해가 뜨기 시작할 때, 그 위에 올려놓고 보십시오.'라고 했다. 주군이 그대로 따라서 그 모양을 보니, 모두 용과 뱀, 새, 짐승, 수레, 말 등 '만물의 모양을 두루 갖추고' 있었다.

---

453) 한비는 덧붙이길, '이렇게 말다툼하다 결말이 나지 않자 소송했는데, 마지막까지 포기하지 않는 사람이 이길 뿐이었다. 그리고 나이를 가지고 논쟁한 주 요인은, 술자리에서 연장자 순으로 앉는 관례 때문이었다.'라고 했다.

주군이 대단히 좋아했다. 이 젓가락에 그림 그리는 공은 정교하고, 어려운 일이 아닐 수 없겠으나, 실질에 있어선 보통 옻칠한 젓가락과 같다. 한편 식객 가운데 제왕(齊王)을 위해 그림을 그리는 사람이 있었다. 제왕이, '그림을 그리는 데 어느 것이 가장 어려운가.'라고 물었다. 답하길, '개나 말이 가장 어렵습니다.'라고 했다. 제왕이 다시, '그러면 어느 그림이 가장 쉬운가.'라고 묻자, '도깨비가 가장 쉽습니다.'라고 했다.

'무릇 개나 말은 사람이 알고 있는 것이고, 조석(朝夕)으로 눈앞에 보여 그것을 동일하게 그릴 수 없기 때문에 어렵습니다. 도깨비는 형체가 없는 것이고, 눈앞에 보이지도 않기 때문에 오히려 쉽습니다.'라고 했다. 한편 제(齊)에 **거사(居士) 전중(田仲)**이란 사람이 있었다. 송(宋)나라의 굴곡(屈穀)이 그에게 말하길, '제가 듣기로 선생은 남에게 기대서 먹지 않는다고 들었습니다. 저는 표주박 심는 방법을 알고 있습니다.'[454]

'돌과 같이 단단하고 두터워 구멍도 없습니다. 그것을 드리겠습니다.'라고 했다. 전중(田仲)이 말하길, '무릇 표주박이 귀한 것은 그것으로 담을 수 있기 때문입니다. 지금 두텁고 구멍도 없으면 물건을 담아도 무게를 견딜 수 없고, 돌과 같이 단단하다면 쪼개서 띄울 수도 없을 것입니다. 나는 표주박을 쓸 데가 없겠습니다.'라고 했다. 이에 굴곡(屈穀)이 말하길,

---

454) '거사(居士)'는, 학식이나 재능이 있음에도 벼슬하지 않고, 숨어 사는 처사(處士)와 같은 사람이고, '전중(田仲)'은, 제(齊)나라의 귀족이다.

'그렇습니다. 그래서 저도 그것을 버리려 합니다.'라고 했다.[455]

| 07 |

우경(虞慶)이 집을 지었다. 목수에게 말하길, '지붕이 너무 높다'고 했다. 목수가 답하길, '이것은 새집입니다. 흙이 젖어있고 서까래는 생나무입니다. 무릇 젖은 흙은 무겁고, 생나무 서까래는 굽습니다. 굽은 서까래로 무거운 흙을 떠받치면 후일 낮아질 것입니다.'라고 했다. 우경이 말하길, '그렇지 않다. 시간이 지나면 흙은 마르고 서까래도 건조해진다. 즉 흙이 마르면 가벼워질 것이고 서까래도 건조하면 곧아질 것이다.'

'따라서 곧아진 서까래로 가벼운 흙을 떠받치게 되니, 이것은 후일 더 높아질 것이다.'라고 했다. 목수는 말이 막혀 이르는 대로 했으나 집이 무너지고 말았다. 한편 일설(一說)에 따르면, 우경(虞慶)이 장차 집을 지으려 했다. 목수가 말하길, '재목은 생나무이고, 흙은 젖어있습니다. 무릇 재목이 생나무면 휘고, 흙이 젖으면 무겁습니다. 휜 나무로 무거운 흙을 떠받친다면 지금은 비록 버틴다 해도 오래갈 수 없습니다.'

'즉 견디지도 못할 뿐 아니라 반드시 무너지고 말 것입니다.'라고 했다. 이에 우경(虞慶)이 말하길, '생나무인 재목도 시간 지나 마르면 곧아질 것이고, 흙도 시간 지나 마르면 가벼워질 것이다. 지금 당장 집을 다 지어

---

455) 지금 '전중(田仲)은 남에게 기대서 먹지는 않으나, 역시 남의 나라에 도움도 되지 않으니, 그 또한 단단한 표주박과 같은 종류'라고, 한비자는 비판한 것이다.

마르기 시작하면 날로 가벼워지고, 곧아져서 비록 오래되더라도 반드시 무너지진 않을 것이다.'라고 했다. 목수가 말문이 막혀 우경의 주장대로 집을 지었다. 얼마 있다가 그 집은 끝내 무너지고 말았다.

범수(范雎)가 말하길, '활이 부러지는 것은 마지막에 그런 것이지 초기에 그런 것은 아니다. 무릇 활 만드는 장인이 활을 휠 때는 나무를 30일 동안 도지개에 끼워두었다가 시위를 걸 때는 발로 밟고 하루가 지난 뒤 쏴본다. 이는 초기엔 신중하게 하다 끝에 가선 거칠게 하는 것이다. 어찌 부러지지 않겠는가. 내가 활 만드는 법은 다르다. 하루만 도지개에 끼워두었다 발로 활시위를 밟은 지 30일 후 비로소 쏴본다.'[456]

'이는 초기에 거칠게 다루다 끝에 가선 신중히 하는 것이다.'라고 했다. 활 만드는 장인이 궁(窮)해서 시키는 대로 했더니 활이 부러지고 말았다. 이처럼 범수(范雎)나 우경(虞慶)이 하는 말은 모두 화려한 변설이고, 말솜씨가 뛰어나지만 일의 실정과는 맞지 않는다. 군주가 좋아하여 금하지 않으니, 실패하는 것이다. 잘 다스리고, 강해지는 실효를 거두려 도모하지 않으며, 변설이 화려하고 '아름답다는 명성'만 동경한다.

이는 법술(法術)을 익힌 사람을 물리치고, 집을 무너뜨리거나 활을 부러뜨리는 사람에게 일을 맡기는 것과 다르지 않다. 그러므로 지금 군주가 나라를 다스리는 행태를 보면, 모두가 장인(匠人)이 집을 짓고 활을 펴는

---

456) '범수(范雎)'는, 진(秦)나라 소양왕(昭襄王)을 섬겨 재상이 되고, 응후(應侯)로 봉(封)을 받았다. 일찍이 위나라에서 벼슬할 때 의심을 받아 갈비뼈가 부러지는 폭행을 당한 적이 있다.

일 등에 미치지 못한다. 그럼에도 법술을 익힌 사람이 범수(范雎)나 우경(虞慶) 같은 이들에게 궁(窮)해지는 것은 허망한 말이 쓸모가 없음에도 이기고, 실제의 일은 변함이 없음에도 궁해지기 때문이다.

즉 나라가 어지러워지는 원인은 군주가 허망한 변설을 중시하고, 쓸모 있는 말을 업신여기기 때문이다. 다시 말해 범수나 우경 같은 이들이 끊이지 않고, 군주도 그들을 선호하기 때문이다. 이는 집을 무너뜨리고 활을 부러뜨리는 따위의 말을 높이고, 법술을 익힌 사람을 장인(匠人)처럼 생각하는 것이다. 장인(匠人)이 뛰어난 재능을 펼칠 수 없기 때문에 집이 무너지고 활도 부러진 것이다. 나라 다스림도 다르지 않다.

나라를 다스릴 줄 아는 사람이 그간 법술을 행할 수 없었기 때문에 나라가 혼란하고 군주도 위태롭게 된 것이다. 무릇 어린아이가 서로 장난치며 놀 때는 흙을 밥이라 하고, 진흙을 국이라 하며, 나무를 고기라 한다. 하지만 저녁때가 되면 반드시 집에 돌아가 밥을 먹고 잠을 잔다. 흙밥과 진흙 국을 가지고 놀 순 있어도 먹을 순 없기 때문이다. 무릇 오랜 옛날의 전설과 기리는 말을 외는 것은, 말뿐으로 정성이 없다.

다시 말해 전설과 기념비적인 것이라도 정성이 담기진 않는다. 선왕의 인의(仁義)를 말하더라도 나라를 바로잡지 못하는 것은, 이 또한 기념은 할 수 있어도 그것으로 통치를 할 순 없기 때문이다. 대체로 인의를 따름으로써 나라가 약해지고 어지럽게 된 것은 바로 **삼진(三晉)**이고, 따르지 않아 다스려지고 강해진 나라는 진(秦)이다. 하지만 진이 강해졌으나 아

직 제왕이 되지 못한 것은 '통치술을 다하지 못했기 때문'이다.[457]

| 08 |

아이일 때 부모가 양육을 등한시하면 자식이 자라서 원망한다. 자식이 장성해 어른이 되어 부모 봉양을 소홀히 하면 부모가 노여워한다. 자식과 부모는 가장 가까운 사이다. 하지만 원망하고 노여워하는 것은 서로를 위하는 마음이 결국 자신을 위하는 것임을 모르기 때문이다. 무릇 일꾼을 사서 농사지을 경우, 일꾼에게 맛있는 음식을 제공하고 품삯을 주선하면서도 잘해 주길 기대하는 것은 일꾼을 사랑해서가 아니다.

이는 일꾼이 밭을 갈 때 깊이 갈고, 김맬 때 제대로 김을 매기 때문이다. 반대로 일꾼이 있는 힘을 다해 농사를 짓는 것은 주인을 사랑해서가 아니다. 이는 맛있는 음식이 나올 뿐만 아니라 돈도 잘 벌기 때문이다. 이처럼 상대를 위하는 것은 결국 자기를 위하는 것이다. 즉 이익이 된다는 마음으로 하면 월나라 사람과도 쉽게 부드러워지고, 손해 본다는 마음으로 하면 부자지간이 멀어지는 것처럼, 서로 원망하게 된다.

| 09 |

문공(文公)이 송(宋)을 치면서 선언하길, '나는 송군(宋君)이 장로들을 경

---

457) '삼진(三晉)'은, 춘추시대의 진(晉)나라가 3나라로 나눠져 전국 초기에 새로 생긴 한(韓)나라, 위(魏)나라, 조(趙)나라를 말한다.

388 김해영 박사의 한비자 읽기

멸하고, 재물 분배가 알맞지 않으며, 명령이 신임을 받지 못한다고 들었다. 그래서 민중들을 위해 벌(罰)주려 온 것이다.'라고 했다. 한편 월(越)이 오(吳)를 치면서 선언하길, '나는 오왕(吳王)이 **여황(如皇)**을 지으면서 민중들을 지나치게 괴롭히고, 재화를 다 써버려 민력(民力)을 탕진했다고 들었다. 그래서 민중들을 위해 벌주려 온 것이다.'라고 했다.[458]

| 10 |

채(蔡)나라 군주의 딸이 제나라 환공(桓公)의 처가 되었다. 환공이 그녀와 함께 배를 탔을 때 부인이 배를 흔들었다. 환공이 크게 두려워하며 멈추게 했으나 그만두지 않았다. 화가 난 환공이 그녀를 내쫓았다. 얼마 있다 다시 부르도록 했으나 이미 채나라에선 다른 데로 개가시켰다. 환공이 크게 노(怒)해 채를 치려고 하자, 관중(管仲)이 말하길, '무릇 부부간의 일로 남의 나라를 친다는 것은 명분이 충분하지 않습니다.'[459]

'게다가 큰 성과를 기대할 수도 없습니다. 청컨대 이런 이유로 군사를 동원하진 마십시오.'라고 했다. 하지만 환공이 듣지 않자, 관중이 말하길, '부득이 군사를 동원하고자 하면 초나라를 겨냥하십시오. 초나라는 주나라 천자에게 3년 동안 조공, 즉 **청모(菁茅)**를 바치지 않았습니다. 따라서 군주께선 천자를 위해 군사를 일으킨다는 명분으로 초를 치는 것이 좋습

---

458) '문공(文公)'은, 진(晉)나라 문공을 말하고, '여황(如皇)'은, 오(吳)나라 왕이 만든 건물 이름이다.

459) 제나라 환공은 관중(管仲)을 중보(仲父)라 불렀다. 참고로 부(父)가 존칭으로 사용될 때는 '보'로 발음한다.

니다. 초가 항복하면, 돌아오는 길에 채나라를 치면 됩니다.'[460]

'이때 "내가 천자를 위해 초나라를 치는데, 채나라는 군사를 이끌고 따르지 않았다. 그래서 토벌(討伐)한 것이다."라고 말하십시오. 이것은 명분에 있어서 의(義)가 되고, 실제에 있어선 이(利)가 되는 것입니다. 반드시 천자를 위해 토벌한다는 명분이 서고, 원수도 갚는 실리도 챙길 수 있습니다.'라고 했다. 한편 오기(吳起)가 위(魏)나라의 장수가 되어 중산(中山)을 공격할 때 병사 가운데 **종기**를 심하게 앓는 이가 있었다.[461]

이에 오기(吳起)가 병사 앞에 꿇어앉아 직접 고름을 빨아 주었다. 종기를 앓던 이의 어머니가 이 소식을 듣고 그 자리에서 울음을 터뜨렸다. 어떤 사람이 물었다. '오기 장군께서 그대 자식을 그토록 사랑으로 대해 주시는데, 어찌하여 울음을 터뜨리는 것인가.'라고 했다. 이에 어머니가 답하길, '오기가 그 아이 아버지 종기를 빨아서 아버지가 죽었소. 이 자식도 이내 죽게 될 것이오. 나는 그래서 우는 것이오.'라고 했다.

| 11 |

조(趙)나라 주보(主父)가 장인(匠人)을 시켜 구제(鉤梯), 즉 갈고리가 달린 줄사다리를 걸어 **파오산(播吾山)**에 올라 그 정상에 발자국을 새기게 했다. 넓이는 3자, 길이는 5자로 만들고, 거기에 이 같이 새겼다. '주보가 일찍

---

460) '청모(菁茅)'는, 띠풀의 일종으로, 초나라 지방의 특산품이다. 주로 제사지낼 때 쓴다.
461) 여기서 말하는 '종기'는, 병저(病疽)로, 악성 종기를 가리킨다.

이 이곳에서 노닐었다.'고 했다. 한편 진(秦)나라 소왕(昭王)이 장인(匠人)을 시켜 줄사다리를 걸어 화산(華山)에 올라 **송백(松柏)나무 줄기의 한가운데 있는 심**으로 쌍육(雙六)의 박(博)을 만들게 했다.[462]

전(箭)의 길이가 8자에 바둑알 크기가 8치나 되었는데, 거기에 이 같이 새겼다. '소왕이 일찍이 천신(天神)과 더불어 이곳에서 바둑을 즐겼다.'라고 했다. 한편 진나라 문공(文公)이 망명생활을 마치고 돌아왔다. 황하 가에 이르러 영을 내려 말하길, '지금까지 사용한 **변두(籩豆)**와 **석욕(席蓐)**을 버려라. 손발에 굳은살이 박이고 얼굴이 여윈 이는 뒤로 세우라.'고 했다. **구범(咎犯)**이 그 말을 듣고 밤중에 소리 내 울었다.[463]

문공이 말하길, '내가 망명한 지 20년 만에 돌아올 수 있게 되었다. 구범은 이를 듣고도 좋아하지 않고 울었다. 아마도 내가 귀국하는 것을 바라지 않는 것 같다.'고 했다. 구범이 답하길, '변두는 밥을 먹을 때 쓴 것이고, 석욕은 잠을 잘 때 쓰던 것인데, 군주께선 버리라 하십니다. 손발에 굳은살이 박이고, 얼굴이 여윈 이는 고생하며 공을 세운 이들인데 군주께선 뒤로 세우라 하십니다. 저도 함께 뒤에 있게 되었습니다.'

---

462) '조(趙)나라 주보(主父)'는, 조나라의 상왕으로, 조무령왕(趙武靈王)을 말하고, '파오산(播吾山)'은, 전국시대 조나라의 파오로, 지금의 하남성 평산현(平山縣)을 말한다. 그리고 '송백(松柏)나무 줄기의 한 가운데 있는 심'은, 소나무나 잣나무의 심(芯), 즉 '옹이'를 말하는 것으로, 잘 썩지 않는 부분이기 때문에 그것으로 바둑판을 만들게 한 것이다.

463) '변두(籩豆)'는, 음식을 담는 굽이 높은 그릇이다. 여기서 '변(籩)'은 대나무로 만든 것이고, '두(豆)'는 나무로 만든 것을 말하고, '석욕(席蓐)'은, 바닥에 까는 방석 혹은 요를 지칭하며, '구범(咎犯)'은, 문공의 충신이다.

'그래서 마음속으로 슬픔을 견디지 못해 울었습니다. 게다가 저는 군주를 위해 조기 귀국할 수 있도록 숱한 속임수를 썼습니다. 저도 그런 일들이 스스로 싫을 지경이었는데, 하물며 군주께선 어떠했겠습니까.'라고 했다. 그리고 재배하고 물러나려 하자, 문공이 그를 말리며 말하길, '속담에 이르기를, "사당을 세울 때는 옷차림에 마음을 두지 않고 열심히 일하다 제사를 지낼 때는 의관을 단정히 하고 지낸다."고 했다.'

'지금 그대는 나와 함께 나라를 얻었으면서 함께 다스릴 생각을 하지 않으니, 이는 함께 사직을 세우고, 제사는 함께 지내지 않으려는 것과 같다. 이를 어찌하면 좋겠는가.'라고 했다. 그리고 수레를 끄는 4마리 말[馬] 가운데 왼쪽 바깥말인 좌참(左驂)을 베어 황하의 신에게 희생(犧牲)으로 바치며 맹세했다. 한편 정현(鄭縣)의 복자(卜子)가 처를 시켜 바지를 만들게 했다. 처가, '이번 바지는 어떻게 할까요.'라고 물었다.

복자(卜子)가 말하길, '내 낡은 바지대로 하라.'고 했다. 그러자 처는 새 바지를 여기저기 헐게 하여 마치 낡은 헌 바지처럼 만들었다. 정현(鄭縣) 의 복자(卜子)의 처가 시장에 갔다가 자라를 사서 영수(潁水) 가를 지나다 자라가 목마를 것이라 생각해, 바로 풀어 물을 마시게 했는데, 마침내 자라가 도망쳐 버렸다. 한편 정현(鄭縣)의 사람 가운데 '소의 멍에'를 길에서 주운 사람이 있었다. 하지만 '그 이름을 알 수 없었다.'

그래서 어떤 사람에게, '이것이 무슨 물건인가.'라고 물었다. 답하길, '이것은 소의 **멍에**다.'라고 했다. 잠시 후, 또 한 개를 주워 그 사람에게, '이것은 대체 무슨 물건인가.'라고 물었다. 답하길, '이것도 소의 멍에다.'

라고 했다. 그러자 물은 사람이 크게 성내며 말하길, '조금 전에도 소의
멍에라 하고, 이번에도 소의 멍에라 하니, 대체 같은 물건이 어찌 이리도
많은 것인가. 이는 네가 나를 속이는 것이다.'라고 했다.[464]

| 12 |

위(衛)나라 사람 중에 주살을 잘 다루는 이가 있었다. 새가 다가오자, 먼
저 주살 끈을 흔들어 새를 유인하고자 했다. 하지만 새가 놀라 날아가 버
리는 바람에 쏘지 못했다. 한편 어느 젊은이가 나이 든 어른을 모시고 술
을 마시는데, 어른이 술을 마시면 역시 자기도 마셨다. 일설에 따르면, 노
(魯)나라 사람 중에 선행에 힘쓴 이가 있었다. 어른이 술을 마시는데 잔을
다 비울 수가 없어 뱉는 것을 보고 역시 본받아 뱉었다.

또 일설에 따르면, 송(宋)나라 사람 중에 젊은이가 역시 선행을 본받으
려 했다. 어른이 술을 마시면서 남기지 않는 것을 보고, 술 마실 줄도 모
르면서 다 마셔 버리려 했다. 한편 **서(書)**에 이르길, '띠를 두르고 또 두르
라.'고 했다. 송나라 사람 중에 이를 배운 이가 있었다. 띠를 이중으로 둘
러 자신을 죄었다. 어떤 이가, '대체 무슨 짓이냐.'고 물었다. 답하길, '책
에서 말한 대로 예로부터 그렇게 하는 것이다.'라고 했다.[465]

---

464) 이후, 그들은 서로 다투게 됐다. 그리고 '멍에'는, 소나 말의 목에 걸어 수레를 끌게 하는
도구다.
465) '서(書)'란, 『서경(書經)』이 아닌, '옛날 책'이란 의미다.

서(書)에 이르길, '옥(玉)을 다듬고 또 닦아서 원상태로 되돌린다.'고 했다. 양(梁)나라 사람 가운데 이를 배운 이가 있었다. 동작을 취할 때마다 학문을 논하고, 일을 할 때마다 문서를 근거로 삼고자 했다. 그러므로 그가 말하길, '지나치게 배우면 도리어 진실을 잃어버린다.'고 했다. 이에 또 다른 사람이 말하길, '도대체 무슨 말이냐.'고 했다. 이에 답하길, '책에서 말한 대로 예로부터 그렇게 하는 것이다.'라고 했다.

영(郢) 사람 중에 연(燕)나라 재상에게 편지를 보낸 이가 있었다. 밤에 쓰는데 불이 밝지 않았다. 촛불을 들고 있는 이에게 말하길, '촛불을 올리라.'고 했다. 그리고는 '촛불을 올리라.'고 잘못 쓴 것이다. 촛불을 올리라 함은 편지의 본뜻이 아니다. 연나라 재상이 편지를 받고 해석하여 말하길, '촛불을 올리라 한 것은 불빛을 밝히라는 것이다. 불빛을 밝힌다는 것은 어진 인재를 요직에 등용(登用)하란 뜻이다.'라고 했다.[466]

연나라 재상이 왕에게 아뢰자, 왕이 크게 기뻐했다. 그러므로 나라가 잘 다스려졌다. 사실 다스려지긴 했으나 편지의 본뜻은 아니었다. 지금 세상의 학자들 중에는 이런 유의 사람들이 참 많다. 한편 정(鄭)나라 사람 가운데 장차 신발을 사려는 이가 있었다. 먼저 발의 치수를 재고 그것을 자리에 두었는데, 시장갈 때 깜빡 잊었다. 신발 가게에 도착해 말하길, '내가 발의 치수 잰 것을 깜빡 잊고 가져오지 못했다.'고 했다.

그길로 돌아가 그것을 가져왔으나 시장은 파해 끝내 신발을 살 수 없

---

466) '영(郢) 사람'은, 초나라의 수도 영(郢)에 사는 사람을 가리킨다.

었다. 다른 사람이 말하길, '왜 발로 재보지 않았는가.'라고 했다. 답하길, '치수 잰 것은 믿을 수 있어도 자신은 믿을 수 없다.'고 했다. 한편 **임등(王登)**이 중모(中牟) 땅의 장관이 되었을 때, 양주(襄主)에게 진언(進言)하여 말하길, '**중모(中牟)**에 중장(中章)과 서기(胥己)라는 선비들이 있습니다. 몸가짐이 아주 단정(端正)하고 학문에 있어 해박합니다.'[467]

'군주께서 왜 그들을 등용하지 않습니까.'라고 했다. 양주가 말하길, '그들을 내게 천거하라. 내가 앞으로 중대부로 삼을 것이다.'라고 했다. 이에 재상이 말하길, '중대부는 진(晉)의 중요한 자리입니다. 지금 공로도 없이 그것을 받게 되면, 진나라 신하의 뜻에 어긋납니다. 군주께서 그것을 듣기만 하고, 아직 보진 않으셨습니다.'라고 했다. 이에 양주가 말하길, '내가 임등을 발탁할 때 이미 귀로 듣고 눈으로 확인했다.'

'지금 임등이 천거한 것을 또 듣고 확인한다면, 이는 사람을 귀로 듣고 눈으로 확인하는 일이 그치지 않을 것이다.'라고 했다. 임등이 천거한 중장(中章)과 서기(胥己)에게 군주는 하루 만에 전답(田畓)과 택지(宅地)를 내렸다. 이렇게 되자 중모 사람들 가운데 농사일을 포기하고, 집과 밭을 팔아 학문을 연마하는 이들이 고을의 절반이나 되었다. 한편 **숙향(叔向)**이 평공(平公)을 모시고 앉아 당면 정사(政事)에 관해 아뢰었다.[468]

---

467) '임등(王登)'은, 춘추시대 중원의 진나라 대부(大夫)고, '중모(中牟)'는, 지금의 하북성 형대(邢臺)와 한단(邯鄲) 사이에 있는 지명이다.

468) 진(晉)나라 대부인 숙향(叔向)이 군주에게 국사(國事)에 관해 자기 의견을 진언(進言)한 것을 가리킨다.

평공은 오래도록 숙향과 정사를 논함에 있어 장딴지가 아프고, 발이 저리며, 근육에 경련이 일어나도 앉은 자세를 감히 흐트러뜨리지 않았다. 진(晉)나라 사람들이 소문을 듣고서 모두 말하길, '숙향은 참으로 현자(賢者)다. 평공이 그를 예우하면서 근육에 경련이 일어나도 앉은 자세를 감히 흐트러뜨리지 않았다.'라고 했다. 그러자 진나라에서 벼슬을 그만두고 숙향을 사모하여 모여드는 이들이 나라의 절반이나 되었다.

| 13 |

정현(鄭縣) 사람 중 굴공(屈公)이란 이가 있었다. 적(敵)이란 소리만 들어도 두려워 기절했다가 두려움이 가라앉으면 이내 되살아났다. 한편 조(趙)나라의 **주보(主父)**가 **이자(李疵)**를 시켜 중산(中山)을 칠 수 있는지를 살펴보게 했다. 돌아와 보고하길, '중산은 칠 만합니다. 군주께서 빨리 치지 않으면 장차 제(齊)나라나 연(燕)나라에 뒤질 것입니다.'라고 했다. 주보가 말하길, '무슨 까닭으로 칠 만하다고 하는가.'라고 했다.[469]

이자가 답하길, '그 군주는 은자(隱者) 만나길 좋아합니다. 수레 덮개를 기울이고, 가난한 동네 더러운 거리에 사는 선비를 만난 것이 수십 번이고, 대등한 예우로 처사에게 몸을 낮춘 것이 수백 번이나 됩니다.'라고 했다. 주보가 말하길, '그대가 말한 것을 보면 그는 현군이다. 어째서 칠 만하다고 하는가.'라고 했다. 이자가 말하길, '그렇지 않습니다. 은자[처사]를 드러내고 또한 그들을 조정에 세우는 것은 옳지 않습니다.'

---

[469] '주보(主父)'는, 상왕이자, 조무령왕(趙武靈王)을 말하고, '이자(李疵)'는, 대부(大夫)다.

'가령 위로 학자를 높이고, 아래로 처사를 조정에 내세우면 전사들은 싸움을 게을리하게 되고, 농부들은 농사일을 게을리하게 됩니다. 전사들이 싸움을 게을리하면 군대가 약해지고, 농부들이 농사일을 게을리하면 나라가 가난해집니다. 군대가 적에게 약하고, 나라가 안으로 가난하면서도 망하지 않은 적은 없습니다. 치는 것이 옳습니다.'라고 했다. 주보가 말하길, '좋다.'고 했다. 군사를 일으켜 중산을 쳐서 멸했다.

| 14 |

제(齊)나라 환공(桓公)이 자주색 옷을 즐겨 입자, 온 나라 사람들이 자주색 옷을 입었다. 가령 흰 비단 5필을 가지고도 자주색 비단 한 필과 바꿀 수 없을 만큼 품귀(品貴) 현상이 벌어졌다. 환공이 걱정되어 관중(管仲)에게 말하길, '내가 자주색 옷을 즐겨 입다 보니, 자주색 비단이 품귀 현상을 빚고 있다. 온 나라 민중들이 자주색 옷 입는 것을 멈추지 않으니, 내가 어찌하면 좋겠는가.'라고 했다. 이에 관중이 말했다.

'군주께서 그것을 막으려 하면서 왜 자주색 옷을 입지 않도록 시험하지 않습니까. 좌우 측근에게 일러, "나는 자주색 옷 냄새가 대단히 싫다."고 말하십시오.'라고 했다. 환공이 답하길, '좋다.'고 했다. 그래서 측근 중에 자주색 옷을 입고 나오는 이가 있으면 환공이 말하길, '물러나라. 나는 자주색 옷 냄새가 싫다.'고 하자, 그날로 자주색 옷을 입은 이가 사라졌고, 이튿날은 '도성에서 자주색 옷을 입은 이'가 사라졌다.

그리고 3일이 지나자, 나라에서 자주색 옷을 입은 사람이 없게 되었다. 한편 일설에 따르면, 제왕(齊王)이 자주색 옷 입기를 좋아해 제나라 사람 모두가 좋아했다. 제나라에선 흰 비단 5필을 가지고도 자주색 비단 한 필과 바꿀 수 없을 만큼 품귀 현상을 빚었다. 제왕은 자주색 비단 값을 걱정했다. 모시던 관중이 왕에게 설득해 말하길, '『시(詩)』에 이르길, "몸소 자신이 하지 않으면 민중은 믿지 않는다."고 했습니다.'

'지금 왕께서 민중들이 자주색 옷을 입지 않기를 바란다면 왕 자신이 자주색 옷을 벗고 조회를 보십시오. 신하들 가운데 혹 자주색 옷을 입고 나오는 이가 있으면 말씀하시길, "더 멀리 있으라. 나는 냄새가 싫다."고 하십시오.'라고 했다. 그날로 궁중에 자주색 옷을 입은 이가 보이지 않게 되었고, 그달로 도성에서 자주색 옷을 입은 이가 사라지게 되었으며, 그 해로 나라에서 '자주색 옷을 입은 사람'이 없게 되었다.

| 15 |

정(鄭)나라 간공(簡公)이 자산(子産)에게 말하길, '나라가 초(楚)와 진(晉) 사이에 끼여 있다. 지금 성곽이 완전하지 못하고 무기도 갖추지 못하다 보니 뜻하지 않은 일에 대비할 수 없다.'고 했다. 자산이 말하길, '밖을 막는 일을 이미 멀리까지 했고, 안을 지키는 일도 이미 단단히 했습니다. 나라는 비록 작으나 위태롭지는 않습니다. 군주께선 심려하지 마십시오.'라고 했다. 이 때문에 간공은 죽을 때까지 우환이 없었다.[470]

---

470) '정(鄭)나라'는, 초(楚)나라와 진(晉)나라 두 강대국 사이에 끼여 압박을 받았으나, 자산(子産)

일설에 따르면, 자산(子産)은 정(鄭)나라의 재상이었다. 간공(簡公)이 자산에게 일러 말하길, '술을 마셔도 즐겁지 않거나, 제물 그릇이 크지 않거나, 종과 북, 피리와 거문고 소리가 울리지 않는다면 그것은 모두 나의 죄(罪)다. 하지만 정사(政事)가 일정치 않고, 국가가 안정되지 못하며, 민중이 다스려지지 않고, 농사나 전쟁에 마음을 합치지 못한다면, 이것은 그대의 죄(罪)다. 이처럼 서로가 맡은 직분은 따로 있다.'

'각각 주어진 직분을 지켜나가자.'라고 했다. 자산이 물러 나와 정사를 5년간 맡았다. 나라 안에 도적이 사라지고, 길에 흘린 것을 줍지 않으며, 복숭아나 대추가 거리에 가득해도 따는 이가 없고, 송곳을 길에 떨어뜨려도 3일 안에 돌아오며, 3년 동안 흉년이 들어도 민중들이 굶주리지 않았다. 한편 송(宋)나라 양공(襄公)이 초(楚)의 군사와 **탁곡(涿谷)** 강가에서 싸웠다. 이때 송나라 군사는 이미 싸울 태세를 갖추었다.[471]

그러나 초나라 군은 아직 다 물을 건너오지 못했다. 우장군 구강(購強)이 종종걸음으로 나와 간하여 말하길, '초나라 군은 많고 송나라 군은 적습니다. 청컨대 초나라 군을 반만 건너오게 하여, 전열을 갖추기 전에 공격하면 반드시 이길 수 있습니다.'라고 했다. 양공이 말하길, '내가 듣기로 군자는, "부상자(負傷者)를 두 번 다치게 하지 말고, 반백자(半白者)를 포로로 붙잡지 말며, 사람을 험한 곳까지 밀어붙이지 말라."

의 지혜로운 정치로 안정된 국정을 유지할 수 있었다.
471) '탁곡(涿谷)'은, 지금의 하남성 탁현(涿縣) 서쪽을 흐르는 강이다.

"또 궁지로 사람을 몰아넣지 말고, 전열을 갖추지 못한 적을 공격하지 말라."고 했다. 초나라 군사가 아직 물을 건너오지도 않았는데 공격하면, 의(義)를 해치게 된다. 초나라 군을 모두 다 건너오게 하여, 진지를 만들게 한 다음에 북을 쳐서 군사를 진격시키겠다.'고 했다. 우장군이 다시 말하길, '군주께서는 송나라 민중들을 아끼지 않고, 군사의 안전을 생각하지 않으시며, 다만 의(義)를 이루려 하실 뿐입니다.'라고 했다.

이에 양공이 노(怒)하면서, '전열로 돌아가지 않으면 군법으로 다스릴 것이다.'라고 했다. 이렇게 우장군은 전열로 돌아갔고, 초나라 군은 전열을 갖추고 진지를 구축했다. 양공이 이윽고 진격하라는 북을 쳤다. 송나라 군은 크게 패하고, 양공도 허벅다리에 상처를 입어 3일 만에 죽었다. 이는 스스로 인의(仁義)를 논하다 당한 재앙이다. 무릇 군주는 반드시 자신이 직접 행한 다음에야, '민중들이 따를 것'으로 기대한다.

이는 장차 군주가 농사지어 먹고, 앞장서서 싸워야만, 민중들도 따라 농사짓고, 싸운다는 것이 된다. 그렇다면 군주는 너무나 위험하고, 신하는 너무나 편안하지 않겠는가. 한편 제(齊)나라 경공(景公)이 **소해(少海)**로 나가 놀았다. 파발(擺撥)이 도성으로부터 급히 달려와 보고하길, '**안영(晏嬰)**의 병세가 심해 위독합니다. 경공께서 늦으실까 걱정입니다.'라고 했다. 경공이 황급하게 일어서는데 '또 다른 파발이 도착'했다.[472]

---

472) '소해(少海)'는, 동쪽 바닷가의 한 지명으로, 발해(渤海)를 지칭하기도 한다. 그리고 '안영(晏嬰)'은, 춘추 말기 사람으로, 관중(管仲)에 이어 두 번째로 이름난 명재상으로, 공자보다 약간 선

이에 경공이 더욱 다급하게 움직이며 말하길, '서둘러 번저(煩且)에 수레를 달고, 마부 한추(韓樞)를 시켜 부리게 하라.'라고 했다. 불과 수백 보를 달려가다 마부가 빨리 부리지 못한다고 여겨 자신이 고삐를 낚아채 버렸다. 불과 수백 보가량 부리다 말이 잘 달리지 못한다고 여겨 수레를 버리고 달려갔다. 번저와 같은 훌륭한 말과 마부 한추 같은 솜씨를 두고도, 수레에서 내려 달려가는 것보다 못하다고 생각한 것이다.

| 16 |

위(魏)나라 소왕(昭王)이 신하가 하는 일을 참견하고 싶어 맹상군(孟嘗君)에게 말하길, '나는 신하의 일을 참견하고 싶다.'고 했다. 맹상군이 말하길, '왕께서 신하가 하는 일을 참견하고 싶다면 시험 삼아 법전을 숙독(熟讀)해 보십시오.'라고 했다. 소왕이 법전 10여 쪽을 읽다 졸음이 오자, '나는 법전을 읽을 수 없다.'고 했다. 대체 몸소 권력을 행사하지 않고, 신하가 할 일을 하고 싶다니, 졸린 것이 마땅하지 않은가.[473]

| 17 |

공자가 말하길, '남의 군주가 된 이는 사발과 같고 민중은 물과 같다. 사발이 모나면 물의 모양도 모나고, 사발이 둥글면 물의 모양도 둥글다.'

배로 알려진 인물이다.
473) '위(魏)나라 소왕(昭王)'은, 애왕(哀王)의 아들로 이름은 속(邀)이다.

고 했다. 한편 추(鄒)나라의 군주가 긴 갓끈 매는 것을 좋아했다. 따라서 측근들도 긴 갓끈을 매게 되어 갓끈 값이 대단히 비싸졌다. 추군이 그것을 걱정해 측근에게 물었다. 측근이 답하길, '군주께서 매기를 좋아하니, 민중들 역시 많이 매기 때문에 비싸진 것입니다.'라고 했다.

그래서 군주가 먼저 그 좋아하는 긴 갓끈을 스스로 잘라 버리고 나오자, 나라 안팎이 모두 긴 갓끈을 매지 않게 되었다. 추나라 군주의 이와 같은 자세는 민중들의 복장 제도를 금할 수 없어 스스로 갓끈을 잘라 버림으로써 민중들에게 시범을 보인 것이다. 이는 자신이 먼저 욕을 봄으로써 민중들에게 다가간 것이다. 한편 숙향(叔向)이 사냥한 짐승을 나눌 때, 공(功)이 많으면 많이 받고, '공이 적으면 적게' 받도록 했다.

| 18 |

한(韓)나라 소후(昭侯)가 신불해(申不害)에게 일러 말하길, '법의 규칙이란 실행하기가 대단히 어렵다.'라고 했다. 신불해가 말하길, '법이란 공(功)을 확인해 상(賞)을 주고, 능력에 따라 관직을 주는 것입니다. 지금 군주께선 법과 규정을 세우고도 측근들 청탁을 들어주고 있습니다. 실행하기 어려운 이유입니다.'라고 했다. 소후가 말하길, '내가 오늘 이후로 법 실행 방법을 알았다. 어찌 청탁을 받아들이겠는가.'라고 했다.

어느 날, 신불해가 종형(從兄)을 벼슬시켜 달라 청원했다. 소후가 말하길, '그대에게 배운 것과 다르다. 그대의 청(請)을 받아들이고 그대의 도(道)를 파기할까, 아니면 그대의 도를 써서 그대 청을 파기할까.'라고 했다. 이에 신불해는 집으로 물러가 죄줄 것을 청했다. 한편 진(晉)나라 문공(文公)이 원(原)을 치면서, 병사들과 10일 안에 끝내겠다고 약속하고 식량을 10일분만 준비했다. 하지만 기한 내, 원을 정복하지 못했다.

그래서 퇴각 명령의 의미를 담고 있는 종(鐘)을 치고 철수하려 했다. 이때 원(原)의 성안으로부터 탈출한 병사가 말하길, '원(原)은 앞으로 3일 안에 함락될 것입니다.'라고 했다. 신하들과 측근들이 말하길, '대체로 원(原)은 식량이 떨어지고, 싸울 힘도 없습니다. 군주께서는 조금만 더 기다려 보시지요.'라고 했다. 이에 문공은, '나는 병사들과 이미 10일의 기한을 정했다. 철수하지 않으면, 이는 신의(信義)를 잃는 것이다.'

'원(原)을 얻기 위해 신의를 저버리는 일을 나는 하지 않겠다.'라고 했다. 그리곤 돌아갔다. 원 사람이 듣고 말하길, '군주가 저렇게 신의가 두터운 데 귀의하지 않을 수 있겠는가.'라고 했다. 바로 문공에게 항복했다. 위(衛)의 사람들도 듣고 말하길, '군주가 저렇게 신의가 두텁다면 따르지 않을 수 없다.'고 하고, 바로 문공에게 항복했다. 공자가 이를 듣고 말하길, '원을 쳐서 위(衛)까지 얻은 것은 신의 때문이다.'라고 했다.

| 19 |

문공(文公)이 **기정(箕鄭)**에게 묻기를, '기근(飢饉)을 구제하려면 어찌해야 하는가.'라고 했다. 답하길, '신의(信義)를 반드시 지켜야 합니다.'라고 했다. 문공이 묻길, '어떤 신의인가.'라고 했다. 답하길, '관직 이름의 신의입니다. 이름을 신뢰하면, 신하들이 직분을 지키고, 아래위 분수에 알맞으

며, 매사 일을 게을리하지 않습니다. 즉 일에 믿음이 가면, 농사일의 시기를 놓치지 않고, 민중은 일을 게을리하지 않습니다.'[474]

도의(道義)에 신의가 있으면 가까이 있는 이는 힘써 일하고, 멀리 있는 이는 귀의(歸依)하게 됩니다.'라고 말했다. 한편 오기(吳起)가 밖에 나갔다 옛 친구를 만나 함께 식사하자고 했다. 친구가 말하길, '좋다. 금방 돌아오겠다.'고 했다. 오기가, '자네가 오면 함께 식사하겠다.'고 했다. 오기는 해가 지도록 친구가 오지 않자 굶었다. 이튿날 아침, 사람을 시켜 친구를 찾아오게 했다. 친구가 오자, 비로소 '함께 식사'했다.

위(魏)나라 문후(文侯)가 사냥터를 관리하는 우인(虞人)과 사냥을 하기로 약속했다. 이튿날 공교롭게도 강풍이 불자, 측근이 말렸다. 문후가 듣지 않고 말하길, '안 된다. 바람이 강하다는 이유로 신의(信義)를 잃는 일을 나는 하지 않겠다.'고 했다. 마침내 거센 바람을 무릅쓰고 스스로 수레를 몰고 달려가 우인들을 쉬게 했다. 한편 증자(曾子)의 아내가 시장에 가는데 아들이 따라오며 울었다. 어머니가 이 같이 말했다.

'너는 돌아가거라. 돌아와서 너를 위해 돼지를 잡겠다.'고 했다. 증자의 아내가 돌아왔을 때, 증자가 돼지를 잡아 죽이려 했다. 아내가 그것을 말리면서, '단지 아이를 달래려 장난으로 한 말일 뿐입니다.'라고 했다. 증자가 말하길, '어린아이는 아는 것이 없어요. 부모를 의지해 배우기 때문에 부모의 가르침은 무엇보다 중요합니다. 만일 부모가 되어 자식을 속인다

---

474) '기정(箕鄭)'은, 문공(文公)을 섬긴 진(晉)나라의 대부(大夫)다.

면, 이는 마치 자식에게 속임수를 가르치는 꼴이 되지요.'

'특히 어머니가 자식을 속이면, 후일 어머니를 믿지 않게 되는 것이니, 이는 가르침이라 할 수 없습니다.'라고 했다. 그리곤 돼지를 잡아 삶았다. 한편 초(楚)나라의 여왕(厲王)은 경계(警戒)로 북을 쳐 민중과 함께 방비했다. 술에 취해 잘못 북을 쳐 민중이 크게 놀랐다. 민중들에게 말하길, '술에 취해 장난하다 잘못 쳤다.'고 해명했다. 민중이 모두 파(罷)했다. 몇 달 있다 '경계로 북을 쳤으나, 민중이 달려오지 않았다.'

이에 명령을 거듭 내려 분명히 전한 다음에야 민중이 그것을 믿게 되었다. 한편 이회(李悝)가 좌우 군문(軍門)의 병사들에게, '엄격하게 경계하라. 적군이 곧 다가와 그대들을 칠 것이다.'라고 했다. 이처럼 여러 번 했으나 적은 오지 않았다. 좌우 군문의 병사들은 기강이 해이해지고, 이회의 말을 믿지 않았다. 몇 달 지나 진(秦)나라 군대가 습격해 와서 그 군대가 거의 전멸하기에 이르렀다. 이것은 '믿지 않았던 재앙'이다.

일설에 따르면, 이회(李悝)가 진(秦)의 군대와 싸웠다. 왼쪽 군문의 병사들에게 말하길, '속히 올라가라. 오른쪽 병사들은 벌써 올라갔다.'고 했다. 또 달려가 오른쪽 군문에 이르러 말하길, '왼쪽 병사들은 벌써 올라갔다.'고 했다. 좌우 군문의 병사들이 말하길, '올라가자.'고 하고는 모두들 다투어 올라갔다. 그다음해에 진의 군대와 싸웠다. 진군에게 습격당해 군대가 전멸하기에 이르렀다. 이것은 '믿지 않았던 재앙'이다.

서로 다투는 이들이 있었다. 자산(子産)이 따로 떼어 놓아 말을 서로 통할 수 없게 했다. 그리고 그 말을 역으로 일러 일의 진상을 알아냈다. 한편 위(衛)의 **사공(嗣公)**이 사람을 시켜 거짓으로 관문을 통과하게 했다. 관문지기가 그를 꾸짖자, 돈으로 관문지기에게 사정을 했다. 이에 보내줬다. 사공이 말하길, '그대는 돈을 받고 객을 통과시켜준 일이 있다.'고 했다. 관문지기가 놀라면서 사공이 잘 살펴볼 줄 안다고 여겼다.[475]

---

475) '사공(嗣公)'은, 위(衛)나라 평후(平侯)의 아들이다.

제33장 외저설 좌하(外儲說左下)

저(儲)는 저축의 뜻이고, 설(說)은 설명을 위한 사례들이다. 즉 군주에게 의견을 진술하기 위한 일종의 자료집이다. 여기에 들어 있는 설화 내용은 모두 법술사상으로 일관되어 있다. 외저설이란 내저설(內儲說)에 대(對)한 것으로, 좌하(左下)는 전체를 편의상 좌우(左右) 2장으로 나누고, 또 그것을 상하(上下)로 나눈 4장 가운데 제2장이란 뜻이다. 내저설과 마찬가지로 경(經)과 전(傳)으로 구성되어 있다. 참고로 여기서도 전(傳)의 내용은 읽기 쉽게 옮긴이가 적절히 배분했음을 일러둔다.

경(經)

| 01 |

죄를 가지고 벌을 받으면 위[上]를 원망하지 않는다. 발 잘린 이가 **자고(子臯)**를 살려줬다. 공로를 가지고 상을 받으면 신하가 군주의 은덕이라 생각하지 않는다. 적황(翟璜)은 **우계(右契)**를 손에 든 것처럼 하고 수레에 올랐다. 양왕(襄王)은 몰랐기 때문에 소묘(昭卯)가 오승(五乘)을 받아도 짚신 신은 것처럼 여겼다. 위가 임용을 올바로 하고, 신하가 재능을 속이지 않으면 신하들은 저 **소실주(少室周)**와 같이 될 것이다.[476]

| 02 |

군주는 자신의 세(勢)에 의지하고, 신하의 신의를 믿어선 안 된다. 제나라 **동곽아(東郭牙)가 관중(管仲)을 비판**했다. 군주는 자신의 술(術)에 의지하고, 민중의 신의를 믿어선 안 된다. **혼헌(渾軒)이 문공(文公)을 비난**했다. 따라서 술(術)을 갖춘 군주는 상으로 신하들이 능력을 발휘하게 하고, 벌로 사악함을 금하게 한다. 비록 결백하지 않은 사람이라도 능히 쓸 수 있다. 간주(簡主)가 양호(陽虎)를 가신으로 삼은 것이다.[477]

| 03 |

군주와 신하 사이의 도리(道理), 즉 예절을 상실하면, 주나라 문왕(文王)이 스스로 신발 끈을 매고, 존경하는 선군(先君)의 신하임을 자처한 것과 같은 일이 생긴다. 그는 조정(朝廷)에 있을 때나 사저(私邸)에 있을 때나 자

---

476) '자고(子臯)'는, 공자의 제자로, 법집행을 신중히 한 사람으로 유명하고, '우계(右契)'는, 어음과 같은 증표로, 두 조각을 내 좌우 한 쌍씩 지니고 있다 뒤에 맞춰 신표(信標)로 삼는 문서이며, '소실주(少室周)'는, 소실(少室)이 성이고, 주(周)는 이름이다. 자신보다 우수한 이를 인재로 천거한 인물이다.

477) 한비는 덧붙이길, '노나라 애공(哀公)은 공자에게 음악에 능통한 전설적인 악사(樂士)의 발이 하나였는지 그 진위를 묻기도 했다.'라고 했다. 그리고 '동곽아(東郭牙)의 비판'은, 제나라 환공이 관중에게 나라를 다스리도록 일임한 것을 비판한 것이고, '진(晉)나라 대부, 혼헌(渾軒)이 문공(文公)을 비난한 것'은, 진나라 문공이 대부 기정(箕鄭)에게 신뢰를 보낸 것에 반대한 것이다.

신의 행동거지를 조금도 바꾸지 않았다. 노(魯)나라의 실권자 계손씨(季孫氏)는 이 문왕의 평소 몸가짐을 그대로 흉내 내 시종일관(始終一貫) 근엄한 모습을 보이다가 '오히려 죽임'을 당하고 말았다.

| 04 |

금(禁)해야 할 것을 이익이 된다 하고, 이익이 되는 것을 금하면 비록 신(神)이라도 행할 수 없다. 처벌할 사람을 칭찬하고, 상 받을 사람을 헐뜯으면 비록 요(堯)임금이라도 다스리지 못한다. 무릇 문을 만들어 놓고 들어가지 못하게 하고, 이익이 되는 것을 마련해 놓고 나아가지 못하게 하면 혼란을 일으키는 원인이 된다. 제군과 위군이 신하들의 형편을 살폈다면 거(鋸)가 돈 쓰지 않고 잔(屛)도 옥을 쓰지 않았을 것이다.[478]

서문표(西門豹)가 다시 업(鄴) 땅을 다스리고 싶다고 청한 사례를 통해 측근들이 군주를 움직였음을 알 수 있다. 이는 마치 도적의 자식이 갖옷을 자랑하고, 발 잘린 이의 자식이 그 아비 바지를 좋다고 하는 것과 같다. **자작(子綽)이 두 손으로 그림을 그리고,** 생선으로 파리를 쫓는 것과 같다. 제나라 환공(桓公)이 벼슬 구하는 이가 많은 것을 근심하지 않고, 선왕(宣王)이 말[馬] 마르는 것을, 걱정하지 않을 수 있겠는가.[479]

---

478) 제나라 군주[齊侯]가 측근의 청을 물리치고, 위나라 군주[魏主]가 칭찬하는 말을 물리치며, 여러 신하들의 형편을 비춰볼 수 있었다면, 거(鋸)가 돈을 들이지 않고, 잔(屛)이 옥을 쓰지도 않았을 것이란 뜻이다. 여기서 '거(鋸)'는, 제나라의 유명한 거사(居士)이고, '잔(屛)'은, 위나라의 유명한 거사(居士)다.
479) '자작(子綽)이 두 손으로 그림을 그리는 것'은, 한손은 네모, 한손은 동그라미를 그린다는

신하가 겸손과 검약을 선행으로 여기면, 작록(爵祿)은 포상의 효용을 능히 드러낼 수 없게 된다. 신하가 은총(恩寵)과 광영(光榮)을 뽐내면서 절도를 잃으면, 군주의 이익을 침해하고 핍박하게 된다. 대표적인 예로 초나라 대부 **묘분황(苗賁皇)**이 헌백(獻伯)을 비난하고, 공자가 안영(晏嬰)을 비판한 일화다. 공자는 관중(管仲)과 손숙오(孫叔敖)를 비판하면서, 관중은 너무 사치하고, 손숙오는 '너무 검소'해 위협적이라 했다.[480]

양호(陽虎)가 가신을 천거한 것을 두고, 조간자가 직접 신하들을 응대한 것은 군주의 술(術)을 잃어버린 것이다. 신하들이 무리를 지어 사적 이익을 도모하면 군주는 고립된다. 신하들이 공정하게 천거하고, 아랫사람들이 붕당하지 않으면 군주는 밝게 살필 수 있다. 양호도 조무(趙武)의 현명함과 해호(解狐)의 공정을 본받으려 했으나, **조앙(趙鞅)**은 탱자나무의 가시처럼 여겼으니 이는 '사람을 다스리는 근본'이 아니다.[481]

것으로, 그림이 될 수 없음을 뜻한다.

480) '묘분황(苗賁皇)'은, 초나라의 대부(大夫)인 투월초(鬪越椒)의 아들로, 투월초에서 난이 일어났을 때, 중원의 진(晉)나라로 망명해 묘(苗)땅을 식읍으로 받은 인물이고, '헌백(獻伯)'은, 우(盂)땅을 식읍으로 가진 대부(大夫)다.

481) 조간자(趙簡子) 조앙(趙鞅)은 춘추시대 인물로, 진(晉)나라 경(卿)이고, 시호(諡號)가 조간자(趙簡子)다. 또한 조양자(趙襄子)의 아버지이기도 하다.

| 06 |

공실(公室)의 권위가 떨어지면 신하들은 진언(進言)을 꺼리게 되고, 사적인 행동이 기승을 부리면 공적(功績)이 적어진다. 대표적인 사례로 진(晉)의 범문자(范文子)가 직언하자, 부친인 무자(武子)가 매를 들고, 정자산(鄭子産)이 진심으로 간했으나 **자국(子國)**이 화를 내며 꾸짖은 일이 있다. **양거(梁車)**가 법을 적용하자 **성후(成侯)**가 관인을 회수하고, 관중(管仲)이 공정히 하자 **봉인(封人)**이 그를 원망하며 비방을 했다.[482]

전(傳)

| 01 |

공자가 위(衛)에서 재상이었을 때 제자인 **자고(子臯)**가 법관이 되어 죄인의 발을 잘랐다. 발 잘린 사람은 성문을 지켰다. 사람들 가운데 위나라 군주에게 공자를 헐뜯는 이가 있어 말하길, '공자가 반란을 일으키려 합니다.'라고 하자, 위나라 군주가 공자를 잡아들이려 했다. 이에 공자는 달아나고 제자들도 모두 도망쳤다. 자고는 뒤늦게 성문을 나가려 하는데, 발 잘린 이가 그를 인도해 문아래 방 속으로 도피시켰다.[483]

---

482) '자국(子國)'은, 자산의 아버지를 가리키고, '양거(梁車)'는, 조나라 업(鄴) 땅의 현령(縣令)을 말하며, '성후(成侯)'는, 전국시대 초기에 활약한 조나라 군주다. 그리고 '봉인(封人)'은, 제후들의 봉강(封疆) 변경을 지키는 관리를 말한다.
483) '자고(子臯)'는, 공자의 제자로, 법집행을 신중히 한 사람으로 유명하다.

관리가 뒤늦게 쫓아왔으나 체포하진 못했다. 밤중에 자고가 발 잘린 이에게, '내가 군주의 법령을 어길 수 없어 그대 발을 잘랐다. 이제 그대가 원수를 갚을 때다. 그런데 그대는 무슨 까닭으로 나를 도망치게 하는가. 내가 무엇 때문에 그대에게 덕을 보는 것인가.'라고 물었다. 발 잘린 이가 말하길, '제가 발 잘린 것은 본래 저의 죄(罪)에 마땅한 것으로 어찌할 수 없었습니다. 하지만 공께선 법(法) 집행에 신중했습니다.

저에 대한 재판을 할 때 법령(法令)을 살펴보시고, 앞뒤로 말을 거들어 주셨으며, 저의 죄를 면하게 해주려고 대단히 마음을 쓰셨습니다. 저는 그것을 잘 알고 있습니다. 판결이 나서 죄목이 정해지자, 공께선 애처로워하면서 좋지 않은 기색이 얼굴에 가득했습니다. 그것은 저 개인에 대한 것이 아니라 천성이 어진 마음이어서 본래 그러한 것이었습니다. 이것이 제가 기꺼이 공에게 은덕을 갚는 이유입니다.'라고 했다.

공자가 말하길, '관리 구실을 훌륭하게 하는 이는 덕을 심고, 관리 구실을 잘하지 못하는 이는 원한을 심는다. 개(槪)라는 것은 말을 고르는 것이고, 관리(官吏)라는 이는 법(法)을 고르게 다루는 사람이다. 따라서 나라를 다스리는 이가 공평을 잃어서는 안 된다.'라고 했다. 한편 **전자방(田子方)**이 제(齊)나라에서 위(魏)나라로 갔다. 이때 적황(翟璜)이 수레를 타고 기마병을 거느리며 밖으로 나가는 것을 멀리서 지켜봤다.[484]

---

484) '전자방(田子方)'은, 전국 초기 위(魏)나라 문후(文侯)의 스승으로, 이름은 무택(無擇)이다.

그러면서 전자방은 **문후(文侯)**의 행차로 여겼다. 수레를 옆길로 옮겨 피해 보니 바로 적황이었다. 전자방이 묻기를, '그대가 어떻게 이런 수레를 타는가.'라고 했다. 답하길, '군주께서 중산(中山)을 치려고 도모하실 때 제가 적각(翟角)을 천거해 계획을 이루었습니다. 실제로 칠 때는 악양(樂羊)을 천거해 중산을 함락시켰습니다. 중산(中山) 땅을 얻어 다스리려고 걱정할 때, 이극(李克)을 천거해 중산이 잘 다스려졌습니다.'[485]

| 02 |

진(秦)나라와 한(韓)나라가 위(魏)나라를 치려 할 때, 소묘(昭卯)가 서쪽으로 가서 진(秦)나라와 한(韓)나라를 달래 그만두게 하고, 제(齊)나라와 초(楚)나라가 위(魏)나라를 치려 할 때도 소묘가 동쪽으로 가서 제(齊)나라와 초(楚)나라를 달래 그만두게 했다. 위나라 양왕(襄王)은 그를 오승(五乘)의 장군으로 봉했다. 소묘가 말하길, '백이(伯夷)가 장군의 예우로 수양산 기슭에 묻혔을 때 천하의 사람들이 한마디씩 했습니다.'

"대체 백이(伯夷)의 밝음과 그 높은 인덕(仁德)을 지니고도 장군의 예우로 묻혔으니, 이는 **수족(手足)도 가리지 못한 꼴**이다."라고 말했습니다. 지금 이 소묘(昭卯)가 진(秦)나라와 한(韓)나라, 제(齊)나라와 초(楚)나라 등 4개의 나라 조정에 들어가 설득해 군사를 막았음에도 왕께서는 겨우 오승

---

485) 한비는 덧붙이길, '이런 이유로 군주께서 이 수레를 내려 주셨습니다.'라고 했다. 전자방이 말하길, '은총이 공로에 비해 오히려 박하다.'라고 했다. 그리고 '위(魏)나라 문후(文侯)'는, 현자를 잘 예우한 군주로 유명하다.

(五乘)의 녹(祿)을 주셨습니다. 이것은 공적에 견주어볼 때, 마치 **행전(行纏)**을 차고, 짚신을 신은 것처럼 초라합니다.'라고 했다.[486]

| 03 |

소실주(少室周)란 사람은 예로부터 예의(禮義) 바르고 청렴 강직한 사람으로, 조양주(趙襄主)의 역사(力士)였다. 그런데 중모(中牟)의 서자(徐子)와 힘을 겨루다 패배하자, 안에 들어가 양주에게 서자로 바꾸어 달라고 말했다. 양주가 말하길, '그대의 그 자리는 남들이 선호하는 자리다. 무엇 때문에 서자로 바꾸어 달라고 하는가.'라고 했다. 답하길, '신은 힘으로 군주를 섬기고 있습니다. 이제 서자의 힘이 신보다 강합니다.'

'신이 스스로 바꾸지 않는다면 아마도 다른 사람이 말하게 되어 힐책당할 것입니다.'라고 했다. 한편 일설에 따르면, **소실주가 양주(襄主)의 참승(驂乘)**이 되었다. 그가 진양(晉陽)에 갔을 때 우자경(牛子耕)이란 장사를 만났다. 함께 힘을 겨뤘는데 이기지 못했다. 소실주가 양주에게 말하길, '군주께서 신에게 참승을 시킨 까닭은 신이 힘이 세기 때문입니다. 지금 신보다 힘센 이가 있어 그를 천거하고 싶습니다.'라고 했다.[487]

---

486) '수족(手足)도 가리지 못한 꼴'이란 말은, 매장할 때 시신(屍身)의 손발도 가리지 못할 정도의 박장(薄葬)을 가리키는 것이고, '행전(行纏)'은, 바짓가랑이를 좁혀 보행과 행동을 간편하게 하기 위해 정강이에 감아 무릎 아래에 매는 물건을 말한다.

487) '소실주(少室周)'는, 소실(少室)이 성이고, 주(周)는 이름이다. 자신보다 우수한 이를 인재로 천거한 인물이고, '참승(驂乘)'은, 경호하기 위해 귀인의 수레 곁에 타는 직책이다.

제(齊)나라 환공(桓公)이 장차 관중(管仲)을 **중보(仲父)**로 삼고자 했다. 신하들에게 명하길, '내가 앞으로 관중을 중보로 부르고자 한다. 이에 찬동하는 이는 문으로 들어와 왼쪽에 서고, 찬동하지 않는 이는 문으로 들어와 오른쪽에 서라.'고 했다. 동곽아(東郭牙)가 가운데 문으로 들어와 섰다. 환공이 말하길, '내가 관중을 중보로 삼는데 있어 찬동하는 이는 왼쪽에 서고, 찬동하지 않는 이는 오른쪽에 서라 명을 내렸다.'[488)

'그런데 그대는 무엇 때문에 문 가운데 서 있는가.'라고 했다. 동곽아가 말하길, '관중의 지혜로 능히 천하를 도모할 수 있다고 보십니까.'라고 했다. 환공이 말하길, '능히 할 수 있다.'고 했다. 동곽아가 말하길, '결단력을 가지고 감히 대사를 결행할 수 있다고 보십니까.'라고 했다. 환공이 말하길, '감히 할 수 있다.'고 했다. 동곽자가 말하길, '지혜가 능히 천하를 꾀할 수 있고, 결단력이 감히 대사를 결행할 수 있습니까.'

'그리고 군주께서 국가 권력을 온통 그에게 맡기면 관중의 능력으로 공(公)이란 권세(權勢)를 타서 제나라를 다스리게 되는데, 위험하지 않을 수 있겠습니까.'라고 했다. 환공이 말하길, '그렇겠다.'고 했다. 이에 습붕(隰朋)으로 하여금 안을 다스리게 하고, 관중은 밖을 다스리게 하여 상호 견제하게 했다. 한편 진(晉)나라 문공(文公)이 망명할 때 기정(箕鄭)이 음식 항

---

488) '중보(仲父)'는, 스승을 사부(師父)라 부르는 것처럼, 일종의 미칭(美稱)으로, 관중의 자(字)에 붙인 존칭이다. 참고로 부(父)가 존칭으로 사용될 때는 '보'로 발음한다.

아리를 들고 따랐다. 헤매다 길을 잃어 문공과 떨어졌다.

이에 기정은 배가 고파 길에서 울었다. 굶주림을 참으면서도 감히 그음식을 먹으려 하지 않았다. 문공이 귀국해 군사를 일으켜 원(原)을 쳐서 함락시켰다. 문공이 말하길, '기정은 배고픈 고통도 참으면서 음식 항아리를 온전히 지켜낸 사람이다. 그가 앞으로 원 땅을 지키면서도 장차 배반하지 않을 것이다.'라고 했다. 그러면서 기정을 원의 장관으로 삼았다. 이에 대부인 혼헌(渾軒)은 '문공의 실책'이라 이르면서 말했다.

'음식 항아리에 마음이 동하지 않았다는 이유로 그가 원 땅을 가지고 배반하지 않으리라 믿는 것은 계책 없는 일입니다. 현명한 군주란 남이 나를 배반하지 않는다고 믿지 않고, 내가 배반당하지 않게 할 것을 믿으며, 남이 나를 속이지 않는다고 믿지 않고, 내가 속임을 당하지 않게 할 것을 믿습니다.'라고 했다. 한편 양호(陽虎)는, '군주가 현명하면 마음을 다해 섬기고, 어리석으면 간특한 일을 꾸며 시험한다.'고 했다.

그는 노(魯)에서 내쫓기고, 제(齊)에서 의심받아 조(趙)로 갔다. 조의 **간주(簡主)**가 그를 재상으로 삼았다. 측근들이 말하길, '**양호**는 남의 나라 정권을 잘 훔치는데 무슨 이유로 재상으로 삼습니까.'라고 했다. 간주가, '양호는 취하려 애쓰지만 나는 지키려 애쓴다.'고 답했다. 마침내 술(術)을 부려 그를 제어했다. 양호는 감히 실책하지 않고 성실하게 간주를 섬겨 군주의 위력을 강하게 일으키고, 패자(霸者)에 이르게 했다.[489]

---

489) 간주(簡主)는 조간자(趙簡子), 즉 양자(襄子)의 아버지를 가리킨다. 그리고 '양호(陽虎)'는 노

　노(魯)나라 애공(哀公)이 공자에게, '내가 듣기로 옛날에 발이 하나인 기(夔)라는 이가 있다고 한다. 과연 발이 하나인 사람이 정말 있는가.'라고 물었다. 공자가 답하길, '아닙니다. 기는 발이 하나가 아니었습니다. 기라는 이는 화를 잘 내고 심성(心性)이 나빠 사람들이 그리 좋아하지 않았습니다. 비록 그렇더라도 남에게 해(害)를 입지 않고, 면할 수 있었던 것은 신의(信義)가 있었기 때문입니다. 사람들은 모두 말합니다.'

　"이 한 가지 점만이 족하다."고 했습니다. **기(夔)**는 발이 하나가 아니라 하나로 족한 것이었습니다.'라고 말했다. 이에 애공이 말하길, '정말 그렇다면 본래 충분한 것이다.'라고 했다. 한편 일설에 따르면, 애공(哀公)이 공자에게, '내가 듣기로 기(夔)의 발이 하나라 하는데 정말인가.'라고 물었다. 답하길, '기는 사람입니다. 사람이 어째서 발이 하나겠습니까. 그는 다름이 아니라 오로지 음악(音樂)에만 통달한 사람입니다.'[490]

　'요(堯)가 말하길, "기는 한 가지만으로 족하다."고 하고, 그를 악정(樂正)으로 삼았습니다. 여기서 군자가 말하길, "기는 한 가지가 있어 충분하다."고 했습니다. 발이 하나가 아니었습니다.'라고 했다. 한편 문왕(文王)이 숭(崇)을 칠 때, 봉황(鳳凰)의 언덕에 이르러 신발 끈이 풀려서 몸소 묶었다. 태공망(太公望)이 말하길, '어찌하여 직접 묶는 것입니까.'라고 했다.

(魯)나라의 실권자인 계손씨(季孫氏) 가신 중의 실력자로, 『논어(論語)』에선 「양화(陽貨)」로 나온다.
490) '기(夔)'는, 순(舜)임금 때 음악을 관장하던 악정(樂正)으로 전해지는 인물이다.

문왕이 말하길, '상등의 군주 주변은 모두가 스승이다.'

'중등의 군주 주변은 모두가 친구이며, 하등의 군주 주변은 모두 부리는 사람일 것이다. 지금은 모두가 선왕 때의 신하들이기 때문에 시킬 수 없다.'라고 했다. 한편 일설에 따르면, 진(晉)나라 문공(文公)이 초(楚)와 싸울 때 황봉(黃鳳)의 언덕에 이르러 신발 끈이 풀려 몸소 그것을 매었다. 측근들이, '사람을 시켜선 안 됩니까.'라고 물었다. 문공은, '내가 듣기로 상등의 군주와 자리를 함께하는 사람은 모두가 존경받는다.'

'중등의 군주와 자리를 함께하는 사람은 모두가 친애하고, 하등의 군주와 자리를 함께하는 사람은 모두가 경멸한다. 내가 비록 어리석다 하더라도 선왕 때 사람들이 모두 곁에 있기 때문에 시키기 어렵다.'고 한 것이다. 한편 **계손(季孫)이 양사(養士)를 좋아해** 근엄한 표정으로 거동하고, 옷차림도 항상 조정에 있는 것처럼 했다. 그럼에도 계손은 종종 실수를 저질렀기 때문에 객(客)들이 자신을 업신여긴다고 생각했다.[491]

이에 서로 원한을 품다 마침내 계손을 죽였다. 이처럼 군자는 도(道)를 넘지 말아야 하고, 극단에 이르지 말아야 한다. 한편 일설에 따르면, **남궁경자(南宮敬子)**가 **안탁취(顏涿聚)**에게, '계손(季孫)은 공자의 제자들을 거느렸고, 조정의 예복 차림으로 자리를 함께하는 이들이 수십 명이나 되었

---

491) 앞의 경(經) |03| 단락에선 계손(季孫)이 주나라 '문왕의 몸가짐'을 흉내 내 시종일관(始終一貫) 근엄한 모습을 보이다 '죽임'을 당했다고 했는데, 여기선 계손(季孫)이 '양사(養士)의 몸가짐'을 흉내 내 근엄한 표정으로 거동하다 결국 죽임을 당하는 것으로 나온다.

음에도 적을 만난 것은 무엇 때문인가.'라고 물었다. 안탁취가 답하길, '옛날 주(周)의 성왕(成王)은 배우나 악사들을 가까이했다.'[492]

'기분을 이렇게 풀었으나 그러나 정사(政事)만은 군자들과 함께 의논해 결단했다. 이것으로 그 바람을 천하에 이룰 수 있었다. 지금 계손은 공자의 제자들을 거느리고 조정의 예복 차림으로 자리를 함께하는 이들이 수십 명이나 되면서도 악사(樂士)들과 함께 정사(政事)를 결단했기 때문에 적(敵)을 만나게 된 것이다. 그러므로 이르길, "함께 있는 이에게 달려 있지 않고, 함께 도모하는 이에게 달려 있다."고 한다.'라고 했다.

| 06 |

공자가 노(魯)나라 애공(哀公)을 모시고 앉았다. 애공이 복숭아와 수수를 내려주었다. 애공이 들어보라고 권했다. 공자는 수수를 먼저 먹고, 다음에 복숭아를 먹었다. 측근들이 모두 입을 가리고 웃었다. 애공이 말하길, '수수는 먹는 것이 아니라, 그것으로 복숭아를 닦는 것이다.'라고 했다. 공자가 답하길, '저도 그것을 알고 있습니다. 하지만 수수는 오곡(五穀) 가운데 장(長)이고 선왕의 제사에 최상의 제물로 씁니다.'

'과실은 6종류가 있으나 복숭아는 아래 질이라 선왕의 제사 때 묘당에 들여놓지 않습니다. 제가 듣기로 군자는 천한 것으로 귀한 것을 씻는다

---

492) '남궁경자(南宮敬子)'는, 노(魯)나라 귀족으로, 공자의 제자다. 이름은 남궁경숙(南宮敬叔)이고, '안탁취(顏涿聚)'는, 공자의 가르침을 받고, 제(齊)나라로 가서 벼슬한 사람이다.

고 하지, 귀한 것으로 천한 것을 씻는다는 말은 듣지 못했습니다. 지금 오곡 가운데 장으로 과실 중에서도 하찮은 것을 씻는다면 이는 위로부터 아래를 씻는 일이 되는 것입니다. 저는 의(義)를 방해하는 일이라 생각해 감히 종묘 제물보다 먼저 할 수 없었던 것입니다.'라고 했다.

| 07 |

간주(簡主), 즉 조간자가 측근에게 일러 말하길, '수레의 깔개가 너무 화려하다. 무릇 관(冠)은 비록 허술하더라도 반드시 머리에 쓰게 되어 있고, 신발[삼으로 만든 고급]은 비록 귀하더라도 반드시 발에 신는 것이다. 지금 수레의 깔개가 이처럼 화려하니, 나는 앞으로 어떤 신발을 신고 이를 밟아야 하겠는가. 무릇 아래의 것을 아름답게 하기 위해 위의 것을 문질러 닳게 하는 것은 예의(禮義)를 해치는 근본이다.'라고 했다.

| 08 |

비중(費仲)이 주(紂)를 설득하길, '서백(西伯) 창(昌)은 현자(賢者)라 민중이 그를 좋아하고, 제후들도 지지를 보내고 있습니다. 따라서 죽이지 않을 수 없습니다. 그를 죽이지 않으면 반드시 은(殷)의 우환이 될 것입니다.'라고 했다. 주(紂)가 말하길, '그대 말을 들어보면 창(昌)은 의로운 군주다. 어찌 죽일 수 있겠는가.'라고 했다. 비중이 말하길, '관(冠)은 아무리 구멍이 뚫리고 낡았어도 반드시 머리에 쓰는 것입니다.'

'그리고 신발은 아무리 아름다워도 반드시 땅을 밟게 되어 있습니다.

지금 창은 신하이지만 의(義)를 닦아 민심이 그에게로 기울어져 있습니다. 끝내 천하의 우환이 되는 것은 창일 것입니다. 따라서 군주가 신하를 죽이는 것은 잘못이 아닙니다.'라고 했다. 주(紂)가 말하길, '무릇 인의(仁義)라 하는 것은 위가 아래에 권하는 것이다. 지금 창(昌)은 인의를 좋아하고 있다. 그를 죽인다는 것은 옳은 일이 아니다.'라고 했다.[493]

| 09 |

제(齊)나라 선왕(宣王)이 광천(匡倩)에게, '유자(儒者)는 장기를 두는가.'라고 물었다. 광천이 답하길, '하지 않습니다.'라고 했다. 선왕이, '왜 그런가.'라고 물었다. 광천이 답하길, '장기를 둘 때 올빼미 말[梟]을 소중히 하다가 이길 경우는 반드시 올빼미 말을 버립니다. 올빼미 말을 버린다는 것은 바로 소중히 하던 것을 버리게 되는 것입니다. 이 때문에 유자는 의(義)를 해친다고 여겨 장기를 두지 않는 것입니다.'라고 했다.

이에 선왕이 말하길, '유자는 주살로 새를 잡는가.'라고 했다. 광천이 답하길, '하지 않습니다. 주살이란 아래로부터 위에 있는 것을 해치게 되어 있습니다. 이는 아래로부터 군주를 해치는 것과 같습니다. 유자는 의(義)를 해친다고 여겨 주살로 새를 잡지 않습니다.'라고 했다. 선왕이, '유자는 거문고를 타는가.'라고 물었다. 답하길, '하지 않습니다. 무릇 거문고는 가는 줄로 큰 소리를 내고 굵은 줄로 작은 소리를 냅니다.'

---

493) 이처럼 비중(費仲)은 3번이나 설득했으나 주(紂)는 받아들이지 않았다. 결국 은(殷)나라는 이렇게 망했다.

'이는 크고 작은 차례를 바꾸고, 귀천(貴賤)의 자리가 바뀌는 것입니다. 유자는 의(義)를 해친다고 여겨 타지 않습니다.'라고 했다. 선왕이 말하길, '그렇겠다.'고 했다. 이에 공자가 말하길, '민중을 아래인 대신에게 아첨하도록 시키기보단 차라리 민중을 군주에게 아첨하도록 시키는 것이 더 낫다.'고 했다. 한편 거(詎)는 제(齊)의 처사고, 잔(孱)은 위(魏)의 처사였다. 제나라와 위나라의 군주들은 눈이 어두워 정사를 몰랐다.

즉 군주들이 정사(政事)를 직접 챙기지 못하고, 측근들의 말을 주로 받아들였다. 그래서 거(詎)와 잔(孱) 두 사람은 돈과 벽옥을 써서 벼슬을 구했다. 한편 **서문표(西門豹)**가 업(鄴)의 장관이었을 때, 청렴하고 결백하며, 근면 성실하여 털끝만큼도 사리(私利)를 취하지 않았다. 당연히 군주의 측근들을 소홀하게 대했음은 물론이다. 그래서 측근들이 함께 그를 미워했다. 1년 있다 연말 보고 때 **군주가 관인을 거두어들였다.**[494]

서문표가 자청해서 말하길, '제가 이전엔 업(鄴) 땅 다스리는 방법을 알지 못했으나 이제야 그것을 터득했습니다. 원컨대 관인을 다시 주시면, 한 번 더 업 땅을 다스리고 싶습니다. 당치 않으시다면 참형에 처해 주십시오.'라고 했다. 문후(文侯)가 차마 보지 못하고 다시 관인을 내주었다. 서문표는 민중들로부터 엄하게 거둬들여 부지런히 측근들을 섬겼다. 다시

---

494) '서문표(西門豹)'는, 전국 초기, 위(魏)나라 문후(文侯)를 섬긴 현신(賢臣)이다. 또한 업(鄴) 땅의 관개(灌漑)를 성공적으로 이끈 인물이기도 하다. 그리고 '군주가 관인(官印)을 거두어들였다'는 말은, 임관 표시로 내려준 관인을 회수함으로써 면직(免職)되었음을 뜻한다.

1년이 되어 연말 보고 때 문후가 마중 나와 허리를 굽혔다.

　서문표가 말하길, '지난해 군주를 위해 업(鄴) 땅을 다스렸는데 관인을 회수했습니다. 지금은 측근들을 위해 업(鄴) 땅을 다스리자, 제게 허리를 굽히십니다. 이런 형국에선 더 이상 다스릴 수 없습니다.'라고 했다. 마침내 관인을 반납하고 떠나려 하자, 문후가 그것을 받지 않고 말하길, '내가 지난해는 그대를 몰랐으나 지금은 잘 알고 있네. 그대가 힘써 나를 위해 다스려 주길 바라네.'라고 했다. 관인을 끝내 받지 않았다.

| 10 |

　제(齊)나라에 **좀도둑** 자식과 **지체장애인** 자식이 서로 놀다 자랑을 했다. 좀도둑 자식이, '우리 아버지 가죽옷은 꼬리가 달려 있다.'고 하자, 지체장애인 자식은, '우리 아버지 바지는 겨울에도 떨어지지 않는다.'고 했다. 한편 자작(子綽)이 말하길, '사람이란 왼손으로 네모꼴을 그리면서 오른손으로 동그라미 모양을 그릴 순 없다. 고기로 개미를 털어내면 더욱 몰려들고, 생선으로 파리를 쫓으면 더욱 모여든다.'라고 했다.[495]

| 11 |

　환공(桓公)이 관중(管仲)에게 일러 말하길, '관직 자리는 적고, 구하는 사

---

[495] '좀도둑'은 개가죽을 머리에 쓰고 몰래 들어가는 도둑이고, '지체장애인'은 죄를 지어 발을 잘린 절름발이를 뜻한다.

람은 많다. 그것이 걱정이다.'라고 했다. 관중이 말하길, '군주께선 측근들의 청탁을 물리치십시오. 능력에 따라 봉록을 주고, 업적을 기록하여 관직 자리를 준다면, 감히 벼슬을 구하진 않을 것입니다. 군주께서 무엇을 걱정하십니까.'라고 했다. 한편 한(韓)나라 선왕(宣王)이 말하길, '말에게 콩과 곡물을 많이 주는데도 마르는 것은 무엇 때문인가.'

'나는 그것이 걱정이다.'라고 했다. 주시(周市)가 답하길, '말[馬]에게 콩과 곡물을 많이 먹인다고 하는데, 혹 겉으로만, 즉 말로만 많이 주고, 실제론 적다면 마르지 않을 수 없습니다. 마부를 시켜 곡물을 충분히 먹이게 하면 반드시 살이 찔 것입니다. 군주께선 실제 상황을 확인하지 않고, 앉아서 걱정만 하니 말이 살찌지 않는 것입니다.'라고 했다. 한편 환공(桓公)이 관리들의 임명(任命)에 관해 관중(管仲)에게 물었다.

관중이 말하길, '소송 판결을 명확히 하고, 재물에 관심이 없어 결백하며, 인정(人情)에 잘 통하기론 현상(弦商)이 최고입니다. 바라건대 그를 세워 **대리(大理)**로 삼으십시오. 당(堂)을 오르내리며 공손히 인사하고 예의 범절에 밝아 손님 접대 잘하기론 습붕(隰朋)이 최고입니다. 바라건대 그를 세워 **대행(大行)**으로 삼으십시오. 풀덤불을 개간해 고을을 만들고, 농토를 넓혀 곡식 생산을 잘하기론 **영척(寧戚)**이 최고입니다.'[496]

---

496) '대리(大理)'는, 형옥을 관리하는 장관으로, 주(周)나라 때는 대사구(大司寇)로 불렸고, '대행(大行)'은, 지금의 외교장관에 해당한다. 특히 '영척(寧戚)'은, 위나라 출신으로 가난해 소를 키우다 제나라 환공의 눈에 띄어 발탁[대부]된 인물이다.

'바라건대 그를 세워 **대전(大田)**으로 삼으십시오. 삼군(三軍) 모두 진을 치게 하고, 병사들이 죽기를 마치 집으로 돌아가듯 시킬 수 있기론 공자(公子) 성보(成父)가 최고입니다. 바라건대 그를 세워 **대사마(大司馬)**로 삼으십시오. 대면해 엄히 간하기론 동곽아(東郭牙)가 최고입니다. 바라건대 그를 세워 **간관(諫官)**으로 삼으십시오. 제(齊)를 다스림엔 이 5명으로 충분하고, 패왕(覇王)이 되려면 제가 있겠습니다.'라고 했다.[497]

| 12 |

맹헌백(孟獻伯)은 진(晉)나라 재상이었다. 뜰엔 잡초가 나고 문밖엔 가시나무가 자랐다. 식사에 2가지 반찬을 들지 않고, 앉을 땐 방석을 포개지 않으며, 첩에겐 비단옷을 입히지 않고, 집에선 말에게 곡식을 먹이지 않으며, 밖으로 나갈 땐 수레가 따르지 않았다. 숙향(叔向)이 이를 듣고 묘분황(苗賁皇)에게 이야기했다. 분황이 그를 비난하길, '이는 군주가 준 작록(爵祿)을 버리고 아랫사람에게 아부하는 것이다.'라고 했다.

일설에 따르면, 맹헌백(孟獻伯)이 상경(上卿)에 임명되었다. 숙향(叔向)이 축하하러 갔다. 문에 수레 끄는 말이 있었으나 곡식을 먹지 않았다. 숙향이, '그대에게 2마리 말과 2대의 수레가 없으니 어찌 된 일인가.'라고 물었다. 헌백이 말하길, '제가 도성 안의 사람들을 보니, 아직도 굶주린

---

497) '대전(大田)'은, 농업을 관장하는 장관이고, '대사마(大司馬)'는, 군사를 관장하는 장관이며, '간관(諫官)'은, 간언(諫言)하는 부서의 장관을 말한다. 조선시대 때 사간원(司諫院)의 수장인 대사간(大司諫) 같은 지위라 할 수 있겠다.

기색이 보여 말에게 여물을 먹이지 않았습니다. 머리가 흰 사람이 많이 걸어 다니기 때문에 수레 2대를 두지 않았습니다.'라고 했다.

숙향이 말하길, '내가 처음엔 그대의 벼슬을 축하하려 했는데, 이제는 그대의 검소한 것을 축하하네.'라고 했다. 숙향이 밖에 나와 **묘분황(苗賁皇)**에게 제안하길, '나와 함께 헌백의 절검을 축하해 주자.'고 했다. 분황이 말하길, '무슨 축하입니까. 무릇 작록(爵祿)과 기장(旗章)은 공적의 대소를 구분하고, 현(賢), 불초(不肖)를 구별하는 수단입니다. 이는 신분의 등급을 명확히 하는 것입니다. 등급을 두는 이유도 있습니다.'[498]

'진(晉)나라의 국법에 상대부는 2대의 수레와 끄는 말 이승(二乘), 중대부는 2대의 수레와 끄는 말 일승(一乘), 하대부는 오로지 말 일승(一乘)으로 구성되어 있습니다. 또한 무릇 경(卿)이라 하면 반드시 군사에 참여하게 되어 있습니다. 이런 이유로 수레와 말을 잘 정돈하고, 병졸과 기마를 모두 갖추어 싸우는 일에 대비해야 합니다. 유사시(有事時)에 그것으로 대비하고, 평상시에는 그것으로 조정 일을 돕는 것입니다.'

'지금 진(晉)나라의 법도를 어지럽히고, 만일의 사태에 대비하기 위한 방비를 줄여 절검(節儉)을 이루어 개인의 명성(名聲)을 꾀하는 헌백(獻伯)의 검약을 과연 옳다고 할 수 있겠습니까. 또한 무슨 축하입니까.'라고 했다. 한편 관중(管仲)이 제(齊)나라 재상이 되었다. 환공(桓公)에게 말하길, '저의

---

498) '묘분황(苗賁皇)'은, 초나라의 대부(大夫)인 투월초(鬪越椒)의 아들로, 투월초에서 난이 일어났을 때, 중원의 진(晉)나라로 망명해 묘(苗)땅을 식읍으로 받은 인물이다.

지위가 높습니다만 저는 가난합니다.'라고 했다. 환공이 말하길, '그대에 게 **삼귀(三歸)의 곳간**을 갖도록 하겠다.'라고 했다.[499]

관중이 다시 말하길, '저는 부유합니다만 저의 신분은 낮습니다.'라고 하자, 환공은 고(高)씨와 국(國)씨 위에 서게 해주었다. 관중이 말하길, '저 는 귀해졌습니다만 군주와 소원(疏遠)합니다.'라고 하자, 환공은 관중에게 중보(仲父)라 불렀다. 공자가 듣고 관중을 비난하면서 말하길, '사치가 지 나쳐 군주를 핍박하였다.'고 했다. 한편 일설에 따르면, 관중(管仲)이 외출 할 때는 수레에 '붉은색 덮개에 푸른색 가리개'로 둘러쳤다.

북을 울리면서 식사하고, 마당엔 세발솥이 있으며, 곳간엔 삼귀(三歸)의 재물이 있었다. 공자는, '훌륭한 대부(大夫)였지만, 사치가 군주를 위압했 다.'고 말했다. 한편 **손숙오(孫叔敖)**가 초(楚)의 재상이 되었다. **잔거(棧車)**를 암말로 끌게 하고, 현미밥 나물국에 마른 물고기 찬을 들며, 여름엔 갈포 옷, 겨울엔 염소 가죽 옷을 입으며, 얼굴엔 굶주린 기색이었다. 훌륭한 대 부(大夫)였지만 검소함이 아랫사람들을 핍박했다.[500]

---

499) '삼귀(三歸)의 곳간'이란, 조세 징수율로, 세수의 3할에 해당하는 재화를 주겠다는 말이다.
500) '손숙오(孫叔敖)'의 본래 성(姓)은, 위(蒍)고, 이름은 오(敖)다. 『여씨춘추(呂氏春秋)』에 따르면, 초장왕이 조회를 마치고, 근심어린 모습을 보였다. 이에 신하들이 까닭을 묻자, 장왕은, "예로 부터 어진 선비를 스승으로 맞으면 훌륭한 군왕이 되고, 똑똑한 사람을 벗으로 삼으면 처세에 걱정이 없다고 했소. 그런데 조회에 참석한 이들의 말을 들어보면 나보다 못한 수준이니, 어찌 나라의 미래가 걱정되지 않겠소."라고 했다. 이때 마침 기사(期思) 땅에 사는 손숙오가 친척과 마을 사람들을 동원해 대규모 관개공사(灌漑工事)를 시행한 덕에 곡물 생산을 획기적으로 늘렸 다는 소식을 듣게 됐다. 장왕이 바로 그를 부른 뒤 치국방안을 논의했다. 손숙오의 답에 막힘이 없자 크게 기뻐하며 바로 재상으로 임명해 국정을 맡겼다. 그리고 '잔거(棧車)'는, 나무나 대를 얽어서 만든 허술한 수레를 말한다.

양호(陽虎)가 제(齊)나라에서 의심을 받자 조(趙)나라로 달아났다. 간주 (簡主)가 묻기를, '나는 그대가 사람을 잘 길러 낸다고 들었다.'고 했다. 양 호가 답하길, '제가 노(魯)에 있을 때 3사람을 길러 모두 영윤(令尹)이 되었 습니다. 제가 노(魯)에서 죄를 짓게 되자, 모두가 저에 대해 수색했습니다. 제가 제(齊)나라에 있을 때는 3사람을 천거하여 한 사람은 왕의 측근이 될 수 있었고, 한 사람은 현(縣)의 장관이 되었습니다.'

'그리고 한 사람은 **후리(候吏)**가 되었습니다. 제가 죄를 짓게 되자, 왕의 측근이 된 이는 저를 만나 주지 않았고, 현(縣)의 장관이 된 이는 저를 기 다렸다 체포하려 했으며, 후리(候吏)가 된 이는 저를 추적해 국경까지 이 르렀으나 실패하고 돌아갔습니다. 저는 사람을 잘못 길렀습니다.'라고 했 다. 간주가 얼굴을 숙이고 웃으며 말하길, '무릇 귤이나 유자나무를 심은 이는 그것을 먹으면 맛있고, 냄새를 맡으면 향기롭다.'[501]

'반면 탱자나무나 산뽕나무를 심은 이는, 그것이 자라서 사람을 찌른 다. 그러므로 군자는 기르는 일을 신중히 해야 한다.'고 했다. 한편 중모 (中牟)에 현령이 없었다. 진(晉)나라 평공(平公)이 조무(趙武)에게, '중모는 우 리 진(晉)나라의 중심지이고 요충지이며, 한단(邯鄲)으로 가는 관문에 해당 한다. 나는 훌륭한 현령을 두고 싶다. 과연 누가 적합하겠나.'라고 물었 다. 조무가 말하길, '형백자(邢伯子)가 좋겠습니다.'라고 했다.

---

501) '후리(候吏)'는, 빈객(賓客)을 전송하고 맞이하는 아전을 말한다.

평공이 말하길, '형백자는 그대의 원수가 아닌가.'라고 했다. 답하길, '사사로운 감정을 공적인 문 안에 들일 순 없습니다.'라고 했다. 평공이, **중부(中府)**의 장관엔 누가 적합하겠나.'라고 물었다. 답하길, '제 자식이 좋겠습니다.'라고 했다. 여기서 말하길, '외직을 천거할 땐 원수를 가리지 않고, 내직을 천거할 땐 자식이라도 피하지 않는다.'고 했다. 조무가 천거한 이들이 46명이나 되지만, 모두가 '빈객의 자리'에 나갔다.[502]

다시 말해 조무(趙武)가 죽자, 모두 빈객(賓客 : 귀한 손님)의 자리에 앉아 조문한 것은 그가 사적인 은덕을 베풀지 않았기 때문이다. 한편 평공(平公)이 숙향(叔向)에게, '여러 신하들 가운데 누가 훌륭한가.'라고 물었다. 답하길, '조무(趙武)입니다.'라고 했다. 평공이 말하길, '그대의 윗사람이라 지지한다.'고 했다. 답하길, '조무가 서 있을 땐 마치 입은 옷을 감당하지 못하는 것처럼 공손했고 말은 못하는 것처럼 했습니다.'

'하지만 그가 천거한 선비들이 수십 명이나 있어 모두 그의 뜻대로 충성을 다하고 있습니다. 그래서 공실(公室=朝廷)은 그들을 대단히 신뢰하고 있습니다. 더구나 조무는 살아있는 동안에 자기 집은 물론 일족(一族)을 위해 터럭만큼도 이익을 꾀하지 않았고, 죽음에 이르러서도 자식의 미래를 위해 군주나 조정에 전혀 부탁하지도 않았습니다. 저는 감히 그를 현자라 생각합니다. 즉 훌륭하다고 생각합니다.'라고 했다.

---

502) '중부(中府)'는, 왕의 재물을 넣어두는 창고를 말한다.

조나라의 해호(解狐)는 자신의 원수를 간주(簡主)에게 천거해 재상으로 삼게 했다. 그 원수는 이것이 다행히도 자기를 용서한 것으로 여기면서 찾아가 사례하고자 했다. 해호가 곧바로 활의 시위를 당기면서 말하길, '내가 그대를 천거한 것은 공적인 일이다. 그대가 능히 그것을 감당해낼 수 있기 때문이다. 즉 그대를 원수로 대하는 것은 사적인 일이다. 사적인 원한으로 공적인 일에 개입시킬 순 없는 일이다.'라고 했다.

일설에 따르면, 조나라의 해호(解狐)가 형백류(邢伯柳)를 천거하여 상당(上黨) 지방의 장관으로 삼게 했다. 이에 형백류가 해호를 찾아가 사례하며 말하길, '그대가 나의 과오(過誤)를 용서해 주니, 감히 두 번 절하며 인사하지 않을 수 없다.'고 했다. 해호가 말하길, '내가 그대를 천거한 것은 공적인 일이고, 그대에 대한 원한(怨恨)은 사적인 것이다. 그대는 가라. 그대에 대한 원한은 예나 지금이나 다르지 않다.'라고 했다.

정현(鄭縣) 사람이 돼지를 팔고 있었다. 어떤 이가 값을 물었다. 답하길, '길은 멀고 날은 저물었다. 어찌 묻는 말에 답할 겨를이 있겠는가.'라고 했다. 한편 범문자(范文子)는 직언하길 좋아했다. 부친인 범무자(范武子)가 지팡이로 툭 치면서 말하길, '무릇 바른 말하는 사람은 남에게 받아들여지지 않는다. 받아들이지 않으면 자신을 위태롭게 한다. 자신만 위태롭게 할 뿐만 아니라 그 어버이까지 위태롭게 한다.'라고 했다.

| 15 |

정(鄭)나라 **자산(子產)**은 **자국(子國)**의 아들이다. 자산이 정(鄭)의 군주에게 충성하자, 자국이 그를 꾸짖으며 말하길, '무릇 다른 신하들과 달리 홀로 군주에게 충성하면, 그 군주가 현명할 땐 능히 너의 의견을 들어주지만, 현명하지 못할 땐 너의 의견을 들어주지 못한다. 군주가 들어줄지 들어주지 않을지 분명히 알 수 없는데, 너는 벌써 다른 신하들과 동떨어진 모습을 보이고 있다. 이는 위태로움을 자초하는 것이다.'[503]

'자기만 위태롭게 할 뿐 아니라 장차 그 어버이도 위태롭게 되는 것이다.'라고 했다. 한편 양거(梁車)가 새로 **업(鄴) 땅**의 장관이 되었다. 그의 누이가 그를 만나기 위해 찾았을 때는 날이 저물어 성문이 닫힌 후였다. 그래서 누이는 성문을 넘어 들어갔다. 양거는 누이를 월형(刖刑), 즉 누이의 발꿈치를 자르는 벌을 행했다. 이에 조성후(趙成侯)는 그가 무자비(無慈悲)하다고 여겨 관인(官印)을 빼앗고, 장관을 면직시켰다.[504]

| 16 |

관중(管仲)이 포박되어 노(魯)로부터 제(齊)로 보내지는 도중 **기오(綺烏)**의 **봉인(封人)**에게 먹을 것을 구걸했다. 봉인이 무릎을 꿇고 먹이는데 예우가

---

503) '자산(子產)'은, 자국의 아들로, 이름은 공손교(公孫僑)이고, 자산은 자(字)이다. 그리고 '자국(子國)'은, 정(鄭)나라 목공(穆公)의 아들인 공자 발(發)로, 사마(司馬)를 지냈다.
504) '업(鄴) 땅'은, 지금의 하남성 임장현 서쪽으로, 삼국시대 때는 위(魏)나라의 도성(都城)이었다.

정중했다. 그러고 나서 봉인이 관중에게 말하길, '만일 제나라에 등용되면 저에게 무엇으로 보답을 하겠습니까.'라고 했다. 관중이 말하길, '현자를 등용하고, 유능하고 공로가 있는 이를 기용하고자 한다. 내가 무엇으로 그대에게 보답하겠는가.'라고 하자, 봉인이 원망했다.[505]

---

505) '기오(綺鳥)'는, 노(魯)나라와 제(齊)나라의 국경지대에 있던 변경이고, '봉인(封人)'은, 변경을 지키는 사람을 가리킨다.

제34장 외저설 우상(外儲說右上)

저(儲)는 저축의 뜻이고, 설(說)은 설명을 위한 사례들이다. 즉 군주에게 의견을 진술하기 위한 일종의 자료집이다. 여기에 들어 있는 설화 내용은 모두 법술사상으로 일관되어 있다. 외저설이란 내저설(內儲說)에 대(對)한 것으로, 우상(右上)은 전체를 편의상 좌우(左右) 2장으로 나누고, 또 그것을 상하(上下)로 나눈 4장 가운데 제3장이란 뜻이다. 내저설과 마찬가지로 경(經)과 전(傳)으로 구성되어 있다. 참고로 여기서도 전(傳)의 내용은 읽기 쉽게 옮긴이가 적절히 배분했음을 일러둔다.

경(經)

| 01 |

군주가 신하를 다스리는 방법은 3가지가 있다. 첫째, 권세(權勢)로 변화시키지 못하면 제거한다. 사광(師曠)의 대답과 안자(晏子)의 주장은 모두 세(勢)라고 하는 쉬운 방법을 두고 행하기 어려운 길을 따르는 것이다. 이는 맨발로 짐승을 쫓는 것과 같은 우환이다. 우환을 제거할 수 있는 방법

은 자하(子夏)가 『춘추(春秋)』를 해설한 말 속에 있다. '권세를 잘 활용할 줄
아는 사람은 간악한 싹을 빨리 잘라 버린다.'고 한다.

계손(季孫)이 공자를 꾸짖은 것은 세가 자신과 맞선다고 봤기 때문이다.
하물며 군주에게 있어선 두말할 필요도 없다. 이에 태공망(太公望)은 **광율
(狂矞)**을 죽였고, 종들도 기(驥)는 타지 않았다. 사공(嗣公)은 그 이유로 사
슴을 타지 않았고, 설공(薛公)도 그 이유로 두 쌍둥이와 장기를 두었다. 이
것은 이해가 엇갈린다는 것을 알기 때문이다. 따라서 현명한 군주가 신
하 부리는 방법은 까마귀를 길들이는 예로 볼 수 있다.[506]

| 02 |

둘째, 군주는 이해가 집중되는 곳이다. 노리는 이가 많기 때문에 군주
는 모두에게 둘러싸인다. 이런 이유로 호오(好惡)의 기색을 드러내면, 신
하에게 빌미가 되어 군주는 갈피를 못 잡게 된다. 고(告)한 말이 새나가
면, 신하는 간언을 못 해 군주는 신통치 못하게 된다. 이 일화는 신불해
(申不害)가 말한 6가지 삼갈 일, **당이(唐易)**가 주살로 새를 잡은 예에 있다.
그 우환은 국양(國羊)이 잘못을 고쳐 보겠다고 원했던 일이다.[507]

---

506) '계손(季孫)이 공자를 꾸짖은 이유'는, 공자의 제자인 자로(子路)가 계손에 버금가는 권세를
사용했기 때문이다. 그리고 '광율(狂矞)'은, 제나라 동쪽 바닷가에 살던 은자(隱者)로, 신하 되길
거부한 사람이다. 따라서 태공망(太公望) 여상(呂尚)이 그를 죽이면서, 말[馬]이 앞으로 나가지 않
으면, 노비(奴婢)조차 명마인 기(驥)를 타지 않는다고 했다.
507) '당이(唐易)'는, 당이국(唐易鞠) 혹은 당이자(唐易子)로도 불린다.

그리고 선왕(宣王)이 크게 탄식한 사례에서 확인할 수 있다. 또 그것을 명확히 하는 것은 정곽(靖郭)씨가 10개의 귀고리를 바친 일과 서수(犀首)와 감무(甘茂)가 구멍으로 엿들은 일화로 가능하다. **당계공(堂谿公)**은 술(術)을 부릴 줄 알기 때문에 옥으로 만든 술잔에 물을 담았고, 소후(昭侯)는 술(術)을 부릴 수 있는 능력이 있어 홀로 듣고 잠잤다. 이처럼 현명한 군주의 길은 신불해가 '**독단(獨斷)**을 권한 데'서 볼 수 있다.[508]

| 03 |

셋째, 술(術)을 행하지 못하는 것은 이유가 있다. 그 **개를 죽이지 않으면 술[酒]이 쉰다**. 무릇 나라에도 개가 있으며 또 그 측근들은 모두 **군주의 쥐[鼠]**다. 요즈음 군주는 **요(堯)임금이 두 차례나 신하를 죽이고, 장왕(莊王)이 태자를 처벌**했던 결단력이 없으며, 모두 박의(薄疑)의 노모가 채(蔡)나라 노파의 결정에 따르는 것만 같다. 무능한 이를 버릴 줄 알려면 노래 가르치는 방법으로 먼저 재능을 헤아릴 줄 알아야 한다.[509]

---

508) '당계공(堂谿公)'는, 오왕 합려의 동생인 부개(夫槪)의 후손이고, '독단(獨斷)'은, 군주 홀로 판단하는 것을 말한다.

509) 한비는 덧붙이길, '그리고 오기(吳起)는 사랑하는 처를 내쫓고 문공(文公)이 전힐(顚頡)을 참(斬)한 것은 모두 인정(人情)에 거슬리는 일이다. 따라서 남을 시켜 종기를 터뜨리게 할 수 있는 사람은 분명 고통을 잘 참는 사람이다.'라고 했다. 그리고 '개를 죽이지 않으면 술[酒]이 쉰다'는 말은, 술파는 집에 사나운 개가 있으면 술이 잘 팔리지 않아 술이 쉰다는 것이다. 따라서 개를 없애야 한다는 말이고, '군주의 쥐[鼠]'란, 사직(社稷)을 갉아먹는 쥐란 뜻으로, 여기서 사(社)는 군주를 의미한다. 아울러 '요(堯)임금이 신하를 죽였다'는 것은, 요임금의 의견을 반대하는 곤(鯀)과 공공(共工)을 두 번에 걸쳐 죽인 일을 말하고, '장왕(莊王)이 태자를 처벌했다'는 것은, 태자가 법을 어겼기 때문에 의연한 태도로 처벌했다는 뜻이다.

전(傳)

| 01 |

　상(賞)을 주고 칭찬을 해줘도 힘쓰지 않고, 벌(罰)을 주고 헐뜯어도 두려워하지 않으며, 게다가 변함도 없다면 제거해야 한다. 한편 제(齊)나라 경공(景公)이 진(晉)나라에 가서 평공(平公)과 술을 마셨다. 사광(師曠)이 옆에 배석했다. 시작하는 자리에서 경공이 사광에게 정치에 대해 물었다. '**태사(太師)**께선 앞으로 무엇을 가르쳐 주시겠습니까.'라고 했다. 답하길, '군주께서는 민중들에게 은혜를 베풀 따름입니다.'라고 했다.[510]

　술자리가 무르익자, 밖으로 나가려 하면서 또다시 경공이 사광에게 정치에 대해 물었다. '태사께선 앞으로 무엇을 내게 가르쳐 주시겠습니까.'라고 했다. 사광은 같은 답을 했다. '군주께서는 반드시 민중들에게 은혜를 베풀 따름입니다.'라고 했다. 경공이 밖에 나와 숙소로 갈 때 사광이 그를 전송하자, 또 정치에 대해 사광에게 물었다. 사광이 말하길, '군주께서는 반드시 민중들에게 은혜를 베풀 따름입니다.'라고 했다.

　경공이 돌아와 이런저런 생각을 하다 술이 아직 깨기 전, 사광이 일러준 말뜻을 깨달았다. 공자 미(尾)와 공자 하(夏)는 경공의 두 아우로, 제나라의 민심을 크게 얻었다. 집안이 부귀하고 민중들이 좋아하여 공실(公室)

---

510)　'태사(太師)'는, 천자를 보좌하는 삼공(三公) 가운데 하나로, 사광(師曠)을 높여 부른 것이다.

의 위엄과 비슷했다. 이들은 내 자리를 위태롭게 하는 이들이다. 사광이 내게 이르길, "민중들에게 은혜를 베풀어야 한다."고 강조한 것은, '두 아우들과 경쟁해 민심(民心)을 얻으란 뜻'으로 생각한 것이다.

귀국하자 곡식을 방출해 빈민들에게 나눠주고 재화를 풀어 고아와 과부들에게 내려줬다. 곳간엔 묵은 곡식이 없고, 창고엔 남은 재물이 없었다. 궁안의 여자로 시중을 들지 않아도 되는 이는 시집을 보내고, 70이 넘은 노인에겐 **녹미(祿米)**를 주었다. 민중에게 덕을 팔아 은혜를 베풀어 두 아우와 경쟁을 끝냈다. 해가 두 번 바뀌자, 아우들은 밖으로 나갔다. 공자 하는 초(楚)나라로 가고, 공자 미는 진(晉)나라로 갔다.[511]

| 02 |

경공(景公)이 **안자(晏子)**와 함께 **소해(少海)**를 유람했다. 백침대(柏寢臺)에 올라 나라를 둘러보며 말하길, '굉장하다. 넓고 크다. 후세에 누가 이것을 가지게 되려는가.'라고 했다. 안자가 답하길, '전성(田成)씨가 될 것입니다.'라고 했다. 경공이 말하길, '내가 이 나라를 가지고 있는데, 전성씨가 가지게 될 것이란 말은 대체 어째서인가.'라고 물었다. 안자가 답하길, '저 전성씨가 제(齊)나라의 민심을 크게 얻고 있습니다.[512]

---

511) '녹미(祿米)'는, 돌봐주는 부양미(扶養米)를 말한다.
512) '안영(晏嬰=晏子)'은, 춘추 말기 사람으로, 관중(管仲)에 이어 두 번째로 이름난 명재상으로, 공자보다 약간 선배로 알려진 인물이다. 그리고 '소해(少海)'는, 동쪽 바닷가의 한 지명으로, 발해(渤海)를 지칭하기도 한다.

그는 민중들을 대함에 있어, 위로는 작록(爵祿)을 청해 그것을 대신들에게 행사하고, 아래로는 사적으로 말[斗]을 크게 하여 곡식을 빌려주고, 말[斗]을 작게 하여 거두어들입니다. 가령 소 한 마리를 잡으면 한 그릇의 고기만 취하고, 나머지는 사인(士人)들에게 나눠 먹입니다. 한 해에 들어오는 베와 비단을 두 제(制)만 취하고, 나머지는 사인들에게 나눠 입힙니다. 그러므로 시중의 나무 값이 산에서보다 비싸지 않습니다.

또 물고기와 소금, 거북과 자라, 소라와 조개가 바닷가보다 비싸지 않습니다. 군주께선 세(稅)를 엄하게 거두지만 전성씨는 후하게 베풀고 있습니다. 제(齊)나라에 일찍이 큰 기근이 들었을 때 길에 굶어 죽는 이들이 셀 수 없었으나 부자(父子)들은 서로 이끌고 전성씨에게 의탁해 살자는 말을 했습니다. 또한 널리 **진주(秦周)에 사는 민중들**이 다 함께 노래 불러 말하길, "아아, 기장을 따자. 전성자에게로 가서 의탁하자."[513]

『시(詩)』에도 이르길, "비록 덕(德)이 너에게 미치지 않더라도 그것으로 노래 부르고 또 춤추자."고 했습니다. 지금 전성씨가 덕을 베풀어 민중들이 노래를 부르고 춤추는 것은 민중들이 은덕(恩德)에 귀의한다는 뜻입니다. 그래서 "전성씨입니다."라고 한 것입니다.' 경공이 현연(泫然)히 눈물을 흘리면서, '참으로 슬프도다. 내가 나라를 가지고 있는데, 전성씨가 이를 갖는다니, 대체 이 일을 어찌하면 좋은가.'라고 했다.[514]

---

513) '진주(秦周)에 사는 민중들'이란, 제(齊)나라 도성인 임치성의 성문인 진주문(秦周門) 밖의 민중들이 노래했다는 말이다.
514) '현연(泫然)'은, '눈물이 줄줄 흘러있는 상태'를 말한다.

안자가 답하길, '군주께서 무엇을 걱정하십니까. 만일 군주께서 민중을 돌려받길 원하면 현자를 가까이하고, 어리석은 이를 멀리하며, 혼란을 다스려 진정시키고, 형벌을 늦춰주며, 가난한 이를 구제하고, 고아나 과부를 가엾게 여기며, 은혜를 베풀어 부족한 것을 채워 준다면 장차 민중이 군주에게 귀의할 것입니다. 그러면 비록 전성씨 같은 사람이 10명이 된다 하더라도 그들이 군주를 감히 어찌하겠습니까.'라고 했다.

| 03 |

어떤 사람이, '경공(景公)은 권세를 부릴 줄 모르고, 사광(師曠)과 안자(晏子)는 재앙을 물리칠 줄 모른다. 무릇 사냥하는 이가 수레의 안전에 의탁하고, 육마(六馬)의 발을 이용하며, 왕량(王良)이 고삐를 잡도록 하면, 몸이 피로하지 않으면서도 쉽게 짐승을 따라잡을 것이다. 만일 수레의 편리함을 놓아두고, 육마의 발과 왕량의 솜씨를 배제하며, 땅바닥을 달려 짐승을 쫓는다면 비록 **누계(樓季)**라도 따라잡지 못할 것이다.'515)

'하지만 훌륭한 말과 튼튼한 수레를 활용한다면 종[奴]도 여유가 있을 것이다. 국가란 군주의 수레이고, 권세란 군주의 말[馬]이다. 무릇 권세 부리는 자리에서, 멋대로 베푸는 신하를 처벌하지 못하고, 아랫사람과 같은 행동으로 민심을 얻으려 하니, 이는 수레와 말의 편리함을 배제

---

515) '어떤 사람'은, 한비(韓非) 자신을 지칭하고, '누계(樓季)'는, 빨리 달리기로 유명했던 사람으로, 위(魏)나라 문후(文侯)의 동생으로도 전해진다.

하고, 땅바닥을 달리는 것과 같다. 경공은 권세를 부릴 줄 모르고, 사광과 안자는 재앙을 물리칠 줄 모르는 신하라 하는 것이다.'라고 했다.

| 04 |

자하(子夏)가 말하길, '『춘추(春秋)』에 신하가 군주를 살해하고 자식이 아버지를 죽인 일들이 수십을 헤아린다. 모두 하루아침에 쌓인 것이 아닌 점차 쌓여 이른 것이다.'라고 했다. 무릇 간악한 일이란 오랫동안 축적되고, 그것이 축적되면 세력이 강해지며, 세력이 강해지면 능히 살해할 수 있는 것이다. 때문에 현명한 군주는 그것을 일찍 잘라 버린다. 지금 전상(田常)의 난은 조짐이 있었으나 군주가 처벌하지 않았다.

안자(晏子)는 군주로 하여금 권세(權勢)를 해치는 신하를 벌주도록 하지 않고, 군주로 하여금 오히려 은혜만을 베풀게 했기 때문에 간공(簡公)이 화(禍)를 당한 것이다. 그러므로 자하가 말하길, '권세를 잘 유지하는 이는 간악한 싹을 일찍 잘라 버린다.'고 한 것이다. 한편 노나라의 실권자인 계손(季孫)이 노(魯)의 재상일 때, 자로(子路)는 후(郈) 지방의 장관이었다. 노나라에서 5월에 민중을 동원해 긴 수로를 만들었다.

이 공사에 즈음하여 자로는 개인이 받은 봉록인 쌀로 죽을 끓여 오보(五父) 거리에서 수로 일꾼들을 맞아들여 먹였다. 공자가 그것을 듣고 자공(子貢)으로 하여금 가서 밥을 뒤엎고, 그릇을 부수며, '노나라의 군주가 민중을 돌보고 있는데, 그대가 어찌하여 그들에게 밥을 먹이는가.'라고 말하도록 시켰다. 자로가 불끈 성을 내며 팔뚝을 걷어 올리고 들어가서

묻기를, '선생님은 제가 인의를 행하는 것을 미워하십니까.'

'선생님께 배운 것은 인의입니다. 인의란 가진 것을 천하와 함께하며 이익을 똑같이 하는 것입니다. 지금 저의 봉록인 쌀로 민중을 위해 밥 먹이는 일이 옳지 않다고 함은 어째서입니까.'라고 했다. 공자가 말하길, '유(由)는 교양이 없다. 나는 자네가 안다고 여겼는데, 자네는 여기에 미치지 못한다. 자네가 밥을 먹이는 것은 사랑하기 때문이다. 무릇 예란 천자가 천하를 사랑하고, 제후가 그 구역 안을 사랑하는 것이다.'

'그리고 대부는 그 관속을 사랑하고, 사인(士人)은 그 집안을 사랑하는 것이다. 사랑해야 할 한계를 넘는 것을 침범[월권]이라 한다. 지금 노나라 군주가 민중을 돌보고 있음에도 자네가 제멋대로 사랑한다는 것은 바로 침범한 것이다. 이는 무책임한 일이다.'라고 했다. 말이 끝나기도 전에 계손의 사자가 이르러 꾸짖어 말하길, '내가 민중을 동원해 일을 시키는데, 선생이 제자를 시켜 일꾼들에게 밥을 먹이고 있습니다.'

'이는 장차 내 민중을 빼앗으려는 것입니까.'라고 했다. 공자가 수레를 타고 노나라를 떠났다. 공자의 현명함으로도 막지 못한 것을 계손은 군주가 아님에도 군주의 술수를 빌려 아직 나타나지 않은 일을 막아 자로가 사적인 은혜를 베풀 수 없게 하고, 실제로 해가 생길 수 없게 했다. 하물며 군주에게 있어선 말할 것도 없다. 경공(景公)의 권세로 전상(田常)의 침범을 막았더라면 **시해당하는 재앙**은 결코 없었을 것이다.[516]

---

516) '시해당하는 재앙'이란, 제(齊)나라 간공(簡公)이 전성자로부터 시해를 당했다는 말이다.

태공망(太公望) 여상(呂尙)이 주(周)나라 건국을 도운 뒤, 동쪽의 제(齊) 땅을 봉후(封侯) 받았다. 제나라 동쪽 바닷가에 광율(狂矞)과 화사(華士)란 은자가 살았다. 이 두 형제가 주장하길, '우리는 천자(天子)의 신하가 되지 않고, 제후(諸侯)의 벗이 되지 않으며, 농사지어 먹고 우물 파서 마시니, 남에게 바랄 것이 없다. 위로 받은 작위가 없고, 군주가 주는 봉록도 없으니 벼슬할 일이 없고 농사에 힘쓸 뿐이다.'라고 했다.

태공망이 영구(營丘)에 당도하자, 관리를 시켜 그들을 잡아 죽여 최초의 처벌로 삼았다. 주공(周公) 단(旦)이 노(魯)로부터 그것을 듣고 파발마를 띄워, '그 두 사람은 현자다. 오늘 나라를 받고 현자를 죽이다니, 무슨 까닭이냐.'라고 물었다. 이에 태공망이 답하길, '이 두 형제가 주장하길, "우리는 천자(天子)의 신하가 되지 않고, 제후(諸侯)의 벗이 되지 않으며, 농사지어 먹고 우물 파서 마시니, 남에게 바랄 것이 없다."[517]

"위로받은 작위가 없고, 군주가 주는 봉록도 없으니 벼슬할 일이 없고 농사에 힘쓸 뿐이다."라고 했습니다. 그들이 천자의 신하가 되지 않겠다는 것은, 저도 신하로 삼을 수 없는 것입니다. 제후의 벗이 되지 않겠다는 것은, 저도 부릴 수 없는 것입니다. 농사지어 먹고 우물 파서 마시니, 남

---

517) '태공망(太公望)'은, 주(周)나라 왕조의 건국공신이고, '영구(營丘)'는, 제(齊)나라의 도성인 임치(臨緇)에 있는 한 언덕을 말한다.

에게 바랄 것이 없다는 건, 제가 상벌로 권하거나 금할 수 없는 일입니다. 위로 작위가 없으니, 지혜가 있어도 소용이 없습니다.'

'게다가 군주의 봉록도 바라지 않으니, 비록 현명하더라도 저에겐 결코 공(功)이 되지 않습니다. 벼슬하지 않으면 다스릴 수 없고, 일을 맡아 보지 않으면 나라에 충성(忠誠)할 수도 없습니다. 또한 선왕(先王)이 신하와 민중들을 사역(使役)할 수 있던 수단은 작위(爵位)와 봉록(俸祿) 혹은 형(刑)과 처벌(處罰)이었습니다. 지금 이 4가지 것으로도 그들을 족히 부릴 수 없다면, 제가 장차 누구를 위한 군주가 되겠습니까.'

'전장에 나가지 않고도 공명(功名)을 드러내고, 몸소 농사도 짓지 않으면서 명성(名聲)을 얻는 것도 사람을 가르치는 방도가 아닙니다. 여기 말[馬]이 있어, 마치 천리마와 같은 기상이라면 천하의 명마가 될 것입니다. 하지만 그것을 채찍해도 나아가지 않고, 끌어당겨도 꼼짝하지 않으며, 왼쪽으로 가게 해도 움직이지 않고, 오른쪽으로 가게 해도 움직이지 않으면 비록 미천한 종이라도 그 발을 의탁하려 하지 않습니다.'

'종이 그 발을 천리마에 의탁하려는 이유는 천리마가 이(利)를 얻고, 해(害)를 피할 수 있다고 보기 때문입니다. 만일 사람에게 도움이 안 된다면 미천한 종이라도 의탁하지 않습니다. 스스로 세상에서 훌륭한 사람이라고 주장하더라도 군주에게 도움이 안 되고, 행동이 지극히 훌륭해도 군주에게 등용이 안 되면 현명한 군주의 신하가 되지 못하며, 역시 천리마

를 왼쪽으로도 오른쪽으로도 움직이지 못하는 것과 같습니다.'[518]

일설에 따르면, 태공망(太公望)이 동쪽으로 제(齊) 땅을 봉후(封侯) 받았다. 바닷가에 현자 광율(狂矞)이 있었다. 태공망이 그것을 듣고 찾아가 만나기를 청했다. 3번 말에서 내렸으나, 광율은 끝내 거절했다. 그래서 태공망은 그를 사형에 처했다. 마침 주공(周公) 단(旦)이 노(魯)나라에 있어 말을 달려 말리려 했다. 하지만 거기에 이르렀을 때는 이미 처형해 버린 후였다. 주공 단이 말하길, '광율은 천하의 현자입니다.'

'선생은 왜 그를 사형시켰습니까.'라고 했다. 태공망이 답하길, '광율은 천자의 신하가 되지 않고, 제후의 벗도 되지 않겠다고 주장합니다. 나는 그가 법을 어지럽히고, 군주의 가르침을 해칠까 두려워 최초의 처벌로 삼은 것입니다. 지금 여기에 말이 있어 모습은 천리마를 닮았으나, 밀어도 가지 않고, 끌어당겨도 움직이지 않는다면, 비록 종일지라도 발을 의탁하여 그 수레를 돌리려고 하지 않을 것입니다.'라고 했다.

| 06 |

여이(如耳)가 위(衛)나라의 **사공(嗣公)**에게 진언했다. 사공이 기뻐하며 탄식했다. 측근들이 말하길, '공께선 무엇 때문에 재상으로 삼지 않으십니까.'라고 했다. 사공이 답하길, '무릇 말[馬]이 사슴을 닮았다면 천금의 값

---

518) 한비는 덧붙이길, '이런 이유로 그들[광율(狂矞)과 화사(華士)]을 사형에 처한 것이다.'라고 했다.

이 붙여질 것이다. 하지만 백금 나가는 말은 있어도 일금 나가는 사슴은 없다. 즉 말은 사람들에게 도움이 되지만, 사슴은 사람들에게 도움이 되지 않기 때문이다. 지금 여이는 만승(萬乘)의 재상감이다.'519)

'밖으로 큰 나라를 섬길 뜻은 있어도 그 생각이 위(衛)나라엔 있지 않다. 비록 말을 잘하고 지혜롭다 하더라도 역시 나에겐 도움이 되지 않는다. 나는 이 때문에 재상으로 삼지 않는 것이다.'라고 했다. 한편 설공(薛公)이 위(魏)나라 소후(昭侯)의 재상일 때 측근에 양호(陽胡)와 반기(潘其)라 부르는 쌍둥이가 있었다. 그들은 왕에게 중용되어 설공을 위하지 않았다. 설공은 마음에 걸려 그들을 초대해 함께 장기를 두었다.

각자에게 돈 백금씩을 주어 형제끼리 바둑을 두게 하다 갑자기 또 2백금씩을 더 주었다. 장기판이 한창인데 얼마 있다 알자(謁者)가 말을 전하길, '객(客) 중에 장계(張季)란 분이 문밖에 와 있습니다.'라고 했다. 설공이 화를 불끈 내며 칼을 빼 알자에게 건네주며 말하길, '죽여버려라. 그는 나를 위해 일하지 않는다는 소리를 들었다.'고 했다. 알자가 얼마 동안 서서 있었는데, 때마침 장계의 친구가 옆에 있다 말했다.

'그렇지 않습니다. 저는 장계(張季)가 설공 재상을 대단히 크게 위한다고 들었습니다. 생각해 보십시오. 그 사람됨은 본래 나서길 싫어합니다. 그러다 보니, 공께서 오해하신 듯합니다.'라고 했다. 이에 설공은 죽이는 것을 그만두게 하고, 그를 빈객으로 크게 예우하며 말하길, '지난번에는

---

519) '사공(嗣公)'은, 위(衛)나라 평후(平侯)의 아들이다.

장계가 나를 위하지 않는다고 들었기 때문에 죽이려 했다. 지금은 정말 나를 위한다고 하니, 어찌 장계를 잊겠는가.'라고 했다.

또한 창고지기에게 일러 천 석의 곡식을 주고, 금고 관리에게 일러 5백 금을 주게 했으며, 마부에게 일러 개인 마구간의 좋은 말과 튼튼한 수레 2대를 주게 했다. 이어 환관을 시켜 궁녀들 가운데 아름다운 여자 20명을 합쳐 장계에게 선물로 보냈다. 그래서 쌍둥이는 서로 말하길, '공을 위하는 이는 반드시 이익을 보고, 공을 위하지 않는 이는 반드시 해를 입는다. 우리가 무엇을 아껴 공을 위하지 않겠는가.'라고 했다.

설공은 신하의 권세로, 군주의 술수를 활용해 해를 입지 않았다. 하물며 그것을 군주가 활용한다면 두말할 필요도 없다. 무릇 까마귀를 길들이려면 아래 날개를 잘라야 한다. 그러면 사람에게 의지할 수밖에 없어 길들여지는 것이다. 현명한 군주가 신하를 기르는 것도 마찬가지다. 군주의 봉록을 이익으로 여기지 않을 수 없게 하고, 위가 주는 작위에 승복하지 않을 수 없게 한다면, 어찌 복종하지 않을 수 있겠는가.[520]

| 07 |

신자(申子)가 말하길, '군주의 총명이 드러나면 사람들은 대비하고, 총명치 못함이 드러나면 사람들은 속이려 한다. 그가 안다고 보이면 사람

---

520) '설공(薛公)'은, 제(齊)나라의 맹상군(孟嘗君) 전문(田文)을 가리킨다. 그가 아버지 전영(田嬰)에 이어 설(薛) 땅을 봉후 받았기 때문에 설공(薛公)으로 불린 것이다.

들은 꾸미고, 알지 못한다고 보이면 사람들은 숨기려 한다. 그가 욕심 없다고 알려지면 사람들은 살펴보고, 그가 욕심을 갖는다고 알려지면 사람들은 이용하려 한다. 그러므로 이르길, "나는 밖에서 알지 못하게 하고, 오직 **무위(無爲)**함으로써 살펴볼 수 있다."고 한다.'라고 했다.[521]

일설에 따르면, **신자(申子)**가 말하길, '너의 말을 삼가라. 사람들은 너에게 맞추려 할 것이다. 너의 행동을 삼가라. 사람들은 너를 따르려 할 것이다. 네가 안다고 보이면 사람들은 너에게 숨기려 하고, 네가 모른다고 보이면 사람들은 너를 속이려 할 것이다. 네가 안다면 사람들은 너에게 감추려 하고, 네가 모른다면 사람들은 너에게 마음대로 하려 한다. 따라서 "오직 무위함으로써 살펴볼 수 있다."고 한다.'라고 했다.[522]

| 08 |

전자방(田子方)이 당이국(唐易鞠)에게 물었다. '주살로 새를 잡는 사람은 무엇을 조심해야 하는가.'라고 했다. 답하길, '새는 무리를 짓는 까닭에 수백 개의 눈으로 당신을 보지만, 당신은 두 개의 눈으로 새를 볼 뿐입니다. 당신은 곡식 창고 옆에 마련한 은신처(隱身處)에 몸을 잘 숨기도록 주의해야 합니다.'라고 했다. 전자방이 말하길, '좋다. 그대는 그 비결(祕訣)을 새 잡는 데 쓰고 나는 그것을 나라에 쓰겠다.'고 했다.[523]

---

521) '무위(無爲)'는, 아무 것도 하지 않는 척, 술(術)을 부리는 것을 가리킨다.

522) '신자(申子)'는, 신불해(申不害)를 말한다. 그는 법가(法家)의 선구자로, 신하들을 제압하는 이른바 술치론(術治論)을 역설한 사람이다.

523) '전자방(田子方)'은, 전국 초기 위(魏)나라 문후(文侯)의 스승으로, 이름은 무택(無擇)이다.

정(鄭)나라 출신의 장로가 듣고 말하길, '전자방은 몸을 숨겨야 하는 것만 알았지, 어떻게 몸을 숨겨야 하는지, 방법은 몰랐다. **허정**무위(虛靜無爲)한 자세로 자신을 드러내지 않아야 비로소 완벽하게 감출 수 있다. 이것이 진정한 은신처를 만드는 방법이다.'라고 했다. 한편 일설에 따르면, 제(齊)의 선왕(宣王)이 당이자(唐易子)에게 주살로 새 잡는 것을 물었다. '주살로 새를 잡는 사람은 무엇을 신중히 하는가.'라고 했다.[524]

당이자가 말하길, '관건은 신중한 자세로 몸을 완벽하게 숨길 수 있는 은신처에 있습니다.'라고 했다. 선왕이 다시, '어찌하여 그렇다는 것인가.'라고 묻자, 당이자가 답하길, '새는 수십 개의 눈으로 군주를 보지만, 군주는 단지 두 개의 눈으로 새를 볼 뿐입니다. 그러니, 어찌 은신처를 신중하게 생각하지 않을 수 있겠습니까. 그래서 "관건은 신중한 자세로 몸을 완벽하게 숨길 수 있는 은신처에 있다."고 한 것입니다.'

선왕이 말하길, '그렇다면 천하를 다스릴 때는 어떻게 몸을 숨겨야 하는가. 나는 지금 두 눈으로 나라의 사람들을 보지만, 나라는 수만 개의 눈으로 나를 지켜보고 있다. 장차 몸을 어떻게 숨겨야 하는가.'라고 했다. 답하길, '정(鄭)나라 출신의 어떤 장로가 말하길, "무릇 허정무위(虛靜無爲)한 자세로 자신을 드러내지 않아야 감출 수 있다."고 했습니다. 이렇게 하면, 완벽하게 숨길 수 있는 은신처가 될 것입니다.'라고 했다.

---

524) '허정(虛靜)'은, '마음을 평정(平靜)한 상태로 유지하는 것'을 의미한다.

국양(國羊)이 정나라 군주에게 중용되었다. 군주가 자기를 미워한다는 소문을 듣자, 술자리에 모실 때 먼저 군주에게 말하길, '제가 만일 불행히도 죄가 있다면, 군주께서 은총을 베풀어 일러 주십시오. 제가 고쳐 보겠습니다. 그러면 죽을죄를 면하겠지요.'라고 했다. 한편 어떤 유세객이 한(韓)의 선왕(宣王)을 설득했다. 선왕이 좋다고 감탄하자, 측근들은 앞을 다퉈 유세객을 찾아서 왕이 은덕을 베푼 것처럼 생색을 냈다.

정곽군(靖郭君)이 제(齊)나라 재상일 때 왕후(王后)가 죽자, 그 뒤를 이을 사람을 정하지 못했다. 이에 옥(玉)으로 만든 귀걸이를 왕에게 바쳐 그 의중을 알아냈다. 일설에 따르면, 설공(薛公)이 제나라 재상일 때 제(齊)의 위왕(威王) 부인이 죽었다. 궁 안에는 10명의 후궁들이 있었는데, 모두가 제나라 선왕에게 총애를 받았다. 설공은 위왕이 왕후로 삼고자 하는 이를 미리 알아내 그녀를 왕후로 삼으라고 권하고자 했다.[525]

왕이 들어준다면 자신의 권위가 관철되고, 새 왕후로부터 중시될 것이다. 왕이 들어주지 않으면 자신의 권위가 떨어지고, 새 왕후로부터 경시될 것이다. 그래서 왕이 마음에 있는 이를 알아내 천거코자 한 것이다. 이에 옥으로 된 귀걸이 10개를 만들면서 1개를 특히 아름답게 해서 바쳤

---

525) '정곽군(靖郭君)'은, 맹상군(孟嘗君)의 부친인 설공(薛公) 전영(田嬰)을 말한다.

다. 왕이 10명의 후궁에게 나눠주었다. 다음날 특히 아름다운 귀걸이를 한 후궁을 찾아내서, 그녀를 새 왕후로 삼을 것을 적극 권했다.

| 11 |

감무(甘茂)는 **진(秦)나라 혜왕(惠王)** 때 재상을 했다. 혜왕은 **서수(犀首)**로 불린 공손연(公孫衍)을 총애한 나머지, 틈날 때면 그와 은밀히 이야길 나눴다. 어느 날 혜왕이 말하길, '내가 앞으로 그대를 재상으로 삼으려 한다.'고 했다. 감무의 아랫사람이 벽의 구멍을 통해 이 말을 듣고, 감무에게 일렀다. 감무가 입궐해 왕을 뵙고 말하길, '왕께서 어진 재상을 얻었다기에, 제가 감히 재배하며 하례를 올립니다.'라고 했다.[526]

이에 혜왕(惠王)은 시치미를 떼며 말하길, '내가 나라를 그대에게 맡겼다. 어찌 다시 어진 재상을 얻을 수 있겠는가.'라고 했다. 감무가 답하길, '서수(犀首)를 장차 재상으로 삼으신다는 소문을 들었습니다.'라고 했다. 왕이 말하길, '그대가 어디서 어떻게 그것을 들었는가.'라고 하자, 감무가 답하길, '서수가 저에게 일러주었습니다.'라고 했다. 왕은 서수가 그것을 누설했다고 여겨 크게 노(怒)하면서 이내 내쫓아 버렸다.

일설에 따르면, 서수(犀首)는 천하의 훌륭한 장수로 위(魏)나라 양왕(梁

---

526) 일각에선 '진(秦)나라 혜왕(惠王)'을, 진(秦)나라 무왕(武王)으로 불러야 한다는 학자도 있다. 그리고 '서수(犀首)'는, 관직 명칭으로, 합종책(合從策)을 쓴 위(魏)나라의 공손연(公孫衍)을 가리킨다.

王)의 신하였다. 진왕(秦王)이 그를 얻어 함께 천하를 다스리려 했다. 서수가 말하길, '저 공손연(公孫衍)은 위(魏)나라 신하라서 감히 위나라를 떠나지 못합니다.'라고 했다. 1년 후, 서수가 양왕에게 죄(罪)를 짓고, 도망하여 진(秦)나라로 들어왔다. 이에 진나라 무왕(武王)이 그를 대단하게 우대했다. 이때 진나라엔 저리질(樗里疾)이란 장수가 있었다.

저리질은 서수가 자신을 대신해 장수가 될까 두려워, 평소 왕이 몰래 상담하는 방 벽에 구멍을 뚫어 놓았다. 이윽고 왕이 과연 서수와 계책을 짜며 말하길, '나는 한(韓)을 치고 싶은데 어찌하면 좋은가.'라고 했다. 서수가 답하길, '가을이 좋겠습니다.'라고 했다. 왕이, '내가 나랏일로 그대를 괴롭히고 싶은데 그대는 반드시 누설하지 말라.'고 했다. 서수가 뒤로 물러나 재배하며 말하길, '명을 받들겠습니다.'라고 했다.[527]

이때 저리질은 구멍을 통해 그것을 들었다. 이에 조정 사람들이, '군사가 가을에 일어나 한(韓)을 치고 서수는 장수가 될 것이다.'라고 했다. 이날로 궐 안에 퍼졌고, 1달이 지나자 나라의 모든 사람이 알았다. 왕이 저리질에게, '어찌 이리 소란한가. 어디로부터 소문이 나왔는가.'라고 하자, 저리질이, '서수인 듯합니다.'라고 했다. 왕이, '나는 서수와 나눈 말이 없다. 서수라고 생각하는 이유가 무엇인가.'라고 했다.

저리질이 말하길, '서수는 이른바 **기려지신**(羈旅之臣)입니다. 최근 죄를

---

527) '저리질(樗里疾)'은, 진(秦)나라 혜왕의 이복동생으로, 이름은 질(疾)이고, 저리(樗里)에 산다고 저리질로 불렸다. 지혜와 재치가 뛰어나 당시 사람들은 지낭(智囊), 즉 지혜 주머니로 불렸다.

짓고 도망해 온 탓에 외로운 마음이 든 나머지 이런 소문을 내 사람들의 환심을 사려 한 듯합니다.' 왕은, '그렇겠다.'고 하면서, 서수를 불렀으나 이미 다른 제후국으로 달아나 버렸다. 한편 당계공(堂谿公)이 소후(昭侯)에게 일러 말하길, '천금의 가치가 있는 옥(玉)으로 만든 술잔이라도 밑이 뚫려 있다면, 과연 물을 담을 수 있겠습니까.'라고 했다.[528]

소후가 말하길, '담을 수 없다.'고 했다. 당계공이 말하길, '질그릇이라도 새지만 않는다면, 술을 담을 수 있겠습니까.'라고 했다. 소후가 말하길, '담을 수 있다.'고 했다. 당계공이 또 말하길, '무릇 질그릇이란 지극히 하찮은 것이지만, 새지만 않는다면 술을 담을 수 있습니다. 그러나 비록 천금의 가치가 있는 옥(玉)으로 만든 술잔이라도 밑이 뚫려 물을 담을 수 없다면 사람들 중에 누가 마실 것을 담으려 하겠습니까.'

'만일 군주가 되어 신하들의 말을 누설한다면, 이는 마치 바닥이 뚫린 옥으로 만든 술잔과 같은 경우일 것입니다. 비록 훌륭한 지혜가 있더라도 그 술수를 다하지 못하는 것은, 바로 그 누설 때문입니다.'라고 했다. 소후가 말하길, '마땅히 그러하겠다.'고 했다. 이후부터 소후는 천하의 대사(大事)를 펴려 할 때는 홀로 밤을 새우지 않은 적이 없다. 혹 잠꼬대를 함으로써 남들에게 그 계획이 드러날까 두려웠던 것이다.

일설에 따르면, 당계공(堂谿公)이 소후(昭侯)를 만나 말하길, '만일 여기에 옥(玉)으로 만든 술잔에 밑바닥이 없고, 질그릇으로 만든 술잔에 밑바

---

528) '기려지신(羈旅之臣)'은, 다른 나라 사람 신분으로, 임시로 와서 섬기는 신하를 말한다.

닥이 있다면 군주께선 목이 마를 때 어떤 것으로 마시겠습니까.'라고 했다. 소후가 말하길, '질그릇 술잔으로 하겠다.'고 했다. 당계공이 말하길, '옥으로 만든 술잔이 아름다워도 그것으로 마시지 않는 것은 밑바닥이 없어 그렇습니까.'라고 묻자, 소후가 답하길, '그렇다.'고 했다.

당계공이 말하길, '군주가 되어 신하들이 한 말을 누설하는 것은 마치 밑바닥 없는 옥 술잔과 같습니다.'라고 했다. 당계공을 만날 때마다 소후는 항상 홀로 잤다. 잠꼬대를 처첩에게 누설될까 두려워했기 때문이다. 한편 신자(申子)가 말하길, '독자적으로 보는 것을 가리켜 명(明)이라 하고, 독자적으로 듣는 것을 가리켜 총(聰)이라 한다. 능히 독자적으로 결단할 수 있는 자라면 가히 천하의 주인이 될 수 있다.'고 했다.

| 12 |

송(宋)나라 사람으로 술을 파는 이가 있었다. 되[槪]가 대단히 공평하고, 손님맞이에 정중하며, 만든 술맛이 대단히 좋고, 매단 깃대가 높고 뚜렷하게 보였다. 하지만 술이 팔리지 않아 시었다. 그 이유를 이상하게 여겨 그가 아는 마을 장로 양천(楊倩)에게 물었다. 양천이 말하길, '자네 집의 개가 사나운가.'라고 묻자, '개가 사나운 것과 술이 팔리지 않는 게 상관 있나요.'라고 했다. 답하길, '사람들이 무서워하기 때문이다.'

'혹시 어린아이를 시켜 돈을 가지고 술병을 들고 사러 가게 한다면, 개가 뛰어나와 물 것이 아닌가. 이것이 술이 시고, 팔리지 않는 까닭이다.'라고 했다. 무릇 도(道)를 깨달은 사람이 법술(法術)을 지니고, 만승(萬

乘)의 군주에게 밝히고자 해도 대신(大臣)들이 사나운 개가 되어 그를 맞아 물어뜯는다. 이것이 군주의 눈과 귀가 가려지고, 협박당하는 원인이다. 세상에서 이른바 도(道)를 깨달은 이가 등용되지 않는 이유다.

일설에 따르면, 송(宋)에 술을 파는 장씨(莊氏)가 있었다. 그 술은 언제나 맛있었다. 어떤 사람이 종에게 장씨의 술을 사러 가게 했는데, 그 집의 개가 사람을 물어뜯었다. 심부름하는 이가 굳이 가려 하지 않고, 다른 집 술을 사 왔다. 주인이 말하길, '무엇 때문에 장씨 술을 사 오지 않았느냐.'고 했다. 답하길, '오늘 장씨의 술이 시었습니다.'라고 했다. 그러므로 논하기를, '그 개를 죽이지 않으면 술이 신다.'고 하는 것이다.

| 13 |

환공(桓公)이 관중(管仲)에게 물었다. '나라를 다스리는 데 무엇이 가장 걱정거리인가.'라고 했다. 답하길, '가장 걱정거리는 **사당의 쥐**입니다.'라고 했다. 환공이, '왜 사당의 쥐가 걱정되는가.'라고 했다. 답하길, '군주께서도 사당 짓는 것을 보셨겠지요. 나무를 세우고 진흙을 바르지만, 쥐들은 그 틈을 뚫어 구멍을 파고, 그 속에 몸을 의탁합니다. 연기를 피우면 나무가 탈까 두렵고, 물을 대면 흙이 떨어질까 두렵습니다.'[529]

'이것이 사당의 쥐들이 잡히지 않는 까닭입니다.'라고 했다. 지금 군주의 좌우 측근들은 밖에 나가면, 권세를 부려 이익을 민중들로부터 거두

---

529) '사당의 쥐'는, 국가를 상징하는 토지신(土地神)을 받드는 사당에 사는 쥐를 말한다.

고, 안에 들어오면, 무리를 지어 군주에게 악(惡)을 숨긴다. 안으로 군주의 정황을 엿보아 그것을 밖에 알리고, 안과 밖으로 여러 신하들과 온 벼슬 아치들에게 권세를 떨쳐 부(富)를 이룬다. 관리가 이를 처벌하지 않으면 법이 문란해지고, 처벌하면 군주가 불안할까 싶어 그만둔다.

이것이 사당의 쥐다. 따라서 남의 신하가 권력을 장악해 마음대로 금령을 내려 자신을 위해주는 이는 이익을 보고, 자신을 위해주지 않는 이는 해악을 당한다고 명시한다. 이것이 다름 아닌 사나운 개다. 무릇 대신들이 사나운 개가 되어 도(道)를 깨달은 이를 물어뜯고, 측근들이 사당의 쥐가 되어 군주의 정황을 엿봐도 군주는 깨닫지 못하고 있다. 이는 군주의 이목(耳目)이 가려진 것으로, 나라가 어찌 망하지 않겠는가.

일설에 따르면, 환공(桓公)이 관중(管仲)에게 물었다. '나라를 다스리는 데 무엇이 걱정거리인가.'라고 했다. 답하길, '사당의 쥐가 가장 괴롭힙니다. 무릇 사당이란 나무를 얽어서 진흙을 바르기 때문에 쥐가 거기에 몸을 의탁하게 됩니다. 연기를 피우면 나무가 불타고, 물을 대면 바른 흙이 떨어지게 됩니다. 이것이 사당의 쥐에게 괴롭힘을 당하는 이유입니다.'라고 했다. 지금 군주의 측근들이 밖에 나가면 과연 어떤가.

권세를 부려 민중으로부터 이익을 거두고, 안에 들어오면 무리를 지어 악(惡)을 숨겨 군주를 속인다. 이를 처벌하지 않으면 법이 문란해지고, 처벌하면 군주가 위태로워질까 싶어 그대로 둔다. 이것이 또한 사당의 쥐다. 따라서 남의 신하가 권력을 장악해 마음대로 금령을 내려 자신을 위해주는 이는 이익을 보고, 자신을 위해주지 않는 이는 해악을 당한다고 명시한다. 이 역시 사나운 개다. 법술이 행해지지 않는 이유다.

| 14 |

요(堯)임금이 천하(天下)를 순(舜)에게 전해 주고자 했다. 이에 **곤(鯀)**이 간(諫)하길, '상서(祥瑞)롭지 못한 일입니다. 어찌하여 천하를 필부(匹夫)에게 전수할 수 있겠습니까.'라고 했다. 요(堯)가 듣지 않고, 군사를 일으켜 곤을 우산(羽山) 근교에서 죽였다. **공공(共工)**이 또 간하여 말하길, '어찌 천하를 필부에게 전수할 수 있겠습니까.'라고 했다. 요가 듣지 않고 또 군사를 일으켜 공공을 유주(幽州)의 도성에서 처형했다.[530]

상황이 이렇게 전개되자, 이제는 천하를 순(舜)에게 전수(傳受)하지 말아야 한다고 감히 간하지 못하게 됐다. 공자(孔子)가 이것을 듣고 말하길, '요(堯)가 순(舜)의 현명함을 아는 것은 그렇게 어려운 일이 아니다. 도대체 간하는 사람을 처형하면서까지 순에게 반드시 전수시켜야만 하는 데 이른 것이 바로 그 어려운 일이다.'라고 했다. 일설에 따르면, '의심을 받으면서도 살펴본 것을 단념하지 않는 일은 어렵다.'고 했다.

---

530) '곤(鯀)'은, 하(夏)나라 왕조의 시조인 우(禹)의 부친이다. 치수(治水) 실패의 책임으로 요(堯)임금에 의해 우산(羽山) 근처에서 죽임을 당했고, '공공(共工)'은, 고대에 토목공사를 맡은 부서의 장관 명칭이다.

초(楚)나라 장왕(莊王)이 정한 **모문(茅門)**에 관한 법(法)이 있었다. '여러 군신들과 대부(大夫), 공자(公子)들이 조회에 올 때 말발굽으로 빗물받이를 밟는 이는 **정리(廷理)**가 그 수레 축을 끊고 마부를 죽인다.'고 했다. 마침 태자가 조회에 들어오면서 말발굽으로 빗물받이를 밟자 정리가 그 수레 축을 끊고 마부를 죽였다. 태자가 노(怒)해 들어가 장왕을 향해 울면서 말하길, '저를 위해 정리를 주살해 주십시오.'라고 했다.[531]

왕이 말하길, '법이란 종묘를 받들고 사직을 높이기 위한 것이다. 능히 법을 세우고 명령에 따라 사직을 받드는 이를 신하라 한다. 어찌 주살할 수 있겠는가. 무릇 법을 어겨 가며 명령을 저버리고 사직을 받들지 않는 이는, 신하면서 군주를 넘보고 아래로서 위를 거스르는 것이다. 신하가 군주를 넘보면 군주가 권위를 잃고, 아래가 위를 거스르면 윗자리가 위태롭다. 권위를 잃고 자리가 위태로우면 사직을 지킬 수 없다.'

'내가 장차 무엇을 가지고 자손에게 물려주겠는가.'라고 했다. 이에 태자가 되돌아 달려나가 3일간 집을 떠나 노숙하고, 북면하여 재배하며, 죽을죄를 청했다. 한편 일설에 따르면, 초왕(楚王)이 태자를 급히 불렀다. 초나라 법은 수레가 **묘문(茆門)**까지 이르지 못하게 되어 있었다. 마침 비가

---

531) '모문(茅門)'은, 조정의 여러 문 가운데 하나로, 안과 밖 사이에 둔 중간에 있는 문을 말한다. 가령 광화문(光化門)을 외문, 흥예문(興禮門)을 중문, 근정문(勤政門)을 내문이라 한다면, 중문인 흥예문(興禮門)을 가리킨다. 그리고 '정리(廷理)'는, 옥사를 맡은 관리를 지칭한다.

내려 마당에 물이 괴어 있어 태자는 수레를 묘문까지 몰고자 했다. 이에 정리가 말하길, '수레를 묘문까지 댈 순 없습니다.'[532]

'이는 불법입니다.'라고 했다. 태자가 말하길, '왕께서 급히 부르시어 고인 물이 마를 때까지 기다릴 순 없다.'고 말하고 끝내 수레를 몰았다. 정리가 **수(殳)**를 들어 말[馬]을 찌르고, 수레를 부수었다. 태자가 조정에 들어가 왕을 향해 울면서 말하길, '마당에 괸 물이 많아 수레를 묘문까지 댔습니다. 정리가 불법이라면서 수를 들어 저의 말을 찌르고, 수레를 부수었습니다. 왕께서 반드시 정리를 처벌해 주십시오.'라고 했다.[533]

이에 왕이 말하길, '나이 많은 군주를 위해 법을 위반하지 않았고, 대를 이을 세자를 위해서도 아첨하지 않은 것은 훌륭한 일이다. 이것이 진정으로 법을 지키는 신하다.'라고 했다. 그래서 작위(爵位)를 두 계급 더 올려 주고, 뒷문을 열어 태자를 내보내며, 다신 잘못을 저지르지 못하게 했다. 한편 위(衛)나라 사군(嗣君)이 박의(薄疑)에게 말하길, '그대는 나라가 작아 벼슬하기 부족하다고 하지만 벼슬할 수 있게 하겠다.'

'작위를 올려 그대를 상경(上卿)으로 삼고 싶다.'고 했다. 그리고 전답 **만경(萬頃)**을 주었다. 박의가 말하길, '저의 어머니는 저를 귀여워하여 제가 능히 만승(萬乘) 나라의 재상이 되어도 잘 해낼 수 있으리라 생각합니다. 저의 집에 무당 **채구(蔡嫗)**란 사람이 있는데, 저의 어머니가 그녀를 크게

---

532) '묘문(卯門)'은, 조정의 중간 문인 묘문(茆門)과 같은 문을 말한다.
533) '수(殳)'는, 대나무로 뾰족하게 깎아 만든 긴 창을 말한다.

신임하여 가사(家事)를 맡기고 있습니다. 저의 지혜는 충분히 가사를 꾀할 수 있고, 저의 어머니는 제 의견을 모두 들어 주십니다.'[534]

'저와 이미 말한 것이라도, 채구에게 일러 다시 결정하게 합니다. 따라서 저의 지능을 논한다면, 제가 능히 만승 나라의 재상이 되어도 잘 해낼 수 있으리라 생각하고, 그 친밀함을 논한다면 자식과 어머니 사이지만 오히려 채구와 의논하는 것에서 벗어나지 않습니다. 저는 군주에게 있어서 자식과 어머니의 친밀한 사이가 아니고, 군주에겐 모두 채구 같은 이가 있습니다. 군주에게 채구는 반드시 중인(重人)입니다.'

'중인은 능히 사리를 꾀할 수 있는 사람입니다. 무릇 사리를 꾀하는 것은 법 바깥의 일이고, 제가 말하는 것은 법안의 일입니다. 법 밖과 법 안은 원수(怨讎) 사이라 서로 받아들일 수 없습니다.'라고 했다. 일설에 따르면, 위(衛)나라 군주가 진(晉)나라에 갈 때 박의(薄疑)에게 일러 말하길, '나는 그대와 동행하고 싶다.'고 하자, 박의가 말하길, '집안에 노모(老母)가 계십니다. 돌아가서 노모와 의논해 보겠습니다.'라고 했다.

이에 위나라 군주가 직접 박의의 노모를 만나 청했다. 박의의 노모가 말하길, '박의는 군주의 신하입니다. 군주께서 그와 동행하고자 하는 뜻은 대단히 좋습니다.'라고 했다. 위군이 말하길, '내가 노모에게 그것을 청했고, 노모도 내게 허락했다.'고 했다. 박의가 집에 돌아가 노모에게 말하

---

534) '만경(萬頃)의 경(頃)'은, 백무(百畝)에 해당하는 넓이고, '채구(蔡嫗)'는, 채(蔡)씨 성을 지닌 무당을 말한다. 참고로 여자 무당은 무(巫), 남자 무당은 격(覡)으로 구분한다.

길, '위군이 저를 총애하는 것이 어머니와 어떻습니까.'라고 했다. 노모가 말하길, '내가 아들 사랑하는 것과 같지 않다.'고 했다.

'위군이 저를 훌륭하다고 보는 것이 어머니와 어떻습니까.'라고 묻자, 어머니는, '내가 아들을 훌륭하다고 보는 것과 다르다.'고 했다. 이에 박의는, '어머니는 저와 집안일을 의논할 때 이미 결정을 하고서도 다시 무당 채구(蔡嫗)란 사람과 의논하여 그것을 결정합니다. 지금 위나라 군주께서 저를 따르게 하여, 조정에서 비록 함께 계획을 결정하더라도 반드시 다른 무당 채구와 같은 사람과 그것을 부수어 버릴 것입니다.'

'이렇게 된다면, 저는 오래도록 신하 노릇을 할 수 없을 것입니다.'라고 했다. 한편 노래 가르치는 사람은 먼저 소리를 크게 질러 변성시켜 그 소리가 맑은 치음(徵音)으로 돌아온 후에 가르친다. 일설에 따르면, 노래 가르치는 사람은 먼저 일정한 기준을 가지고 소리를 측정한다. 소리를 빨리 내 궁(宮)에 맞추고, 천천히 내 치(徵)에 맞춘다. 빨리 내 궁에 맞지 않고, 천천히 내 치에 맞지 않으면, '가르쳤다'고 할 수 없다.

| 16 |

오기(吳起)는 위(衛)나라 좌씨(左氏) 지방 사람이다. 그가 처를 시켜 베를 짜게 했으나, 폭이 치수보다 좁았다. 오기가 처에게 그것을 다시 시켰다. 그 처가 말하길, '좋습니다.'라고 했다. 베가 완성되어 다시 재어보니 여전히 치수에 맞지 않았다. 오기가 크게 노(怒)했다. 그 처가 답하길, '제가 시작할 때 **날을 매 놓아서** 고칠 수가 없습니다.'라고 하자, 오기는 처를 내

쫓았다. 처가 오기의 형에게 청해 들어가길 원했다.[535]

이에 오기의 형이 말하길, '오기는 법을 지키는 사람이다. 법을 지킨다는 것은 장차 만승(萬乘)의 나라를 위해 공(功)을 세워야 한다. 이를 위해선 반드시 먼저 처첩(妻妾)에게 실천한 다음에 그것을 실행하는 것이다. 자네는 들어가길 바라지 말라.'라고 했다. 마침 오기의 처 아우가 위나라 군주에게 중용되어 있었다. 즉 위군의 세를 가지고 오기에게 청했다. 오기는 듣지 않고, 마침내 위(衛)를 떠나 초(楚)로 들어갔다.

일설에 따르면, 오기가 처에게 허리띠를 보이며, '자네가 허리띠를 짜는데, 이것처럼 만들어 달라.'고 했다. 허리띠를 다 짜서 써보니 매우 좋았다. 오기가, '자네에게 허리띠를 짜게 함에 이것처럼 만들어 달라 했는데, 지금 것은 더 좋으니 어찌 된 일인가.'라고 했다. 처가, '쓴 재료는 이전과 같으나 공을 더 들여 만들었습니다.'라고 했다. 오기가 말하길, '내가 말한 것과 다르다.'고 했다. 그리고 '친정(親庭)'으로 보냈다.[536]

| 17 |

진(晉)나라 문공(文公)이 호언(狐偃)에게 물었다. '나는 맛있고 살찐 고기를 당상(堂上)의 신하들에게 두루 나눠 주고, 한잔 술과 한 그릇 고기만을

---

535) '좌씨(左氏)'는, 고을 이름이고, '날을 매놓았다'는 것은, 베를 짜기 위해 날줄[經]을 맬 때, 그 수에 따라 폭의 넓이가 미리 정해짐을 말하는 것이다.
536) 한비는 덧붙이길, '이에 처의 아버지가 오기를 찾아 딸을 받아주길 청하자, 오기는 거절하며, "저의 집안은 거짓말을 못합니다."라고 했다.'라고 했다.

궁 안에 남겨 병술이 맑아질 사이가 없으며, 날고기를 말릴 여유도 없이 소를 한 마리 잡으면 도성 안에 두루 나누고, 한해 받아들인 베는 모두 병사들이 옷을 해 입는 데 사용했다. 이러면 민중을 충분히 싸우게 할 수 있는가.'라고 했다. 호언이 답하길, '부족합니다.'라고 했다.

문공이 말하길, '세관이나 시장의 세금을 줄이고, 형벌을 너그럽게 했다. 이러면 민중을 충분히 싸우게 할 수 있는가.'라고 했다. 호언이 답하길, '부족합니다.'라고 했다. 문공이 말하길, '민중들 가운데 상(喪)을 치르는 이가 있으면 직접 낭중(郞中)을 시켜 일을 돌봐주게 하고, 죄(罪) 있는 이를 용서하며, 가난하고 부족한 이들에게 베풀었다. 이러면 민중을 충분히 싸우게 할 수 있는가.'라고 했다. 호언은, '부족합니다.'

'이는 모두가 생(生)을 지키는 수단입니다. 하지만 싸우게 한다는 것은 상대를 죽이는 일입니다. 민중들이 군주를 따르는 것은 생을 지키기 때문입니다. 군주께서 그렇게 함으로써 역으로 이들을 죽게 하면, 군주를 따르게 하는 수단을 사실상 잃게 되는 것입니다.'라고 했다. 문공이 말하길, '그렇다면 어떻게 해야 민중을 충분히 싸우게 할 수 있는가.'라고 했다. 호언이 '싸우지 않을 수 없도록 하는 것입니다.'라고 답했다.

문공이 말하길, '싸우지 않을 수 없게 하려면, 어찌하면 되는가.'라고 했다. 호언이 답하길, '신상(信賞)과 필벌(必罰)하면 충분히 싸우게 할 수 있습니다.'라고 했다. 이에 문공이 말하길, '형벌(刑罰)의 극한(極限)이 어디까지 이르러야 올바르게 되는 것인가.'라고 했다. 답하길, '군주와의 친소관계는 물론 지위가 높고 낮음을 고려치 않고, 누구나 법을 총애하도록 집행하십시오.'라고 했다. 문공이 말하길, '좋다.'고 했다.

다음 날, **포륙(圃陸)**에서 사냥한다고 명(命)했다. 시각은 정오로 하고, 늦는 이는 군법으로 다스리겠다고 선포했다. 여기에 문공이 총애하는 전힐(顚頡)이란 이가 늦게 도착했다. 관리가 죄줄 것을 청하자, 문공은 눈물을 흘리며 슬퍼했다. 관리가 청하길, '일을 집행하게 해주십시오.'라고 했다. 마침내 전힐의 등을 베어 민중들에게 보임으로써 법(法) 집행의 확실함을 밝혔다. 이후로는 민중들이 모두 두려워하면서 말했다.[537]

'군주가 전힐을 그렇게 소중히 했는데, 그럼에도 군주는 법을 집행했다. 하물며 우리들에겐 무엇이 있겠는가.'라고 했다. 문공은 민중을 싸우게 할 수 있다고 보아, 군사를 일으켜 원(原)을 쳐서 이겼다. 그리고 위(衛)를 친 뒤, 동서(東西)로 길을 내 **오록(五鹿)**의 땅을 빼앗았다. **양(陽)**을 공략하고, 괵(虢)을 이겼으며, 조(曹)나라를 정벌했다. 남쪽으로 나아가선 정(鄭)나라의 도성(都城)을 포위해, 마침내 항복을 받아냈다.[538]

포위했던 송(宋)을 풀고, 초(楚)의 군사와 **성복(城濮)**에서 싸워 대파(大破)시키고 돌아오는 길에 **천토(踐土)**에서 천자와 제후들을 불러 회맹(會盟)을 가진 후 형옹(衡雍)에서 패자(覇者)의 자리에 올랐다. 한 번의 군사 동원으로 8가지 공적을 세웠다. 이렇게 할 수 있었던 이유는 호언의 꾀에 따르

---

537) '포륙(圃陸)'은, 대륙(大陸)을 말하는 것으로, 지금의 하남성 수무현(修武縣) 북쪽 10리 지점이다.
538) '오록(五鹿)'은, 지금의 하북성 복양현 북쪽에 해당하고, '양(陽)'은, 하남성 제원현 동남쪽 30리 지점이다.

고, 전힐의 등을 빌렸기 때문이다. 한편 뾰루지나 등창의 아픔이란 뼛속까지 찌르지 않고서는 고통(苦痛)을 이겨낼 수 없다.[539]

군주의 나라 다스림도 이와 같다. 고통이 있어야 편안하다. 나라를 위해선 난신(亂臣)을 주벌할 수 있어야 한다. 난신이란 중신(重臣)이다. 중신이란 군주가 총애하는 사람이다. 군주가 총애하는 이는 **견백(堅白)과 같은 사이**다. 일개 선비 신분으로 군주가 견백처럼 사랑하는 이와 떨어지길 바라는 것은, 마치 왼쪽 넓적다리를 잘라 오른쪽 넓적다리를 대신하는 것만큼 무모하다. 죽음만 당하고, 설득은 행해지지 못한다.[540]

---

539) '성복(城濮)'은, 지금의 산동성 복현(濮縣) 남쪽 70리 지점이고, '천토(踐土)'는, 진(晋)나라 문공(文公)이 제후들과 회맹(會盟)을 한 곳으로, 지금의 하남성 무척현 동남쪽에 위치한다.
540) '견백(堅白)과 같은 사이'란, 단단하고 흰 물체가 서로 결합된 것처럼, 군주와 떨어질 수 없는 관계를 말한다.

제35장 외저설 우하(外儲說右下)

저(儲)는 저축의 뜻이고, 설(說)은 설명을 위한 사례들이다. 즉 군주에게 의견을 진술하기 위한 일종의 자료집이다. 여기에 들어 있는 설화 내용은 모두 법술사상으로 일관되어 있다. 외저설이란 내저설(內儲說)에 대(對)한 것으로, 우하(右下)는 전체를 편의상 좌우(左右) 2장으로 나누고, 또 그것을 상하(上下)로 나눈 4장 가운데 제4장이란 뜻이다. 내저설과 마찬가지로 경(經)과 전(傳)으로 구성되어 있다. 참고로 여기서도 전(傳)의 내용은 읽기 쉽게 옮긴이가 적절히 배분했음을 일러둔다.

경(經)

| 01 |

상벌(賞罰)을 군신이 함께하면 금령(禁令)이 이행되지 않는다. 무엇으로 이를 증명할 수 있는가. **조보(造父)**나 **어기(於期)**의 일화로 그것을 알 수 있다. 자한(子罕)은 뛰어나온 돼지 구실을 하게 되고, 전항(田恒)은 농장의 연못 구실을 하게 되었다. 이런 까닭으로 송나라 군주와 제나라 간공(簡公)

이 시해를 당했다. 그 폐해는 왕량(王良)과 조보가 수레를 함께 몰고, **전련(田連)**과 **성규(成竅)**가 거문고를 함께 탄 일화에 있다.[541]

| 02 |

다스려지고 강해지는 것은 법이 지켜지는 곳에서 비롯되고, 혼란하고 약해지는 것은 법이 지켜지지 않는 곳에서 비롯된다. 군주가 여기에 밝으면 상벌이 엄정하고, 아랫사람들에게 인자하진 않을 것이다. 작위와 봉록은 공적에 따라 얻고, 형벌은 지은 죄에 따라 받는다. 신하가 여기에 밝으면 사력을 다해 군주에게 충성하진 않을 것이다. 군주가 인자하지 않고, 신하가 충성하지 않으면 왕노릇을 할 수 있을 것이다.[542]

| 03 |

군주 된 사람이 정사(政事)를 원만하게 펼치기 위해서는 외국(外國)을 거울삼아야 한다. 하지만 **외국의 일**을 정확히 통찰하지 못하면 성공할 수 없다. 그러므로 **소대(蘇代)**는 제왕(齊王)을 거짓으로 비방한 것이다. 군주는 고대(古代)의 일을 거울로 삼아야 하지만, **거사(居士)의 설명**이 적합하

---

541) '조보(造父)'는, 주(周)나라 목왕(穆王)의 말을 몰던 인물이고, '어기(於期)'는, 조간자(趙簡子)의 말을 몰던 왕량(王良)을 가리킨다. 그리고 '전련(田連)과 성규(成竅)'는 두 사람 다 거문고의 명수인 백아(伯牙) 스승이다.

542) 한비는 덧붙이길, '이 때문에 소양왕(昭襄王)은 군주의 처지를 알기 때문에 5곳의 어원(御苑)에 심은 채소와 과실을 민중들에게 나눠주지 않았고, 전유(田鮪)는 신하의 도리를 알기 때문에 아들인 전장(田章)에게 자기중심으로 살아갈 수 있도록 가르쳤으며, 노(魯)나라 목공(穆公) 때 재상이었던 공의휴(公儀休)는 선물로 주는 생선을 사양한 것이다.'라고 했다.

지 않으면 명성(名聲)이 드러나지 않는다. 그러므로 **반수(潘壽)가 우(禹)의**
일을 속여 말했던 것이다. 군주가 깨닫지 못하기 때문이다.[543]

　방오(方吾)가 그것을 알기 때문에 같은 옷을 입고, 일족(一族)과 함께하
는 것을 두려워했다. 하물며 권세(權勢)를 빌리는 데 있어선 두말할 필요
도 없다. 오장(吳章)이 그것을 알기 때문에 거짓 표정을 조심시켜 말한 것
이다. 하물며 진심을 빌리는 데 있어서도 두말할 필요가 없다. 조왕(趙王)
은 호랑이 눈이 보기 싫다고 눈이 가려졌고, 현명한 군주의 길은 마치 주
(周)나라 **행인(行人)**이, '**위후(衛侯)**를 물리친 것'과 같다.[544]

| 04 |

　군주란 법을 지키고 성과를 내도록 권하고, 공적을 쌓도록 권하는 사람
이다. 관리(官吏)가 나라를 혼란하게 하더라도 홀로 자신의 몸을 깨끗하게
지키는 선민(善民)이 있다는 얘기는 들었어도, 난민(亂民)이 횡행하는 데도
홀로 나라를 잘 다스리는 관리가 있다는 얘기는 들은 적이 없다. 현명한
군주는 관리를 다스리지, 민중을 다스리지 않는다. 이 설명은 나무 밑동
을 흔들고, '그물 밧줄을 끌어당기는 예'로 들 수 있다.

---

543)　'외국의 일'이란, 외국에 대한 정통한 정보를 가리키고, '소대(蘇代)'는, 소진(蘇秦)의 아우
로, 연(燕)나라와 제(齊)나라 사이를 왕복하며 외교적으로 암약한 인물이며, '거사(居士)의 설명'
은, 민간학자가 전하는 말은 실제 사실과 맞지 않다는 뜻이다. 그리고 '반수(潘壽)가 우(禹)의 일
을 속였다'는 것은, 우임금이 현자인 익(益)에게 자리를 넘기려다 아들 계(啓)에게 물려준 경위를
가리킨다.
544)　'행인(行人)'은, 외교사절을 접대하는 작위 이름이고, '위후(衛侯)'는, 위(衛)나라 문공(文公) 훼
(燬)를 가리키는데, 기원전 660년에 친형인 위대공(衛戴公)의 뒤를 이어 보위에 오른 인물이다.

불낸 농부를 생각해 보자. 불을 끌 경우 관리가 물동이를 들고 불속으로 달리면 한 사람을 부리는 것이 된다. 채찍을 들어 남을 시킨다면 만 명을 부리는 것이 된다. 따라서 술(術)을 부리는 이는 조보(造父)가 놀란 말[馬]을 다루는 것과 같다. 사람들이 말을 잡아끌고 수레를 밀면 나아가지 않으나, 조보가 대신 고삐를 잡고 채찍을 들면 말이 빨리 달린다. 이는 철퇴로 쇠를 평평히 하고 '도지개로 나무를 바로잡는 예'다.[545]

| 05 |

모든 일을 사물의 이치에 따르면, 수고롭게 힘쓰지 않아도 성사된다. 자정(玆鄭)이 수레에 걸터앉아 노래를 부르자, 사람들은 힘들이지 않고 수레를 높은 다리 위로 올려놓았다. 조간자의 세리(稅吏)가 세금의 경중에 관해 묻고, 박의(薄疑)가 도성 안 사람들은 모두 배부르게 먹는다고 말했다. 이에 조간자는 기뻐했으나 사실 국고는 텅 비고, 민중들은 굶주리고 있는데 간악한 '관리들만 부유하다는 취지'로 말한 것이다.[546]

---

545) 한비는 덧붙이길, '이렇지 않을 경우, 폐해가 된 예는 요치(淖齒)가 제(齊)에 등용되어 민왕(閔王)을 죽이고, 이태(李兌)가 조(趙)에 등용되어 주보(主父)를 굶겨 죽인 일을 들 수 있다.'라고 했다.

546) 한비는 덧붙이길, '이에 환공(桓公)은 민정을 시찰하고, 관중(管仲)은 썩어 남는 재화나 원망하는 여인이 없도록 했다. 이렇지 않으면 이에 따른 폐해가 연릉(延陵) 사람이 말을 탔으나 나아갈 수 없고, 조보(造父)가 지나다 울었던 사례에 있다.'라고 했다.

전(傳)

| 01 |

조보(造父)는 4마리, 즉 사마(四馬)가 끄는 수레를 모는 데 매우 능숙했다. 빨리 달리게 하거나 빙글빙글 돌리면서 달리거나 자신이 하고 싶은 대로 수레를 다뤘다. 이는 고삐나 채찍질을 자유롭게 구사한 덕분이다. 하지만 갑자기 뛰어나온 돼지에 말들이 놀라면 조보도 더는 통제(統制)할 수 없었다. 이는 조보의 고삐나 채찍의 엄함이 부족해서가 아니라, 그 위세(威勢)가 뛰어나온 돼지에게로 분산(分散)되었기 때문이다.

왕량(王良)은 곁말을 수레에 붙여 모는 데 고삐나 채찍을 쓰지 않고도 말을 자유롭게 부릴 수 있다. 이는 때에 맞춰 말들에게 여물과 물을 잘 먹였기 때문이다. 하지만 말이 농장이나 연못가를 지날 때 수레가 부서지는 등 수습할 수 없었다. 이는 여물과 물을 먹이는 것이 부족해서가 아니라 그 이익이 농장이나 연못으로 분산(分散)되었기 때문이다. 여기서 왕량(王良)과 조보(造父)는 천하에서 말을 잘 부리는 이들이다.

하지만 왕량으로 하여금 왼쪽 고삐를 잡고 말을 몰게 하고, 조보로 하여금 오른쪽 고삐를 잡고 말을 몰게 한다면 말은 십 리도 못 갈 것이다. 두 사람이 함께 수레를 몰기 때문이다. 전련(田連)과 성규(成竅)는 천하에서 거문고를 잘 타는 이들이다. 하지만 전련이 위를, 성규가 아래를 타면 곡을 이룰 수 없을 것이다. 역시 두 사람이 함께 연주하기 때문이다. 왕량이나 조보의 뛰어난 솜씨도 함께 고삐를 잡을 순 없다.

전련과 성규의 솜씨로도 거문고를 함께 타면 곡을 이룰 수 없다. 마찬가지로 군주가 신하와 권력을 함께 지니고 다스릴 수 있겠는가. 또 군주가 어찌 신하와 위세를 함께 지니면서 공적을 이룰 수 있겠는가. 한편 일설에 따르면, 조보(造父)가 제왕(齊王)의 수레 끄는 곁말 마부가 되어 말에게 물을 안 먹이고 길들였다. 농장 안에서 수레 끄는 시험을 하다 목마른 말이 연못을 발견하자 수레를 버리고 연못으로 달려갔다.

왕량(王良)이 조간자(趙簡子)의 길잡이가 되어 천리 밖까지 달렸다. 출발할 때 돼지가 도랑 속에 엎드려 있었다. 왕량이 한꺼번에 고삐를 잡고 채찍질을 하며 나서는데 돼지가 갑자기 도랑 속에서 뛰어나왔다. 말들이 크게 놀라 이리저리 뛰어, 수레 끄는 일은 결국 실패하고 말았다. 한편 **사성(司城) 자한(子罕)**이 송나라 군주에게 일러 말하길, '칭찬하고 상 주는 일은 민중들이 좋아하는 것입니다. 군주께서 몸소 행하십시오.'[547]

'또 죽이고 처벌하는 일은 민중이 싫어하는 것이니 제가 그것을 담당하겠습니다.'라고 했다. 송군이 말하길, '좋다.'고 했다. 그래서 위령(威令)을 내리거나 대신들을 처벌할 때마다 송군이 말하길, '자한에게 물으라.'고 했다. 이에 대신들이 그를 두려워했고, 민중들은 그를 따르게 되었다. 1년이 지나자 자한은 송군을 살해하고 정권을 탈취했다. 이것을 보면 자한이 뛰어나온 돼지가 되어 그 군주의 나라를 빼앗은 셈이다.

---

547) '왕량(王良)이 조간자(趙簡子)의 길잡이가 되어 천리 밖까지 달렸다'는 것은, '거기에 꽂아둔 비단 깃발을 쟁탈하기 위한 마차 경주에 나섰던 것'이고, '사성(司城) 자한(子罕)'은, 『춘추좌전』, 「노환공 6년」조에 따르면, 우사(右師)와 좌사(左師), 사마(司馬), 사도(司徒), 사성(司城), 사구(司寇) 등으로 구성된 송나라 육경(六卿)의 일원으로, 토목과 건축을 담당했다.

간공(簡公)이 군주 자리에 있을 때 벌(罰)을 무겁게 하고, 형(刑)을 엄하게
하였으며, 세금을 많이 매겨 민중을 살상했다. **전성항(田成恆)**은 자애를
베풀고, 너그러우며, 정중한 태도를 보였다. 간공이 제(齊)나라 민중을 물
먹이지 않는 말처럼 다뤄 민중들에게 은혜를 베풀지 않았으나, 전성항은
인자함과 온후한 정으로 농장의 연못 구실을 했다. 한편 일설에 따르면,
조보(造父)가 제왕(齊王)의 수레 끄는 마부가 되었다.[548]

그는 물을 안 먹이는 것으로 훈련시켜 백일 만에 길들였다. 훈련이 끝
나자 제왕에게 수레 끄는 시범을 청했다. 왕이 말하길, '농장 가운데서 수
레 끄는 시범을 보이라.'고 했다. 조보가 수레를 몰아 농장에 들어서자,
말은 농장의 연못을 보자 달려갔다. 이는 조보도 막을 수 없었다. 조보가
말에게 물을 먹이지 않고 훈련시킨 지 오래됐다. 지금 말이 연못을 보고
사납게 달리면 비록 조보라 해도 진정시킬 수 없는 것이다.

지금 간공(簡公)이 법(法)으로 민중들을 억압한 지 오래되었다. 그런데
전성항(田成恆)은 민중들에게 이익을 주었다. 이는 전성항이 농장에 연못
을 만들어 목마른 민중들에게 보인 것과 같은 셈이다. 한편 일설에 따르
면, 왕량이 송군(宋君)을 위해 천리(千里) 달리기 경주를 했다. 이미 수레를
달고 출발하고자 했다. 말을 몰아 앞으로 나아가게 하니, 수레바퀴가 곧

---

548) '전성항(田成恆)'은, 제나라 간공(簡公)의 권신(權臣)인 전상(田常)을 말하고, 항(恆)은 그의 시
호(諡號)다.

게 서고, 끌어당겨 뒤로 물러서게 하니, 제자리걸음을 했다.

채찍을 쳐 출발하자 돼지가 구멍 속에서 갑자기 뛰어나왔다. 말이 크게 놀라 뒷걸음질했다. 이에 채찍질을 더 가하자, 앞으로 나아가지 않고 오히려 날뛰며 달아나려 했다. 고삐를 당겨도 어찌 할 수 없었다. 한편 일설에 따르면, 사성(司城) 자한(子罕)이 송군(宋君)에게 말하길, '칭찬하고 상 주는 일은 민중들이 좋아하는 것이니, 군주께서 행하십시오. 죽이거나 처벌하는 일은 민중이 싫어하는 것이니 제가 하겠습니다.'

그래서 민중을 죽이거나 대신들을 처형할 경우엔 송군이 말하길, '자한과 그것을 의논하라.'고 했다. 1년이 지나자, 민중들의 생사(生死) 명령이 자한에게서 나온다는 것을 알았다. 따라서 온 나라 사람들이 자한 쪽으로 귀의하게 됐다. 이후 자한이 송군을 위협해 정권을 뺐었지만 법으로 금할 수 없었다. 그러므로 이르길, '자한(子罕)은 뛰어나온 돼지 구실을, 전성항(田成恆)은 농장의 연못 구실을 했다.'고 한 것이다.

만일 왕량(王良)과 조보(造父)로 하여금 수레를 함께 타게 해서 각자 고삐를 잡고 마을 문안으로 들어오게 한다면, 분명히 수레를 제대로 끌 수 없을 것이다. 전련(田連)과 성규(成竅)로 하여금 거문고를 함께 타게 해서 각자 줄 하나씩을 뜯어 소리 나게 한다면, 반드시 제대로 된 소리를 내지 못할 것이다. 한편 진(秦)나라 소왕(昭王)이 병(病)에 걸렸다. 이에 민중들이 마을마다 소를 잡고 집집마다 왕을 위해 기도했다.

공손술(公孫述)이 밖에 나가 확인한 후 왕에게 말하길, '민중들이 모두 소를 잡아 왕을 위해 기도합니다.'라고 했다. 왕이 사람을 시켜 확인하니 과연 그대로였다. 왕이 말하길, '벌금으로 사람마다 갑옷 두 벌 값씩을 물게 하라. 무릇 명령도 없이 제멋대로 기도하고 있으니, 이는 나를 사랑하는 것이다. 무릇 나를 사랑하면 나도 역시 장차 법을 바꾸어 마음이 그들과 서로 통해야만 하니, 이는 법이 서지 못하는 것이다.'

'법이 서지 못한다는 것은 혼란해져 결국 망하는 것이다. 사람마다 갑옷 두 벌 값을 물게 해서 정치를 바르게 하고자 한다.'라고 했다. 한편 일설에 따르면, 진(秦)나라 양왕(襄王)이 병을 앓았다. 민중들이 그를 위해 빌어 병이 낫자, 소를 잡아 굿을 했다. 당직 시종인 염알(閻遏)과 공손연(公孫衍)이 밖에 나가 이를 확인했다. '희생 바칠 시기도 아닌데, 어째서 소를 잡아 사당에 제사를 지내는가.'라며 이상하게 생각했다.

민중들이 말하길, '군주께서 병환이 생겨 쾌유를 빌었고, 지금은 병환이 다 사라져 소를 잡아 굿하는 것입니다.'라고 했다. 염알과 공손연이 기뻐하며 왕을 뵙고 축하 인사를 올리길, '요순보다 더한 일입니다.'라고 했다. 왕이 놀라 말하길, '무엇을 이르는 것이냐.'고 했다. 답하길, '요순도 민중들이 비는 데까진 이르지 않았습니다. 왕께서 병환이 생기자 소를 바쳐 빌었고, 병이 다 낫자 소를 잡아 굿을 벌이고 있습니다.'

'그래서 저희들은 마음속으로 요순보다 더하다고 생각하는 것입니다.'라고 했다. 왕이 그로 인해 사람을 시켜 어느 마을에서 했는지 알아보게 했다. 그리고 그 마을의 장로와 오장에게 벌금을 물리고 촌락마다 갑옷 두 벌 값을 내게 했다. 염알과 공손연은 부끄러워 감히 말을 덧붙이지 못했다. 몇 달이 지나 왕이 술을 마시며 한껏 즐기는데, 염알과 공손연이 왕에게 말하길, '지난번엔 저희들이 외람된 말씀을 올렸습니다.'

'왕께 요순보다 더하다고 말씀드린 것은, 감히 **보비위(補脾胃)**하려는 것이 아니었습니다. 요순은 병을 앓아도 민중들이 그를 위해 비는 데까지 이르진 않았습니다. 지금 왕께서는 병환이 생기자 민중들이 소를 사서 바치며 빌었고, 병환이 사라지자 소를 잡아 굿을 했습니다. 그런데 그 마을의 **장로**와 **오장**에게 벌금을 물리고, 촌락마다 갑옷 두 벌 값을 내게 한 것은 마음속으로 이상하게 생각하고 있습니다.'라고 했다.[549]

왕이 말하길, '그대들은 어째서 이에 대해 모르는가. 저 민중들이 나를 위해 일해 주는 이유는 내가 그들을 사랑한다고 여겨 나를 위해 일해 주는 것이 아니라, 내 권세가 나를 위해 일해 주게 하는 것이다. 내가 권세를 버리고 민중들과 함께 어울려 보라. 또 그들과 같이 내가 만일 사랑하지 않게 된다면 민중들은 바로 나를 위해 일해 주지 않을 것이다. 그래서 마침내 사랑에 의한 방법을 끊은 것이다.'라고 한 것이다.

| 03 |

진(秦)나라에 큰 흉년이 들었다. **응후(應侯)**가 청해 말하길, '5개 동산에서 나오는 채소와 과일 등으로 민중들을 충분히 살릴 수 있습니다. 그것

---

549) '보비위(補脾胃)'는, 남의 비위를 잘 맞춰주는 것을 뜻하고, '장로[里正]'는, 이장(里長)을 가리키며, '오장[伍老]'은, 5세대 단위 취락의 우두머리를 말한다.

을 개방하십시오.'라고 했다. 소양왕(昭襄王)이 말하길, '진나라의 법은 민중들로 하여금 공(功)이 있으면 상(賞)을 받고, 죄(罪)가 있으면 벌(罰)을 받게 되어 있다. 지금 5개 동산의 채소와 과일 등을 개방한다는 것은 민중들에게 공이 있으나 없으나 모두에게 상(賞)을 주는 셈이다.'[550]

'무릇 민중들에게 공(功)이 있으나 없으나 모두에게 상을 주는 것은 바로 혼란해지는 길이다. 즉 5개 동산을 개방해 혼란해지기보단 채소와 과일 등을 버려두고 다스려지는 것이 낫다.'고 했다. 일설에 따르면, '5개 동산의 채소와 과일 등을 개방하면 민중들을 충분히 살릴 수 있으나 이는 민중들로 하여금 공(功)이 있는 이들과 없는 이들이 서로 싸우게 된다. 나라가 혼란하게 되는 것보다 다스려지는 것이 낫다.'고 했다.

| 04 |

전유(田鮪)가 아들 전장(田章)을 가르칠 때 말하길, '네 자신이 이익을 얻고자 하면, 먼저 네 군주의 이익을 보게 할 것이고, 네 집안을 부유하게 하고자 하면, 먼저 네 나라를 부유하게 만들어야 한다.'라고 했다. 일설에 따르면, 전유가 그 아들 전장을 가르칠 때 말하길, '군주란 관작(官爵)을 팔고, 신하란 지혜와 능력을 파는 것이니, 남의 말을 믿기보다는, 자기중

---

550) '응후(應侯)'는, 범수(范睢)로 진(秦)나라 소양왕(昭襄王)을 섬겨 재상이 되고, 응후(應侯)로 봉(封)을 받았다. 일찍이 위나라에서 벼슬할 때 의심을 받아 갈비뼈가 부러지는 폭행을 당한 적이 있다. 그리고 '5개 동산'은, 왕이 사냥을 즐기기 위해 설정한 동산으로, 새와 짐승 등을 기르는 지역을 가리킨다.

심으로 지혜를 짜내고, 능력을 길러야 한다.'라고 했다.[551]

| 05 |

공의휴(公儀休)는 노(魯)나라 재상으로 생선을 즐겨 먹었다. 온 나라 사람들이 그에게 생선을 사서 바쳤다. 하지만 공의휴는 받지 않았다. 그 아우가 말하길, '형님은 생선을 즐기면서 받지 않는 이유가 무엇입니까.'라고 했다. 답하길, '오로지 생선을 즐겨 먹기 때문에 받지 않는 것이다. 만일 생선을 받는다면 반드시 남에게 낮추는 태도를 가지게 될 것이다. 남에게 낮추는 태도를 가지면 앞으로 법을 굽히게 될 것이다.'[552]

'법을 굽히게 되면 곧 재상 자리를 내놓게 될 것이다. 이렇게 되면 나에게 생선을 보내줄 사람도 없고, 나 또한 생선을 스스로 구하지 못할 것이다. 만일 생선을 받지 않으면 재상 자리를 면직당하지 않고, 내 봉급으로 오래도록 생선을 구할 수 있다.'고 했다. 이것은 무릇 남을 믿는 것이 자신을 믿는 것만 못함을 밝힌 것이다. 즉 남들이 자기를 위해준다는 것이, 자기가 자신을 위하는 것만 못하다는 것을 밝힌 것이다.

---

551) '전유(田鮪)가 아들 전장(田章)을 가르친 것'은, 전유(田鮪)가 신하의 도리를 알기 때문에 전장(田章)에게 자기중심으로 살아갈 수 있도록 가르친 것이다.
552) '공의휴(公儀休)'는, 『송건도본(宋乾道本)』에 공손의(公孫儀)로 되어 있고, 공의(公儀)로 기록된 것도 있다.

　자지(子之)가 연(燕)나라 재상으로, 국정을 독단(獨斷)하고 있었다. 때마침 소대(蘇代)가 제(齊)를 위해 연나라에 사신으로 왔다. **연왕**이 소대에게 대뜸, '제왕(齊王)은 대체 어떤 군주인가.'라고 물었다. 답하길, '반드시 패자가 되지는 못할 것입니다.'라고 했다. 연왕이, '왜 그런가.'라고 물었다. 답하길, '옛날에 환공(桓公)은 조정(朝廷) 내부의 일은 포숙(鮑叔)에게 맡기고, 밖의 일은 관중(管仲)에게 모두 맡겼습니다.'[553]

　'그리고 환공 자신은 머리칼을 풀어헤치고 부인을 수레에 태워 매일 같이 시장바닥으로 놀러 다녔습니다. 하지만 지금의 왕은 환공과 달리 대신(大臣)들을 불신하고 있습니다.'라고 했다. 이 때문에 연나라 왕은 **자지(子之)**를 더 크게 신뢰하게 되었다. 자지가 그것을 듣고 사람을 시켜 돈 백 일을 소대에게 보내 그가 쓰고 싶은 대로 맡겼다. 한편 일설에 따르면, **소대(蘇代)**가 제(齊)나라를 위해 연(燕)나라에 사신으로 왔다.[554]

---

[553] 여기 나오는 연왕(燕王)은 쾌(噲)로, 『전국책(戰國策)』에선 유세가인 소대(蘇代)에게 속아 자지(子之)에게 나라를 선양(禪讓)한 것으로 나온다. 마땅히 연왕 쾌(噲)가 죽으면, 그 뒤를 잇고자 했던 태자 희평(姬平)이 선양한 것에 반발해, 연왕이 된 자지(子之)와 싸웠다. 이로 인해 연나라는 혼란에 빠진다. 이 틈을 타 제나라의 선왕(宣王)이 연나라를 쳤다. 이 혼란 중에 연왕 쾌(噲)는 자살하고, 참패한 찬탈자 자지(子之)는 거열형(車裂刑)에 처해졌으며, 그 몸은 젓갈로 담겼다. 그리고 연왕 쾌(噲)의 태자인 희평(姬平)도 혼란 중에 죽었다. 이때 한나라에 살던 쾌(噲)의 서자(庶子)인 희직(姬職)이 연나라로 와서 쾌(噲)의 뒤를 이었다. 그가 바로 연소왕(燕昭王)이다.

[554] 자지(子之)의 사적은 자세하지 않다. 다만, 『사기(史記)』 권34, 「연소공세가(燕召公世家)」에 따르면, '그는 연(燕)나라 권신(權臣)으로, 연왕(燕王) 쾌(噲)의 재상이 되었는데, 권력을 장악하고 독단적으로 일을 처리했다. 연왕 쾌는 소대(蘇代)와 녹모수(鹿毛壽)의 말만 듣고, 자지(子之)에게 왕위를 양위했다.'라고 기록하고 있다. 그리고 '소대(蘇代)'는, 종횡가(縱橫家)인 소진(蘇秦)의 아우로, 연(燕)나라와 제(齊)나라 사이를 왕복하며 외교적으로 암약한 인물이다.

자지(子之)에게 이익을 주지 않으면 사명을 다하지 못하고 돌아가게 되었다. 그리고 상금 또한 나오지 않을 것으로 예상했기 때문에 자지에게 이익이 되어야 했다. 이에 연왕(燕王)을 만나보자 바로 제왕(齊王)을 칭찬한 것이다. 연왕이 말하길, '제왕은 어찌 이토록 훌륭한가. 반드시 천하를 제패할 것이다.'라고 했다. 소대가 말하길, '망해 가는 것을 구하느라 겨를이 없으니 어찌 천하를 제패할 수 있겠습니까.'라고 했다.

연왕이, '무슨 말인가.'라고 물었다. 답하길, '총애하는 신하를 신임하는 것이 한결같지 않습니다.'라고 했다. 연왕이, '그 망해 간다는 말은 무슨 뜻인가.'라고 물었다. 답하길, '옛날에 환공은 관중(管仲)을 총애하여 중보(仲父)라고 추켜세워 조정(朝廷) 내부의 일은 물론 밖의 일 또한 결단하게 하여 온 나라를 사실상 그에게 맡겼습니다. 그래서 천하를 하나로 바로잡고 제후들을 여러 번 모이게 할 수 있었던 것입니다.'

'하지만 지금 제나라는 총애하는 신하를 신임하는 것이 한결같지 않습니다. 이런 까닭으로 그 망해 가는 것을 알 수 있습니다.'라고 했다. 이에 연왕이 말하길, '지금 내가 자지를 신임하고 있으나, 천하에 이것이 아직 들려지지 않고 있는가.'라고 했다. 여기서 이튿날 조회를 열어 자지에게 정사를 맡겼다. 한편 반수(潘壽)가 연왕(燕王)에게 일러 말하길, '왕께서 나라를 차라리 자지(子之)에게 물려주는 것이 좋을 듯합니다.'

'사람들이 요(堯)를 가리켜 현자라고 하는 이유는 천하를 허유(許由)에게 물려주고자 했기 때문입니다. 하지만 허유는 받지 않았습니다. 그럼에도 요(堯)는 허유에게 물려주었다는 이름만 남고, 실제론 천하를 잃지 않았습니다. 지금 왕께서 나라를 자지에게 물려주면 자지는 받지 않을 것입니다. 이렇게 되면 왕께서 나라를 자지에게 물려주었다는 이름만 얻고, 요(堯)와 마찬가지 행동을 하게 되는 것입니다.'라고 했다.

이에 따라 연나라 왕은 국정을 자지에게 일임(一任)했다. 자지의 권세는 더욱 커졌다. 한편 일설에 따르면, 반수(潘壽)는 은자였다. 연(燕)에서 사람을 시켜 그를 초빙했다. 반수가 연왕(燕王)을 만나 말하길, '저는 자지(子之)가 익(益)과 같이 되지 않을까 걱정입니다.'라고 했다. 왕이, '어찌하여 익(益)과 같은 처지가 된다는 것인가.'라고 물었다. 이에 반수가 답하길, '옛날에 우(禹)가 죽자, 익에게 천하를 전하려 했습니다.'555)

'하지만 계(啓)의 사람들이 익을 치고 계를 세웠습니다. 지금 왕께서는 자지를 믿고 장차 나라를 자지에게 전하려 합니다. 그런데 태자의 측근들이 모든 관인과 자릴 차지하고, 자지는 관인은 물론 한사람의 측근도 없습니다. 왕께서 여러 신하를 버리면 자지 또한 익과 같이 될 것입니다.'라고 했다. 왕이 그로 인해 3백 석 이상 되는 관리들의 관인을 모두 거둬들여 자지에게 건네자, 자지의 권세는 더욱 커지게 되었다.

---

555) '익(益)'은, 하(夏)나라 왕조 때의 현자(賢者)로, 우왕(禹王)을 도와 황하(黃河)의 치수(治水)에 크게 도움을 준 백익(伯益)을 가리킨다. 그는 우왕의 아들인 계(啓)를 피해 제왕 자리를 받지 않았다.

군주가 자신을 비춰볼 수 있는 거울이 되는 것은 신하들이다. 지금 제후를 섬기는 신하들은 모두 사가(私家)의 무리로 있다. 군주를 높이는 데 도움을 주는 것은 산중에 사는 은자들이다. 그런데 산중에 사는 은자들은 모두 사가의 식객이 되어 있다. 왜 이런 현상이 생기는가. 이익을 주거나 빼앗는 힘이 자지 같은 이에게 있기 때문이다. 오장(吳章)이 말하길, '군주가 거짓으로 미워하고 사랑하는 기색을 보여선 안 된다.'

'거짓으로 남을 사랑하면 다시 남을 미워할 수 없고, 거짓으로 남을 미워하면, 다시 남을 사랑할 수 없게 된다.'고 했다. 한편 일설에 따르면, 연왕(燕王)이 나라를 자지(子之)에게 맡기려고 반수(潘壽)에게 물었다. 반수가 답하길, '옛날에 우(禹)는 익(益)을 사랑해 천하의 일을 익에게 맡겼습니다. 그렇게 한 후, 계(啓) 쪽의 사람들을 관리로 삼았습니다. 우(禹)가 늙게 되자 계(啓)가 천하를 맡기에 부족하다고 생각했습니다.'

'그래서 천하를 익(益)에게 전했습니다. 하지만 권세는 모두 계(啓) 쪽에 있었습니다. 따라서 계와 그 무리들이 함께 익을 쳐서 천하를 빼앗았습니다. 이는 우가 이름만 천하를 익에게 전한 것이고, 사실은 계를 시켜 스스로 그것을 취하게 한 것입니다. 이것으로 우(禹)가 요(堯)와 순(舜)에 미치지 못하는 것이 분명합니다. 지금 왕께서 나라를 자지(子之)에게 전하려 하나, 신하들 가운데, 태자 사람이 아닌 이가 없습니다.'

'이는 이름만 전하려는 것이지, 사실은 태자를 시켜 스스로 그것을 취하도록 하는 것이 됩니다.'라고 했다. 연왕이 이에 봉록이 3백 석 이상 되는 관인을 모두 거둬들여 그것을 자지에게 건네주었다. 이에 자지의 권세는 더욱 커졌다. 한편 **방오자(方吾子)**가 말하길, '내가 듣기로 예(禮)에 정하길, "나가 다닐 때 같은 옷을 입은 이와 수레를 함께 타지 않고, 거처할 때 동족(同族)끼리는 같은 집에 살지 않는다."고 했다.'[556]

'하물며 군주라는 사람이 권력을 남에게 빌려주거나 또 위세를 내려놓겠는가.'라고 했다. 한편 오장(吳章)이 한(韓)나라 선왕(宣王)에게 말하길, '군주는 거짓으로 사람을 사랑하는 척할 수 없습니다. 다른 날 다시 미워할 수 없기 때문입니다. 또 거짓으로 사람을 미워하는 척할 수 없습니다. 다른 날 다시 사랑할 수 없기 때문입니다. 따라서 거짓 미워하거나 거짓 사랑하는 기미가 드러나면 아첨하는 이들이 붙습니다.'

'그들은 거기에 빌붙어 헐뜯거나 칭찬하게 될 것입니다. 그러면 비록 현명한 군주라 하더라도 다시 수습(收拾)할 수 없습니다. 하물며 진심으로 남의 손에 권력을 빌려주는데 있어선 두말할 필요도 없습니다.'라고 했다. 한편 조왕(趙王)이 궁 안의 동물원을 살펴봤다. 측근 중 한 사람이 토끼를 호랑이에게 주는 시늉만 하자, 호랑이는 **반연(盼然)**히 눈알을 굴리면서 노려봤다. 조왕이, '호랑이의 눈매가 보기 싫다.'라고 했다.[557]

이에 측근이 말하길, **'평양군(平陽君)**의 눈초리는 보기 싫은 것이 이보다

---

556) '방오자(方吾子)'는, 오장(吳章)과 더불어 법가(法家)의 일원으로 추측되는 인물이다.
557) '반연(盼然)'은, 눈알을 굴리면서 흘겨보는[노려보는] 것을 뜻한다.

더합니다. 호랑이의 눈을 보면 해(害)가 되진 않지만, 평양군의 눈초리는 이렇게 보게 된 사람을 반드시 죽입니다.'라고 했다. 이튿날 평양군이 소식을 듣고 사람을 시켜 말한 측근을 죽였다. 하지만 왕은 평양군을 처벌하지 않았다. 한편 **위(衛)나라의 군주**가 주(周)나라에 입조(入朝)하게 됐다. 주나라 **행인(行人)**이 위나라 군주의 이름을 물었다.[558]

이에 답하길, '제후 벽강(辟疆)이다.'라고 했다. 주나라의 행인이 접수하지 않고, '어찌 제후가 되어 천자(天子)와 같은 이름을 쓸 수 있습니까.'라고 했다. 위나라 군주가 바로 이름을 바꿔 말하길, '제후 훼(燬)다.'라고 했다. 이에 안으로 들어갈 수 있었다. 공자가 말하길, '천자의 자리를 넘보는 일을 막았으니, 뜻이 참으로 심원하도다. 허명(虛名)도 남에게 빌려주지 않는데, 하물며 실제에 있어선 말할 게 없다.'라고 했다.

| 08 |

나무를 흔드는 사람이 그 잎을 하나하나 잡아당기면 힘만 들고 전체로 미치진 못한다. 그 밑동을 좌우로 때리면 잎이 모두 흔들린다. 연못가로 나가 나무를 흔들면 새가 놀라 높이 날고, 고기가 놀라 깊이 숨는다. 그물을 잘 치는 이는 그 벼리를 끌어당겨 물고기를 잡는다. 그물의 눈을 일일이 잡아당기면 힘만 들고 물고기도 잡기 어렵다. 하지만 그 벼리를 잡아

---

558) '평양군(平陽君)'은, 조표(趙豹)의 봉호(封號)로, 조(趙)나라 효성왕(孝成王)의 숙부다. 한때 재상이었던 실권자다. 그리고 '위(衛)나라의 군주'는, 문공(文公)으로, 이름은 벽강(辟疆)이었으나, 후에 훼(燬)로 개명했다. 아울러 '행인(行人)'은, 외교사절을 접대하는 작위 이름이다.

당기면 물고기들이 이미 그물 안으로 들어와 있을 것이다.

여기서 관리란 민중의 밑동이나 그물의 벼리가 되는 셈이다. 때문에 성인(聖人)은 관리들을 다스리지, 직접 민중들을 다스리진 않는다. 한편 불을 끄고자 할 땐 관리에게 항아리나 독을 들고 불속으로 뛰어들게 하면, 이는 겨우 한 사람을 부리는 격이다. 채찍을 들고 지휘해 사람을 몰아 시키면, 만 사람을 부릴 수 있다. 이런 까닭으로 성인(聖人)은 민중들을 직접 대하지 않고, 현명한 군주는 작은 일을 몸소 하지 않는다.

| 09 |

조보(造父)가 김을 매고 있는데, 마침 어떤 부자(父子)가 수레를 타고 지나가고 있었다. 말이 놀라 앞으로 나아가지 않았다. 그 아들이 수레에서 내려 말을 끌고, 아버지도 내려 수레를 밀다 조보에게 수레를 미는 자기를 도와 달라고 요청했다. 그래서 조보는 농기구를 거둬 일을 멈추고, 수레에 올라타 그 부자의 손을 끌어 타게 했다. 그리고 고삐를 졸라매고 채찍을 들었는데, 아직 쓰기도 전에 말이 달리기 시작했다.

만일 조보로 하여금 말을 부리지 않았다면, 힘만 들고 성과는 없었을 것이다. 즉 있는 힘을 다해 앞에서 끌고 뒤에서 밀어도 수레는 나아가지 못했을 것이다. 지금 몸을 편안히 하고, 수레에 탄 채로 덕(德)을 쌓을 수 있는 것은 술(術)이다. 술이 있어 부릴 수 있는 것이다. 여기서 나라는 '군주의 수레'고, 세(勢)는 '군주의 말'이다. 술로써 이를 부리면 몸은 안락한 처지에서도 또한 제왕의 공적(功績)을 이룰 수 있다.

쇠망치는 울퉁불퉁한 것을 두드려 평평하게 만드는 도구다. 도지개는 곧지 못한 것을 바로잡는 도구다. 성인(聖人)이 법을 정한 이유는, 울퉁불퉁한 상황을 평평하게 하고, 굽은 상황을 바로잡으려는 데 있다. 한편 **요치(淖齒)**가 제(齊)에 중용되어 권력을 장악하자, 민왕(閔王)의 다리 힘줄을 뽑아 죽이고, **이태(李兌)**가 조(趙)에 중용되자 주보(主父)를 굶겨 죽였다. 두 군주는 모두 쇠망치나 도지개를 사용할 줄 몰랐다.[559]

그러므로 자신은 죽고, 욕을 당한 것이며, 천하의 웃음거리가 되었다. 한편 일설에 따르면, 제(齊)나라에 들어서자 오직 요치(淖齒)의 평판만 들리고, 제왕(齊王)의 일은 들리지 않으며, 조(趙)나라에 들어서자 오직 이태(李兌)의 평판만 들리고, 조왕(趙王)의 일은 들리지 않았다. 그러므로 말하길, '군주가 된 사람이 술(術)을 잡지 못하면, 위세(威勢)가 가벼워져 오히려 신하가 명성(名聲)을 마음대로 떨친다.'고 한 것이다.

전영(田嬰)이 제(齊)나라 재상이었을 때 사람들 중 왕을 설득하는 이가 말하길, '한해의 마지막 회계를 왕께서 직접 짬을 내 확인하지 않으면 관

---

559) '요치(淖齒)'는, 초나라의 장수로, 구원 차 왔다가 제나라 민왕(閔王)에 의해 중용되자, 곧 민왕의 다리 힘줄을 뽑은 뒤 대들보에 매달아 죽였고, '이태(李兌)'는, 조(趙)나라에 중용되자, 곧 상왕인 주보(主父) 조무령왕(趙武靈王)을 유폐시켜 굶어죽게 했다.

리들의 속임수나 득실을 알 수 없습니다.'라고 했다. 왕이 말하길, '옳은 말이다.'라고 했다. 전영이 소식을 듣고 급히 자신의 회계보고를 받으라고 요청했다. 마침 왕도 그것을 확인하고자 했다. 전영이 담당관을 시켜 서명한 문서와 곡식 분량을 기록한, '회계장부'를 갖추게 했다.

왕이 직접 심사에 나섰으나 회계장부를 단번에 처리할 순 없었다. 식사를 마치고 심사를 이어가는데, 저녁 식사도 거를 정도였다. 전영이 말하길, '신하들이 밤낮으로 게을리 않고 애쓴 일입니다. 왕께서 하루만이라도 회계장부 심사를 마치면 신하들은 더욱더 힘쓰게 될 것입니다.'라고 했다. 왕이, '알았다.'고 했다. 하지만 왕은 잠시 후 잠들었다. 관리들은 곧 조각칼을 들고 왕이 서명한 문서와 곡식 기록을 깎아버렸다.

이처럼 왕이 직접 회계장부 심사를 시작하면서 화란(禍亂)이 빚어지기 시작한 것이다. 한편 일설에 따르면, 조나라 무령왕(武靈王)은 혜문왕(惠文王)에게 보위(寶位)를 물려준 뒤, 이태(李兌)를 발탁해 재상으로 삼았다. 무령왕은 자신이 몸소 살리고 죽이는 권력을 직접 행사하지 않은 관계로 결국 이태에 의해 협박을 당한 것이다. 한편 자정자(玆鄭子)가 손수레를 끌고 높은 다리 위를 오르고자 했으나 오를 방법이 없었다.

자정자가 멍에채에 걸터앉아 노래를 부르기 시작하자, 앞에 가던 사람이 멈추고 뒤에 오던 사람이 도와준 덕분에 손수레가 바로 다리 위에 올라서게 됐다. 만일 자정자가 사람들을 끌어모으는 재주가 없었다면, 그가 비록 죽을힘을 다해 애를 써도 수레를 다리 위로 올리진 못했을 것이다. 지금 그가 수고를 하는 데 이르지 않고서도 손수레를 올라가게 할 수 있었던 것은 사람들을 끌어모으는 재주를 가졌기 때문이다.

| 12 |

조간자(趙簡子)가 세금을 거두기 위해 **세리(稅吏)**를 출장 보내려 했다. 이에 세리가 세금을 가볍게 거둘 것인지 무겁게 거둘 것인지 물었다. 조간자가 말하길, '가볍게도, 무겁게도 하지 말라. 무겁게 하면 군주에게 이익이 돌아가고, 가볍게 하면 민중에게 이익이 돌아간다. 세리가 사리(私利)를 꾀하지 않으면, 그것이 공정(公正)하게 일을 처리하는 것이다.'라고 했다. 이에 박의(薄疑)가 빗대면서 조간자에게 일러 말했다.[560]

'군주의 나라에선 중간 계층의 사람들이 풍족한 생활을 하고 있습니다.'라고 했다. 조간자가 흔연(欣然)한 미소를 지으며 말하길, '어느 정도로 풍족한 생활을 하고 있다는 것인가.'라고 했다. 박의가 답하길, '위로는 국고(國庫)가 텅 비어 있고, 아래로는 민중들이 가난에 굶주리고 있음에도 간악한 세리(稅吏)들은 풍족한 생활을 하고 있습니다.'라고 했다. 한편 제(齊)나라 환공(桓公)이 미복(微服) 차림으로 민정을 시찰했다.

노인임에도 자식도 없이 홀로 지내는 이가 있었다. 환공이 그 까닭을 물었다. 답하길, '저에겐 아들이 셋이 있으나 집이 가난해 장가들 수 없어

---

560) '조간자(趙簡子) 조앙(趙鞅)'은, 춘추시대 인물로, 진(晉)나라 경(卿)이고, 시호(諡號)가 조간자(趙簡子)다. 또한 조양자(趙襄子)의 아버지이기도 하다. 그리고 '세리(稅吏)'는, 세금을 징수하는 관리를 가리킨다.

벌이를 나갔다가 아직 돌아오지 못하고 있습니다.'라고 했다. 환공이 돌아와 관중(管仲)에게 알리자, 관중이 말하길, '국고(國庫)에 재화가 썩어 나가는 재물이 있으면, 민중이 굶주리게 되고, 궁 안의 여인들이 시집을 못가 원망하면, 민중이 처(妻)를 얻지 못하게 됩니다.'라고 했다.

환공이 말하길, '그렇다.'고 했다. 이에 궁 안에 여인들이 있는지 조사해 그들을 시집보냈다. 또 민중들에게 명(命)을 내려, '남자는 20세면 장가를 들게 하고, 여자는 15세면 시집을 가게 하라.'고 했다. 한편 일설에 따르면, 환공(桓公)이 **미복(微服)** 차림으로 민정을 시찰했다. **녹문직(鹿門稷)**이란 사람이 나이 70세가 되도록 처가 없었다. 환공이 관중(管仲)에게, '민중들 중에 늙도록 처가 없는 사람이 있는가.'라고 물었다.[561]

관중이 말하길, '녹문직이란 사람이 나이 70세가 되었으나 처가 없습니다.'라고 했다. 환공이 말하길, '어떻게 해야 처를 갖게 할 수 있는가.'라고 했다. 관중이 말하길, '제가 듣기로 군주가 재물을 쌓아두면 민중들은 궁핍하고, 궁 안에 시집을 못가 원망하는 여인이 있으면 민중들은 늙어도 처가 없게 된다고 합니다.'라고 했다. 환공이 '그렇겠다.'고 했다. 궁 안에 명해 아직 군주를 모셔보지 못한 여인은 시집가게 했다.

그리고 또 다른 명(命)을 내렸다. 남자는 20세면 장가(丈家)를 들게 하

---

561) '미복(微服)'은, 남의 눈에 잘 띄지 않는 남루한 옷차림을 말하고, '녹문직(鹿門稷)'이란, 녹문(鹿門)은 제나라 성문(城門)을 말하고, 직(稷)은 이름이다. 보통 성문 밖에 산다고 하여 성(姓)으로 삼는 경우가 많다.

고, 여자는 15세면 시집[媤宅]을 가게 했다. 이에 궁(宮) 안에선 시집을 못 가 원망하는 여인[怨女]이 없게 되고, 민간에선 처(妻)를 얻지 못한 **광부 (曠夫)**가 없게 되었다. 한편 **연릉탁자(延陵卓子)**가 창룡(蒼龍)이란 푸른색 말 과 도문(挑文)이란 주황색 말이 끄는 수레를 탔다. 앞에는 갈고리가 달린 장식 띠가 있고, 뒤에는 날카로운 쇠끝 채찍이 있었다.562)

말이 앞으로 나가려 하면 갈고리 장식이 가로막고, 뒤로 물러서려 하면 날카로운 채찍이 찔렀다. 그래서 말이 옆으로 뛰어나갔다. 조보(造父)가 지나가다 눈물을 흘리면서 말하길, '옛날에 사람 다스리는 것도 이러했 다. 무릇 상(賞)은 권장하기 위한 것인데, 도리어 비방을 받고, 벌(罰)은 금 하기 위한 것인데, 도리어 칭송을 받게 되면 민중은 중간에서 어찌할 바 를 모르게 된다. 역시 성인(聖人)이 울었던 이유다.'라고 했다.

일설에 따르면, 연릉탁자(延陵卓子)가 창룡(蒼龍)이란 푸른색 말과 적문 (翟文)이란 꿩의 깃털 무늬의 말이 끄는 수레를 탔다. 앞엔 뒤얽힌 굴레가 있고, 뒤엔 날카로운 가시 채찍이 있었다. 나가려 하면 잡아 당겨지고, 물 러나려 하면 채찍이 가해졌다. 말은 앞으로 나갈 수도, 뒤로 물러설 수도 없어 결국 옆으로 비켜 벗어났다. 이에 수레에서 내려 칼을 뽑아 말의 다

---

562) '광부(曠夫)'는, 장가(丈家)를 들지 못한, 즉 장인(丈人)과 장모(丈母)가 계시는 집을 들어가 보 지 못한 남자로, 시집[媤宅], 즉 시(媤)어머니와 시(媤)아버지가 계시는 집에 가보지 못한 여자를 가리키는 원녀(怨女)와 대칭되는 말이다. 그리고 '연릉탁자(延陵卓子)'의 연릉(延陵)은, 지금의 강소 성 상주시(常州市)에 해당하는 오(吳)나라 지명이고, '연릉탁자(延陵卓子)'는, 이 지역을 토대로 한 성씨(姓氏)를 뜻한다.

리를 잘라버렸다. **조보(造父)가 이를 보고 울면서 말했다.**[563]

   '채찍이란 앞으로 가도록 하는 수단인데 뒤얽힌 굴레가 있고, 잡아당기기란 물러서게 하는 수단인데 날카로운 가시 채찍이 있다. 지금 군주가 신하를 청렴결백하다고 여겨 자리에 나아가게 하면서도 측근으론 적합하지 않다고 물러나게 하고, 신하가 공정하다고 여겨 칭찬하면서도 말에 잘 따르지 않는다고 그만두게 한다. 민중은 두려워 중간에서 어찌할 바를 모르게 된다. 이것이 성인(聖人)이 울었던 이유다.'라고 했다.

---

563) '조보(造父)가 울면서 말한 것'은, '말이 그렇게 다리가 잘리는 광경을 보게 되자', 종일 먹지도 않고 그대로 하늘만 쳐다보며 탄식하다 비로소 '말과 신하의 관계를 비유'해 언급한 것이다.

제36장 난일(難一)

> 난(難)이란 비난 또는 논란(論難)한다는 의미다. 일반에게 잘 알려진 역사
> 적 고사나 설화를 먼저 제시하고, 이를 통해 한비(韓非) 자신의 입장에서 비
> 판을 가했다. 혹왈(或曰)이라 하는 형식을 가지고 취해진 논박 서술엔 법가
> (法家) 성향의 논리가 진하게 배어 있음을 볼 수 있다. 그리고 난일(難一)로 시
> 작되는 것은 전체 4장 가운데 제1장이란 뜻이다.

| 01 |

진(晉)나라의 문공(文公)이 장차 초(楚)나라 군대와 결전을 앞두고 있었
다. 구범(舅犯)을 불러 묻기를, '내가 장차 초나라의 군대와 결전을 벌이고
자 한다. 저쪽은 많고 우리 쪽은 적다. 어찌하면 좋겠는가.'라고 했다. 구
범이 말하길, '제가 듣기로 번잡하게 예(禮)를 지키는 군자는 진심 다하기
를 마다하지 않으나, 전쟁터에선 속이는 일도 마다하지 않는다고 합니
다. 군주께서 속임수를 부릴 수 있어야 합니다.'라고 했다.

문공이 **구범**을 물러나게 하고, 바로 옹계(雍季)를 불러 묻기를, '내가 장
차 초나라의 군대와 결전을 벌이고자 한다. 저쪽은 많고 우리 쪽은 적다.

어찌하면 좋겠는가.'라고 했다. 옹계가 답하길, '숲에 불을 질러 사냥하면 더 많은 짐승을 잡을 수 있으나, 후엔 반드시 짐승이 사라질 것입니다. 속임수로 민중을 대하면 한때는 눈앞의 이익(利益)을 취할 수 있으나, 후엔 반드시 신망을 얻을 길이 없을 것입니다.'라고 했다.[564]

문공이 말하길, '좋다.'고 했다. 옹계를 물러나게 하고, 실제 초(楚)와의 결전에선 구범의 계략을 써서 초(楚)의 군대를 격파했다. 돌아와 상(賞)을 주는데 옹계를 먼저하고, 구범은 뒤로했다. 이에 여러 신하들이 말하길, '**성복(城濮)**의 승리는 구범의 계략입니다. 대체 그 의견을 따르면서 그를 뒤로 돌려도 되는 일입니까.'라고 했다. 문공이 말하길, '이는 그대들이 알 바 아니다. 무릇 구범의 계략이란 한 때의 술수이다.[565]

하지만 옹계의 의견은 만대(萬代)에 걸쳐 이익이 되는 것이다.'라고 했다. 공자가 이것을 듣고 말하길, '문공의 패업은 당연하다. **한때의 권모술수**를 이미 익히고, 또 만대에 이익이 될 일까지 아는구나.'라고 했다. 한편 **어떤 이**가 말하길, '옹계의 대답은 문공(文公)의 질문에 맞지 않다. 무릇 질문한 것에 대한 대답이란, 크거나 작거나 더디거나 급한 데에 따라 대답하게 되어 있다. 그러나 옹계의 대답은 어울리지 않았다.'[566]

---

564) '구범(舅犯)'은, 호언(狐偃) 구범(咎犯)으로, 진(晉)나라 문공(文公)의 외숙이다.
565) '성복(城濮)'은, 진문공이 초성왕의 군사를 대파한 전투를 지칭한다. 지금의 하남성 복현(濮縣)이다.
566) '한때의 권모술수'는, 한때 필요로 하는 응기응변의 조치를 말한다. 그리고 '어떤 이'는, 한비(韓非) 자신을 가리킨다. 즉 앞의 일들을 비판하기 위해 자신의 말을 객관화 시키고자 이렇게 표현한 것이다.

'질문한 바가 높거나 큰데도 대답을 낮거나 좁게 하면, 현명한 군주는 받아들이지 않는다. 지금 문공이 적은 수로 많은 수를 상대하는 방법을 물었는데 답하길, "후엔 반드시 민중들의 신망을 얻을 길이 없을 것입니다."라고 했다. 이는 질문에 적합하지 않다. 그리고 문공은 한때의 권모도 알지 못하고, 만대에 걸친 이익도 알지 못한다. 싸워서 이기면, 나라가 편안하고 몸이 안정되며, 병력이 강해지고 위엄이 서게 된다.'

'비록 뒤에 비슷한 방법으로 큰 이익이 있더라도 이보다 크진 않을 것이다. 만대에 걸친 이익이 오지 않을까 근심할 이유가 없다. 싸워 이기지 못하면 나라는 망하고, 병력도 약해지며, 몸은 죽고, 명성도 사라진다. 지금 죽음을 벗어나려 해도 어쩔 수 없다. 어느 겨를에 만대의 이익을 기대하겠는가. 만대에 걸친 이익을 기대할 수 있는 것은 오늘의 승리에 있다. 요체는 적을 속여야 한다. 만대에 걸칠 이익은 이뿐이다.'

'그러므로, "옹계의 대답은 문공의 질문에 맞지 않는다."고 할 수 있다.' 라고 했다. '그리고 문공(文公)은 또 구범(舅犯)의 말을 알지 못했다. 구범이 이른 속임수도 마다하지 않는다고 한 것은 그 민중을 속이라 한 것이 아니라 그 적을 속이라 말한 것이다. 적(敵)이란 쳐야만 될 대상이다. 비록 뒤에 이와 유사한 방법으로 이익을 얻지 못하더라도 무슨 손실이 있겠는가. 그렇다면 옹계에게 먼저 상을 준 이유는 무엇인가.'

'옹계의 공(功) 때문인가. 사실 초나라 군사를 격파할 수 있었던 것은 구범의 계략 덕분이다. 이것이 옹계와 무슨 관련이 있는가. 옹계는 단지

"후엔 반드시 민중들의 신망을 얻을 길이 없을 것입니다."라고 한 것이 전부다. 이는 사실 뛰어난 진언(進言)도 아니다. 다시 논하지만 초(楚)나라 군사를 격파할 수 있었던 것은 구범의 계략 때문이다. 당시 그는 전쟁터 에선 이른바 **상도(常道)**보다 **권도(權道)**를 행하라 진언했다.[567]

'이처럼 구범은 처음엔 선언(善言)을 한 것이고, 후엔 뛰어난 전략(戰略) 을 논한 것이라 볼 수 있다. 따라서 2가지 큰 공(功)을 세운 셈이다. 그럼 에도 논공행상에선 그의 공(功)은 뒤로 빠지고, 오히려 공(功)이라 평가할 수도 없는 옹계가 앞서 상(賞)을 받는 것은 잘못된 것이다. 이러한 전후 사정을 모르면서, "문공의 패업이 또한 당연하다."라고 하였으니, 공자는 상을 훌륭하게 주는 법을 알지 못하는 것이다.'라고 했다.

| 02 |

역산(歷山)의 농민들이 밭의 경계를 두고 다퉜다. 순(舜)이 가서 농사를 짓자, 1년 만에 경계가 바로잡혔다. 황하의 어부들이 어장을 두고 다퉜 다. 순(舜)이 가서 어부(漁夫)를 한 지 1년이 되자, 나이 많은 어부에게 양 보하는 풍습이 생겼다. 동이(東夷)족의 도공(陶工)이 만든 질그릇은 약하게 구워져 쉽게 깨졌다. 순(舜)이 가서 도공 일을 한 지 1년이 되자, 질그릇이 단단히 구워졌다. 공자가 이를 듣고 감탄하며 언급했다.

---

567) '상도(常道)'는, 군자가 평소엔 충(忠)과 신(信)을 중시해야 하지만, 전쟁터와 같은 곳에선 '권도(權道)', 즉 궤사(詭詐 : 속임수) 등을 써야 한다는 말이다.

'농사나 고기잡이, 그릇 굽는 일은 순(舜)의 직책이 아니다. 그럼에도 순(舜)이 가서 한 것은 폐습(弊習)을 바로잡기 위함이었다. 순(舜)은 정말 인자(仁者)다. 몸소 밭갈이하고 고생하시니 민중들이 따랐던 것이다. 이것이, "성인(聖人)의 덕(德)이 사람을 감화시켰다."고 하는 것이다.'라고 했다. 한편 **어떤 사람**이 유자(儒子)에게, '그때 요(堯)임금은 어디에 계셨는가.'라고 물었다. 답하길, '요(堯)는 천자(天子)였다.'고 했다.[568]

'그렇다면 공자가 요(堯)를 성인(聖人)이라 부른 것은 어찌 된 일인가. 성인이 군주 자리에서 장차 천하에 간악한 일이 없도록 하는 것이다. 만일 농사를 짓고 고기를 잡는 데 다툼이 없고, 질그릇이 일그러지지 않는다면, 순(舜)이 또 무슨 덕을 베풀어 감화를 시키겠는가. 순(舜)을 현자라 한다면, 요(堯)의 명찰(明察)이 있을 수 없고, 요를 성인이라 한다면, 순의 덕화(德化)가 있을 수 없다. 이 2가지를 동시에 얻을 순 없다.'

'초(楚)나라 사람 중에 방패와 창을 파는 이가 있었다. 그 방패를 자랑하며 말하길, "내 방패는 단단해 어떤 것으로도 뚫을 수 없다."고 했다. 또 그 창을 자랑하며 말하길, "내 창은 날카로워 어떤 것으로도 막아낼 수 없다."고 했다. 이에 어떤 이가 말하길, "그 창으로 그 방패를 찌르면 어찌되는가."라고 했다. 장사꾼은 답할 수 없었다. 도대체 동시에 모든 것을 막고, 모든 것을 뚫을 수 있는 것이 있을 수 있겠는가.'

---

568) 여기서 '어떤 사람'은, 한비(韓非) 자신을 가리킨다. 즉 앞의 일들을 비판하기 위해 자신의 말을 객관화 시키고자 이렇게 표현한 것이다.

'지금 요(堯)와 순(舜) 양쪽을 동시에 칭찬할 수 없는 것이 모순(矛盾)에 얽힌 이론이다. 또한 순이 폐습을 바로잡았다고 하는 이야기도 1년 동안 한 가지 잘못을 고치고, 3년 동안 3가지 잘못을 고쳤다는 것이니, 순에겐 한계(限界)가 있는 것이다. 즉 그 수명(壽命)에 한계가 있어, 천하에 두루 퍼져 있는 폐습을 모두 고칠 순 없는 것이다. 한계가 있는 몸으로, 그 많은 폐습을 고칠 수 있길 기대하는 것은 어불성설이다.'

| 03 |

'상벌(賞罰)이란 천하의 사람들이 반드시 행하도록 시키는 것이다. 명령 (命令)하여 이르길, "법에 맞는 사람에겐 상(賞)을 주고, 법에 맞지 않는 사람에겐 벌(罰)할 것이다."라고 한다면, 명령이 아침에 이르면, 민중들은 저녁에 변하고, 저녁에 명령이 이르면, 아침에 변해 열흘이면 천하에 고루 다 퍼지게 될 것이다. 어찌 1년이나 기다리겠는가. 순(舜)은 이런 술(術) 을 통해 요(堯)를 설득해 민중이 따라오게 하지 않았다.'

'오히려 순(舜)은 자신이 몸소 행했다. 즉 술(術)을 터득하지 못한 결과 다. 이처럼 몸으로 직접 고생을 한 뒤에 민중을 감화시키는 방법은 요순 (堯舜)도 어려운 일이다. 한편 술(術)을 활용하면 평범한 군주도 신하는 물론 민중들을 쉽게 바로잡을 수 있다. 그렇다면 천하를 다스리고자 하면서 평범한 군주도 활용하는 술(術)을 배제하고, 요순도 행하기 어려운 일로 정사(政事)를 행한다면, 함께 할 수 없는 것이다.'라고 했다.

관중(管仲)이 병중에 있었다. 환공(桓公)이 가서 묻기를, '중보(仲父)는 병이 들었다. 불행히도 죽게 되면 장차 무슨 말을 나에게 남기겠는가.'라고 했다. 관중이 말하길, '군주의 말씀이 없어도 제가 아뢰고자 했습니다. 군주께선 역아(易牙)를 버리고, 수조(豎刁)를 물리치며, 위(衛)의 개방(開方)을 멀리하십시오. 역아가 군주를 위해 음식 요리를 맡았습니다. 군주께서 오직 인육만 맛보지 않으셨다 하여 역아가 어찌했습니까.'

'자신의 아들 머리를 삶아 바쳤습니다. 대체 인정으론 자식을 사랑하지 않을 수 없습니다. 지금 자식을 사랑하지 않으면서 어찌 군주를 사랑할 수 있겠습니까. 또 군주께선 여색을 좋아하고 질투심이 많습니다. 이에 수조는 어찌했습니까. 스스로 거세(去勢)하고 후궁들 단속을 맡았습니다. 무릇 사람의 마음이란 자신의 몸을 사랑하지 않을 수 없습니다. 자기 몸도 사랑하지 않으면서, 어찌 군주를 사랑할 수 있겠습니까.'

'개방은 군주를 섬긴 지 15년이나 되었습니다. 제(齊)와 위(衛) 사이는 며칠 걸리지 않음에도 어머니를 버리고 오랫동안 돌보지 않았습니다. 어머니도 사랑하지 않으면서 어찌 군주를 사랑하겠습니까. 제가 듣기로, "억지로 꾸미는 거짓은 오래가지 못하고, 속 빈 것은 덮어 숨기려 해도 오래 지탱하지 못한다."고 했습니다. 바라건대 군주께서는 이 3명을 물리쳐야 합니다.'라고 했다. 관중이 죽자 환공은 실행하지 않았다.

환공이 죽자, 구더기가 집 밖으로 나올 정도로 방치해 장례도 치르지 못했다. 한편 **어떤 이**가 말하길, '관중(管仲)이 **환공(桓公)**에게 일러준 것은 법도(法度)를 깨달은 사람의 말이 아니다. 역아(易牙)와 수조(豎刁)를 물리치라 한 것은 그 자신을 사랑하지 않고 군주의 욕심에 맞추려 했기 때문이다. 관중은 이렇게 말했다. "자신도 사랑하지 않으면서 어찌 군주를 사랑할 수 있겠습니까."라고 했다. 이는 다시 살펴봐야 한다.[569]

'가령 사력(死力)을 다해 군주를 섬기는 신하가 있더라도 관중은 등용하지 않았을 것이다. 그러면서, "사력(死力)을 다해 섬기는 것을 신중하게 생각지 않는 이가 어찌 군주를 사랑할 수 있겠는가."라고 할 것이다. 이는 군주가 충신(忠信)을 물리치길 바란 셈이다. 또 자신을 사랑하지 않는다고 군주를 사랑하지 않을 것으로 추정하면, 관중은 전에 섬기던 공자 규(糾)를 위해 자결하지 않았던 일을 가지고 따져야 한다.'

'이렇게 보면 관중도 환공을 위해 사력을 다하지 않을 수 있는 것이다. 즉 관중의 논리대로 하면 관중도 물리쳐야 할 대상인 것이다. 현명한 군

---

569) '어떤 이'는, 한비(韓非) 자신을 가리킨다. 즉 앞의 일들을 비판하기 위해 자신의 말을 객관화 시키고자 이렇게 표현한 것이다. 그리고 '환공(桓公)'은, 관중(管仲)의 도움으로 패업(霸業)을 이룬 군주다. 본래 이름은 소백(小白)이다. 이복형이었던 양공(襄公)이 정사를 어지럽게 펴자, 사촌형제인 공손 무지(無知)가 살해했다. 이후 소백은 포숙아와 함께 거(莒)땅으로, 이복형 공자 규(糾)는 관중과 함께 노(魯)나라로 망명했다. 얼마 지나지 않아 공손 무지가 살해되었다는 소식이 들리자, 소백과 규는 후계자가 되기 위해 다툼이 벌어졌다. 『사기(史記)』에 따르면, 매복해 있던 관중이 제나라로 달려가는 소백을 향해 화살로 쏘았다. 소백이 쓰러지자 관중은 기뻐하며 규에게 소백이 죽었다고 보고했다. 하지만 소백은 죽은 척만 했을 뿐 죽지 않았다. 이렇게 해서 규가 방심하는 사이, 소백이 재빨리 제나라로 들어가 보위에 올랐다. 이후 소백은 유감이 있던 관중을 죽이려했으나, 포숙아가 인재를 중시하라는 건의를 받아들여 재상으로 삼았다. 이때 규(糾)를 모시던 관중은 마땅히 자결했어야 옳으나, 포숙아의 추천으로 살아남아 환공을 패자(霸者)로 만들었다.

주의 방법은 이와 다르다. 민중이 바라는 것을 마련해 공(功)을 요구한다. 그러므로 작록(爵祿)을 만들어 권유하는 것이다. 그리고 민중이 싫어하는 것을 마련해 간악을 막는다. 그러므로 형벌(刑罰)을 만들어 위협하는 것이다. 공(功)엔 상(賞)을 주고, 과(過)엔 벌(罰)을 가한다.'

'그러므로 군주는 공(功)이 있는 이를 윗자리에 발탁하고 간악한 이를 쓰지 않는 것이다. 비록 수조(豎刁)와 같은 이가 있다 하더라도 군주를 어찌할 수 있겠는가.'라고 했다. 한편 어떤 이가 또 말하길, '신하는 사력(死力)을 다해 군주를 섬기면서 관계를 돈독히 하고, 군주는 작록(爵祿)으로 신하와 관계를 돈독히 한다. 이처럼 군신관계(君臣關係)는 혈육으로 맺어진 부자지간과 다르게 이해타산을 기초로 맺어진 관계다.'

'군주가 도를 행하면 신하는 사력을 다하는 까닭에 간악이 일어나지 않고, 도를 행하지 못하면 신하는 위로 군주의 총명을 막고 아래론 사욕을 꾀한다. 관중(管仲)은 이런 이치를 환공에게 밝히지 않았다. 수조(豎刁)를 물리치면 또 다른 수조가 나타난다는 사실을 간과한 것이다. 이는 간악을 끊는 방법이 아니다. 그리고 환공이 죽어 구더기가 집 밖으로 나와도 장례를 치르지 못한 것은 신하의 권세가 강했기 때문이다.'

'신하의 권세가 지나치게 커지면 군주를 마음대로 조종한다. 군주를 마음대로 조종하면 군주의 명이 아래에 이르지 못하고, 신하의 실정이 위로 통하지 않는다. 한 사람의 힘으로 군주와 신하 사이를 가로막은 탓이다. 그러면 일의 성패가 들리지 않고, 화복(禍福)의 권한도 통하지 않게 된다. 제나라 환공이 사후에 장례를 치르지 못하는 재앙이 나타난 이유다.

따라서 현명한 군주는 하나의 관직을 겸하지 못하게 한다.'

'신분의 존비(尊卑)와 귀천(貴賤)을 따지지 않고, 공적이 있으면 발탁하고, 대신들은 측근을 통하지 않고도 군주를 만나 진언(進言)할 수 있어야 한다. 상을 받는 이가 있으면 군주는 공을 파악하고, 벌을 받는 이가 있으면 군주는 죄상을 명확히 알아야 한다. 군주가 사전에 그들의 공과(功過)를 정확히 안다면, 상벌(賞罰) 시행 후에도 그들의 공과는 숨겨질 수 없다. 어찌 환공처럼 장례를 치르지 못하는 재앙이 있겠는가.'[570]

| 05 |

조양자(趙襄子)가 **진양(晉陽)**에서 지백(智伯)의 군사에게 포위되었다가 풀려난 후, 논공행상(論功行賞)을 했다. 공로가 큰 5명에게 상(賞)을 내렸다. 고혁(高赫)이 으뜸가는 상을 받자, 큰 공을 세운 장맹담(張孟談)이 반발하며 말하길, '진양의 싸움에서 고혁은 그 어떤 공(功)도 세운 적이 없는데, 지금 으뜸가는 상을 받게 된 것은 대체 무슨 까닭입니까.'라고 했다. 조양자가 답하길, '진양 싸움은 나라가 무너질 위기였다.'[571]

'다시 말해 진양의 싸움은 사직이 무너지는 위험한 상태였다. 나의 여러 신하들 가운데 교만한 모습을 보이면서, 나를 업신여기는 생각을 갖

---

570) 한비는 덧붙이길, '관중은 이런 이치를 환공에게 밝히지 않고, 오로지 역아와 수조, 개방 등 3사람만 물리치라 했다. 이 때문에, "관중은 법도(法度)를 터득하지 못했다."고 하는 것이다.'라고 했다.

571) '진양(晉陽)'은, 조나라의 도성이 있던 곳으로, 지금 산서성 태원(太原)의 서남쪽이다.

지 않은 이가 없었는데, 오직 고혁만이 군신(君臣)의 예(禮)를 잃지 않았기 때문에, 그래서 그에게 먼저 준 것이다.'라고 했다. 공자가 이것을 듣고 말하길, '상 주는 법이 훌륭하다, 양자여. 한 사람에게 상을 주어 천하의 신하된 이들에게 감히 예를 잃지 못하게 했다.'라고 했다.

어떤 이가 말하길, '공자는 훌륭하게 상 주는 법을 알지 못한다. 무릇 상벌을 공평하게 하면 모든 신하는 감히 남의 직책을 침범하지 못하고, 여러 신하는 감히 예를 벗어나지 못한다. 위에서 공평한 법을 만들면, 아랫사람들은 간악한 마음이 없게 된다. 이와 같다면 상벌을 공평히 한다고 말할 수 있다. 만일 조양자(趙襄子)가 진양(晉陽)에서 명(命)을 내려도 행해지지 않고, 금(禁)해도 그치지 않았다면 어떠했겠나.'[572]

'조양자는 나라를 잃고, 진양엔 군주가 없게 되는 셈이다. 그렇다면 누구와 이를 지켰겠는가. 실제로 조양자가 진양에 있을 때, 지백(智伯)의 수공(水攻)으로 절구통이나 아궁이에 맹꽁이가 살 지경이었음에도 민중들이 배반할 생각을 하지 않은 것은 군신 사이가 친밀했기 때문이다. 만일 양자가 군신 간의 친밀한 덕(德)이 있었음에도 오만하게 군주를 업신여기는 신하가 있었다면, 이는 양자가 벌(罰)을 잘못 내린 것이다.'

'남의 신하된 이에겐 일을 꾀해 공이 있으면 상을 준다. 지금 고혁(高赫)이 군주를 업신여기지 않았다는 이유로 조양자가 상을 주었다면 이는 상

---

572) '어떤 이'는, 한비(韓非) 자신을 가리킨다. 즉 앞의 일들을 비판하기 위해 자신의 말을 객관화 시키고자 이렇게 표현한 것이다.

주는 방법이 잘못된 것이다. 현명한 군주라면 공이 없는 이에겐 상을 주지 않고, 죄가 없는 이에겐 벌을 주지 않는다. 그럼에도 조양자는 오만하게 군주를 업신여겼던 신하는 내버려 두고, 공이 없는 고혁에게 상을 준 것이다. 그 어디에 조양자가 상(賞)을 주는 방법이 있는가.'[573]

| 06 |

진(晉)나라 **평공(平公)**이 신하들과 술을 마셨다. 취기가 한창 오르자 한숨을 쉬며 말하길, '군주 된 즐거움이 없다. 말을 하더라도 그 말을 어기지 못하니.'라고 했다. 사광(師曠)이 앞에 모시고 앉아 있다 거문고를 번쩍 들어 내리치려 했다. 평공이 옷소매를 풀어헤쳐 피하면서 거문고는 벽에 부딪혀 부서졌다. 평공이 말하길, '**태사(太師)**는 누구를 쳤는가.'라고 하자, 사광은, '소인 곁에서 말하는 이를 쳤습니다.'라고 했다.[574]

평공이 말하길, '나였다.'라고 했다. 사광이 말하길, '아아. 이는 군주 된 사람의 말이 아닙니다.'라고 했다. 측근들이 사광을 처벌(處罰)하자고 청했다. 평공이 말하길, '그만두어라, 나의 경계로 삼겠다.'라고 했다. 한편 **어떤 이**가 말하길, '평공(平公)은 군주의 도(道)를 잃고, 사광(師曠)은 신하의 예(禮)를 그르쳤다. 무릇 행동이 잘못되었다고 하여 그의 몸에 벌(罰)을

---

573) 한비는 덧붙이길, '이 때문에, "공자(孔子)는 상(賞)을 훌륭하게 주는 법을 모른다."고 한 것이다.'라고 했다.
574) '평공(平公)'은, 악사로 유명한 사광(師曠)을 곁에 두고, 음악을 애호하던 춘추 말기 진(晉)나라의 군주다. 그리고 '태사(太師)'는, 악사의 우두머리로, 사광(師曠)을 가리킨다.

가하는 것은 오로지 군주가 신하를 대하는 태도다.'[575]

'반대로 그 행위가 잘못되었다고 여긴다면 간(諫)하고, 듣지 않으면 자신이 물러나는 것이 신하가 군주를 대하는 태도다. 지금 사광은 평공의 행위를 잘못이라 여기고 신하로서 간하지도 않고, 거문고를 번쩍 들어 그 몸을 범한 것이다. 이는 아래위 자리를 뒤집고 남의 신하된 예(禮)를 잃은 것이다. 무릇 남의 신하된 이는 군주에게 잘못이 있으면 간(諫)하고, 듣지 않으면 작록(爵祿)을 가볍게 여기고 기다려야만 한다.'

'이것이 남의 신하가 되는 예의(禮義)다. 그런데 지금 사광은 평공의 잘못을 비난하고 거문고를 번쩍 들어 그 몸을 범했다. 비록 엄한 아버지라도 자식에게 가할 수 없는 것을 사광이 군주에게 행한 것이다. 이는 중대한 반역이다. 신하가 중대한 반역 행위를 저질렀음에도 평공은 스스로 무마했다. 이는 군주의 도(道)를 잃은 것이다. 이 때문에 평공의 행적을 명시해선 안 된다. 군주가 실책을 깨닫지 못했기 때문이다.'

'역시 사광의 행위도 명시해선 안 된다. 간악한 신하가 엄히 간(諫)해 군주를 시해한 죄로 위장하는 방법을 답습(踏襲)할 수 있기 때문이다. 결과적으로 이는 둘 다 현명하다고 할 수 없다. 때문에, "평공은 군주의 도를 잃고, 사광은 신하의 예를 그르쳤다."고 하는 것이다.'라고 했다. 한편 제(齊)나라 환공(桓公) 때 **소신직(小臣稷)**이란 유명한 **처사(處士)**가 있었다. 환

---

575) '어떤 이'는, 한비(韓非) 자신을 가리킨다. 즉 앞의 일들을 비판하기 위해 자신의 말을 객관화 시키고자 이렇게 표현한 것이다.

공이 3번이나 찾아갔으나 도통 만나볼 수가 없었다.[576]

이에 환공이 말하길, '내가 듣기로 비록 벼슬을 하지 않는 인사라도 작록(爵祿)을 가볍게 여기지 않는다면, 만승(萬乘)이나 되는 군주(君主)를 결코 가볍게 생각할 리 없고, 만승이나 되는 군주가 인의(仁義)를 좋아하지 않는다면, 벼슬하지 않는 인사를 겸손(謙遜)하게 대할 리 없다고 한다.'라고 했다. 그리고 5번 찾아가 겨우 만나볼 수 있었다. 한편 어떤 이가 말하길, '환공(桓公)은 인의(仁義)의 참 된 뜻을 알지 못한다.'

'무릇 인의란 것은 천하의 해악(害惡)을 근심하고 한 나라의 환난에 달려가 천시(賤視)나 굴욕도 피하지 않는 것을 인의라 한다. 이 때문에 **이윤(伊尹)**은 **중국(中國)**이 혼란하다 생각해 요리를 맡음으로써 탕(湯)을 섬기고자 했고, **백리해(百里奚)**는 진(秦)이 혼란하다 생각해 노예가 됨으로써 목공(穆公)을 섬기고자 했다. 모두가 천하의 해악을 근심하고, 한 나라의 환난에 달려가 천시나 굴욕도 피하려 하지 않은 것이다.'[577]

'이 때문에 인의라 말하는 것이다. 지금 환공은 만승(萬乘)의 세(勢)를 가지고, 한낱 필부에게 몸을 낮춰 장차 제(齊)나라를 걱정한다. 그럼에도 처

---

576) '소신직(小臣稷)'의 소신(小臣)은, 성이고, 직(稷)은 이름이다. 그리고 '처사(處士)'란, 벼슬을 거부하고 은거한 선비를 말한다.

577) '이윤(伊尹)'은, 탕왕 때의 재상으로, 하(夏)나라를 타도하고 은(殷)나라를 여는 데 공이 큰 사람이다. 그리고 '중국(中國)'은, 천하의 중앙으로, 당시는 하(夏)나라 왕조의 마지막 왕인 걸(桀)이 지배하던 지역을 가리키고, '백리해(百里奚)'는, 진(秦)나라 목공(穆公)을 도와 패업(霸業)을 이루게 한 인물이다.

사(處士)가 나가서 뵈려 하지 않으니 처사는 민중임을 망각한 것이다. 민중을 망각하면 인의라 할 수 없다. 인의란 남의 신하된 예를 벗어나지 않고, 군신 간의 위계질서를 깨뜨리지 않는다. 이런 이유로 나라에서 **새를 손에 들고, 조정에 참예하는** 이를 신(臣)이라 하는 것이다.'[578]

 '신(臣) 가운데 관리가 되어 직책을 분장해 일을 수행하는 이들을 맹(萌)이라 한다. 즉 민중이나 맹이라 하는 무리 가운데 있으면서 군주가 바라는 의욕(意欲)을 거슬리고 있기 때문에 인의(仁義)라 할 수 없는 것이다. 그렇다면 인의가 전혀 없음에도 환공은 5번씩이나 그에게 찾아가 예우를 다했던 것이다. 여기서 만일 처사(處士)가 지혜와 능력을 갖고서도 환공(桓公)을 피해 달아났다면 이는 형벌을 받아야 마땅하다.'

 '반대로 지혜나 능력도 없으면서 겉으로만 환공에게 뽐냈다면 이는 속인 것이니, 죽여야 마땅하다. 처사의 행동은 형벌을 받든지 죽임을 당해야 마땅하다. 그런데 환공은 군신의 도리로 다스리지 못하고, 오히려 예우를 한 것이다. 이는 환공이 위를 얕보고, 군주를 모독하는 습속을 제나라 사람들에게 가르친 꼴이 된다. 잘 다스리는 방법이 아니다. 이 때문에, "환공은 인의를 알지 못한다."고 하는 것이다.'라고 했다.

---

578) '새를 손에 들고, 조정에 참예(參詣)하는 것'은, 처음 신하가 된 예로 새를 폐백(幣帛)으로 삼아 조정에 참예하는 것이다. 그리고 폐백의 종류는 신분에 따라 다르다.

미계(靡笄)의 싸움에서 **한헌자(韓獻子)**가 어떤 사람을 참형하고자 했다. **극헌자(郤獻子)**가 그 소식을 듣고 말을 몰아 달려가 그를 구하고자 했다. 하지만 도착했을 땐 이미 참형당한 뒤였다. 극헌자가 말하길, '왜 그의 죄상을 전군에 돌려 본때를 보이지 않는가.'라고 했다. 아래 종이, '조금 전엔 그를 구하려 하지 않았습니까.'라고 했다. 극헌자가 말하길, '내가 한헌자와 비방을 나눠 받지 않아서야 되겠는가.'라고 했다.[579]

어떤 이가 말하길, '극헌자(郤獻子)가 한 말은 살펴 생각하지 않을 수 없다. 이는 남의 비방을 나눠 받는 것이 아니다. 가령 한헌자(韓獻子)가 참형(斬刑)시킨 사람이 극형(極刑)에 마땅한 죄인(罪人)이었다면 구할 수 없다. 죄인을 구하면 법이 무너지는 원인이 된다. 법이 무너지면 나라가 혼란해진다. 죄인이 아니었다면 본때를 보이라 권할 수 없다. 본때를 보이라 권하면 이는 누명(陋名)을 중복(重複)시키는 행위가 된다.'[580]

'누명을 중복시키면 민중들이 원망(怨望)하는 원인이 된다. 민중들이 원망하면 나라가 위태롭다. 극헌자가 한 말은 결국 나라를 혼란하게 하거나 위태롭게 한 셈이다. 따라서 살펴 생각하지 않을 수 없는 일이다. 또

---

579) '미계(靡笄)의 싸움'에서 미계(靡笄)는, 제나라의 산 이름으로, 지금 산동성 제남의 천불산에서 벌였던 전투를 말하고, '한헌자(韓獻子)'는, 군법을 관장한 사마(司馬) 한궐(韓厥)을 가리키며, '극헌자(郤獻子)'는, 당시 중군(中軍)의 장수로, 총대장이었던 극극(郤克)을 가리킨다.
580) '어떤 이'는, 한비(韓非) 자신을 가리킨다. 즉 앞의 일들을 비판하기 위해 자신의 말을 객관화 시키고자 이렇게 표현한 것이다.

한헌자가 참형시킨 사람이 극형에 마땅한 죄인이라면, 극헌자가 어찌하여 비방(誹謗)을 나눠 갖겠는가. 참형을 당한 사람이 혹 죄인이 아니었어도 이미 참형을 끝낸 다음, 극헌자가 여기에 이르렀던 것이다.'

'이는 한헌자에 대한 비방이 이미 이뤄지고, 극헌자는 뒤늦게 이른 것이 된다. 극헌자가, "그것으로 본때를 보이라."고 한 것은 죄 없는 사람을 참형시켰다는 비방을 나눠 받을 수 없을 뿐 아니라 본때를 보이게 시켰다는 비방만 낳을 뿐이다. 이런데도 그가 비방을 나눠 갖겠다는 말을 한 것이다. 옛날에 주(紂)가 **포락(炮烙)**을 만들었다. **숭후(崇侯)**와 **악래(惡來)**가, "강을 건너는 이의 정강이를 잘라 보십시오."라고 했다.'[581]

'그렇다고 어찌 주(紂)에 대한 비방을 나눠 갖겠는가. 한편 민중이 위에 바라는 기대는 크다. 한헌자가 할 수 없으면, 극헌자가 그것을 할 수 있길 바랄 것이다. 만일 극헌자도 함께할 수 없다면 민중은 위에 대한 기대를 끊을 것이다. 그러므로, "극헌자가 한 말은 비방을 나눌 수 없고, 오히려 배가시킬 뿐이다."라고 하는 것이다. 그럼에도 극헌자가 죄인을 구하고자 한 것은 한헌자가 실책한 것으로 오인했기 때문이다.'[582]

---

581) '포락(炮烙)'은, 이른바 '포락(炮烙)의 형벌'이란 말로, 구리 기둥에 기름을 발라 장작불에 걸쳐놓은 뒤, 죄인들로 하여금 그 위를 걷게 하는 벌을 말한다. 그리고 '숭후(崇侯)와 악래(惡來)'는, 주왕(紂王)의 간신으로, 그들이 '강을 건너는 이의 정강이를 잘라 보라'고 한 것은, 겨울철 맨발로 강을 건너는 이의 정강이는 어떻게 생겼기에 그 차가움을 견딜 수 있는지 알아보자고 장난삼아 자르게 한 것이다. 따라서 그들이 그런 잘못을 저질렀다고 해서 주(紂)에 대한 비방을 나눠 가질 순 없는 것이다.

582) 한비는 덧붙이길, '그럼에도 그 잘못된 이유는 말하지 않고 본때만 보이라 권한 것이다. 이는 한헌자로 하여금 자신의 실책을 알아차리지 못하게 한 셈이다. 그러므로 극헌자가 비방을 나눠 갖게 되는 이유란 결코 납득되지 않는 것이다.'라고 했다.

 환공(桓公)이 관중(管仲)을 묶은 포박을 풀고 재상으로 삼았다. 관중이, '제가 총애를 받고 있습니다만, 신분은 낮습니다.'라고 했다. 환공이 답하길, '그대를 고(高)씨와 국(國)씨 위에 서도록 하겠다.'고 했다. 관중이 말하길, '저의 신분이 귀해졌습니다만, 가난합니다.'라고 했다. 환공이 답하길, '그대에게 **삼귀(三歸)의 곳간**을 갖도록 하겠다.'고 했다. 관중이, '부자가 되었습니다만, 군주와 소원한 사이입니다.'라고 했다.[583]

 이에 **환공**은 그에게 **중보(仲父)**라 불렀다. 소략(霄略)이 말하길, '관중은 미천한 신분으로 나라를 다스릴 수 없다고 생각했기 때문에 고씨와 국씨 위로 되길 청했던 것이다. 가난을 가지고 부를 다스릴 수 없다고 생각했기 때문에 삼귀의 집을 청했던 것이다. 군주와 소원한 관계로 친족을 다스릴 수 없다고 생각했기 때문에 중보로 처신했던 것이다. 관중은 탐욕스런 것이 아닌 다스리는 데 편리했기 때문이다.'라고 했다.[584]

 어떤 이가 말하길, '만일 종으로 하여금 군주의 명령을 받들게 하여 공경(公卿)과 재상에게 일러도 감히 듣지 않을 수 없다. 공경과 재상의 신분이 낮고 종이 높아서가 아니다. 군주의 명(命)이 가해지는 이가 감히 따르지 않을 수 없기 때문이다. 만일 관중(管仲)의 정치(政治)로써 환공(桓公)을

---

583) '삼귀(三歸)의 곳간'이란, 조세 징수율로, 세수의 3할에 해당하는 재화를 주겠다는 말이다.
584) 환공이 관중에게 중보(仲父)라 부른 것은, 공실(公室)과 자신의 혈육, 친족관계를 보다 가깝게 한다는 차원에서 중보(仲父)라 칭한 것이다.

따르게 하지 못한다면, 이는 사실상 군주가 없는 셈이나 마찬가지다. 나라에 군주가 없다면, 그 어떤 정치도 펼쳐지지 않는다.'585)

  '만일 환공의 위세 등등한 힘을 통해, 환공의 명령을 내린다면 어떨까. 이는 종이라도 넉넉하게 펼칠 수 있는 방법이 될 것이다. 어찌 고(高)씨와 국(國)씨나 중보(仲父) 같은 높은 신분을 기다린 다음에야 행해진다고 할 수 있겠는가. 가령 오늘날 **행사(行事)**나 **도승(都丞)**이 징집 명령을 내릴 경우를 보자. 신분이 높다고 피할 수 없고, 신분이 낮은 사람에게만 나갈 수도 없는 것이다. 법이 합당하면 집행은 쉬운 것이다.'586)

  '비록 **항백(巷伯)**이라도 공경과 재상에게 집행하고, 법에 합당하지 않으면 비록 고관이라도 민중에게 배척된다. 지금 관중은 군주를 높이고 법을 밝히는 데 힘쓰지 않고, 총애를 늘리고 작록을 높이는 데만 골몰했다. 이는 관중이 부귀를 탐내는 것이 아니라면, 반드시 어리석어 법술을 모른 것이다. 그러므로 말하길, "관중(管仲)은 행동을 잘못한 것이고, 소략(霄略)은 칭찬을 잘못한 것이다."라고 한 것이다.'라고 했다.587)

---

585) '어떤 이'는, 한비(韓非) 자신을 가리킨다. 즉 앞의 일들을 비판하기 위해 자신의 말을 객관화 시키고자 이렇게 표현한 것이다.
586) '행사(行事)나 도승(都丞)'은, 둘 다 신분이 낮은 관리로, 행사(行事)는 관서의 사무장 정도이고, 도승(都丞)은 지방 채읍(采邑)의 보좌관 정도이다.
587) '항백(巷伯)'은, 궁안의 환관 중에서도 지위가 낮은 이를 말하거나 작은 마을의 장을 이르기도 한다.

한(韓)나라 선왕(宣王)이 규류(樛留)에게, '내가 공중(公仲)과 공숙(公叔) 둘을 등용하고 싶은데 괜찮은가.'라고 물었다. 답하길, '옛날에 위(魏)가 누비(樓鼻)와 적강(翟强)을 등용해 서하(西河) 땅을 잃었고, 초(楚)나라가 소(昭)씨와 경(景)씨를 등용했다가 언(鄢)과 영(郢) 땅을 잃었습니다. 만일 군주께서 공중과 공숙을 등용하면 곧 정사를 다투고 외국과 거래하게 될 것입니다. 그러면 분명 나라의 우환이 될 것입니다.'라고 했다.[588]

어떤 이가 말하길, '옛날에 제(齊)나라 환공(桓公)이 관중(管仲)과 포숙(鮑叔) 둘을 등용했고, 성탕(成湯)은 이윤(伊尹)과 중훼(仲虺) 둘을 등용했다. 도대체 신하 둘을 동시에 등용하는 것이 나라의 걱정거리라면 환공은 패자가 될 수 없었고, 성탕도 왕자가 될 수 없었을 것이다. 제나라 민왕(湣王)은 요치(淖齒) 하나를 등용했지만 동묘(東廟)에서 살해당하고, 주보(主父)는 이태(李兌) 하나를 등용했지만 유폐를 당해 죽었다.'[589]

'군주가 법술(法術)을 터득하면, 둘을 동시에 등용해도 환난을 걱정할

---

588) '한(韓)나라 선왕(宣王)'은, 기원전 4세기 사람으로, 처음으로 왕호를 칭한 선혜왕(宣惠王)으로 불리고, '규류(樛留)'는, 한(韓)나라 신하이며, '공중(公仲)과 공숙(公叔)'은, 한(韓)나라 종실의 귀족으로, 둘은 권력을 차지하기 위해 다투었다.

589) '성탕(成湯)'은, 은(殷)나라 탕왕(湯王)이 죽은 뒤, 그의 호칭으로 부른 시호(諡號)이고, 여기서 성(成)은 미칭(美稱)이다. '민왕(湣王)'은, 종묘인 동묘(東廟)에서 대들보에 거꾸로 매달려 죽임을 당한 인물이며, '주보(主父)'는, 조(趙)의 무령왕(武靈王)이 혜문왕(惠文王)에게 왕위를 양위한 뒤 스스로 부른 칭호이다. 그리고 '이태(李兌)'는, 한때 조(趙)나라의 실권을 장악했던 사구(司寇)를 가리킨다.

이유가 없다. 하지만 법술을 익히지 못한 상태로 둘을 등용하면, 정사를 다투고 외국과 거래하게 될 것이다. 또 하나를 등용하면, 전횡하다가 마침내 군주를 협박하고 시해할 것이다. 지금 규류(膠留)는 법술을 근거로 군주를 바르게 섬길 생각은 않고, 오직 하나만 등용하도록 하고 있다. 이는 서하(西河)나 언(鄢), 영(郢)을 잃는 우환이 생길 것이다.'[590]

---

590) 한비는 덧붙이길, '그렇지 않으면, 반드시 군주가 죽임을 당하거나 굶어죽는 우환을 부를 것이다. 따라서 규류가 올바른 식견을 가지고 진언했다고 할 수 없다.'라고 했다.

제37장 난이(難二)

난(難)이란 비난 또는 논란(論難)한다는 의미다. 일반에게 잘 알려진 역사적 고사나 설화를 먼저 제시하고, 이를 통해 한비(韓非) 자신의 입장에서 비판을 가했다. 혹왈(或曰)이라 하는 형식을 가지고 취해진 논박 서술엔 법가(法家) 성향의 논리가 진하게 배어 있음을 볼 수 있다. 그리고 난이(難二)로 시작되는 것은 전체 4장 가운데 제2장이란 뜻이다.

| 01 |

제나라 **경공(景公)**이 안영(晏嬰)의 집에 들러 말하길, '그대의 집은 너무 작고, 시장에 가깝다. 그대의 집을 녹나무 숲으로 꾸며진 나의 원림인 **예장(豫章)**으로 옮겨주겠다.'고 했다. 안영이 재배하고 사양하며 말하길, '저의 집은 가난합니다. 시장에 기대 살기 때문에 조석으로 시장에 가야 합니다. 따라서 멀어선 안 됩니다.'라고 했다. 경공이 웃으며 말하길, '그대집이 시장과 밀접하다면, 값싸고 비싼 것을 알겠다.'고 했다.[591]

---

591) '제나라 경공(景公)'은, 최저에 의해 죽임을 당한 제장공(齊莊公)의 뒤를 이어 보위에 올랐고, 이름은 저구(杵臼)다. '안영(晏嬰)'은, 제나라 영공(靈公)과 장공(莊公), 경공(景公) 등 3대에 걸쳐

당시 경공(景公)은 처형(處刑)을 빈번(頻繁)하게 시행했다. 안영이 답하길, '월형(刖刑)을 당한 사람이 신는 신발은 비싸고, 일반 사람이 신는 신발은 쌉니다.'라고 했다. 경공이 말하길, '어찌하여 그런 것인가.'라고 했다. 이에 안영이 답하길, '처형이 너무 많기 때문입니다.'라고 했다. 경공이 크게 놀라 안색을 바꾸며 말하길, '내가 그토록 난폭했다는 것인가.'라고 했다. 그래서 형벌(刑罰)을 5단계로 대폭 낮추기로 했다.

어떤 이가 말하길, '제나라의 안영(晏嬰)이 월형(刖刑)을 당한 사람의 신발이 비싸다고 한 것은 사실이 아니다. 교묘한 언변(言辯)으로 복잡한 형벌(刑罰)을 그만두게 하려는 것이었다. 하지만 이는 정치의 본질(本質)을 세밀하게 살피지 못한 실수다. 무릇 형벌이 정당하다면, 그 형벌의 종류가 아무리 많더라도 많다고 할 수 없다. 반대로 형벌이 부당하다면, 그 형벌의 종류가 아무리 적더라도 적다고 할 수 없는 것이다.'

'안영은 형벌의 부당함을 간(諫)하지 않고, 너무 많다고만 주장했다. 이는 법술(法術)을 터득하지 못한 탓이다. 가령 패전(敗戰)에 따른 처형이 수백이나, 수천이 되더라도 도망자를 막지는 못한다. 마찬가지로 난세(亂世)를 다스리는 형벌 역시 무겁고 두렵게 해도 간악은 사라지지 않는다. 지금 안영은 형벌의 집행이 정당한지 여부도 살피지 않고, 너무 많다고만

재상을 역임했다. 시호는 평중(平仲)이고, 『안자춘추(晏子春秋)』가 있다. 그리고 '예장(豫章)'은, 본래 녹나무를 뜻하는 나무 이름인데, 여기선 경공의 원림으로 쓰였다.

주장한 것이다. 이는 핵심을 벗어난 허망한 얘기일 뿐이다.'[592]

| 02 |

제(齊)의 환공(桓公)이 술에 취해 관(冠)을 잃어버렸다. 부끄러워 3일간 조정에 나가지 않았다. 관중(管仲)이 말하길, '이는 나라를 다스리는 군주의 수치가 아닙니다. 공께선 어찌 바른 정사로 씻으려 하지 않습니까.'라고 했다. 환공이, '좋다.'고 했다. 곧 쌀 창고를 열어 가난한 이들에게 베풀고 감옥을 살펴 경한 죄인은 방면했다. 3일이 지나자, 민중들이 노래하길, '공께서 어찌 다시 관을 잃어버리지 않는가.'라고 했다.

어떤 이가 말하길, '관중(管仲)은 소인에 대한 환공(桓公)의 수치는 씻었으나 군자에 대한 환공의 수치는 또 만들었다. 만일 환공이 쌀 창고를 열어 가난한 이들에게 베풀고, 감옥을 살펴 경한 죄인들을 방면한 것이 의(義)가 아니라면 수치를 씻을 수 없다. 하지만 그것이 의(義)에 부합해도 의(義)를 묵혀두다 관을 잃어버리길 기다렸다가 행한 것이 된다. 그렇다면 환공이 의를 행한 것은 관을 잃어버렸기 때문이 아닌가.'[593]

---

592) 한비는 덧붙이길, '무릇 논밭의 잡초 뽑는 것을 아까워하면, 애써 가꾼 벼는 수확이 줄어들고, 도적에게 은혜를 베풀면 선량한 민중들이 피해를 입는다. 지금 형벌을 관대하게 하면, 결국 간악한 이들에겐 득이 되지만, 선량한 이들로선 피해를 당하는 셈이다. 이는 나라를 다스리는 도리(道理)가 아니다.'라고 했다.

593) '어떤 이'는, 한비(韓非) 자신을 가리킨다. 즉 앞의 일들을 비판하기 위해 자신의 말을 객관화 시키고자 이렇게 표현한 것이다.

'이는 비록 소인에 대한 관을 잃어버린 수치는 씻었더라도 군자에 대해서 의를 지연시킨 수치를 만든 셈이다. 또 쌀 창고를 열어 가난한 이들에게 베푼 것은, 공(功) 없는 이들에게 상(賞)을 준 것이고, 감옥을 살펴 경한 죄인을 방면한 것은 죄를 처벌하지 않는 것이다. 즉 공 없는 이에게 상을 주면 민중은 일하지 않고, 위로 요행을 바랄 것이며, 죄인을 처벌하지 않는다면 민중들은 과오(過誤)를 더욱 쉽게 범할 것이다.'[594]

| 03 |

옛날에 문왕(文王)이 우(盂)를 공략하고 거(莒)와 싸워 이기고 풍(酆)을 무찔렀다. 3번이나 전쟁을 일으켜 주(紂)가 그를 미워했다. 이에 문왕이 두려워 **낙서(洛西)** 땅의 비옥한 지역 사방 천리를 바치겠다고 하면서 포락(炮烙)의 형벌을 풀도록 청했다. 천하 사람들이 모두 좋아했다. 공자가 이를 듣고 말하길, '어질도다 문왕이여. 천리나 되는 지역을 가볍게 여기고, 포락의 형벌을 풀도록 청하였으니. 지혜롭도다 문왕이여.'[595]

'천 리나 되는 땅을 내던지고, 천하 사람들의 마음을 얻어 냈으니.'라고 했다. 한편 어떤 이가 말하길, '공자가 문왕(文王)을 지혜롭다고 여긴 것은 또한 잘못이 아니겠는가. 무릇 지혜로운 사람은 어려운 경우를 알고 그것을 피하는 것이다. 이런 까닭에 자신은 재앙을 당하지 않는다. 만일 문

---

594) 한비는 덧붙이길, '이것이 난(亂)을 부르는 근본이다. 어찌 수치를 씻을 수 있겠는가.'라고 했다.
595) '낙서(洛西)'는, 낙수(洛水)로, 서쪽 지금의 섬서성(陝西省) 일대를 가리킨다.

왕이 주(紂)에게 미움받는 이유가 단지 민심(民心)을 얻지 못했기 때문이라면, 비록 민심을 구해 미움을 풀더라도 좋을 것이다.'

'주(紂)는 문왕이 크게 민심을 얻었기에 미워한 것이고, 토지를 가볍게 여김으로써 민심을 또 얻었으니 더욱 미움을 받게 된 것이다. 이에 그가 족쇄에 채워져 **유리(羑里)에 갇힌 까닭**은 당연하다. 정(鄭)의 장로가, "도(道)를 체득하면 하지도 않고 드러내지도 않는다."고 했는데, 문왕에게 들어맞는다. 남들로 하여금 의심하지 않게 하는 것이다. 공자가 문왕을 지혜롭다고 여긴 것은 이런 논의에 미치지 못한다.'라고 했다.[596]

| 04 |

진(晉)나라 평공(平公)이 **숙향(叔向)**에게, '제(齊)의 환공(桓公)이 제후들을 모아 천하를 하나로 했다. 신하의 힘인지, 군주의 힘인지 모르겠다.'라고 했다. 숙향이 말하길, '관중(管仲)이 재단을 하고, **빈서무(賓胥無)**가 바느질을 했으며, 습붕(隰朋)은 단을 잘 둘러 옷이 완성되자, 군주가 고스란히 그것을 입었습니다. 역시 신하의 힘입니다. 군주가 무슨 힘이 있었겠습니까.'라고 했다. 사광(師曠)이 거문고에 엎드려서 웃었다.[597]

---

596) 문왕이 '유리(羑里)에 갇힌 까닭'은, 은(殷)나라 말기, 그는 서백(西伯)이 되었고, 때문에 백창(伯昌)으로 불렸다. 태전(太顚), 산의생(散宜生) 등의 유능한 인물들을 등용하고, 민중들의 삶을 넉넉하게 해 주는 정책을 시행하면서, 국력은 날로 신장되었다. 이는 은나라 주왕(紂王)이 꺼리는 바가 되어 유리(羑里)에 갇히게 된 것이다. 후일, 유신씨(有莘氏)의 딸과 여융(驪戎), 문마(文馬) 등의 보물을 바치고, 조정의 신하들과 소통함으로써 비로소 풀려날 수 있었다.

597) '숙향(叔向)'은, 진(晉)나라 대부(大夫)이고, '빈서무(賓胥無)'는, 관중과 함께 환공을 섬긴 인물이다.

평공이, '태사는 어째서 웃는가.'라고 물었다. 사광이 답하길, '저는 숙향이 군주께 답하는 것에 웃었습니다. 무릇 남의 신하가 된 이는 마치 요리사가 5가지 맛을 조화시켜 군주께 올리는 것과 같습니다. 군주가 먹지 않으면 누가 감히 강제하겠습니까. 이를 비유해 말씀드리면 군주는 토양이고 신하란 초목입니다. 토양이 좋아야 초목이 크게 되는 법입니다. 역시 군주의 힘입니다. 신하가 무슨 힘이 있겠습니까.'라고 했다.

어떤 이가 말하길, '숙향(叔向)과 사광(師曠)의 답은 모두 불공평한 언사다. 무릇 천하를 하나로 바로잡고 여러 제후를 모은 것은 장한 일 중에서도 큰 것이다. 이는 군주의 힘만도 신하의 힘만도 아니다. 옛날 궁지기(宮之奇)는 우(虞)를 섬기고, **희부기(僖負羈)**는 조(曹)를 섬겼다. 두 신하의 지혜(智慧)로 말하면 일에 알맞았고, 행하면 그대로 공(功)이 되었음에도 우와 조가 다 같이 망(亡)한 것은 도대체 무엇 때문인가.'598)

'이것은 신하가 있더라도 군주가 없었기 때문이다. 또한 **건숙(蹇叔)**이 간(干)을 섬겼으나 간은 망했고, 진(秦)을 섬기자 진은 패자(覇者)가 되었다. 건숙이 간에 있을 땐 어리석었고, 진에 있을 땐 지혜로웠던 것이 아니다. 이는 군주가 있었거나 군주가 없었기 때문이다. 숙향이 말하길, "신하의 힘입니다."라고 한 것은 그렇지 않다. 옛날에 환공(桓公)은 궁 안에 시장

---

598) '어떤 이'는, 한비(韓非) 자신을 가리킨다. 즉 앞의 일들을 비판하기 위해 자신의 말을 객관화 시키고자 이렇게 표현한 것이다. 그리고 '희부기(僖負羈)'는, 조(曹)나라 공공(共公)의 현신(賢臣)이고, 조나라는 지금의 산동성(山東省) 정도현(定陶縣) 서쪽에 있었다.

(市場)을 2개나 만들고, 부인의 거처를 2백 곳이나 두었다.'[599]

  '머리를 풀어헤치고 부인들의 종노릇이나 하다 관중(管仲)을 얻자, 오패(五霸) 가운데 장이 되었다. 관중이 죽어 수조(豎刁)를 얻었고, 후일 자신도 죽자, 구더기가 집 밖으로 나오도록 장례도 치르지 못했다. 신하의 힘이 아니라고 한다면 역시 환공은 패자가 되지 못했을 것이다. 군주의 힘이 아니라고 한다면 수조로 인한 혼란함은 없었을 것이다. 옛날에 진(晉)나라 문공(文公)이 제녀(齊女)를 좋아해 돌아갈 것을 잊었다.'

  '**구범(咎犯)**이 강하게 간했기 때문에 진나라로 돌아갈 수 있었다. 즉 환공은 관중 덕분에 제후들을 모을 수 있었고, 문공은 구범(咎犯) 덕분에 패자가 될 수 있었다. 그런데도 사광이 말하길, "군주의 힘입니다."라고 한것은 역시 그렇지 않다. 무릇 5패자가 능히 천하에 공명을 이룰 수 있었던 이유는 군주와 신하가 힘을 함께 했기 때문이다. 이에, "숙향과 사광의 답은 다 불공평한 언사다."라고 하는 것이다.'라고 했다.[600]

| 05 |

  제(齊)나라 환공(桓公) 때 진(晉)으로부터 귀빈이 왔다. 담당 관리가 예우를 어떻게 할 것인가 물었다. 환공이, "중보(仲父)에게 고하라."고 3번이나 말했다. 옆에 있던 **배우**가 말하길, '군주노릇이 쉽습니다. 하나도 중보,

---

599) '건숙(蹇叔)'은, 간(干)이란 작은 나라에서 벼슬을 했다.
600) '구범(咎犯)'은, 진(晉)나라 문공(文公)의 패업(霸業)에 큰 공을 세운 구범(舅犯)을 가리킨다.

둘도 중보라 하시니.'라고 했다. 환공이 말하길, '내가 듣기로, "남의 군주 된 이는 사람을 찾는 일은 고생스럽지만, 그 사람을 쓰는 것은 편안하다."고 했다. 나는 중보를 얻기까지, 많은 어려움을 겪었다.'[601]

'중보를 얻고 난 후로는 어찌 편안하지 않겠는가.'라고 했다. 한편 **어떤 이**가 말하길, '환공(桓公)이 배우에게 응답한 것은 군주 된 이의 말이 아니다. 환공은 군주가 사람 찾는 것을 고생스럽다고 여겼다. 어찌 사람 찾는 일이 고생스러운가. 이윤(伊尹)은 스스로 요리사가 되어 탕(湯)에게 벼슬을 구했고, 백리해(百里奚)는 스스로 종이 됨으로써 목공(穆公)에게 벼슬을 구했다. 종은 욕된 것이고, 요리사는 부끄러움이다.'[602]

'욕됨과 부끄러움을 무릅쓰고 군주에게 접근하고자 한 것은 현자로 세상 걱정이 다급해서다. 그렇다면 군주란 이는 현자를 저버리지 않으면 그만이다. 현자를 찾는 것이 군주의 어려움이 될 수 없는 것이다. 또 관직은 현자를 임용하는 수단이고, 작록은 공(功)에 대한 담보다. 관직을 마련해 작록을 벌여 놓으면 인재들은 절로 모인다. 군주 된 이에게 어찌 그것이 고생스럽겠는가. 사람을 부리는 일 또한 편안하진 않다.'

'군주가 비록 사람을 부린다 하더라도 반드시 법도로 기준을 삼아야 하고, **형명**(形名)으로 확인해야 한다. 사업이 법에 들어맞으면 실행하고, 맞

---

601) '배우'는, 군주가 측근에 두고 즐기는 광대를 말한다.
602) '어떤 이'는, 한비(韓非) 자신을 가리킨다. 즉 앞의 일들을 비판하기 위해 자신의 말을 객관화 시키고자 이렇게 표현한 것이다.

지 않으면 중지시킨다. 공적이 그 말과 일치하면 상 주고, 일치하지 않으면 처벌한다. 형명으로 신하를 장악하고, 법도로 아랫사람을 단속하는 일은 풀어 둘 수 없는 것이다. 군주 된 이가 어찌 편안하겠는가. 사람을 찾는 것은 고생스럽지 않으나, 부리는 것은 편안하지 않다.'[603]

'그럼에도 환공은, "사람을 찾는 일은 고생스럽지만, 그 사람을 쓰는 것은 편안하다."라고 말했다. 사실 이 과정도 따져봐야 한다. 환공이 관중(管仲)을 얻은 일도 역시 크게 어렵지 않았다. 관중은 자신이 모시던 공자 규(糾)를 위해 죽지 않고, 환공에게로 돌아선 인물이며, 포숙(鮑叔)은 관직을 가볍게 여기고, 더욱 유능한 이에게 양보해 그를 임명하게 했다. 환공이 관중을 얻은 일 역시 어렵지 않았던 것은 분명하다.'

'이미 관중(管仲)을 얻고 난 뒤에도 어찌 편안했겠는가. 관중은 **주공(周公) 단(旦)**이 아니다. 주공 단은 대신 7년 동안 천자가 되었다가 성왕(成王)이 장성하자, 정사를 그에게 넘겨주었다. 천하를 위한 계략이 아닌 그 직무를 행한 것이다. 무릇 세자 자리를 빼앗고자 하는 마음이 없는 이는 죽은 군주를 배반하거나, 그 원수를 섬기지 않는다. 죽은 군주를 배반하고, 그 원수를 섬기는 이는 반드시 세자 자리를 빼앗는 이다.'[604]

---

603) '형명(形名)'에 대해선, 이미 모두(冒頭)에서 언급한 적이 있으나, 한 번 더 논하면, 한비자는 순자(荀子)의 제자로, 그의 영향을 크게 받았다. 순자는 유가(儒家) 중에서도 논리적인 부분을 중시했는데, 이는 당시의 명가(名家) 영향이다. 명가의 주된 노력 중 하나는 '이름과 실제'가 알맞게 부합되어야 한다. 유가에선 이를 정명론, 즉 부모가 부모답고 자녀가 자녀다운 윤리로 나타난다. 그래서 명과 실이 잘 부합되는지를 심사해 상벌을 내려야 한다고 주장한다. 이를 법가에선, 형명(形名)이라 한다.

604) '주공(周公) 단(旦)'은, 영지(領地)로 받은 땅의 이름이 주(周)였기 때문에, 주공(周公)이라 불린

'즉 세자 자리를 빼앗아 천하에 정치 행하기를 꺼리지 않는 이는 반드시 그 군주의 나라를 빼앗는 것을 꺼리지 않는다. 관중은 본래 공자 규(糾)의 신하로, 규를 위해 환공(桓公)을 죽이려다 실패했고, 이후 공자 규가 죽자, 환공의 신하가 된 것이다. 관중의 성품은 주공 단과 같지 않다는 것은 분명하다. 그가 현명한지 여부도 정확히 모른다. 만일 관중이 현자였다면 탕왕(湯王)이나 무왕(武王)과 같이 되려고 했을 것이다.'

'탕왕과 무왕은 걸(桀)과 주(紂)의 신하였으나, 걸과 주가 난폭해 마침내 탕과 무가 빼앗은 것이다. 지금 환공은 편안하게 관중의 윗자리에 있는데, 이는 걸과 주 같은 행동으로 탕이나 무의 윗자리에 있는 것과 같다. 그래서 환공은 위험하다. 만일 관중이 못난 사람이었다면 전상(田常)처럼 되려고 했을 것이다. 전상은 간공(簡公)의 신하로 군주를 시해했다. 지금 환공은 관중의 윗자리에서 편안하게 군주노릇을 한다.'

'이는 간공(簡公)의 편안함을 가지고 전상의 윗자리에 있는 것과 같다. 환공(桓公)은 이 경우에도 역시 위험하다. 관중이 주공(周公) 단(旦)과 다름은 이미 분명하다. 하지만 탕왕이나 무왕과 같이 될 것인지, 전상(田常)같이 될 것인지는 알 수 없다. 탕이나 무같이 된다면, 걸과 주 같은 위험이 있을 것이고, 전상같이 된다면, 간공 같은 난이 있을 것이다. 이미 관중을 얻고 난 뒤라 해도 어찌 환공이 편안할 수 있겠는가.'

것이고, 단(旦)은 이름이다. 그는 주나라 문왕(文王)의 아들이자, 무왕(武王)의 친동생으로, 아버지인 문왕 때부터 형인 무왕을 거쳐 조카인 성왕(成王) 때까지 활동했다.

'만일 환공이 관중을 등용하면서 속이지 않는 성품을 알았다면 인재를 분별할 줄 아는 것이다. 그렇다면 분별할 수 있었음에도 환공이 전권을 수조(豎刁)나 역아(易牙)에게 내주어 결국 구더기가 집 밖으로 나오기까지 장례를 치르지 못했다는 것은, 환공이 군주를 속이는 신하와 속이지 않는 신하를 분별할 줄 몰랐다는 것이 이로써 입증되었다. 때문에, "환공은 암군, 즉 어리석은 군주다."라고 하는 것이다.'라고 했다.

| 06 |

이극(李克)이 중산(中山)을 다스리고 있었다. **고경(苦陘)** 땅의 현령(縣令)이 회계보고를 하는데 수입이 지출보다 많았다. 이극이 말하길, '말솜씨가 좋으면 듣기는 좋으나, 의(義)에 벗어난 것을 일러 **겉치레 말**이라 한다. 산림(山林)과 소택(沼澤), 천곡(川谷)의 이익이 없음에도, 수입이 많은 것을 일러 속 빈 재화(財貨)라 한다. 군자는 이런 겉치레 말을 듣지 않고, 속 빈 재화를 거두지 않는다. 그대는 일단 그만두라.'라고 했다.[605]

어떤 이가 말하길, '이극(李克)이 문제를 삼아, "말솜씨가 좋으면 듣기는 좋으나, 의(義)에 벗어난 것을 일러 겉치레 말이라 한다."라고 했다. 말솜씨는 말하는 사람 쪽에 있고, 좋아하는 것은 듣는 사람 쪽에 있다. 말하는

---

605) '이극(李克)'은, 위(魏)나라 문후(文侯) 때 활약한 인물이고, '중산(中山)'은, 전국시대 때, 지금의 하북성 정현(定縣) 근방에 있던 나라이며, '고경(苦陘)'은, 하북성 무극현 동북쪽에 위치해 있다. 그리고 '겉치레 말'은, 내용이 없는 성실치 못한 꾸밈말을 뜻한다.

사람이 동시에 듣는 사람이 아니라면, "의(義)에서 벗어났다."고 하는 것은 분명 듣는 사람 쪽은 소인(小人)이 아니면 군자다. 하지만 소인은 의(義)를 모르게 때문에 반드시 의(義)를 행할 수 없다.[606]

'군자는 의에 알맞기 때문에 반드시 좋아하려 하지 않는다. 대체 "말솜씨가 좋으면 듣기는 좋으나 의(義)에서 벗어난다."고 한 것은 성실치 못한 말이다. "수입이 많은 것을 속 빈 재화라 한다."고 말한 것도 널리 쓰이지 못한다. 이극이 악(惡)을 일찍 금하지 않고, 회계보고를 하도록 만든 것이 바로 잘못이다. 즉 수입이 많아지는 근원을 알아차리는 술(術)을 몰랐던 것이다. 수입이 많아진 것은 풍년이 들었기 때문이다.'

'비록 수입이 갑절이나 된다 하더라도 장차 어찌하겠는가.'라고 했다. 한편 또 말하길, '음양(陰陽)의 조화에 따라 농사일을 하고, 사계절의 적당한 시기에 맞춰 나무를 심으며, 빠르거나 늦는 실수와 춥고 더운 피해가 없다면 수입이 많아질 것이다. 작은 공(功) 때문에 큰 사업을 방해하지 않고 사사로운 욕심 때문에 농사를 해치지 않으며, 남자는 농경에 힘을 다하고 여자는 베짜기에 힘쓴다면, 수입이 많아질 것이다.'

'가축 기르는 이치를 궁리하고, 토질에 알맞은지 살피면 **육축**이 잘 길러지며, 오곡(五穀)이 불어나면 수입이 많아질 것이다. 계량을 명확히 하고, 지형을 조사해 배와 수레 등 도구를 이용하며, 힘을 적게 들여 효과를

---

606) '어떤 이'는, 한비(韓非) 자신을 가리킨다. 즉 앞의 일들을 비판하기 위해 자신의 말을 객관화 시키고자 이렇게 표현한 것이다.

크게 하면 수입이 많아질 것이다. 시장이나 관문 교량의 통행을 편리하게 하여 능히 남는 것을 부족한 곳에 이르게 하고, 객상(客商)이 오도록 하여 외화가 모여들게 하며, 쓰임새를 줄여 의식을 절약한다.'[607]

'집과 도구는 쓸 만큼 충족하고, 도박(賭博)을 일삼지 않으면 수입이 많아질 것이다. 수입이 많아진다는 것은, 모두가 인위(人爲)에 의한 것이다. 자연과 같은 일도 바람과 비가 때를 맞추고, 추위와 더위가 적당하면, 토지가 더 넓어지지 않아도 풍년의 공(功)이 생겨 수입이 많아진다. 사람이 하는 일과 자연의 공(功), 이 2가지가 모두 수입을 늘리는 것이지, 산림(山林)과 소택(沼澤), 천곡(川谷)의 이익만은 아닌 것이다.'[608]

| 07 |

조(趙)나라 간자(簡子)가 위(衛)의 성곽을 포위했다. 큰 방패를 세워 화살이나 돌이 미치지 않는 곳에 서서 북을 쳤으나 병사들이 일어서지 않았다. 간자가 북채를 던지며 말하길, '아아 내 병사들이 쉽게 지쳐 버렸나.'라고 했다. 행인(行人) 촉과(燭過)가 투구를 벗으면서 대답하길, '역시 군주에게 능력이 없을 따름입니다. 병사들이 지치진 않았습니다. 제가 듣기로 옛날에 선군 헌공(獻公)께선 17개 나라를 병합했습니다.'[609]

---

607) '육축(六畜)'은, 말, 소, 돼지, 양, 개, 닭을 말한다.
608) 한비는 덧붙이길, '다시 말해 "산림(山林)과 소택(沼澤), 천곡(川谷)의 이익도 없는데 수입이 많아진다면, 그것을 일러 속빈 재화라 한다."고 하는 것은 술(術)을 모르는 말이다.'라고 했다.
609) '조(趙)나라 간자(簡子), 즉 조간자(趙簡子) 조앙(趙鞅)'은, 춘추시대 인물로, 진(晉)나라 경(卿)이고, 시호(諡號)가 조간자(趙簡子)다. 또한 조양자(趙襄子)의 아버지이기도 하다. '행인(行人)'은, 외

'또 38개 나라를 정복하고, 12번 싸워 모두 이겼습니다. 이는 민중의 힘을 활용한 덕분입니다. 헌공 사후, 혜공(惠公)이 즉위했으나 그는 난폭한데다 음란해 진(秦)의 군대가 강(絳)에서 17리 떨어진 곳까지 침입했습니다. 이 또한 민중의 힘을 활용한 것입니다. 역시 군주의 능력이 없을 뿐입니다. 병사들이 지치진 않았습니다.'라고 했다. 이에 간자가 비로소 방패를 물리치고, 화살과 돌이 닿는 곳에서 북을 크게 쳤다.

드디어 병사들은 이 북소리를 기세(氣勢)로 사기가 올라 대승을 거두었다. 조나라 간자가 말하길, '내가 **혁거(革車)** 천 대를 얻는 것보다 촉과(燭過)의 말 한마디가 낫다.'고 했다. 한편 **어떤 이**가 말하길, '행인(行人)은 아직 어떤 말도 하지 않았다. 바로 혜공(惠公)은 이 민중을 가지고 패했으나, 문공(文公)은 이 민중을 가지고 패자(覇者)가 된 것을 말할 뿐이었다. 하지만 아직 민중을 부리는 방법은, 제시하지 않았다.'[610]

'가령 부모가 적(敵)에게 포위를 당했다면 화살이나 돌 맞는 것을 가리지 않고 뚫고 들어가 구하는 것이 효자가 부모를 사랑하는 길이다. 그런데 이런 효자는 백에 한 명 정도다. 지금 조간자는 자신이 위험한 처지에서 병사들을 독려하면, 그들이 열심히 싸울 것으로 기대했다. 이는 모든 병사가 부모를 사랑하는 효자처럼 보기 때문이다. 이것이 행인의 속임수

교사절을 접대하는 작위 이름이지만, 여기선 잔심부름을 하는 사람이다.
610) '혁거(革車)'는, 화살 등의 공격을 막아내기 위해 가죽을 씌운 전투용 마차를 말한다. 그리고 '어떤 이'는, 한비(韓非) 자신을 가리킨다. 즉 앞의 일들을 비판하기 위해 자신의 말을 객관화시키고자 이렇게 표현한 것이다.

다. 이(利)를 좋아하고, 해(害)를 싫어함은 인지상정이다.'

'상이 후하면 모든 사람이 적을 가볍게 여기고, 형벌이 확실히 중하면 모든 사람이 도망치지 않는다. 오랫동안 싸우면서 군주를 따르는 이는 백에 한 명도 없으나 이(利)를 좋아하고, 죄(罪)를 두려워하는 것은 인지상정이다. 민중을 다스리는 사람은 누구나 다 그렇게 하지 않을 수 없는 법도에 따르지 않고, 백에 한 사람도 할 수 없는 행동에 의존하려 한다. 행인은 아직 민중을 부리는 방법을 알지 못한다.'라고 했다.

제38장 난삼(難三)

난(難)이란 비난 또는 논란(論難)한다는 의미다. 일반에게 잘 알려진 역사적 고사나 설화를 먼저 제시하고, 이를 통해 한비(韓非) 자신의 입장에서 비판을 가했다. 혹왈(或曰)이라 하는 형식을 가지고 취해진 논박 서술엔 법가(法家) 성향의 논리가 진하게 배어 있음을 볼 수 있다. 그리고 난삼(難三)으로 시작되는 것은 전체 4장 가운데 제3장이란 뜻이다.

| 01 |

노(魯)나라 **목공(穆公)**이 **자사(子思)**에게, '듣기로 방간씨 자식이 불효자라 한다. 그 행동이 어떠한가.'라고 물었다. 자사가 답하길, '군자는 현자를 존중해 덕(德)을 높이고, 착한 이를 들어 민중에게 권할 따름입니다. 잘못된 행위 등은 소인이 알고 있는 것으로, 저는 모릅니다.'라고 했다. 자사가 나가자, **자복려백(子服厲伯)**이 들어가 뵈었다. 방간씨 자식에 대해 묻자, 자복려백이 답하길, '그에게 3가지 잘못이 있습니다.'[611]

---

611) '노(魯)나라 목공(穆公)'은, 노나라 원공(元公)의 아들로, 이름은 현(顯)이고, '자사(子思)'는, 공자(孔子)의 손자이고, 증자(曾子)의 제자다. 그리고 '자복려백(子服厲伯)'은, 『춘추좌씨전(春秋左

'모두 군주께서 듣지 못하신 것입니다.'라고 했다. 이로부터 군주는 자사를 존중하고, 자복려백을 천시했다. 한편 **어떤 이**가 말하길, '노(魯)의 공실이 **삼대**(三代)에 걸쳐 계씨(季氏)에게 겹박당한 것은 당연하다. 현명한 군주는 착한 이를 찾아 상 주고, 간악한 이를 찾아 벌한다. 그 찾아내는 일은 같다. 따라서 선을 알리는 이는 선을 좋아함이 군주와 같은 종류이고, 악을 알리는 이는 악을 미워함이 군주와 같은 종류다.'[612]

'이는 마땅히 상과 명예가 주어지는 바다. 간악을 알리지 않음은 군주와 달리 아래로 악과 결탁하는 이다. 이는 마땅히 비난과 처벌이 따라야 한다. 지금 자사는 잘못을 알리지 않았음에도 목공이 그를 존중하고, 여백은 악을 알렸음에도 그를 천시했다. 인정이란 모두 존중받길 좋아하고, 천시당하는 것을 싫어한다. 이 때문에 계씨의 반란이 성숙되도록 군주에게 알려지지 않았다. 노나라의 군주가 겹박당한 이유다.'[613]

氏傳)』에 따르면, 노나라 대부(大夫) 맹헌자 중손멸(仲孫蔑)의 아들 타(它)로, 자복(子服)은 그의 자(字)이다.

612) '어떤 이'는, 한비(韓非) 자신을 가리킨다. 즉 앞의 일들을 비판하기 위해 자신의 말을 객관화 시키고자 이렇게 표현한 것이다. 그리고 '삼대(三代)'는, 소공(昭公), 정공(定公), 애공(哀公) 등을 가리킨다.

613) 한비는 덧붙이길, '이처럼 왕조를 패망케 하는 풍속을, 공자(孔子)의 고향인 추(鄒)와 노(魯)의 민중들이 스스로를 찬미하고, 더구나 목공(穆公)이 홀로 이런 편벽된 풍속을 존숭했으니, 어찌 본말이 전도된 일이 아니겠는가.'라고 했다.

 진(晉)나라 문공(文公) **중이(重耳)**가 망명길에 오를 당시, 부친인 헌공(獻公)이 환관 피(披)를 시켜 **포성(蒲城)**, 즉 중이를 치게 했다. 피는 포성에 있던 중이를 만나자 칼을 휘둘렀으나, 중이가 재빨리 피하는 바람에 소맷자락만 잘랐다. 문공은 그 길로 **적(翟)**으로 달아났다. 헌공이 죽고, 혜공(惠公)이 즉위하자, 다시 명을 받아 **혜두(惠寶)**를 공격했으나 뜻을 이루지 못했다. 진문공 중이가 마침내 '귀국해 보위'에 올랐다.[614]

 진문공이 돌아오자 피(披)가 뵙기를 청했다. 문공이 말하길, '포성(蒲城)의 싸움에서 진헌공은 하루 뒤에 치라 명했는데 너는 그날로 왔다. 혜두(惠寶)의 싸움에서도 진혜공은 사흘 뒤에 치라 명했는데 너는 하룻밤 사이에 쳐들어왔다. 어찌 그렇게 빨리 서둘렀는가.'라고 했다. 피가 답하길, '군주의 명(命)은 어길 수 없습니다. 군주가 미워하는 사람을 제거할 때는 오직 힘이 모자라 실패하지나 않을까 두려워할 뿐입니다.'

 '공께서 포 땅에 있을 때는 단지 포 땅의 사람이었을 뿐이고, 적 땅으로 망명했을 때는 단지 적 땅의 사람에 지나지 않았습니다. 즉 포 땅의 사람과 적 땅의 사람이 저와 무슨 상관이 있었겠습니까. 그러나 공께서 보위(寶位)에 올랐으니, 이제는 포 땅의 사람도, 적 땅의 사람도 아닌 것이 아

---

614) '진(晉)나라 문공(文公) 중이(重耳)'는, 공자 시절에 여희(驪姬) 문제로, 도성 밖과 외국으로 망명한 적이 있다. 그리고 '포성(蒲城)'은, 중이(重耳)의 봉지(封地)로, 지금의 산서성 습현(隰縣)지역이고, '적(翟)' 땅은, 이민족인 적(狄)이 살던 곳으로, 지금의 산서성 북쪽 지역이며, '혜두(惠寶)'는, 위수(渭水) 가를 가리킨다.

니겠습니까. 제(齊)나라의 환공(桓公)은 혁대 고리에 화살을 쏜 관중(管仲)을 재상으로 삼아 패업(霸業)을 이뤘습니다.'라고 했다.

어떤 이가 말하길, '제(齊)와 진(晉)의 멸망이 또한 마땅하지 않은가. 환공(桓公)은 능히 관중(管仲)의 역량으로, 혁대 고리에 화살을 쏜 원한(怨恨)을 잊을 수 있었고, 문공(文公)도 환관(宦官) 피(披)의 말을 수용해 소맷자락 자른 죄를 묻지 않았다. 환공과 문공은 총명해 두 인물을 용서할 수 있었다. 하지만 후세의 군주들은 명찰(明察)함이 두 공들에 미치지 못했고, 후세의 신하들 또한 현명함이 두 인물들만 못했다.'[615]

'즉 불충(不忠)한 신하로 명찰하지 못한 군주를 섬기게 된 것이다. 따라서 군주가 알지 못하면 **연조(燕操)**나 **자한(子罕)**, 전상(田常) 같은 역적이 나타나는 것이고, 알아차리면 관중이나 환관의 사례처럼 절로 해명된다. 이때 군주가 반드시 처벌하지 않으면, 자신이 환공이나 문공의 덕을 지녔다고 여길 것이다. 이는 신하가 원수가 되어도 그 명찰함을 능히 비추어 내지 못하고, 도리어 많은 밑천을 빌려주는 꼴이 된다.'[616]

'그러면서 자신은 어질다고 여기고, 경계하지 않는 것이 된다. 그렇다면 후사가 없더라도 옳지 않겠는가. 또한 환관의 말은 다만 꾸밈일 따름이다. "군주의 명(命)은 어길 수 없다."고 한 것은 바로 군주에 대한 정절

---

615) '어떤 이'는, 한비(韓非) 자신을 가리킨다. 즉 앞의 일들을 비판하기 위해 자신의 말을 객관화 시키고자 이렇게 표현한 것이다.
616) '연조(燕操)'는, 연(燕)나라 장수 공손조(公孫操)로, 그 왕을 죽인 인물이고, '자한(子罕)'은, 전국시대 송(宋)나라의 찬역(簒逆) 신하로, 자한(子罕)은 황희(皇喜)의 자(字)다.

(貞節)이다. 죽은 군주가 부활하더라도 신하가 부끄럽지 않아야 그런 정절이 되는 것이다. 지금 혜공이 아침에 죽었는데, 저녁에 문공을 섬기고 있다. 환관이 어기지 않는다고 말한 것은 어떤 것인가.'라고 했다.

| 03 |

사람들 가운데 환공(桓公)에게 수수께끼를 낸 이가 있었다. 말하길, '첫째 어려움, 둘째 어려움, 셋째 어려움이란 무엇입니까.'라고 했다. 환공이 답할 수 없어 관중(管仲)에게 일렀다. 관중이 답하길, '첫째 어려움이란, 광대를 친히 하고, 선비를 멀리하는 일입니다. 둘째 어려움이란, 도성을 떠나 자주 바다로 가는 일입니다. 셋째 어려움이란, 군주가 노령(老齡)이 되어감에 따라 늦게 태자를 세우는 일입니다.'라고 했다.

이에 환공이 '그렇다.'고 말했다. 날을 가리지 않고, 종묘(宗廟)에 태자 세우는 의례를 행했다. 한편 **어떤 이**가 말하길, '관중(管仲)의 수수께끼 풀이는 맞지 않다. 선비를 등용하는 일은 가깝거나 먼 곳에 있지 않다. 하지만 광대와 난쟁이 익살꾼은 군주와 함께 즐긴다. 그렇다면 광대를 친히 하고, 선비를 멀리하더라도 다스리는 일은 그리 어려운 것이 아니다. 대체 권세 자리에 있으면서 왜 가진 것을 부리지 못하는가.'617)

'다만 도성을 떠나지 못한다는 것은, 한 사람의 힘으로 나라를 단속하

---

617) '어떤 이'는, 한비(韓非) 자신을 가리킨다. 즉 앞의 일들을 비판하기 위해 자신의 말을 객관화 시키고자 이렇게 표현한 것이다.

려는 것이다. 한 사람의 힘으로 나라를 단속하려는 것은 옳지 않다. 다만 명찰(明察)로 먼 곳의 간악을 비춰보고, 숨겨진 작은 일도 알아차려 명(命)을 받들 수 있도록 한다면, 비록 바다보다 멀리 나간다 하더라도 안에 반드시 변고가 생기는 것은 아니다. 즉 도성을 떠나 바다로 가더라도 협박당하거나 살해되는 것이 아니니, 별 어려운 일이 아니다.'

'초(楚)나라 성왕(成王)은 상신(商臣)을 태자(太子)로 삼았다. 하지만 다시 공자 직(職)을 태자로 세우고자 했기 때문에 상신이 난동을 부려 마침내 성왕이 시해를 당한 것이다. 공자 재(宰)는 본래 주(周)나라의 태자였으나, 공자 근(根)이 엄청난 총애를 받는 관계로, 드디어 동주(東周) 지역을 가지고 반란을 일으킴으로써 마침내 두 나라로 갈라지게 된 것이다. 이는 모두가 태자를 늦게 세워 일어난 환난(患難)이 아니다.'

'무릇 권세(權勢)를 둘로 하지 않고, 서자(庶子) 신분을 낮추며, 대신(大臣)들이 정사를 독단적으로 행하지 못하게 한다면, 태자를 늦게 세워도 크게 문제가 될 일은 없다. 그렇다면 태자를 늦게 세우더라도 서자들이 난(亂)을 일으키지 못하게 하는 것도 어려운 일이 아니다. 그러므로 이른바 "어려움"이란 것은, 반드시 다른 사람을 통해 세(勢)를 이루더라도 자기를 침해하지 못하게 하는 일이, 첫째 어려움이라 할 수 있다.'[618]

---

618) 한비는 덧붙이길, '이밖에 첩(妾)을 높이더라도 왕후(王后)와 대등하지 않도록 하는 일이, 둘째 어려움이라 할 수 있다. 서자(庶子)를 사랑하더라도 적자(嫡子)의 지위를 위태롭게 하지 않고, 신하 한 사람 말만 신뢰하더라도 감히 군주와 대적할 수 없도록 하는 일이, 셋째 어려움이라 할 수 있다.'라고 했다.

섭공(葉公) 자고(子高)가 공자에게 정치의 비결을 물었다. 공자가 말하길, '정치 비결은, 가까운 사람을 기쁘게 하고, 먼 사람을 다가오게 하는 데 있습니다.'라고 했다. **애공(哀公)**이 공자에게 정치의 비결을 물었다. 공자가 말하길, '정치 비결은, 현명한 신하를 등용하는 데 있습니다.'라고 했다. 제(齊)나라 **경공(景公)**이 공자에게 정치의 비결을 물었다. 공자가 말하길, '정치 비결은, 재화를 절약하는 데 있습니다.'라고 했다.⁶¹⁹⁾

3명의 공(公)이 나갔다. **자공(子貢)**이 묻기를, '3명의 공들이 선생께 물은 정치의 비결은 같은 것인데, 선생의 대답은 같지 않습니다. 무슨 까닭입니까.'라고 했다. 공자가 말하길, '섭(葉)의 고을은 큰데 도성이 작아 민중이 모반할 마음을 가지고 있다. 따라서 "정치 비결이, 가까운 사람을 기쁘게 하고, 먼 사람을 다가오게 하는 데 있다."고 한 것이다. 노나라 애공에겐 맹손과 숙손, 계손 등 3대 권신(權臣) 세력이 존재한다.'⁶²⁰⁾

'이들은 사방의 인재들을 가로막고 안으론 무리를 지어 군주를 어리석

---

619) '섭공(葉公)'은, 지금의 하남성 섭현(葉縣) 지역의 원로 심제량(沈諸梁)으로, 자고(子高)는 그의 자(字)이고, '애공(哀公)'은, 노(魯)나라 정공(定公)의 뒤를 이은 사람이다. 이름은 장(蔣)이고, 그의 치세 때 공자가 세상을 떠났다. 그리고 '경공(景公)'은, 최저에 의해 죽임을 당한 제(齊)나라 장공(莊公)의 뒤를 이어 보위에 올랐고, 이름은 저구(杵臼)다.

620) '자공(子貢)'은, 이름이 단목사(端沐賜)로, 위(衛)나라 출신이다. 공자보다 31세 연하로, 공자의 제자들 가운데 자타가 공인하는 총명한 인물이다. 사마천은 『사기(史記)』에서 자공을, '공부하면서 부(富)를 쌓은 대표적인 유상(儒商)으로 평가'했다. 특히 그는 유창한 언변으로 열국을 종횡무진 뛰어다니며 협상을 한 '탁월한 외교관'으로 명성을 떨친 사람이다. 때문에 종횡가(縱橫家)의 효시로 불리기도 한다.

게 만들고 있다. 종묘와 사직의 역할을 못 하게 하는 것은 반드시 이 3대 권신 때문일 것이다. 따라서 "정치 비결은, 현명한 신하를 등용하는 데 있다."고 한 것이다. 경공은 옹문(雍門)을 쌓고, **노침(路寢)**을 만들며, 하루 아침에 백승의 **가록(家祿)**을 내려주는 일이 3번이나 됐다. 따라서 "정치 비결은, 재화를 절약하는 데 있다."고 한 것이다.'라고 했다.[621]

   어떤 이가 말하길, '공자의 대답은 나라를 망치는 말이다. 민중이 모반할 마음을 가지고 있음이 두려워 가까운 사람을 기쁘게 하고, 먼 사람을 다가오게 한다면, 이는 민중들이 은혜를 받도록 가르치는 셈이다. 즉 은혜를 베푸는 정치를 하면, 공(功)이 없는 이가 상(賞)을 받고, 죄(罪)를 지은 이가 면하게 될 것이다. 이는 법이 무너지는 원인이다. 법이 무너지면 정치가 혼란해지고, 정치가 혼란해지면 민중이 무너진다.'[622]

   '즉 혼란해진 정치로 무너진 민중을 다스렸다는 것은 유례가 없다. 또한 민중이 모반하는 마음을 갖는 것은 군주의 명찰(明察)이 미치지 못하는 곳이 존재하는 것이다. 섭공(葉公)의 총명을 도와주지 않고, 가까운 사람을 기쁘게 하고, 먼 사람을 다가오게 하라고 했는데, 이는 내 권세가 능히 미치지 않는 곳을 버려두고, 신하와 함께 은혜를 베풀어 민심 얻기를 다투도록 하는 것은, 권세를 지닌 이가 할 일은 아니다.'

---

621) '노침(路寢)'의, 노(路)는 대(大)를 뜻하고, '노침(路寢)'은, 천자나 제후의 정전(正殿)을 가리키며, '가록(家祿)'은, 상비(常備) 병력 전차 백 대의 몫을 보유할 수 있는, 대부(大夫)의 영역, 즉 채지(采地)를 의미한다.

622) '어떤 이'는, 한비(韓非) 자신을 가리킨다. 즉 앞의 일들을 비판하기 위해 자신의 말을 객관화 시키고자 이렇게 표현한 것이다.

'무릇 요(堯)의 현명함은 **육왕**(六王) 가운데 으뜸이다. 하지만 순(舜)이 거처를 옮길 때마다, 도읍이 이루어지자, 요는 천하를 물려주었다. 어떤 사람이 술(術)로써 신하를 금하지 않고 순을 본받아 의지하면서 그 민중을 잃지 않으려 하면, 역시 술이 없는 것이 아니겠는가. 현명한 군주는 작은 악이 드러나기 전에 발견한다. 따라서 민중에게 큰 음모가 없고, 작은 처벌이라도 반드시 행하기 때문에, 민중에게 대란은 없다.'[623]

'이것을 가리켜, "어려운 것은 쉬운 것에서 도모하고, 큰 것은 미세한 것에서 한다."고 말한다. 만일 공이 있는 이가 반드시 상을 받는다면, 상받는 이는 군주의 덕이라 하지 않을 것이다. 공을 세운 결과이기 때문이다. 반대로 죄를 지은 이가 반드시 처벌받는다면, 처벌받는 이는 군주를 원망하지 않을 것이다. 죄를 지은 결과이기 때문이다. 민중들은 상이나 처벌이 모두 자신에게서 기인하는 것을 잘 알고 있다.'

'때문에 일에 있어 공리(功利)와 성과에 힘쓰며, 군주로부터 은사(恩賜)를 받으려 하지 않는다. "최상의 군주는 밑에 있는 민중의 존재를 인식할 뿐이다."라고 했다. 이는 최상의 군주 밑에 있는 민중은 기뻐할 리 없다는 말이다. 어찌 은혜를 그리는 민중을 취하겠는가. 훌륭한 군주의 민중은 이해 타산할 일이 없다. 가까운 사람을 기쁘게 하고, 먼 사람을 다가오게 하라는 설득은 역시 그만둬야 좋은 것이다.'라고 했다.

---

623) '육왕(六王)'은, 요(堯), 순(舜), 우왕(禹王), 탕왕(湯王), 주문왕(周文王), 주무왕(周武王)을 가리킨다.

또 말하길, '애공(哀公)에겐 권신이 있어 밖으로 인재를 막고, 안으론 무리를 지어 군주를 어리석게 하고 있음에도 현명한 신하를 등용하라 했다. 이는 공적에 의한 평가가 아닌 마음속에 있는 현자를 발탁하란 셈이다. 만일 애공이 **3명의 권신**이 밖으로 인재를 막고, 안으로 무리 짓는 것을 알았다면, 그들은 단 하루도 조정에 서지 못했을 것이다. 애공은 현명한 신하를 뽑을 줄 모르고 마음속에 현자도 없었던 것이다.'[624]

'연(燕)의 **자쾌(子噲)**는 자지(子之)를 현자라 여기고, 손경(孫卿)을 배척한 까닭에 내란으로 죽임을 당했고, 사후에도 시신이 참형을 당하는 치욕을 입었으며, 나라를 자지에게 거의 빼앗기다시피 했다. 오나라왕 부차(夫差)도 **태재비(太宰嚭)**를 현자로 알고, **오자서(伍子胥)**를 어리석다고 배척한 까닭에 월(越)에게 패망하고 말았다. 노(魯)나라 애공(哀公)이 현자를 알아보지 못함에도 공자는 현명한 신하를 등용하라 말했다.'[625]

'이는 애공으로 하여금 부차나 연나라의 자쾌 같은 환난을 당하게 하는 셈이다. 현명한 군주는 직접 신하를 등용하지 않고, 현신들이 모여들

---

624) '3명의 권신(權臣)'은, 노(魯)나라의 권세가, 즉 맹손씨(孟孫氏), 숙손씨(叔孫氏), 계손씨(季孫氏)를 가리킨다.

625) '자쾌(子噲)'는, 기원전 4세기 말 연나라 왕으로, 요(堯)가 현자 허유(許由)에게 양위하려고 한 일을 훌륭하다고 동경하여, 군주 자리를 신하인 자지(子之)에게 물려줬다가 봉변을 당한 인물이고, '태재비(太宰嚭)'는, 초나라에서 망명한 오나라 백비(伯嚭)를 가리키며, '오자서(伍子胥)'는, 춘추시대 정치가로 초(楚)나라 사람이었으나 아버지와 형이 살해당한 뒤 오(吳)나라를 섬겨 복수했다. 오나라 왕 합려(闔閭)를 보좌하여 강대국으로 키웠으나, 합려의 아들 부차(夫差)에게 중용되지 못하고 모함을 받아 자결했다.

게 한다. 즉 직접 공을 들이지 않고 절로 오게 하는 것이다. 그 임무에 대해선 일을 시켜 시험하고 공적을 통해 정한다. 따라서 신하들은 공평하고, 현자를 숨기지 않으며, 무능한 이는 진출하지 못한다. 그렇다면 군주가 현명한 신하를 뽑는 일이 어찌 고생이 되겠는가.'라고 했다.

또 말하길, '경공(景公)이 백승의 가록(家祿)을 내려주었다고 재물을 절약하라 말했다. 이것은 경공으로 하여금 술(術)을 써서 사치를 즐기지 못하게 하고, 혼자서만 윗자리에서 검약하라 시킨 것만으론 가난을 면할 순 없다. 어떤 군주가 천 리나 되는 영토로 배를 채운다면, 비록 걸(桀)이나 주(紂)라 하더라도 이보다 더 사치스럽진 않을 것이다. 제(齊)는 사방 삼천 리인데 환공(桓公)이 그 절반을 자신의 부양(扶養)에 썼다.'

'이는 걸(桀)이나 주(紂)보다 사치한 일이다. 그럼에도 능히 오패(五覇) 가운데 으뜸이 될 수 있었던 것은 사치와 검약의 처지를 가릴 줄 알았기 때문이다. 군주가 되어 능히 신하를 누르지 못하고, 자신을 누르는 것을 가리켜 협박(脅迫)을 받는다고 하며, 능히 신하를 바로잡지 못하고, 자신을 바로잡는 것을 가리켜 혼란해진다고 하며, 능히 신하를 절약하게 하지 못하고, 자신이 절약하는 것을 가리켜 가난하다고 한다.'

'현명한 군주는 사람들로 하여금 사욕은 물론 속이는 것도 금하게 한다. 사력(死力)을 다해 이익을 군주에게 돌리는 이는 반드시 알려지고, 알려진 이는 반드시 상을 받게 되며, 부정하게 사욕을 부리면 반드시 알려지고, 알려진 이는 반드시 처벌받는다. 이런 이유로 충신은 공적인 일에 정성을 다하고, 민중이나 선비는 집안일에 힘을 다하며, 백관들은 조정

일에 매진한다. 경공(景公)보다 사치해도 나라의 환난은 아니다.'

'따라서 공자(孔子)가 재화를 절약하라는 것은 적절치 않다.'라고 했다. 또 말하길, '대체 삼공(三公)에 대한 대답을 한마디로, 삼공이 가히 환난(患難)을 입지 않도록 할 수 있다는 것은, "아래 사정을 잘 알라."고 하는 말이다. 이른바 아래 사정에 밝다면, 일이 미세(微細)할 때 금할 수 있고, 일이 미세할 때 금할 수 있다면 악(惡)이 쌓일 수 없으며, 악이 쌓일 수 없다면 모반(謀反)하는 마음이 일어나지 않는 것이다.'

'또 공사(公私)의 구별이 분명해지고, 공사의 구별이 분명하면 붕당(朋黨)이 흩어지며, 붕당이 흩어지면 밖으로 가로막거나 안으로 무리 짓는 걱정이 사라진다. 아래 사정에 밝다면 보는 눈이 맑아지고, **보는 눈이 맑아지면** 상벌이 명확해지며, 상벌이 명확해지면 나라에 가난이 사라진다. 따라서 말하길, "한마디 답으로 삼공이 환난을 입지 않게 하기란 아래 사정을 잘 알라고 이르는 말이다."라고 한 것이다.'라고 했다.[626]

| 05 |

정(鄭)나라 **자산(子産)**이 새벽에 외출해 **동장(東匠) 거리** 문밖을 지나다 아낙네의 곡성을 듣자, 마부의 **손을 누르고** 들었다. 얼마 있다 관리를 보내 그를 신문해 보니, 남편을 손으로 목 졸라 죽인 이였다. 다른 날 마부가, '대인께서 어떻게 그것을 아셨습니까.'라고 물었다. 자산이 말하길,

---

626) '보는 눈이 맑아지면'이란 말은, 사물을 보는 안목이 정밀하고, 명료하다는 뜻이다.

'그 울음소리에 두려워하는 기색(氣色)이 있었기 때문이다. 무릇 사람은 친애하는 이에 대해 처음 병에 걸리면 근심과 걱정을 한다.'[627]

'그리고 죽음에 이르면 두려워하고, 죽고 나면 슬퍼하기 마련이다. 지금 죽어 버린 사람에 대한 곡성(哭聲)이 슬프지 않고, 두려워하는 기색이었다. 이런 까닭으로 거기에 간악한 일이 있었음을 알게 되었다.'라고 했다. 한편 어떤 이가 말하길, '정나라 자산(子産)의 정사(政事)는 또한 번거롭지 않은가. 간악을 이처럼 반드시 이목(耳目)이 미치길 기다린 다음에 알아낸다면 정(鄭)나라에 붙잡힐 간악한 사람은 적을 것이다.'

'가령 송사(訟事)를 주관하는 관리에게 맡기지 않고, **검증하는 정사**를 살펴 하지 않으며, 법도(法度)의 테두리를 명확히 하지 않고, 총명(聰明) 다하기만을 믿으며, **지려(智慮)**를 짜내어 간악을 안다 함은, 또한 술수(術數)가 없는 것이 아니겠는가. 그리고 대체 사물은 많은데 지려는 적으니, 적은 것으로 많은 것을 이길 순 없다. 지려는 사물을 두루 다 알아내기에 부족하기 때문에, 사물에 의존해 사물을 다스릴 일이다.'[628]

'여기서 아랫사람은 많고 위는 적으니, 적은 것으로 많은 것을 이길 순

---

627) '자산(子産)'은, 정(鄭)나라 재상으로, 자국(子國)의 아들이다. 이름은 공손교(公孫僑)이고, 자산은 자(字)다. 참고로 '자국(子國)'은, 정(鄭)나라 목공(穆公)의 아들인 공자 발(發)로, 사마(司馬)를 지낸 인물이다. 그리고 '동장(東匠) 거리'는, 자산(子産)이 살던 동리(東里)를 가리키고, '손을 누르고'란 말은, 수레를 멈추도록 하는 신호를 뜻한다.

628) '검증하는 정사(政事)'란, 참동(參同), 즉 사실을 조사하고, 증거를 대조하는 정치기술을 말한다. 그리고 '지려(智慮)'는, 『노자(老子)』에서 쓰는 지모(智謀)란 말과 같은 뜻이다.

없다. 군주는 신하를 두루 다 알아내기에 부족하다. 그러므로 사람에 의존해 사람을 알아내는 것이 중요하다. 이런 이유로 몸이 피로하지 않아도 일이 이루어지고, 지려를 쓰지 않아도 간악한 이는 붙잡힌다. 따라서 송(宋)나라 사람의 말투로, "한 마리 참새가 예(羿) 있는 위를 지날 때마다 예가 반드시 참새를 잡는다면, 예가 거짓말하는 것이다."[629]

  "이렇게 되면, 천하 전체를 그물로 엮어야 참새를 놓치지 않을 수 있기 때문이다."라고 한다. 무릇 간악을 알아내는 일도 역시 큰 그물을 사용해 하나도 놓치지 않게 하는 것과 다르지 않다. 이 도리를 닦지 않고, 자기억측을 화살로 삼는다면 정나라 자산도 거짓말을 하게 되는 셈이다. 『노자(老子)』에 이르길, "지려로 나라를 다스리면, 나라가 손해를 입을 것이다."라고 했다. 이는 자산을 가리켜 한 말이다.'라고 했다.[630]

| 06 |

  진(秦)나라 소왕(昭王)이 측근들에게, '지금 한(韓)과 위(魏)는 과거 강했을 때 비해 어떠한가.'라고 물었다. 측근들이 답하길, '과거보다 약합니다.'

---

629) '예(羿)'는, 전설에 나오는 영웅으로, 활의 명수로 알려져 있다. 『좌씨전(左氏傳)』에 따르면, 하(夏)나라 때 사람으로, 지금의 산동성(山東省)을 지배했고, 한때는 하조(夏朝)를 멸망시킬 정도로 세력이 강했다. 한편 『회남자(淮南子)』에 따르면, 예(羿)는 옛날 요(堯)임금의 신하로, 10개의 태양이 떠올라 곡식을 말려 죽이므로, 그 중에서 9개를 쏘아 떨어뜨리고, 민중을 해치는 괴수를 퇴치하였다는 신화적 인물이다. 원래는 동방의 미개한 부족의 신화적 영웅이었던 것이 후에 중앙의 전설과 교류된 결과, 여러 이설(異說)을 낳게 되었다.

630) 이 내용은 『노자(老子)』, 65장에 나오는 말로, "민중들을 다스리기 어려운 것은 지모(智謀)가 많기 때문이다. 그러므로 지모(智謀)로 나라를 다스리는 것은 나라를 해치는 것이요, 지모(智謀)로 나라를 다스리지 않는 것은 나라를 복되게 하는 것이다."라는 말에서 왔다.

라고 했다. 소왕이, '지금 **여이(如耳)**와 **위제(魏齊)**는 이전의 **맹상(孟常)**이나 **망묘(芒卯)**에 비해 어떠한가.'라고 물었다. 답하길, '미치지 못합니다.'라고 했다. 소왕이 말하길, '맹상이나 망묘가 강국 한과 위의 군사를 이끌고 온다 해도 나를 어찌할 수는 없을 것이다.'라고 했다.[631]

이에 측근들이 답하길, '정말 그렇습니다.'라고 했다. **중기(中期)**가 거문고를 밀어 놓고 답하길, '왕께선 정세 판단을 잘못하십니다. 무릇 **육진(六晉)** 시절엔 지씨[智伯]가 가장 강해 범(范)과 중행(中行)을 멸하고, 한(韓)과 위(魏)의 군대를 동원해 조(趙)를 칠 땐 진수(晉水)로 공략하니, 성(城)의 삼판(三板) 아래까지 잠겼습니다. 지백(智伯)이 밖을 보니, 선자(宣子)가 말을 부리고, 강자(康子)가 그 곁에 타고 있었습니다.'[632]

'지백이 말하길, "처음엔 내가 물로 남의 나라를 가히 멸할 수 있다는 것을 몰랐는데, 나는 지금 막 그것을 알았다. 분수(汾水)를 터 **안읍(安邑)**에 물을 댈 수 있고, 강수(絳水)를 터 **평양(平陽)**에 물을 댈 수 있겠다."고 했습니다. 이 말을 듣고 위나라 선자는 팔꿈치로 한나라 강자를 치고, 강자는 선자의 발을 밟아, 수레 위에서 팔꿈치와 발을 맞대어, 결국 지씨는 진양(晉陽)성 아래서 싸움에 패해 분할을 당했습니다.'[633]

---

631) '여이(如耳)'는, 위(魏)나라 사람이지만, 이때는 한(韓)을 섬겼던 대부(大夫)이고, '위제(魏齊)의 제(齊)는 재(宰)와 동의어다. 그리고 '맹상(孟常)'은, 맹상군을 가리키고, '망묘(芒卯)'는, 제나라 출신으로 위나라 장수를 지낸 인물이다.

632) '중기(中期)'는, 진(秦)나라 악사 종기(鍾期)를 가리키고, '육진(六晉)'은, 진(晉)을 약화시킨 육경(六卿), 즉 지(智), 범(范), 중행(中行), 한(韓), 위(魏), 조(趙)를 가리킨다.

633) '안읍(安邑)'은, 위(魏)나라 선자(宣子)의 봉읍으로, 산서성 하현(夏縣) 서북쪽 땅이다. 그리고 '평양(平陽)'은, 한(韓)나라 강자(康子)의 봉읍으로, 산서성 임분시(臨汾市)를 가리킨다.

'지금 **족하**(足下)께서 비록 강하더라도 지씨와 같은 힘은 아니며, 한과 위가 비록 약하더라도 지씨에게 이끌려 진양성 아래에 있었던 것과는 다른 형국입니다. 이는 천하가 바야흐로 팔꿈치와 발을 사용할 시기입니다. 바라건대 왕께선 얕보지 마십시오.'라고 했다. 한편 어떤 이가 말하길, '소왕(昭王)의 질문도 잘못됐고, 측근들과 중기(中期)의 답도 문제가 있다. 무릇 현명한 군주가 다스리는 것은 그 권세에 달려있다.'[634]

'권세에 손상(損傷)이 될 수 없는 것이라면, 비록 천하의 강자라도 어찌할 수 없다. 하물며 맹상(孟常)이나 망묘(芒卯), 한(韓)나라, 위(魏)나라가 능히 어찌할 수 있겠는가. 그 권세에 손상이 될 수 있는 것이라면, 여이(如耳)와 위제(魏齊), 한나라, 위나라와 같은 못난 사람들이라도 오히려 능히 손상이 될 수 있을 것이다. 그렇다면 손상을 입거나 침해(侵害)를 당하지 않는 것은 그 자신이 의지하는 데 달려있을 따름이다.'

'어찌 물어보는 것인가. 침해당하지 않는 권세에 자신이 의지한다면, 강하거나 약하거나 어찌 그것을 가리겠는가. 실수가 자신이 의지하지 않는 데에 있으면서 그것을 어찌할까 묻는다면, 그것을 침해당하지 않는 경우가 요행일 것이다. 신불해(申不害)가 말하길, "법술을 두고 남의 말만을 신뢰한다면 미혹케 된다."라고 했다. 이는 소왕을 가리켜 하는 말이고, 지백(智伯)은 법술을 몰라 강자(康子)와 더불어 당할 뻔했다.'

---

634) '족하(足下)'는, 군주에게 사용하는 존칭으로, 전하(殿下)와 같다.

'즉 위나라 선자(宣子)를 거느린 채 물을 댐으로써 이들 두 도성을 멸하고자 한 것이다. 이것이 지백이 나라를 망치고 자신도 죽게 된 원인이며, 두개골이 술잔으로 쓰이게 된 이유다. 지금 소왕이 바로, "한(韓)과 위(魏)는 과거 강했을 때 비해 어떠한가."라고 물은 것은 남이 물로 칠 걱정이 있어 두려워하는 것이겠는가. 비록 측근들이 있더라도 한과 위의 두 사람은 아닌데, 어찌 팔꿈치와 발을 맞대는 일이 있겠는가.'

'그럼에도 중기가, "왕께선 얕보지 마십시오."라고 말했으니, 이것은 헛된 말이다. 또한 중기가 맡은 일은 거문고와 비파다. 줄이 고르지 않거나 타는 소리가 맑지 않으면, 중기의 책임이다. 이것이 중기가 소왕을 섬기는 소임이다. 중기가 그 임무를 잘 수행한다 해도 아직 소왕을 흡족하게 하지 못하면서, 즉 모르는 것까지 나서니, 어찌 망령(妄靈)되지 않는가. 이는 측근들이, "과거보다 약합니다."라고 말한 것과 같다.'

혹은 "과거에 미치지 못합니다."라고 말한 것이라면, 좋다고 할 수도 있겠다. 하지만 그들이 "정말 좋습니다."라고 말했다면 이는 아첨(阿諂)이다. 신불해가 말하길, "다스리는 일은 맡은 직분을 넘지 않고, 비록 알더라도 말하지 않는다."고 했다. 따라서 중기(中期)는 알지도 못하면서 오히려 말을 했다. 그러므로 말하길, "소왕의 질문에 실수가 있고, 측근들과 중기의 대답에도 잘못이 있다."고 하는 것이다.'라고 했다.[635]

---

[635] '어떤 이', 즉 한비의 주장은, 각자가 직무수행을 함에 있어 이처럼 월권(越權)을 하지 말아야 함을 강조한 것이다.

관자(管子)가, '옳다면 그것을 좋아하는 증거를 보여야 하고, 옳지 않다면 그것을 미워하는 형태를 보여야 한다. 드러나 보이는 것에 상벌이 확실하면 비록 보이지 않는 곳이라 하더라도 감히 그것을 하겠는가. 옳다고 그것을 좋아하면서 증거를 보이지 않고, 옳지 않다고 그것을 미워하면서 형태를 보이지 않으며, 드러나 보이는 것에 상벌이 확실하지 않으면 보이지 않는 그 밖의 것을 구해도 기대할 수 없다.'라고 했다.

어떤 이가 말하길, '궁정이나 저택은 사람들이 몸을 삼가는 곳이고, 방이나 홀로 있는 거처는 **증자(曾子)**나 **사추(史鰌)**라도 느긋하게 지내는 곳이다. 사람이 몸을 삼가는 것을 살펴본다고 그 행동의 진실을 아는 것은 아니다. 또한 군주란 신하가 꾸며 보이는 대상이다. 즉 호오(好惡)가 드러나면, 신하들이 간악한 일을 분식해 군주를 어리석게 만든다. 명찰이 겉으로 꾸며진 것으로 상벌을 정하면 눈이 가려진다.'고 했다.[636]

관자(管子)가 말하길, '실내에서 말하면 그 음성이 실내에 가득 차고, 당(堂)에서 말하면 당에 가득 찬다. 이를 가리켜 천하의 왕이라 한다.'라고

---

[636] 한비는 덧붙이길, '다시 말해 먼 곳의 간악을 비추거나 숨겨진 작은 일을 살펴볼 수 없으면서도 겉으로 꾸민 행동을 살펴보는 것만으로 상벌(賞罰)을 정한다면, 또한 눈이 가려지지 않겠는가.'라고 했다. 그리고 '증자(曾子)'와 '사추(史鰌)'는, 공자의 제자로, 효행과 정직, 근엄한 인물로 유명하다.

했다. 한편 어떤 이가 말하길, '관중(管仲)이, "실내에서 말하면 실내에 가득 차고, 당(堂)에서 말하면 당에 가득 찬다."고 말한 것은 그저 놀거나 음식 먹을 때 하는 말을 이르는 것이 아니라, 반드시 큰 일을 가리킨 말이다. 군주에게 있어 큰 일이란 법(法) 아니면 술(術)이다.'

'법(法)이란 **문서**로 엮어 관청에 비치하고, 민중들에게 공포하는 것이다. 술(術)이란 가슴 속에 감춰 두고, 많은 사례에 맞춰 몰래 여러 신하를 부리는 것이다. 따라서 법은 분명히 밝히는 것이 좋고, 술은 감추는 것이 좋다. 이런 이유로 현명한 군주가 법을 말하면, 나라 안 미천한 이까지 들어 알지 못함이 없으니, 오로지 당에 가득 찰 일만은 아니다. 술을 쓴다면 가까이서 친숙한 이들도 들어 볼 수 없다.'고 했다.[637]

---

[637] 한비는 덧붙이길, '다시 말해 술(術)을 쓴다면 가까이서 친숙한 이들도 들어 볼 수 없으니, 당이라 해도 가득 찰 수 없는 것이다. 그럼에도 관자는, "실내에서 말하면 실내에 가득 차고, 당에서 말하면 당에 가득 찬다."고 말했으니, 법과 술에 맞는 말이 아니다.'라고 했다. 그리고 '문서'란, 도적(圖籍)이라 하는데, 여기서 도(圖)는 도판(圖版)이나 책(冊)을 말하고, 적(籍)은 죽간(竹簡)을 말한다.

제39장 난사(難四)

난(難)이란 비난 또는 논란(論難)한다는 의미다. 일반에게 잘 알려진 역사적 고사나 설화를 먼저 제시하고, 이를 통해 한비(韓非) 자신의 입장에서 비판을 가했다. 혹왈(或曰)이라 하는 형식을 가지고 취해진 논박 서술엔 법가(法家) 성향의 논리가 진하게 배어 있음을 볼 수 있다. 그리고 난사(難四)로 시작되는 것은 전체 4장 가운데 제4장이란 뜻이다.

| 01 |

위(衛)나라의 손문자(孫文子)가 노(魯)나라에 사절로 왔다. 공이 계단을 오르면 함께 올라섰다. 숙손목자(叔孫穆子)가 종종걸음으로 나아가 말하길, '제후들의 모임에서 내 군주가 위군 뒤로 선 일은 일찍이 없었습니다. 지금 선생은 내 군주로부터 한 단계 떨어지려 하지 않습니다. 내 군주가 잘못한 것이 있는지 모르겠습니다. 선생이 조금만 천천히 오르십시오.'라고 했다. 손문자는 답하지 않았으며 뉘우치는 기색도 없었다.

이에 숙손목자가 물러나 다른 사람에게 말하길, '손문자는 반드시 망할 것이다. 신하면서 군주 뒤에 서지 않고, 잘못도 고치려 하지 않는다. 망하는 근본이다.'라고 했다. 한편 어떤 이가 말하길, '천자가 도(道)를 잃으면 제후가 그를 정벌한다. 가령 탕(湯)과 무왕(武王)이 있다. 제후가 도(道)를 잃으면 대부가 그를 정벌한다. 가령 **제(齊)**와 **진(晉)**이 있다. 신하면서 군주를 친 이는 반드시 망할 것이라 하면, 잘못된 말이다.'[638]

'그러면 탕왕이나 무왕은 제왕이 될 수 없었고, 제나 진도 세울 수 없었을 것이다. 손문자(孫文子)는 위(衛)에서 군주와 같았다. 때문에 노(魯)에서 신하의 예(禮)를 갖추지 않았던 것이다. 신하로 군주가 된 것은, 군주가 실도(失道)한 까닭에 신하가 득세한 것이다. 실도한 군주에 대해 망할 것이라 하지 않고, 득세한 신하에 대해 망할 것이라 하는 것은 명찰하지 못하다. 즉 노나라는 위의 대부를 처벌할 수 없는 것이다.'[639]

또 어떤 이가 말하길, '신하와 군주의 자리매김은 분수에 알맞은 일이다. 신하가 능히 군주 자리를 빼앗을 수 있다는 것은 서로가 치우칠 수 있기 때문이다. 그러므로 그 분수가 아니면서 취할 경우는 민중들이 빼앗는 것이 되고, 그 분수를 사양하면서 취할 경우는 민중들이 주는 것이 된다. 이런 까닭으로 **걸(桀)이 민산(岷山)의 딸을 찾고**, 주(紂)가 비간(比干)의 심장을 구하자, 천하의 민심(民心)이 떨어져 나간 것이다.'[640]

---

638) '제(齊)나라의 전상(田常)'과 '진(晉)나라의 육경(六卿)'을 말한다.
639) 한비는 덧붙이길, '따라서 손문자(孫文子)가 비록 2가지 잘못이 있다 하더라도 그것 때문에 망할 것이라는 말은 어불성설이다. 망하는 원인은 군주 자리를 얻을 근본을 잃는 것이기 때문이다.'라고 했다.
640) '걸(桀)이 민산(岷山)의 딸을 찾았다는 것'은, 민산(岷山)을 쳐서 두 딸을 얻었다는 말이고, 민산(岷山)은 유융(有戎)의 성을 가리킨다.

'하지만 **탕(湯)은 스스로 개명**하고, 무왕(武王)은 스스로 꾸짖는 말을 받아들이자, 온 나라 사람들이 복종하게 되었고, **조훤(趙喧)**은 산으로 달아났으며, **전성(田成)이 밖에서 종노릇**을 하자, 제(齊)나라와 진(晉)나라 사람들이 따랐다. 그렇다면 탕과 무왕이 제왕이 된 까닭과 제(齊)나라와 진(晉)나라가 설 수 있게 된 까닭은 반드시 그 군주 자리 때문만은 아니다. 그들은 자격을 얻은 다음 군주로서 자리에 앉은 것이다.'[641]

| 02 |

노(魯)나라의 양호(陽虎)가 삼환(三桓)을 공격하고자 했으나 이기지 못하고 제(齊)나라로 달아났다. 경공(景公)이 그를 예우했다. **포문자(鮑文子)**가 간하여 말하길, '안 됩니다. 양호는 계씨(季氏)에게 총애를 받으면서 계손을 치려고 했습니다. 그 재부(財富)를 탐낸 것입니다. 지금 군주께선 계손보다 더 부유하고, 제(齊)는 노(魯)보다 더 큽니다. 양호가 속임수를 쓰려는 것입니다.'라고 했다. 경공이 이내 양호를 가두었다.[642]

---

641) 한비는 덧붙이길, '그렇다면 지금 손문자(孫文子)는 얻을 까닭도 없이 그 자리 구실만을 행사했다. 이는 의(義)를 무너뜨리고, 덕(德)을 거역하는 것이다. 의를 무너뜨리면 일이 실패하는 원인이 되고, 덕을 거역하면 원망이 모여드는 원인이 된다. 실패와 원망을 살피지 못한 것은 어찌된 일인가.'라고 했다. 그리고 '탕(湯)'은, 본명이 리(履)였으나, 걸(桀)의 본명인 이계(履癸)를 휘(諱)하여 을(乙)자로 고친 것을 말하고, '조훤(趙喧)'은, 조선자(趙宣子) 조돈(趙盾)으로, 그가 한때 망명한 듯한 모습을 보인 사건을 말한 것이며, '전성(田成)이 밖에서 종 노릇'을 했다는 것은, 그가 여인숙에서 잔심부름하는 종이었음을 말한다.
642) '포문자(鮑文子)'는, 포숙아의 후예인 제나라 대부 포국(鮑國)을 말한다.

어떤 이가 말하길, '천금(千金)을 가진 집은 그 자식이 인자(仁慈)하지 못하다. 사람들이 이익을 서두름이 심하기 때문이다. 환공(桓公)은 오백(五伯) 가운데 으뜸이다. 나라를 다투어 형[규(糾)]을 죽인 것은 그 이익이 대단하기 때문이다. 신하와 군주 사이는 형제 같은 친근함이 없다. 협박하고 죽인 공이 만승(萬乘)의 나라를 제압해 큰 이익으로 통한다면, 여러 신하 가운데 누가 양호(陽虎)와 같지 않을 수 있겠는가.'

'일이란 은밀히 교묘하게 하면 성공하지만, 소홀히 졸렬하게 하면 실패한다. 신하들이 아직 난을 일으키지 않는 것은 준비가 갖춰지지 않았기 때문이다. 신하들이 모두 양호 같은 심정을 가지고 있어도 군주가 알지 못한다면, 이것이 은밀하고 교묘한 것이다. 양호가 천하를 탐내 군주를 공격하고자 했다면, 이것은 소홀하고 졸렬한 것이다. 경공(景公)으로 하여금 졸렬한 양호에게 기필코 처벌을 한 것은 잘못된 일이다.'

'다시 말해 포문자(鮑文子)의 주장은 잘못된 것이다. 신하가 성실한지 불성실한지는 군주의 태도에 달려있다. 군주가 명찰(明察)하고 엄격하면 신하들이 성실할 것이고, 군주가 나약하고 어리석으면 신하들이 속일 것이다. 드러나지 않은 일을 아는 것을 명찰이라 하고, 용서하지 않는 것을 엄격이라 한다. 제(齊)나라의 간교한 신하들을 알아내지 못하고, 노(魯)에서 끝난 반란을 처벌하는 것은 망녕되지 않은가.'라고 했다.

또 어떤 이가 말하길, '인자함과 탐욕은 같은 마음이 아니다. 그래서 공자 **목이(目夷)**는 송(宋)나라 보위를 사양했고, 초(楚)나라 태자 **상신(商臣)**은 아버지를 시해했으며, 정(鄭)나라 공자 **거질(去疾)**은 서형에게 물려주었고,

노(魯)나라 **환공(桓公)**은 형을 시해했으며, 오백(五伯)은 여러 나라를 병합했다. 제나라 환공이 패업(霸業)을 이룰 때 만들어 놓은 기준으로 사람을 평하면 천하에 바르고 깨끗한 사람은 없을 것이다.'[643]

'무릇 군주가 명찰하고 엄격하면 신하들은 성실해진다. 양호(陽虎)는 노(魯)에서 난을 일으켰으나 실패해 제(齊)로 달아났다. 그를 처벌하지 않는다면 **난을 일으킨 이를 받아들인 셈**이다. 군주가 명찰하다면 처벌해야만 양호가 난을 끝낼 수 있다는 것을 안다. 이것이 숨겨진 기미를 드러내 보이는 정황이다. 옛말에 이르길, "제후들은 나라를 가지고 친교를 맺는다."고 했다. 군주가 엄격하면 양호의 죄를 놓아줄 수 없다.'[644]

'이것이 용서할 수 없는 실정이다. 따라서 양호를 처벌하는 것이 신하들이 성실하도록 하는 요체다. 제(齊)의 간교한 신하들을 알아내지 못하면서 분명한 난의 처벌을 폐하고, 아직 일어나지도 않은 죄는 책하면서 밝게 드러난 죄는 처벌하지 않으니 이것이 망녕인 것이다. 지금 노에서 난을 일으킨 죄를 처벌해 신하들 가운데 간악한 마음을 가진 이를 위협한다면, 계손(季孫) 등 삼환(三桓)과도 친교를 맺을 수 있다.'[645]

---

643) '목이(目夷)'는, 송나라 환공(桓公)이 병들자, 태자 자보(子父)가 자신에게 보위를 받으라고 했으나, 굳이 사양한 일을 말하고, '상신(商臣)'은, 초나라 성왕(成王)이 어린 아이를 보위에 세우려하자, 자신이 아버지를 죽이고 스스로 왕[穆王]이 된 것을 말하며, '거질(去疾)'은, 정나라 영공(靈公)이 시해를 당하자, 아우인 자신이 추대되었으나, 서형인 견(堅)에게 물려주어 양공(襄公)이 된 일을 말하고, '환공(桓公)'은, 형 노은공(魯隱公)이 시해당한 일을 묵인하고 자리에 선 것을 말한다.

644) '난을 일으킨 이를 받아들인 셈'이란, 반란을 일으킨 사람을 승인하고 용납한 것을 말한다.

645) 한비는 덧붙이길, '따라서 포문자(鮑文子)의 설은 잘못된 것이다.'라고 했다.

| 03 |

 정백(鄭伯)이 장차 **고거미(高渠彌)**를 경(卿)으로 삼고자 했다. 태자 **소공
(昭公)**이 그를 미워하여 단단히 말렸으나 듣지 않았다. 소공이 즉위하자
고거미는 자기를 죽일까 두려워 신묘(辛卯) 날에 소공을 시해하고, 공자
단(亶)을 세웠다. 이에 군자가 말하길, '소공은 미워할 바를 안 것이다.'라
고 했다. 노나라 공자 어(圉)는, '고백(高伯)은 주륙을 당하고 말 것이다. 자
신을 싫어한 사람에 대한 보복이 너무 심했다.'라고 했다.[646]

 어떤 이가 말하길, '공자 어(圉)가 한 말 또한 틀리지 않은가. 소공(昭公)
이 화(禍)를 당한 것은 자신이 미워하는 고거미에 대한 보복이 늦었기 때
문이다. 그렇다면 고백(高伯)이 소공보다 늦게 죽은 것은 소공을 먼저 제
거했기 때문이다. 현명한 군주는 자신의 노여움을 결코 밖으로 드러내지
않는다. 노여움을 드러내 보이면, 죄를 지은 신하들이 경솔하게 움직여
계책을 실행할 것이다. 그렇게 되면 군주는 위태롭게 된다.'

 '위후(衛侯) 첩(輒)이 영대(靈臺)를 조성해 잔치를 베풀었다. 이때 **저사(褚
師)**가 무례를 범하자, 위후(衛侯)는 노하면서도 처벌하지 않음으로써 저사
는 난을 꾸몄다. 큰 자라국을 먹을 때 **공자 송(宋)이 무례를 범**하자, 정(鄭)

---

646) '정백(鄭伯)'은, 정장공 오생(寤生)을 말한다. 그가 백작인 까닭에 정공(鄭公) 혹은 정후(鄭侯)
라 하지 않고, 정백(鄭伯)이라 한 것이고, '고거미(高渠彌)'는, 주환왕이 천자의 군사를 이끌고 정
장공을 칠 때 원번(原繁)과 더불어 중군이 되어 천자의 군사를 격파한 인물이며, '소공(昭公)'은,
정장공의 아들 정소공 홀(忽)을 말한다.

의 군주는 노하면서도 처벌하지 않음으로써 송(宋)에게 죽었다. 군자가, "미워할 바를 안 것이다."라고 지적한 것은 마땅하다. 아는 것이 분명함에도 처벌하지 않았기 때문에 죽음에 이른 것이라 한 것이다.'647)

'그래서, "미워할 바를 안 것이다."라고 함은 그가 **권술(權術)**이 없음을 보인 것이다. 군주는 화[재난]를 예견하지 못하기도 하지만, 때론 결단을 내릴 능력이 부족한 것에서도 기인한다. 소공은 미운 마음을 드러내 보이고, 죄는 처벌하지 않았기 때문에 거미(渠彌)로 하여금 미움을 품게 하고, 죽음이 두려워 요행을 바라게 했기 때문에 죽음을 면치 못한 것이다. 즉 소공이 처벌함에 단호하지 못했기 때문이다.'라고 했다.648)

또 어떤 이가 말하길, '미워하는 이를 철저히 보복하는 것은, 큰 처벌로 작은 죄를 갚는 일이다. 큰 처벌로 작은 죄를 갚는다고 하는 것은 옥사(獄事)의 극치다. 옥사의 걱정은 본래 처벌하는 데 있지 않고, 원한을 품는 사람이 많아지는 것에 있다. 진(晉)의 여공(厲公)이 **삼극(三郤)을 멸망**시켰기 때문에 난(欒)과 중행(中行)씨가 난을 꾸미고, 정(鄭)의 자도(子都)가 백선(伯咺)을 죽였기 때문에 식정(食鼎)이 화를 일으켰다.'649)

---

647) '저사(褚師)'는, 시장 일을 관장하는 벼슬을 말하고, '공자 송(宋)이 무례를 범'했다는 것은, 초(楚)나라에서 보낸 자라로 국을 끓여 대부들과 회식하는데, 공자 송이 먼저 손가락으로 국물을 찍어 먹은 무례를 말한다.

648) '권술(權術)'은, 임기응변이 부족한데다, 일을 처리하는 기지 또한 없음을 뜻한다.

649) '삼극(三郤)을 멸망시킨 것'은, 진(晉)나라 팔경(八卿)의 세력을 줄이기 위해 우선 3명의 극(郤)씨를 멸망시킨 것을 말한다.

'또 오왕(吳王)이 자서(子胥)를 처벌했기 때문에 월(越)의 구천(勾踐)은 패업을 이뤘다. 그렇다면 위후(衛侯)가 쫓겨나고, 영공(靈公)이 시해당한 일은 저사(褚師)가 죽지 않고 공자 송(宋)이 처벌당하지 않아서가 아닌, 노여워할 수 없음에도 노여운 기색이 있고, 처벌할 수 없음에도 처벌을 고려했기 때문이다. 노여움이 지은 죄에 마땅하고 처벌이 인심에 거슬리지 않으면 비록 드러낸다 하더라도 어찌 해(害)가 되겠는가.'

'무릇 군주로 즉위하기도 전에 지은 죄를, 즉위 이후에 들춰내 죄로 처벌하고자 한다면 제(齊)나라 호공(胡公)처럼 멸망하는 원인이 된다. 군주가 신하에게 그것을 행해도 오히려 후환이 있는데, 하물며 신하가 되어 군주에게 그것을 행하겠는가. 처벌이 거기에 마땅하지 않음에도 다하겠다고 마음을 먹는다면, 이는 천하와 원수가 되는 것이다. 그렇다면 비록 주륙(誅戮)을 당한다 하더라도 또한 옳지 않겠는가.'라고 했다.

| 04 |

미자하(彌子瑕)가 위(衛)나라 영공(靈公) 때 총애를 받아 위를 전횡하고 있었다. 어느 난쟁이가 공을 만나 말하길, '저의 꿈이 맞았습니다.'라고 했다. 공이, '무슨 꿈이냐.'고 물었다. 답하길, '꿈에 부엌 아궁이를 보았는데, 공을 만나 뵙기 위한 징조였습니다.'라고 했다. 공이 노하며 말하길, '내가 듣건대 군주를 만나보는 이는 꿈에 해[日]를 본다고 한다. 어찌 나를 만나면서 꿈에 부엌 아궁이를 보았다고 하느냐.'고 했다.[650]

---

650) '미자하(彌子瑕)'는, 춘추시대 위(衛)나라 영공(靈公)의 총신(寵臣)으로, 정치를 전횡한 인

이에 난쟁이가 대답하길, '무릇 해[日]는 온 천하를 두루 비추어 주는 것이므로, 한 물건이 그것을 가로막을 순 없습니다. 군주도 온 나라를 두루 비추어 주므로 한 사람만으로 그것을 다 감쌀 순 없습니다. 그러므로 장차 군주를 만나 뵈려는 이는 꿈에 해[日]를 보는 것입니다. 그런데 부엌 아궁이는 한 사람이 불을 쬐면 뒷사람은 볼 방법이 없습니다. 지금 혹시 어떤 한 사람이, 군주 앞에서 불을 쬐고 있지 않습니까.'

'그렇다면 제가 비록 꿈에 부엌 아궁이를 보았다고 하더라도 옳지 않겠습니까.'라고 했다. 영공(靈公)이 말하길, '그렇겠다.'고 했다. 드디어 **옹저(雍鉏)**를 멀리하고, 미자하(彌子瑕)를 물리쳤으며, **사공구(司空狗)**를 등용했다. 한편 어떤 사람이 말하길, '난쟁이는 꿈을 빙자해 군주의 도리를 가르쳤다. 옹저(雍鉏)를 멀리하고, 미자하를 물리쳤으며, 사공구를 등용했다. 하지만 영공은 난쟁이의 본의를 제대로 이해하진 못했다.'[651]

'즉 총애하던 이를 멀리하고, 현자라 생각되는 이를 등용한 것이다. 정(鄭)의 자도(子都)는 **경건(慶建)**을 현자라 생각했기 때문에 자신이 가려지고, 연(燕)의 자쾌(子噲)는 자지(子之)를 현자라 생각했기 때문에 자신이 가려졌다. 무릇 총애하는 이를 멀리하고, 현자라 생각되는 이를 등용해도 자기 앞에서 불을 쬐게 하는 데서 벗어나지 못하는 것이다. 어리석은 사

물이다.

651) '옹저(雍鉏)'는, 영공(靈公)의 총애를 받던 환관 옹저(雍疽)를 말하고, '사공구(司空狗)'는, 사공으로 있던 사구(史狗)를 말한다.

람이 군주 앞에서 불을 쬔다면 총명을 해치기에 부족하다.'[652]

  '하지만 지금 아는 것을 더 보태지 않으면서 현자로 하여금 자기 앞에서 불을 쬐게 한다면, 반드시 위험할 것이다.'라고 했다. 한편 어떤 이가 말하길, '굴도(屈到)는 마름 열매를 즐기고, 문왕(文王)은 창포 김치를 즐겼다. 일반적인 맛은 아니나, 두 현자는 이를 소중히 여겼다. 즐기는 맛이 반드시 맛난 것은 아니다. 진(晉)의 영후(靈侯)는 참무휼(參無恤)을 좋아하고, 연(燕)의 자쾌(子噲)는 자지(子之)를 현자라 생각했다.'[653]

  '일반적인 신하는 아니나, 두 군주는 이들을 존중했다. 현자라 생각되는 이가 반드시 어진 것은 아니다. 어질지 않음에도 현자라 생각해 등용함은 총애하기 때문에 등용하는 상황과 다르지 않다. 현자가 정말 현자라서 등용함은 총애하는 이를 등용하는 것과 양상이 다르다. 초(楚)나라의 장왕(莊王)은 손숙오(孫叔敖)를 등용했기 때문에 패자(霸者)가 될 수 있었으나, 상신(商辛)은 비중(費仲)을 등용하여 나라가 멸망했다.'[654]

---

652) '경건(慶建)'은, 정(鄭)나라 집정대부(執政大夫)로 있던 건(建)을 말한다.

653) '굴도(屈到)'는, 초나라 대부 굴탕(屈蕩)의 아들이고, '참무휼(參無恤)'의 무휼(無恤)은, 『춘추좌전(春秋左傳)』, 「노문공(魯文公) 12년」조에 나오는 범무휼(范無恤)을 가리킨다.

654) '손숙오(孫叔敖)의 본래 성(姓)'은, 위(蔿)고, 이름은 오(敖)다. 『여씨춘추(呂氏春秋)』에 따르면, 초장왕이 조회를 마치고, 근심어린 모습을 보였다. 이에 신하들이 까닭을 묻자, 장왕은, "예로부터 어진 선비를 스승으로 맞으면 훌륭한 군왕이 되고, 똑똑한 사람을 벗으로 삼으면 처세에 걱정이 없다고 했소. 그런데 조회에 참석한 이들의 말을 들어보면 나보다 못한 수준이니, 어찌 나라의 미래가 걱정되지 않겠소."라고 했다. 이때 마침 기사(期思) 땅에 사는 손숙오가 친척과 마을 사람들을 동원해 대규모 관개공사(灌漑工事)를 시행한 덕에 곡물 생산을 획기적으로 늘렸다는 소식을 듣게 된다. 장왕이 바로 그를 부른 뒤 치국방안을 논의했다. 손숙오의 답에 막힘이 없자 크게 기뻐하며 바로 재상으로 임명해 국정을 맡겼다. 그리고 '상신(商辛)'은, 은(殷)나라 주왕(紂王)를 가리킨다.

'이는 모두 현자라 생각하는 이를 등용했으나 결과는 반대로 된 것이다. 연의 자쾌가 현자라 생각하는 이를 등용해 썼다 하더라도 총애하는 이를 등용한 상황과 마찬가지다. 그렇다면 위(衛)는 어떠하겠는가. 난쟁이가 영공을 뵙기 전에는 영공이 가려졌음에도 자신이 가려진 것을 몰랐으나, 그를 뵙고 나온 후로는 자신이 가려진 사실을 알게 된 것이다. 가린 신하를 물리친 일은 바로 아는 것을 더 보태주었기 때문이다.'[655]

---

[655] 한비는 덧붙이길, '즉 "아는 것을 더 보태지 않으면서 현자로 하여금 자기 앞에서 불을 쬐게 한다면, 반드시 위험할 것이다."라고 했으나, 지금은 아는 것이 더 보태진 상황이다. 그렇다면 비록 자기 앞에서 불을 쬔다 하더라도 반드시 위험하지 않을 것이다.'라고 했다.

제40장 난세(難勢)

> 세(勢)에 대한 논란(論難)이다. 먼저 신도(愼到)가 정치의 제일 요건으로 제시한 세(勢)의 논리를 전개하고 있다. 이를 현능(賢能) 정치의 입장에서 반박한 뒤 다시 한비(韓非)가 역비판을 하는 형식이다. 전체적으로 세를 부정하는 내용이 아닌, 세보다 현(賢)을 내세우려는 논란을 문제 삼기 때문에 난세라 명명한 것이다. 논란의 진행 과정을 이중으로 구성한 것은, 앞장[難四]의 경우와 비슷하기 때문이다.

| 01 |

신도(愼到)가 말하길, '나는 용은 구름을 타고, 오르는 뱀은 안개 속에서 논다. 구름이 파하고 안개가 걷히면, 용과 뱀은 지렁이나 개미와 같아진다. 의탁할 곳을 잃었기 때문이다. 그러므로 현자면서 어리석은 사람에게 굽히는 것은 권세가 가볍고 지위가 낮기 때문이다. 또 어리석은 사람이면서 능히 현자를 복종시키는 것은 권세가 무겁고 지위가 높기 때문이다. 요(堯)임금이 필부라면 단 3사람도 다스릴 수 없었을 것이다.'[656]

---

656) '신도(愼到)'는, 본래 조나라 사람으로, 제나라에서 유학했다. 직하(稷下) 학파의 한사람으

'걸(桀)은 천자였기 때문에 천하를 어지럽힐 수 있었다. 나는 이로써 세(勢)나 지위에 의지하기에 충분하고, 현(賢)과 지(智)가 우러르기에 부족하다는 것을 안다. 무릇 활이 약함에도 화살이 높이 나는 것은 바람에 부딪히기 때문이다. 자신은 어리석지만 명(命)이 행해지는 것은 많은 사람에게 도움을 얻기 때문이다. 요(堯)도 노예 처지에서 명하면 민중들이 듣지 않는다. **남면**하여 명령하면 행해지고, 금하면 멈추게 된다.'[657]

| 02 |

어떤 이가 신도(愼到)에게 응하며 말하길, '나는 용은 구름을 타고, 오르는 뱀은 안개 속에 논다는 것에 대해 나도 용과 뱀이 구름과 안개의 세(勢)에 의탁할 수 없다고는 생각하지 않는다. 비록 그렇다 하더라도 현자(賢者)를 배제하고 오로지 세(勢)에만 맡긴다면 잘 다스릴 수 있겠는가. 나는 보지 못했다. 무릇 구름이나 안개라는 세가 있어서 능히 그것을 타고 놀 수 있다는 것은, 용과 뱀의 재능이 뛰어나기 때문이다.'

'지금 구름이 성하더라도 지렁이는 능히 탈 수 없고, 안개가 짙더라도 개미는 능히 놀 수 없다. 무릇 성한 구름과 짙은 안개의 세(勢)가 있더라도 타고 놀 수 없는 것은 지렁이나 개미의 재능이 빈약하기 때문이다. 지

로, 그의 세(勢) 논리가 한비(韓非)로 이어졌다.

657) 한비는 덧붙이길, '이것으로 말미암아 생각해보면, 현(賢)과 지(智)는 민중을 복종시키기에 부족하고, 세(勢)나 지위(地位)는 현자를 굽히도록 하기에 충분하다.'라고 했다. 그리고 '남면(南面)'이란, 천자가 조정에서 앉은 자리의 방향을 가리킨다.

금 걸(桀)과 주(紂)가 남면해 천자의 위세를 지니고, 구름과 안개로 삼아도 천하가 대란에서 면치 못하는 것은 걸과 주의 자질이 낮기 때문이다. 즉 이들이 요(堯)의 권세를 가지고 천하를 다스려도 문제다.'[658]

| 03 |

'무릇 세(勢)란 반드시 현자(賢者)만 쓰도록 하고, 우자(愚者)로 하여금 그것을 쓰지 못하게 할 수 있는 것이 아니다. 현자가 그것을 쓰면 천하가 다스려지고, 우자가 그것을 쓰면 천하가 혼란할 따름이다. 사람의 성정을 보면 현자는 적고, 우자는 많다. 따라서 위세(威勢)로 세상을 혼란하게 하는 우자를 돕게 되면, 세를 가지고 천하를 혼란하게 하는 이가 많아질 것이고, 세를 가지고 천하를 다스리는 이는 적을 것이다.'

'무릇 세(勢)란 다스림엔 편리하나 혼란함에는 유리하다. 그러므로 『주서(周書)』에 이르길, "호랑이를 위해 날개를 달지 말라. 장차 날아 고을에 들어가 사람을 골라 먹으려 할 것이다."라고 했다. 대체 우자(愚者)로 하여금 세(勢)를 타게 한다는 것은 바로 호랑이를 위해 날개를 달아 주는 셈이 된다. 걸주(桀紂)는 높은 누각과 깊은 연못을 만들면서 민력을 낭비시키고 포락지형(炮烙之刑)으로 민중의 생명을 손상시켰다.'[659]

---

658) 한비는 덧붙이길, '그간 걸(桀)의 권세로 천하를 혼란스럽게 한 것이 요(堯)의 권세를 대체할 수 없기 때문이다.'라고 했다.
659) 『주서(周書)』는, 주나라 왕조 때의 고서를 말한다.

'걸과 주가 악행을 자행할 수 있었던 것은 남면하는 위세, 즉 날개가 있었기 때문이다. 만일 걸과 주가 필부였다면, 오히려 자신이 죽는 형벌에 처해졌을 것이다. 세(勢)란 호랑이와 늑대 같은 마음을 길러 난폭한 일을 이루는 것이다. 이것이 천하의 큰 우환이다.'라고 했다. 그리고 '세(勢)란 치(治)와 난(亂)에 있어 본래 정해진 것이 아니다. 따라서 오로지 세(勢)만이 천하를 다스릴 수 있다는 것은 그 지혜가 얕은 것이다.'

'대체 좋은 말과 단단한 수레라도 노예로 하여금 그것을 부리게 하면 웃음거리가 되지만, 왕량(王良)이 부리면 하루에 천리를 달릴 수 있다. 수레와 말은 다르지 않다. 혹자는 천 리에 이르고, 혹자는 웃음거리가 된다는 것은 교(巧)와 졸(拙)의 사이가 크기 때문이다. 지금 군주 자리를 수레로 삼고, 세(勢)를 말로 삼으며, 호령을 고삐로 삼고, 형벌을 채찍으로 삼아 요와 순으로 하여금 그것을 부리면 천하가 다스려진다.'

'하지만 이와는 반대로 걸(桀)과 주(紂)로 하여금 부리게 하면, 천하는 곧 혼란해지고 말 것이다. 이는 형명(形名)과 어리석음의 차이가 크기 때문이다. 무릇 빠른 것을 쫓고, 먼 곳에 이르고자 하면서도 왕량에게 맡길 줄 모르며, 이익을 늘리고 해(害)를 물리치고자 하면서도 현능(賢能)한 인사를 임용할 줄 모른다면, 이는 구분할 줄 모르는 우환이다. 무릇 요(堯)와 순(舜)은 왕량의 방식대로 민중을 다스렸다.'라고 했다.

| 04 |

다시 이에 응하며 말하길, '그 사람은 세(勢)로 족히 관리를 다스릴 수

있다고 생각한다. 즉 객(客)은 반드시 현자를 기다려야 다스려진다고 말하고 있으나 그렇지 않다. 무릇 세(勢)란 명칭은 하나지만 변화는 수없이 많다. 가령 세가 자연에 한정되면 세에 대해 논할 말은 별로 없다. 내가 논하는 세는 사람이 설정한 것을 말한다. 지금 말하길, "요와 순이 세를 얻어 다스리고 걸과 주가 세를 얻어 어지럽혔다."라고 한다.'

'나도 요나 걸이 그렇다고 생각한다. 비록 그렇더라도 그 세(勢)는 사람이 설정해 낸 것이 아니다. 무릇 요와 순이 태어나면서 군주 자리에 있었다면 비록 걸과 주가 열이나 되더라도 혼란하게 할 수 없다고 하는 것은 바로 세가 다스려지게 되어 있기 때문이다. 걸과 주 역시 태어나면서 군주 자리에 있었다면 비록 요와 순이 열이나 되더라도 역시 다스릴 수 없다고 하는 것은 바로 세가 혼란하게 되어 있기 때문이다.'

'그러므로 말하길, "세가 다스려지게 되어 있는 경우라면 가히 혼란하게 할 수 없고, 세가 혼란하게 되어 있는 경우라면 가히 다스릴 수 없다."라고 한다. 이것은 자연의 세를 말하는 것이지, 사람이 설정해 낸 것이 아니다. 내가 논하는 세는 사람이 설정해 낸 것을 가리킬 따름이니, 어찌 현자를 일삼겠는가.'라고 했다. 한편 '무엇을 가지고 그렇다고 밝히겠는가. 말하자면 객(客) 가운데 창과 방패를 파는 이가 있다.'

'그 방패[盾]가 단단하다고 자랑하며, "어떤 물건도 이 방패를 뚫을 순 없다."라고 했다. 갑자기 또 그 창[矛]을 자랑하며 말하길, "나의 창은 날카로워 어떤 물건도 뚫지 못할 것이 없다."라고 했다. 다른 사람이 응대하며 말하길, "그대의 그 창을 가지고, 그대의 그 방패를 뚫는다면 어찌

되는가."라고 물었다. 그 사람은 답할 수가 없었다. 뚫리지 않는 방패와 뚫지 못할 것이 없는 창은 명분상 양립할 수 없기 때문이다.'

'무릇 현자(賢者)의 길이란 억누를 수 없고, 권세(權勢)의 길이란 억누르지 못할 것이 없다. 억누를 수 없는 현(賢)과 억누르지 못할 것이 없는 세(勢)를 가지고 양립시키려 하는 것이 바로 창과 방패의 논리다. 무릇 현자와 권세가 서로 받아들일 수 없다는 것은 또한 분명한 일이다.'라고 했다. 한편 '또한 요순(堯舜)이나 걸주(桀紂)는 천 년에 한 번 나와도 계속 이어 나타난다. 세상의 통치자는 중질 정도에서 끊이지 않는다.'

'내가 논하고자 하는 세(勢)는 중질(中質) 정도다. 중질 정도란 위로 요(堯)와 순(舜)의 수준엔 미치지 못하지만, 아래로 역시 걸(桀)과 주(紂)의 수준은 되지 않는 것이다. 법을 지키고 세의 자리에 있으면 다스려지고, 법을 어기고 세의 자리를 버리면 혼란해진다. 만일 세의 자리를 폐기하고 법을 어기면서 요순(堯舜)을 기다려 요순이 나타나면 이내 다스려진다. 하지만 이는 천 년 동안 혼란하다 한 번 다스려지는 셈이다.'

'반대로 법을 지키고 세(勢)의 자리에 있으면서 걸주(桀紂)를 기다려 걸주가 나타나면 이내 혼란해지지만 이는 천 년 동안 다스려졌다가 한 번 혼란해지는 셈이다. 또 무릇 천 년 동안 다스려졌다가 한 번 혼란해지는 것과 한 번 다스려졌다가 천 년 동안 혼란해지는 것은 마치 빠른 말을 타고 반대로 달리는 것처럼 서로의 차이가 너무나 크다. 대체 바로잡는 법을 폐기하고, 길이를 재는 이의 치수를 버린다면 어찌 되겠는가.'

'마치 **해중(奚仲)**으로 하여금 수레를 만들게 한다고 하더라도 바퀴 하나를 제대로 완성할 수 없을 것이다. 포상(褒賞)의 권장이나 형벌(刑罰)의 위엄도 없이 세(勢)의 자리를 배제하고 법을 배제한다면, 요순(堯舜)이 집집마다 설득하고 사람마다 이해시켜도 불과 3가구도 다스릴 수 없을 것이다. 무릇 세가 족히 유용하다는 것은 분명하다. 그럼에도 반드시 현자를 기다려야 한다고 말한다면, 역시 그렇지 않다.'라고 했다.[660]

| 05 |

'무릇 백일 동안 먹지 않고, 좋은 쌀과 맛있는 고기를 기다린다면, 그간 굶은 사람은 살지 못한다. 만일 요순(堯舜) 같은 현자를 기다려 지금 세상의 민중을 다스리려 한다면, 이는 마치 좋은 쌀과 맛있는 고기를 기다리며 굶주리는 것과 다르지 않다. 무릇 "좋은 말과 단단한 수레라도 노예가 그것을 부리면 웃음거리가 되지만, 왕량(王良)이 그것을 부리면 하루에 천리를 달린다."고 했지만 나는 그렇게 생각하지 않는다.'

'저 월(越)나라 사람 중에 헤엄 잘 치는 이를 기다려 중원의 물에 빠진 사람을 구한다면, 월나라 사람이 헤엄을 아무리 잘 치더라도 물에 빠진 이를 구제할 순 없다. 무릇 옛날의 왕량을 기다려 지금의 말을 부린다고 함은 역시 월나라 사람이 물에 빠진 이를 구한다는 것과 무엇이 다른가. 할 수 없는 것이 분명하다. 가령 좋은 말과 단단한 수레를 오십 리마다 하나씩 두고 중질의 마부로 하여금 그것을 부리도록 해보라.'

---

660) '해중(奚仲)'은, 하(夏)나라 우(禹)임금 때 수레를 만든 전설적인 인물이다.

'빠른 것을 쫓고, 먼 곳에 이르고자 하는 것을 가히 이룰 수 있어 하루에 천 리도 이를 것이다. 어찌 반드시 옛날의 왕량을 기다릴 것인가. 또한 말을 부림에 있어 왕량을 시키지 않으면 반드시 노예를 시켜 실패할 것이고, 나라를 다스리는데 요순을 시키지 않으면 반드시 걸주를 시켜 혼란하게 할 것이다. 어찌 비난하려고 도리에 어긋난 말을 할 수 있겠는가. 그 사람의 논리는 나의 이 논리에 미치지 못한다.'라고 했다.[661]

---

661) 한비는 덧붙이길, '또한 맛이란 엿과 꿀이 아니면 반드시 고들빼기나 쓴 미나리라고 하는 것과 같다. 이것은 말을 거듭한 나머지, 논리에서 벗어나 타당성을 잃은 양극단의 논리다.'라고 했다.

제41장 문변(問辯)

문(問)은 문답 형식을 취한 문제 제기다. 이는 난(難)과 마찬가지로 비판이란 의미를 지닌다. 변(辯)은 당시 성행하던 변론을 뜻한다. 여러 변론들이 실제론 전혀 내용이 없는 공론(空論)으로, 비판의 대상이다. 이는 군주체제의 강력한 확립을 위해 한비(韓非)가 강조하는 법술(法術)에 대한 정치논리를 반영한다.

| 01 |

어떤 이가, '어찌하여 변론이 생기는가.'라고 물었다. 답하길, '군주가 명찰하지 못해 생긴다.'라고 했다. 다시, '군주가 명찰하지 못해 변론이 생긴다는 것은 무엇인가.'라고 물었다. 답하길, '현명한 군주의 나라에서 명령이란, 말 중에 가장 귀중한 것이고, 법(法)이란, 일 중에 가장 적절한 것이다. 말에는 2가지 귀중한 것이 없고, 법(法)에는 2가지 적절한 것이 없다. 따라서 말과 법에 의하지 않은 것은 반드시 금한다.'

'만일 법령(法令)이 없더라도 가히 속임수를 알아차려 변화에 대응하고, 이익을 위해 일을 꾀할 수 있는 이라면 군주가 반드시 그 말을 채택하고 그 실적을 추구한다. 말이 맞으면 큰 이익이 있고, 맞지 않으면 중벌이 있다. 이런 이유로 어리석은 이는 죄가 두려워 감히 말을 하지 못하고, 지혜로운 이도 감히 시비(是非)를 논할 수 없다. 이것이 변론이 일어날 수 없게 되는 연유다. 하지만 난세(亂世)에는 이와 다르다.'

'군주가 명령(命令)을 내려도 민중은 옛 학문으로 이를 비난하고, 조정에서 법률을 정해도 민중은 사적인 행위로 이를 왜곡시킨다. 이렇게 되면 군주는 도리어 법령을 거둬들이고, 학자들의 지혜와 행동을 높인다. 이것이 세상에서 옛 학문을 존중하게 된 연유다.'라고 했다. 한편 이어서 말하길, '무릇 말과 행동은 업적을 목표로 삼는다. 무릇 뾰족한 화살을 숫돌에 갈아 대강 쏘더라도 작은 털 하나 정도는 맞추게 된다.'

'하지만 이것을 활 잘 쏘는 사람이라 말하지 않는 이유는 정해진 과녁이 없기 때문이다. 가령 5치 되는 과녁을 마련해 10걸음 멀리서 시위를 당긴다고 해보자. 예(羿)나 봉몽(逢蒙)이 아니면 반드시 적중시킨다고 할 수 없다. 일정한 표적이 있기 때문이다. 그러므로 일정한 표적이 있으면 예나 봉몽이 5치 되는 과녁으로도 솜씨가 좋다고 하지만, 일정한 표적이 없으면 대강 쏘아 작은 털 하나를 맞춰도 부정적으로 본다.'[662]

---

662) '예(羿)'는, 전설에 나오는 영웅으로, 활의 명수로 알려져 있다. 『좌씨전(左氏傳)』에 따르면, 하(夏)나라 때 사람으로, 지금의 산동성(山東省)을 지배했고, 한때는 하조(夏朝)를 멸망시킬 정도로 세력이 강했다. 한편 『회남자(淮南子)』에 따르면, 예(羿)는 옛날 요(堯)임금의 신하로, 10개의 태양이 떠올라 곡식을 말려 죽이므로, 그 중에서 9개를 쏘아 떨어뜨리고, 민중을 해치는 괴수를 퇴치하였다는 신화적 인물이다. 원래는 동방의 미개한 부족의 신화적 영웅이었던 것이 후에 중앙의 전설과 교류된 결과, 여러 이설(異說)을 낳게 되었다. 그리고 '봉몽(逢蒙)'은, 예(羿)의 제자다.

'만일 말을 듣고 행동을 관찰할 때, 업적을 목표로 삼지 않으면, 말이 비록 뜻깊고 행동이 견실하더라도 대강 쏜 화살과 같게 된다. 이런 이유로 난세의 군주는 말을 들을 때 알기 어려운 것을 뜻깊다 하고, 널리 꾸민 것을 말 잘한다고 생각한다. 또 행동을 관찰할 때 군중과 떨어진 것을 현명하다 하고, 윗사람 비판하는 것을 고매하다고 여긴다. 군주는 변설과 뜻깊은 말을 좋아하며 현명하고 고매한 행동을 존중한다.'

'그러므로 법(法)과 술(術)을 터득한 선비들은 사람이 취하고 버릴 행동 기준을 세우고, 논쟁의 시비(是非)를 가릴지라도 이를 바로잡지 못한다. 이런 까닭으로 유복(儒服)을 걸친 학자와 칼을 든 협객은 차고 넘쳐도 **경전(耕戰)하는 병사**는 적고, **견백(堅白)**과 **무후(無厚)**란 설만이 성행하여 고시한 법령이 지켜지지 않는 것이다. 이 때문에 말하길, "군주가 명찰(明察)하지 못하면, 반드시 변론이 생긴다."고 한다.'라고 했다.[663]

---

663) '경전(耕戰)하는 병사'란, 평소 농사를 짓다가 유사시가 되면, 참전하는 병사를 말하고, '견백(堅白)과 무후(無厚)'는, 단단한 돌과 흰 돌은 하나가 아닌 둘이란 논리와, 면적은 넓이만 있고 두께는 없다고 하는 논리로, 일종의 궤변을 일컫는다.

제42장 문전(問田)

> 이 장은 '전구(田鳩)에게 묻는다.'는 머리글을 따 붙인 것이다. 『논어(論語)』나 『맹자(孟子)』와 같은 서술 기법을 사용했다. 역시 법술(法術)을 논하고, 신변의 위험을 경계하는 내용이 전개되지만, 전반과 후반이 서로 일관되진 않는다. 한자(韓子)란 존칭이 쓰인 것으로 보아, 후대에 추가된 것으로 추정된다.

| 01 |

서거(徐渠)가 **전구(田鳩)**에게, '듣기로 지자(智者)는 아래 자리를 밟지 않아도 군주에게 우대를 받고, 성인(聖人)은 공적이 없어도 군주가 예우한다고 합니다. 지금 양성(陽成)의 의거(義渠)는 영명한 장수임에도 **둔백(屯伯)** 자리에 있고, 공손단회(公孫亶回)는 성인과 같은 재상임에도 **주부(州部)**를 거치게 하니 무슨 이유입니까.'라고 물었다. 전구가, '별 이유는 없다네. 군주가 법도(法道)를 지키고, 술수를 터득했기 때문이네.'[664]

---

664) '서거(徐渠)'는, 제나라 출신 묵가(墨家)인 전구(田鳩)의 제자로 보이나, 확실하진 않다. '전구(田鳩)'는, 제(齊)나라 출신으로, 묵자(墨子)의 제자이고, '둔백(屯伯)'은, 둔장(屯長)으로, 즉 5명 중의

'혹 족하(足下)께서만 홀로 초(楚)나라가 송고(宋觚)를 장수로 삼았기 때문에 정치가 결국 실패하고, 위(魏)나라가 풍리(馮離)를 재상으로 삼았기 때문에 나라를 망쳤다는 것을 듣지 못하셨겠는가. 초나라와 위나라의 두 군주가 성가(聲訶)에 몰리고, 변설(辯舌)에 현혹됨으로써, 둔백 자리로 시험해 보지 않고 또 주부의 자리를 거치도록 하지 않았기 때문에 정치가 실패하고, 나라가 망하는 환난(患難)을 가져온 것이라네.'[665]

'이를 통해 생각하건대, 대체 둔백 자리로 시험하거나, 주부의 경력을 쌓도록 하지 않는 것이 어찌 현명한 군주의 마음가짐이라 할 수 있겠는가.'라고 했다. 한편 당계공(堂谿公)이 한자(韓子)에게 일러 말하길, '제가 듣기로 예(禮)를 지키고, 겸손한 자세로 몸을 온전하게 하는 것이 술(術)이며, 행동을 삼가고 지혜를 숨기는 것이 삶을 보전하는 길이라 했습니다. 지금 선생은 법술(法術)을 기초로 제도를 만들고 있습니다.'[666]

'저는 마음속으로 그것이 자신에게 위험하고, 몸도 위태롭게 보입니다. 이를 어찌 알까요. 선생에게 들은바, 술(術)에서 말하길, "초(楚)나라는 오기(吳起)를 등용하지 않아 깎이고 혼란해졌으며, 진(秦)은 상앙(商鞅)을 등용해 부강해졌다. 두 사람의 주장이 들어맞았기 때문이다. 하지만 오기

우두머리를 말하며, '주부(州部)'는, 주(州)와 부(部)의 지방행정직을 가리킨다.
665) '족하(足下)'는, 대부(大夫)를 존칭하여 부르는 칭호이고, '성가(聲訶)'는, 명성과 찬사를 말한다.
666) '당계공(堂谿公)'은, 한(韓)나라 소후(昭侯) 때의 인물로, 한비(韓非)보다 무려 백년이나 앞선 사람이다. 따라서 여기 거론되는 일화는 후대 학자의 가필로 보는 견해가 지배적이다.

는 사지가 찢기고 상앙도 거열(車裂)을 당했으니, 이는 세상을 잘못 만나고 군주를 제대로 만나지 못한 재앙이다."라고 했습니다.'[667]

'만남이란 반드시 가능한 것이 아니고, 재난이란 물리칠 수 없는 것입니다. 무릇 몸을 온전하게 하면서 일을 해내는 길을 버리고, 위험한 행동을 마음대로 하는 것은 선생을 위해 취하지 못하겠습니다.'라고 했다. 이에 한자(韓子)가 답하기를, '제가 선생의 말씀에 대해 분명히 말씀드리겠습니다. 무릇 군주가 신하를 제어하기 위한 **권병(權柄)**과 민중(民衆)을 거느리고 다스리는 법도(法度)란 다루기가 대단히 어렵습니다.'[668]

'하지만 선생의 가르침을 듣지 않고, 미천한 제가 취한 길을 행하려 하는 까닭은, 제 생각에 법(法)과 술(術)을 내세우고, 이 제도가 시행되면 반드시 민중에게 이익이 되고, 민중들을 편하게 하는 길이라 여기기 때문입니다. 그러므로 난세의 군주[폭군]나 어리석은 군주[암군]로부터의 화(禍)를 당할 수 있음에도 불구하고, 오로지 민중들의 이익을 위해 저의 마음을 쓰는 것은 어질고 지혜로운 사람의 행동이라 생각합니다.'

'가령 난세의 군주[폭군]나 어리석은 군주[암군]로부터의 재앙[禍]을 두

---

667) '오기(吳起)'는, 전국시대 위(衛)나라 사람으로, 노(魯)나라와 위(魏)나라, 초(楚)나라를 전전하면서 섬긴 장군이며, '상앙(商鞅)'은, 공손앙(公孫鞅)으로, 진(秦)나라의 효공(孝公)으로 하여금 변법을 성공케 하여, 그 공으로 상(商) 땅에 봉후(封侯)된 인물이다.
668) '권병(權柄)'은, 현명한 군주가 신하를 제어(制御)하기 위한 일종의 도구를 말한다. 여기서 권병(權柄)은, 형(刑)과 덕(德)을 말한다. 무엇을 '형과 덕'이라 하는가. 처벌해 죽이는 것을 형이라 하고, 칭찬해 상 주는 것을 덕이라 한다.

려워한 나머지, 죽게 될 위험을 피해 나 자신만을 알고 민중들의 이익에 도움을 줄 일을 돌보지 않는 것은 탐욕스럽고 야비한 행위라고 봅니다. 저는 탐욕스럽고 야비한 행위를 차마 할 수 없으며, 어질고 지혜로운 사람의 행동을 감히 손상시킬 수 없습니다. 선생께선 저를 아끼는 생각을 지니셨으나 오히려 저를 크게 다치게 하는 것입니다.'라고 했다.

제43장 정법(定法)

법(法)의 기본 이념과 방향이 제시되어 있다. 역사적으로 신불해(申不害)의 술(術)과 상앙(商鞅)의 법(法)을 비판 계승하고, 아울러 신도(愼到)의 세(勢)를 첨삭하여 체계화했다. 논리 방식은 역시 문답 형식으로, 한비(韓非)의 통치철학이 잘 반영되어 있다.

| 01 |

묻는 이가 말하길, '신불해(申不害)와 **공손앙(公孫鞅)** 이 두 학파의 말 중에 어느 쪽이 나라에 긴요(緊要)합니까.'라고 했다. **답하길**, '측정할 수 없다. 가령 사람이 10일간 먹지 않으면 죽고, 큰 추위에 입지 않아도 죽는다. 이를 일러 의(衣)와 식(食) 어느 쪽이 사람에게 긴요한가 말한다면, 그어떤 것도 배제할 수 없는 양생(養生)하는 도구들이다. 지금 신불해는 술(術)을 논하고 있고, 공손앙은 법(法)을 시행하고 있다.'[669]

---

669) '공손앙(公孫鞅)'은, 진(秦)나라의 효공(孝公)으로 하여금 변법을 성공케 하여, 그 공으로 상(商) 땅에 봉후(封侯)되어 일명 상앙(商鞅)으로 불린 인물이다. 그리고 43장에서 '답하는 사람'은, 한비를 가리킨다.

'술(術)이란, 신하들이 담당할 힘에 맞춰 관직(官職)을 주고, 명분에 따라 실적을 추구하며, 살생(殺生)하는 권병(權柄)을 손에 들고, 여러 신하의 능력을 시험하는 것이다. 즉 이것은 군주가 신하를 통제하는 도구다. 법(法)이란, 법령이 관청에 명시되고, 형벌은 반드시 민중들의 마음속에 새겨지며, 상(賞)은 법을 따르는 이에게 있고, 벌(罰)은 법령을 어기는 이에게 가해지는 것이다. 이는 신하가 모범으로 삼을 바이다.'670)

| 02 |

묻는 이가 말하길, '다만 술(術)만 있고 법(法)은 없으며, 다만 법만 있고 술이 없으면, 옳지 않다고 하는데 왜 그렇습니까.'라고 했다. 답하길, '신불해(申不害)는 한(韓)나라 소후(昭侯)의 보좌역이었다. 한나라는 **진(晉)나라에서 갈라져 나온 나라**다. 진나라의 옛 법이 아직 폐지되지도 않았는데, 한나라에서 새로운 법이 나오고, 선임 군주의 법령을 거둬들이지도 않았는데, 후임 군주의 법령이 또다시 내려지는 상태였다.'671)

'이에 신불해는 법을 관장하지 못하고, 내걸 법령을 하나로 정하지 못해 간악한 이들이 많았다. 그래서 이익이 옛 법과 법령에 있으면 그것을 따르고, 이익이 새 법과 나중 법령에 있으면 그것을 따르게 되었다. 이익

---

670) 한비는 덧붙이길, '따라서 군주에게 술(術)이 없으면 윗자리에서 눈이 가려지고, 신하에게 법(法)이 없으면 아래에서 혼란해진다. 즉 제왕은 어느 하나도 배제할 수 없는, 둘 다 갖춰야 할 도구들이다.'라고 했다.
671) '진(晉)나라에서 갈라져 나온 나라'는, 한(韓)나라, 위(魏)나라, 조(趙)나라이다.

은 옛것과 새것이 상반되고, 앞의 것과 나중 것이 서로 엇갈려서 신불해가 비록 10번이나 한나라 소후(昭侯)로 하여금 술(術)을 쓰도록 했으나, 간악한 신하들은 오히려 그 말을 속일 데가 있었던 것이다.'

'그러므로 만승의 강국, 한나라에 17년이나 몸을 의탁하면서도 패왕(霸王)에 이르도록 하지 못한 것은, 비록 군주에게 술을 쓰도록 했으나, 관리들 사이에서 법을 힘써 지키지 못한 것이 재앙이다.'라고 했다. 또 답하길, '공손앙(公孫鞅)이 진(秦)나라를 다스릴 때, **고좌(告坐)**란 법을 세워 실상을 추구하고, **십오(什伍)**란 제도로 연좌시켜 죄를 함께 물었다. 상(賞)을 후하게 틀림없이 하고, 형(刑)을 무겁고 확실하게 했다.'[672]

'이런 까닭으로 민중들은 일하다 지치더라도 쉬지 않았고, 적과 싸우다 위태로워져도 물러서지 않았다. 그러므로 나라는 부(富)하고 군대는 강해졌다. 하지만 술(術)로 간신을 알아내진 못했기 때문에 부강(富强)의 결실은 신하들의 전유물에 불과했다. 효공(孝公)과 상군(商君)이 죽고, 혜왕(惠王)이 즉위함에 이르러 진(秦)나라 법이 아직 폐지되지 않았는데 **장의(張儀)**가 진을 가지고, 한(韓)과 위(魏)로부터 이익을 취했다.'[673]

'혜왕이 죽고 무왕(武王)이 즉위하자 **감무(甘茂)**가 진을 가지고, 주(周)로부터 이익을 취했다. 무왕이 죽고 소양왕(昭襄王)이 즉위하자 **양후(穰侯)**가

---

672) '고좌(告坐)'는, 서로 감시하여 죄를 고발하도록 하는 제도를 말하고, '십오(什伍)'는, 10호(戶)나 5호(戶)씩 조를 짜서 연대책임을 지도록 하는 제도를 말한다.

673) '장의(張儀)'는, 연횡책을 실행하여 소진의 합종책을 깨뜨리고, 진나라가 전국시대를 통일하는 데 크게 기여한 인물이다

한과 위를 넘어 동쪽으로 제(齊)를 공격했으나, 5년이 되도록 한 척(尺)의 땅도 늘리지 못했다. 이에 그 봉지 도읍(陶邑)에 성을 쌓았고, **응후(應侯)**도 한을 공격해 8년 만에 그 봉지 여남(汝南)에 성을 쌓았다. 이로부터 계속 진에 등용된 사람은 응후나 양후 같은 부류였다.'[674]

'이처럼 싸워 이기면 대신들이 높여지고, 땅이 늘면 개인 봉지(封地)만 확대된다는 것은 군주가 술(術)로 간신을 알아내지 못했기 때문이다. 상군이 비록 10번이나 법을 바로잡더라도 신하들은 도리어 자기 밑천으로 그것을 활용했다. 따라서 강한 진나라의 발판을 갖추고도 수십 년이 되도록 제왕에 이르지 못한 것은, 비록 관리에게 법을 힘써 지키게 하더라도 군주가 위에서 술을 쓰지 못한 것이 재앙이다.'라고 했다.

| 03 |

묻는 이가 말하길, '군주가 신불해의 술(術)을 쓰고, 관리가 상군의 법(法)을 행하면 되겠습니까.'라고 했다. **답하길**, '신불해도 아직 술(術)에 있어 미진하고, 상군도 아직 법(法)에 있어 미진하다. 신불해가 말하길, "일을 처리할 때 월권하지 않고, 비록 알더라도 말하지 말라."고 했다. 일 처

---

674) '감무(甘茂)'는, 하채(下蔡) 출신으로, 장의(張儀)를 통해 진(秦)의 혜문왕(惠文王)을 만나 장수가 된 인물이고, '양후(穰侯)'는, 진나라의 재상으로, 진왕(秦王)을 황제로 옹립해 자신의 지위를 더 높이려 시도한 사례가 있는 인물로, 지금의 하남성 정도현(定陶縣) 근방의 양(穰) 땅을 봉후 받았으며, '응후(應侯)'는, 범수(范睢)로, 진(秦)나라 소양왕(昭襄王)을 섬겨 재상이 되고, 응후(應侯)로 봉(封)을 받았다. 일찍이 위나라에서 벼슬할 때 의심을 받아 갈비뼈가 부러지는 폭행을 당한 적이 있다.

리에 있어 월권하지 않음은 직분에 충실하란 것으로 좋을 수 있으나, 알더라도 말하지 말라는 것은 잘못을 고하지 말란 것과 같다.'[675]

'군주는 온 나라의 눈을 빌려 보는 것이므로 보다 밝게 볼 수 없고, 온 나라의 귀를 빌려 듣는 것이므로 보다 총명할 수 없다. 만일 알더라도 말하지 않으면, 군주가 어디서 더 빌리겠는가. 상군의 법에 이르길, "적의 머리 한 개를 벤 이에게 작위 한 계급을 올리고, 관리가 되기를 원하면 50석의 벼슬에 앉히며, 머리 두 개를 벤 이에게 작위 두 계급을 올리고, 관리가 되기를 원하면 100석의 벼슬에 앉힌다."고 했다.'

'관작(官爵)의 옮김과 머리를 벤 공(功)이 서로 걸맞은 것이다. 만일 법에 이르길, "머리를 벤 이에게 대목이나 의원이 되도록 하겠다."고 한다면 집이 이뤄지지 않고, 병이 낫지 않을 것이다. 무릇 대목은 손재주를 가진 사람이고, 의원은 약을 짓는 사람이다. 그런데 머리를 벤 공(功)으로 그것을 시킨다면 재능에 걸맞지 않은 셈이다. 지금 관의 일을 처리하는 것은 지능이고, 머리를 베는 것은 용력이 가해지는 것이다.'[676]

---

675) 여기서도 '답하는 사람'은, 한비를 가리킨다.
676) 한비는 덧붙이길, '따라서 용력(勇力)이 가해지는 것을 가지고, 지능이 필요한 관(官)의 일을 처리함은 바로 머리를 벤 공(功)으로, 대장장이나 의원을 만드는 셈이다. 그러므로 법(法)과 술(術)을 다하지 못했다고 하는 것이다.'라고 했다.

제44장 설의(說疑)

의심되는 일들을 분명히 밝힌다는 뜻이다. 의(疑)는 비(比) 혹은 의(擬)로 통한다. 비슷해 혼동하기 쉬운, 당시의 사이비(似而非) 정치와 사회적 실상을 예리하게 비판한다. 또한 간신을 현자에 견주어 헤아리는 군신간의 모순을 문제 삼기도 한다. 겉으론 이로운 것으로 보이나 사실은 해(害)만 입히는 사례들을 통해 인재의 등용과 처우에 대한 군주의 경계를 촉구한다.

| 01 |

무릇 정치에서 큰일은 상벌의 타당성만 논하는 것이 아니다. 가령 공(功)이 없음에도 상(賞)을 주고, 죄(罪)가 없음에도 벌(罰)을 주면 명찰이 아니다. 공이 있어 상 주고, 죄가 있어 벌하는 것은 그 당사자에게 해당되는 것이지, 능히 공을 세우거나 잘못을 막는 것은 아니다. 따라서 간악한 마음을 금하도록 하는 것이 최상이고, 간악한 말을 금하도록 하는 것이 차상이며, 간악한 행위를 금하도록 하는 것이 그다음이다.

오늘날 말하길, '군주를 높이고 나라를 안정되게 하는 이는 반드시 인의(仁義)와 지능으로 한다.'고 한다. 하지만 군주를 낮추고 나라를 위태롭게 하는 이도 역시 인의와 지능으로 한다는 사실은 잘 모른다. 따라서 도(道)를 터득한 군주는 인의를 멀리하고, 지능을 배제하며, 오직 법으로써 따르게 한다. 이렇게 되면 칭송과 명성이 올라가고, 민중이 다스려져 나라가 안정될 것이다. 신하를 다스리는 법술을 알기 때문이다.

무릇 술(術)이란 군주가 장악하는 것이고, 법(法)이란 관리가 모범으로 삼는 것이다. 그리고 **낭중(郞中)**으로 하여금 매일 궁문 밖으로 법을 전하고, 매일 국경 안에 퍼지도록 법을 알리는 일은 그다지 어렵지 않다. 한편 옛날 **유호씨(有扈氏)**에겐 **실도(失度)**가 있고, **환두(讙兜)**에겐 고남(孤男)이, **삼묘(三苗)**에겐 성구(成駒)가, 걸(桀)에겐 **후치(侯侈)**가 있고, 주(紂)에겐 **숭후호(崇侯虎)**가 있고, 진(晉)에는 **우시(優施)**가 있었다.[677]

이 6명은 나라를 망하게 한 신하들이다. 옳은 일을 그른 것처럼 말하고, 그른 일을 옳은 것처럼 말했다. 내심은 음험하면서 겉으론 작은 일조차 근신하면서 충성하는 모습을 보였다. 하지만 걸핏하면 옛것을 칭송하면서 지금의 좋은 일을 방해하고, 교묘한 방법으로 군주를 부추겨 은밀한 내막을 캐면서 군주가 즐기는 것을 활용해 그 마음을 혼란하게 했다. 이들은 군주를 곁에서 모시는 낭중이나 측근과 유사한 부류다.

---

677) '낭중(郞中)'은, 궁궐 안의 군주 측근에서 시종(侍從)하는 관리를 말하고, '유호씨(有扈氏)'는, 하(夏)나라 때, 호(扈) 땅의 한 부족을 말하며, '실도(失度)'는, 유호씨를 섬기면서 멋대로 정사를 행해 멸망했다는 뜻이고, '환두(讙兜)'는, 요(堯)임금 때 4명의 흉악한 인물 중 한 명으로, 이 환두 밑에 고남(孤男)이 있었는데 그는 법을 지키지 않았다. 그리고 '삼묘(三苗)'는, 유묘(有苗)라고도 하는데, 요임금 때 남쪽의 한 부족을 말하고, '후치(侯侈)'는, 걸왕(桀王) 때 간신 노릇을 한 인물이며, '숭후호(崇侯虎)'는, 숭(崇)나라 군주 호(虎)를 말하고, '우시(優施)'는, 춘추시대 진(晉)나라 헌공(獻公)의 배우 이름이다.

옛날의 군주들 가운데 인재를 얻은 덕분에 일신(一身)은 평안하고, 나라는 번창한 일이 있는가 하면, 반대로 인재를 얻었기에 일신이 위태롭게 되고, 나라 또한 멸망한 사례가 있다. 즉 같은 인재임에도 이해관계는 하늘과 땅만큼이나 차이가 난다. 군주가 측근을 선발할 때 신중하지 않으면 안 되는 이유다. 즉 남의 군주가 된 이는 진실로 신하들의 말을 잘 살필 수만 있다면 현불초가 흑백을 가리는 것처럼 분명할 것이다.

| 02 |

무릇 **허유(許由)**, **속아(續牙)**, 진백양(晋伯陽), 진전힐(秦顛頡), 위교여(衛僑如), 호불계(狐不稽), 중명(重明), 동불식(董不識), 변수(卞隨), 무광(務光), 백이(伯夷), 숙제(叔齊)와 같은 12명은 모두 위로 이익을 보여도 좋아하지 않고, 아래로 어려움에 이르더라도 두려워하지 않았으며, 혹 천하를 준다고 하더라도 취하지 않았다. 즉 치욕이 있으면 봉록의 이익도 물리친 것이다. 이처럼 이익도 좋아하지 않는다면 어떻게 되는가.[678]

군주가 비록 후한 상을 주더라도 권할 수 없고, 어려움에 이르더라도 두려워하지 않는다면 군주가 비록 엄한 형벌을 내려도 위협이 될 수 없다. 이를 일러 법령에 따르게 할 수 없는 민중이라 한다. 이 12명은, 동굴 속에 엎드려 죽고, 초목 사이에서 말라 죽고, 산골짜기에서 굶어 죽고, 냇

---

678) '허유(許由)'는, 요(堯)가 천하(天下)를 자신에게 물려주려 하자 거부한 사람이고, '속아(續牙)'는, 순(舜)의 진백양(晋伯陽), 동불식(董不識) 등 7명의 벗 가운데 한 사람이다.

물이나 우물 속에 빠져 죽었다. 이와 같은 민중들은 옛날의 성왕도 모두 신하로 삼을 수 없었다. '장차 이들을 어떻게 등용'하겠는가.

| 03 |

무릇 관용봉(關龍逄), 비간(比干), **수계량(隨季梁), 진설야(陳泄冶), 초신서(楚申胥)**, 오자서(伍子胥)와 같은 6명은 모두가 개성이 강해 군주를 이기고자 했다. 의견이 받아들여지고 일이 행해지면 마치 사제와 같으나, 한마디도 받아들여지지 않고 일이 실행되지 않으면 말로써 그 군주를 억누르고 이어 위협을 가했다. 비록 몸은 죽고, 집은 부서지며, 허리와 목이 붙지 못하고, 손발이 따로 있게 되어도 꺼려하지 않았다.[679]

| 04 |

무릇 제전항(齊田恒), 송자한(宋子罕), **노계손의여(魯季孫意如), 진교여(晋僑如), 위자남경(衞子南勁)**, 정태재흔(鄭太宰欣), 초백공(楚白公), 주단서(周單荼), 연자지(燕子之)와 같은 9명은 신하가 되어 모두 붕당(朋黨)을 만들어 군주의 **정도(正道)**를 가리고, 간악한 일을 행하며, 위로는 군주를 핍박하고, 아래론 나라를 어지럽혔다. 외세를 끌어들여 국내를 흔들면서 아래에 친숙

---

679) 한비는 덧붙이길, '따라서 이와 같은 신하들은 옛날의 성왕(聖王)도 차마 견딜 수 없었다. 장차 이들을 어떻게 등용하겠는가.'라고 했다. 그리고 '수계량(隨季梁)'은, 수(隨)나라의 현신이고, '진설야(陳泄冶)'는, 진(陳)나라 영공(靈公)이 신하들과 하어숙의 아내 하희(夏姬)와 음행(淫行)하는 것을 간하다 죽임을 당한 인물이며, '초신서(楚申胥)'는, 초나라 문왕(文王) 때 극간(極諫)을 행한 보신(保申)을 가리키는데, 그의 극간으로 후일 초나라는 방대한 영토를 얻는 계기가 되기도 했다.

히 하면서 위에 모반하기를 꺼려하지 않았다.[680]

| 05 |

무릇 후직(后稷), 고요(皐陶), 이윤(伊尹), 주공단(周公旦), 태공망(太公望), 관중(管仲), 습붕(隰朋), 백리해(百里奚), 건숙(蹇叔), 구범(舅犯), **조쇠(趙衰)**, 범려(范蠡), 대부종(大夫種), **봉동(逢同)**, 화등(華登)과 같은 15명은 신하가 되어 모두 아침 일찍 일어나고, 밤늦게 자며, 자신을 스스로 낮춰 몸을 천대(賤待)하고, 마음을 다잡으며, 생각을 깨끗이 하고, 형벌(刑罰)을 분명히 하며, 맡은바 직분에 힘써서 그 군주를 섬겼다.[681]

좋은 의견을 진언하고, 법도를 알게 하면서도 그 훌륭함을 내세우지 않았다. 내 집을 부수어 나라를 평안하게 하고, 내 몸을 죽여 군주가 안전하기를 서슴지 않았으며, 군주를 높은 하늘이나 태산으로 존숭하고, 자신들은 산골짜기나 웅덩이처럼 여겼다. 이와 같은 신하들은 비록 어둡고 어지러운 군주를 만나도 공을 이룰 수 있다. 하물며 총명이 뛰어난 군주

---

680) 한비는 덧붙이길, '따라서 이와 같은 신하들은 성왕(聖王)이나 지혜로운 군주만이 능히 억누를 수 있다. 만일 어둡고, 어지러운 군주라면 능히 그것을 알아차릴 수 있겠는가.'라고 했다. 그리고 '노계손의여(魯季孫意如)'는, 노나라의 권신으로, 소공에게 역공을 가해 제나라로 쫓아낸 인물이고, '진교여(晉僑如)'는, 노나라의 권신 숙손교여(叔孫僑如)로, 노나라 성공(成公)의 어머니인 목강(穆姜)과 사통(私通)하고, 노나라 성공과 중원의 진나라를 움직여 맹손과 계손을 제지하려다 실패해 제나라로 추방된 인물이다. 이후 제나라 영공의 모친인 송나라 여인 성맹자(聲孟子)와 사통해 고씨와 국씨 중간 정도의 고관 자리에 머물다 위(衛)나라로 망명한 인물이며, '위자남경(衛子南勁)'은, 위나라 장수 문자(文子)를 가리키고, '정도(正道)'는, 법술(法術)을 가리킨다.
681) '조쇠(趙衰)'는, 진나라 문공의 패업에 대공을 세운 인물로, 훗날 그의 후손이 조나라를 세웠다. '봉동(逢同)'은, 백비와 공모해 오자서를 죽음으로 몰아넣은 구천(勾踐)의 책사이다.

에겐 말할 필요가 없다. 이를 패왕의 보좌라고 하는 것이다.

| 06 |

무릇 **주활지**(周滑之), 정왕손신(鄭王孫申), 진공손녕(陳公孫寧), 의행보(儀行
父), **형우윤신해**(荊芋尹申亥), **수소사**(隨少師), 월종간(越種干), 오왕손락(吳王孫
雒), 진양성설(晉陽成泄), **제수조**(齊豎刁), **역아**(易牙)와 같은 12명은 신하가
되어 모두가 사사로운 이익만을 생각해 법도를 잊고, 나아가선 현량(賢良)
한 사람들을 막아 군주의 눈을 어둡게 했으며, 물러나선 백관(百官)들을
쑤석거려 '화란(禍亂)을 일으킨 인물들'이다.[682]

모두가 군주를 도와 그 욕구를 채워줌으로써 군주가 조금이라도 좋아
할 수 있다면 비록 나라가 부서지고 민중을 죽이더라도 서슴지 않았다.
이와 같은 신하들이 있다면 비록 성왕(聖王)이 존재하더라도 나라를 빼앗
길 우려가 없겠는가. 하물며 어둡고 어지러운 군주라면 어찌 나라가 망
하지 않을 수 있겠는가. 군주 주변에 이와 같은 신하들로 포진된다면 신
하들은 물론 나라도 결국 망해 천하의 웃음거리가 되고 말 것이다.

---

682) '주활지(周滑之)'는, 주나라 위왕(威王)의 신하이고, '형우윤신해(荊芋尹申亥)'는, 초나라 대부
신무우(申無宇)의 아들로, 초나라 영왕이 사냥을 나갔다가 궁정반란으로 축출된 후 우윤으로 있
던 신해(申亥)의 집에서 자진했다. '수소사(隨少師)'는, 초나라가 수나라를 침공했을 때, 소사(少師)
가 군주에게 아첨하는 것을 보고 의도적으로 군사를 줄이고, 소사를 거만하게 행동하게 했다는
기록이 『춘추좌전(春秋左傳)』, 「노소공 13년」조에 보인다. '제수조(齊豎刁)와 역아(易牙)'는, 제나라
환공(桓公)이 사후, 제나라를 혼란에 빠뜨린 인물들이다.

주(周)나라의 위공(威公)이 죽으면서 나라는 둘로 나눠졌고, 정(鄭)나라의 **자양(子陽)**이 죽으면서 나라는 셋으로 갈라졌으며, 진(陳)나라의 **영공(靈公)**은 하징서(夏徵舒)의 집에서 죽고, 초(楚)나라의 영왕(靈王)은 건계(乾谿) 물가에서 죽었으며, 수(隨)나라는 초에게 망하고, 오(吳)나라는 월(越)에 병합되었으며, 지백(智伯)은 진양(晉陽) 성 아래에서 죽었고, 제나라 환공(桓公)은 죽은 뒤 7일 동안 시신을 거두지도 못했다.[683]

| 07 |

성왕(聖王)이나 현명한 군주는 다르다. 안에선 친족(親族)을 피하지 않고, 밖에선 원수(怨讎)를 피하지 않는다. 옳은 것이 있으면 발탁하고, 그른 것이 있으면 처벌한다. 이런 까닭으로 현량(賢良)한 사람은 나아가고, 간악한 이는 물리치게 된다. 그러므로 한번 발탁하면 능히 제후들을 따르게 할 수 있었다. 기록에서 말하길, '요(堯)에겐 단주(丹朱)가 있고, 순(舜)에겐 상균(商均)이 있으며, 계(啓)에겐 오관(五觀)이 있었다.'

'또 탕(湯)에겐 **태갑(太甲)**이 있고, 무왕(武王)에겐 **관(管)**과 **채(蔡)**가 있었다.'고 했다. 이 5명의 왕이 처벌한 이들은 모두 부형의 친족이었다. 그럼

---

683) 이 때문에 한비는 말한다. '아첨하는 신하는 오직 성왕(聖王)만이 알아차린다. 하지만 어리석은 군주는 그를 가까이 하기 때문에 자신은 물론 나라도 망하는 데까지 이른다.'고 했다. 그리고 '자양(子陽)'은, 『사기(史記)』, 「정세가」에 따르면, 춘추 말기, 정나라 재상 정수공(鄭繻公)에 의해 죽임을 당했다. 이후, 자양의 무리들이 정수공을 죽이고, 그의 아우를 보위에 앉혔다. '진(陳)나라의 영공(靈公)'은, 자(字)가 평국(平國)으로, 하희의 아들 하징서(夏徵舒)에게 피살된 인물이다.

에도 죽임을 당하고 집이 완전히 부서진 이유는 무엇인가. 나라에 해가 되고, 민중을 살상했으며, 법을 훼손하고, 법령을 뒤엎었기 때문이다. 발탁한 것을 보면, 산림이나 소택 암굴에 있었고, 감옥 속이나 밧줄로 묶여 있는 중이었으며, 요리사나 양치기 일을 하는 데 있었다.[684]

하지만 현명한 군주는 미천함을 부끄럽게 여기지 않았다. 가히 능력이 법을 밝히고, 나라에 편익을 주며, 민중을 이롭게 할 수 있다고 보았기 때문에 발탁한 것이다. 그러므로 몸은 안전하고, 이름은 높았던 것이다. 한편 어리석은 군주는 이와 다르다. 신하의 의향이나 행동을 알지도 못하면서 나랏일을 맡긴다. 그러므로 작게는 명성이 낮아지고 영토가 줄어들며, 크게는 나라가 망(亡)할 뿐만 아니라 자신도 죽게 된다.

이는 신하를 쓰는 법(法)에 밝지 못하기 때문이다. 술수(術數)로 신하를 헤아리지 못하면 반드시 여러 사람의 입으로 판단하게 된다. 가령 여러 사람이 칭찬하면 따라서 좋아하고, 여러 사람이 그르다면 따라서 미워한다. 그러므로 신하된 이들은 가산(家産)을 탕진해가며 안으로 무리를 조성하고, 밖으론 호족들과 사귀어 평판을 좋게 한다. 또한 군주 모르게 동맹을 맺어 서로 다지고, 빈말로 작록을 주어 서로 권장한다.

그러면서, '우리와 함께하는 이는 장차 이로울 것이고, 우리와 함께하지 않는 이는 장차 해로울 것이다.'라고 말한다. 이 때문에 여러 사람이

---

684) '태갑(太甲)'은, 은(殷)나라 탕왕(湯王)의 손자를 가리키고, '관(管)과 채(蔡)'는, 주(周)나라 무왕(武王)의 두 아우인 관숙(管叔)과 채숙(蔡叔)을 가리킨다.

이익을 탐내고 위협에 겁을 먹는다. 즉 그를 따르면 이익이 될 수 있고, 멀리하면 해(害)가 될 수 있다고 여기는 것이다. 사람들이 그들에게 돌아가고, 민중이 모여들어 평판이 나라 안으로 퍼져 군주에게로 들린다. 군주는 실정을 제대로 모르면서 그대로 현자로 여기는 것이다.

또 그들은 잘 속이는 사람으로 하여금 제후가 총애하는 사자(使者)로 꾸미고, 수레와 말을 빌려주면서 **서절(瑞節)**을 가지고 신임을 받게 하며, 말솜씨로 무게를 실어 폐백(幣帛)으로 도와주고, 군주를 유혹해 은밀히 사리(私利)를 도모해 공사를 의논하게 한다. 사자를 보낸 이는 다른 나라의 군주이나 이야기한 것은 측근의 사람이다. 군주는 그 말을 좋아하고, 언변이 좋다고 여겨 이 사람을 천하의 현자라고 생각한다.[685]

| 08 |

무릇 간악한 사람의 작록이 높아지면 무리가 점차 많아지고, 그 간악한 뜻을 지니면 간신들은 더욱 좋아한다. 이에 말하길, '옛날의 성왕이나 현명한 군주들은 어려서부터 길러져 대(代)를 이은 것이 아니다. 호족(豪族) 등을 포함해 무리를 짜고, 군주를 핍박하거나 시해하여 이익을 구한 것이다.'라고 한다. 그러면 그들은, '어찌 그것을 아느냐.'고 한다. 이에 말하길, '순(舜)은 요(堯)를 핍박하고, 우(禹)는 순(舜)을 핍박했다.'

---

685) 한비는 덧붙이길, '이처럼 안팎과 측근 사이에 소문이 하나같이 똑같다. 크게는 군주 자신이 몸을 낮추는 것도 꺼리지 않고, 작게는 작위를 높이고 봉록을 후하게 한다.'라고 했다. 그리고 '서절(瑞節)'은, 외교 사절의 신표(信標)로 쓰이는 옥이나 대쪽을 말한다.

'또 탕(湯)은 걸(桀)을 추방하고, 무왕(武王)은 주(紂)를 쳤다. 이 4명은 신하면서 군주를 시해했음에도 천하가 칭찬했다. 이들은 이익을 탐하는 마음으로, 반란의 전쟁을 했다. 하지만 스스로 **토지**를 넓혔기 때문에 천하가 위대하다 칭하고, 스스로 이름을 드러냈기 때문에 천하가 현명하다 칭송했다. 바로 이 위엄이 천하에 군림할 만하고, 이익이 족히 한 세상을 덮을만하여 천하 사람들이 그를 따랐던 것이다.'라고 했다.[686]

| 09 |

또 말하길, '요즈음 들은 바에 따르면, 전성자(田成子)는 제(齊)나라를 배앗고, 사성자한(司城子罕)은 송(宋)나라를 빼앗았으며, 태재흔(太宰欣)은 정(鄭)나라를 빼앗고, 단씨(單氏)는 주(周)나라를 빼앗았으며, 역아(易牙)는 위(衛)를 빼앗고, 한(韓), 위(魏), 조(趙) 셋은 진(晉)나라를 나누어 가졌다. 이 6**명**은 신하로서 군주를 시해한 이들이다.'라고 했다. 간신들은 이런 소식을 들으면 갑자기 귀를 치켜세워 옳다고 생각한다.[687]

따라서 안으론 무리를 짜고, 밖으론 호족들과 손잡고 때를 보아 난(亂)을 일으켜 일거에 나라를 빼앗아 버린다. 또한 무릇 안으로 무리를 짜서 군주를 협박하거나 살해하며, 밖으론 제후의 권세로 나라를 혼란하게 한다. 진지한 이를 가리고, 못된 이를 세워주며, 위로 군주를 누르고, 아래

---

686) '토지'는, 단순히 토지(土地) 뿐만이 아닌 민중도 포함한다.
687) 여기선 '6명'으로 말하지만, 실제론 '8명의 성씨'를 가리킨다.

로 정치를 흔드는 이들을 이루 다 헤아릴 수 없다. 이는 무슨 까닭인가. 바로 신하를 가리는 것이, 명찰(明察)하지 못하기 때문이다.

기록에 따르면, '주(周)의 선왕(宣王) 이래로 망한 나라가 수십이나 되지만, 신하가 군주를 시해하고 빼앗은 나라도 많다.'고 했다. 즉 환난이 안으로부터 생긴 것과 밖으로부터 일어난 경우가 비슷한 것이다. 군주가 외침 상황에서 민중의 힘을 하나로 모아 국난을 극복하기 위해 애쓰다 죽으면 그래도 현명한 군주라 동정한다. 하지만 별 저항도 못하고 군신의 자리가 뒤바뀌어 민중을 넘겨주는 것이 가장 큰 재난이다.

| 10 |

군주 된 이가 정말로 신하가 말한 것을 분명히 알아차린다면, 비록 그물이나 주살[弋]을 가지고 말을 달려 사냥하고, 무녀(巫女)가 춤을 추는 환경이라도, 나라는 존속될 수 있다. 하지만 신하가 말한 것을 분명히 알아차리지 못한다면, 비록 절약하고 힘써 일하며, 베옷을 입고 거친 음식을 먹더라도 나라는 반드시 멸망할 것이다. 조(趙)나라의 옛 군주인 **경후(敬侯)**는 덕행을 닦지 않고, 멋대로 욕망 채우기를 좋아했다.[688]

겨울에는 사냥하고, 여름에는 뱃놀이를 하며, 밤을 새워 여러 날 술잔을 떼지 않고, 마시지 못하는 신하에겐 대롱으로 마시게 했으며, 거동을 삼가지 않고, 응대에 공손하지 못한 이는 앞에서 목을 베어 버렸다. 거처

---

688) '경후(敬侯)'는, 전국시대 초기, 조나라 열후(烈侯)의 아들로 이름은 장(章)이다.

나 음식이 이와 같이 단정치 못하고, 형벌을 정하고 살육함이 이와 같이 절도가 없었다. 그러나 경후가 나라를 다스리는 **수십 년 동안** 군대는 적에게 패한 적이 없고, 영토도 침략을 당해 줄어든 적이 없다.[689]

안으로 여러 신하 백관들의 반란이 없고, 밖으론 제후나 이웃나라의 환난이 없었던 것은 신하를 임명하는 방법에 밝았기 때문이다. 연(燕)나라의 군주 자쾌(子噲)는 **소공석(邵公奭)**의 후예이다. 영토 넓이가 사방 수천 리나 되고, 창을 든 병사가 수십만이나 되었다. 여색을 좋아하는 즐거움에 안주하지 않고, 악기 연주 소리를 들으려 하지 않았으며, 안으로 연못이나 높은 집을 짓지 않고, 밖으로 사냥 등을 다니지 않았다.[690]

또 몸소 쟁기나 호미를 가지고 밭고랑을 일구었다. 자쾌가 몸을 수고롭게 하며 민중을 걱정한 것이 이처럼 심했다. 옛날의 이른바 성왕(聖王)이나 현명한 군주들도 몸을 수고롭게 하며 세상 걱정한 것이 이보다 더 심하지는 않았을 것이다. 그럼에도 자쾌 자신은 죽고, 나라는 망해 자지(子之)에게 자리를 빼앗겨 천하의 웃음거리가 되었다. 이것은 무슨 까닭인가. 신하를 임용하는 '방법을 밝게 알아차리지 못했기 때문'이다.

| 11 |

그러므로 말하길, '신하에게 5가지 간악이 있어도 군주는 알지 못한다.'

---

689) '수십 년 동안'으로 기술되어 있으나, 실제론 12년 동안의 통치 기간을 말한다.
690) '소공석(邵公奭)'은, 주(周)나라 건국공신으로, 연(燕)에 봉후(封侯) 받은 인물이다.

고 했다. 남의 신하된 이들 중엔 뇌물로 명예를 사는 이가 있고, 포상에 힘써 사람들의 마음을 움직이는 이가 있으며, 붕당에 힘써 지능에 따라 사람을 마음대로 움직이는 이가 있고, 부역을 면하게 하고, 죄를 용서해 위엄을 세우는 이가 있으며, 아랫사람들의 시비에 괴상한 말과 기이한 복장, 기발한 행동으로 민중의 이목을 현혹시키는 이가 있다.

이 5가지는 현명한 군주라면 의심하고, 성왕이라면 금하는 것이다. 이 5가지가 제거되면, 거짓으로 주장하는 이들은 감히 조정(朝廷)에 서지 못할 것이다. 겉으로 꾸민 말이 많고, 실제 행동이 적어 법에 맞지 않는 이는 감히 사실을 속여 가며 더는 지껄이지 못할 것이다. 이런 이유로 신하들은 항상 몸을 삼가고, 일할 때는 사력을 다하며, 군주의 명령이 아니면 감히 제멋대로 지껄이면서 사실을 속이려들지 않는다.

이것이 성왕이 신하를 이끄는 방법이다. 성왕이나 현명한 군주는 비슷한 것을 늘어놓고 신하를 엿보지 않는다. 비슷한 것을 보고서도 변심이 일지 않는 이는 천하에 드물다. 그러므로 말하길, '서자 중엔 적자와 헷갈리는 자식이 있고, 짝 중에는 처와 헷갈리는 첩이 있으며, 조정엔 재상과 헷갈리는 신하가 있고, 신하 중에는 군주와 헷갈리는 총신이 있다. 이 4가지 것들이 나라를 위태롭게 하는 원인이다.'라고 했다.

그러므로 또 말하길, '안으로 총애하는 첩(妾)들이 후비(后妃)와 나란히 하고, 밖으로 총신(寵臣)이 정사를 둘로 나누며, 서자가 적자와 맞서고, 대신이 군주와 비슷해지는 것은 혼란해지는 길이다.'라고 했다. 그래서 『주기(周記)』에 이르길, '첩을 높여 처를 낮추지 말고, 적자를 서자 대하듯 해

서자를 높이지 말며, 아첨하는 신하를 높여 상경(上卿)과 견주지 말고, 대신(大臣)을 높여 군주와 헷갈리게 하지 말라.'라고 했다.[691]

---

691) 한비는 덧붙이길, '따라서 이 4가지 헷갈리는 것을 제거한다면 위로 염려할 일이 없고, 아래로 이상하게 여길 일이 없을 것이다. 이 4가지 헷갈리는 것들을 제거하지 못한다면 자신은 물론 나라도 멸망할 것이다.'라고 했다. 그리고 『주기(周記)』는, 주나라 왕실의 기록이란 뜻으로, 『주서(周書)』와 같은 의미이다.

제45장 궤사(詭使)

> 궤(詭)는 거짓이 아니다. 서로 엇갈린다는 반(反) 혹은 역(逆)의 뜻이다. 사
> (使)란 행사의 거행을 의미한다. 정치는 본래 법(法)과 술(術)에 의한 통치(統
> 治)가 되어야 하나, 현실에선 본래의 성격과는 달리 움직인다. 이런 현실에
> 대한 한비(韓非)의 우려와 울분이 진하게 담겨 있음을 볼 수 있다.

| 01 |

성인(聖人)이 **정치 수단**으로 삼는 것은 3가지다. 첫째, 이(利)이고, 둘째,
위(威)이며, 셋째, 명(名)이다. 무릇 이(利)란, 민심을 얻기 위한 것이고, 위
(威)란, 법령을 행사하기 위한 것이며, 명(名)이란, 위와 아래가 공존하는
것이다. 이 3가지가 아니면 급할 것이 없다. 지금 이(利)가 존재하지만 민
중이 위에 감화되지 않고, 위(威)가 있지만 아래가 듣고 따르지 않으며,
관(官)에 법이 존재하지만 치적이 명(名)에 알맞지 않다.[692]

---

692) 한비는 덧붙이길, '따라서 이 3가지가 존재함에도 세상이 한번 다스려지고, 한번 혼란해
지는 것은 무슨 까닭인가. 무릇 군주가 귀하게 여기는 것과 나라를 다스리는 원칙이 서로 엇갈
리기 때문이다.'라고 했다. 그리고 '정치 수단'은, 나라를 다스리는 길 혹은 그 방법을 가리킨다.

무릇 명호(名號)를 세운다는 것은 신분을 높이기 위한 것이다. 가령 명(名)을 천시하고, 실(實)을 경멸하는 이가 있다면 세상은 그를 고상하다고 말한다. 작위(爵位)를 설정한다는 것은 귀천의 기준을 두기 위한 것이다. 하지만 위를 얕보고 만나려 하지 않는 이가 있다면 세상은 그를 현명하다고 말한다. 위(威)와 이(利)는 법령을 행하기 위한 것이다. 하지만 이를 무시하거나 위를 경멸한다면 세상은 그를 진중하다고 말한다.

법과 법령은 정치를 위한 것이다. 하지만 법령에 따르지 않고 **혼자 잘하면** 세상은 그를 충실하다고 말한다. 관작은 민중을 독려하기 위한 것이다. 하지만 명분을 좋아하고 벼슬길에 나가지 않으면 세상은 그를 열사라 말한다. 형벌은 마음대로 권세를 행사하기 위한 것이다. 하지만 법을 경시하고 사형 등 중범죄를 피하지 않으면 세상은 그를 용감한 사람이라 말한다. 지금 민중은 명예를 실리보다 훨씬 중하게 본다.[693]

상황이 이와 같다면 선비들 중에 굶주리고 궁핍한 이들이 도인처럼 깊은 산으로 들어가 수행하는 방식으로 명성을 위해 다투려 하지 않겠는가. 그러므로 세상이 다스려지지 않는 까닭은 아랫사람의 죄(罪)가 아니라, 위가 그 도(道)를 잃었기 때문이다. 요즘 군주들은 혼란해지는 요인을 존중하고, 다스려지는 요인을 업신여긴다. 이런 까닭으로 아랫사람, 즉 신하들이 바라는 것은 항상 군주의 치국 원리와 배치되고 있다.

---

693) '혼자 잘하면'이란 말은, 공적인 행동과 다르게 개인을 위한 선행을 가리킨다.

아랫사람이 되어 위[군주]의 말을 듣는 것은 위를 소중하게 여기는 것
이다. 하지만 진실하고 마음 씀씀이가 한결같은 이를 움츠린다 말하고,
법을 엄히 지키고 법령을 살펴 따르는 이를 어리석다 말하며, 위를 존경
하고 죄를 두려워하는 이를 겁쟁이라 말하고, 말이 시기에 적절하고 행
동이 알맞은 이를 못났다고 말하며, 두 마음으로 사학(私學)을 하지 않고,
관리의 말을 들으며 가르침에 따르는 이를 고루하다 말한다.

또한 군주가 불러 쓰기 어려운 이를 정(正)이라 말하고, 군주가 은상(恩
賞)을 베풀어 주기 어려운 이를 청렴하다고 말하며, 법령으로 금지시키기
어려운 이를 장(壯)이라 말하고, 법령이 있어도 듣고 따르지 않는 이를 용
감하다고 말하며, 군주의 포산(褒賞)을 바라지 않는 이를 착하다고 말하
고, 담박한 모습으로 관대하게 은덕(恩德)을 베푸는 이를 어질다고 말하
며, 중후하게 스스로 높이는 이를 장자(長者)라고 말한다.

사학으로 무리를 이루는 이를 **사도(師徒)**라 말하고, 조용히 안정된 이를
생각이 깊다고 말하며, 인(仁)을 버리고 이(利)를 좇는 이를 민첩하다 말하
고, 음험하고 말을 되풀이하는 이를 지자(智者)라 말하며, 남을 앞세우고
자신은 뒤로하며 명호(名號) 구분 없이 말하고 천하를 고루 사랑하는 이
를 성인(聖人)이라 말한다. 말은 크나 맞지 않아 쓸 수가 없고, 행하지만
세상과 부합하지 못하는 이를 '대인(大人)'이라 말한다.[694]

---

694) '사도(師徒)'는, 스승과 제자들의 집단으로, 일종의 학파를 가리킨다.

아울러 작록(爵祿)을 천대(賤待)할 뿐만 아니라 위에 결코 굴하지 않는 이를 걸물(傑物)이라 말한다. 아래로 번져 가는 것이 이와 같아 안으론 민중들을 혼란하게 하고, 밖으론 나라에 불리한 일들이 조성된다. 그러므로 군주가 마땅히 그 욕구를 금하고 행적을 끊어야 하지만, 막지 못할 뿐 아니라 오히려 부화뇌동(附和雷同)해 존중하고 있다. 이는 신하들에게 난(亂)을 일으키라고 가르치며, '정치(政治)를 하는 셈'이다.

| 04 |

무릇 군주가 다스리는 수단은 형벌이다. 하지만 사사로이 의(義)를 행하는 이가 있으면 존경받는다. 사직(社稷)이 존립하는 바탕은 안정과 평온이다. 그러나 시끄럽고 음험하며 남을 헐뜯거나 아첨하는 이가 등용된다. 사방의 영토 안이 잘 듣고 따르게 할 기반은 신의와 은덕이다. 하지만 잘못된 지혜를 가지고 나라를 뒤엎을 이가 쓰인다. 법령이 행해지는 이유와 위엄이 서는 까닭은 공손히 삼가고 군주를 따르는 것이다.

그러나 바위틈에 살면서 세상을 비방하는 이는 이름이 세상에 드러난다. 곡식 창고가 충실한 이유는 본질인 농부들의 공(功)이다. 하지만 뜨개질, 자수, 조각, 그림 등 말단적인 일을 하는 이들은 오히려 부(富)하다. 명성을 이루는 이유와 영토가 넓혀지는 까닭은 싸우는 병사들의 공(功)이다. 지금 죽은 병사의 자식들은 굶주려 길에서 구걸하고 있으나, 광대나 술을 함께 마신 부류는 수레를 타거나 비단옷을 입고 활보한다.

상(賞)과 봉록(俸祿)은 민중들이 힘을 쓰게 하고, 아랫사람들의 목숨과 바꾸기 위한 것이다. 지금 싸워 이겨 성(城)을 빼앗은 병사들은 애만 쓰고 포상(襃賞)을 받지 못하나, 점(占)을 치고 손금을 보며, 교활하게 앞에서 마음에 드는 말만 하는 이는 매일 상을 받는다. 군주가 법도를 장악함은, 살리고 죽이는 **권병(權柄)**을 위한 것이다. 지금 법도를 지키고 받드는 사람이 충심으로 군주와 가까이하고자 해도 만날 수 없다.[695]

그런데 말을 교묘(巧妙)하게 하고, 악(惡)을 행하면서도 세상에서 요행(徼倖)을 낚으려 하는 이는 군주를 가까이한다. 법(法)에 의존하고, 곧게 말하며, 명(名)과 실(實)을 서로 맞추고, 규칙에 따라 간악한 사람을 처벌함은, 군주를 위해 나라를 다스리는 근본이다. 하지만 세상 사람들은 이를 오히려 꺼려 멀리한다. 아첨하고 뜻에 따르며, 하고 싶은 대로 함으로써 세상을 위태롭게 하는 사람이 도리어 친숙해지는 것이다.

조세(租稅)를 거두고 민중의 힘을 하나로 하는 것은 어려움에 대비해 창고를 채우기 위함이다. 하지만 사졸들이 일을 피해 몸을 숨기고, 위세 있는 집안에 의탁해 부역을 면제받고 있으나, 위에서 잡지 못하는 이들이 수만이다. 무릇 좋은 전답이나 훌륭한 주택을 벌여놓는 것은 사졸들을 싸우게 하기 위함이다. 하지만 광야에서 머리가 잘리고 배가 터지며, 뼈를 드러내는 이는 몸 둘 집도 없이 논밭 사이에서 죽고 만다.

---

695) '권병(權柄)'은, 현명한 군주가 신하를 제어(制御)하기 위한 일종의 도구를 말한다. 여기서 권병(權柄)은, 형(刑)과 덕(德)을 말한다. 무엇을 '형과 덕'이라 하는가. 처벌해 죽이는 것을 형이라 하고, 칭찬해 상 주는 것을 덕이라 한다.

그러나 여자들 중 예쁜 사람이나 측근들 가운데 공(功)이 없음에도 집을 골라 받고, 전답을 가려 산다. 은상과 이익이 군주로부터 한결같게 나오는 것은 신하들을 마음대로 통제하기 위한 것이다. 하지만 갑옷을 입은 전사들은 관직을 얻지 못하고, 오히려 하는 일 없는 사람들의 이름은 드러나고 높여진다. 군주가 이를 가르침으로 삼는다면, 명성이 어찌 낮아지지 않을 수 있고, 자리가 어찌 위태롭지 않을 수 있겠는가.

무릇 명성을 낮추고 자리를 위태롭게 하는 것은 반드시 아랫사람이 법령을 따르지 않거나 다른 마음으로 사학을 내세우며 거역하는 이들 때문이다. 그럼에도 그 행동을 금하지 않고 그 무리들을 해산하지 않으며 도리어 그대로 존중한다. 군주가 염치를 부각하는 이유는 신하들을 독려하기 위한 것이다. 지금 사대부들은 추함도 부끄러워하지 않고 벼슬에 혈안하며, 권세 있는 집안도 차례를 기다리지 않고 벼슬을 한다.

포상과 하사는 존중을 표시하기 위한 것이다. 하지만 공(功)이 있는 전사는 빈천하고, 시중드는 광대들은 지나치게 우대받는다. 명호를 명확히 함은 권위를 바로 세우기 위함이다. 그러나 군주는 가려지고, 관리들이 작위를 주관해 사람들을 천거한다. 즉 대신들의 사람을 관직에 임용하고, 그 아랫사람들과 결탁한다. 오직 불법을 행하면서 위세와 이권이 신하들에게 있게 되면, 군주는 낮아지고 대신들은 존중될 것이다.

| 05 |

무릇 법령(法令)을 세우는 것은 사(私)를 폐하기 위함이다. 즉 법령이 행

해지면 사도(私道)는 사라진다. 사(私)는 법을 혼란하게 하는 근본이다. 하지만 선비 가운데 다른 마음을 가지고 사학(私學)을 하는 이들이 있다. 바위나 굴속에 몸을 의탁하면서 크게는 세상을 비난하고, 작게는 신하를 포함한 민중들을 현혹시킨다. 군주는 이를 금(禁)하지 않고, 도리어 그들의 명예를 존중할 뿐만 아니라 실제로 '도와주기도' 한다.

이는 공(功)이 없어도 이름이 나고 애쓰지 않아도 부(富)해지는 이유다. 이러니 선비들이 다른 마음으로 사학을 하거나, 사람들에게 속일 꾀를 부려 법령을 비방함으로써 세상과 서로 반대되는 것을 찾지 않을 수 있겠는가. 무릇 위를 혼란하게 하고 세상에 반하는 사람은 항상 선비 가운데 다른 마음을 가지고 사학을 한다. 그러므로 『본언(本言)』에 이르길, '다스리는 근본이란 법(法)이고, 혼란하게 하는 근본은 사(私)다.'[696]

'따라서 법(法)이 바로 서면 사(私)는 사라진다.'고 했다. 즉 법(法)에 의존하면 다스려지고, 사(私)에 의존하면 혼란해지는 것이다. 그러므로 위에 도(道)가 없으면 지자(智者)는 사적인 말을 하고, 현자(賢者)는 사적인 의도를 갖는다. 위가 사적으로 은혜를 베풀면, 아래는 사적으로 욕심을 품는다. 군주가 막지 않고 도리어 존중을 하니, 이는 신하로 하여금 군주의 말을 듣지 않도록 하고, 법을 따르지 않도록 하는 것이다.[697]

---

696) 『본언(本言)』은, 한비가 생존할 당시, 널리 읽힌 도가(道家) 서적을 가리킨다.

697) 한비는 덧붙이길, '이런 까닭에 현자(賢者)는 이름만 나고, 간악한 사람들은 은상(恩賞)에 의지해 부(富)해진다. 군주가 신하들을 이기지 못하는 이유가 여기에 있다.'고 했다.

제46장 육반(六反)

　　반(反)은 궤(詭)와 마찬가지로 정치와 사회의 명실(名實) 대응이 상반되는 현상을 가리킨다. 군주에겐 도움이 안 되는 인간형이 도리어 민중의 칭송을 받고, 민중의 비난 대상이 도리어 군주에겐 존중되는 모순을 6가지 유형으로 정리했다. 공익(公益)과 사리(私利)의 괴리를 지적함으로써 중형(重刑)의 논리를 전개시키고 있다.

| 01 |

　　죽음이 두려워 위난(危難)을 멀리하는 것은 항복하거나 도망칠 사람이다. 하지만 세상은 그를 높여 생명을 소중히 하는 사람이라 말한다. 도(道)를 배우고 주의 주장을 세우는 것은 법을 어기는 사람이다. 하지만 세상은 그를 높여 학문을 한 사람이라 말한다. 놀면서 잘 먹고 사는 것은 식량을 탐하는 사람이다. 하지만 세상은 그를 높여 유능한 사람이라 말한다. 간사하게 말하고 가볍게 드러내는 것은 속이는 사람이다.

　　하지만 세상은 그를 높여 말 잘하는 사람이라 말한다. 칼을 휘둘러 사람을 죽이는 것은 난폭한 사람이다. 하지만 세상은 그를 높여 용맹스런 사람이라 말한다. 적(敵)을 살리고 악(惡)한 이를 숨겨 주는 것은 사형에 해당되는 사람이다. 하지만 세상은 그를 높여 **임예**를 소중히 하는 사람이라 말한다. 이 6종류의 사람들은 세상이 칭찬하는 바이다. 위험에 임하여 정성을 다 바치는 것은 절의(節義) 때문에 죽는 사람이다.[698]

하지만 세상은 그를 헐뜯어 계산을 잘못한 사람이라 말한다. 식견은 적으나 법령을 잘 이행하는 것은 법을 온전히 지키는 사람이다. 하지만 세상은 그를 헐뜯어 멋없고 고루한 사람이라 말한다. 농사일에 힘써 먹고 사는 것은 이익을 산출하는 사람이다. 하지만 세상은 그를 헐뜯어 능력이 부족한 사람이라 말한다. 선량하고 온후하며 순수한 것은 성실한 사람이다. 하지만 세상은 그를 헐뜯어 '우직한 사람'이라 말한다.

법령과 일을 소중히 하는 것은 위를 존경하는 사람이다. 하지만 세상은 그를 헐뜯어 겁 많은 사람이라 말한다. 적을 꺾고 간악을 막는 것은 위를 명찰하게 하는 사람이다. 하지만 세상은 그를 헐뜯어 아첨하는 사람이라 말한다. 이 6종류의 사람들은 세상이 헐뜯는 바이다. 이처럼 간악한 이들이 6종류이고, 유익한 이들이 6종류인데, 세상에선 칭찬하고 헐뜯는 것이 이와 같다. 이를 일러 '6가지 상반되는 것'이라 말한다.

| 02 |

개인의 이익에 따라 **야인(野人)**을 칭찬하면, 군주들은 명성만 듣고 예우한다. 예우가 있는 곳엔 반드시 이익이 따른다. 민중이 개인의 해악에 따

---

698) '임예(任譽)'는, 임협(任俠)과 명예(名譽)를 무엇보다 중시함을 뜻한다.

라 야인을 헐뜯으면, 군주들은 속된 판단에 가려 멸시한다. 멸시가 있는 곳엔 반드시 해악이 따른다. 따라서 개인의 잘못으로 벌(罰) 받을 사람이 포상(襃賞)이 주어지고, 공익과 선행으로 마땅히 상(賞) 받을 사람이 도리어 헐뜯기고 해가 된다면, 나라가 부강할 수 있겠는가.[699]

예로부터 이르는 말에, '정치하는 것은 마치 머리를 감는 것과 같다. 비록 머리가 빠지더라도 반드시 감아야 한다.'고 했다. 머리 빠지는 손실이 아까워 머리가 자라는 이익을 잊는다면 권(權)을 모르는 사람이다. 무릇 종기를 도려내는 것은 아프고, 약(藥)을 마시는 것은 쓰다. 이처럼 고통스럽고 쓰다고 하여, 그 때문에 종기를 도려 내지 않고 약을 마시지 않는다면, 몸을 살리지 못할 뿐만 아니라 병도 고치지 못한다.

| 03 |

지금 군신과 부자간의 정은 없다. 군주가 도의(道義)만으로 신하를 누르면 관계에 틈이 생긴다. 부모가 아들을 낳으면 축하하지만, 딸을 낳으면 죽여버린다. 이들은 모두 부모의 품 안에서 태어나지만 아들은 축하받고, 딸은 죽임을 당한다. 무엇 때문인가. 미래의 큰 이익을 계산하기 때문이다. 이처럼 부모는 자식에 대해서도 오히려 계산하는 마음으로 대한다. 하물며 부자간의 정도 없는 곳에선 두말할 필요도 없다.

지금 학자가 군주를 설득해 일체 이익을 구하는 마음을 버리고, 서로

---

699) '야인(野人)'은, 벼슬하지 않는, 즉 처사(處士)와 같은 사람을 말한다.

사랑하는 길로 나아가게 한다. 바로 군주가 부모보다 더 친밀할 것을 요구하는 것이다. 이는 은애(恩愛)를 논하기에 충분하지 않고, 오히려 억지를 쓰는 것이다. 따라서 현명한 군주는 받아들이지 않는다. 성인(聖人)의 정치는 법률과 금제를 분명히 한다. 이를 분명히 밝히면 관직이 바로잡힌다. 상벌이 엄격하고 치우치지 않으면 민중들은 힘써 일한다.

민중들이 힘써 일하고 관직이 바로잡히면 나라는 부(富)해진다. 나라가 부해지면 군대가 강해져 패왕(霸王)의 일이 성사될 것이다. 패왕은 군주의 큰 이익이다. 군주는 큰 이익을 품고 정사를 행하므로 관직에 임명된 이는 능력에 맞고 상벌에 사사로움이 없다. 사람들로 하여금 잘 숙지시켜 힘을 다하고 목숨을 바치게 하면 공훈을 세울 수 있으며 작록도 얻을 수 있다. 작록을 얻으면 부귀를 구하는 일이 성사될 것이다.[700]

| 04 |

무릇 간악이 반드시 알려진다면 조심하고, 반드시 처벌된다면 그만둔다. 알려지지 않는다면 방자해지고, 처벌이 안 된다면 행해진다. 하찮은 재화도 어두운 곳에 놓으면 비록 **증삼(曾參)**이나 사추(史鰌)라 하더라도 의심을 받고, 백금을 시장에 내걸면 비록 큰 도적이라 하더라도 취하지 않는다. 즉 알려지지 않으면 증삼이나 사추도 어두운 곳에선 의심받을 수

---

700) 한비는 덧붙이길, '부귀(富貴)란 신하의 큰 이익이다. 신하는 큰 이익을 품고 종사하게 되므로 위험을 무릅쓰고 사력(死力)을 다하더라도 원망하지 않는다. 이를 가리켜, "군주는 신하들에게 어질지 않고, 신하는 군주에게 충성을 논하지 않으면, 가히 패왕(霸王)의 대업을 이룰 수 있다."고 했다.'라고 했다.

있으나 반드시 알려진다면 큰 도적도 결코 취하지 않는다.[701]

그러므로 현명한 군주는 나라를 다스리면서 감시자는 많이 두고 죄는 무겁게 한다. 민중을 염치보다는 법으로 금하게 한다. 어머니의 자식 사랑은 아버지의 갑절이 되지만 아버지의 영(令)이 자식에게 행해지는 것은 어머니의 열 배나 된다. 관리가 민중에 대해 애정은 없으나 법령이 민중에게 행해지는 것은 아버지의 만 배나 된다. 어머니가 사랑을 쌓아도 법령이 잘 통하진 않으나 관리는 위엄이 있어 민중이 따른다.

위엄과 애정의 방법은 역시 갈라질 수 있다. 가령 부모가 자식에게 바라는 것은 행동에 안전과 이익을 바라고, 몸가짐에 죄를 멀리하길 기대한다. 하지만 군주는 나라가 어려움이 있을 경우 목숨을 바치게 하고, 평온한 경우엔 있는 힘을 다하도록 만든다. 부모는 진한 애정을 가지고 자식을 안정되고 유리한 처지에 두고자 해도 듣지 않지만, 군주는 애정이나 이익 없이 민중들의 사력을 요구하지만 법령이 행해진다.

현명한 군주는 이를 안다. 그러므로 은애(恩愛)하는 마음보다는 위엄(威嚴)을 부릴 권세를 더한다. 어머니 사랑이 두터운 곳에 못된 자식이 많은 것은 사랑을 미루기 때문이고, 아버지는 애정이 박하고 매질로 가르치지만 엄격하기 때문에 착한 자식이 많다. 한편 살림을 꾸려나가면서 굶주

---

701) '증삼(曾參)'은, 증자(曾子)로 불리며, 노(魯)나라 무성출신이다. 공자보다 46세 연하로, 부친인 증석(曾晳)과 함께 공자의 제자였다. 그는 평생 노나라에 머물면서 수많은 제자들을 양성해 유학사상(儒學思想)이 세상에 알려지는 데 결정적 역할을 했다. 특히 그는 효행(孝行)을 실천한 인물로 유명하고, 공자의 덕행 또한 크게 부각시켰다.

림과 추위를 이겨내고, 서로 힘쓰면 비록 전쟁의 어려움이나 기근의 재앙을 당하더라도 따뜻한 옷을 입고 맛있는 음식을 먹는다.

서로 동정해 입고 먹으며, 서로 베풀어 편하게만 즐기면, 흉년 때 **처(妻)를 시집보내고 자식을 팔아먹는 것은** 반드시 이런 집안일 것이다. 그러므로 법으로 도(道)를 삼으면 처음엔 고생이 되지만 장기적으론 이익이 된다. 하지만 인(仁)으로 도(道)를 삼으면 후에 반드시 궁해진다. 성인(聖人)이 그 경중을 저울질해 큰 이익 쪽을 취하는 이유가 여기에 있다. 즉 법을 써서 참아내고, '사람마다 동정하는 것을 버리는 것'이다.[702]

학자들은 모두 '형벌을 경감하라'고 말한다. 이는 세상을 혼란하게 하고 망하게 하는 술수다. 무릇 상벌을 명확히 한다는 것은 권하고 금하기 위함이다. 상이 후하면 바라는 것을 빨리 얻고, 벌이 중하면 싫어하는 것을 빨리 금할 수 있다. 무릇 이익을 바라는 이는 반드시 해악을 싫어한다. 해악이란 이익의 반대다. 바라는 것에 반한다면 어찌 싫어하지 않을 수 있겠는가. 다스려지길 바라는 이는 반드시 난을 싫어한다.

난(亂)이란 치(治)의 반대다. 이런 까닭으로 다스려지길 강하게 바라는 사람은 상(賞)이 반드시 후하고, 난(亂)을 강하게 싫어하는 이는 벌이 반드시 중하다. 지금 형벌 경감을 취하는 이는 난을 싫어함이 강하지 않고, 다스려지기를 바라는 마음 또한 강하지 않은 것이다. 이것은 다만 술책이

---

702) '처(妻)를 시집보내고, 자식을 팔아먹는다는 것'은, 곡식과 바꾸기 위해 아내와 자식을 남에게 넘겨준다는 말이다.

없을 뿐만 아니라 역시 이익도 없다. 이런 까닭으로 현불초나 우(愚)와 지(智)를 가리는 계책은 상벌의 경중에 달려있는 것이다.

| 05 |

무릇 중형이란 사람을 죄주기 위함이 아니다. **현명한 군주의 법은 살펴 헤아린다.** 적을 다스림은 살핀 사람만을 다스림이 아니다. 살핀 사람만을 다스림은 죽은 사람만을 다스리는 것이 된다. 도적 처형은, 처형받은 사람만 다스림이 아니다. 처형받은 사람만을 다스림은 형도(刑徒)들을 다스리는 것이 된다. 그러므로 말하길, '하나의 간악한 죄를 엄중히 해 나라의 사악을 막는다.'라고 한다. 이것이 다스리는 방법이다.[703]

중벌을 받는 이는 도적이다. 하지만 애통하고 두려운 이는 양민들이다. 다스려지길 바라는 이가 어찌 중형에 대해 의문을 갖겠는가. 무릇 후상(厚賞)은 공적에 대해서만 해당되는 것이 아닌 온 나라를 권장한다. 상(賞) 받은 이는 그 이익을 좋아하고, 상을 받지 못한 이는 공을 세우려 한다. 이는 한 사람의 공적을 드러내 많은 사람을 권장하게 하는 것이다. 다스려지길 바라는 이가 어찌 후상에 대해 의문을 갖겠는가.

---

703) '현명한 군주의 법은 살펴 헤아린다'는 말은, 법규에 비춰 공(功)과 죄(罪)를 따져본다는 뜻이다.

　정치를 모르는 이들은, '형을 무겁게 하면 민중이 상한다. 형을 가볍게 해도 간악을 막을 수 있다. 왜 무겁게 하는가.'라고 말한다. 이는 정치의 생리를 살피지 못한 이들의 주장이다. 무릇 무겁게 해야 멈추는 이는 가볍게 하면 결코 멈추지 않고, 가볍게 해도 멈추는 이는 무겁게 하면 반드시 멈춘다. 이런 까닭에 위에서 중형을 마련하면 간악은 모두 멈춘다. 간악이 모두 멈추면 이것이 어찌 민중에게 손상이 있겠는가.

　이른바 중형이란, 간악한 이가 이익을 보는 것은 작으나 형벌이 가하는 힘은 크다. 따라서 민중은 작은 이익을 위해 큰 죄를 범하지 않는다. 간악이 멈추는 이유다. 이른바 경형이란, 간악한 이가 이익을 보는 것은 크나 형벌이 가하는 힘은 작다. 따라서 민중은 큰 이익을 위해 작은 죄를 업신여기기 일쑤다. 간악이 멈추지 않는 이유다. 그러므로 속담에 이르길, '산에선 넘어지지 않으나 개미무덤에선 넘어진다.'고 했다.

　산은 크기 때문에 사람들이 조심하지만, 개미무덤은 작기 때문에 얕본다. 즉 형벌을 가볍게 하면 민중은 얕볼 것이고, 죄를 범해도 처벌하지 않으면 민중들은 혼란한 세상에서 벗어나지 못할 것이다. 이런 까닭으로 죄를 가볍게 한다는 것은 민중의 개미무덤이 되는 셈이다. 따라서 죄(罪)를 가볍게 하는 것을 도(道)로 삼으면, 나라가 혼란하거나 민중의 함정이 될 따름이다. 이것을 가리켜 민중을 상하게 하는 것이다.

지금의 학자들은 모두 서적에 쓰인 **송어(頌語)**만을 주장하고, 당대의 일은 살피지도 않으면서 말하길, '군주는 민중들을 사랑하지 않는다. 때문에 항상 세금을 무겁게 거둔다. 이에 재용(財用)이 부족해 아래에선 군주를 원망한다. 때문에 천하가 크게 혼란해졌다.'고 한다. 이것은 재용을 넉넉하게 하고, 사랑을 더 베풀면 비록 형벌(刑罰)을 가볍게 하더라도 잘 다스릴 수 있다고 생각하는 것이다. 하지만 이 말은 옳지 않다.[704]

무릇 사람이 중벌을 받게 됨은 이미 풍족해진 다음이다. 비록 재용이 넉넉하고 사랑이 두터워지면 형벌을 가볍게 해도 도리어 혼란해진다. 가령 부잣집의 귀여운 자식은 재화 씀씀이가 넉넉하고, 재화 씀씀이가 넉넉하면 가볍게 쓰며, 가볍게 쓰면 사치(奢侈)가 심해진다. 사치가 심해지면 집안이 가난해질 뿐만 아니라 방자(放恣)해진다. 그러므로 친애하면 차마 엄격하지 못하고, 차마 엄격하지 못하면 교만(驕慢)해진다.

이것은 비록 재용이 넉넉하고 사랑이 두터워지더라도 형벌을 가볍게 한 재난이다. 무릇 사람이 살아감에 있어 재용이 넉넉하면 힘쓰는 데 게을리하게 되고, 군주가 다스림을 나약하게 하면 잘못을 마음대로 하게 된다. 재용이 넉넉해도 힘들여 일한 이는 신농(神農)이고, 군주가 다스림을 나약하게 해도 행동을 삼간 이는 증삼(曾參)과 사추(史鰍)다. 무릇 민중이 신농이나 증삼, 사추에 미치지 못함은 이미 분명한 것이다.

---

704) '송어(頌語)'는, 옛 성인(聖人)을 칭송하는 것을 가리킨다.

| 08 |

노자(老子)가 이르길, **'만족할 줄 알면 욕보지 않고, 그칠 줄 알면 위태롭지 않다.'**고 했다. 무릇 욕보는 것과 위태롭게 된다는 것 때문에 만족 안의 것만 구하는 이는 노자뿐이다. 만일 민중을 만족시켜 다스릴 수 있다고 생각한다면, 이는 모두 민중을 노자처럼 생각하는 것이 된다. 따라서 걸(桀)은 귀(貴)한 천자 자리에 있으면서도 그 존엄에 만족하지 않았고, 천하의 부(富)를 지니면서도 그 재보에 만족하지 않았다.[705]

군주 된 이는 비록 민중을 만족시키더라도 그것으로 충분히 천자가 될 순 없다. 그럼에도 걸(桀)이 천자가 된 것으로 만족하지 않았다면, 비록 민중을 만족시킨다고 해서 어찌 다스릴 수 있겠는가. 따라서 현명한 군주는 다스릴 때 계절의 일을 알맞게 함으로써 재물을 쌓고, 세금 부역을 조정함으로써 빈부를 고르게 하며, 작록을 후하게 함으로써 어진 재능을 다하게 하고, 형벌을 엄격히 함으로써, 사악(邪惡)을 금했다.[706]

| 09 |

모두 눈을 감으면 시각장애인을 알 수 없고, 모두 입을 닫으면 청각장

'만족할 줄 알면 욕보지 않고, 그칠 줄 알면 위태롭지 않다.'는 말은, 『노자(老子)』, 44장에 나오는 말이다.

706) 한비는 덧붙이길, '이는 민중들이 노력하면 부귀(富貴)를 얻고, 잘못을 범하면 벌(罰)을 받으며, 공적으로 상(賞)을 받게 하고, 은혜를 기대하지 않게 한다. 이것이 제왕(帝王)의 정치다.'라고 했다.

김해영 박사의 한비자 읽기

애인을 알 수 없다. 눈을 뜨게 하고, 말을 하게 하면 시각장애인과 청각장애인은 비로소 궁해진다. 따라서 말을 들어보지 않으면, 술(術)이 존재하는지 여부를 알 수 없고, 일을 맡겨보지 않으면, 유능한지 여부를 알 수 없다. 말을 듣고 그것이 부합되길 요구하고, 일을 맡겨 공적을 추궁하면 술(術)을 익히지 못하거나 무능한 사람은 궁해질 것이다.

무릇 힘센 사람 얻기를 바라면서 그 스스로 나서는 말만 듣는다면 비록 보통 사람이라도 **오확(烏獲)**을 구별할 수 없다. 하지만 그에게 **솥과 도마**를 주면 약함과 건장함이 드러난다. 그래서 관직이란, 유능한 사람의 솥과 도마로 불린다. 즉 그에게 일을 맡겨보면 지혜로움과 어리석음이 분명해진다. 그러므로 술(術)을 익히지 못한 이는 실제로 쓰이지 않는 데서 알 수 있고, 못난 이는 일을 맡기지 않는 데서 알 수 있다.[707]

말이 쓰이지 못함에도 말을 잘하는 척하고, 일을 맡지 못함에도 고결한 척한다. 이에 세상 군주는 그 변설에 현혹되고, 그 고결함에 속아 존귀하게 여긴다. 이는 보지 않고 밝다고 판정하고, 답을 기다리지 않고 말을 잘한다고 판정하는 것과 같다. 현명한 군주가 말을 들으면, 반드시 쓰임을 따지고, 행동을 보면 반드시 그 공적을 요구한다. 따라서 **허황되고 낡은 학문**은 배제되고, 속이는 행동을 더는 못하게 될 것이다.[708]

---

707) '오확(烏獲)'은, 전국시대 진(秦)의 무왕(武王)을 섬기던 역사(力士)이다. 그리고 '솥과 도마'는, 음식을 만드는 도구로, '무거운 금속'을 상징한다.
708) '허황되고 낡은 학문'은, 공허하고 고루한 이론으로, 당시의 유가(儒家)와 묵가(墨家)를 비판한 것이다.

제47장 팔설(八說)

법치주의에 반하는 8가지 인간상을 유형별로 거론했다. 일반적으로 평가받는 인간관계가 실제로 국가나 군주에게 있어선 이해득실이 모순되는 사례를 논하고 있다. 이른바 군주의 술(術) 확립이란 측면의 취지에 비추어볼 때 궤사(詭使)나 육반(六反)의 내용과 맥락이 유사하다.

| 01 |

오랜 친구라고 사적으로 행하면 이를 가리켜 '버리지 않는다'고 한다. 공공의 재물을 마구 뿌리면 이를 가리켜 인인(仁人)이라 한다. 봉록(俸祿)을 경시하고 내 몸을 소중히 하면 이를 가리켜 군자(君子)라 한다. 법을 굽혀 친족에게 곡진(曲盡)하면 이를 가리켜 덕이 있다고 한다. 관직을 버리고 사귐을 더 중히 여기면 이를 가리켜 협기(俠氣)가 있다고 한다. 세상을 떠나 군주를 피하면 이를 가리켜 기품이 있다고 한다.[709]

서로 다투면서 법령을 어기면 이를 가리켜 강직한 이라 한다. 은혜를

---

709) '오랜 친구'는, 고구(故舊)처럼 오래 전부터 사귄 사람을 말한다.

베풀어 민중을 모으면 이를 가리켜 민심을 잡는다고 한다. 관리로 오랜 친구를 버리지 않는 사람은 악(惡)을 저지르는 사람이다. 인인이란 사람은 공공의 재물을 손상시키는 사람이다. 군자란 부리기 어려운 민중이다. 덕이 있는 사람은 법과 제도를 훼손한다. 협기 있는 사람은 관직을 등한시하는 이다. 기품 있는 사람은 일에 힘쓰지 않는 사람이다.

강직한 사람은 법령을 행하지 않는 사람이다. 민심(民心)을 얻은 사람은 군주를 오히려 고립시키는 사람이다. 이 8가지는 필부(匹夫)들의 사적인 영예(榮譽)나 군주에겐 크나큰 해악(害惡)이다. 역으로 이 8가지에 반하는 것은 필부들에겐 불명예나 군주에겐 공적인 이익이 된다. 군주가 사직(社稷)의 이해를 살피지 않고, 필부들의 사적 영예를 좌시한다면 나라에 위난(危難)이 없기를 기대해도 이뤄지지 않을 것이다.

| 02 |

사람에게 일을 맡기는 것은 존망(存亡)과 치란(治亂)이 갈리는 지점이다. 따라서 술(術)없는 사람에게 일을 맡기면 실패하지 않은 예(例)가 없다. 군주가 맡기는 것은 **변지(辯智)** 아니면 **수결(修潔)**이다. 사람에게 맡긴다 함은 권세를 부여하는 것이다. 지혜 있는 사람이라고 반드시 신뢰할 수 있는 것은 아니다. 지혜가 오히려 불신이 되는 것이다. 즉 지혜 있는 사람이 계략으로 권세를 타는 발판으로 삼으면 어떻겠는가.[710]

---

710) '변지(辯智)'는, 말솜씨, 즉 변론에 능한 사람이고, '수결(修潔)'은, 몸가짐이 단정하고, 세속에 물들지 않은 사람을 가리킨다.

이렇게 되면 군주는 반드시 속임을 당할 수밖에 없다. 따라서 지혜 있는 사람을 불신해 수사(修士)에게 일을 맡겨보라. 수사는 결코 지혜롭지 못해 일을 감당하지 못한다. 즉 어리석은 사람의 어두움으로 일을 추진하는 자리에 있게 한다면, 일이 반드시 어그러질 뿐만 아니라 혼란해질 것임은 말할 것도 없다. 그러므로 술(術) 없이 사람을 쓸 경우, 지자(智者)는 군주를 속이고, 수사는 군주의 정사를 혼란하게 만든다.

이것은 술(術)이 없어 생기는 재난이다. 현명한 군주의 도(道)는 천한 이가 귀한 이를 비방할 수 있고, 아랫사람도 윗사람과 연좌시키며, 사실 관계에 증거를 중심으로 하고, 문호를 개방하기 때문에 지혜 있는 이가 사기를 칠 수 없다. 공적을 헤아려 상(賞) 주고, 능력에 따라 일을 맡기며, 발단을 살펴 그 실패를 알아차리고, 잘못 있는 이를 처벌하며, 능력 있는 이가 자리를 얻게 되므로 어리석은 이는 일을 맡지 못한다.[711]

| 03 |

명찰(明察)한 사람만이 능히 알 수 있는 것을 법령으로 삼을 순 없다. 무릇 민중이 모두 명찰하진 못하기 때문이다. 현자(賢者)라야 능히 행할 수 있는 것을 법령으로 삼을 순 없다. 무릇 민중이 다 현명하진 못하기 때문이다. **양주(楊朱)**와 **묵적(墨翟)**은 천하가 명찰하다고 하지만 천 년 동안의 혼란을 끝내지 못했다. 비록 명찰하더라도 관직의 장으로 삼을 순 없는

---

711) 한비는 덧붙이길, '따라서 지혜 있는 이가 감히 속이지 못하고, 어리석은 이가 일을 마음대로 재단할 수 없게 되면, 일에 실수가 없을 것이다.'라고 했다.

것이다. **포초(鮑焦)**와 **화각(華角)**은 천하가 현자라 한다.[712]

하지만 포초는 마른 나무같이 되고, 화각은 물속에 들어갔다. 비록 현자라 하더라도 경전(耕戰)의 전사로 삼을 순 없다. 가령 군주가 명찰하다는 것은 지자(智者)가 변설하는 것이고, 군주가 높인다는 것은 유능한 이의 행동을 말한다. 지금 군주들은 쓸데없는 변설을 명찰하다 하고, 공적과는 거리가 먼 행동을 높이고 있다. 나라의 부강(富强)을 기대해도 이룰 수 없다. 즉 변설과 지혜가 공자나 묵적이라도 소용이 없다.

말하자면 공자나 묵적 같은 사람이 농사를 지을 수 없다면 나라에 무슨 도움이 되겠는가. 효행(孝行)과 욕심 적음이 증삼(曾參)이나 사추(史鰍)와 같더라도 증삼이나 사추 같은 이들이 전쟁에 나가지 않는다면 나라에 무슨 이익이 있겠는가. 필부에겐 사적(私的)인 편의가 있고, 군주에겐 공적(公的)인 이익이 있다. 일하지 않아도 양육하는 데 족하고, 벼슬을 하지 않아도 이름을 드러내는 것이 이른바 **'사적인 편의'**다.[713]

---

712) '명찰(明察)한 사람'이란, 이지적이고 통찰력이 우수한 사람을 말하고, '양주(楊朱)'는, 맹자(孟子)가 비판한 극단적 위아주의자(爲我主義者)인 양자(楊子)를 말하며, '묵적(墨翟)'은, 대체로 묵자(墨子)로 불리며, 적(翟)은 이름이다. 제자백가의 하나인 묵가(墨家)의 시조로, 전국(戰國) 초기에 활약한 사상가다. 그의 정치사상은 '천하(天下)의 이(利)는 북돋고[興], 천하의 해(害)는 없애는[除] 것을 원칙'으로 삼고, 그 실현 방법으로 유능하다면 농민이나 수공업자도 관리로 채용하는 '상현(尚賢)', 민중의 이익에 배치되는 재화와 노동력의 소비를 금하는 '절용(節用)', 지배자의 이익만을 추구하는 약탈이나 민중 살상의 전쟁에 반대하고, 타인을 사랑하고 자신과 타인의 이익을 서로 높이는 '비공(非攻)'과 '겸애(兼愛)'를 주장했다. 그리고 '포초(鮑焦)'는, 『장자(莊子)』에 따르면, 춘추시대 은자(隱者)로, 고결하게 행동하고 세상을 그르다 비난하다 나무를 끌어안은 채로 말라죽었고, '화각(華角)' 또한 『장자(莊子)』에선, 전설적인 은자(隱者)로 나오는데, 등에 돌을 짊어지고 몸을 강물에 던진 사람이다.
713) '사적인 편의'는, 각각 개인이 이득을 추구하는 것을 말한다.

학문을 금하고 법도를 밝히며, 사적 편의를 막고 오직 공적으로 힘쓰는 것이 공적 이익이다. 법을 설정함은 민중을 이끌기 위함인데 또 학문을 귀하게 여기면 어찌하겠는가. 공(功)을 치하함은 민중을 권장하기 위함인데 또 행동이 단정한 것을 높이면 민중들이 이익 내는 일을 하겠는가. 무릇 학문을 귀하게 여겨 헷갈리게 하고, 행동이 단정한 것을 높여 공적과 헷갈리게 하면 나라가 부강해지길 기대해도 이룰 수 없다.[714]

| 04 |

띠에 꽂는 홀이나 **간척(干戚)**은 긴 창이나 쇠로 만든 작살엔 상대가 안 된다. 오르내리고 몸을 돌리는 동작은 하루 백 리를 달리는 것에 미치지 못한다. **살쾡이 머리 과녁**은 강한 쇠뇌로 빨리 쏘는 것에 비할 수 없다. 간성(干城)과 방벽은 **수공(水攻)**과 **화공(火攻)**을 대비함만 못하다. 고대엔 덕(德)을 앞세우고 중세엔 지혜(智慧)를 쫓았으며 현세엔 힘을 중시한다. 옛날엔 일이 적어 도구가 간단했다. 따라서 정교하진 못했다.[715]

조가비 호미를 쓰고 허술한 수레를 탔다. 옛날엔 사람이 적어 서로 친숙하고 이익을 경시하며 손쉽게 양보했다. **읍양(揖讓)**하며 천하를 전하는 이도 있었다. 읍양의 예(禮)를 행하고 자혜(慈惠)를 높이며, 인애(仁愛)에 의

---

714) 여기서 말하는 '학문'은, 법도(法度)와 대립되는 고전에 대한 학문을 뜻한다.
715) '간척(干戚)'은, 무무(武舞)를 출 때, 손에 드는 방패와 도끼를 말하고, '살쾡이 머리 과녁'은, 살쾡이 머리를 그린 과녁의 일종을 말한다. 즉 쇠뇌로 빨리 쏘는 것에 비할 수 없다는 뜻이다. 그리고 '수공(水攻)'은, 땅굴에 물을 대는 것이고, '화공(火攻)'은, 성벽 밑에 불을 지르는 것을 가리킨다.

함은 모두 소박한 정치다. 일이 많은 시대에 살면서 할 일이 적은 도구를 쓴다는 것은 지자(智者)의 대비가 아니다. 크게 다투는 세대를 맞아서도 읍양하는 규칙을 따른다는 것은 '성인의 정치'가 아니다.[716]

| 05 |

법(法)은 일을 규제하는 수단이고, 일은 공적을 드러내는 수단이다. 법은 제정할 때 어려움이 있더라도 그 어려움을 헤아려 일이 이뤄진다면 그것을 세운다. 일이 이뤄져 피해가 있더라도 그 피해를 헤아려 성과가 많다면 그것을 행한다. 어렵지 않은 법이나 피해가 전혀 없는 성과는 천하에 없다. 이런 이유로 **천 장 길이의 도성**을 빼앗고, 십만이나 되는 군대를 쳐부술 때는 사상자가 **군(軍) 전체의 절반**이 되기도 한다.[717]

또 갑옷과 창칼이 꺾이고 병사들이 죽거나 다치더라도 싸워 이겨야 함은 토지 등을 얻는 이익이 크기 때문이다. 무릇 머리를 감는 경우엔 버리는 머리털이 있고, 상처를 치료할 경우는 피와 살을 상하게 한다. 따라서 사람이 어려움을 보고 일을 그만두려 한다면, 술(術)을 익히지 못한 것이다. 성인(聖人)이 이르길, '원을 그리는 **그림쇠**는 닳기 마련이고, **수준기**는

---

716) 한비는 덧붙이길, '따라서 지혜로운 사람은 원시시대의 낡고 허술한 수레를 타지 않고, 성인(聖人)은 소박한 상태의 정치를 행하지 않는다.'고 했다. 그리고 '읍양(揖讓)'은, 겸양(謙讓)의 표시로 두 손을 가지런히 겹쳐 모아 올리는 절을 말한다.
717) '천 장 길이의 도성'은, 성벽의 길이가 천 길이나 되는 대부(大夫)의 가읍(家邑)을 가리키고, '군(軍) 전체의 절반'이란, 절반 혹은 3분의 1에 해당되는 규모를 가리킨다.

흔들리기 마련이다. 내가 그것을 바꿀 수 없다.'고 했다.[718]

이것은 권(權)에 해당하는 말이다. 이런 이유로 논리가 있어도 사실과는 거리가 먼 것이 있고, 논리는 빈약해도 실질은 긴요한 것이 있다. 그러므로 성인(聖人)은 폐해가 없는 말을 추구하지 않고, 변함이 없도록 힘을 쓴다. 사람이 저울질이나 **마질**에 마음을 쓰지 않는 것은, 곧고 청렴하여 이익을 멀리해서가 아니다. 마질은 사람을 위해 많거나 적게 할 수 없고, 저울질은 사람을 위해 '무겁거나 가볍게 할 수 없는 것'이다.[719]

따라서 기대해도 소용이 없는 관계로 마음을 쓰지 않는 것이다. 현명한 군주의 나라는 관리가 굳이 법을 위반하지 않고 감히 사리를 탐하지 않는다. 이는 국내의 모든 일이 저울질이나 마질이 같기 때문이다. 아울러 신하들 가운데 간악한 사람이 있으면 반드시 알려지고, 알려진 사람은 반드시 처벌되기 때문이다. 이 때문에 도(道)를 터득한 군주는 청렴한 관리를 찾기보다는 간악한 신하를 알아내는 술(術)에 힘을 쓴다.

| 06 |

자식에 대한 애정은 자모(慈母)보다 앞설 순 없다. 하지만 자식이 잘못을 행하면 스승을 따르게 하고, 나쁜 병이 생기면 의원을 따르도록 한다.

---

718) '그림쇠'는, 원을 그리는 자[尺]로, 쓰다 보면 닳지 않을 수 없는 것이고, '수준기'는, 수평을 잡는 계기(計器)로, 쓰다 보면 흔들리지 않을 수 없는 것이다.
719) '마질'은, 10말들이 석(石) 단위의 부피를 재는 도구를 가리킨다.

스승을 따르지 않으면 형벌로 행해지고, 의원을 따르지 않으면 죽을지도 모른다. 자모가 비록 사랑하더라도 형벌을 면하거나 죽음을 구하는 데는 도움이 안 된다. 그렇다면 자식을 생존케 하는 것은 애정이 아니다. 자식과 어머니의 본성은 애정이고, **군신의 저울질은 계산이다.**[720]

어머니도 자식에 대한 애정만으로 집안을 보존할 수 없는데, 어찌 군주가 애정만으로 나라를 유지할 수 있겠는가. 현명한 군주가 부강해지는 술(術)에 통달하면 바라는 것을 얻을 수 있다. 그러므로 정치를 신중히 하는 것이다. 부강케 하는 술(術)은 법령과 금제를 명확히 하고, 책모와 계략을 치밀히 하는 것이다. 법령이 명확하면 안으로 변란에 대한 걱정이 없고, 계략이 치밀하면 밖에서 죽거나 포로가 될 화(禍)가 없다.

따라서 나라를 보존하는 것은 인의(仁義)가 아니다. 인(仁)한 사람은 온정을 베풀어 재물을 가볍게 여기고, 난폭한 사람은 마음이 거칠어 처벌을 쉽게 한다. 즉 온정을 베풀면 잔인한 짓을 못 하고, 재물을 가볍게 여기면 주길 좋아한다. 마음이 거칠면 증오심이 아래서 드러나고, 처벌을 쉽게 하면 **망살(妄殺)**이 사람들에게 가해진다. 잔인하지 못하면 처벌에 있어 사면이 많아지고, 주길 좋아하면 공(功) 없이 상이 많아진다.[721]

증오심이 드러나면 신하가 군주를 원망하고, 함부로 처벌하면 민중이

---

720) '군신의 저울질은 계산'이란, 군주와 신하의 관계는 인위적(人爲的)인 잣대인 계산으로 맺어져 있다는 뜻이다.
721) '망살(妄殺)'은, 잘못이 없음에도 사람들을 마구 죽이는 것을 말한다.

장차 군주를 배반한다. 따라서 어진 사람이 자리에 있으면, 신하들이 방자하고 금제(禁制)와 법령을 쉽게 범하며 요행까지 바란다. 난폭한 사람이 자리에 있으면, 법령이 혼란해져 신하와 군주 사이가 벌어지고, 민중이 원망하여 반란을 일으킬 마음까지 동반한다. 그러므로 말하길, '인인(仁人)이나 난폭한 사람은 다 나라를 망치는 이들이다.'라고 했다.

| 07 |

음식도 마련할 능력이 없으면서 굶주린 사람에게 먹기를 권하면 굶주린 사람을 살릴 수 없다. 곡식을 생산할 능력도 없으면서 민중에게 곡식을 빌려주거나 나눠주는 것으로 민중을 부유하게 할 순 없다. 지금 학자들은 근본이 되는 농사엔 힘쓰지 않고 말단적인 일만 좋아하고, 성인의 말씀을 들려주면 민중이 기뻐할 것으로 믿는다. 이는 먹을 것도 없이 밥을 권하는 것과 같다. '현명한 군주'는 이를 받아들이지 않는다.

책의 글이 간단하면 제자들은 **말다툼**하고, 법이 소략하면 민중은 소송을 업신여긴다. 이런 까닭으로 성인(聖人)의 책은 논술을 반드시 뚜렷하게 하고, 현명한 군주의 법은 사례를 반드시 상세하게 든다. 사려(思慮)를 다 짜내 이해득실(利害得失)을 헤아리기란 지혜가 출중한 사람이라도 쉽게 실행하기 어려운 것이고, 생각을 전혀 하지 않고 앞의 말을 붙들어 뒤의 성과를 구하기란 어리석은 사람도 실행하기 쉬운 것이다.[722]

---

722) '말다툼'은, 글을 읽는 사람에 따라 이해를 달리하기 때문에 제자들 간 논쟁을 한다는 뜻이다.

사정이 이렇다면 현명한 군주는 어떤 책략(策略)을 쓸까. 어리석은 사람도 실행하기 쉬운 것을 추구하지, 지혜가 출중한 사람도 실행하기 어려운 것을 추구하진 않는다. 이 때문에 지려(智慮)와 노력을 크게 하지 않아도 나라가 다스려지는 것이다. 가령 시고 달고 짜고 싱거운 맛을 직접 자신의 입으로 판단하지 않고, **재윤(宰尹)**에게 그 결정을 맡기면 어떨까. 주방 사람들이 군주를 가볍게 보고 재윤을 중히 여길 것이다.[723]

높고 낮고 맑고 탁한 소리를 직접 자신의 귀로 판단하지 않고, **악정(樂正)**에게 그 결정을 맡기면 어떨까. 악사들이 군주를 가볍게 보고 악정을 중히 여길 것이다. 나라 다스림에 있어 옳고 그름을 자신의 술(術)로 판단하지 않고, 총애하는 사람에게 맡기면 신하들이 군주를 가볍게 보고 총애하는 사람을 중히 여길 것이다. 군주가 몸소 보고 듣지 않고, 재단하는 결정권을 아래에 두게 되면 '나라의 **식객**과 같이 될 것'이다.[724]

| 08 |

만일 사람이 입지 않고 먹지 않아도 배고프지 않고 춥지도 않으며 또한 죽음을 싫어하지 않는다면 군주를 섬길 생각이 없을 것이다. 그리고 군주에게 제재(制裁)를 받고 싶지 않으면, 신하로 부림을 당할 일도 없을

---

723) '재윤(宰尹)'은, 요리사들의 우두머리를 가리킨다.
724) '악정(樂正)'은, 음악을 관장하는 우두머리를 말하고, '식객(食客)'은, 식생활을 완전히 의존한다는 뜻이다.

것이다. 만일 사람을 살리고 죽이는 권병이 대신들에게 있음에도 군주의 명령이 행해질 수 있었던 경우는 일찍이 없었다. 호랑이나 표범이 발톱과 어금니를 전혀 쓰지 않는다면 위력이 생쥐와 같을 것이다.

만금을 가진 집이 그 재화(財貨)를 전혀 쓰지 않으면 재력이 가난한 이와 같을 것이다. 영토를 가진 군주가 사람을 좋아하면서 이롭게 할 수 없고, 사람을 싫어하면서 해롭게 할 수 없다면, 민중들이 자기를 두려워하고 존중하길 바라더라도 이뤄질 수 없다. 신하가 **멋대로** 하면 의협(義俠)이라 하고, 군주가 **멋대로** 하면 난행(亂行)이라 한다. 신하가 군주를 업신여기면 장하다 하고, 군주가 신하를 업신여기면 사납다고 한다.[725]

이처럼 행위는 같으나 신하는 칭찬을 받고, 군주는 비난을 받는다. 즉 신하는 득이 크나 군주는 실이 크다. 현명한 군주의 나라엔 귀신(貴臣)은 있어도 중신(重臣)은 없다. 귀신은 작위가 높고 관직이 크다. 중신은 말이 받아들여지고 세력이 많다. 현명한 군주의 나라에선 자리를 옮기거나 **직급을 돌리거나** 관작을 공적에 맞추기 때문에 귀신이 존재하나, 말에 있어 거짓이 있으면 처벌하기 때문에 '중신은 없는 것'이다.[726]

---

725) '멋대로' 한다는 것은, 의기(意氣)가 대단하다는 뜻이다.
726) '직급을 돌린다'는 말은, 영전(榮轉)이나 승진(昇進)을 말한다.

제48장 팔경(八經)

경(經)이란 사물의 본질, 즉 상도(常道)를 뜻한다. 천하를 다스리는 이가 반드시 유념해야 할 8가지 통치 원칙을 들고 있다. 내용은 이미 여러 장에서 다룬 것을 한데 모아 엮었다. 군주론에 관한 일종의 단편집이라 할 수 있다.

| 01 | 인정(因情)

무릇 천하의 다스림은 반드시 **인정(人情)**에 근거해야 한다. 인정이란, 좋아하고 싫어함이 있어 상벌(賞罰)을 쓸 수 있다. 상벌을 쓸 수 있다면 금제(禁制)와 법령이 확립되어 다스리는 방법이 구비된다. 군주는 **권병(權柄)**을 잡아 세(勢) 있는 자리를 차지하므로 법령이 행해지고, 금하면 그친다. 권병이란, 죽이고 살리는 근본이고, 세(勢)란, 민중을 이겨내는 바탕이며, 임면(任免)함에 법도(法度)가 없으면 권위가 훼손된다.[727]

---

727) '인정(人情)'은, 인간의 자연스런 성정(性情)에 따르는 것을 말하고, '권병(權柄)'은, 현명한 군주가 신하를 제어(制御)하기 위한 일종의 도구를 말한다. 여기서 권병(權柄)은, 형(刑)과 덕(德)을 말한다. 무엇을 '형과 덕'이라 하는가. 처벌해 죽이는 것을 형이라 하고, 칭찬해 상 주는 것을 덕이라 한다.

상벌(賞罰)은 신하들과 공유하면 위세가 분할된다. 그러므로 현명한 군주는 애정을 품지 않고 의견을 들으며, 기쁨을 남기지 않고 일을 처리한다. 이처럼 의견을 들어 실제와 맞추지 않으면, 권력이 간악한 이들에게 나눠지고, 지력(智力)을 쓰지 않으면, 군주가 궁지(窮地)로 몰린다. 따라서 현명한 군주의 통치는 **하늘과 같고**, 사람을 쓰는 것은 **귀신과 같다**. 하늘과 같으면 비난받지 않고, 귀신과 같으면 곤란하지 않다.[728]

또 위세(威勢)가 행사되고 가르침이 엄격하면 어기지 않고, 나무람과 칭찬이 일정하면 비판이 없다. 그러므로 현자를 상 주고 난폭한 이를 벌함은 선을 드러내는 최선의 방법이고, 난폭한 이를 상 주고 현자를 벌함은 악을 드러내는 최악의 방법이다. 이에 동조하는 이는 상을 주고 달리하는 이는 벌한다는 것이다. 상은 후(厚)하게 하는 것이 좋다. 민중으로 하여금 그것을 이익이라 생각하게 하고, 칭찬은 좋게 해야 한다.

말하자면 민중으로 하여금 그것을 영광(榮光)이라 여기게 한다. 이와는 달리 처벌은 엄중하게 해야 한다. 즉 민중으로 하여금 그것을 두려워하게 하는 것이다. 나무람은 싫게 해야 한다. 즉 민중으로 하여금 그것을 부끄러워할 수 있도록 하는 것이다. 연후에 법령을 일관되게 시행하여 사적인 것을 금하면 군주의 상벌 행사는 어떤 방해도 받지 않는다. 이렇게 되면 군주는 모든 실정을 파악하고 다스리는 방법이 완비된다.

---

728) '하늘과 같다'는 말은, 하늘처럼 공평히 한다는 뜻이고, '귀신과 같다'는 말은, 사람을 부릴 때 귀신처럼 남들이 헤아리지 못하게 한다는 의미다.

| 02 | 주도(主道)

한 사람의 힘으론 많은 사람의 힘을 당하지 못하고, 한 사람의 지혜론 만물을 다 파악할 수 없다. 즉 한 사람은 온 나라의 힘과 지혜를 이기지 못한다. 따라서 힘과 지혜가 맞서면 수가 많은 쪽이 이긴다. 가령 계략이 종종 적중해도 본인 홀로 고단하고, 적중하지 않으면 화(禍)를 뒤집어쓴다. 하급의 군주는 자기 능력을 다하고, 중급의 군주는 다른 사람의 힘을 쓰게 하며, 상급의 군주는 다른 사람의 지혜를 쓰게 한다.

이런 이유로 일이 생기면 한 사람 한 사람의 지혜를 모아 공론(公論)에 부친다. 한 사람 한 사람의 말을 듣지 않으면 뒤의 일이 앞의 말과 어긋나고, 뒤의 일이 앞의 말과 어긋나면 어리석은 사람과 지혜로운 사람이 구분되지 않는다. 따라서 공론에 부치지 않으면, 일을 망설여 결단을 내리지 못하고, 결단을 내리지 못하면 일이 정체된다. 이때 군주가 스스로 **하나를 취하면** 골짜기로 떨어지는 화(禍)는 없을 것이다.[729]

그러므로 각자 의견을 내게 하여 의견이 수렴되면 책임을 점검한다. 이 때문에 의견을 **진술한 날짜를 반드시 기록**한다. 지혜를 모을 경우 일이 시작되면서 확인되고, 능력을 모을 경우 성과가 나타나 논의된다. 성패는 증거가 있어 상벌이 따른다. 일이 이뤄지면 군주는 그 성과를 수렴하고, 일을 실패하면 신하가 그 죄를 짊어진다. 군주는 대쪽을 맞추는 일도

---

[729] '하나를 취한다'는 것은, 여러 정책 가운데 하나의 정책을 택한다는 의미다.

직접 하지 않는데, 하물며 힘들이는 일은 말할 필요도 없다.[730]

그리고 군주는 지혜를 쓰는 일도 오히려 직접 하지 않는데, 하물며 마음을 쓰는 일에 대해선 더 말할 필요가 없는 것이다. 그러므로 사람을 쓸 때 같은 의견을 취하지 않는 이유가 여기에 있다. 같으면 오히려 군주가 추궁한다. 즉 사람들로 하여금 서로 쓰게 하면, 군주는 신명(神明)과 같아지고, 신명이 같아지면 아래가 힘을 다한다. 아래가 힘을 다하면 신하는 군주를 의존하지 않아 군주의 도(道)가 완전해지는 것이다.

| 03 | 기란(起亂)

신하와 군주의 이익이 다르다는 것을 아는 이는 왕이고, 같다고 여기는 이는 위협받으며, 일을 **함께하는 이**는 살해당한다. 따라서 현명한 군주는 공사(公私)의 구분을 살피고, 이해(利害)의 소지를 살펴 간신이 개입할 틈을 주지 않는다. 난(亂)을 일으키는 배경엔 주로 모후, 후비, 적서, 형제, 권세 있는 중신, 유명한 학자들이다. 여기서 관리를 엄정하게 임명하고 신하의 책임을 추궁하면, 모후(母后)도 마음대로 못 한다.[731]

예(禮)를 시행함에 등급을 명확히 하면 후비(后妃)가 함부로 투기하지 못한다. 권세(權勢)를 차등 있게 나눠주면 적자와 서자가 다투지 않고, 권

---

730) '진술한 날짜를 반드시 기록한다'는 것은, 증거로 삼기 위해 서찰, 즉 문서에 기록하는 것을 말한다.
731) 군주가 신하들 가운데 상벌(賞罰)에 대한 중대사를 '함께 논하는 이'는, 결국 죽임을 당한다는 뜻이다.

병(權柄)과 세를 잃지 않으면 형제들이 보위를 넘보지 않는다. 신하들이 붕당을 결성하지 못하게 하면 중신들이 군주를 **옹폐(壅蔽)**하지 못한다. 금제와 포상이 확실하게 행해지면 유명한 학자들도 어지럽히지 못한다. 신하가 나라를 어지럽히는 배경에는 2가지인데 '안과 밖'이다.[732]

여기서 **안이란 총애함**을 말하고, **밖이란 두려워함**을 말한다. 두려워하는 바의 요구는 받아들이고, 총애하는 바의 말은 들어주게 되니, 이것이 난신(亂臣)들이 개입하는 지점이다. **외국에 있는 관리들**의 경우, 그 친인척과 처자들까지 힐책(詰責)한다면 밖에 기대진 못할 것이다. 작록을 공적에 따라 행하고, 청탁한 이를 함께 벌하면 안에 의지하지 못할 것이다. 안팎으로 '기대지 못하고, 의지하지 못하면' 간악을 막는다[733].

관리가 차례를 거듭해 승진하고 그것으로 대임(大任)을 맡으면 지혜로운 사람이다. 하지만 그 자리가 높아져 임무가 큰 사람은 3가지 방법으로 사실상 붙들리게 된다. 즉 '인질(人質)'과 '누름', '굳힘'이 그것이다. 부모나 처자가 '인질'이고, 작록(爵祿)을 후하게 확실히 함은 '누름'이며, 증거를 대조하여 책임을 물음은 '굳힘'이다. 여기서 현자(賢者)는 인질만으로 멈추고, 탐욕은 눌러야 고쳐지며, 간악은 굳힘으로 막는다.

차마 제재하지 못하면 **아래가 날뛰고**, 작은 것을 제거하지 못하면 큰

---

732) '옹폐(壅蔽)'는, 윗사람의 총명(聰明)을 막거나 가리는 것을 말한다.
733) '안의 총애함'은, 군주가 총애하는 시종(侍從)들을 가리키고, '밖의 두려움'은, 외국의 제후들을 두려워한다는 말이다. 그리고 '외국에 있는 관리들'이란, 외국의 압력이나 청탁에 의해 관리가 된 사람들을 말한다.

벌(罰)을 가하기 때문에 명(名)과 실(實)이 맞으면 바로 단행한다. 살려서 일에 해(害)가 되고, 죽여 명분이 손상되면 독약을 먹이며, 그렇지 않으면 원수에게 넘겨준다. 이를 가리켜 드러내지 않고 악(惡)을 제거하는 수단이라 한다. 은폐를 속임수라 하고 **소꿉질**이라 한다. 공적이 드러나 상(賞) 주고, 죄악이 드러나 벌(罰)하면 속임수는 바로 그친다.[734]

옳고 그른 판단이 새나가지 않고 간하는 말이 밖과 통하지 않으면 소꿉질도 쓰지 않는다. 부형과 **어진 인재를 내보내는 것**을 화(禍)라 하니, 그 해(害)는 이웃의 적들에게 많은 도움을 준다. 형(刑)을 받은 사람을 측근으로 삼으면 역적과 친한 것이니, 그 해(害)는 격분과 굴욕감을 낳는다. 죄(罪)를 보고도 노여워하거나 벌하지 않으면 난(亂)을 더 높이는 것이니, 그 해(害)는 '요행을 바라고 망동하는 사람'을 나오게 한다.[735]

대신(大臣) 둘의 권세를 저울질하여 기울지 않는 것을 화(禍)에 말려든다고 하니, 그 해(害)는 중신의 가세(家勢)를 성(盛)하게 하여 겁살(劫殺)하는 난(亂)을 일게 한다. 가볍게 처신해 자중하지 못하는 것을 권위가 사라진다고 하니, 그 해(害)는 역적이 독살하는 난(亂)을 일으키게 한다. 이 5가지 해(害)를 군주가 모르면 겁살 당하는 일이 있을 것이다. 임면하는 일이 안에서 생기면 다스려지고 밖에서 생기면 혼란해진다.[736]

---

734) '아래가 날뛴다'는 말은, 신하들의 행실이 난잡하고 방자함을 뜻하고, '소꿉질'은, 일종의 변칙적인 수단을 가리킨다.

735) '어진 인재를 내보내는 것'은, 외국으로 망명하는 것을 말한다.

736) 한비는 덧붙이길, '이런 이유로 현명한 군주는 공적을 가지고 안에서 논하고, 이익을 가지고 밖에서 돕는다. 따라서 나라는 다스려지고, 적(敵)은 혼란해지는 것이다. 난(亂)을 일으키는

| 04 | 입도(立道)

증거를 대는 일은 증거에 맞춰 공적을 확인하고, 증거를 헤아려 실수를 묻는다. 즉 증거에 맞춰 확인하고 증거를 헤아려 추궁한다. 확인하지 않으면 위를 만만히 보게 되고, 추궁하지 않으면 **서로 작당한다.** 증거를 확인하면 많고 적음을 알 수 있고, 추궁하면 그 무리가 많은 데 미치지 않는다. 보고 듣는 자세에 있어 증거가 같은 무리에 있으면 다른 쪽을 상(賞) 주고, **고발하지 않은** 이를 처벌할 땐 죄도 물어야 한다.[737]

말을 받아들임에 있어선 많은 단서를 모아 반드시 지리(地利)를 가지고 헤아리고, 천시(天時)를 가지고 꾀하며, 물리(物理)를 가지고 증험하고, 인정(人情)에 맞추어야 한다. 이 4가지 증거가 잘 부합되면 바로 볼 수 있다. 말을 맞춰 진실을 알아내고, 시각을 바꿔 꾸밈을 고치게 한다. 나타난 것을 붙잡아 뜻밖의 일을 살피고, **측근은 한 가지 일만 힘쓰도록 한다.** 멀리 간 사자를 두렵게 하고, 지난 일로 **앞일을 추궁한다.**[738]

가까이해서 그 속을 알아내고, 멀리 두어 그 밖의 행동을 살핀다. 분명한 것을 파악해 분명치 않은 것을 추궁하고, 의도적으로 속여 넘보지 못

것은, 신하가 미움을 받으면 밖에서 현혹되고, 신하가 총애를 받으면 안에서 현혹된다. 마치 독약의 효과와 같다.'라고 했다.

737) '서로 작당한다'는 말은, 같은 패거리끼리 친화하고, 부화뇌동하는 상태를 말하고, '고발하지 않은'이란 말은, 간악한 일을 알고도 고발하지 않은 것을 뜻한다.

738) '측근은 한 가지 일만 힘쓰도록 한다'는 것은, 한 가지 일만 전문적으로 하게 하는, 즉 겸직을 하지 못하게 하는 것을 가리킨다. 그리고 '앞일을 추궁한다'는 것은, 앞으로 일어나는 일에 대해 책임을 지게 한다는 말이다.

하게 한다. 의문(疑問)이 있으면 말을 역으로 해서 시험하고, 반대 논리를 펼쳐 숨겨진 악(惡)을 살핀다. 간관(諫官)을 두어 독단을 단속하고, 바르게 처리해 간악한 움직임을 관찰한다. 명확하게 설명해 잘못을 피하게 하고, 비위를 맞춰 정직(正直)과 아첨(阿諂)을 가려내야 한다.

소문을 넓혀 아직 드러나지 않은 것을 알고, 의도적인 싸움을 통해 무리를 흩어지게 한다. 한 가지 일을 깊이 따져 사람들의 마음을 긴장시키고, 다른 말을 흘려 생각을 바꾸게 한다. 엇비슷해 헷갈리면 증거를 대고, 잘못을 진술하면 근본을 규명한다. 죄(罪)를 알아내면 벌(罰)주어 위세를 누르고, 몰래 사람을 시켜 수시로 돌게 해 실정을 살핀다. 서서히 혁신하여 무리를 갈라놓고 아래로부터 단속해 위까지 미치게 한다.

이처럼 위에서 할 일, 즉 군주로서 해야 할 일은 차고 넘친다. 다시 말해 조정의 재상(宰相)은 신하들을 단속하고, 조정의 신하들은 관속들을 단속하며, 군관은 병사들을 단속하고, 사절은 수행원을 단속하며, 현령은 관리를 단속하고, 시종과 낭중은 측근들을 단속하며, 후비(后妃)와 부인은 궁중 나인(內人)들을 단속한다. 이것을 일러 **조달(條達)**하는 길이라 한다. 말이 새어나가고 일이 누설되면 술(術)이 행해지지 못한다.[739]

| 05 | 유병(類柄)

현명한 군주가 힘써야 할 일은 비밀을 철저히 지키는 것이다. 좋아하는

---

[739] '조달(條達)'은, 나뭇가지가 퍼나가듯 통제가 잘 되고 있다는 뜻이다.

기색이 드러나면 **은덕이 팔리고**, 노여운 기색이 드러나면 권위가 갈린다. 그러므로 현명한 군주가 하는 말은 가로막아 새어나가지 않고, 비밀을 지켜 겉으로 드러나지 않는다. 여기서 **하나를 가지고 열을 잡는 것은** 아래의 방법이고, 열을 가지고 하나를 잡는 것은 위의 방법이다. 현명한 군주는 아래와 위를 병행하므로 간악을 놓치는 일이 없다.[740]

오(伍), 여(閭), 연(連), 현(縣)이 연대해 이웃 간 잘못을 고발하면 상(賞) 주고, 외면하면 처벌한다. 위가 아래에 대해, 아래가 위에 대해서도 마찬가지다. 상하가 귀천(貴賤) 없이 법에 의지해 서로 경계하고, 이(利), 즉 상(賞)으로 서로 회유한다. 민중의 성향은 생(生)의 실질에 있고 생의 보람에 있다. 군주 된 이는 현자란 명예를 가지고, 상벌이란 실권을 잡는다. 명실(名實)이 함께 갖춰지기 때문에 평판이 좋게 나온다.[741]

| 06 | 참언(參言)

듣고 맞춰보지 않고는 아래를 나무랄 수 없고, 말의 실질을 추궁하지 않으면 사설(邪說)들이 위를 파고든다. 말이란 많이 함으로써 믿게 된다. 가령 열 명의 사람들이 그것에 대해 의심스럽다고 말해도 백 명의 사람들이 아니다 하고, 천 명의 사람들이 아니라고 하면 의심을 해소할 수 없

---

740) '은덕이 팔린다'는 말은, 군주가 베풀어야 할 은덕(恩德)을 신하가 재빨리 대신하는 것을 뜻하고, '하나를 가지고 열을 잡는 것'은, 한 사람의 감시자를 세워 열 사람의 악(惡)을 고발하도록 하는 것을 가리킨다.

741) '오(伍 : 5호), 여(閭 : 25호), 연(連 : 200호), 현[縣 : 연(連)을 모아둔 것]'은, 지역 단위의 행정조직으로, 이웃끼리 서로 감시하게 하는 것을 말한다.

다. 간악한 이가 위를 파고들 때 여러 사람의 도움을 받고, 변설에 신용을 붙여 비슷한 예를 끌어다 사사로운 일을 꾸미는 이유다.

군주가 되어 분(憤)을 참고 증거 맞춤을 기다리지 않으면, 기세(氣勢)는 아래에 도움을 주게 될 것이다. 도(道)를 체득한 군주는 말을 들으면 실질을 추궁하고, 공적을 통해 상벌(賞罰)을 행하기 때문에 실질이 안 되는 사람은 조정에 머물 수 없다. 이유 없이 주장하면 거짓이 되고, 거짓이면 죄가 된다. 신하의 말은 반드시 응보가 있고, 주장은 반드시 효용을 추궁한다. 따라서 무리들의 말은 위가 듣게 되지 않는다.

무릇 군주가 진언(進言)을 받아들이게 하는 방법은 신하들이 충성스런 논법(論法)으로 간악을 고하고, 폭넓은 논법으로 **하나만을 받아들이게 하는 것**이다. 따라서 군주가 지혜롭지 못하면 간악한 이들이 개입할 여지가 생긴다. 현명한 군주의 길은, 자기가 좋으면 받아들이려고 하는 것을 알아보고, 자기가 노여우면 꾸미려고 하는 것을 살펴보며, 마음을 가라앉힌 뒤에 논해 비방이나 칭찬 등 공사(公私)의 증거를 잡는다.[742]

많이 간하는 것은, 군주가 하나를 취하게 해 죄를 피하려는 것이다. 즉 많이 간하면 실패해도 군주가 취한 것이 되고, 장차 위에서 대비하지 못하게 한다. 현명한 군주의 길은, 신하의 주장과 실질이 부합되는지를 살펴 진위를 알아내야 한다. 또 신하가 2가지를 간하지 못하게 하고, 반드

---

742) '하나만을 받아들이게 하는 것'은, 여러 가지 제시된 것들 가운데 하나를 택하게 하는 것이다.

시 책임을 지게 하여, 한 말을 제멋대로 행할 수 없게 하며, 반드시 증거를 맞추도록 한다. 이렇게 되면 간악이 나아갈 길이 없게 된다.

| 07 | **청법**(聽法)

관리의 권한이 막중함은 법이 무시되기 때문이고, 법이 무시됨은 군주가 어리석기 때문이다. 군주가 어리석으면 관리는 마음대로 하게 된다. 관리가 마음대로 하면 봉록이 이전보다 후해진다. 봉록이 이전보다 후해지면 징세가 많아지고, 징세가 많아지면 부유해진다. 관리의 부유와 권한의 막중함은 난(亂)이 일어나는 원인이다. 현명한 군주의 길은, 관직에 합당한 이를 등용하고, 그 '직에 공을 세운 이는 상(賞)' 준다.

말이 법도에 맞아 군주가 좋아하면 반드시 이익을 보고, 맞지 않아 군주가 노여워하면 반드시 해를 입는다. 이렇게 되면 사람들이 부형이라도 편들지 않을 것이고, **원수라도 나아가게 할 것**이다. 세(勢)가 법을 행하기에 충분하고, 봉록이 일을 시키기에 충분하다면 사심이 생길 이유가 없다. 따라서 민중들이 애쓰면서도 관리를 성가시게 여기지 않는다. 일을 맡더라도 막중하지 않고, 은총이 반드시 작위에 맞도록 한다.[743]

관직을 수행하는 사람의 마음에 사심(私心)이 없고, 이익을 반드시 봉록(俸祿)에 있도록 한다면 민중들도 작위를 높이고, 봉록을 중하게 여긴다.

---

[743] '원수라도 나아가게 한다'는 것은, 자신과 원수지간이라도 능력만 있으면 천거한다는 말이다.

즉 작위와 봉록은 포상하기 위한 수단이고, 민중들이 포상하기 위한 수단을 중시하면 나라가 다스려진다. 형벌이 번다(煩多)함은 명예가 잘못된 까닭이다. 포상과 명예가 일치하지 않으면 민중이 의문을 품는다. 민중이 명예를 중시하는 것과 포상을 중시하는 것은 동일하다.

상을 받은 이가 헐뜯기면 권할 수 없고, **벌을 받은 이가 칭찬받으면 금할 수 없다.** 포상은 공공의 이익으로부터 나오고, 명예는 군주를 위하는 데에 있다. 포상과 칭찬은 기준을 같게 하고, 비난과 처벌은 함께 행한다. 그렇다면 민중들에겐 포상 전에 영예가 없고, 중벌이 있는 이에겐 반드시 악명이 있으므로 민중은 두려워한다. 형벌은 금하기 위한 수단인데, 민중이 금하기 위한 수단을 두려워하면 나라가 다스려진다.[744]

| 08 | 행의(行義)

도의(道義)를 보이면 군주의 권위가 약해지고, 인자하게 들어주면 법제가 무너진다. 민중은 규제 때문에 위를 두려워하고, 위는 세를 가지고 아래를 대한다. 가령 아래가 군주를 깔보는 풍조를 영예로 여기면 군주의 권위가 갈려 약화된다. 민중은 법 때문에 위를 넘보지 못하고, 위는 법령을 가지고 인자한 마음을 물리친다. 그러므로 아래에서 대놓고 시혜를 베풀거나 뇌물 정치에 힘쓰면, 법령(法令)은 깨지고 말 것이다.

---

744) '벌을 받은 이가 칭찬받으면 금할 수 없다'는 것은, 민중들이 벌(罰) 받은 이를 칭찬하면, 처벌로 그것을 금지하는 데 한계가 있다는 말이다.

또한 사사로운 행위가 존중되면 군주의 권위가 허술해지고, 뇌물이 횡행하면 법령이 훼손된다. 군주가 그것을 받아들이면 정치가 문란해지고, 그것을 배척하면 비방을 받는다. 즉 군주가 자리에서 얕보이고, 법령은 관리들 사이에서 어지럽혀진다. 이를 가리켜 상도(常道)가 없는 나라라 말한다. 현명한 군주의 길은, 신하가 도의를 가지고 영예(榮譽)를 이룰 수 없게 하고, 가문의 이익을 가지고 공적을 삼을 수 없게 한다.

공적과 명성은 반드시 법도로부터 나와야 한다. 법이 없는 곳엔 비록 행하기 어려운 일이 있어도 드러낼 수 없어 명성을 얻을 수 없다. 법을 마련해 통제하고 상벌을 통해 능력을 다하게 하며, 비방과 칭찬을 명확히 해 권하거나 저지시킨다. 즉 **명호**와 상벌과 법령을 셋으로 일치되게 한다. 따라서 대신들이 일을 행하면 군주가 높아지고, 민중이 공적을 세우면 위에 이익이 된다. 이를 가리켜 '도가 있는 나라'라 한다.[745]

제49장 오두(五蠹)

두(蠹)는 나무속을 파먹는 좀 벌레로, 나라 안에 존재하는 기생충과 같은 사람을 비유한 말이다. 국정이 어지러운 틈을 타 혼란을 조장하는 이들의 행태를 5가지 유형으로 분류해 오두(五蠹)라 했다. 한비(韓非)는 역사적 진화론의 입장에 근거해 유가(儒家)와 묵가(墨家)를 특히 비현실적이라 비판하고, 법치(法治)의 필연성을 강조했다.

| 01 |

상고(上古) 시대엔 사람이 적고 금수(禽獸)들이 많았다. 즉 사람들이 새나 짐승, 뱀 등을 이기지 못했다. 이에 성인(聖人)이 나타나 나무로 집을 만들어 여러 해악(害惡)을 피하게 했다. 민중이 그를 좋아해 천하의 왕으로 삼고 이름을 **유소씨(有巢氏)**라 칭했다. 민중은 나무 열매, 풀씨, 조개 등을 먹었으나 비린내와 부패로 위장이 상해 질병을 많이 앓았다. 이에 성인(聖人)이 나타나 부싯돌로 불을 일으켜 부작용을 없앴다.[746]

---

746) '유소씨(有巢氏)'는, 요순(堯舜)보다 앞선 시대의 사람으로, 집을 발명했다.

민중이 그를 좋아해 천하의 왕으로 삼고 이름을 **수인씨(燧人氏)**라 칭했다. 중고(中古) 시대엔 천하에 큰물이 일어 곤(鯀)과 우(禹)가 **물을 텄다**. 근고(近古) 시대엔 걸(桀)과 주(紂)가 난폭해 탕(湯)과 무왕(武王)이 정벌했다. 만일 **하후씨(夏后氏)**의 시대에 나무를 얽거나 부싯돌을 긋는 이가 있었다면 곤과 우에게 비웃음을 당했고, 은(殷)과 주(周)의 시대에 물을 트는 사람이 있었다면 탕과 무왕에게 비웃음을 당했을 것이다.[747]

가령 요, 순, 우, 탕, 문, 무의 도를 찬미하는 이가 있다면, **새로운 성인(聖人)**에게 비웃음을 당할 것이다. 성인은 옛것만을 따르지 않고, 일정한 법을 지키려 하지 않으며, 시대에 알맞은 대책을 세운다. 송(宋)나라 사람으로 밭갈이하는 이가 있었다. 밭 가운데 나무 밑동이 있어 토끼가 달리다 나무 밑동에 걸려 목이 부러져 죽었다. 따라서 그는 밭을 갈던 쟁기를 버리고 나무 밑동을 지키며 다시 토끼 얻기만을 바랐다.[748]

| 02 |

옛날엔 남자가 농사를 짓지 않아도 초목의 열매로 넉넉했고, 여자가 베를 짜지 않아도 새나 짐승의 가죽으로 옷을 만들 수 있었다. 힘쓰지 않아

---

747) '수인씨(燧人氏)'는, 불[火]을 처음 발명한 사람으로, 도구를 인격화함으로써 문화영웅으로 삼은 대표적인 예(例)라 할 수 있고, '물을 텄다'는 것은, 체류되어 있는 강물을 터 바다로 흘려보냈다는 말이며, '하후씨(夏后氏)'는, 하(夏) 왕조를 가리킨다.
748) 한비는 덧붙이길, '하지만 토끼를 다시 얻을 순 없었다. 과거 선왕(先王)의 정치를 가지고, 지금의 민중을 다스리고자 하는 것은, 마치 나무 밑동을 지키는 송나라 사람[수주대토(守株待兎)]과 같은 부류다.'라고 했다. 그리고 '새로운 성인(聖人)'은, 요순(堯舜)과 같은 유가(儒家)의 성인이 아닌, 한비(韓非)가 이상으로 삼는 성인(聖人)을 가리킨다.

도 생활이 충분하고, 인구는 적고 재화(財貨)도 넉넉해 민중이 다투지 않았다. 이런 이유로 후한 상(賞)을 내리지 않고, 중벌(重罰)을 쓰지 않아도 민중이 절로 다스려졌다. 하지만 지금 사람들은 자식을 5명이나 두고도 많다 여기지 않고, 자식들 또한 5명의 자식들을 또 둔다.

여기에 조부(祖父), 즉 할아버지가 죽지 않으면 25명의 손자가 생기게 되는 셈이다. 이런 이유로 민중들의 수는 점점 늘어갔고, 재화는 자연스럽게 부족하기에 이르렀다. 민중들은 살아남기 위해 아침부터 밤늦게까지 움직이고, 지쳐 쓰러질 만큼 힘껏 일해도 생활하기에 부족한 것이 너무도 많았다. 이에 민중들이 다투게 되었다. 비록 상(賞)을 배로 주고, 벌(罰)을 더없이 강하게 해도 혼란에서 벗어나지 못하게 되었다.

| 03 |

요(堯)가 천하를 다스릴 땐 띠로 엮은 지붕을 다듬지 않고, 통나무로 만든 서까래는 깎지도 않았다. 현미나 기장밥을 먹고, 콩잎으로 만든 국을 마시며, 여름엔 갈포 옷을, 겨울엔 사슴의 가죽옷을 입었다. 이는 문지기 생활도 이보단 나았을 것이다. 우(禹)가 천하를 다스릴 땐 몸소 쟁기를 드는 등 솔선수범했다. 다리엔 비육(肥肉)이 없고, 정강이엔 털이 나지 않을 정도였다. 아마도 노예들의 노동도 이보단 나았을 것이다.

이로써 말한다면, 천자 자리를 물려준다는 것은 문지기 생활을 버리고 노예 같은 노동에서 벗어나는 일이다. 즉 천하를 물려주는 일이 대단하지 않은 것이다. 그런데 오늘날 현령이 죽으면 자손(子孫)이 여러 대에 걸쳐 수레를 탄다. 이를 사람들은 중히 여긴다. 이런 이유로 사람들이 자리를 물려줌에 있어 옛날의 천자는 그만두긴 쉬우나, 오늘날 현령은 버리기 어렵다고 한다. 그 박하고 후한 실익이 다르기 때문이다.

산간에 살면서 골짜기 물을 긷는 이는 섣달 제사 때 물을 서로 보내주지만, 늪지대에 살면서 물로 고통받는 이는 품을 사서 개천을 튼다. 흉년 이듬해 봄엔 어린 아우에게도 밥을 먹이지 않지만, 풍년 가을엔 먼 손[賓]까지 반드시 먹인다. 이는 친척을 멀리하고, 지나가는 나그네를 더 사랑해서가 아닌 많고 적은 실익이 다르기 때문이다. 이처럼 옛날에 재물을 가볍게 여김은 인자해서가 아니라 재물이 넉넉했기 때문이다.

또 오늘날 쟁탈은 야비해서가 아닌 재물이 적어서다. 천자 자리를 쉽게 그만두는 것은 고상해서가 아닌 세(勢)가 없기 때문이고, 벼슬을 차지하기 위해 다투는 것은 비열해서가 아닌 이권이 크기 때문이다. 따라서 성인(聖人)은 적고 많음을 헤아리고, 박하고 후함을 따져 정치한다. 벌이 가볍다고 자비가 아니고, 엄하다고 잔혹이 아니며, **세속에 맞출 따름**이다. 그러므로 일은 시대에 따르고, 대비는 일에 알맞게 한다.[749]

| 04 |

옛날 문왕(文王)은 **풍(豊)**과 **호(鎬)** 사이에 살았다. 사방 백 리 땅으로 인의(仁義)를 행해 서융(西戎)을 길들여 천하의 왕이 되었다. 서(徐)의 언왕(偃

---

749) '세속에 맞출 따름'이란 말은, 민중의 습속, 즉 현실적 동향에 적용시킨다는 뜻이다.

王)은 한수(漢水) 동쪽에 살면서 사방 5백 리 땅으로 인의를 행하자, 땅을 베어 조공하는 나라가 36개나 되었다. 초(楚)의 문왕(文王)이 언왕을 두려워한 나머지 군사를 일으켜 서(徐)를 쳐 멸했다. 문왕은 인의를 행해 천하의 왕이 되었고, 언왕은 인의를 행해 나라를 잃었다.[750]

이는 인의(仁義)가 문왕(文王) 때는 쓰였으나, 언왕(偃王) 때는 쓰이지 못했기 때문이다. 그러므로 말하길, '시대가 다르면, 일도 다르다.'고 했다. 순(舜)의 시대에 **유묘(有苗)**가 복종하지 않자, 우(禹)가 치고자 했다. 이에 순이 말하길, '옳지 않다. 군주의 덕(德)이 후하지 않으면서 무력(武力)을 행함은 정당한 도(道)가 아니다.'라고 했다. 이에 3년 동안 교화를 시켜 방패와 도끼를 들고 춤을 추자 유묘가 바로 복종했다.[751]

공공(共工)과의 싸움에선 갑옷이 튼튼하지 않은 이들이 상처를 입었다. 무기의 힘이 커진 것이다. 따라서 '일이 다르면 대비도 변해야 한다.'고 했다. 상고엔 도덕을 다루고, 중세엔 지모를 겨뤘으나 오늘날에는 기력을 다툰다. 제(齊)가 노(魯)를 치려 할 때 노가 자공(子貢)을 시켜 달랬다. 제나라 사람이 말하길, '그대의 주장이 틀린 것은 아니나, 제나라가 진정 바라는 것은 토지다. 옳고 그름의 문제가 아니다.'라고 했다.[752]

드디어 군사를 일으켜 노(魯)를 치고 성문과 십 리 거리를 두고 경계를

---

750) '풍(豐)과 호(鎬)'는 둘 다 주(周) 왕조 창건 때의 도읍이다. 섬서성(陝西省) 서쪽 지역이다.
751) '유묘(有苗)'는, 장강 유역의 부족, 즉 삼묘(三苗)라고도 부른다.
752) '공공(共工)'은, 순(舜)임금 때, 물과 흙을 잘 다루던 부족의 이름이다.

정했다. 여기서 언왕은 인의를 행하였으나 서는 망하고, 자공은 변설과 지모를 부렸으나 노나라는 영토가 줄었다. 이로써 말한다면 무릇 인의나 변설, 지모는 나라를 지탱하는 수단이 못 된다. 언왕이 인의를 버리고, 자공이 지모를 그만두며, 서와 노가 힘을 길러 만승의 나라를 적대토록 했다면 제와 초의 욕망도 두 나라를 당해낼 수 없었을 것이다.

| 05 |

무릇 옛날과 지금은 풍속이 다르고, 따라서 옛날과 지금은 대비도 달라야 한다. 만일 너그럽고 느릿한 정책으로 급박한 세상의 민중을 다스리려 한다면, 마치 고삐나 채찍도 없이 사나운 말을 다루는 것과 같다. 이는 현실을 전혀 모르는 환난(患難)이라 할 수 있다. 지금 유가(儒家)와 묵가(墨家)가 말하길, '선왕은 천하를 아울러 사랑하였으므로 민중 보기를 부모와 같이했다.'고 한다. 무엇으로써 그렇다고 밝히겠는가.

말하길, '법관이 형(刑)을 집행하면, 군주가 그 때문에 악기를 들지 않고, 사형 보고를 들으면, 그 때문에 군주가 눈물을 흘린다.'고 했다. 이것이 높이 받드는 바의 선왕이다. 무릇 군신 사이를 부자와 같이 생각하면, 반드시 다스려진다고 한다. 이로 미뤄보면 부자 사이는 틀어지지 않는다고 본다. 사람의 타고난 정이란 부자보다 앞선 것이 없기 때문이다. 하지만 모두 사랑받는다고 반드시 의(義)가 좋다고 할 순 없다.

지금 선왕이 민중을 사랑함은 부모가 자식을 사랑하는 것에 미치지 못한다. 부모와 자식도 의가 상할 수 있다면, 군주와 민중은 말할 것이 없다. 또 법을 가지고 형을 집행하면 군주가 눈물을 흘린다고 하는데, 그것으로 다스렸다고 할 순 없다. 즉 눈물을 보이며 형벌을 바라지 않는 것은 인(仁)이나, 그럼에도 처형하는 것은 법이다. 따라서 법이 정치의 수단이지, 인(仁)이 정치의 수단으로 삼을 수 없는 것은 명확하다.

| 06 |

민중들은 본래 세(勢)에 굴복하고, 의(義)를 따를 수 있는 사람은 적다. 공자(孔子)는 천하의 성인(聖人)이다. 행실을 닦고 도(道)를 밝히기 위해 온 천하를 주유했다. 온 천하가 인(仁)을 좋아하고, 의(義)를 찬미했으나 제자가 된 이들은 70명에 불과했다. 즉 인을 귀하게 여기는 이들은 적고, 의를 행하긴 어렵기 때문이다. 그러므로 천하의 크기를 가지고도 제자가 된 이들은 70명이고, 인의를 행한 사람은 **한 사람**이다.[753]

노(魯)의 애공(哀公)은 하급의 군주다. 그럼에도 남면해 군주로 즉위하자, 민중들은 감히 신하가 되지 않을 수 없었다. 민중이란, 본래 세(勢)에 굴복하므로 세는 사람을 쉽게 복종시킬 수 있는 힘이 있다. 말하자면 공자가 애공의 신하가 된 것도, 의(義)에 따른 것이 아닌 사실상 세에 굴복한 것이다. 그러므로 의를 가지고 한다면 공자가 애공에게 복종하지 않으나, 세에 의존한다면 애공도 공자를 신하로 삼을 수 있다.[754]

---

753) 여기서 '한 사람'은, 공자(孔子)를 가리킨다.

754) 한비는 덧붙이길, '지금 학자들은 군주를 설득하면서 남을 이기는 세(勢)에 의존하지 않고, 인의(仁義)를 힘써 행하면 다스릴 수 있다고 한다. 이는 군주가 공자 수준이 되길 바라고, 세상의 평범한 민중들이 모두 공자의 제자들처럼 되길 바라는 것이다. 이는 결코 이뤄질 수 없는

여기 불량한 자식이 있다. 부모가 노(怒)해도 고치지 않고, 마을 사람들이 지도해도 움직이지 않으며, 스승이 문제를 삼아도 마이동풍(馬耳東風)이다. 무릇 부모의 사랑과 마을 사람들의 지도, 스승의 지혜라는 3가지 미덕(美德)이 가해져도 끝내 움직이지 않고 털끝만큼도 고치지 않는다. 하지만 주부(州部)의 관리가 관병을 끌고, 공법을 내세워 간악한 사람을 잡으려 하면 두려워하면서 생각을 바꾸고 행동을 고치게 된다.

이를 통해 보면, 부모의 사랑은 자식 가르치기에 부족하고, 반드시 **주부**의 엄한 형벌을 기다려야만 한다. 민중들은 본래 사랑엔 교만하지만, 권세엔 복종하기 때문이다. 따라서 높이가 얼마 안 되는 성곽을 **누계(樓季)**도 넘을 수 없는 것은 가파르기 때문이고, 천 인(仞)이나 되는 높은 산에서 절름발이 양[羘]을 기를 수 있는 것은 평탄하기 때문이다. 그러므로 현명한 군주는 법을 준엄하게 하고, 형벌을 엄격하게 한다.[755]

베나 비단 등이 희소하면 취하지만, 황금이 **백** 일이면 **도척(盜跖)**도 취하지 않는다. 반드시 해가 없다면 조금도 취하지만, 반드시 해가 된다면 백 일도 취하지 않는다. 따라서 현명한 군주는 처벌을 분명히 한다. 이런

도리다.'라고 했다.
755) '주부(州部)'는, 각 지방의 행정구역을 말하고, '누계(樓季)'는, 전국 초기, 위(魏)나라 문후(文侯)의 아우로, 발이 빠른 용사로 불린다.

이유로 상(賞)은 후하게 틀림없이 행해 민중이 이익으로 여기도록 하는 것이 좋고, 벌(罰)은 중하게 행하여 민중이 두려워하도록 하는 것이 좋으며, 법은 명확히 집행됨을 민중이 알도록 하는 것이 좋다.[756]

| 08 |

공로가 있어 작위를 주었는데 천박하다 하고, 경작에 힘써 상(賞)을 내렸는데 벌이가 적다고 한다. 부름에 응하지 않아 소외되었는데 고결하다 하고, 금령을 어겨 죄가 되었는데 용기라 한다. 칭찬과 비방, 상과 벌이 서로 맞지 않아 법과 금령이 무너지고, 민중은 더욱 혼란하게 된다. 만일 형제가 침해를 당했을 때, 반드시 치는 것을 염(廉)이라 하고, 아는 벗이 모욕을 당했을 때, 앙갚음하는 것을 정(貞)이라 한다.

따라서 염(廉)과 정(貞)이란 행실이 이뤄지면 사실상 법을 어기게 된다. 힘써 일하지 않고도 입고 먹는 것을 일러 능(能)이라 하고, 싸운 공로도 없이 존중받는 것을 일러 현(賢)이라 한다. 이처럼 능(能)과 현(賢)의 행위가 이뤄지면 군대는 약화되고, 토지는 황폐하게 된다. 군주가 능현(能賢)의 행위를 좋아해 군대가 약화되고 토지가 황폐해지는 화(禍)를 잊는다면, 사적인 행위들이 마구 일어나 공적인 이익은 무시당한다.

---

756) 한비는 덧붙이길, '이 때문에 군주는 상벌(賞罰)에 있어 명확해야 한다. 칭찬이 상(賞)을, 비방이 벌(罰)에 따르게 하면, 현자나 어리석은 사람들 모두가 힘을 다하게 될 것이다.'라고 했다. 그리고 '백 일(鎰)'은, 정련된 양질의 황금 2천 냥의 수량을 말하고, '도척(盜跖)'은, 춘추시대의 대도(大盜)를 말한다.

유가(儒家)는 문(文)을 가지고 법을 어지럽히고, 협객은 무(武)를 가지고 금령을 어기지만 군주는 도리어 그들을 예우하니, 이것이 난(亂)의 원인이다. 무릇 법을 어긴 사람은 죄가 되지만 **학자들**은 학문을 가지고 임용되고, 금령을 어긴 사람은 처벌을 받지만 협객들은 사사로운 검술을 가지고 고용된다. 이는 법(法)이 안 된다고 하는 것을 군주가 임용하는 셈이 되고, 관리가 처벌하는 것을 군주가 고용하는 셈이 된다.⁷⁵⁷⁾

위법과 임용, 양성, 징벌 등 이 4가지가 서로 어긋나 일정함이 없으면, 비록 황제(黃帝)가 열 명이나 되더라도 다스릴 수 없을 것이다. 즉 인의(仁義)를 행하는 이는 칭찬할 바가 아님에도 칭찬하면 공적을 해치게 되고, 고전을 익힌 이는 등용할 바가 아님에도 등용하면 법이 혼란하게 된다. 초(楚)나라 사람으로 정직한 궁(躬)이 있었다. 그 아버지가 양을 훔치자 관리에게 그것을 알렸다. 재상이 말하길, '**죽이라.**'고 했다.⁷⁵⁸⁾

군주에 대해선 정직하지만 아버지에 대해선 옳지 않다고 판단해 죄를 준 것이다. 이는 군주의 정직한 신하는 아버지의 포악한 자식인 셈이다. 노(魯)나라 사람이 군주를 따라 전쟁터에 나가 3번 싸워 3번 도망쳤다. 공자가 그 까닭을 묻자, 답하길, '나에겐 늙은 아버지가 있어 내가 죽으면

---

757) 여기서 '유가(儒家)'는, 학자를 총칭한 말이고, 여기 '학자들'은, 유가(儒家)와 묵가(墨家)를 포괄한 학자들을 가리킨다.

758) 재상이 그 고발한 자식을 '죽이라.'고 한 것은, 부친의 입장에서 패륜(悖倫)이었기 때문이다.

봉양하지 못한다.'고 했다. 공자가 효자(孝子)로 여겨 천거해 위로 올렸다. 이를 미뤄보면 아버지의 효자는, 군주의 역신(逆臣)인 셈이다.[759]

| 10 |

옛날에 **창힐(蒼頡)**이 글자를 만들 때 **자신을 둘러싸는 것**을 일러 사(私) 라 하고, 사에 반대되는 것을 일러 공(公)이라 했다. 공사(公私)가 이렇게 반대됨은 창힐도 당시부터 알고 있었다. 그럼에도 지금 이해(利害)가 동일 하다고 여기는 것은, 세밀하게 살피지 못한 결과이다. 그렇다면 필부의 계산은 무엇인가. 인의(仁義)를 닦고, 학문을 익히는 것이 좋다. 즉 인의를 닦으면 신임을 얻고, 신임을 얻으면 벼슬을 얻게 된다.[760]

또 학문을 익히면 고명한 스승이 되고, 고명한 스승이 되면 영예가 드 러난다. 이것이 필부의 이익이다. 그럼에도 공로 없이 일을 맡고, 작위 없 이 영예가 드러난다. 만일 정치가 이와 같다면 나라는 반드시 혼란해지 고, 군주는 반드시 위태로울 것이다. 따라서 서로 용납되지 않는 일은 양 립할 수 없다. 가령 적의 목을 벤 이가 상을 받으면서 자혜로운 행위를

---

759) 한비는 덧붙이길, '이와 같이 재상이 처벌함으로써 초(楚)나라에선 간악이 알려지지 않게 되었고, 공자가 상(賞)을 주어 노(魯)나라의 민중들은 쉽게 항복하고 달아나게 되었다. 아래와 위 의 이해가 이처럼 달랐다. 따라서 군주가 하찮은 사람들의 행동까지 들어 사직(社稷)의 복을 구 한다면, 결코 이루지 못할 것이다.'라고 했다.

760) '창힐(蒼頡)'은, 한자(漢字)를 창제했다고 전해지는 인물이다. 전설에 따르면, 황제(黃帝)의 사관(史官)으로, 눈이 4개였다. 이 시기를 문명의 시점으로 삼는데, 대략 기원전 24세기 전후로 추정한다. 다양한 제도가 수립됨은 물론, 기존의 한자 원형을 정리하고, 기준을 설립한 것으로 보기도 한다. 그리고 '자신을 둘러싸는 것'은, 자기 멋대로 땅의 경계를 그어 자기 것으로 삼는 것을 뜻한다.

하고, 성을 함락시키고 작록을 받으면서 **겸애설**을 신봉한다.⁷⁶¹⁾

또 견고한 갑옷과 예리한 무기로 난(亂)에 대비하면서 점잖은 옷차림을 찬미한다. 나라의 부(富)를 농민으로 하고, 적(敵)을 막는 데 병졸에 의지하면서 학문한 사람을 귀하게 여긴다. 군주를 공경하고 법을 두려워하는 민중은 버려두고, 사나운 협객이나 검객 따위를 존중한다. 실제의 행동거지가 이와 같다면 결코 다스리거나 강해질 수 없다. 나라가 태평하면, 유가나 협객을 기르고 '어려움이 닥치면 병사를 동원'한다.⁷⁶²⁾

---

761) '겸애설(兼愛說)'은, 묵자(墨子)가 주장한 핵심사상 가운데 하나다. 그는 겸애에 대해 이렇게 주장한다. "천하의 해악(害惡)을 제거하고, 천하의 이익(利益)을 추구하는 것이 인자(仁者)의 사명이다. 천하의 해악 가운데 묵과할 수 없는 것은 무엇인가. 대국(大國)이 소국(小國)을 공격하고, 큰 씨족이 작은 씨족을 괴롭히고, 강자가 약자를 치고, 다수가 소수를 무시하고, 가짜 군주가 민중을 속이고, 귀족이 평민을 경멸하는 일 등이다. 군주가 횡포를 부리고, 신하가 충성하지 않으며, 부모가 애정이 없고, 자식이 효도하지 않는 것도 천하의 해악이다. 무기를 들고, 독약을 뿌리고, 물과 불로 공격하는 것도 그렇다. 수단을 가리지 않고 살육하는 것도 천하의 해악이다. 이처럼 수많은 '해악'은 어디서 비롯되는가. 그것은 사람을 사랑하고, 사람에게 이익을 주었기 때문이 아니다. '사람을 미워하고, 사람에게 불이익을 주었기 때문'에 생겨난 것이다. 사람을 미워하고 사람에게 해악을 주는 행위, 그것은 '모든 사람을 평등하게 보아야 한다'라는 겸애에서 생기는 것인가, '사람을 차별해야 한다'라는 별애에서 생기는 것인가. 말할 것도 없이 후자 때문이다. 그렇다면 '별애[差別愛]'야말로 '천하의 해악'이고, 원천이다. 내가 '별애'를 대신해 겸애를 주장하는 것은 무엇인가. 만일 제후가 자기 나라처럼 다른 나라를 위해 힘을 쓴다면, 전쟁은 일어나지 않을 것이다. 왜냐하면 상대를 내 몸과 같이 여기기 때문이다. 만일 경대부(卿大夫)가 자신의 일족을 대하는 것과 마찬가지로 다른 씨족을 위해서 힘을 쓴다면 분쟁은 일어나지 않을 것이다. 그것은 곧 상대가 내 몸과 같은 존재이기 때문이다. 전쟁이나 내분이 일어나지 않는 상태, 그것은 천하의 '이익'인가, '해악'인가. 말할 것도 없이 그것은 '천하의 이익'이다. 이렇게 수많은 '이익'은 어디서 생기는가. 사람을 미워하고 사람에게 해악을 주기 때문에 생기는 것이 아니다. '사람을 사랑하고 사람에게 이익을 주기 때문'에 생기는 것이다. 그렇다면 '겸애'야말로 '천하의 이익'을 가져다주는 원천이다."

762) 한비는 덧붙이길, '이처럼 이익이 되는 것은 쓰이는 바가 못 되고, 쓰이는 것은 이익이 되는 바가 못 된다. 이런 이유로 일에 종사하는 사람은 본업을 소홀히 하고, 학자나 협객은 날로 증가한다. 이는 세상이 혼란해지는 원인이다.'라고 했다.

세상에서 논하는 현자(賢者)는 곧고 성실한 사람을 말한다. 지자(智者)란 미묘(微妙)하고 심오한 말을 하는 사람이다. 미묘한 말은 **상지(上智)**도 알기 어렵다. 지금 사람들이 법(法)을 만들면서 상지조차 알기 어려운 것으로 하면, 민중들은 결코 그것을 알 수 없다. 술지게미조차 배불리 먹지 못하는 사람은 기름진 밥이나 고기를 바라지 않고, 해진 옷조차 갖추지 못하는 사람은 '아름답게 수놓은 옷'을 기대하지 않는다.[763]

세상 다스리는 일은 급박한 것에 힘써야지, 느긋한 것에 힘쓸 바가 못 된다. 따라서 정사(政事) 가운데 민중들이 알 수 없는 것을 쓰거나, 상지의 논의에 마음을 쓰면 정치가 제대로 될 수 없다. 그러므로 미묘한 말은 민중에게 힘쓸 것이 못 된다. 지금 곧고 성실한 행위를 어질다고 하는 것은, 반드시 속이지 않는 사람을 존중하려 함이다. 속이지 않는 사람을 존중하는 것은 속임을 당하지 않을 것이란 믿음 때문이다.

민중들 상호 간의 사귐은, 서로 이익을 주고받을 부(富)가 없고, 두려워할 위세도 없으므로 서로 속이지 않는 사람을 찾는다. 지금 군주는 사람을 제압하는 권세 자리에 있고, 온 나라의 부(富)를 지니고 있다. 후한 상과 엄격한 처벌이라 할 권병을 잡을 수 있어서 밝은 법술이 비추는 데를 닦는다면, 비록 **전상(田常)**이나 **자한(子罕)** 같은 신하가 있더라도 감히 속

---

763) '상지(上智)'는, 최상의 지혜를 지닌 사람을 말한다.

이지 못할 것이다. 어찌 속이지 않는 사람을 기대하겠는가.[764]

지금 성실한 사람은 열도 되지 않으나 국내의 벼슬자리는 백을 헤아린다. 반드시 성실한 사람만을 임용한다면 인원이 벼슬자리에 부족하다. 인원이 벼슬자리에 부족하면, 다스려지는 일은 적고, 혼란해지는 일은 많을 것이다. 따라서 현명한 군주의 길은, 법을 일정하게 하여 지자를 구하지 않고 술(術)을 굳게 지키며, 성실을 마음에 두지 않는다. 그러면 법이 무너지지 않을뿐더러 신하들의 간악과 사기도 멀어지게 된다.

| 12 |

지금 언론에 대한 군주의 생각은 변설만을 좋아하고, 그것이 실제로 맞는지 여부는 관심이 없다. 행위에 대한 명성만을 찬미하고, 공적은 재촉하지 않는다. 이 때문에 천하의 많은 사람 가운데 담론하는 이들은 변설에만 힘쓰고, 실질에는 못 미친다. 그러므로 선왕을 들어 인의를 논하는 이들은 조정에 가득하지만, 정사는 어지러움을 면치 못한다. 몸가짐을 닦는 이들은 고결하기만을 다투고, 공적과는 합치되지 않는다.

이 때문에 지혜 있는 사람들이 바위굴 등에 살면서 봉록을 주어도 받지 않아, 병력이 약세를 면치 못하고 있다. 병력이 약세를 면치 못하면,

---

764) '전상(田常)'은, 제나라 간공(簡公)의 권신(權臣)인 전성자(田成子)를 말하고, '자한(子罕)'은, 전국시대 송(宋)나라의 찬역(簒逆) 신하로, 자한(子罕)은 황희(皇喜)의 자(字)다. 춘추시대 때 악희(樂喜)와는 다른 인물이다.

정사도 혼란함을 면치 못한다. 대체 어떤 이유에선가. 민중들이 칭찬하는 것과 군주가 예우하는 것이 혼란함을 야기하는 술(術)이 되기 때문이다. 지금 나라의 구성원들이 모두 정치를 말하고, **상앙(商鞅)**이나 관중(管仲)의 법을 집집마다 소장하고 있음에도 나라는 더욱 가난해진다.[765]

이는 농사를 논하는 이는 많아도 쟁기는 잡지 않기 때문이다. 나라의 군사를 논하고, **손무(孫武)**나 **오기(吳起)**의 병서를 집집마다 소장하고 있음에도 병력이 약해지는 것은, 입으로 전쟁을 논하는 이들은 많아도 갑옷은 입지 않기 때문이다. 따라서 현명한 군주는, 그 역량을 활용하더라도 그 언론은 듣지 않고, 공적에 대해 상을 주더라도 쓸데없는 말은 반드시 금한다. 그러므로 민중이 사력을 다해 군주를 따르게 된다.[766]

| 13 |

무릇 **농사짓는 일**은 고달픈 일임에도 민중이 그것을 행하는 것은 부(富)해질 수 있기 때문이다. 전쟁하는 일은 위험한 일임에도 민중이 그것을 피하지 않는 것은 귀(貴)해질 수 있기 때문이다. 만일 학문을 닦고 말재주를 익혀 농사짓는 고달픔 없이도 재부(財富)의 실리를 얻고, 전쟁의

---

765) '상앙(商鞅)'은, 공손앙(公孫鞅)으로, 진(秦)나라의 효공(孝公)으로 하여금 변법을 성공케 하여, 그 공으로 상(商) 땅에 봉후(封侯)된 인물이다.

766) '손무(孫武)'는, 춘추시대 병법가(兵法家)로, 제(齊)나라 낙안 출신이며, 『손자병법(孫子兵法)』의 저자이다. 그리고 초(楚)나라는 춘추시대만 해도 중원의 진나라와 자웅을 겨루던 나라다. 이런 초나라가 전국시대에 들어 토착 귀족세력의 위세로 피폐(疲弊)를 면치 못했다. 이런 상황에서 도왕(悼王)은 위나라에서 망명한 '오기(吳起)'를 등용해 강력한 변법을 실시해 초나라를 부강하게 했다.

위험 없이도 귀(貴)해질 수 있다면 어느 누가 하지 않겠는가. 이런 까닭으로 백 사람이 지혜를 다듬고, 한 사람만이 일하게 된다.[767]

이처럼 지혜를 다듬는 이가 많으면 법이 무너지고, 일하는 이들이 적으면 나라는 가난해진다. 이것이 세상이 혼란해지는 원인이다. 현명한 군주의 나라에선 선왕의 말은 없고, 관리를 스승으로 삼으며, **개인의 칼부림**은 없고, 적(敵)의 목을 베는 것을 용맹으로 삼는다. 이런 이유로 민중 가운데 담론하는 이는 반드시 법에 따르고, 일하는 이는 그것을 공적으로 삼으며, 용맹을 떨치는 사람은 그것을 군에서 다하게 된다.[768]

| 14 |

사(士)나 민중은 안으로 방자하고, 담론하는 이는 밖으로 세(勢)를 펴 안팎이 악(惡)과 겨루니 위태롭지 않은가. 여러 신하들 가운데 외교(外交)를 논하는 이는 **합종(合從)**과 **연형(連衡)**의 무리로 갈리지 않으면, 적대의 감정으로 나라의 힘을 빌리려 한다. 합종이란, 약소국들이 하나로 합쳐 강한 진나라에 대항하는 것이고, 연형이란, 강한 진나라를 섬겨 여러 약소국들을 치는 것이다. 모두 '나라를 보존하는 방법'이 아니다.[769]

---

767) '농사짓는 일'은, 근육(筋肉)을 쓰는 육체노동을 뜻한다.

768) 한비는 덧붙이길, '이 때문에 전쟁이 없으면 나라가 부유해지고, 전쟁이 있으면 군대가 강해진다. 이것을 일러 왕자(王資), 즉 패왕(霸王)이 되는 바탕이라 한다. 군주가 왕자를 길러 적국의 틈을 타 장차 오제(五帝)를 넘어 삼왕(三王)과 어깨를 나란히 하는 대업을 이루고자 하면 반드시 이 법(法)을 따라야 한다.'라고 했다. 그리고 '개인의 칼부림'은, 사익(私益)을 위해 칼을 휘두르지 않는다는 말이다.

769) '합종(合從)과 연형(連衡)'은, 소진(蘇秦)이 주장한 합종책(合從策)과 장의(張儀)가 주장한 연형

신하들 가운데 연형을 주장하는 이들은, '사대(事大)하지 않으면 화(禍)를 입을 것이다.'라고 한다. 하지만 사대해도 반드시 실익이 있는 것은 아니다. 오히려 지도를 바치고, 옥새를 바치며, 군사를 청하는 경우가 있다. 지도를 바치면 영토가 줄고, 옥새를 바치면 명예가 실추된다. 영토가 줄면 나라가 약해지고, 명예가 실추되면 정사가 혼란해진다. 즉 사대하더라도 실리가 없으면 영토만 잃고 정사는 혼란해질 따름이다.

신하들 가운데 합종을 주장하는 이들은, '작은 나라를 구하고, 큰 나라를 치지 않으면 천하를 잃으며, 천하를 잃으면 나라가 위태롭고, 나라가 위태로우면 군주는 비천해진다.'라고 말한다. 작은 나라를 구해도 반드시 실리가 없다면, 전쟁만 일으켜 큰 나라와 적대하는 셈이 된다. 즉 작은 나라를 구해도 반드시 존속된다는 보장이 없고, 큰 나라와 대적하면 자칫 사이가 틀어질 수도 있다. 틀어지면 큰 나라에 제압을 당한다.[770]

| 15 |

신하들의 입장에서 강국을 섬기면, 외세(外勢)를 가지고 안에서 벼슬할

책(連衡策)을 줄여 말한 것으로, 이들을 이른바 종횡가(從橫家)라 한다. 참고로 합종(合從)의 종(從)은 종(縱)과 통하고, 연형(連衡)의 형(衡)은 횡(橫)과 통한다. 따라서 일반적으론 '합종연횡(合從連橫)'으로 부른다.

770) 한비는 덧붙이길, '따라서 출병하면 군(軍)이 패하고, 물러서면 성(城)이 함락된다. 작은 나라를 구하고, 합종(合從)하더라도 이익을 보기 전에 영토만 잃고, 군은 패하게 되는 것이다.'라고 했다.

것이고, 작은 나라를 구원하면, 안의 권력을 가지고 밖에서 이익을 도모할 것이다. 나라의 이익이 드러나기도 전에 봉토(封土)와 후한 작록(爵祿)이 들어오고, 군주의 위상은 비록 낮아져도 신하는 높여지며, 나라의 영토는 비록 줄어도 사가(私家)는 부유해진다. 일이 성사되면 권세가 오래 지속되고, 일이 어그러져도 부(富)를 가지고 물러나 잘 산다.

또 군주가 신하의 주장을 들으면, 일이 성사되기 전에 작록이 높아지고, 일이 어그러져도 처벌받지 않는다. 따라서 유세하는 사람 가운데 누가 주살로 새 잡는 말재주를 통해 요행을 바라지 않겠는가. 군주가 깨지고 나라가 망하는 것은 공허한 주장을 듣기 때문이다. 그 이유는 무엇인가. 바로 군주가 공과 사의 이해를 분명히 하지 못하고, 언론의 시비(是非)를 살피지 못하며, 처벌이 반드시 뒤따르지 않았기 때문이다.

이에 모두가 말하길, '외교(外交)에 힘쓰면 크게는 왕자(王者)가 될 수 있고, 작게는 안정시킬 수 있다.'고 한다. 무릇 왕자란 능히 남을 칠 수 있으나, 상대가 안정되어 있으면 칠 수 없다. 강하면 능히 남을 칠 수 있으나, 다스려지면 칠 수 없다. 강하거나 다스려짐은 밖에서 구할 수 없고, 내정에 달려 있다. 만일 안으로 법술(法術)을 행하지 않고, 밖으로 지모를 일삼는다면, 강해지고 다스려지는 데에 이르지 못할 것이다.

| 16 |

항간의 속담에 이르길, '소맷자락이 길면 춤을 잘 추고, 돈이 많으면 장사를 잘한다.'고 한다. 이것은 밑천이 많아야 일하기가 쉽다는 말이다. 따

라서 강하고 다스려지면 모략(謀略)을 꾸미기가 쉽고, 약하고 혼란하면 계략(計略)을 꾸미기가 어렵다. 그러므로 진(秦)나라에 등용된 사람은 열 번이나 변경을 해도 모략이 실패하는 경우가 드물고, 연(燕)나라에 등용된 사람은 한 번만 변경해도 계략이 성사되는 경우가 드물다.

이는 진나라에 등용된 사람은 지혜롭고, 연나라에 등용된 사람은 어리석어서가 아니다. 무릇 다스려진 나라와 혼란한 나라의 바탕이 다르기 때문이다. 이를테면 주(周)는 진(秦)을 버리고 합종했다가 1년 만에 망하고, 위(衛)는 위(魏)를 떠나 연형(連衡)했으나 반 년 만에 망했다. 즉 주(周)는 합종으로 멸하고, 위(衛)는 연형으로 망한 것이다. 만일 주와 위가 합종과 연형의 책략을 늦춰 '국내 정사에만 힘썼다면' 어땠을까.

또 법령과 금제를 분명히 해 상벌(賞罰)을 행하고, **지력(地力)**을 다해 축적하며, 민중이 죽기를 다해 성(城)을 지켰다면 어땠을까. 천하가 그 토지를 차지해도 이익은 적고, 나라를 치더라도 피해는 컸을 것이다. 이것이 망하지 않는 술(術)이다. 반드시 망하지 않는 술을 버리고, 반드시 망하는 길을 따른다는 것은 나라 다스리는 이의 잘못이다. 지혜가 밖으로 막히고, 정사가 안으로 혼란하면 망하더라도 구할 수 없다.[771]

| 17 |

민중은 안정되고 이익을 좇으며 위험과 궁핍을 피한다. 만일 전쟁에서

---

771) '지력(地力)'은, 농사짓는 일, 즉 생산력을 가리킨다.

나아가면 적에게 죽고, 물러나 처벌로 죽는다면 위험한 것이다. 자기 집 일을 버리고 전쟁의 노고를 다해 집안이 곤궁함에도 위가 보살피지 않으면 궁핍한 것이다. 위험과 궁핍이 있는 것을 민중이 어찌 피하지 않을 수 있겠는가. 따라서 사문(私門)에 종사하여 병역을 온전히 면제받고, 면제가 온전하면 전쟁을 멀리하며, 전쟁을 멀리하면 곧 안정된다.

뇌물을 써서 요직(要職)의 사람에게 기대면 바라는 이익을 얻는다. 안정되고 이익이 있는 것을 어찌 쫓지 않을 수 있겠는가. 따라서 공인은 적어지고, 사인은 많아지는 것이다. 무릇 현명한 군주의 다스림은 상공인 등 놀고먹는 사람들의 숫자를 적게 하고, 그들의 신분을 낮추며, 농사일을 권장한다. 따라서 상공인들은 군주의 측근들을 통해 관작을 돈으로 살 수 있고, 관작을 사면, 상공인들의 신분은 천하지 않게 된다.[772]

| 18 |

혼란한 나라의 풍속을 보면 5가지로 나눠볼 수 있다. 첫째, 학자들은 선왕의 도(道)를 칭송하고, 입만 열면 인의(仁義)를 논하며, **용모와 옷차림을 성대(盛大)하게** 하고, 입으론 변설(辯說)을 꾸미며, 당대의 법을 의심하게 만들어 군주의 마음을 흔들어 놓는다. 둘째, 합종(合從)과 연형(連衡)을 주장하는 유세객들은 거짓을 늘어놓고, 외국의 힘을 빌려 사적인 욕심을

---

772) 한비는 덧붙이길, '이 때문에 간악한 장사와 재화가 시장에서 통용되면, 상인들의 수는 점점 많아지고, 수익은 농사일의 갑절이나 된다. 존중됨이 경작과 전투에 참가하는 사람보다 지나치면 성실한 사람은 줄어들고, 장사하는 사람은 많아진다.'라고 했다.

채우며, 나라의 이익과 관련된 것은 전혀 관심이 없다.[773]

셋째, 협객은 무리를 모아 절의(節義)를 내세우고, 자신의 이름을 드러 내며, 조정(朝廷)에서 내세우는 법령을 예사로 범한다. 넷째, 권력 주변에 빌붙어서 먹고사는 정객(政客)들은 뇌물로 요직에 있는 신하들을 활용한 다. 때문에 그들은 전쟁터 등에서 목숨을 바쳐야 할 일 등을 면제받는다. 다섯째, 상공인은 값이 쌀 때 물건을 쌓아두었다가 값이 오르면 내다 팔 아 폭리를 취함으로써 농부에게 돌아갈 이익을 탈취한다.

이 5가지의 부류는 나라의 기둥을 좀 먹는 벌레[蠹]와 같은 존재들이 다. 따라서 군주가 이 5가지 좀 벌레에 해당하는 존재들을 제거하지 않 고, 경전(耕田)에 뛰어난 **경개지사(耿介之士)**를 양성하지 않으면 나라가 망 하지 않을 재간이 없다. 다시 말해 좀 벌레와 같은 존재들을 제거하지 않 고, 성실한 사람을 길러내지 못한다면, 비록 깨지고 패망하는 나라와 깎 이고 멸하는 조정이 있더라도 괴이하게 여길 것이 못 된다.[774]

---

773) '용모와 옷차림이 성대(盛大)하다'는 것은, 위엄이 있는 체하면서 거드름을 피우는 용모를 가리킨다.
774) '경개지사(耿介之士)'는, 농사(農事)에 출중한 사람 혹은 농사에 성실한 사람을 가리킨다.

제50장 현학(顯學)

현학(顯學)이란 세상에 현저하게 드러난 학파인 유가(儒家)와 묵가(墨家)를 가리킨다. 두 학파의 주장과 실태에 대해 신랄하게 비판한다. 즉 주관적인 덕치주의(德治主義)와 객관적이고 실증적인 법치주의(法治主義)의 대결이다. 앞장인 오두(五蠹)에서 다룬 학자와 협객문제를 보다 상세하게 다뤘는데, 한비(韓非)의 중심사상이 잘 드러나 있다.

| 01 |

요즘 세상에 현저(顯著)하게 드러난 학파는 이른바 유가(儒家)와 묵가(墨家)이다. 유가의 효시(嚆矢)는 공자(孔子)이고, 묵가의 효시는 묵자(墨子)이다. 공자 사후 유가 내에선 **자장(子張)**의 유가가 있고, 자사(子思)의 유가가 있으며, **안씨(顔氏)**의 유가가 있고, **맹씨(孟氏)**의 유가가 있으며, 칠조씨(漆雕氏)의 유가가 있고, 중량씨(仲良氏)의 유가가 있으며, **손씨(孫氏)**의 유가가 있고, 악정씨(樂正氏) 등의 학파들이 생겨났다.[775]

---

775) '자장(子張)'은, 공자의 제자로, 진(陳)나라 출신이다. 성은 전손(顓孫), 이름은 사(師)이다. '안씨(顔氏)'는, 공자의 수제자인 안회(顔回)를 가리키고, '맹씨(孟氏)'는, 맹자(孟子)를 가리키며, '손씨

묵자 사후 묵가 내에선 **상리씨(相里氏)**의 묵가가 있고, **상부씨(相夫氏)**의 묵가가 있으며, **등릉씨(鄧陵氏)**의 묵가가 있다. 따라서 공자와 묵자 후를 보면, 유가는 8개의 파가 존재하고, 묵가는 3개의 파로 나눠볼 수 있다. 이 때문에 각각의 학파들 주장은 서로 같지 않음을 볼 수 있다. 모두 자신들이 정통 공자와 묵자라 한다. 공자와 묵자가 다시 살아날 수 없는데, 장차 누구로 하여금 후세 학설을 판정할 수 있겠는가.[776]

공자와 묵자가 함께 요(堯)와 순(舜)을 칭송하고 있으나, 그 주장들이 서로 엇갈려 같지 않음에도 모두 자신들이 정통 요와 순이라 주장한다. 요와 순이 다시 살아날 수 없는데, 장차 누구로 하여금 유가와 묵가의 진실성을 판정할 수 있겠는가. 은(殷)과 주(周)가 7백여 년 되고, 우(虞)와 하(夏)가 2천여 년이나 되어도 유와 묵의 정통을 판정할 수 없다. 지금 바로 3천 년 전을 소급하여 요와 순의 도를 살펴보려 한다.

하지만 이 요(堯)와 순(舜)의 도(道)를 살펴본다는 것은 쉽지 않을 것이다. 특히 확증 없이 그것을 단정하는 것은 어리석을 뿐만 아니라 반드시 할 수도 없으면서 그것을 근거로 삼는 것은 속임수에 불과하기 때문이다. 따라서 선왕을 근거로 밝히거나 반드시 요와 순을 단정하는 사람은 어리석지 않으면 속이는 사람이다. 이와 같이 어리석고 속이는 학설과 잡박하게 모순되는 행동을, '현명한 군주'는 받아들이지 않는다.

(孫氏)'는, 순자(荀子)를 가리킨다.

776) '상리씨(相里氏)'는, 주(周)나라 출신으로, 이름은 근(勤), 남쪽에 유행한 묵가의 우두머리로 추측되는 인물이고, '상부씨(相夫氏)'는, 역시 주(周)나라 출신으로, 삼묵(三墨) 가운데 한 사람이며, '등릉씨(鄧陵氏)'는, 『장자(莊子)』, 「천하(天下)」에 나오는 등릉자(鄧陵子)를 가리킨다.

| 02 |

묵가(墨家)의 장례는, 사자에게 겨울엔 겨울용, 여름엔 여름용 수의를 입혀 오동나무로 만든 **3치의 관(棺)**을 쓰고, 상복은 3달만 입는다. 세상의 군주는 검소하다고 예우한다. 유가(儒家)의 장례는, 가산을 탕진하며 성대하게 지낸다. 상복을 3년간 입어, 몸이 쇠약해진다. 세상의 군주는 효행으로 여겨 예우한다. 무릇 묵가의 검소가 옳다면 유가의 사치는 그른 것이고, 유가의 효행이 옳다면 묵가의 박정은 그른 것이다.[777]

지금 효행과 박정(薄情), 사치와 검소가 유와 묵에 있음에도 군주가 이를 함께 예우하고 있다. 칠조(漆雕)의 주장은, 위협이 있어도 꺾이는 기색이 없고, 자신의 잘못이면 노비에게도 몸을 굽히며, 잘못이 없으면 제후에게도 노(怒)한다. 세상의 군주는 염직(廉直)하다고 예우한다. 송영자(宋榮子)의 주장은, 다투지 않아야 하고, 보복하지 않는 자세를 취하며, 감옥을 부끄러워하지 않고, 모욕당해도 치욕으로 여기지 않는다.

그래도 세상의 군주는 관대하다고 여겨 예우한다. 무릇 칠조의 염직이 옳다면 송영자의 용서가 그른 것이고, **송영자**의 관대가 옳다면 칠조의 사나움이 그른 것이다. 하지만 용서와 염직, 관대와 사나움이 두 사람에게 있음에도 군주가 이를 함께 예우하고 있다. 어리석고 속이는 학설과

---

777) '3치의 관(棺)'이란, 값이 싸고 썩기 쉬운, 즉 두께가 3치에 불과한 오동나무로 만든 관을 말한다. 즉 절장(節葬)을 의미한다.

잡박하고 모순되는 언사임에도 군주는 그것을 받아들이므로 사람들은 언론의 **일정한 원칙**이 없고, 행동에 통일된 기준이 없다고 본다.[778]

무릇 얼음과 숯불은 같은 그릇에서 결코 오래 머물 수 없고, 추위와 더위는 때를 함께하여 이를 수 없으며, 잡박(雜駁)하고 모순(矛盾)된 학설은 결코 양립할 수 없는 것이다. 만일 잡박하고 모순된 학설, 양립할 수 없는 그릇된 행동을 마구 펼치고 있음에도 아랑곳 않고 그런 언사를 받아들인다면 어찌 혼란하지 않을 수 있겠는가. 받아들이고 행동함이 이와 같다면 민중을 다스림에 있어서도 또한 반드시 혼란할 것이다.

| 03 |

오늘날 정치하는 사람들은 흔히 말하길, '빈궁한 이에게 토지를 주어 없는 자산을 채우게 하라.'고 한다. 지금 대체로 다른 사람과 같고, 풍년이나 부수입의 이익이 없음에도 홀로 풍족한 것은, 노력 아니면 검약하기 때문이다. 다른 사람과 서로 같고, 기근이나 질병 혹은 벌을 받는 재앙이 없음에도 홀로 빈궁한 것은 사치하지 않으면 게으르기 때문이다. 사치하고 게으른 이는 가난하고, 노력하고 검약하는 이는 부유하다.

만일 군주가 부자에게서 거두어 가난한 집에 베푼다면, 이는 노력하고 검약하는 것을 빼앗아 사치하고 게으른 이들에게 나눠주는 셈이 된다.

---

778) '송영자(宋榮子)'는, 비폭력과 반전론(反戰論)을 전개한 묵자의 제자, 송견(宋銒)을 말하고, '일정한 원칙'은, 고정된 원리[술(術)], 즉 도(道)나 법칙(法則)을 가리킨다.

이렇게 되면 민중들이 애써 일하고, 절약하고자 해도 이루지 못할 것이다. 지금 양주(楊朱)의 무리는 위험한 도성에 들어가지 않고, 군대에 참여하지 않으며, 천하를 이롭게 하더라도 자신의 정강이 털 하나와 바꾸지 않겠다는 주장을 편다. 그럼에도 군주들은 이들을 예우한다.

아울러 그들의 지혜를 존중해 그 '행동을 고상하게 높이고, 재물을 가볍게 여기며, 생명을 소중히 하는 선비'로 여겨 예우한다. 무릇 군주가 비옥한 전답과 큰 저택을 마련해 작록을 베푸는 것은, 군주와 나라를 위해 공(功) 세울 것을 권하기 위함이다. 그럼에도 군주는 재물을 가볍게 보고, 생명을 소중히 하는 이들을 귀하게 여긴다. 따라서 민중들이 전쟁터에 나가 군주를 위해 목숨을 바치라고 한다면 가능하겠는가.

| 04 |

지금 유가(儒家)는 많은 책을 소장하여 변론을 익히고, 제자들을 모아 문헌을 연구하며, **고담준론(高談峻論)**을 펴고 있다. 이에 군주는 이들을 따르면서 예우하고 있다. 그러면서 말하길, '현명한 사람을 존중하는 것이 선왕의 도(道)다.'라고 한다. 무릇 관리가 세금을 거두는 대상은 농민이고, 군주가 예우하는 대상은 학자들이다. 이는 농민은 열과 성을 다해 세금을 내고, 학자들은 일도 하지 않으면서 상을 받는 셈이다.[779]

---

779) '고담준론(高談峻論)'은, 고상하고 준엄한 논의, 즉 잘난 체하며 과장해서 떠벌리는 말을 뜻한다.

군주가 이처럼 행동하면서 민중들만 농사를 짓고, 소수의 학자들만 변론에 종사하길 바란다면 가능하겠는가. 사정이 이렇게 전개되자, 협객의 무리는 절의를 내세워 민중을 모으고, 지조를 굳게 지키며, 외부의 침해를 거부한다. 이때 자신들을 원망하는 소리가 들리면 반드시 칼을 휘둘러 보복한다. 그럼에도 군주는 그들을 따르면서 예우한다. 한발 더 나아가 그들이야말로 '명예를 중시하는 선비들'로 여겨 예우를 한다.

무릇 전쟁터에서 적의 목을 벤 이에겐 공로를 인정해 포상하지 않으면서, 사사로운 싸움에서 용기를 부각시킨 이에겐 크게 예우하며 상(賞)을 주는 셈이다. 군주가 이렇게 하면서 민중들이 전쟁터에 나가 용감하게 싸우고, 적(敵)의 침공을 막으며, 사사로운 싸움은 자제하길 바란다고 한들 그것이 가능하겠는가. 달리 말하면, 나라가 평안할 때는 학자와 협객을 기르고, 유사시 때 비로소 갑옷을 입은 병사를 기르는 셈이다.

나라가 혼란해지는 이유다. 무릇 군주는 학자들의 의견을 들음에 있어, 그 말이 옳다면 마땅히 그것을 받아들여 널리 선포함과 동시에 그를 등용해야 한다. 만일 그르다고 판단되면 응당 물리치고 삿된 의견의 뿌리를 뽑아야 한다. 그럼에도 군주는 옳다고 여기면서도 받아들여 널리 선포하지 않고, 그르다고 여기면서도 물리치지 않는다. 옳음에도 채택하지 않고, 그름에도 물리치지 않으면 나라는 혼란하고 망하게 된다.

| 05 |

담대자우(澹臺子羽)는 군자의 용모를 지니고 있었다. 공자가 기대하며

함께 오래 있어 보니, 행동이 용모와 맞지 않았다. **재여(宰予)**의 말솜씨는 우아하고 아름다웠다. 공자가 기대하며 함께 오래 있어 보니, 지능이 언변에 미치지 못했다. 공자가 말하길, '용모를 보고 함께했더니 자우로 실수하고, 말솜씨를 보고 함께했더니 재여로 실수했다.'라고 했다. 이에 공자의 지혜로도 진실을 잘못 보았다는 소리가 들리고 있다.[780]

오늘날의 변설(辯舌)은 재여보다 오히려 지나치고, 세상의 군주가 듣는 귀는 공자보다 오히려 현혹되어 있다. 따라서 그 말이 듣기 좋다고 그대로 임용한다면 어찌 실수를 하지 않겠는가. 이런 까닭에 위(魏)나라는 맹묘(孟卯)의 변설을 믿고 맡겼다가 **화하(華下)의 환난**이 있었고, 조(趙)나라는 마복(馬服)의 변설을 믿고 맡겼다가 **장평(長平)의 참화**가 있었다. 이 2가지의 예는 오로지 변설만을 믿고 맡겨 생긴 재앙[禍]이다.[781]

무릇 칼을 제련할 때 주석을 섞는 비율만 보거나, 불의 색이 청색인지 황색인지 빛깔만을 살핀다면, **구야(區冶)**라도 검(劍)의 예리함을 알아낼 수 없다. 하지만 물에서 기러기를 내리쳐 보거나 땅에서 말을 베어보면, 노비라도 둔하고 예리함을 분별할 수 있다. 입을 벌려 이[齒]와 입술의 모양만을 본다면, **백락(伯樂)**이라도 말의 우열을 알아낼 수 없다. 하지만 수

---

780) '담대자우(澹臺子羽)'는, 노나라 무성(武城) 출신의 공자 제자다. 성은 담대(澹臺)이고, 이름은 멸명(滅明)이며, 자우(子羽)는 자(字)다. 그리고 '재여(宰予)'는, 노나라 출신의 공자 제자로, 자(字)는 자아(子我)다. 언변으로 유명한 인물이다.

781) '화하(華下)의 환난'은, 맹묘(孟卯)의 변설만을 믿고 군사 15만 명을 맡겼다가 화하(華下)에서 대패해 몰사(沒死)시킨 것을 가리키고, '장평(長平)의 참화'는, 마복군(馬服君) 조괄(趙括)의 변설만을 믿고 군사 40만 명을 맡겼다가 장평(長平)에서 대패해 몰사(沒死)시킨 것을 가리킨다.

레를 주고 멍에를 매어 달리게 해보면 우열이 드러난다.[782]

용모와 말솜씨만으론 공자라도 능히 사람을 판정할 수 없으나, 관직으로 시험하고 공적을 평가한다면, 일반 민중도 우자(愚者)와 현자(賢者)를 분별할 수 있을 것이다. 따라서 현명한 군주의 관리는, 재상의 경우 주부(州部)로부터 올라오고, 용맹스런 장수는 병졸의 대열에서 발탁된다. 무릇 공(功) 있는 이가 상을 받게 되면 작록이 후할수록 더욱 힘을 쓰고, 벼슬 등급을 거듭한다면 관직이 클수록 더욱더 다스려진다.[783]

| 06 |

암석(巖石)으로 이뤄진 땅이 천리(千里)라도 부(富)하다 할 수 없고, 허수아비가 백만이라도 강(强)하다 할 수 없다. 암석이 크지 않은 것이 아니고, 허수아비 수가 적은 것이 아님에도 부강(富强)하다고 할 수 없는 것은, 암석은 곡물을 생산하지 못하고 허수아비론 적을 물리칠 수 없기 때문이다. 지금 돈으로 관직을 산 신하들과 기술자들은 농사를 짓지도 않는데 편하게 먹고 산다. 이는 개간되지 않은 암석과 같은 존재다.

유자(儒者)나 협객(俠客)은 전쟁터에서 공(功)을 세우지도 않았는데, 높은

---

782) 한비는 덧붙이길, '즉 노비라도 노마(駑馬)와 준마(駿馬)를 분별할 수 있을 것이다.'라고 했다. 그리고 '구야(區冶)'는, 월(越)나라 사람으로, 도검(刀劍)을 만드는 명장을 가리키고, '백락(伯樂)'은, 말[馬]을 잘 감정하는 사람으로 유명하다.
783) 한비는 덧붙이길, '즉 작록(爵祿)에 따라 힘을 쓰고, 관직이 잘 다스려짐이 왕자(王者)가 되는 길이다.'라고 했다.

지위에서 영화(榮華)를 누리고 있다. 이런 상황에선 민중을 부릴 수 없다. 이는 마치 수많은 허수아비를 보유하고 있는 것과 같기 때문이다. 무릇 암석이나 허수아비는 무익(無益)하다는 것을 알면서도, 돈으로 관직을 산 상관(商官)과 유자, 협객은 바로 개간할 수 없는 땅이고, 부릴 수 없는 민중임을 모른다면, '사물을 분간하지 못하는 사람'과 같다.

대등한 세력을 지닌 타국의 군주가 자국의 도의(道義)를 찬양하더라도 신하국으로 삼을 순 없다. 하지만 자국 내에선 조공이 가능하다. 즉 힘이 강하면 조공을 받고, 힘이 약하면 조공을 하게 된다. 현명한 군주가 애쓰는 이유다. 무릇 엄한 집안엔 포악한 노비가 없고, 인자한 어머니 아래에선 못된 자식이 나온다. 이로써 위세(威勢)가 포악(暴惡)한 짓을 금할 수 있고, 후한 덕은 화란(禍亂)을 막기에 부족함을 알 수 있다.

| 07 |

무릇 성인(聖人)은 나라를 다스림에 있어, 사람들이 나를 위해 선량(善良)하길 기대하기보다는, 비행(非行)을 할 수 없는 수단을 쓴다. 말하자면 사람들이 나를 위해 선량하길 기대한다면 나라 안에 10명을 헤아리지 못하나, 사람들이 비행을 할 수 없는 수단을 쓰면 온 나라를 가지런히 할 수 있기 때문이다. 따라서 통치하는 사람은 **많은 것을 쓰고**, 적은 것을 버리므로 덕화에 힘쓰기보단 법치(法治)에 힘을 쓰는 것이다.[784]

---

784) '많은 것을 쓴다'는 것은, 많은 사람을 다룰 수 있는 객관적인 수단을 말한다.

무릇 절로 곧은 화살대를 기대한다면 백 년이 되어도 화살이 없고, 절로 둥근 나무를 기대한다면 천 년이 되어도 바퀴가 없다. 즉 절로 곧은 화살대나 절로 둥근 나무란 백 년에 하나도 없는 것이다. 그럼에도 사람들이 수레를 타고 금수(禽獸)를 잡는 것은 어째서인가. **도지개** 방법을 쓰기 때문이다. 비록 도지개를 의지하지 않고 절로 곧은 화살대나 절로 둥근 나무가 있다 해도 장인(匠人)은 귀(貴)하게 여기지 않는다.[785]

왜냐하면 수레를 타는 사람은 한 사람이 아니고, 화살을 쏘는 것은 한 발이 아니기 때문이다. 그러므로 상벌(賞罰)에 의지하지 않고, 절로 선량해지는 민중을 현명한 군주는 귀하게 여기지 않는다. 말하자면 나라를 유지하는 핵심인 국법(國法)을 쓸모없게 할 수 없을 뿐만 아니라, 다스리는 대상이 한 사람이 아니기 때문이다. 그러므로 술(術)을 터득한 군주는 우연한 선을 쫓기보단, 반드시 그렇게 되어야 할 도를 행한다.[786]

| 08 |

만일 어떤 사람이 남에게 말하길, '그대를 반드시 지혜롭고 오래 살 수 있도록 하겠다.'라고 한다면, 세상은 반드시 **잠꼬대**라 여길 것이다. 무릇 지혜는 천성이고, 수(壽)는 명(命)이다. 즉 천성이나 명은 남에게 배울 수 있는 것이 아니다. 따라서 사람이 할 수 없는 것으로, 남에게 주장을 하면

---

785) '도지개'는, 굽은 나무를 곧게 하거나, 곧은 나무를 둥글게 하는 도구를 가리킨다.
786) 한비는 덧붙이길, '즉 도지개가 있어 곧은 화살대나 둥근 나무가 존재한다. 국법(國法) 또한 도지개와 같은 존재라 할 수 있다. 따라서 나라의 구성원은 모두가 의지해야 한다.'라고 했다.

세상은 그런 사람 주장을 잠꼬대라 하는 것이다. 즉 다른 사람을 지혜롭고 오래 살 수 있도록 하겠다는 말은 명백한 속임수다.[787]

무릇 인의(仁義)를 가지고 사람을 가르침은, 지혜와 수(壽)를 가지고 속이는 것과 같다. 따라서 법도를 터득한 군주는 받아들이지 않는다. 가령 **모장(毛嬙)**이나 **서시(西施)**의 미모를 좋아하더라도 자신의 얼굴엔 도움이 안 된다. 대신 **지택(脂澤)**이나 **분대(粉黛)**를 사용하면, 처음의 갑절은 된다. 그러므로 선왕의 인의는 다스림에 도움이 안 된다. 나라의 법도를 밝히고 상벌을 반드시 하는 것이 또한 나라의 지택과 분대다.[788]

즉 현명한 군주는 도움 되는 것을 먼저 하고, 칭송은 미루기 때문에 인의를 말하지 않는 것이다. 가령 무당이 사람에게 이르길, '너를 천년만년,

---

787) '잠꼬대'는, 허튼소리, 즉 미치광이가 하는 말을 가리킨다.

788) '모장(毛嬙)'은, 춘추시대(春秋時代) 월(越)나라의 미인으로 알려져 있으나, 기록은 남아 있지 않다. 그럼에도 예로부터 미인이라 하면, 모장(毛嬙)과 서시(西施)를 꼽는다. '서시(西施)'는, 기원전 5세기 경 춘추말기의 회계(會稽 : 현재의 절강성 소흥(紹興) 부근) 출신으로, 본명은 시이광(施夷光)이다. 당시 영라산 아래쪽에 2개의 촌락이 동서로 분리되어 있었는데, 시이광은 서촌(西村)에 거주한 관계로 서시(西施)로 불렸다. 당시 오(吳)와 싸워 패한 월왕(越王) 구천(勾踐)은 회계의 치욕을 씻고자, 천하의 미녀인 서시를 오왕 부차(夫差)에게 보내 미혹시키려 했다. 당시 서시를 데려간 월(越)의 대부 범려(范蠡)는 오왕을 만나, "대왕의 은덕에 감복하여 나라 안을 뒤져 가무에 능한 여자를 구해 바치옵니다."라고 하자, 오자서(伍子胥)가 진언하길, "하(夏)는 말희(妺喜)로, 은(殷)은 달기(妲己)로, 주(周)는 포사(褒姒)로 망했습니다. 무릇 미인은 나라를 망하게 하는 원인이니 받으시면 안 됩니다."라고 했으나, 오왕은 서시를 받아들였다. 이후 오왕은 온갖 궁전을 짓고, 연못을 파 서시로 하여금 즐기게 했다. 부차가 서시를 총애하며 국사를 등한시 하는 동안, 구천은 오(吳)를 칠 수 있는 충분한 시간을 확보했다. 서시의 종말에 대해선 2가지 설이 있는데, 하나는 오(吳)가 멸망한 후, 구천의 부인이 서시의 미모를 두려워 해 죽였다는 설, 다른 하나는 범려가 서시와 사랑에 빠져 태호(太湖)에서 여생을 보냈다는 설 등이 있다. 그리고 '지택(脂澤)'은, 입술과 머리카락을 윤기 나게 하는 화장품이고, '분대(粉黛)'는, 흰 가루와 눈썹을 그리는 검푸른 물감을 말한다.

장수하도록 시키겠다.'라고 한다. 천년만년 소리가 귀를 현혹하지만, 하루의 수명도 사람에겐 증험(證驗)이 없다. 이것이 무당을 소홀히 대하는 이유다. 지금 세상의 유자(儒者)들은 군주를 설득하면서, 오늘의 다스림이 될 방책을 논하기보단, 이미 다스려진 공적만 논한다.

관(官)이나 법제에 관한 일을 분명히 하지 않고, 간악한 실정을 살피지도 않으며, 예로부터의 전승을 논하고, 선왕의 성공만을 칭찬한다. 그러면서 유자들은, '내 말을 들으면 가히 패왕(霸王)이 될 수 있다.'고 강조한다. 이는 무당과 같은 주장이다. 그러므로 법도를 터득한 군주는 받아들이지 않는다. 즉 현명한 군주는 실질적인 것을 듣고, 쓸모없는 것을 버리며, 인의에 관해선 논하지 않고, 학자들의 말을 듣지 않는다.[789]

| 09 |

정치를 모르는 이들은, '민중의 마음을 얻으라.'고 한다. 민중의 마음을 얻어 그것으로 정치를 할 수 있다면, **이윤(伊尹)**이나 관중(管仲) 같은 재상은 소용없고, 오직 민중에게 들으면 될 일이다. 하지만 민중의 지혜는 마치 어린아이의 생각과 다르지 않다. 가령 **침과 뜸을 이용해 아이 머리의 혈 자리를 치료하지 않으면 복통을 막을 수 없고**, 종기는 짜주지 않으면 병이 점점 커진다. 여기서 혈과 종기 치료는 어른이 한다.[790]

---

789) '관(官)이나 법제에 관한 일'이란, 관청에서 시행하는 법령을 정확히 알아야 한다는 뜻이다.
790) '이윤(伊尹)'은, 탕왕 때의 재상으로, 하(夏)나라를 타도하고 은(殷)나라를 여는 데 공이 큰 사람이다. 그리고 '침과 뜸을 이용해 아이 머리의 혈 자리를 치료하지 않으면 복통을 막을 수

그래도 아이의 울부짖음은 그치지 않는다. 아이는 작게 아픈 것을 견뎌 크게 이익 되는 것을 모르기 때문이다. 가령 농사를 장려함은 삶의 질을 높이기 위함인데, 민중은 군주가 가혹하다고 여길 것이다. 형법을 정비해 벌을 엄중히 함은 악을 금하기 위함인데, 민중은 군주가 엄하다고 여길 것이다. 곡식을 거둬들여 창고를 충실히 채움은 장차 기근과 전쟁에 대비하기 위함인데, 민중은 군주가 탐욕스럽다고 여길 것이다.

또 누구나 무장할 줄 알고, 사사로운 면제가 없으며, 힘을 모아 분투하게 함은 적을 잡기 위함인데, 민중은 군주가 포악하다고 여길 것이다. 이 4가지는 민중의 안녕을 위한 것이나 민중은 기뻐할 줄 모른다. 무릇 **통달한 사람**을 구하는 것은, 민중들의 지혜가 부족하기 때문이다. **우(禹)는 치수를 위해 황하**를 파냈으나 **민중은 이를 방해**했고, 자산(子産)은 밭두렁을 넓혀 뽕나무를 심었으나 정(鄭)나라 사람들은 헐뜯었다.[791]

없다'는 말은, 아이 머리의 혈을 찾기 위해선 먼저 삭발해야 한다. 하지만 머리를 기른 상태를 그대로 두면 피가 머리에 맺히게 되고, 피가 맺히면 배가 차가워져 복통을 이어간다는 것인데, 이는 일종의 미신(迷信)이다.

791) '통달한 사람'은, 사물을 관찰함에 누구보다 뛰어난 사람을 가리킨다. 그리고 요(堯)가 다스릴 때 황하(黃河) 유역에선 큰 홍수가 종종 나서 집과 가축이 떠내려가고, 비옥한 밭이 물에 잠겼다. 이에 요는 숭(崇) 부락의 수령, 곤(鯀)에게 명해 물을 다스리게 했다. 하지만 9년 동안 애를 썼으나 황하를 다스리지 못했다. 오히려 수해는 더욱 커져만 갔다. 곤은 제방을 쌓아 홍수를 막는 방법만 알았지, 물길을 터 큰물을 소통시키는 방법은 몰랐다. 순(舜)은 물을 다스리지 못한 책임을 물어 곤을 죽이고, 그의 아들인 우(禹)에게 명해 수해방지를 하도록 했다. 우는 선친의 실패를 교훈 삼아, 물길을 트고 큰물을 다른 곳으로 소통시키는 방법을 택했다. 이때 민중들을 거느리고 황하를 여러 갈래로 나눠 소통시키는 한편, 수리 시설을 많이 축조해 황하의 물을 끌어다 논에 댔다. 전설에 따르면, 우가 황하를 다스리는 13년 동안 3번이나 자신의 집 앞을 지나갔으나 한 번도 들르지 않았다고 한다. 홍수로 집이 사라지고, 곡식이 흙탕물에 잠기며, 기근에 시달리는 참상들이 그의 머리에서 떠나지 않았기 때문이다. 즉 황하를 다스려 민중들을 구제해

우(禹)는 홍수로 집이 사라지고, 다 자란 곡식이 흙탕물에 잠기며, 기근
에 시달리는 참상(慘狀)에서 벗어나기 위해 주야장천 애를 썼고, 자산(子
産)의 역할로 정나라가 존속되었으나 모두가 그 때문에 비방을 받았다.
무릇 민중의 지혜는 쓰이기에 한계가 분명하다. 따라서 사람을 등용하면
서 현자(賢者)와 지자(智者)를 찾고, 정치를 하면서 민중의 마음에 맞추길
기대함은 난(亂)의 발단이 되니, 더불어 할 수 없는 것이다.[792]

야겠다는 일념으로 주야장천 일했기 때문에 집에 들르지 않은 것이다. 오랜 세월 각고의 노력
끝에 홍수를 바다로 소통시키는 데 성공했다. 그는 이렇게 당시 사회의 안정과 번영, 발전에 크
게 기여했다. 한편 우(禹)는 '치수(治水)를 위해 갖은 수고를 아끼지 않았으나, 민중들은 자갈 등
을 모아 황하로 던지는 등 일을 방해'하기도 했다.

[792] 여기서도 한비(韓非)가 주장하는 것은, 현자(賢者)와 지자(智者)를 얻고, 민중의 마음을 얻는
것 등은 모두가 주관적인 유가(儒家)의 사상적 접근이기 때문에 한계가 있다는 주장이다. 따라
서 객관적이고 실증적인 법치주의(法治主義), 즉 법령(法令)과 상벌(賞罰) 시스템으로 다스려야 함
을 강조한다.

제51장 충효(忠孝)

충(忠)은 군신 간의 윤리이고, 효(孝)는 부자간의 윤리이다. 한비(韓非)는 이를 상호 모순되는 덕목으로 본다. 상벌(賞罰)을 기본으로 하는 법술(法術)의 입장에서 보면, 충효(忠孝)는 천하를 다스림에 있어 아무 도움이 안 된다는 것이다. 도가(道家)의 염담(恬淡)이나 합종(合從), 연형(連衡)도 아울러 비판의 대상이 되고 있다.

| 01 |

천하의 사람들이 모두 **효제(孝悌)**와 **충신(忠信)**의 도(道)를 옳다고 하지만, 효제충신(孝悌忠信)의 도를 살피고, 그것을 바르게 행하는 방법은 모른다. 이것이 천하가 혼란해진 이유다. 가령 모두가 요순(堯舜)의 도(道)를 옳다고 여겨 그것을 본받는다. 때문에 군주를 시해하는 일이 생겨났고, 아버지를 잘못되게 만드는 일이 벌어졌다. 요와 순, 탕과 무왕은 군신의 의(義)를 배반하고 후세의 가르침을 어지럽힌 사람들이다.[793]

---

793) '효제(孝悌)'는, 부모에 대한 사랑과 형제간의 사랑을 뜻하고, '충신(忠信)'은, 임금에 대한 사랑과 거짓 없는 믿음을 뜻한다.

요(堯)는 남의 군주이면서 **신하를 군주로 받들고**, 순(舜)은 남의 신하이면서 군주를 신하로 삼았으며, 탕(湯)과 무왕(武王)은 남의 신하이면서 군주를 시해하고 그 **시체를 벌했다**. 하지만 천하의 사람들은 그러한 행위들을 칭찬했다. 이것이 천하가 지금까지 혼란한 까닭이다. 이른바 현명한 군주는 능히 신하를 다스릴 수 있는 사람이고, 이른바 현명한 신하는 능히 법(法)을 밝히고 '관직을 다스려 군주를 받드는 사람'이다.[794]

| 02 |

요(堯)는 스스로 밝다 여기면서 능히 순(舜)을 다스릴 수 없었고, 순은 스스로 어질다 여기면서 능히 요를 받들 수 없었으며, 탕과 무왕은 스스로 정의라 여기면서 **군주를 시해**했다. 이는 명군(名君)이면 언제나 물려주려 하고, 현신(賢臣)이면 언제나 빼앗으려 하는 것이 된다. 이 때문에 예로부터 지금에 이르기까지 남의 자식이 아버지의 집을 빼앗는 일이 생겼고, 남의 신하가 군주의 나라를 빼앗는 일이 생긴 것이다.[795]

아버지가 되어 자식에게 물려주고, 군주가 되어 신하에게 물려줌은 자리를 안정시키고, 가르침을 하나로 하기 위한 도(道)가 아니다. 내가 듣기로, '신하는 군주를 섬기고, 자식은 어버이를 섬기며, 아내는 지아비를 섬

---

794) '신하를 군주로 받들었다'는 것은, 요(堯)가 순(舜)에게 군주 자리를 양위한 것을 말하고, '시체를 벌했다'는 것은, 무왕(武王)이 주(紂)의 시체에서 목을 잘라 효수(梟首)한 일을 말한다.
795) '군주를 시해했다'는 것은, 탕(湯)과 무왕(武王)이 걸(桀)과 주(紂)를 죽인 것을 가리킨다.

긴다. 이 3가지 질서를 따르면 천하가 다스려지고, 이 3가지가 거슬리면 천하가 혼란해진다.'고 했다. 이것이 천하의 상도(常道)다. 이는 명군과 현신도 바꿀 수 없다. '신하가 군주를 넘볼 수 없는 이유'다.[796]

무릇 '현자와 지자'에게 의지함은 역도(逆道)임에도 사람들은 그것을 다스리는 것으로 여긴다. 때문에 전씨(田氏)가 제(齊)에서 **여씨(呂氏)**의 자리를 빼앗고, 대씨(戴氏)가 송(宋)에서 **자씨(子氏)**의 자리를 탈취한 것이다. 어찌 어리석고 못나서였겠는가. 이것이 상도(常道)를 폐하고 현자를 높이면 혼란해지고, 법을 폐하고 지자에게 맡기면 위태롭다는 증거다. 따라서 '법은 높이고, 현자는 높이지 말아야 한다.'고 한 것이다.[797]

| 03 |

옛 기록에 이르길, '순(舜)이 **고수(瞽瞍)**를 만나자, 얼굴에 수심이 가득했다. 공자가 말하길, "이때를 맞아 위급하여 천하가 불안했다. 도(道)를 터득한 이는 아버지라도 자식으로 대할 수 없고, 군주라도 아버지로 대할 수 없다."라고 했다.' 내가 말한다면, '공자는 본래 효제와 충신의 도를 알지 못했다.'라고 할 수 있다. 그렇다면 도를 터득한 이는 나아가 군신이

---

796) '신하는 군주를 섬기고, 자식은 어버이를 섬기며, 아내는 지아비를 섬긴다.'는, 이른바 '삼강(三綱)'을, 한(漢)나라의 동중서(董仲舒 : 기원전 179~104)는 한비자의 이와 같은 주장을 그대로 이었다. 즉 임금은 신하의 근본이고[君爲臣綱], 어버이는 자식의 근본이며[父爲子綱], 지아비는 아내의 근본[夫爲婦綱]이다.

797) '여씨(呂氏)'는, 제(齊)나라의 시조인 여상(呂尙)을 가리키고, '자씨(子氏)'는, 송(宋)나라 태재(太宰) 대환(戴驩)이 은(殷)나라의 자씨(子氏) 후손이 다스린 송나라 대권을 탈취한 것을 가리킨다.

되지 못하고, 물러나 부자(父子)가 되지 못한다는 것인가.[798]

아버지가 어진 자식을 바라는 것은, 집이 가난하면 부유하게 할 수 있고, 아버지의 괴로움도 덜 수 있기 때문이다. 군주가 어진 신하를 바라는 것은, 나라가 혼란하면 다스리게 할 수 있고, 군주의 권위도 높일 수 있기 때문이다. 만일 어진 자식이 있더라도 아버지를 위해주지 않는다면, 아버지가 집에 있더라도 고생할 것이다. 어진 신하가 있더라도 군주를 위해주지 않으면, 군주가 자리에 있더라도 '위태로울 것'이다.[799]

| 04 |

이른바 충신은 군주를 위협하지 않고, 효자는 부모를 비방하지 않는다. 하지만 순(舜)은 어질다는 이유로 군주의 나라를 빼앗고, 탕과 무왕은 정의롭다는 이유로 군주를 추방하거나 시해했다. 모두 어질고 정의로운 것으로 빼앗거나 위해(危害)한 것임에도 천하는 오히려 지지했다. 옛날 열사(烈士)는 나아가 군주의 신하가 되지 않고, 물러나 집안을 위하지 않았다. 즉 나아가면 군주를 비난하고, 물러나면 부모를 비방했다.

무릇 '나아가 군주의 신하가 되지 않고, 물러나 집안을 위하지 않음'은, 세상을 어지럽히고 후사(後嗣)를 끊는 행태이다. 따라서 요, 순, 탕, 무왕

---

798) '고수(瞽瞍)'는, 순(舜)의 아버지이고, 고(瞽)와 수(瞍)는 모두 눈이 먼 시각장애인을 가리킨다.
799) 한비는 덧붙이길, '이렇게 되면, 아버지가 어진 자식을 두고, 군주가 어진 신하를 두더라도, 마땅히 해(害)가 되기에 족할 뿐이니, 어떤 이익이 있겠는가.'라고 했다.

을 어질다 하고, 열사를 옳다 함은 천하를 혼란하게 하는 것과 같다. 순(舜)은 고수(瞽瞍)가 아버지임에도 추방했고, **상(象)**이 아우임에도 죽였다. 즉 아버지를 추방하고 아우를 죽임은 인(仁)이라 할 수 없고, 요임금의 두 딸을 아내로 삼고, 천하를 빼앗음은 의(義)라 할 수 없다.[800]

이처럼 순(舜)은 인의(仁義)를 갖추지 못했다. 그러므로 현명하다고 할 수 없다. 『시경(詩經)』에 이르길, '넓은 하늘 아래 왕의 땅이 아닌 것이 없고, 땅끝까지 왕의 신하 아닌 사람이 없다.'라고 했다. 즉 순은 『시경』에서 이른 것처럼, 밖으로 나가서는 자신의 군주를 신하로 삼고, 안으로 들어와서는 아버지를 신하로 삼았으며, 어머니를 시녀로 삼고, **군주의 딸**을 아내로 삼은 것이다. 마치 열사의 행태와 같은 것이다.[801]

이미 언급했지만, 열사(烈士)는 안으로 집안을 돌보지 않아 세상의 질서를 어지럽히면서 후사를 끊고, 밖으로 군주를 거역한다. 또한 끓는 물에 뛰어들고, 불을 밟는 위험을 마다하지 않으며, 자신의 시체가 썩어 들판에 널려도 두려워 않는다. 그럼에도 자신을 본받길 기대한다. 이는 천하를 시체로 가득 채울 생각으로, 사람들이 다 죽어 요절하길 바라는 것과 같다. 이들은 세상을 버리고 '치국에 힘쓰지 않는 이들'이다.

---

800) '상(象)'은, 순(舜)의 이복동생으로, 그는 틈만 나면 순을 죽이기 위해 일을 꾸몄다.

801) 이는 『시경(詩經)』, 「소아(小雅)·북산(北山)」에서 인용'한 것이다. 그리고 '군주의 딸'은, 요(堯)의 두 딸인 아황(娥皇)과 여영(女英)을 가리킨다.

세상에서 열사(烈士)라는 이는 민중을 떠나 혼자 행동하고, 남과 다르게 처신하며, **담백(淡白)**한 학문을 닦고, **미묘(微妙)**한 언론을 다룬다. 내가 생각하기로 담백이란, 실제로 쓰이지 않는 가르침이고, 미묘함은 법을 무시한 언론이다. 법을 무시하고 나온 언론이나 실제로 쓰이지 않는 가르침을 천하의 사람들은 명찰하다고 말한다. 내가 생각하기로 사람이 산다고 하는 것은, 반드시 군주를 섬기고, 부모를 봉양하는 것이다.[802]

여기서 군주를 섬기고 부모를 봉양함은 담백할 수 없는 것이다. 그리고 사람을 다스리려면 반드시 언론(言論)과 성실(誠實), 법술(法術)로 해야 한다. 즉 언론과 성실, 법술은 미묘할 수 없는 것이다. 그러므로 미묘한 언론과 담백한 학문이란 천하를 혼란하게 하는 술책이다. 효자가 아버지를 섬김은 아버지 집을 빼앗으려 남과 겨루는 것이 아니고, 충신이 군주를 섬김은 군주의 나라를 빼앗고자 남과 겨루는 것이 아니다.

무릇 사람의 자식이 되어 다른 사람의 부모를 칭찬하며 말하길, '아무개 자식의 부모는 밤늦게 자고, 일찍 일어나 일하며, 재산을 늘려 자손과 노복(奴僕)들을 먹인다.'고 하면, 이는 그 부모를 비방하는 것이다. 남의 신하가 되어 언제나 선왕의 덕이 후하다고 칭송하며 그것을 그린다면, 이

---

802) '담백(淡白)'은, 『노자(老子)』에서 언급한 염담(恬淡)과 같은 말로, 무욕함으로써 마음의 평정을 가져온다는 의미이고, '미묘(微妙)'는, 황홀(恍惚)과 같은 뜻으로, 분명하게 알기 어려운 상태를 가리킨다.

는 그 군주를 비방하는 것이 된다. 부모를 헐뜯는 이를 불효라 말할 줄 알면서도 군주를 헐뜯는 이를 천하는 모두 어질다 한다.

이것이 혼란해지는 원인이다. 따라서 남의 신하된 사람은 요순(堯舜)이 어질다 칭송하지 않고, 탕이나 무왕의 방벌(放伐)을 칭찬하지 않으며, 열사의 고결을 언급하지 않고, 힘을 다해 법을 지키며, 오로지 군주를 섬기는 데 애쓰는 것이 충신이다. 한편 옛날엔 민중이 순박하고 우둔했다. 따라서 **허명(虛名)**을 취할 수도 있었다. 하지만 오늘날의 민중은 교활(狡猾)하고, 눈치가 빠르며, 지혜가 밝아 제멋대로 하고 싶어 한다.[803]

이 때문에 군주는 한편으로 상(賞)을 가지고 나아가게 하고, 다른 한편으론 벌(罰)을 가지고 위협하여 감히 물러서지 못하게 한다. 하지만 세상 사람들은 모두 말하길, '**허유(許由)**는 천하를 사양했다. 이는 상(賞)으로도 권하기 부족하고, **도척(盜跖)**은 죄를 범하면서 어려움과 맞섰다. 이는 벌(罰)로도 금하기 부족하다.'라고 했다. 내가 말한다면, 아직 천하를 갖기 전에 천하를 아무렇지도 않게 여긴 사람은 바로 허유다.[804]

그리고 이미 천하를 가진 후에 천하를 아무렇지도 않게 여긴 이들은 요와 순이다. 염치를 깨뜨리고 재물을 탐내며, 죄를 범하고 이익을 좇아 자신이 죽는 것을 잊은 이는 도척이다. 이 2가지는 위험한 일이다. 나라

---

803) '허명(虛名)'은, 민심을 얻기 위해 실없이 내세운 명분, 즉 인의(仁義)를 말한다.
804) '허유(許由)'는, 요(堯)가 천하(天下)를 자신에게 물려주려 하자 거부한 사람이고, '도척(盜跖)'은, 춘추시대의 대도(大盜)를 가리킨다.

를 다스리고 민중을 부리는 도(道)는 이 2가지를 표준으로 삼지 않는다. 정치는 **정상적인 것**을 다스리는 일이고, 도(道)는 정상적인 것을 이끄는 일이다. 따라서 '최상의 사람은 상(賞)으로도' 권할 수 없다.[805]

반대로 최하의 사람은 벌(罰)로도 금할 수 없다. 그러나 최상과 최하의 사람 때문에 상과 벌을 마련하지 않으면, 나라를 다스리고 민중을 부리는 도(道)가 상실되고 만다. 따라서 사람들은 흔히들 국법[상벌]을 논하지 않고, **합종(合從)과 연형(連衡)**을 주장한다. 합종을 주장하는 이들은, '합종이 성공하면 반드시 패자(霸者)가 된다.'라고 하고, 연형을 주장하는 이들은, '연형이 성공하면 반드시 왕자(王者)가 된다.'라고 한다.[806]

말하자면 **동쪽**에선 합종(合從)과 연형(連衡)에 대한 논의가 하루도 그치는 날이 없었으나 공명을 이루진 못했다. 게다가 패자나 왕자가 나오지 못한 것은, 공허한 주장들 가지고는 정치를 성공시킬 수 없음을 보여준다. 왕자란 독자적으로 행하므로 왕이라 한다. 이런 이유로 **삼대의 왕**은 이합집산을 하지 않았어도 바르게 하고, **오패**는 합종과 연형을 기다리지 않아도 명찰했다. 안을 다스려 밖[외교]을 결단할 따름이었다.[807]

---

805) 여기서 '정상적인 것'이란, 특별하지 않은 일반 민중들을 가리킨다.
806) '합종(合從)과 연형(連衡)'은, 소진(蘇秦)의 합종책(合從策)과 장의(張儀)의 연형책(連衡策)이란 외교 책략을 가리킨다.
807) '동쪽'은, 전국시대의 6국(六國), 즉 한(韓), 위(魏), 조(趙), 연(燕), 제(齊), 초(楚)를 가리키고, '삼대(三代)의 왕'은, 하은주(夏殷周)의 우(禹), 탕(湯), 문(文), 무(武)를 가리키며, '오패(五霸)'는, 제(齊)나라 환공(桓公), 진(晉)나라 문공(文公), 초(楚)나라 장왕(莊王), 오(吳)나라 합려(闔閭), 월(越)나라 구천(勾踐)을 가리킨다.

제52장 인주(人主)

군주(君主)가 신하를 대하는 마음가짐을 말한다. 권신(權臣)이나 측근 세력을 배제하고, 법(法)과 술(術)에 능한 사람을 등용해야 자신과 나라를 유지할 수 있음을 보여준다. 내용은 「애신(愛臣)」이나 「화씨(和氏)」, 「고분(孤憤)」 등과 유사하다.

| 01 |

군주가 자신을 위태롭게 하고, 나라를 망하게 하는 원인은, 대신들이 귀(貴)해지고 측근들이 위세(威勢)를 부리기 때문이다. 이른바 귀하다는 것은, 법을 무시하고 멋대로 행동하며, 권력을 장악해 사리를 꾀하는 것이다. 이른바 위세란 것은, 권세를 멋대로 부리고, **일을 마음대로 처리하는** 것이다. 따라서 이 2가지를 살펴야 한다. 무릇 말[馬]이 무거운 짐을 지고 수레를 먼 곳까지 끌 수 있는 것은 '근육의 힘 때문'이다.[808]

---

808) '일을 마음대로 처리한다'는 것은, 형량을 마음대로 결정하거나, 사람을 마음대로 평가해 올리거나 내리는 행태를 말한다.

만승(萬乘)의 나라 군주나 천승(千乘)의 나라 군주가 천하를 제압하고, 제후들을 정벌할 수 있는 것은 위세(威勢) 때문이다. 위세란, 군주의 근육이다. 만일 대신들이 위세를 부리거나, 측근들이 권세를 멋대로 부린다면, 이는 군주로서 힘을 잃는 것이다. 힘을 잃은 군주로서 능히 나라를 유지한 이는 천하에 한 사람도 없다. 호랑이나 표범이 능히 사람을 이기고, 여러 짐승을 잡을 수 있는 것은 발톱과 어금니 때문이다.

지금 세(勢)가 강하다는 것은, 마치 군주에게 발톱과 어금니가 존재하는 것과 같다. 송군(宋君)이 발톱과 어금니를 자한(子罕)에게 잃고, 간공(簡公)이 발톱과 어금니를 전상(田常)에게 잃고서 그것을 빨리 되찾지 못했기 때문에 자신은 죽고 나라는 망했다. 지금 술(術)을 터득하지 못한 군주는, 송군이나 간공이 입은 화(禍)를 분명히 알면서도 그 과실은 깨닫지 못한다. 즉 일이 다르지 않다는 것을 살피지 못하는 것이다.

| 02 |

법술을 익힌 인사와 요로의 중신들은 서로 용납되지 않는다. 무엇으로 그것을 밝힐 수 있는가. 군주에게 술을 터득한 인사가 있으면 대신들이 독단하지 못하고, 측근들이 감히 권력을 팔지 못한다. 대신들과 측근들의 권세가 멈추면 군주의 도는 밝아진다. 하지만 지금 요로의 중신들은 세(勢)를 얻어 일을 멋대로 처리해 사리(私利)를 꾀하고, 측근에서 모시는 이들은 작당(作黨)해 한패가 되어 **소원한 이**를 억누른다.[809]

---

809) '소원한 이'는, 군주와 친숙하지 않은, 이른바 신참들을 가리킨다.

그렇다면 법술을 익힌 인사는 언제 쓰이고, 군주는 또 언제 **결재**할 수 있는가. 그러므로 술(術)을 터득해도 쓰이지 못할 뿐 아니라, 세(勢)가 양립되지 못하면 오히려 법술지사가 위험해질 수도 있다. 따라서 남의 군주가 된 이는 대신들과 측근들의 주장을 물리치고, 홀로 **도언(道言)**에 맞추지 않으면, 법술지사라도 소용이 없다. 어찌 죽음을 무릅쓰고 자신의 의견을 개진하겠는가. 이것이 세상이 다스려지지 않는 이유다.[810]

| 03 |

현명한 군주는 공적을 평가해 작록(爵祿)을 주고, 능력을 가늠해 일을 맡기기 때문에 발탁되는 사람은 반드시 어질고, 쓰이는 이는 반드시 유능하다. 어질고 유능한 인사가 나아가면 권세가의 청탁은 멈출 것이다. 무릇 공(功) 있는 이가 봉록을 받고, 유능한 이, 즉 현능지사가 벼슬을 한다면, 권세가를 위해 사사롭게 칼을 휘둘렀던 사검지사(私劍之士)가 어찌 사투(私鬪)의 용맹을 버리고 적과 싸우지 않을 수 있겠는가.

또 유세로 벼슬을 얻고자 하는 유환지사(遊宦之士) 역시 권세가에게 몸을 굽히는 일을 멈추고, 청렴한 자세로 헌신하지 않을 수 있겠는가. 이것이 현능지사(賢能之士)로 권세가의 무리를 해산시키는 방법이다. 지금 측근들은 반드시 지혜롭다고 할 순 없다. 군주가 사람을 대할 때 혹 지혜롭

---

810) 여기서 '결재(決裁)'는, 군주 스스로 판단하여 일을 처리하는 것이고, '도언(道言)'은, 법술(法術)이 주장하는 도(道)와 내용을 가리킨다.

다고 여겨 의견을 들은 뒤 다시 측근들과 논의하면, 이는 측근의 말을 듣는 것이지, 그 사람의 지혜로운 의견을 들은 것이 아니다.

이는 마치 어리석은 사람과 어울려 지혜로운 사람을 평가하는 것과 같은 일이다. 또한 요로(要路)의 신하라도 반드시 현명(賢明)하다고 할 순 없다. 군주가 사람을 대할 때 혹 현명하다고 여겨 그를 예우한 뒤 다시 권세 있는 신하들과 논의하면 어떻겠는가, 이는 권세 있는 신하들의 말을 듣는 것이지, 그 사람의 현명함을 들은 것이 아니다. 이는 마치 불초한 사람과 함께 현명한 사람을 평가하는 것과 같은 일이다.

이처럼 지혜로운 사람이 어리석은 이에게 **헌책(獻策) 결재**를 받고, 어진 사람이 못난 사람에게 행동을 평가받는다면 어질고 지혜로운 인사가 언제 쓰일 수 있겠는가. 그래서 군주의 총명이 막혀 버리는 것이다. 옛날에 관용봉(關龍逢)은 걸(桀)에게 간했기 때문에 사지(四肢)가 상(傷)했고, 왕자 비간(比干)은 주(紂)에게 간했기 때문에 심장이 찢겼으며, 자서(子胥)는 부차(夫差)에게 간했기 때문에 **촉루(屬鏤)**로 처벌받았다.[811]

이 3명은 남의 신하가 되어 충성하지 않은 것이 아니고, 주장이 마땅하지 않은 것도 아니다. 하지만 죽는 화를 면하지 못한 것은, 군주가 어질고 지혜로운 이들의 말을 살피지 못했으며, 어리석고 못난 사람에게 가려진 재난이다. 만일 군주가 법술을 익힌 인사를 쓰려하지 않고, 어리석고 못

---

811) '헌책(獻策) 결재'는, 일에 대해 올린 방책의 가부를 결정하는 것이고, '촉루(屬鏤)'는, 오(吳) 나라 부차(夫差)가 오자서(伍子胥)에게 자결토록 내려준 검(劍)의 이름이다.

난 사람을 따르려 하면 누가 이 3인의 위험을 당해 가면서 그 지혜와 능력을 내밀겠는가. 이것이 세상이 혼란해지는 원인이다.

제53장 칙령(勅令)

칙령(勅令)이란 법령을 엄격하게 갖춘다는 뜻이다. 법령을 단단히 하고 법을 확립시켜 나가면 정치가 안정된다는 취지의 내용이다. 한비(韓非)가 상앙(商鞅)의 법사상을 중시한 점으로 미뤄 『상군서(商君書)』의 「근령(斲令)」을 발췌한 초록이라 할 수 있다. 근(斲)은 말[馬]의 가슴을 죄는 가죽 끈이다. 즉 다잡는다는 의미로 쓰인다.

| 01 |

칙령, 즉 명령이 엄격하면 법이 바뀌지 않고, 법이 확정되면 **잘하는 말**로 법을 해칠 수 없다. 공(功)에 따라 임명하면 민중은 말이 적고, 말을 잘한다 하여 임명하면 민중은 말이 많아진다. 법 시행은 신속해야 한다. 5개 정도의 마을을 처리하는 이는 왕자가 되고, 9개 정도의 마을을 처리하는 이는 강자가 되지만, 처리를 늦추는 이는 나라가 줄어든다. 상(賞)으로 싸우게 하고, 벌(罰)로 다스리며, 후한 녹으로 술(術)을 쓴다.[812]

---

812) 원문엔 칙령(飭令)으로 나오지만, 칙(飭)은 칙(勅)과 같은 뜻이므로, 여기선 칙령(勅令)으로 썼고, '잘하는 말'은, 교묘하게 입으론 잘 하나 실제론 이익이 되지 못하는, 즉 인의(仁義)를 가

도성 안의 **잘못을 살피면**, 간악한 거래가 없어진다. 사치스런 물건이 많고 장인(匠人)이 많으면, 농민은 게을러지고, 간악한 상인이 기승하면 영토가 줄어든다. 민중에게 남는 식량이 있거든 **그것을 내게 하고**, 작위는 반드시 노력으로 얻게 한다면 농민은 게으르지 않을 것이다. 3치 되는 대롱도 밑바닥이 없으면 가득 채울 수 없다. 군주가 작위를 수여함에 있어 공적을 기준으로 하지 않는다면 이는 밑이 없는 것이다.[813]

나라에서 공적(功績)에 따라 작위를 주면, 많은 지혜를 통해 정책을 생산하고, 뛰어난 용기로 나라를 위해 싸운다. 그러면 감히 대적할 나라가 없게 된다. 나라에서 공적에 따라 작위를 주면, 다스리는 이는 수고를 덜고, 언론의 숫자는 줄어든다. 이것이 정치를 가지고 정치를 덜고, 마땅한 언론이 공허한 언론을 제거하는 셈이 된다. 공적에 따라 작위를 주기 때문에 나라는 강해지고, 천하는 감히 침범하지 못하는 것이다.[814]

| 02 |

조정(朝廷)의 일은 작은 것이라도 깨뜨리지 않고, 공적(功績)을 통해 관

리킨다.

813) '잘못을 살핀다'는 것은, 도성 안을 순찰하여 범죄를 적발한다는 뜻이고, '그것을 내게 한다'는 말은, 군주가 식량이 풍족한 민중에게 그것을 헌납하게 하고, 관작을 얻도록 한다는 뜻이다.

814) 한비는 덧붙이길, '이 때문에 군대가 출동하면 반드시 취하고, 취하면 반드시 그것을 유지하며, 전쟁을 그만두고, 치지 않으면 반드시 나라는 부유해진다.'라고 했다.

작(官爵)을 얻으며, 조정에 비록 **편벽된 의견**이 있더라도 그것을 서로 범할 수 없다면, 이를 일러 **술(術)로 다스리는 정치**라 한다. **힘으로 치는 사람**은 하나를 내어 열을 얻으나, **말로 치는 사람**은 열을 내어도 백을 잃는다. 나라가 힘을 좋아하면, 이것을 일러 '치기가 어렵다'고 하고, 나라가 실없는 말을 좋아하면, 이것을 일러 '치기 쉽다'고 한다.[815]

능력이 그 관직을 견디고, 중책이 아니어도 마음에 두지 않으며, 겸직의 책임을 군주에게 지우지 않으면 원한을 품는 일이 없을 것이다. 현명한 군주는 일을 서로 범하지 못하게 하여 분쟁이 없고, 또 관직을 겸하지 못하게 하여 기능이 늘며, 신하들로 하여금 같은 공을 노리지 못하게 하여 다툼이 없다. 상을 적게 하고 **형을 무겁게 하는 것**은, 군주가 민중을 사랑하기 때문이다. 민중이 상을 타기 위해 죽는 이유다.[816]

반대로 상(賞)을 많게 하고 형(刑)을 가볍게 하면 어떨까. 이는 군주가 민중을 사랑하지 않는 것이기 때문에 민중도 상을 타기 위해 죽음을 무릅쓰지 않는다. 즉 **이익이 한 구멍**으로 나올 경우 그 나라는 적(敵)이 없고, **이익이 두 구멍**으로 나올 경우 그 군대는 반만 쓰이며, **이익이 열 구멍**으로 나올 경우 그 민중은 결코 지키지 않는다. 형을 무겁게 하여 민중

---

815) '편벽된 의견'은, 사리(事理)에 어긋나는, 즉 사언(邪言)과 같은 말을 가리키고, '술(術)로 다스리는 정치'는, 신하를 통제하는 정치 기술, 즉 술수(術數)를 가리킨다. 그리고 '힘으로 치는 사람'은, 탄탄한 실력을 갖추고 전쟁을 하기 때문에 1번에 10개의 성(城)을 얻을 수 있다는 뜻이고, '말로 치는 사람'은, 공허한 변설이기 때문에 10번을 공격하면 오히려 100개의 성(城)을 잃는다는 뜻이다.

816) '형을 무겁게 하는 것'은, 즉 법이 엄격하면 민중들이 죄를 짓지 않는다. 이것이 군주가 민중을 사랑하는 방식인 것이다.

을 깨우치고, 법제를 높여 부린다면 군주가 이익 될 것이다.[817)]

　여기서 나라가 형(刑)을 집행함에 있어 반드시 잊지 말아야 할 것이 있다. 형벌을 무겁게 해야 하는 것이다. 가령 가벼운 범죄라도 형벌을 무겁게 하면, 결국 가벼운 범죄는 물론 무거운 범죄도 이르지 않는다. 이를 일러 **형(刑)으로 형을 물리친다**고 한다. 따라서 그 나라는 반드시 강해진다. 죄가 무거워도 벌이 가벼우면 사건을 부른다. 이를 일러 **형(刑)으로 형을 부른다**고 한다. 따라서 그 나라는 반드시 약해질 것이다.[818)]

---

817) '이익이 한 구멍으로 나온다'는 것은, 군주가 포상하는 이익을 가리킨다. 즉 군주 한 사람이 포상을 하면 무적(無敵)의 나라가 되고, 군주와 신하가 함께 포상을 하면 군령이 둘로 나눠지며, 열 사람이 포상을 하면 군령이 서지 않아 결국 나라를 지키지 못하게 된다는 말이다.

818) '형(刑)으로 형을 물리친다'는 말은, 이른바 이형거형(以刑去刑)이라 하고, '형(刑)으로 형을 부른다'는 말은, 이른바 이형치형(以刑致刑)이라 한다.

제54장 심도(心度)

> 심도(心度)란 민중의 심정을 헤아려 법도를 그 안에 세운다는 말이다. 사람은 노고(勞苦)보다는 편안함과 이익을 좋아하기 때문에 상벌(賞罰), 특히 형 집행을 엄격히 하여 방자한 마음을 애초에 막아야 한다는 주장이다. 결과적으로 그것이 민중을 사랑하고 이익을 주는 길이라 역설한다. 문장은 단편적인 내용들로 구성되어 있다.

| 01 |

성인(聖人)이 민중을 다스림에 있어선 욕망대로 행하지 못하게 하고, 민중의 이익을 기할 따름이다. 민중에게 형벌을 가함은 민중을 미워하기 때문이 아닌 민중을 사랑하는 근본이기 때문이다. 형벌을 우위로 하면 민중이 안정되고, 포상을 빈번히 하면 간악이 생긴다. 따라서 민중을 다스림에 형벌을 우위로 함이 으뜸이고, 포상을 빈번히 함은 혼란의 화근이다. 무릇 '민중의 심성'은, 혼란을 좋아하고 형벌은 싫어한다.

그러므로 현명한 군주가 나라를 다스림에 있어, 포상을 분명히 하면 민중이 공(功)을 세우고자 힘쓰고, 형벌을 엄격히 하면 민중이 법과 친숙해진다. 공을 세우고자 힘쓰면 공공(公共)의 일을 어기지 않고, 법과 친숙하면 간악이 싹틀 데가 없다. 즉 민중을 다스릴 경우 싹이 트기 전 근절시키고, 군사를 동원할 경우 민중이 전의를 불태우도록 해야 한다. 이처럼 성인은 민중을 다스릴 때 사를 제거하고 공을 앞세운 것이다.

무릇 군주는 국정(國政)에 있어 4가지의 일에 힘써야 한다. 첫째, 앞서 해야 할 일을 관철해 민심(民心)을 하나로 한다. 둘째, 사리(私利)보다 전적으로 공리(公利)를 숭상해야 한다. 셋째, 고발하는 사람을 크게 포상(襃賞)하여 간악한 일이 일어나지 않게 한다. 넷째, 법령을 명확히 해 치국(治國)의 과정을 번잡하지 않게 한다. 이와 같이 4가지 방법을 구사할 수 있는 군주는 강(强)해지고, 그렇지 못한 군주는 쇠약해진다.

즉 나라가 강해지는 것은 정책 때문이고, 군주가 존귀해지는 것은 권력[勢] 때문이다. 따라서 현명한 군주는, 권력이 있고 정책이 있으며, 어지러운 군주도 역시 권력이 있고 정책이 있다. 하지만 **공적**이 같지 않은 것은 처지(處地)가 다르기 때문이다. 그러므로 현명한 군주가 권력을 잡으면 위를 중시하고, 정책을 일관되게 하면서 나라를 다스린다. 이처럼 법(法)은 왕자의 근본이고, 형(刑)은 민중에 대한 사랑의 **실마리**다.[819]

---

819) 여기서 말하는 '공적(功績)'은, 누적된 공적을 말하고, '실마리'는, 사랑하게 되는 시작을 가리킨다.

무릇 민중의 성향은 노고(勞苦)를 싫어하고, 안일(安逸)을 좋아한다. 사람이 안일하면 거칠어지고, 거칠어지면 다스려지지 않으며, 다스려지지 않으면 혼란해진다. 이렇게 해서 상벌(賞罰)이 아래에서 행해지지 않으면 반드시 막힌다. 따라서 큰 공(功)을 세우려 해도 기대할 수 없고, 법(法)으로 다스리고자 해도 혼란해져 기대할 수 없다. 그러므로 민중을 다스림에 있어선 오직 상황에 따른 적절한 법제에 의존할 수밖에 없다.

그리고 법이 때와 함께 바뀌면 다스려지고, 다스림이 세상과 들어맞으면 공(功)이 된다. 이와 같이 민중이 순박했을 때는 이름으로 금하면 다스려졌다. 하지만 지금처럼 세상의 지혜가 충만할 땐 형벌로 다잡아야 따르게 된다. 즉 시대가 변하는데 법이 따르지 못하면 혼란해지고, 간악한 이가 많아지는데 금제도 변화의 추세에 따르지 않으면 나라가 **약해진다**. 따라서 민중을 다스림에 있어 법을 시대에 맞게 해야 한다.[820]

힘을 토지에 쓸 수 있는 이는 부유하고, 힘을 적에게 쓸 수 있는 이는 강하며, 강하면서 막히지 않는 이는 왕자가 된다. 따라서 왕자의 길은 열거나 막는 데 있고, 간악을 막는 이는 반드시 왕자가 된다. 그러므로 왕자의 술수(術數)는 밖이 어지럽지 않기를 기대하지 않고, 어지럽힐 수 없도록 한다. 즉 밖이 어지럽지 않은 것을 믿고 정책을 수립하는 이는 깎이고,

---

[820] '약해진다'는 것은, 나라에 간악한 이들이 많아지면 결국 영토가 줄어들고 쇠약해진다는 말이다.

어지럽힐 수 없도록 하고, 법을 추진하는 이는 흥한다.

따라서 어진 군주가 나라를 다스림은, 어지럽힐 수 없는 술수와 일치한다. 작위가 귀해지면 군주도 귀해진다. 그러므로 공(功) 있는 이에게 상을 주고, 일 맡은 이에게 작위를 준다면 사악(邪惡)이 끼어 들 틈이 없다. 힘쓰길 좋아하는 이는 작위가 귀해지고, 작위가 귀해지면 군주도 존중되며, 군주가 존중되면 반드시 왕자가 된다. 반대로 나라가 일에 힘쓰지 않고, 사학(私學)에 의지하면, 작위도 군주도 모두 천해진다.[821]

---

821) 한비는 덧붙이길, '작위와 군주가 천(賤)해지면 반드시 영토가 줄어든다. 따라서 나라를 세워 민중을 쓰는 데 있어선 능히 밖을 닫고, 사학(私學 : 개인의 사적 학문, 즉 유가나 묵가를 가리킴)을 막아야 한다. 그래야 군주가 자신하여 왕도(王道)에 이를 것이다.'라고 했다.

제55장 제분(制分)

분(分)이란, 상(賞)과 벌(罰)의 구분을 말한다. 상벌(賞罰)이란, 민중이 좋아하고 싫어하는 정서를 동시에 담고 있지만, 이는 민중을 지배하는 수단이기도 하다. 따라서 제정할 때 구분을 명확히 할 필요가 있다는 주장이다. 상앙(商鞅)의 법사상이 짙게 배어 있다.

| 01 |

무릇 나라가 넓고 군주가 존중되는 나라는 모두 엄한 법치를 시행했다. 명령이 집행되지 않거나 금제가 지켜지지 않은 적이 없다. 군주가 작록의 등급과 기준을 정하면서 반드시 해당 법령을 엄하고도 무겁게 정하기 때문이다. 무릇 나라가 잘 다스려지면 민중은 안정되지만, 정사가 혼란하면 나라는 위기에 처하게 된다. 즉 법령이 엄중해야 비로소 인지상정에 부합할 수 있고, 금제가 가벼우면 실적을 기대할 수 없다.

본래 사력(死力)을 다하는 것은 모든 민중의 공통된 모습이다. 인지상정에 비춰 자신이 원하는 것을 얻기 위해 사력을 다하지 않는 민중은 없는 것이다. 따라서 민중의 호오(好惡), 즉 좋아하고 싫어하는 것은 군주가 능히 조종할 수 있다. 이처럼 이록(利祿)을 좋아하고 형벌을 싫어하는 것이 민중의 **정서**다. 즉 군주가 민중의 정서를 장악해 그들의 힘을 동원하면 정사(政事)를 베풀면서 실적을 거두지 못할 일이 없다.[822]

하지만 민중의 정서를 활용하더라도 금제가 가벼우면 실적을 기대할 수 없다. 상(賞)과 벌(罰)이란 균형이 타당성을 잃기 때문이다. 이처럼 민중을 다스리면서 법령을 확고히 세우지도 않고, 시혜부터 베풀면 사실상 법령이 없는 것과 마찬가지다. 한편 나라를 다스리는 도리는 먼저 '포상과 형벌의 한계를 명확히 하는 것'을 급선무로 삼아야 한다. 즉 나라를 다스리는 군주치고 법령을 제정하지 않는 이가 없는 이유다.

그럼에도 존속되는 나라가 있는가 하면, 망하는 나라도 있다. 망하는 나라는 군주가 상벌을 시행하면서 한계를 명확히 하지 않았기 때문이다. 나라를 다스리는 군주는 포상과 형벌에 일정한 한계를 두지 않는 이가 없다. 하지만 일부 군주는 한계를 정하면서 상이한 잣대를 쓴다. 이는 한계를 제대로 정한 것이 아니다. 따라서 명찰한 군주가 확정한 법령을 보면, 단일한 잣대로 상벌의 한계를 명확하게 정한다는 것이다.[823]

---

822) '정서'는, 민중의 호오(好惡), 즉 좋아하고 싫어하는 것을 가리킨다.
823) 한비는 덧붙이길, '이 때문에 민중들이 법도를 존중하고, 크게 두려운 나머지 감히 법령을 어길 엄두를 내지 못하며, 법에 저촉되지 않기를 기원하고, 과분한 포상을 기대하지 않는 이유다.'라고 했다.

지극히 잘 다스려지는 나라는 간악한 짓 방지를 최우선 과제로 삼는다. 이유는 무엇일까. 간악한 짓 방지가 인지상정과 상통하고, 나라를 다스리는 도리에 부합하기 때문이다. 그렇다면 간악한 일이 은밀하게 진행되면 어떻게 제거할 수 있을까. 민중들로 하여금 서로 은밀한 사정을 살피도록 독려하면 된다. 그렇다면 어떻게 서로 은밀한 사정을 살피도록 할 것인가. 답은 마을 단위로 묶어 함께 책임지게 하는 것이다.

즉 고발 등을 하지 않으면 이른바 연좌(連坐)를 시켜 처벌하는 것이다. 예컨대 법령 위반에 따른 연좌가 자신에게 미칠 경우, 바로 불이익이 발생하기 때문에 서로 감시할 수밖에 없는 것이다. 또 타인의 잘못이 자칫 자신에게로 화(禍)가 미칠 수 있기 때문에 두려워할 수밖에 없는 것이다. 이처럼 간악한 음모를 꾸미는 이들로 하여금 감히 망동(妄動)하지 못하게 하는 까닭은 모름지기 '감시하는 눈이 많기 때문'이다.[824]

가장 수준 높은 나라 다스림은 오직 법술(法術)에 의지하고, 공허한 학문을 한 사람들의 지혜는 배제한다. 법술을 아는 나라는 명성이 높은 이

---

[824] 한비는 덧붙이길, '이때 간악을 고발한 사람은 반드시 상(賞)을 받고, 간악을 못 본 사람은 반드시 벌(罰)을 받는다. 따라서 간악한 사람은 모두 적발되는 것이다. 간악이 미세해도 용납되지 않는 것은, '밀고(密告)와 연좌(連坐)가 이를 가능하게 하는 것이다.'라고 했다.

를 임용하지 않기 때문에 천하무적이다. 나라의 정사가 잘 행해지는 까닭은 법술에 의지한 덕분이다. 반대로 멸망하는 나라는 적군이 나라 안으로 쳐들어오는 지경이 되어도 이를 미연에 방어하거나 저지하지 못한다. 사람의 지혜에 의지하고, '법술에 의지하지 않기 때문'이다.[825]

무릇 다스리는 방법에 대해 매우 밝은 사람은, **법에 맡기지** 사람에게 맡기지 않는다. 이런 까닭으로 술(術)을 가진 나라는, 칭찬받는 사람을 등용하지 않는다. 따라서 적(敵)이 없을 뿐 아니라 나라가 다스려짐은 법에 맡기기 때문이다. 반대로 망하는 나라는, 군대로 하여금 그 땅을 **횡행하게 해도 능히 막지 못한다.** 사람에게 맡기고 법이 없기 때문이다. 그러므로 술을 가진 나라는, **말을 물리치고** 법에 맡길 따름이다.[826]

무릇 실없는 **공[畸功]**이 약정에 맞을 경우 알기가 어렵고, 언론 속에 가려져 있는 죄과 또한 찾아내기 어렵다. 이 때문에 포상과 형벌이 헷갈리는 이유다. 이른바 약정에 맞아 알기가 어렵다는 것은 간교한 공이고, 신하의 잘못을 보기 어렵다는 것은 실패의 근원이다. **법에 따르더라도** 헛된 공을 분별하지 못하고, 정황을 헤아려도 간악의 뿌리에 속는다면 2가지, 즉 상벌이 어찌 양쪽으로 실수하지 않을 수 있겠는가.[827]

---

825) 한비는 덧붙이길, '법술(法術)이 있는 나라는 허황된 언론을 물리치고, 오직 법도(法度)에 맡긴다.'라고 했다.

826) '법에 맡긴다'는 말은, 정해진 법과 제도에 의존한다는 뜻이고, '횡행하게 해도 능히 막지 못한다'는 말은, 위세를 부리면서 공공연하게 순찰하는 것을 뜻한다. 아울러 '말을 물리친다'는 것은, 공허한 칭찬의 말은 배제하고, 실제 성과를 법에 비추어 평가한다는 말이다.

827) '공[畸功]'은, 실(實)이 없는 헛된 공적(功績)을 말하고, '법에 따르더라도'란 말은, 법령에 따라 순리대로 판단한다는 의미다.

이런 까닭으로 실없는 인사가 안으로 이름을 내세우고, 담론하는 사람이 밖으로 책략을 짜낸다. 그러므로 어리석은 이와 겁쟁이, 협객과 약삭빠른 이가 서로 잇대어 공허한 도를 가지고 속인과 붙어 세상에 받아들여지고 있다. 따라서 그 법이 쓰이지 못하고, 형벌이 죄인에게 가해지지 않는 것이다. 이와 같다면 포상과 형벌이 어찌 **헷갈리지** 않을 수 있겠는가. **거짓과 사실**이 드러나더라도 법이 그 헤아림을 그르친다.[828]

헤아림이 그릇됨은 법이 그렇게 시키는 것이 아니고, 법이 정해지더라도 지혜에 맡기기 때문이다. 법을 버리고 지혜에 맡긴다면 일을 맡은 사람이 어찌 그 구실을 다할 수 있겠는가. 구실과 일이 서로 걸맞지 않다면 법이 어찌 그릇되지 않을 수 있으며, 형벌이 어찌 번거롭지 않을 수 있겠는가. 이런 이유로 상벌(賞罰)이 요란해지고, 나라의 도가 엇갈리게 되는 것이다. 모두가 포상과 형벌이 분명하지 않기 때문이다.

---

828) '헷갈리지 않을 수 없다'는 말은, 그만큼 혼동하기 쉽다는 뜻이고, '거짓과 사실'은, 사실과 그것을 왜곡하는 교지(巧智), 즉 교묘한 재주와 지혜 양쪽을 가리킨다.

한비자 연보

기원전

1066년 무왕(武王)이 주(周)나라 왕조를 건국하고, 호경(鎬京)에 도읍을 정하다.

1065년 종법제도(宗法制度)를 토대로 한 분봉제(分封制)가 실시되다.

1058년 주공(周公) 단(旦)이 예악(禮樂) 제도를 확립하다.

0771년 신후(申侯)가 북방의 견융(犬戎)과 함께 주나라 수도를 공격해 서주(西周) 왕조
　　　 가 멸망하다.

0770년 유왕(幽王)이 세상을 떠나고, 태자 의구(宜臼)가 즉위해 도읍을 성주로 옮기면
　　　 서, 동주(東周) 시대가 시작되다.

0685년 제(齊)나라 환공이 관중과 함께 부국강병을 위한 개혁정치를 단행하다.

0651년 제(齊)나라 환공이 규구(揆丘)에서 제후들을 회합[會盟]해 패자(覇者)가 되다.

0645년 제(齊)나라 관중(管仲)이 세상을 떠나다.

0632년 진(晉)나라 문공(文公)이 성복(城僕) 전투에서 초나라를 격파하고 천토(踐土)에
　　　 서 제후들을 회합[會盟]해 패자(覇者)가 되다.

0552년 공자(孔子)가 노(魯)나라에서 태어나다.

0536년 정(鄭)나라 자산이 성문법을 형정(刑鼎)에 주조(鑄造)해 반포하다.

0522년 정(鄭)나라 자산이 세상을 떠나다.

0479년 공자(孔子)가 세상을 떠나고, 묵자(墨子)가 노(魯) 혹은 송(宋)나라에서 태어나다.

0453년 진(晉)나라의 3명의 대부(大夫)인 한(韓), 위(魏), 조(趙)가 지백(智伯)을 멸망시
　　　 키고 진나라를 삼분해 통치하다.

0450년 법가(法家)의 시초로 불리는 이회(李悝)가 위(魏)나라에서 태어나다.

0406년 위(魏)나라 문후(文侯)가 이회(李悝)의 변법운동을 단행하다.

0403년 주나라 왕실에서 삼진(三晉)을 제후(諸侯)로 공식 승인하다.

0400년 묵자(墨子)가 세상을 떠나다.

0395년 이회(李悝)가 세상을 떠나다.

0390년 상앙(商鞅)이 위(衛)나라에서, 신도(愼到)가 조나라에서 태어나다.

0385년 신불해(申不害)가 정(鄭)나라에서 태어나다.

0385년 오기(吳起)가 초나라의 변법운동을 주재하다.

0381년 오기(吳起)가 세상을 떠나다.

0356년 진(秦)나라 효공(孝公)이 상자(商子)를 등용해 제1차 상앙(商鞅)의 변법을 단
행하다.

0350년 제2차 상앙(商鞅)의 변법을 단행하고, 함양(咸陽)으로 천도하다.

0338년 상앙(商鞅)이 세상을 떠나다.

0337년 신불해(申不害)가 세상을 떠나다.

0333년 소진(蘇秦)의 합종책(合從策)이 성공해 육국(六國 : 韓魏趙燕齊楚)의 재상을
겸하다.

0315년 신도(愼到)가 세상을 떠나다.

0313년 순자(荀子)가 조(趙)나라에서 태어나다.

0288년 제(齊)나라를 동제(東帝), 진(秦)나라를 서제(西帝)라 칭하며 대립이 격화되다.

0280년 한비자가 한(韓)나라에서 태어나다.

0259년 진(秦)나라의 왕[秦始皇], 영정(嬴政)이 태어나다.

0256년 진(秦)나라가 동주(東周)를 멸망시키다.

0238년 순자(荀子)가 세상을 떠나다.

0233년 진(秦)나라에 사신으로 간 한비자(韓非子)가 이사(李斯)와 요가(姚賈)의 모함으
로 옥(獄)에서 독살(毒殺)되다.

0230년 진(秦)나라가 한(韓)나라를 멸망시키다.

0228년 진(秦)나라가 조(趙)나라를 멸망시키다.

0225년 진(秦)나라가 위(魏)나라를 멸망시키다.

0221년 진(秦)나라가 제(齊)나라를 멸망시켜 천하를 통일하고, 진나라 왕, 영정(嬴政)
이 최초로 황제(皇帝)란 칭호를 쓰다.

참고문헌

1. 기본서

『大學』, 『論語』, 『孟子』, 『中庸』, 『詩經』, 『書經』, 『禮記』, 『春秋左氏傳』, 『周易』, 『老子』, 『莊子』, 『淮南子』, 『列子』, 『荀子』, 『管子』, 『墨子』, 『史記』, 『漢書』, 『後漢書』, 『戰國策』, 『山海經』, 『晏子春秋』, 『呂氏春秋』, 『孫子兵法』, 『國語』, 『論衡』, 『貞觀政要』, 『漢文大系』, 『韓非子淺解』, 『韓非子集釋』, 『韓非子校釋』, 『隋書』.

2. 저서 등

1) 한국

김승혜, 『유교의 뿌리를 찾아서』, 지식의 풍경, 2001.

김영진 역, 『한비자의 처세학』, 힐하우스, 2008.

김예호, 『한비자, 법치로 세상을 바로 세운다』, 한길사, 2012.

김원중, 『한비자, 제왕학의 영원한 성전』, 글항아리, 2010.

김충열, 『노장철학 강의』, 예문서원, 1995.

김해영, 『노자강의』, 청어, 2023.

김해영, 『사서강의』, 안티쿠스, 2017.

김해영, 『유학사상강의』, 부크크, 2021.

김해영, 『장자강의』, 안티쿠스, 2020.

김해영·김동숙, 『교양불교강의』, 부크크, 2023.

노재욱·조강환, 『한비자』, 자유문고, 1994.

박원재 역, 『중국철학사』, 자작아카데미, 1994.

송영배, 『제자백가의 사상』, 현암사, 1994.

송원옥, 『한비자, 전국책의 지혜』, 큰산, 2008.

송항룡, 『노자를 이렇게 읽었다』, 성균관대학교출판부, 2012.

송항룡, 『동양인의 철학적 사고와 그 삶의 세계』, 명문당, 1993.

송항룡, 『한국도교철학사』, 성균관대학교 대동문화연구원, 1987.

신동준,『한비자』, 도서출판 인간세상, 2012.

오이환 역,『중국사상사』, 을유문화사, 1995.

유승국,『유가철학과 동방사상』, 성균관대학교출판부, 2010.

이기동,『노자』, 동인서원, 2014.

이기동,『유학 오천 년』, 성균관대학교출판부, 2022.

이상수,『한비자, 권력의 기술』, 웅진지식하우스, 2007.

이운구,『한비자』, 한길사, 2002.

이철,『가슴에는 논어를, 머리에는 한비자를 담아라』, 원앤원북스, 2011.

정인재 역,『중국철학사』, 형설출판사, 1995.

조민환,『노장철학으로 동아시아를 읽는다』, 한길사, 2002.

조민환,『유학자들이 보는 노장철학』, 예문서원, 1996.

조성을 역,『중국사상사』, 이론과 실천, 1988.

최명 역,『중국정치사상사』, 서울대학교출판부, 1998.

최명,『춘추전국의 정치사상』, 박영사, 2004.

최윤재,『한비자가 나라를 살린다』, 청년사, 2000.

황원구,『중국사상의 원류』, 연세대학교출판부, 1988.

2) 중국

高明,『帛書老子校注』, 中華書局, 1996.

高亨,『老子正詁』, 中華書局, 1988.

高华平 外,『韓非子』, 中華書局, 2016.

勞思光,『中國哲學史』, 友聯出版社有限公司, 2014.

宋洪兵,『新韓非子解讀』, 人民大學出版社, 2010.

梁啓雄,『韓非子淺解』, 中華書局, 1960.

楊義,『韓非子還原』, 中華書局, 2011.

王文亮,『中國聖人論』, 中國社會科學院出版社, 1993.

王先愼,『新韓非子集解』, 中華書局, 2011.

張覺,『韓非子譯注』, 上海古籍出版社, 2007.

蔣重躍,『韓非子的政治思想』, 北京師範大出版社, 2010.

趙沛,『韓非子』, 河南大學出版社, 2008.

朱謙之,『老子校釋』, 北京 : 中華書局, 1991.

陳啓天,『韓非子校釋』, 臺灣商務印書館, 1960.

陳奇猷,『韓非子集釋』, 上海人民出版社, 1974.

陳秉才,『韓非子』, 中華書局, 2007.

3) 일본

高文堂出版社 編,『中國思想史(上,下)』, 高文堂出版社, 1986.

富谷至,『非子 不信と打算の現實主義』, 中央公論新社, 2003.

西川靖二,『韓非子 中國の古典』, 角川文庫, 2005.

小島祐馬,『中國哲學史』, 創文社, 昭和六二年.

守屋洋,『韓非子, 强者の人間學』, PHP研究所, 2009.

宇野茂彦,『韓非子のことば』, 斯文會, 2003.

栗田直躬,『中國古代史上の研究』, 岩波書店, 1986.

竹內照夫,『韓非子』, 明治書院, 2002.

中島孝志,『人を動かす「韓非子」の帝王學』, 斯文會, 2003.

丸山眞男,『日本政治思想史研究』, 東京大出版會, 1993.

찾아보기

김해영 박사의 한비자 읽기

지은이 한비자 • 옮긴이 김해영

발행처　　도서출판 청어
발행인　　이영철
영업　　　이동호
홍보　　　천성래
기획　　　육재섭
편집　　　이설빈
디자인　　이수빈 | 김영은
제작이사　공병한
인쇄　　　두리터

등록　　　1999년 5월 3일
　　　　　(제321-3210000251001999000063호.)

1판 1쇄 발행 2025년 1월 2일

주소　　　서울특별시 서초구 남부순환로 364길 8-15 동일빌딩 2층
대표전화　02-586-0477
팩시밀리　0303-0942-0478
홈페이지　www.chungeobook.com
E-mail　　ppi20@hanmail.net

ISBN　　　979-11-6855-309-5(03150)